LES

ŒUVRES

COMPLETES

DE

VOLTAIRE

66

VOLTAIRE FOUNDATION

OXFORD

1999

THE
COMPLETE
WORKS
OF
VOLTAIRE

66

VOLTAIRE FOUNDATION

OXFORD

1999

ISBN 0 7294 0476 5

Voltaire Foundation Ltd
99 Banbury Road
Oxford OX2 6JX

PRINTED IN ENGLAND

AT THE ALDEN PRESS

OXFORD

1768

II

TABLE DES MATIÈRES

Liste des illustrations   xiii

Liste des sigles et abréviations   xv

L'apparat critique   xvii

Remerciements   xix

La Princesse de Babylone
Edition critique par Jacqueline Hellegouarc'h   1

Introduction   3

   1. Publication et accueil   4

   2. Rédaction définitive   6

   3. Genèse et stimulus   10

   4. *La Princesse de Babylone*, version narrative de
      La Défense de mon oncle   23

   5. Sources livresques   40

   6. Editions   46

   7. Traductions et adaptations   62

   8. Principes de cette édition   64

LA PRINCESSE DE BABILONE   69

   Chapitre 1   71

   Chapitre 2   89

   Chapitre 3   93

   Chapitre 4   107

   Chapitre 5   128

   Chapitre 6   138

   Chapitre 7   149

   Chapitre 8   153

   Chapitre 9   165

   Chapitre 10   173

   Chapitre 11   188

L'Homme aux quarante écus
Critical edition by Brenda M. Bloesch   211

Introduction   213
  1. Background and sources   213
  2. Composition and publication   235
  3. Reception   241
  4. *L'Homme aux quarante écus* and the art of the short story   256
  5. Editions   264
  6. Translations   279
  7. Editorial principles   280

L'HOMME AUX QUARANTE ÉCUS   287
L'Homme aux quarante écus   289
Désastre de l'homme aux quarante écus   294
Entretien avec un géomètre   299
Aventure avec un carme   325
Audience de M. le Contrôleur général   328
Lettre à l'homme aux quarante écus   334
Nouvelles douleurs, occasionnées par les nouveaux systèmes   340
Mariage de l'homme aux quarante écus   348
L'Homme aux quarante écus, devenu père, raisonne sur les moines   357
Des impôts payés à l'étranger   365
Des proportions   369
De la vérole   378
Grande querelle   388
Scélérat chassé   392
Le Bon sens de Monsieur André   395
D'un bon souper chez Monsieur André   399

Avertissement de l'édition du théâtre de 1768
Critical edition by W. S. Rogers   411

Introduction   413
  Editions   415
  Editorial principles   417

AVERTISSEMENT   419

Les Guèbres
Edition critique par John Renwick   427

Introduction   429
  1. Considérations préliminaires   429
  2. Elaboration de la pièce et premiers obstacles août
    1768 - janvier 1769   435
  3. Deuxième série d'obstacles: la censure février-avril
    1769   446
  4. L'appel aux divers publics mai-novembre 1769   455
  5. Le 'Discours historique et critique' juillet-septembre
    1769   464
  6. Réactions des contemporains   472
  7. Manuscrits et éditions   477
  8. Traductions   489
  9. Principes de cette édition   489

LES GUÈBRES, OU LA TOLÉRANCE, TRAGÉDIE   495
  Préface de l'éditeur   497
  Discours historique et critique à l'occasion de la tragédie
    des Guèbres   501
  Personnages   520
  Les Guèbres, ou la tolérance, *tragédie*   521
  Appendice I. Epître dédicatoire   631
  Appendice II. Fragments sur Athalie   634

Les Deux tonneaux
Edition critique par R. J. V. Cotte 641

Introduction 643
Manuscrits et éditions 647
Principes de cette édition 648

LES DEUX TONNEAUX, ESQUISSE D'OPÉRA COMIQUE 651
Personnages 652
Les Deux tonneaux, esquisse d'opéra comique 435

Le Baron d'Otrante
Edition critique par R. J. V. Cotte 695

Introduction 697
Manuscrit et éditions 699
Principes de cette édition 700

LE BARON D'OTRANTE, OPÉRA BUFFA 703
Personnages 704
Le Baron d'Otrante, opéra buffa 705

Le Marseillois et le lion
Edition critique par Sylvain Menant 733

Introduction 735
Manuscrits et éditions 737
Principes de cette édition 742

LE MARSEILLOIS ET LE LION 745
Avertissement 746
Le Marseillois et le lion 747
Notes 753

Liste des ouvrages cités 761
Index 777

LISTE DES ILLUSTRATIONS

1. *La Princesse de Babylone*: page de titre de la première   49
   édition (68), imprimée par Gabriel Grasset.
   Taylor Institution, Oxford.

2. *L'Homme aux quarante écus*: title page of the first edition   265
   (68), printed by Gabriel Grasset.
   Bibliothèque nationale de France, Paris.

3. *Les Guèbres*: page de titre dans w75G.   493
   Voltaire Foundation, Oxford.

LISTE DES SIGLES ET ABRÉVIATIONS

Al   *L'Année littéraire*, 1754-1776

Arsenal   Bibliothèque de l'Arsenal, Paris

Austin   Humanities Research Center Library, University of
Texas at Austin

Bengesco   *Voltaire: bibliographie de ses œuvres*, 1882-1890

BL   British Library, Londres

Bn   Bibliothèque nationale de France, Paris

BnC   *Catalogue général des livres imprimés de la Bibliothèque
nationale: auteurs*, tome 214, Voltaire, 1978

Bn F   Bn: Manuscrits français

Bn N   Bn: Nouvelles acquisitions françaises

Bodley   Bodleian Library, Oxford

Bpu   Bibliothèque publique et universitaire, Genève

BV   *Bibliothèque de Voltaire: catalogue des livres*, 1961

Calmet, *Commentaire*   *Commentaire littéral sur tous les livres de
l'Ancien et du Nouveau Testament*, 1724-1726

Calmet, *Dictionnaire*   *Dictionnaire historique, critique,
chronologique, géographique et littéral de la Bible*, 1730

CLT   Grimm, *Correspondence littéraire*, 1877-1882

CN   *Corpus des notes marginales de Voltaire*, 1979-

Comédie-Française   Bibliothèque-musée de la Comédie-
Française, Paris

D   Voltaire, *Correspondence and related documents*, V 85-135,
1968-1977

Herbelot   *Bibliothèque orientale*, 1697

Diderot   *Œuvres complètes*, 1975-

Essai   Voltaire, *Essai sur les mœurs*, 1990

Ferney catalogue   *Voltaire's Catalogue of his library at Ferney*,
1959

Gazette de Berne   *Nouvelles de divers endroits*, 1679-1787

Gotha   Forschungs- und Landesbibliothek Gotha

ImV   Institut et musée Voltaire, Genève

Kehl   *Œuvres complètes de Voltaire*, 1784-1789

Leigh   Rousseau, *Correspondence complète*, 1965-1998

M   *Œuvres complètes de Voltaire*, 1877-1885

Mémoires secrets   Bachaumont, *Mémoires secrets*, 1777-1789

OH   Voltaire, *Œuvres historiques*, 1957

Rhl   *Revue d'histoire littéraire de la France*

Romans et contes   Voltaire, *Romans et contes*, Paris 1979

Roth-Varloot   Diderot, *Correspondence*, 1955-1970

S.67   Larcher, *Supplément à la Philosophie de l'histoire*, 1767

S.69   Larcher, *Supplément à la Philosophie de l'histoire*, 1769

StP   Bibliothèque nationale de Russie, Saint-Pétersbourg

Stockholm   Kungliga Biblioteket, Stockholm

Studies   *Studies on Voltaire and the eighteenth century*

Taylor   Taylor Institution, Oxford

Trapnell   'Survey and analysis of Voltaire's collective editions, 1728-1789', 1970

Trévoux   *Dictionnaire universel françois et latin*, 1743.

V   *Œuvres complètes de Voltaire* / *Complete works of Voltaire*, 1968- [la présente édition]

VF   Voltaire Foundation, Oxford

L'APPARAT CRITIQUE

L'apparat critique placé au bas des pages fournit les diverses leçons ou variantes offertes par les états manuscrits ou imprimés du texte (on en trouvera le relevé, p.46-61, 264-79, 415-16, 477-88, 647-48, 699-70, 737-41). Chaque note critique est composée du tout ou d'une partie des indications suivantes:

– Le ou les numéros de la ou des lignes auxquelles elle se rapporte; comme les titres ou sous-titres, les noms de personnages dans un dialogue ou une pièce de théâtre, et les indications scéniques échappent à cette numérotation, l'indication donne dans ce cas le numéro de la ligne précédente suivi des lettres a, b, c, etc. qui correspondent aux lignes de ces textes intercalaires.

– Les sigles désignant les états du texte, ou les sources, repris dans la variante (voir p.90-95). Des chiffres arabes, isolés ou accompagnés de lettres, désignent en général des éditions séparées de l'œuvre dont il est question; les lettres suivies des chiffres sont réservées aux recueils, w pour les éditions complètes, et t pour les œuvres dramatiques; après le sigle, l'astérisque signale un exemplaire particulier, qui d'ordinaire contient des corrections manuscrites.

– Des explications ou des commentaires de l'éditeur.

– Les deux points (:) marquant le début de la variante proprement dite, dont le texte, s'il en est besoin, est encadré par un ou plusieurs mots du texte de base. A l'intérieur de la variante, toute remarque de l'éditeur est placée entre crochets.

Les signes typographiques conventionnels suivants sont employés:

– La lettre grecque bêta β désigne le texte de base.

– Le signe de paragraphe ¶ marque l'alinéa.

– Deux traits obliques // indiquent la fin d'un paragraphe ou d'une partie du texte.

- Les mots supprimés sont placés entre crochets obliques < >.

- Les mots ajoutés à la main par Voltaire ou Wagnière sont précédés, dans l'interligne supérieur, de la lettre ^{V} ou ^{W}, suivie d'une flèche verticale dirigée vers le haut $^\uparrow$ ou vers le bas $^\downarrow$, pour indiquer que l'addition est inscrite au-dessus ou au-dessous de la ligne. Le signe $^+$ marque la fin de l'addition, s'il y a lieu.

- Toute correction adoptée dans un imprimé est suivie d'une flèche horizontale $\rightarrow$ suivie du sigle désignant l'imprimé.

Exemple: 'il <allait> $^{W\uparrow}$<courait> $^{V\downarrow}\beta$' signifie que 'allait' a été supprimé, que Wagnière a ajouté 'courait' au-dessus de la ligne, que 'courait' a été supprimé, et que Voltaire a inséré la leçon du texte de base au-dessous de la ligne. Une annotation du type 'W75G*, $\rightarrow$K' indique qu'une correction manuscrite sur l'édition encadrée a été adoptée dans les éditions de Kehl.

REMERCIEMENTS

La préparation des *Œuvres complètes de Voltaire* dépend de la compétence et de la patience du personnel de nombreuses bibliothèques de recherche partout dans le monde. Nous les remercions vivement de leur aide généreuse et dévouée.

Parmi eux, certains ont assumé une tâche plus lourde que d'autres, dont en particulier le personnel de la Bibliothèque nationale de France et de la Bibliothèque de l'Arsenal, Paris; de l'Institut et musée Voltaire, Genève; de la Taylor Institution Library, Oxford; et de la Bibliothèque nationale de Russie, Saint-Pétersbourg.

Parmi les institutions qui ont bien voulu nous fournir des renseignements ou des matériaux pour le volume présent, nous citons: British Library, Londres; Bodleian Library, Oxford; Bibliothèque-musée de la Comédie-Française, Paris; Bibliothèque publique et universitaire, Genève.

La Princesse de Babylone

édition critique

par

Jacqueline Hellegouarc'h

INTRODUCTION

Dans les voyages et aventures de la fille de l'antique Bélus, conseillée par un phénix et transportée par des griffons à travers le monde du dix-huitième siècle à la recherche de son bel Amazan monté sur un licorne, les critiques anciens et modernes ont souvent remarqué plus que tout la fantaisie et l'imagination.[1] Certes, l'auteur raconte avec une profusion remarquable de détails descriptifs une histoire où le merveilleux tient une place importante, dans la conception d'ensemble comme dans les épisodes. Mais rien n'est inventé ou gratuit. L'itinéraire suivi par les héros est conforme à la géographie. Presque tous les faits peuvent être étiquetés: s'ils ne sont pas des souvenirs personnels, ils se trouvent ou dans les œuvres historiques de l'auteur ou dans des relations de voyages et dans les discussions historiques que sont le *Supplément à la Philosophie de l'histoire* de Pierre-Henri Larcher et *La Défense de mon oncle* où Voltaire lui répond. Presque tous les éléments, même ceux qui donnent au récit son aspect merveilleux, appartiennent à ce que l'auteur considère ou comme l'histoire ou comme la pseudo-histoire qu'il combat, ou bien ils sont une transposition visuelle et caricaturale de points de sa polémique sur l'histoire. Les détails qui échappent à cette classification ne sont pas gratuits pour autant: ils sont porteurs d'allusion.[2]

---

[1] Voir par exemple les *Mémoires secrets*, 27 mars 1768: '*La Princesse de Babylone* est un roman [...], espèce de féerie ou de folie. Il y règne une grande gaieté' (iii.322); l'appréciation de Gibbon: 'A very agreeable absurd trifle' (*The Letters of Edward Gibbon*, éd. J. E. Norton, London 1956, i.226); ou celle de *The Monthly review*: 'One of these extravagancies whose chief value consists in being the flight of a man of genius' (xxxix.124-26); voir A.-M. Rousseau, *L'Angleterre et Voltaire*, Studies 145-147 (1976), p.605.

[2] Les 'folies d'Espagne', par exemple, ne sont pas citées au hasard: elles font allusion à une plaisanterie consignée dans les carnets; voir ci-dessous, ch.11, n.21. Voir ce qui sera dit plus loin du jeu sur 'berger'.

1. *Publication et accueil*

Le 22 mars 1768 Mme Du Deffand a déjà entendu dire à Paris que 'La Princesse de Babylone paroist' et elle en réclame un exemplaire à l'auteur (D14873). Le Journal de la Librairie l'enregistre le jeudi 24 mars dans la rubrique 'Livres nouveaux' (n° 498): 'La Princesse de Babilone 180 pages in-8° imprimées à Genève et dont il y a icy quelques Exemplaires qui y sont parvenus par la poste; c'est encore une nouvelle production de la fabrique de M. de Voltaire' (Bn F22165). Etant donné les délais d'acheminement par la poste, le conte n'a pu sortir des presses après le 20 mars.

On ne saurait toutefois proposer une date antérieure de plus de quelques jours: Pierre-Alexandre Du Peyrou, qui est presque sur place, à Neuchâtel, n'a pas encore eu le temps le 26 mars de lire l'ouvrage bien qu'il le possède, et il écrit à Marc-Michel Rey en le lui adressant: 'La Princesse de Babylone sort de presse et je suis bien persuadé qu'on ne l'a pas encore chez vous. Voilà ce qui m'a décidé à ne pas perdre un moment pour vous le procurer' (D14886). Les *Mémoires secrets* en parlent le 27 mars.

A la fin du mois, l'auteur commence à l'envoyer à ses correspondants: le 30 mars à Mme Du Deffand en disant l'avoir reçu de Hollande (D14897); le 1er avril à d'Argental (D14904); vers la même date deux exemplaires à Suzanne Gallatin (D14903). Pendant l'été, la diffusion continue: Chennevières fait parvenir un exemplaire à Mme Denis, qui est exilée à Paris depuis le début de mars (19 avril, D14967); il en reçoit lui-même un autre envoyé le 10 juin (D15064); Voltaire en a mis dans des paquets destinés à d'Alembert et Damilaville (23 juillet, D15154); il en propose un à Chabanon le 20 juillet (D15148), etc. Il parle de l'œuvre à mots découverts, ne semblant pas la considérer comme compromettante.

A Paris, on ne paraît pas avoir exactement la même opinion. Les *Mémoires secrets* présentent, on l'a vu, le 'roman de M. de Voltaire, espèce de féérie ou de folie' avec cette appréciation ambiguë: 'Il y règne une grande gaieté, à laquelle il a su adapter des traits philosophiques, comme aussi des satires contre des personnages qu'il aime à remettre sur la scène'. Le *Mercure de France* publie en juillet des extraits accompagnés de cette note élogieuse (i.27-68):

Ce conte, très moderne, est réduit. On a fait une miniature d'un grand tableau; en conservant néanmoins les touches précieuses du maître, et en employant, autant qu'il est possible, les traits d'imagination, les saillies d'esprit, les pensées philosophiques, et l'art par lequel l'auteur sait à la fois amuser, instruire et intéresser.

Toutefois ni le titre ni le nom de l'auteur ne sont indiqués explicitement et les passages sont soigneusement choisis.

L'ouvrage est recherché, mais ne convient pas 'à toutes sortes de lecteurs', comme l'écrira *L'Avant-coureur*. Si bien qu'on en publie une version édulcorée et mutilée, pour laquelle le libraire Le Jay obtient une permission tacite datée du 29 septembre. [3] C'est de cette édition parue sous le titre de *Voyages et aventures d'une princesse babylonienne* que *L'Avant-coureur* du 31 octobre, le *Journal encyclopédique* du 1er novembre et le *Mercure* du même mois feront des comptes rendus. Le *Journal encyclopédique* précise alors les critiques qui ont été formulées:

Quelques personnes avaient trouvé dans cet ouvrage des traits peut-être trop hardis, des expressions trop légères sur des matières sérieuses; le nom seul de l'auteur avait fait imaginer à d'autres, que ce roman était plus dangereux encore; ceux-ci y apercevaient des allusions trop marquées; car où n'en trouve-t-on pas! ceux-là une satire contre le genre humain.

Quoi qu'il en soit, au début de décembre 'on ne trouve plus de princesse de Babilone': l'auteur l'écrit à Chabanon le 7 (D15354).

---

[3] Bn F21981, Registre des permissions tacites, 1763-1771, n° 676. Voir ci-dessous, p.54-56, la présentation de l'abrégé du *Mercure* et de l'édition Le Jay décrite sous le sigle 68P.

La Bastide a dû chercher pour en procurer une, le 25, au libraire parisien Laurent. [4]

A l'étranger, l'ouvrage plaît et se répand, en particulier dans les pays dont il offre une image flatteuse. Catherine II recommande en décembre aux gens qui ont subi comme elle l'inoculation de se le faire lire, [5] car 'il n'i a pas moyen après cela de sentir le moindre mal'. En Angleterre, *The Annual register*, *The Court miscellany* d'avril et de mai, *The London chronicle* de mai, de juin [6] et de septembre publient des extraits des voyages des héros, notamment leurs séjours en Angleterre, en Italie, en France, en Russie. *The Monthly review* d'août donne un résumé, et *The Gentleman's magazine* de juillet un compte rendu. [7]

Dans les 'pays du Sud', que le conte présente plutôt comme réfractaires aux Lumières, sa diffusion semble tardive, dans la langue nationale du moins: on en jugera par la date des traductions qui nous sont parvenues. [8]

Le conte inspirera les illustrateurs, et les adaptateurs et musiciens qui en tireront des opéras.

2. *Rédaction définitive*

Certains faits et noms mentionnés dans le récit permettent de fixer un *terminus a quo*, du moins en ce qui concerne la rédaction

---

[4] Moyennant 1^l 10 (D15386). Le 2 novembre encore, La Bastide l'avait proposée au même Laurent (D15288).

[5] Ainsi que *L'Ecossaise*, *Candide*, *L'Ingénu*, *L'Homme aux quarante écus* (17/28 décembre 1768; D15396).

[6] Dans le numéro du 14-16 juin, *The London chronicle* reproduit mot pour mot la même traduction que *The Court miscellany* d'avril en procédant à la même coupure et au même aménagement du texte; voir ci-dessous, p.62, n.127.

[7] *Annual register* (1768), xi.1-10; *Court miscellany* (1768), iii.196-202, 251-58; *London chronicle* (1768), xxiii.436, 572, xxiv.304; *Monthly review* (1768), xxxix.124-26; *Gentleman's magazine* (1768), xxxviii.336; voir Rousseau, *L'Angleterre et Voltaire*, p.605.

[8] Pour plus de détails sur les traductions, voir ci-dessous, p.62-63.

définitive du voyage à travers l'Europe et de l'apostrophe finale, où il est question du 'pédant Larcher' et des 'vilains libelles diffamatoires' écrits contre le *Bélisaire* de Marmontel par 'Cogé'.

C'est seulement le 12 juin 1767, dans une lettre signée Boursier, que Voltaire accuse réception à Damilaville de l'exemplaire du *Supplément à la Philosophie de l'histoire*, où il a trouvé la certitude que l'auteur était Larcher et non l'abbé Foucher comme il le croyait.[9] C'est par la même voie et à la même date qu'il reçoit une édition de l'*Examen du Bélisaire de M. Marmontel* de François-Marie Coger. La dernière page du conte ne peut donc être antérieure de beaucoup au 12 juin.[10] Pour justifier pleinement le pluriel et l'épithète de 'diffamatoires' appliqués aux 'libelles' de 'Cogé', peut-être faut-il même supposer que Voltaire a déjà reçu la seconde édition de l'*Examen* parue à la mi-juillet, où il est mis directement en cause, et reculer le *terminus* jusqu'aux environs du 27 juillet, date à laquelle il en fait reproche à Coger (D14310).

Au chapitre 6, quand Formosante arrive dans l'empire des Cimmériens (Russie), l'impératrice (Catherine II) n'est pas dans sa capitale: elle voyage alors 'des frontières de l'Europe à celles de l'Asie pour connaître ses Etats par ses yeux, pour juger des maux...' et elle 'embrasse des projets entièrement opposés' à ceux des législateurs qui 'ont eu un génie étroit et despotique'. Or dans une lettre datée du 6 avril 1767, Catherine annonce à Voltaire son intention de 'faire un tour dans différentes Province le long du Volga' et de réunir ensuite, au mois de juin, une Assemblée constituante pour préparer un nouveau code de lois 'que l'humanité [...] ne désapprouvera pas' (D14091). Voltaire a dû recevoir la

---

[9] D14223. C'est sur la page de garde de l'exemplaire du *Supplément*, conservé à Saint-Pétersbourg, que Damilaville a écrit: 'C'est mal à propos qu'on a attribué le *Supplément* [...] à M. l'abbé Guyon, à M. l'abbé Foucher. Celui qui a composé ce Supplément est un M. l'Archer de Dijon'; voir *La Défense de mon oncle*, éd. J.-M. Moureaux, V 64, p.22-26.

[10] Quand Voltaire écrit au même Damilaville le 7 juin, il n'a pas reçu le paquet (D14215).

lettre en mai;[11] cette page ne peut évidemment être antérieure à cette date.[12]

Dans le même chapitre, il est dit que, comme Catherine en Pologne, l'impératrice 'a fait marcher des armées pour apporter la paix, pour empêcher les hommes de se nuire, pour les forcer à se supporter les uns les autres' et que 'ses étendards ont été ceux de la concorde publique'. Or le 3 mars Voltaire se montrait encore perplexe devant l'invasion de la Pologne par les troupes de Catherine II; il écrivait à Frédéric II: 'Votre alliée l'Impératrice a eu la bonté de m'envoyer son mémoire justificatif qui m'a semblé bien fait. C'est une chose assez plaisante et qui a l'air de la contradiction de soutenir l'indulgence et la tolérance les armes à la main' (D14012), et il en est encore à essayer de se persuader que 'si la superstition a fait si longtemps la guerre' on peut bien la lui faire aussi. Le 11 avril, sa position n'est pas encore nette (D14102). Le 28 avril, il affirme enfin à Vorontsov que l'impératrice est 'la seule personne de l'univers qui aït pris les armes pour que les hommes fussent libres'.[13] Le 25 août, il semble décidé à écrire son *Essai* [...] *sur les dissensions des Eglises de Pologne*.[14] Ce n'est toutefois que le 30 septembre qu'on trouve réunies – sans allusion au caractère 'plaisant' de la situation – les deux manifestations de la tolérance de l'impératrice, comme dans le conte, et sensiblement dans les mêmes termes: 'Non seulement elle établit *la tolérance* dans *son vaste* empire, mais elle la protége *chez ses voisins*. [...]

---

[11] Il n'y répond que le 26 mai (D14199), mais y fait allusion dans une lettre à Mme Du Deffand du 18 mai (D14187).

[12] Voltaire continuera les mois suivants à être tenu au courant des faits et gestes de l'impératrice et à s'en enthousiasmer. Le 9 juin, elle écrit 'de Cazan en Asie' (D14219). Voir aussi les lettres mentionnées ci-après et dans les notes. Catherine parle également de ses réformes dans d'autres lettres (D13433, D14611); cf. aussi D14439, D14450, D14470.

[13] D14150. Voir aussi le 3 mai à d'Alembert (D14157) et le 18 mai à Mme Du Deffand (D14187).

[14] Lettre à Vorontsov (D14393). Vorontsov le remercie le 12 septembre de s'être engagé (D14419).

Voilà la première fois qu'on déploie *l'étendard* de la guerre uniquement *pour* donner *la paix*, et pour rendre les hommes heureux'.[15]

Un autre détail conduit à repousser le *terminus a quo* jusqu'à l'automne. Ce n'est apparemment que par une lettre du 24 septembre (D14439) à laquelle il répond le 7 octobre que Voltaire apprend de Golitsyne qu'on a voulu décerner à l'impératrice le titre de mère de la patrie auquel le seigneur cimmérien du conte fait allusion – et qu'il dit bien mérité comme Voltaire dans sa réponse à son correspondant russe (D14470). Le chapitre 6 ne peut donc avoir été écrit – sous sa forme définitive du moins – avant septembre–octobre 1767.

Notons aussi que, dans l'éloge décerné au futur Gustave III de Suède, on croit reconnaître les espérances que Marmontel fonde sur lui et qu'il confie à Voltaire en lui transmettant deux de ses lettres le 8 octobre (D14471). D'autre part, fin septembre, Voltaire rêve d'aller à Pétersbourg et à Pékin.[16] N'est-ce pas un indice? N'est-il pas en train de faire faire ce voyage à sa Princesse ou sur le point de le faire? Il semble donc hautement probable que la rédaction du chapitre 6 au moins date de l'automne 1767.[17]

A la dernière ligne de l'ouvrage, l'auteur indique qu'il a 'donné cette petite histoire' à son libraire 'pour ses étrennes'. Bien que cette date lui permette une plaisanterie, on n'a pas de raison de mettre en doute la véracité, au moins approximative, de son affirmation. Le conte n'aurait été achevé qu'à la fin de l'année.

Il se pourrait d'ailleurs qu'en omettant le terme de dynastie à propos des 'Egyptiennes de *Mendès*', et en envoyant 'le pédant' 'faire un tour en Egypte pour avoir enfin de bonnes aventures'

---

[15] Lettre à Shouvalov (D14450). C'est nous qui soulignons.

[16] 'Si j'étais jeune je ferais assurément le voyage de Petersbourg et de Pekin; j'aurais le plaisir de voir la plus nouvelle, et la plus ancienne création', écrit-il à Shouvalov le 30 septembre 1767 (D14450).

[17] Voir aussi ch.8, n.10; ch.10, n.21: l'éloge de Mme Geoffrin pourrait ne pas être antérieur à la publication, en octobre 1767, des *Lettres familières* de Montesquieu.

dans l'attaque finale (ch.11, l.325-327), Voltaire réponde à la *Réponse à la Défense de mon oncle* parue fin décembre.

La rédaction peut toutefois avoir été commencée dès le printemps. On croit en percevoir quelques signes dans la correspondance. En avril, à trois jours d'intervalle, apparaissent des expressions qui semblent montrer que l'auteur vit avec la Princesse de Babylone (même si explicitement il est question des Scythes). 'Vous voyez que vos beaux fruits de Babilone croissent entre nos montagnes de Scythe; mais ce sont des ananas cultivés à l'ombre dans une serre, loin de votre brillant soleil', écrit-il le 19 avril à Buirette de Belloy (D14127), et le 22 avril il répond à d'Argental 'à deux grandes parasanges de Babilone' (D14133). Le 11 avril il compare Catherine 11 à Pierre le Grand dont elle continue l'œuvre (D14102). Le 18 mai, n'accompagne-t-il pas déjà Formosante dans ses pérégrinations quand il écrit à Mme Du Deffand qu'il 'passe de la Siberie à Naples sans changer de lieu'? [18] Huit jours plus tard, comme dans le conte il compare l'impératrice à Cérès, lui parle de l'empereur de Chine son 'voisin' et d'une question que celui-ci a posée à un missionnaire (D14199).

D'autre part le stimulus, comme on le verra, date vraisemblablement du mois d'avril. Il semble donc raisonnable de penser que l'ouvrage a été écrit, sous la forme où nous le connaissons, entre avril et décembre 1767. Il pourrait cependant, comme d'autres œuvres du même auteur, avoir été conçu – partiellement et dans un autre but – longtemps auparavant.

3. *Genèse et stimulus*

Quand on lit la partie orientale du récit, c'est-à-dire le début et la fin, certains rapprochements s'imposent, et on se demande si

---

[18] D14187; explicitement il est question du printemps.

la conception, voire l'ébauche de ces chapitres ne serait pas contemporaine de *Zadig*, de *Sémiramis*, de *La Princesse de Navarre*, et de quelques épisodes de la vie de Voltaire pendant la période 1743-1748.

Entre 1745 et 1747, il vit déjà à Babylone: il écrit à d'Argenson 'le 4 de la pleine lune', lui parlant de Babylone, d'Orosmade, de vin de Chiraz; il chante 'sur les bords de l'Euphrate dans la superbe Babylonne'. Dans une lettre à Thiriot, il est 'à Babylone [...] Sémiramis dit [...] que ses jardins valoient bien ceux de Versailles'.[19] Certes, il fait ainsi référence à d'autres œuvres, *Zadig*, *Sémiramis*... Mais précisément ces ouvrages présentent des points communs avec *La Princesse de Babylone*.

Dans *Zadig* comme dans la *Princesse*, après avoir prouvé qu'il l'emporte sur ses rivaux par la force et par l'esprit, le héros épouse l'héritière du trône de Babylone. Détail plus spécifique: dans ses mésaventures, il a été aidé par un oiseau, perroquet dans un cas, phénix dans l'autre.[20] Un Gangaride intervient déjà dans *Zadig*: il assiste au souper et y explique pourquoi il ne faut pas manger d'animaux. Certains thèmes – habituels, il est vrai, chez Voltaire – sont effectivement abordés dans les deux contes: intolérance et superstition, considérations sur la religion des Egyptiens, des Indiens, et sur l'ancienneté des peuples de l'Orient. On retrouve également certains procédés littéraires et stylistiques: l'introduction – exceptionnelle chez l'auteur – d'un poème dans un conte en prose,[21] la création plaisante de mots composés sur le même modèle: 'sous-brigands' dans *Zadig*, 'sous-bergers' et 'sous-bergères' dans la *Princesse*, tout comme les récapitulations amusées des malheurs ou des mérites du héros.[22]

---

[19] Lettres à d'Argenson, juillet 1747 (D3550), à J.-P. de Crousaz, 6 juin 1745 (D3137), à Thiriot, 10 août 1746 (D3444). Voir aussi sa lettre à Cideville, 19 août 1746 (D3450).

[20] *Zadig*, ch.4, 'L'envieux'; *Princesse*, *passim*.

[21] *Zadig*, ch.4; *Princesse*, ch.1, l.176-183.

[22] Par exemple *Zadig*, ch.3, 7, 13, 14, 15, et 'Les yeux bleus'; *Princesse*, ch.1, l.300-302, ch.3, l.84-87, ch.5, l.127-128.

Le rapprochement avec *Sémiramis* – écrite pendant l'été 1746 et représentée le 29 août 1748 – s'impose encore plus. Le décor, la situation des personnages et certains détails de l'intrigue de la pièce présentent des analogies avec ceux du conte. L'action se passe également au palais royal de Babylone. Des membres de la famille princière, entre autres un descendant de Bélus, ont arraché le pouvoir au roi légitime comme le père de Bélus au grand-père d'Aldée et Amazan. La princesse Azéma tient à la fois d'Aldée et de Formosante. Comme Aldée, elle descend en ligne directe des rois, a été écartée du trône, vit à la cour où elle est bien traitée sans pouvoir toutefois contracter une union qui lui donnerait la couronne; comme Aldée par le roi des Scythes, elle est demandée en mariage par Assur qui veut l'établir sur le trône auquel elle a droit, et s'y installer lui-même; comme Aldée encore qui préfère la Scythie avec le roi des Scythes à la couronne de Babylone sans lui, elle accepterait de vivre dans ce pays sauvage et le dit dans des termes aussi semblables que le permet la différence de genre littéraire.[23] Comme Formosante, elle aime un homme parfait, mais qu'on croit sans naissance, et qui arrive d'une région lointaine considérée comme barbare: des plaines d'Arbazan;[24] comme Amazan, cet Arzace se révélera héritier direct du roi assassiné. Comme la Princesse de Babylone et son amant, Arzace et Azéma se marieront et règneront sur Babylone. Au cours de l'histoire interviennent, comme dans le conte, les mages, un oracle[25] et des prodiges qui sont considérés comme

l'appât grossier des peuples ignorants,
L'invention du fourbe, et le mépris des grands.[26]

Après la représentation de la pièce, le 30 août 1748, l'auteur

[23] Voir ci-dessous, ch.3, n.4.
[24] On note au passage la ressemblance des sonorités Arbazan/Amazan.
[25] *Sémiramis* a fait 'Consulter Jupiter aux sables de Libye' (I.v); l'oracle a donné une réponse sybilline concernant le mariage (II.vii).
[26] *Sémiramis*, II.vii. Ces paroles sont mises, il est vrai, dans la bouche du peu estimable Assur.

'suppliait' Berryer de Ravenoville d'envoyer deux exempts sur le théâtre 'pour faire ranger une foule de jeunes Français qui ne sont guères faits pour se rencontrer avec des Babyloniens' (D3737). La demande est banale, mais la formulation ne l'est pas; on est tenté d'en rapprocher l'idée de faire voyager à travers l'Europe du dix-huitième siècle une princesse de l'antique Babylone.

Certains faits de la vie de l'auteur à la même époque sont utilisés dans le conte. Les allusions, signalées par la répétition d'un mot-clé, ne peuvent échapper au lecteur.[27]

Les trois rois qui prétendaient épouser la Princesse de Babylone, évincés par Amazan, rassemblent chacun trois cent mille hommes pour la conquérir; cependant l'un d'eux voit son pays ravagé, par une armée de trois cent mille hommes également, et tous trois assisteront au triomphe de leur rival malgré leurs trois cent mille soldats. Ce chiffre de trois cent mille apparaît seize fois dans la partie 'orientale' du conte – neuf fois dans les premiers chapitres, sept fois dans le dernier – et en occurrences très groupées.[28] Pourquoi ce détail est-il donné à l'exclusion d'autres plus descriptifs? Pourquoi ce chiffre – qu'on connaît déjà – est-il mentionné dans certains passages où le nombre des combattants importe peu? Pourquoi surtout cette indication sans importance est-elle donnée plusieurs fois en quelques lignes? Il est évident que ce nombre n'est pas pris au hasard et que, ainsi répété, il fonctionne comme un signal. Or Voltaire, bien qu'il ne soit pas roi comme Amazan, a fait quelque peu la cour à la princesse Ulrique, sœur de Frédéric II, pendant son séjour en Prusse en 1743. A son retour en novembre il écrit au roi: 'Je n'ai pas encore l'armée de trois cents mille hommes avec laquelle je devais enlever la princesse, mais en récompense le roi de France en a davantage. On compte actuellement trois cent vingt-cinq mille hommes [...] ce sont trois cent

[27] Voir J. Hellegouarc'h, 'Quelques mots clins d'œil chez Voltaire', *Le Siècle de Voltaire*, éd. C. Mervaud et S. Menant (Oxford 1987), ii.537-44.
[28] Voir ci-dessous, ch.3, l.40, 77; ch.4, l.92, 94, 96, et 114, 118; ch.5, l.107; et à la fin, ch.11, l.167, 169, 171, 201, 259, 260.

mille chiens de chasse qu'on a peine à retenir' (D2887); et à l'intéressée un mois plus tard: 'C'est grand dommage que je n'aye pas à mon service ces trois cent mille hommes que je voulois pour vous enlever, mais j'auray plus de trois cent mille rivaux si je montre votre lettre. N'ayant donc point encor de trouppes pour devenir votre sultan, je crois que je n'ay pas d'autre party à prendre que de venir être votre esclave' (D2900). Comme dans le conte, il parle ainsi de rassembler trois cent mille hommes pour enlever une princesse, et il joue avec ce nombre, dans un contexte déjà oriental. Le 7 janvier suivant, lendemain de l'Epiphanie, il compose pour sa princesse, comme Amazan, un madrigal où il est question de 'trois rois' et de souverains 'jaloux' de l'élu:

> Et tous les souverains seront jaloux de moi,
> Vous, messieurs les trois rois, qu'on fête et qu'on ignore,
> Vous, qu'une étoile un beau matin
> Amena des climats où se lève l'aurore. [29]

C'est certainement à cette aventure que Voltaire se réfère dans le conte.

Un autre terme attire l'attention au début du récit: c'est le mot 'berger'. Il revient onze fois dans les trois premiers chapitres et deux fois au commencement du quatrième. A deux reprises, l'auteur joue sur des acceptions analogiques: 'très souvent ce mot de berger était appliqué aux rois [...] on les appelait bergers parce qu'ils tondent de fort près leur troupeau' (ch.2, l.25-27) et 'elle ne l'appelait plus que son berger; et c'est depuis ce temps-là que les noms de berger et d'amant sont toujours employés l'un pour l'autre chez quelques nations' (ch.4, l.1-4). Certes, il veut ainsi faire sourire, aux dépens des rois dans un cas, de certaines méthodes historiques dans l'autre, mais surtout ces explications manifestement fantaisistes de deux emplois du mot complètent l'effet produit par la répétition: Voltaire attire l'attention sur le

---

[29] 'Zwei Madrigale an Prinzessin Ulrike', *Voltairiana inedita*, éd. W. Mangold (Berlin 1901), p.46.

terme et fait comprendre qu'il a pour parler de berger une raison particulière que le lecteur est invité à chercher. La dernière occurrence suggère la solution. Elle fait référence à un jeu littéraire et galant qui faisait fureur à la petite cour de la duchesse Du Maine que l'auteur a beaucoup fréquentée en 1747. Le vieux poète Sainte-Aulaire s'intitulait le berger de la duchesse, à qui il faisait la cour, celle-ci en retour se donnait la 'qualité de bergère', et les hôtes badinaient sur ce thème d'une pastorale un peu particulière dans leurs conversations, lettres et poésies.[30] Voltaire lui-même, occupant précisément la chambre de feu Sainte-Aulaire au château d'Anet en 1747, composa ce sizain à cette occasion:

> J'ai la chambre de Saint-Aulaire
> Sans en avoir les agréments;
> Peut-être à quatre-vingt-dix ans
> J'aurai le cœur de sa bergère:
> Il faut tout attendre du temps,
> Et surtout du désir de plaire.[31]

On est tenté de voir au début du récit d'autres références à cette même cour bien que ces nouvelles analogies ne soient pas spécifiques. La description particulièrement précise de la salle et des préparatifs du festin au commencement du chapitre 3 laisse penser que l'auteur a présent à l'esprit un décor déterminé. Songe-t-il à une des fêtes somptueuses données à Sceaux? Certaines se déroulaient au milieu du parc et de ses jets d'eau dans le Pavillon de l'Aurore dont l'orientation, la forme et la décoration étaient inspirées par l'astronomie comme le salon de Bélus; musiciens,

---

[30] Voir G. Desnoiresterres, *Les Cours galantes* (Paris 1860-1864), iv.195, 212 ss., 289-90.

[31] M.x.535. On note au passage que dans ces vers comme dans le conte sont liés les thèmes de la bergerie et de la longévité.

fruits rares et rafraîchissements y étaient disposés de la même façon.[32] On pourrait faire d'autres rapprochements.[33]

Voltaire d'autre part était particulièrement préoccupé vers cette époque, ou quelques années auparavant, par les problèmes philosophiques abordés dans les chapitres 3 et 4: la nature de l'âme, sa présence chez les animaux, le langage des bêtes; ses demandes de livres en témoignent.[34] Vers 1745, il s'intéresse également beaucoup à l'histoire de l'Orient: il publie dans le *Mercure* en 1745 et 1746 des chapitres sur l'empire arabe, l'Inde et la Chine. Certains éléments de la fiction orientale semblent lui avoir été inspirés par des ouvrages qui paraissent alors, comme l'*Histoire des Indes orientales anciennes et modernes* de l'abbé Guyon, ou qui sont

[32] On trouvera quelques détails supplémentaires, ch.3, n.2. Voir aussi Desnoiresterres, *Les Cours galantes*, iv.30, 34, 36, et Antoine-Nicolas Dezallier d'Argenville, *Voyage pittoresque des environs de Paris* (Paris 1755), p.190 ss. De plus, en février 1745, la reine offre un grand dîner à Sceaux en l'honneur du mariage du dauphin avec l'infante d'Espagne (Luynes, *Mémoires*, Paris 1860-1865, vi.307 ss.), que Voltaire précisément est chargé de célébrer: il a composé pour l'occasion *La Princesse de Navarre* dont le titre est composé comme celui de *La Princesse de Babylone*. Y a-t-il collusion entre ces faits?

[33] Faut-il déduire d'une phrase adressée, d'Anet encore, par Mme de Staal à Mme Du Deffand le 20 août 1747 – 'Le cousin Soquence, aussi fier chasseur que Nemrod, n'est pas encore venu' (*Correspondance inédite de Mme Du Deffand*, Paris 1809, i.178-79) – que la référence à Nemrod revenait souvent dans les plaisanteries de cette petite société? Autres analogies de détail encore: la duchesse, qui aimait beaucoup les animaux, avait, paraît-il, un perroquet, volatile qui ressemble au phénix de Formosante par sa longévité et son aptitude à la parole. A Sceaux il y avait comme chez Bélus une ménagerie et une orangerie. L'emploi, dans la décoration, de bois odiférants, comme chez la mère gangaride, était aussi un raffinement remarqué au château.

[34] Voir par exemple les *Lettres philosophiques*, XIII, et les lettres au père Tournemine (*c.* juin 1735, D877; décembre 1735, D963; *c.* 31 décembre 1738, D1729). Il demande l'*Amusement philosophique sur le langage des bêtes* (Paris 1739) de Guillaume-Hyacinthe Bougeant, et la *Lettre à madame la comtesse D*** pour servir de supplément à l'Amusement philosophique sur le languaige des bêtes* d'Aubert de La Chesnaye Des Bois; lettres à Moussinot (21 mars 1739; D1949), à Thiriot (24 mars 1739, D1953; 3 avril 1739, D1968; 13 avril 1739, D1976); voir aussi ch.3, n.13.

l'œuvre d'auteurs dont il emprunte des éditions à la Bibliothèque du roi. [35] Ces détails et thèmes sont toutefois relativement banals.

Il faut constater qu'on n'a aucun indice matériel d'une ébauche antérieure de vingt ans à la publication. On ne saurait en effet considérer comme une preuve la mention 'PDB' – *Princesse de Babylone* évidemment – qui suit une plaisanterie sur les Folies d'Espagne dans les carnets (V 82, p.441): même si les notes en question ont bien été prises entre 1735 et 1750, 'PDB' a pu être ajouté par la suite.

Si troublantes que soient les ressemblances avec *Sémiramis* ou les allusions évidentes à la princesse Ulrique et aux bergeries de la duchesse Du Maine, on peut donc seulement constater que l'auteur s'est inspiré de faits et d'écrits des années 1743-1748.

D'ailleurs même si les chapitres du début et de la fin du conte – les seuls pour lesquels la question se pose – avaient été rédigés pendant cette période, ils auraient été récrits avant la publication: leur ton, très différent de celui de *Zadig* par le détachement ironique, est inhérent à la motivation de 1767. Les analogies et allusions peuvent s'expliquer simplement par une résurgence de souvenirs suscitée par la situation.

En 1767, Voltaire a entrepris d'innocenter et de couvrir d'éloges Catherine II qu'il appelle la Sémiramis du Nord; d'autre part, décrivant le palais de Bélus à Babylone, il ne peut que penser à la reine Sémiramis et à ses jardins; de plus l'échec des *Scythes* lui rappelle celui de *Sémiramis* qu'il mentionne, parmi d'autres, dans

---

[35] Voir ci-dessous, p.40-42. Un spectacle de combat contre un lion, la croyance des brahmans dans la renaissance du phénix se trouvent dans des relations de voyages traduites par Wicquefort dont Voltaire emprunte des ouvrages en 1747: *Relation du voyage aux Indes orientales* (Paris 1659) de Johann Albert Mandelslo, ii.181; *Relation du voyage de Perse et des Indes orientales* (Paris 1663) de Thomas Herbert, p.57. La description du domaine de Bélus rappelle celle qu'en fait, dans son cinquième *Essay on imagination*, Addison, que Voltaire connaît depuis longtemps mais dont il demande les œuvres en 1744. Sur les emprunts de Voltaire à la Bibliothèque du roi, voir I. O. Wade, *The Search for a new Voltaire*, Transactions of the American Philosophical Society n.s. 48.iv (1958), p.65 ss.

le chapitre 'Des tribulations de ces pauvres gens de lettres' de *La Défense de mon oncle*, publié en 1767 (V 64, p.241). Autant de raisons pour que la pièce, son intrigue, ses premières représentations revivent dans sa pensée et lui inspirent certains personnages, certains épisodes et peut-être l'idée du voyage insolite de la princesse.

Un point de polémique sur *La Philosophie de l'histoire*, qui occupe Voltaire en 1767, porte sur le nombre de trois cent mille hommes que les Juifs auraient mis en campagne.[36] D'autre part en 1767 également paraît *L'Esprit des poésies de M. de La Motte*;[37] or Fréron, puis La Beaumelle, sur la foi de Pitaval, ont accusé Voltaire d'avoir plagié La Motte, précisément dans un poème à Ulrique; cette accusation est reprochée à La Beaumelle dans le *Supplément au Siècle de Louis XIV*.[38] De plus – en octobre seulement il est vrai – Marmontel vantera à Voltaire le soutien que lui apporte la princesse, devenue reine de Suède, dans la querelle sur *Bélisaire* (D14471), que Voltaire associe à la sienne à la fin du conte. N'est-ce pas suffisant pour que l'ancienne galanterie en l'honneur de la sœur de Frédéric revienne à l'esprit du conteur quand son sujet le conduit à décrire la cour faite à une princesse par un étranger sans naissance?

La publication de *L'Esprit des poésies* de La Motte, qui était un des habitués de la petite cour de Sceaux et de son jeu galant,[39]

---

[36] Voir Larcher, *Supplément à la Philosophie de l'histoire*, S.67, p.264-66.

[37] Antoine Houdar de La Motte, *L'Esprit des poésies de M. de La Motte* (Genève, Paris 1767).

[38] Voir les *Lettres sur quelques écrits de ce temps* (1752), vi.40-42, 66, 131-34, où Fréron rapproche des vers adressés à Ulrique ('Souvent un peu de vérité...') un poème attribué à Houdar de La Motte par l'abbé Pérau à la suite de Gayot de Pitaval (*Bibliothèque des gens de cour*, Paris 1746, i.370); la lettre de dénégation envoyée par Mme Denis au *Mercure* (D4901); et l'allusion faite par La Beaumelle dans son annotation du *Siècle de Louis XIV* (Francfort 1753, ii.315) à propos d'une critique portée par Voltaire à l'encontre de Pitaval (cf. *OH*, p.1261).

[39] Voir des échantillons de la correspondance entre La Motte et la duchesse dans Desnoiresterres, *Les Cours galantes*, iv.212.

peut également avoir rappelé à Voltaire la plaisanterie en vogue autrefois chez la duchesse lorsque, évoquant la société pastorale des Gangarides, il est amené à prononcer le mot de berger.

L'explication par la réminiscence est d'autant plus plausible que dans la plus grande partie du conte, même dans les chapitres 'orientaux', apparaissent des préoccupations qu'on retrouve dans les lettres et œuvres de 1767.

On a déjà signalé les éléments qui permettent de préciser la date de rédaction définitive de l'ouvrage. Voici encore quelques faits récents auxquels le conte fait allusion et dont il est question dans la correspondance de 1767: la condamnation en 1766 du chevalier de La Barre dont Voltaire s'efforce de réduire les conséquences;[40] le voyage de Mme de Geoffrin dont il demande à Marmontel les impressions en février avant de juger des affaires de Pologne (D13950, D14024); l'aide apportée aux Sirven par Christian VII (D13917) et Stanislas-Auguste Poniatowski (D13913), sur laquelle se fonde implicitement une partie au moins de l'éloge décerné aux deux rois. Peut-être faut-il voir des vestiges de la vie privée de l'auteur et de ses amis dans les épisodes de la 'farceuse' des Gaules,[41] du carnaval de Venise,[42] ou dans la profusion des détails alimentaires.[43]

On reconnaît dans le conte des idées que Voltaire échange en

[40] Ch.10, l.48-51. Voltaire veut réhabiliter La Barre et le jeune Gaillard d'Etallonde qui avait réussi à s'enfuir et qui est entré au service de Frédéric II sur sa recommandation.

[41] Dans La Guerre civile de Genève, composée au début de 1767, Voltaire déplore l'attention exclusive portée aux actrices de l'Opéra (V 63A, p.70). De plus il a des démêlés avec les actrices de la Comédie-Française; voir par exemple la lettre à Dorat du 4 mars 1767 (D14014), ou D14580.

[42] Claude de Loynes d'Autroche rappelle encore à Voltaire le 21 novembre 1767 qu'il ira à Venise pour le carnaval (D14542).

[43] On avait souffert de disette dans le pays de Gex au début de l'année, et un jour Voltaire a même manqué de bouillon! (6 février 1767; D13925). Le désir qu'il a 'd'excellent vin' (dont il demande quarante bouteilles à Le Bault le 6 février; D13926) explique peut-être le rôle donné dans le conte au délicieux vin de Chiraz.

1767 avec ses correspondants. Il leur fait le même tableau de la France: 'ce n'est guères qu'en France qu'on peut trouver les agréments de la société', [44] mais les belles-lettres périssent, 'on fait actuellement des vers à Pétersbourg mieux qu'en France', 'le théâtre de Paris n'existe plus', 'ce siècle de raisonneurs est l'anéantissement des talents; c'est ce qui ne pouvait manquer d'arriver après les efforts que la nature avait faits dans le siècle de Louis 14'. [45] Il établit entre les pays la même hiérarchie, basée sur les mêmes critères: 'C'est dans le nord qu'il faudra voyager pour apprendre à penser et à sentir'. [46] Plus généralement, les pays où les théologiens ont perdu leur puissance l'emportent sur les autres: 'Les prêtres désolent l'Italie. Les pays d'Allemagne gouvernés par les prélats sont pauvres et dépeuplés, tandis que l'Angleterre a doublé sa population depuis deux cents ans et décuplé ses richesses'; [47] il faut chasser tous les moines qui empêchent les lumières de se répandre, comme on a chassé les jésuites. [48] Voltaire croit au progrès: 'Les paÿs qui ne produisaient autrefois que des conquérans, vont produire des sages, et de la Chine jusqu'à l'Italie (exclusivement) les hommes aprendront à penser', écrit-il à un ambassadeur de Catherine II. [49] Les analogies, on le voit, ne se limitent pas au tableau de l'Europe. Il est question aussi dans la correspondance de 1767 de l'ancienneté des civilisations orientales parmi lesquelles la priorité revient à l'Inde: 'Nous ne sommes que des nouveaux venus en comparaison de messieurs les Chinois. Mais je crois les

[44] A Marmontel, 22 août 1767 (D14389); *Princesse*, ch.10, p.178-80, 183, 184.
[45] A d'Argental, 30 septembre 1767 (D14448); à Damilaville, 4 septembre (D14405); à d'Alembert, 30 septembre (D14447); à d'Argental, 16 octobre (D14489); voir aussi D14475 et D14517. *Princesse*, ch.10, l.66-90.
[46] A Christian VII, 4 février 1767 (D13917; cf. D14404); *Princesse*, ch.6, n.23.
[47] A Shouvalov, 30 septembre 1767 (D14450); cf. D14404, D14066; *Princesse*, ch.6, l.106-125, et ch.8 et 9.
[48] Au marquis de Villevielle, 27 avril 1767 (D14148); cf. D14066; *Princesse*, ch.6, l.106-125.
[49] A Golitsyne, 11 avril 1767 (D14102); *Princesse*, ch.5, l.96-102, ch.6, l.79-88.

Indiens encore plus anciens'. [50] Il n'est pas jusqu'au thème de la supériorité, dans le dialogue, des animaux sur les hommes qui n'y apparaisse: 'si les animaux raisonnaient avec les hommes ils auraient toujours raison' (D14012)... comme le phénix.

Le conte présente également des points communs avec des œuvres de l'auteur à cette époque. Quelques rapprochements s'imposent. L'éloge de Catherine II est en liaison évidente avec la *Lettre sur les panégyriques* et l'*Essai historique et critique sur les dissensions des Eglises de Pologne*; le portrait de l'empereur de Chine avec la *Relation du bannissement des jésuites de la Chine*. On retrouve des traits satiriques de *L'Ingénu* et de *L'Homme aux quarante écus* [51] et le scepticisme du *Pyrrhonisme de l'histoire*. [52] Certains problèmes abordés dans le conte le sont aussi dans les articles 'Adam', 'Morale', 'Papisme', 'Transsubstantiation' ajoutés en 1767 au *Dictionnaire philosophique*. [53] L'indulgence avec laquelle le roi des Scythes est présenté, [54] la cordialité et la franchise exceptionnelles de la rencontre des princesses parce qu'elle a lieu en Scythie, la description des vertueux bergers gangarides font penser à la tragédie des *Scythes* jouée à Paris le 26 mars: l'auteur, qui se prétendait lui-même 'un vieux poète persan du temps d'Artaxerxès protégé à Babylone', la présentait comme une 'bergerie', 'une peinture des mœurs agrestes opposées au faste des cours orientales'. [55]

Certains faits de 1767 et l'œuvre qu'ils ont suscitée méritent une

---

[50] A Shouvalov, 30 septembre 1767 (D14450); *Princesse*, ch.11, l.182-197.

[51] Voir par exemple dans *L'Homme aux quarante écus* le thème des redevances payées au pape et au clergé, la référence à l'affaire de La Barre, et le couplet contre Larcher (ci-dessous, p.251, 365-66, 370-71).

[52] On en trouve une manifestation explicite, *Princesse*, ch.11, l.245-252.

[53] Autre similitude de détail mais significative: dans l'article 'Prophètes', également ajouté en 1767, Voltaire évoque l'éventualité d'être transporté à Babylone par un hippogriffe (V 36, p.466).

[54] *Princesse*, ch.1, l.66-71, 157-162, 216 ss.

[55] D13676; et *Scythes*, 'Epître dédicatoire'.

place à part. A la dernière page, Voltaire interpelle, on l'a vu, deux de ses principaux ennemis du moment, Coger et surtout Larcher, auteurs respectivement de l'*Examen du Bélisaire de M. Marmontel* et du *Supplément à la Philosophie de l'histoire*, contre lesquels il écrit des libelles. Il publie en particulier en juin 1767 *La Défense de mon oncle*. Or on trouve dans ce pamphlet presque tous les éléments de *La Princesse de Babylone*. La polémique avec Larcher semble avoir inspiré l'ensemble du conte et même déterminé l'auteur à l'écrire sous la forme où il a paru.

On connaît l'histoire de la querelle. Pierre-Henri Larcher publie vers le 20 mars 1767 un *Supplément à la Philosophie de l'histoire de feu M. l'abbé Bazin nécessaire à ceux qui veulent lire cet ouvrage avec fruit* (Amsterdam 1767; BV1923), où il relève les erreurs de Voltaire. Celui-ci répond fin juin par *La Défense de mon oncle*. Larcher réplique à son tour fin décembre par une *Réponse à la Défense de mon oncle, précédée de la Relation de la mort de l'abbé Bazin* (Amsterdam 1767). Il donnera encore en 1769 une édition augmentée de son *Supplément*.[56] Deux conceptions de l'histoire s'opposent: l'une donne priorité à la raison, l'autre aux faits et aux écrits; cette divergence apparaît en particulier à propos de la prostitution sacrée à Babylone sur laquelle les deux antagonistes ne transigeront jamais: Voltaire la nie parce qu'elle est invraisemblable, Larcher la juge indéniable parce qu'elle est attestée.

A la liste traditionnelle des épisodes de cette guerre littéraire nous ajouterons *La Princesse de Babylone*, destinée, comme *La Défense de mon oncle*, à faire rire 'la bonne compagnie' aux dépens de Larcher.

Celui-ci ne s'y est pas trompé. En 1769, dans la seconde édition de son *Supplément*, il fait plusieurs allusions à *La Princesse de Babylone*, il établit un lien entre le conte et la polémique. L'auteur de *La Défense de mon oncle* y devient 'le *chaste* aumônier de la

---

[56] Pour plus de détails sur cette querelle, voir l'édition de *La Défense de mon oncle* procurée par José-Michel Moureaux (V 64, *passim*).

vertueuse Princesse de Babylone'; 'il a voyagé [...] tandis qu'il était chapelain de la Princesse de Babylone', 'il a passé tant de temps auprès de la Princesse de Babylone, dont il était l'aumonier, qu'il a presque oublié sa langue', il tient les 'anecdotes' qu'il raconte 'du perroquet de la Princesse de Babylone, avec qui il a [...] de fréquentes conversations'. [57] Effectivement, le conte apparaît comme la version narrative de *La Défense de mon oncle*.

4. '*La Princesse de Babylone*', version narrative de '*La Défense de mon oncle*'

Le sujet, la composition, le choix et le rôle de la plupart des personnages, le ton sont inspirés par la polémique avec Larcher. Au premier niveau de lecture, le récit se présente comme une transposition dynamique, une animation, du deuxième chapitre de *La Défense de mon oncle* intitulé 'Apologie des dames de Babylone', [58] celles-ci étant représentées par la fille de leur roi. C'est ainsi que Larcher semble l'avoir perçu. Effectivement, le fil conducteur est le voyage de la fidèle et courageuse Formosante à la recherche de son berger gangaride; elle ne se laisse pas distraire en chemin, elle ne se soucie même point du tout du saint de Bassora, 'le saint le plus fêté de toute l'Asie', qui 'tenait lieu souvent de mari'; si elle désobéit à son père en 'courant le monde', si elle utilise coquetteries et ruses avec le roi d'Egypte, c'est par fidélité et pour épouser l'homme parfait qu'elle aime (ch.4). Un

---

[57] S.69, p.126, 179, 49, 197; cf. p.123 et 124 à propos de la prostitution sacrée. De plus, est-ce simple coïncidence si Larcher pense en 1769 à critiquer l'ancienneté et l'importance attribuées par Voltaire aux découvertes astronomiques des Chaldéens et s'il tire argument précisément de l'origine de Bélus, ou est-ce le conte qui a attiré son attention sur ce point? et alors n'est-ce pas au conte qu'il répond autant qu'à *La Philosophie de l'histoire*? Voir S.69, p.59-60, 90-91; *Princesse*, ch.8, l.132-135.

[58] Le thème est repris au chapitre 26, 'Conclusion des chapitres précédents' (V 64, p.230).

aspect des aventures du héros lui-même – ses refus de bonnes
fortunes flatteuses – est lié à ce thème de la vertu de Formosante,
puisque, la croyant infidèle, il veut ainsi 'lui apprendre comme on
peut dompter ses désirs dans ses voyages'. [59] Or Formosante non
seulement est une de ces 'dames de Babylone', auxquelles Larcher,
sans excepter 'les filles du roi', prête l'habitude de 'se prostituer
dans le temple', 'parce qu'Hérodote l'a dit', [60] mais elle les représente
toutes. Au cours du récit, elle est beaucoup plus souvent désignée
par son titre que par son prénom, jusque dans des situations où son
rang importe peu. [61] L'intitulé même de l'ouvrage est significatif: ce
n'est pas le nom du personnage qui y figure – comme dans un
grand nombre de contes de Voltaire –, c'est son titre, qui fait de
Formosante 'la' représentante officielle des 'dames' de son pays,
et le nom de Babylone, qui renverra plus sûrement encore le
lecteur au chapitre 2 de *La Défense de mon oncle*, paru récemment,
et au point autour duquel la polémique s'est cristallisée. A la fin
du conte, l'auteur suggère et impose presque cette démarche en
demandant de mettre 'un bâillon au pédant Larcher qui [...] a eu
l'impudence de soutenir que la belle Formosante fille du plus grand
roi du monde, et la princesse Aldée, et toutes les femmes de cette
respectable cour, allaient coucher avec tous les palefreniers de
l'Asie pour de l'argent dans le grand temple de Babilone'. [62]

On découvre dans un deuxième temps que d'autres rôles,
épisodes et thèmes correspondent également à des points de la

---

[59] *Princesse*, ch.5, l.72-73; voir aussi ch.8, l.174-175; ch.9, l.29-30.

[60] *La Défense de mon oncle*, ch.2 (V 64, p.197). Les filles du roi sont mentionnées
p.200.

[61] Elle est désignée plus de vingt fois par son titre complet. Quand elle loue deux
vaisseaux et qu'ils ne peuvent démarrer, par exemple, qu'importe qu'elle soit
princesse de Babylone? et pourtant elle est ainsi désignée deux fois de suite à
quelques lignes d'intervalle (ch.7, l.26, 32).

[62] Cf. *La Défense de mon oncle*, ch.2: 'Tu veux absolument que du temps
d'Hérodote toutes les dames de la ville immense de Babilone vinssent religieusement
se prostituer dans le temple au premier venu, et même pour de l'argent' (V 64,
p.197). Les termes sont presque semblables.

controverse soulevés dans le *Supplément à la Philosophie de l'histoire* et dans *La Défense de mon oncle*.

Ce n'est pas par hasard que l'action se déroule sous le règne de Bélus et que le souvenir de Nemrod est évoqué. Dans son *Supplément*, Larcher discutait de l'identité de ces deux rois – Bélus n'est-il pas Nemrod? – et de l'époque où a vecu Bélus, à propos de l'ancienneté relative des deux empires d'Assyrie et de Babylonie (S.67, p.66-67, 70, 73, 243), et Voltaire à son tour fait allusion à ce problème dans *La Défense de mon oncle* au début de l'‘Apologie’. Le père de Formosante, encouragé par les prêtres, gouverne d'après les oracles: tous ses ministres convenant ou feignant de convenir ‘que la raison doit se taire devant eux; que c'est par eux que les rois règnent sur les peuples, et les mages sur les rois’ (ch.2, l.50-53). L'idée certes n'est pas neuve, mais la question du rôle politique joué dans l'antiquité par les songes, les augures, la superstition en général, est précisément abordée dans le chapitre 9 de la *Défense*, [63] et reprise dans le chapitre 16 et dans la ‘Troisième diatribe’, avec un commentaire comparable: ‘ou Tite-Live a écrit une sottise, ou Lucumon Tarquin, et l'augure étaient deux fripons qui trompaient le peuple, pour le mieux gouverner’. [64] Si Voltaire appelle ‘mages’ ces prêtres auxquels Bélus obéit, est-ce seulement par habitude? Ne serait-ce pas malignement, pour montrer à Larcher, qui a contesté l'appellation ‘Mag’ donnée dans *La Philosophie de l'histoire* aux prêtres babyloniens, [65] qu'il ne tient pas compte de ses observations?

---

[63] A propos du père de Sésostris: ‘les songes alors étaient des avis certains envoyés par le ciel, et le fondement de toutes toutes les entreprises’ (V 64, p.214).

[64] V 64, p.230; cf. ‘Troisième diatribe’, à propos des superstitions des Egyptiens: ‘Les grands abandonnent le peuple à sa sottise pourvu qu'il obéisse’ (V 64, p.256).

[65] S.67, p.184-85: ‘A l'égard des prêtres babyloniens que M. l'abbé appelle *Mag*, j'ignore où il l'aura pris [...] Il fallait dire que les prêtres babyloniens s'appelaient Chaldéens’, et il cite à l'appui Diodore de Sicile donnant (1, 28) la version égyptienne de la fondation de Babylone, par Bélus précisément; cf. p.178. Dans le conte, Voltaire donne ce nom de mages aux prêtres babyloniens en général, même dans des cas où il n'est pas question de divination, comme ch.2, l.52.

Le roi d'Egypte du conte a tous les défauts; il joue le rôle du grotesque et du méchant. Il entre en scène ridiculement 'monté sur le bœuf Apis' alors que le roi des Scythes arrive sur un tigre superbe qu'il a dompté et qui est aussi haut que les plus beaux chevaux de Perse. Quand il essaie de tendre l'arc, 'il fait des contorsions qui excitent le rire de l'amphithéâtre'. Quand il tire au blanc, la place où l'on est le plus en sûreté est le but où il vise. Il a un 'sot rire', énonce gravement des vérités premières, et se laisse facilement berner par une jeune fille. [66] Il est assez superstitieux et soumis aux prêtres pour ne pas douter qu'il remportera la victoire parce qu'il a fait bénir l'arc et l'a posé sur la tête du bœuf Apis, et pour laisser dire qu'il est le plus vertueux parce qu'il a 'été élevé par les prêtres d'Egypte'. Lâche de surcroît, il tend une embuscade à Formosante et veut abuser d'elle quand il est en position de force. [67] Il cause ainsi la folie d'Amazan et les malheurs des deux héros. Ce n'est pas par hasard ou par fantaisie de conteur. Anonyme, toujours désigné comme 'le roi d'Egypte', il est un type, il est le représentant des Egyptiens, ce peuple qualifié de 'mou, lâche et superstitieux' dans la 'Troisième diatribe' de *La Défense de mon oncle*, qui traite de l'Egypte dont l'abbé Bazin 'faisait assez peu de cas' (V 64, p.255, 244). Quand au rôle du grand aumônier, conseiller et complice du roi, il illustre le jugement porté à la fin de la même Diatribe sur 'ces malheureux prêtres d'Egypte' dont 'il ne reste, Dieu merci [...] qu'une mémoire qui doit être à jamais odieuse' (V 64, p.256), et il constitue dans une certaine mesure une réponse à Larcher qui discutait de leur pouvoir (S.67, p.178). Le voyage de Formosante en Russie sert encore de prétexte pour émettre sur l'Egypte des opinions analogues à celles exprimées dans la 'Troisième diatribe'. [68]

---

[66] *Princesse*, ch.1, l.59, 68-69, 133-134; ch.4, l.60-62, 64, 189-197.

[67] *Princesse*, ch.1, l.131-132, 141-142; ch.4, l.145 ss.

[68] *Princesse*, ch.6: 'une femme a été meilleure législatrice que l'Isis des Egyptiens' (l.29-30); 'les Egyptiens [...] se sont abrutis et déshonorés par leurs superstitions barbares [...] Leurs prêtres sont cruels et absurdes' (l.36-42). Cf. 'Troisième diatribe': 'La superstition de ce peuple est sans contredit ce qu'il y a jamais eu de

Le personnage de 'la mère gangaride' n'est pas davantage une simple fantaisie. Vivant dans une simplicité biblique, à trois cents ans elle 'avait encore de beaux restes': 'on voyait bien que vers les deux cent trente à quarante ans elle avait été charmante' (ch.4, l.367-370). Cette appréciation portée avec un sérieux feint n'est pas pure plaisanterie, mais un écho caricatural des controverses sur l'âge d'Abraham, de Tharé et de Sarah, dont Larcher expliquait la longévité et l'"air de fraîcheur' par 'la sobriété, la frugalité de nos premiers pères jointes à un exercice et à un travail modérés' (S.67, p.136, 140, 145-46).

Un certain nombre de péripéties de l'action romanesque sont fondées sur un fait historique signalé au cours de la polémique. A la fin du conte les héros font rôtir le bœuf Apis comme 'le Persan Cambise'. Le roi d'Ethiopie ravage l'Egypte comme Actisan cité dans la 'Quatrième diatribe'; puis Amazan – dont le nom ressemble à celui de cet Actisan – se rend lui aussi maître du pays sans difficulté, illustrant l'affirmation de Voltaire dans la même diatribe, que 'quiconque s'est présenté pour conquérir l'Egypte en est venu à bout en une campagne'. [69] Il bat également les envahisseurs scythes, dont une marche victorieuse à travers l'Asie avait été mentionnée par Larcher, précisément sur la foi d'Hérodote (S.67, p.173).

Le nombre des combattants – trois cent mille pour chacun des trois rois, six cent mille pour Bélus – n'est pas pris au hasard; [70] ce sont des chiffres prétendus historiques et que Voltaire refuse de considérer comme tels. [71] Il a contesté que les Juifs aient pu mettre

---

plus méprisable' (V 64, p.255-56). On remarque que dans ce passage du conte, Voltaire excepte, comme dans la 'Diatribe', la cour 'qui s'élève quelquefois au-dessus des préjugés vulgaires', paraissant oublier le rôle qu'il a attribué au roi. Faut-il voir là un indice que la rédaction a duré plusieurs mois?

[69] *Princesse*, ch.11, l.299, 253, 286 ss.; V 64, p.253, 257.

[70] Est-ce un hasard si l'armée ironiquement prêtée au pape (ch.9, l.101-102) compte aussi cinq ou six cent mille hommes?

[71] Cette explication n'exclut pas la référence à l'aventure galante de 1743. Au contraire, elle peut expliquer la réminiscence.

en campagne trois cent mille hommes, Sésostris six cent mille et que six cent mille soldats aient pu s'enfuir ayant Dieu à leur tête. Larcher a relevé ces passages, y a répondu,[72] et ici Voltaire se moque de lui.

Les Juifs, sous le nom de Palestins, interviennent dans le conte au chapitre 11 pour prêter de l'argent à un taux que le phénix doit discuter. Auparavant, il avait été dit qu'ils avaient toujours couru 'dans tous les climats pour peu qu'il y eût de l'argent à gagner [...] en prêtant sur gages à cinquante pour cent'. Au chapitre 4, il est fait allusion à leur ignorance. La même hostilité apparaît dans *La Défense de mon oncle*, ch.14, 'Que les Juifs haïssaient toutes les nations', où est signalée entre autres 'leur extrême ignorance'.[73]

Il n'est pas jusqu'à l'épisode des prostituées de Venise, dont le nombre et l'utilité sont précisés, qui n'ait un point commun avec la *Défense*. Un passage de l''Apologie des dames de Babylone' est consacré à l'histoire des bordels qui 'peut être fort curieuse', et ceux de Venise sont cités parmi les exemples.[74]

Dans les conversations des personnages et dans les commentaires, on retrouve des sujets débattus dans le *Supplément* de Larcher et dans la *Défense*. Il y est question de l'ancienneté des civilisations de l'Orient,[75] en particulier de celles de la Chine, de l'Inde – antérieures à celle de l'Egypte – du précieux Védam,[76] de la largeur d'esprit des Chinois, et de leurs annales.[77] Le phénix se fait le porte-parole de l'abbé Bazin en affirmant l'immortalité de l'âme, sa présence chez les animaux, l'ancienne alliance entre les bêtes et les hommes, et en optant pour la polygénèse.[78]

---

[72] S.67, p.264-66, 164-69, 270-71. Voir aussi V 64, p.214.

[73] *Princesse*, ch.11, l.48-51, 34-36; ch.4, l.131; V 64, p.225.

[74] *Princesse*, ch.9, l.19 ss.; *Défense*, V 64, p.199.

[75] *Princesse*, ch.8, l.37-39; ch.11, l.178-179; *Défense*, V 64, p.250, 233, 218, 240; *Supplément*, S.67, p.85-86.

[76] *Princesse*, ch.1, l.78; *Défense*, V 64, p.221.

[77] *Princesse*, ch.5, l.1 ss.; S.67, p.273-91.

[78] *Princesse*, ch.4, l.252 ss.; ch.3, l.96 ss.; ch.11, l.193 ss.; *Défense*, V 64, p.227, 232, 209, 233.

On pourrait encore relever des interférences de détail: tel enchaînement d'idées qui suit le même processus, [79] telle image du conte dont le point de départ est peut-être une anecdote du pamphlet. [80] Mais tous ces rapports ponctuels qui expliquent l'origine de bien des éléments du conte ne sont pas les seuls qui le lient à *La Défense de mon oncle*. Les deux œuvres ont le même sens fondamental et la même motivation. La prostitution sacrée à Babylone, même, qui est le sujet d'un chapitre de la *Défense* et le fil conducteur de la *Princesse*, n'est, on l'a déjà dit, qu'un aspect d'une vaste question. A travers elle, ce sont deux conceptions de l'histoire ancienne, et plus généralement de l'histoire, qui s'opposent. Et c'est ce problème de fond qui fait l'objet du conte, comme il fait celui de *La Défense de mon oncle*.

L'intention de critiquer les historiens qui, comme il est dit dans la *Défense*, 'compilent au lieu de raisonner', omettent de juger 'par le sens commun' 'de toutes les fables de l'antiquité', se contentent d'appuyer un fait de l'autorité d'un ancien auteur et ne veulent qu''étonner leurs lecteurs par d'incroyables aventures' est explicite dans certains passages de la *Princesse*: 'on dit que [...] la Phénicienne Didon, sœur d'un Pigmalion, épouse d'un Sichée, ayant quitté cette ville de Tyr, vint fonder la superbe ville de Carthage, en coupant un cuir de bœuf en lanières', 'selon le témoignage des plus graves auteurs de l'antiquité [...] et selon les professeurs' –

[79] *Princesse*, ch.11, l.328 ss.; *Défense*: 'Il se trompe sur l'histoire moderne comme sur l'ancienne' (V 64, p.212); S.67, p.145. A la fin du conte – qui reprend, il est vrai, explicitement certains thèmes de la polémique – Voltaire reproche à Larcher, comme dans la *Défense* (V 64, p.212), des erreurs concernant l'histoire ancienne, puis il l'accuse de ne connaître 'pas plus le moderne que l'antique' (ch.11, l.328), et il passe à Ninon, répondant à Larcher qui avait expliqué la dernière aventure de Sarah par celle de Ninon (S.67, p.145).

[80] La comparaison inhabituelle avec les combats de cailles (*Princesse*, ch.11, l.281) – qui toutefois sont organisés en Chine – pourrait avoir son point de départ dans la *Défense*, où Voltaire insiste sur le rôle des cailles dans la vie des 'nez coupés' (V 64, p.258).

au nombre desquels Voltaire compte Larcher – 'quoiqu'après tout il n'y ait jamais eu personne à Tyr qui se soit appelé Pigmalion, ou Didon, ou Sichée [...] et quoiqu'enfin il n'y eût point de roi à Tyr en ces temps-là'. Voltaire leur oppose son pyrrhonisme: de Canope tout ce qu'on savait, 'c'est que la ville et l'étoile étaient fort anciennes; et c'est tout ce qu'on peut savoir de l'origine des choses, de quelque nature qu'elles puissent être'.[81]

La fiction des 'mémoires traduits', 'fidèle récit' d'un voyage,[82] n'est pas dans ce conte un simple artifice littéraire. Elle remplit une fonction. L'auteur est censé savoir l'ancien babylonien et avoir fait avec ses héros un voyage comparable à celui de l'abbé Bazin et de son neveu qui prétendent dans la *Défense* être allés 'dans tout l'Orient', en particulier en Egypte, en Mésopotamie, à Moscou et à Pétersbourg, où l'abbé qui connaît les langues orientales s'établit en qualité d'interprète chinois. Il se trouve alors dans la même situation que cet oncle et ce neveu qui peuvent parler 'en connaissance de cause' 'des mœurs et des lois depuis Pékin jusqu'à Rome' parce qu'ils ont 'vérifié sur les lieux' (V 64, p.195, 198, 211). Voltaire donne ainsi une leçon à Larcher qui se fie au ouï-dire; et, quand à son tour dans ce 'fidèle récit' qu'est *La Princesse de Babylone* il raconte des 'fables', il veut évidemment parodier les relations de voyages antiques et les récits des historiens qui leur ont ajouté foi. Il tourne en ridicule par la même occasion le reproche que lui a fait Larcher de ne pas tenir compte de ces témoignages.

Au cours du récit la dérision porte sur des points divers et utilise elle-même des procédés divers. Elle s'attaque aux sources

---

[81] V 64, p.219, 195, 229-30, 213, 215; *Princesse*, ch.11, l.230-239, 250-252. S'agissant d'un fait d'une tout autre nature – l'origine de l'homme – le phénix se trouve 'encore trop jeune pour être instruit de l'antiquité' car il n'a 'vecu qu'environ vingt-sept mille ans' (ch.11, l.186-187).

[82] *Princesse*, ch.8, l.6-8: 'il se nommait milord What-then, ce qui signifie à peu près milord Qu'importe, en la langue dans laquelle je traduis ces mémoires'; cf. ch.8, l.24-26; ch.11, l.308, 318 ss.

des historiens à la Larcher, et à la confiance qu'ils leur font: les 'prodiges' d'Amazan 'ne sont-ils pas écrits dans le livre des chroniques d'Egypte?' (ch.11, l.288-289). Souvent l'auteur les parodie en feignant d'avoir trouvé dans les fantaisies du conte l'origine d'un fait et en prenant pour l'affirmer un ton doctoral: le phénix 'fit ordonner à tous les merles de vider le pays, et c'est depuis ce temps qu'il ne s'en trouve plus sur les bords du Gange'; 'et c'est depuis ce temps-là que les noms de berger et d'amant sont toujours employés l'un pour l'autre chez quelques nations'; 'il ne put jamais [...] tirer [de son oracle] que ces paroles, si célèbres depuis dans tout l'univers: *Quand on ne marie pas les filles, elles se marient elles-mêmes*'; 'Ce fut d'après ses portraits et ses statues [de Formosante] que dans la suite des siècles Praxitèle sculpta son Aphrodite, et celle qu'on nomma la Vénus aux belles fesses'.[83] L'effet est sensiblement le même quand le conteur feint de faire de l'histoire en se situant à l'époque de ses héros et en signalant avec sérieux les changements survenus 'depuis' un fait imaginaire: 'Tous ces chemins ont disparu dans la suite par le mauvais gouvernement'.[84] Il parodie avec une insistance particulière la tradition et la crédibilité qui lui est accordée quand il prétend dans la même page que 'la Renommée a publié de ses cent bouches' les victoires qu'Amazan 'remporta sur les trois rois avec ses Espagnols, ses Vascons et ses licornes'; que cette guerre fut 'mémorable'; que 'chacun sait comment le roi d'Ethiopie devint amoureux de la belle Formosante, et comment il la surprit au lit', qu''on se souvient qu'Amazan, témoin de ce spectacle, crut voir le jour et la nuit couchant ensemble', qu''on n'ignore pas qu'Amazan tira soudain sa fulminante'...[85]

---

[83] *Princesse*, ch.4, l.455-458, 2-4, 110-113; ch.1, l.30-32. Dans ce dernier passage, l'effet est accentué par le commentaire qui suit, fait à la manière d'une critique d'art.

[84] *Princesse*, ch.4, l.128-129; cf. 'elle le regarda du coin de l'œil, ce qui plusieurs siècles après s'est appelé lorgner' (ch.4, l.158-160); cf. ch.8, l.69-70; ch.11, l.45; ch.4, l.130-131.

[85] *Princesse*, ch.11, l.289-291, 279, 282-287.

L'abbé Bazin qui 'aimait le merveilleux, la fiction en poésie' 'les détestait dans l'histoire', ne pouvant 'souffrir qu'on mît des conteurs de fables à côté des Tacites', est-il dit dans la *Défense* (V 64, p.213). Aussi son soi-disant neveu caricature-t-il dans le conte ce monde fabuleux de 'l'histoire défigurée'.

Les exploits accomplis par Amazan en Espagne et en Orient avec la seule aide de ses licornes et d'une poignée de soldats (ch.11) sont une caricature des 'anciens récits de batailles' et des 'faits gigantesques dont il a plu à presque tous les historiens d'embellir leurs chroniques, qui sont écrites 'comme les Amadis' (V 64, p.256, 213).

En revanche, les hauts faits que rapporte la tradition sont réduits à des dimensions que rend encore plus ridicules la comparaison avec les aventures des personnages: 'la guerre de Troye [...] n'était qu'un jeu d'enfants en comparaison; mais aussi on doit considérer que dans la querelle des Troyens il ne s'agissait que d'une vieille femme fort libertine qui s'était fait enlever deux fois, au lieu qu'ici il s'agissait de deux filles et d'un oiseau'; 'toutes les guerres que les hommes ont faites depuis [celle d'Amazan] n'ont été que des combats de coqs et de cailles'.[86]

Le merveilleux, dont les éléments sont empruntés à la tradition, aux *Histoires* et *Relations* – est dépoétisé, dévalorisé, parodié. A peine un voyage de rêve dans les airs avec phénix et griffons est-il évoqué qu'il retombe dans les contraintes peu poétiques de la vie quotidienne: il faut écrire aux griffons, commander le canapé à un tapissier, y faire faire des tiroirs pour les provisions de bouche; s'arrêter pour 'faire boire un coup' aux griffons! Les cendres et l'âme du phénix sont ravalées au rang de simples objets quand Formosante, après les avoir noblement prises à témoin, ajoute qu'elles 'étaient alors dans ma poche', ou quand l'urne qui les contient est mise sur le même plan que les pierreries qu'on prend la précaution d'emporter.[87] L'oiseau lui-même perd de son prestige

---

[86] *Princesse*, ch.4, l.119-124; ch.11, l.280-281.
[87] *Princesse*, ch.4, l.289 ss., 419-421, 217.

en se comportant comme un humain: il prend des mesures pratiques, marchande avec les Palestins, doit observer les usages de la société, bourgeoise plutôt que princière, pour se faire introduire chez la Gangaride, s'entretient ensuite avec elle sur un ton familier, se laissant appeler 'mon cher enfant'. Quelle déchéance lorsque les femmes bataves le réduisent à sa valeur marchande: 'elles n'en firent pas grand cas, parce qu'elles jugèrent que ses plumes ne pourraient probablement se vendre aussi bien que celles des canards et des oisons de leurs marais', ou lorsque l'héroïne imagine qu'on pourrait le comparer à une chauve-souris! [88] Quant aux licornes, elles cessent d'apparaître comme des animaux fabuleux lorsqu'elles sont attelées par six à un carrosse comme de vulgaires chevaux, ou lorsque les éléphants sur lesquels on a vanté leur victoire sont assimilés à des mauviettes enfilées dans des brochettes. [89]

Bien plus: ces êtres de légende servent paradoxalement à dévaloriser les héros et leurs actes. Phénix et licornes sont mis sur le même plan que les Grands, leur donnent leur avis, faisant perdre à la situation de son sérieux et de son pathétique, et aux personnages de leur dignité. Il en est ainsi du Conseil des Gangarides qui 'ayant pris l'avis des licornes renvoya humainement le roi des Indes'; du roi de la Bétique qui s'adresse 'au bel Amazan, à la belle Formosante et au beau phénix'; on ne prend plus au sérieux le désespoir de la princesse lorsque le phénix donne son avis sur les romans que lui lit Irla pour la consoler. [90] Les cortèges princiers deviennent parades de cirque: la princesse entre à Paris 'avec le phénix, sa femme de chambre Irla et ses deux cents cavaliers gangarides montés sur leurs licornes'; le roi de la Bétique la fait monter 'avec Amazan, Irla et le phénix dans son carrosse [...] et la troupe des licornes

---

[88] *Princesse*, ch.11, l.50-51; ch.4, l.324 ss., 355 ss.; ch.7, l.23-26; ch.3, l.145-146.

[89] *Princesse*, ch.4, l.453; ch.8, l.2: 'carrosse à six licornes'; ch.3, l.170-171; cf. le sourire à l'encontre des paons et des perroquets extraordinaires (ch.4, l.339; ch.3, l.197-198).

[90] *Princesse*, ch.3, l.185-186; ch.11, l.149-150; ch.7, l.45-49; cf. ch.10, l.192-193.

suivit le roi de la Bétique à son palais'. 'Amazan présenta au monarque noir ses Gangarides, ses licornes, les Espagnols, les Vascons et son bel oiseau'; et il 'entra dans la ville en triomphe avec le phénix en présence de cent rois tributaires'. [91] Bélus, après avoir annoncé gravement à sa fille 'qu'il avait nommé les personnes de sa suite', cite 'le doyen des conseillers d'Etat, le grand aumônier, une dame d'honneur, un médecin, un apothicaire et son oiseau' (ch.4, l.35-38). Les historiens 'conteurs de fables' reçoivent ainsi d'une pierre deux coups. Deux éléments de leurs 'Amadis' sont dévalorisés: le merveilleux et les personnages prétendus historiques.

Aucun de ceux-ci n'échappe totalement à la dérision. Si le roi d'Egypte est particulièrement visé pour la raison que l'on sait, le célèbre Bélus n'est pas épargné. Ignare et stupide, il se laisse facilement berner et ses commentaires ne font que souligner sa sottise. Ce 'roi de Babylone' fait piètre figure lorsque, tous ses invités et ses proches étant partis à son insu, 'à son réveil il ne trouve plus personne'; sur quoi il énonce pompeusement des banalités. Comme il ne sait 'pas un mot de géographie', il ne comprend pas l'allusion aux Gangarides qui a échappé à sa fille et celle-ci 'trouve aisément une défaite'. Non seulement il se laisse dicter sa conduite par un oracle, mais il proclame avec une sotte naïveté sa foi et sa faiblesse: il a consulté l'oracle qui 'comme vous savez, ne ment jamais', et voici comme il parle 'en grand politique': 'Je suis vieux, je ne sais plus que faire [...] Je vais encore consulter l'oracle. En attendant, délibérez, et nous conclurons suivant ce que l'oracle aura dit; car un roi ne doit se conduire que par l'ordre exprès des dieux immortels'. [92] Le roi des Indes lui-même perd sa majesté à la suite de l'épreuve de l'arc traditionnelle dans l'épopée

[91] *Princesse*, ch.10, l.134-136; ch.11, l.124-128, 274-276, 296-297.
[92] *Princesse*, ch.4, l.104, 33-34, 28-29; ch.2, l.38-45.

mais qui sombre ici dans le quotidien: 'il en eut des ampoules pour quinze jours'. [93]

La nièce de Bélus, son père, son grand-père, son frère, toute sa maison s'appellent Aldée. Le mot est répété jusqu'à six fois en quelques lignes, avec une insistance qu'on est obligé de remarquer: '... votre grand-oncle Aldée [...] fut détrôné [...] son fils Aldée avait eu de son mariage la princesse Aldée [...] j'en ai eu le jeune prince Aldée-Amazan [...] Alors elle fit déployer [...] tous les titres de la maison des Aldées [...] Mais où est Aldée-Amazan' (ch.4, l.424-438)? Manifestement, l'auteur attache une importance particulière à ce mot et veut attirer l'attention sur lui. Or dans le *Précis du siècle de Louis XV* il en explique le sens: '*Aldée* signifie *village*: c'est encore le terme dont on se sert en Espagne depuis l'invasion des Arabes' (*OH*, p.1496). Quand il parle de la dynastie des Aldées, d'Aldée-Amazan, de la princesse Aldée, de la belle Aldée, il pense: la dynastie des Villages, Village-Amazan, la princesse Village, la belle Village. Il se moque ainsi de tous ces princes, et, à travers eux, des généalogies traditionnelles et de la tradition qui les transmet. En utilisant et réutilisant le terme il le signale au lecteur et si celui-ci a lu son œuvre historique, il adoptera la même attitude que lui.

Les deux protagonistes eux-mêmes sont moins des héros qu'une parodie des héros des épopées et des *Histoires* auxquelles Voltaire reproche d'être écrites à la manière des épopées (V 64, p.213-15). Ils perdent souvent de leur dignité princière. Ils utilisent les appellations 'ma tante', 'mon oncle' comme de simples bourgeois ou bien 'cousin issu de germain', 'cousine issue de germaine', contrefaçons du 'mon cousin' que se donnent les rois; ces dénominations font d'autant plus sourire qu'elles sont réitérées ou déton-

---

[93] *Princesse*, ch.1, l.148-150. Le sourire moqueur vise quatre princes à la fois: 'Formosante elle-même [...] rougit, les trois rois pâlirent' (ch.1, l.115-116).

nent dans un contexte solennel ou héroïque. [94] Quand elle apprend le mariage d'Aldée avec un roi, la fille de Bélus s'écrie: 'quoi! ma cousine qui était trop heureuse de me faire la cour est devenue reine, et je ne suis pas encore mariée!' (ch.5, l.111-112), empruntant un tour de phrase et de pensée à Mme Jourdain, du *Bourgeois gentilhomme*.

Les aventures des deux princes héritiers sont réduites à un jeu de piste: 'La princesse de Babilone avec le phénix [...] suivait [Amazan] partout à la piste, et ne le manquait jamais que d'un jour ou deux, sans que l'un se lassât de courir, et sans que l'autre perdît un moment à le suivre. Ils traversèrent ainsi toute la Germanie'; 'Formosante fut sur le point de l'attraper chez cette nation insipide'. Après son infidélité, 'rien n'ébranla son dessein de courir après Formosante'. [95]

L'auteur sourit et fait sourire de leurs malheurs plus qu'il n'y compatit. Tantôt, il les attribue à une cause si infime qu'on ne les prend pas au sérieux: le 'bel étranger [était] devenu le plus malheureux des hommes sur le rapport d'un merle'. Tantôt il les minimise en mettant par exemple la mort d'un père sur le même plan que celle du phénix. Tantôt au contraire il enfle ostensiblement le ton, parodiant le commentaire épique ou la description tragique: ils 'étaient près l'un de l'autre [...] ah! s'ils l'avaient su! mais l'impérieuse destinée ne le permit pas'. 'Un serrement de cœur, une douleur amère, une mélancolie profonde saisirent Formosante'; l'exagération moqueuse est ici d'autant plus sensible qu'aussitôt après la princesse 'se mit au lit dans sa douleur' et se fit lire des romans 'pendant ce siècle de huit jours'. [96]

[94] *Princesse*, ch.4, l.406-415: 'il est votre cousin issu de germain! [...] O ciel! mon cousin! [...] Mon fils est votre cousin [...] Ah! ma tante [...] je jure par lui et par le puissant Orosmade'; ch.11, l.151-153: 'mon intention est de retourner à Babilone dont je suis l'héritier présomptif, et de demander, à mon oncle Bélus, ma cousine issue de germaine', dit Amazan après son exploit en Espagne.

[95] *Princesse*, ch.6, l.103-107; ch.7, l.10-11; ch.10, l.217-218.

[96] *Princesse*, ch.5, l.126-129; ch.5, l.75-76; ch.8, l.200-202; ch.7, l.33-37.

'L'invincible Amazan' est quelque peu ridiculisé. Il 's'enfuit au plus vite' dès qu'une femme lui fixe un rendez-vous (ch.9, l.26). A partir de l'épisode chinois, il devient une sorte de mécanique répétitive, mue par des ressorts immuables: on le représente 'ayant toujours repoussé les agaceries [...], toujours fidèle à la princesse de Babilone, toujours en colère contre le roi d'Egypte'. Il parle du baiser, donné par la princesse à ce roi, à tous ses interlocuteurs: même à milord Qu'importe qui se souciait 'très peu qu'il y eût dans le monde un roi d'Egypte et une princesse de Babilone'; ou aux 'oisifs' de Paris, inspirant au narrateur cette phrase ironique: 'Comme la sincérité, la cordialité, la franchise, ainsi que la magnanimité et le courage composaient le caractère de ce grand prince, il avait conté ses malheurs et ses voyages à ses amis; [...] ils étaient informés du baiser funeste donné par elle au roi d'Egypte'. [97] A partir du chapitre 5, ce baiser est évoqué dès qu'il est question d'Amazan. Le retour de ce refrain peint l'obsession qui lui fait 'courir le monde sans savoir où il va' et qui est d'autant plus ridicule que sa jalousie n'est pas fondée. [98] 'Le bel Amazan' est irrévérencieusement présenté comme ayant 'la cervelle un peu attaquée' par 'un grain de folie', et cette folie fait tomber piteusement de son piédestal celui qu'on vient de prétendre 'le plus beau, le plus fort, le plus courageux, le plus vertueux des mortels'. [99]

Formosante elle-même, cette Babylonienne modèle dont on fait l'Apologie, n'est pas totalement épargnée. L'auteur sourit d'abord de ses préjugés et de ses étonnements naïfs de princesse 'qui n'était jamais sortie du palais du roi son père', puis de ses feintes d'ingénue amoureuse. Elle ne peut croire 'que le plus grand des hommes, et peut-être même le plus aimable, soit le fils d'un berger' et 'depuis

[97] *Princesse*, ch.10, l.1-3; ch.8, l.31-33; ch.10, l.211-215.
[98] *Princesse*, ch.6, l.99-100; ch.8, l.30-31, 147, 191-192; ch.10, l.218; ch.11, l.141; ch.5, l.136-137.
[99] *Princesse*, ch.8, l.160, 170; ch.5, l.54-55; ch.4, l.430-431: 'le plus beau, le plus fort, le plus courageux, le plus vertueux des mortels, et aujourd'hui le plus fou'.

le jour qu'elle vit Amazan et le phénix' elle passe 'toutes ses heures à s'étonner'; ensuite, ne voulant pas reconnaître qu'elle 'court après Amazan', elle feint d'avoir 'eu toujours une secrète dévotion pour le saint chez lequel on l'envoyait' et s'avoue seulement qu'elle espère avoir 'le bonheur' de rencontrer là-bas son 'cher Gangaride'. [100]

L'auteur décrit avec une complaisance amusée la comédie qu'elle joue et la mascarade qu'elle organise pour échapper au roi d'Egypte: elle coupa la barbe de l'aumônier très adroitement; 'puis l'ayant fait coudre à un petit ruban, elle l'attacha à son menton. Elle s'affubla de la robe du prêtre, et de toutes les marques de sa dignité, habilla sa femme de chambre en sacristain de la déesse Isis', elles 'passèrent à travers des haies de soldats, qui prenant la princesse pour le grand-prêtre l'appelaient mon révérendissime père en Dieu' (ch.4, l.213-225). Si elle gagne ainsi la partie, elle perd sa dignité royale dans cette grosse farce.

Quand il lui prête une ardeur de sentiment digne d'une héroïne, Voltaire en présente les manifestations avec une emphase qui fait sourire. Il fait un emploi ostensiblement exagéré et parodique de procédés rhétoriques, de clichés, de phrases célèbres. Formosante loue des vaisseaux pour aller 'dans cette bienheureuse île qui allait posséder l'unique objet de tous ses désirs, l'âme de sa vie, le dieu de son cœur'. Ayant manqué de peu Amazan en Scythie, elle s'écrie: 'mon bonheur a passé mon espoir, comme mon malheur a surpassé toutes mes craintes [...] que je parte, que je le suive, les mains pleines de ses sacrifices [...] Amazan est chez les Cimmériens, j'y vole'. [101] Elle accumule interjections, exclamations, interrogations, redondances pour exprimer son étonnement, sa curiosité ou son attente: 'O ciel! mon cousin! Madame, est-il possible? par quelle aventure? comment? quoi!' 'Mais où est Aldée-Amazan? où est mon parent, mon amant, mon roi? où est ma vie? quel

---

[100] *Princesse*, ch.4, l.39; ch.2, l.23-24; ch.4, l.263-264, 44-47.
[101] *Princesse*, ch.7, l.28-29; ch.5, l.141-145.

chemin a-t-il pris? J'irais le chercher dans tous les globes que l'Eternel a formés…'.[102] L'effet caricatural est souligné par le contraste avec le ton familier du contexte,[103] et parfois rétrospectivement par le passage qui suit.[104]

Formosante a toutes les qualités et tous les attributs de l'héroïne de 'fable'. Mais ils sont peints – comme son amour – avec une exagération et une insistance assez évidentes pour qu'on n'y croie pas et qu'on en sourie. Le parc de son palais est si extraordinaire que 'les jardins de Sémiramis qui étonnèrent l'Asie plusieurs siècles après, n'étaient qu'une faible imitation de ces antiques merveilles'. Elle est elle-même encore plus exceptionnelle, elle est 'ce qu'il y avait de plus admirable à Babilone, ce qui éclipsait tout le reste'; on ne sait où trouver un époux digne d'elle; après son passage, 'les bords de la Loire, de la Dordogne, de la Garonne, de la Gironde, retentissaient encore d'acclamations'. Les plus célèbres statues ne peuvent lui être comparées. Aussi la traditionnelle épithète de 'belle' lui est-elle appliquée avec une régularité notoire. Elle est même adjointe à son prénom de 'Formosante' qui signifie déjà belle. Ce pléonasme volontaire, qui revient une douzaine de fois, est destiné à être remarqué[105] et à confirmer que l'auteur ne prend pas au sérieux même sa princesse exemplaire – et à travers elle toutes les héroïnes de l'antiquité traditionnelle – et qu'il parodie les procédés des 'fables' qui transmettent leur histoire à la postérité. Ainsi, l'Apologie de la dame de Babylone elle-même est

---

[102] *Princesse*, ch.4, l.407-408, 438-440; cf.ch.5, l.56-57, 82-83; ch.4, l.449 ss., où l'exaltation est partagée par la mère gangaride; et ch.5, l.130, où est amorcé un duo avec Aldée: ce qui renforce l'effet comique.

[103] Voir J. Hellegouarc'h, 'Les "dénivellations" dans un conte de Voltaire', *Cahiers de l'Association internationale des études françaises* 41 (1989), p.41-53.

[104] Par exemple ch.10, l.140-142: quand elle entre à l'hôtel où il loge 'le cœur palpitant d'amour, toute son âme était pénétrée de l'inexprimable joie de revoir enfin dans son amant le modèle de la constance'; c'est pour le trouver dans les bras d'une 'farceuse des Gaules'!

[105] *Princesse*, ch.3, l.15; ch.4, l.99, 132, 414; ch.5, l.82; ch.7, l.17; ch.9, l.137; ch.11, l.149, 273, 283, 292, 320.

présentée de telle manière qu'elle contribue à l'entreprise de démystification qu'est l'ouvrage.

Presque tous les éléments du récit – action dans son ensemble, épisodes, personnages, ton – sont, on le voit, commandés par la polémique avec Larcher. Le conte est, parallèlement à *La Défense de mon oncle*, une amusante réponse en images au *Supplément à la Philosophie de l'histoire*. L'arme employée est la dérision, qui remplit une double fonction: elle doit tuer par le ridicule Larcher et ses critiques, le monde antique qu'il peint, l'histoire 'écrite comme les Amadis';[106] elle doit aussi, en amusant la bonne compagnie que le *Supplément* ennuie,[107] donner à son 'pédant' d'auteur une leçon d'écriture et de savoir-vivre. Sans rejeter totalement l'hypothèse d'une ébauche partielle antérieure à 1748, on a tout lieu de penser que le *Supplément* de Larcher a agi comme un stimulus. Voltaire en ayant eu connaissance en avril 1767, on peut dater de ce mois la conception de la *Princesse* sous la forme où nous la connaissons.

5. *Sources livresques*

Le terme de réminiscences conviendrait peut-être mieux que celui de sources. C'est le fonds de culture historique et littéraire de Voltaire qui apparaît le plus souvent dans ce conte.

Parodie d'une certaine histoire ancienne et tableau d'histoire moderne, le conte est fait, jusque dans la partie fabuleuse, d'éléments historiques ou pseudo-historiques. Voltaire a utilisé les

---

[106] Marmontel disait déjà de *La Defense de mon oncle*: '*Toxotès* [Larcher] a eu tort sans doute; mais quand il auroit eu raison, il seroit encore ridicule. Quelle arme que la plaisanterie dans les mains de ce bon neveu!' (D14471).

[107] C'est une des critiques que Voltaire fait à Larcher: 'L'autheur [du *Supplément*] n'est ny poli ny gai. Il est hérissé de grec. Sa science n'est pas à l'usage du beau monde et des belles dames' (à d'Alembert, 20 juin 1767; D14232); cf. D14235.

divers documents qu'il avait consultés pour écrire les chapitres de l'*Essai sur les mœurs* et de *La Philosophie de l'histoire* concernant les pays en question. Nous ne citerons ici que des ouvrages qui semblent avoir laissé des traces précises, qui seront signalées dans les notes.

Les animaux fabuleux. Le personnage et le rôle du phénix paraissent inspirés plus particulièrement par l'*Histoire des Indes orientales anciennes et modernes* de l'abbé Guyon, la *Relation du voyage de Perse et des Indes orientales* de Herbert et la *Bibliothèque orientale* de d'Herbelot;[108] ceux des griffons et des licornes par l'*Histoire* de l'abbé Guyon et, en ce qui concerne les licornes, également par les *Anciennes relations des Indes et de la Chine* d'Eusèbe Renaudot;[109] celui du merle par la *Bibliothèque orientale*; ceux des paons et des perroquets par l'*Histoire* de l'abbé Guyon encore et peut-être par les *Voyages* de C. Dellon.[110]

L'itinéraire. Les précisions données sur l'itinéraire des héros en Orient sont conformes aux informations qu'apporte *Le Grand dictionnaire géographique, historique et critique* de La Martinière.

L'Inde, les Gangarides. Les informations sur Xaca viennent vraisemblablement de l'*Histoire du christianisme des Indes* de Veyssière de Lacroze.[111]

Dans ses *Interesting historical events relating to the province of*

---

[108] Claude-Marie Guyon, *Histoire des Indes orientales anciennes et modernes* (Paris 1744; BV1585); Thomas Herbert, *Relation du voyage de Perse et des Indes orientales*, trad. Abraham de Wicquefort (Paris 1663; BV1628); Barthélemy d'Herbelot de Molainville, *Bibliothèque orientale, ou dictionnaire universel contenant généralement tout ce qui regarde la connaissance des peuples de l'Orient* (Paris 1697; BV1626).

[109] Eusèbe Renaudot, *Anciennes relations des Indes et de la Chine, de deux voyageurs mahométans, qui y allèrent dans le neuvième siècle* [...] *traduites de l'arabe* (Paris 1718; BV2950).

[110] Charles Dellon, *Voyages de M. Dellon avec sa Relation de l'Inquisition de Goa* (Cologne 1709; cf. BV973).

[111] Mathurin Veyssière de Lacroze, *Histoire du christianisme des Indes* (La Haye 1724; BV3437).

Bengal, and the empire of Indostan,[112] J. Z. Holwell donne la même idée que Voltaire des Gangarides et de leur pays. Il décrit la richesse de la région, la pureté des mœurs des habitants qu'il distingue des autres Hindous, leur résistance aux envahisseurs, leurs rites, leur croyance à la métempsycose qui les conduit à penser que les animaux ont une âme, un langage, et qu'il ne faut pas les tuer et les manger.[113] Il nous semble toutefois impossible de voir là, comme on l'a fait,[114] une des sources du conte. Malgré les illusions que Voltaire veut se faire sur la valeur du manuscrit qu'il a offert à la Bibliothèque du roi, considérerait-il encore comme un des trésors les plus précieux le Veidam que le roi des Indes offre à la Princesse s'il avait lu les premières pages des *Interesting historical events?* Holwell y écrit que 'le Viedam [*sic*] est rempli d'impuretés', qu'il faut le regarder 'comme une corruption' du Shasta (p.xxii). Et surtout, un problème de date se pose. La description des Gangarides non seulement se trouve au début du conte, mais est un des points de départ essentiels de l'action. Or Voltaire n'accuse réception du livre de Holwell que le 7 décembre 1767 (D14575, D14579), c'est-à-dire quand le conte est entièrement ou presque entièrement écrit. Il n'a donc pu en tirer l'inspiration. Il pourrait tout au plus avoir utilisé les informations que lui a données de vive voix Peacock et qui 'confirment' celles de Holwell. Encore ces entretiens sont-ils trop tardifs eux-mêmes.[115] D'ailleurs Voltaire savait et avait déjà 'écrit une partie

---

[112] John Zephaniah Holwell, *Interesting historical events relating to the province of Bengal, and the empire of Indostan* (London 1766-1767; BV1666).

[113] Voir par exemple *Evénements historiques intéressants relatifs aux provinces de Bengale et à l'empire de l'Indostan* (Amsterdam 1768), i.183, 197, 198, 200; ii.2, 30, 90-92, 100, 103, 144.

[114] A.-M. Rousseau, par exemple: *L'Angleterre et Voltaire*, i.266.

[115] Le 25 décembre, Voltaire semble parler encore à Chabanon de la visite de Peacock comme d'un fait récent (D14617); de plus, on peut supposer que Peacock a envoyé le livre à son hôte dès son retour en Angleterre, et par suite qu'il est rentré peu avant le 7 décembre.

des vérités que ce savant auteur [Holwell] développe': il le dit lui-même (D14579).

La Chine. La description de la société chinoise et les paroles de l'empereur sont incontestablement tirées des *Lettres édifiantes et curieuses* recueillies par le père Du Halde.[116]

L'Italie. L'arrivée et l'accueil d'Amazan en Italie font penser au *Second voyage* du père Tachard.[117]

L'Espagne. Les détails donnés sur les Basques et les Espagnols proviennent aussi des relations de voyage. On trouve notamment dans celle de la comtesse d'Aulnoy un bal improvisé au son des tambourins avant le passage de la Bidassoa; à son arrivée en Espagne et dans la capitale, des descriptions du physique et du caractère des habitants, de leurs mœurs, des institutions dont on reconnaît des éléments dans le conte.[118] Quant à la scène d'Inquisition du conte, elle ressemble à celle de la *Relation* de Dellon.[119]

---

[116] *Lettres édifiantes et curieuses, écrites des missions étrangères* (Paris 1711-1743), éd. C. Le Gobien, J.-B. Du Halde *et al.* (Paris 1703-1776; BV2104).

[117] Guy Tachard, *Second voyage du père Tachard et des jésuites envoyés par le roi au royaume de Siam* (Paris 1689).

[118] Marie-Catherine Le Jumel de Barneville, baronne d'Aulnoy, *Relation du voyage d'Espagne* (Paris 1691; BV223). La 'gloire mêlée de gravité', la sobriété, la maigreur et la répugnance pour la poitrine chez les femmes, 'le teint jaune et basané', 'un habit toujours noir' avec 'une golille' et un poignard, à la ceinture des femmes un chapelet qu'elles disent partout et en toutes circonstances, des laquais 'l'air malpropre' aux cheveux 'bien gras'; une cuisine pleine d'ail et d'épices parfois immangeable, des hôtelleries d'où il faut envoyer chercher 'de tous les côtés de la ville' ce dont on a besoin; des carrosses attelés de mules (le roi seul ayant droit à six mules), dont les traits de soie et de corde sont d'autant plus longs que le propriétaire est plus puissant, et qui avancent lentement et gravement en ville, mais aussi 'depuis quelque temps' des chevaux 'd'une beauté admirable' 'au lieu de mules'; enfin l'Inquisition avec ses 'vingt-deux mille familiares…, espions répandus partout, qui donnent … des avis vrais ou faux, sur lesquels on prend ceux qu'ils accusent', son Conseil suprême plus puissant que le roi, et les préparatifs d'un auto-da-fé pour lequel on construit un théâtre.

[119] *Relation de l'Inquisition de Goa* (Paris 1688; BV973: Amsterdam 1737).

Sur des points de détail comme dans l'ensemble du récit on croit discerner certaines influences littéraires. La description du palais de Babylone, faite il est vrai par de nombreux auteurs anciens et modernes, ressemble plus particulièrement à celle d'Addison dans le cinquième *Essay on imagination*. Les rôles du phénix et du merle font penser à ceux du phénix et des pies dans l'*Histoire de Fleur d'Epine* et à celui des mouches espionnes dans la *Zeneyde* de Hamilton. [120]

La quête de Formosante et d'Amazan – fiction romanesque certes banale – n'est pas toutefois sans rappeler plus spécialement certains romans bien connus de l'auteur. Dans *Zaïde, histoire espagnole* attribuée à Mme de La Fayette – qui était ou du moins avait été très présente à l'esprit de Voltaire (voir D2078) –, comme dans la *Princesse*, les deux héros s'aiment sans pouvoir se parler, se perdent, puis Consalve va à la recherche de Zaïde bien qu'il la croie partie elle-même à la recherche de celui qu'elle aime; à la fin de la première partie, ils ont failli se rencontrer: ils ne sont séparés que par un bras d'eau comme Formosante et Amazan aux chapitres 7 et 8; enfin, comme eux, ils se retrouvent, s'expliquent et se marient.

Personne n'a signalé, semble-t-il, les ressemblances avec la *Zulima* de Le Noble. Elles sont pourtant frappantes; la nouvelle et le conte ont même en commun un épisode assez peu banal. Dans les deux œuvres, la princesse héritière, à qui son père veut faire faire un mariage utile au pays ou conforme à la tradition, s'éprend d'un bel étranger, dont on ignore l'origine princière. Seule la confidente est au courant de cet amour; les entretiens des deux femmes se déroulent dans un cadre et sur un ton similaires. Pour gagner du temps, la princesse fait croire à son père qu'elle ira en pèlerinage avant de se marier. L'oracle étant favorable à ce voyage, le roi, bienveillant et très superstitieux, donne son accord.

---

[120] Antoine Hamilton, *Œuvres* (Paris 1812), *Histoire de Fleur d'Epine*, ii.87-88; *Zeneyde*, ii.414-15, 471. Un conte de Hamilton, *Les Quatre Facardins*, est d'ailleurs cité à la fin du chapitre 7.

L'héroïne, qui compte sur des 'accidents imprévus', fait les préparatifs, et prend soin d'emporter des pierreries (comme la fameuse
Alatiel de Boccace et de La Fontaine) sous prétexte de les offrir
au dieu. Elle part dans la nuit qui suit un festin pour que son père
ne s'aperçoive pas de ses véritables intentions; le roi est tout étonné
de ne plus trouver personne à son réveil. La princesse ne fait
évidemment que prendre la direction du sanctuaire; elle veut en
réalité rejoindre celui qu'elle aime, et aboutit en Europe, où les
deux auteurs la conduisent à Rome et en Germanie. Elle finit par
épouser son prince. Les deux œuvres ont encore en commun des
intrigues secondaires: le roi d'Egypte, à la suite d'un dîner, veut
abuser d'une princesse qui ne l'aime pas; au palais, auprès de
l'héritière du trône, vit une nièce du roi qui deviendra reine en
épousant un prétendant que sa cousine a éconduit. Il paraît probable
que la nouvelle de Le Noble a inspiré le début du conte.

Nous ne ferons que rappeler les ressemblances évidentes avec
l'*Orlando furioso* de l'Arioste et l'*Orlando innamorato* de Boiardo
puisqu'elles ont déjà été étudiées en détail. [121] Elles apparaissent
dans la structure du récit, la conception des personnages et
dans le style, le ton de l'Arioste convenant parfaitement à une
démystification.

Voltaire a-t-il pensé à l'*Histoire des amours de Chéréas et
Callirhoé*, roman d'aventures du grec Chariton traduit précisément
par Larcher (Paris 1763)? C'est possible. Le nom de Formosante
apparaît comme une transposition latine de Callirhoé accommodée
à la manière de l'Arioste. La traduction de Larcher a été signalée
à Voltaire, par Damilaville, au début de juin, [122] donc pendant la
période présumée de rédaction du conte, en même temps que
l'identité de l'auteur du *Supplément*. Voltaire s'en souviendra
encore en écrivant l'"Avis' qui précède *La Philosophie de l'histoire*

---

[121] R. Legros, 'L'*Orlando furioso* et *La Princesse de Babylone* de Voltaire', *The
Modern language review* 22 (1927), p.155-61 et l'introduction de *La Princesse de
Babylone* par F. Deloffre et J. Hellegouarc'h, dans *Romans et contes*, p.1008-11.
[122] Voir ci-dessus, p.7.

dans l'édition de Kehl (*Essai*, ii.955): c'est une des rares œuvres de Larcher qu'il citera, et justement sous le titre abrégé de *Callirhoé*. On reconnaîtrait bien d'ailleurs la technique de la *Princesse* qui abonde en connotations et allusions, et la malice de l'auteur s'il utilisait une œuvre de l'adversaire – ne serait-ce que son titre – dans un ouvrage destiné à le ridiculiser. [123]

6. *Editions* [124]

La Princesse de Babylone est sortie des presses de Gabriel Grasset de Genève en 1768 (sigle 68). D'autres éditions ont paru en Hollande (68A1, 68A2), en Angleterre (68L1, 68L2), en Allemagne (68X1), en France (68X2), à Liège (68X3).

D'autre part il a paru un abrégé dans le *Mercure de France* de juillet sous le titre générique de 'Conte' (MF) et une version intitulée *Voyages et aventures d'une princesse babylonienne* à Paris, chez Le Jay, avec permission tacite (68P).

Une édition du premier groupe présente deux variantes intéressantes: *Candide* remplace (dans 68A2) *Les Quatre facardins* dans la liste des romans qu'on lit à l'héroïne sans la consoler, et la nation des Bataves d'''insipide' devient 'l'aborieuse' (*sic*) au chapitre 7 de 68A2 (édition 'batave').

Mais seuls l'abrégé du *Mercure* et l'édition Le Jay se distinguent des autres par des coupures ou variantes qui affectent le contenu. L'édition parisienne a été sévèrement critiquée par d'Argental et il est évident que les modifications ne sont pas le fait de l'auteur.

[123] Est-il nécessaire de le rappeler? Voltaire s'inspire également, on l'a vu, de ses propres œuvres, historiques, polémiques, philosophiques et théâtrales; il utilise les informations qu'il reçoit sur l'actualité, et ses souvenirs personnels qu'on retrouve en particulier dans certaines allusions et dans les chapitres sur la Hollande et l'Angleterre.

[124] Section établie avec la collaboration de Andrew Brown.

Le conte paraît pour la première fois dans une édition collective des œuvres de Voltaire dans les *Nouveaux mélanges* de 1768 (NM), et ensuite dans plusieurs collections, dont l'édition encadrée (W75G). Le texte ne diffère de celui de l'édition originale que par des détails infimes.

68

LA / PRINCESSE / DE / BABILONE. / [*bois gravé, 53 x 37 mm*] / [*filet gras-maigre, 69 mm*] / *MDCCLXVIII.* /

[*faux-titre*] LA / PRINCESSE / DE / BABILONE. /

8°. sig. π^2 A-L^8 M^4 (M4 bl.); pag. [*4*] 182 (p.8 non numérotée); \$4 signé, chiffres romains; réclames par cahier.

[*1*] faux-titre; [*2*] bl.; [*3*] titre; [*4*] bl.; [1]-182 La Princesse de Babilone.

L'édition originale de *La Princesse de Babylone*, imprimée à Genève par Gabriel Grasset.[125] Elle correspond le mieux au signalement donné par d'Hémery le 24 mars, '180 pages in-8' (Bn F22165, f.19*r*).

On y relève très peu de fautes. La plupart sont purement orthographiques: 'quelle' pour 'qu'elles'; accords injustifiés avec le mot le plus proche en général; quelques incohérences graphiques. Une seule touche le texte, et elle est minime: la substitution, fautive de toute évidence, de 'les' à 'ses' dans un terme d'une énumération (ch.4, l.87), qui se retrouvera dans toutes les éditions ultérieures, à l'exception de W71P et K.

A partir d'une phrase de Voltaire, 'J'ai reçu de Hollande une princesse de Babilone' (D14877), Jean Tannery a contesté (dans le *Bulletin du bibliophile*, 1934, p.198-203) l'identification de l'édition originale. On verra plus loin que ni les éditions hollandaises (68A1, 68A2) ni celle (68L1 ou 68L2) que Tannery a prise à tort pour hollandaise ne peuvent être l'originale.

StP: BV3725; Bn: Rés. Y2 1743; – Rés. Z Beuchot 695 bis; – Rés. Z Beuchot 696; – Y2 Z 204; Taylor: V5 P7 1768 (1); – V5 P7 1768 (2).

---

[125] Voir A. Brown et U. Kölving, 'Voltaire and Cramer?', *Le Siècle de Voltaire: hommage à René Pomeau*, éd. C. Mervaud et S. Menant (Oxford 1987), p.165.

47

MF

Mercure de France, dédié au roi. Par une société de gens de lettres, Paris, Lacombe, juillet 1768.

Tome 1: 27-68 Conte.

Une version abrégée et expurgée, sans nom d'auteur, avec cette note: 'Ce conte, très moderne, est réduit. On a fait une miniature d'un grand tableau; en conservant néanmoins les touches précieuses du maître, et en employant, autant qu'il est possible, les traits d'imagination, les saillies d'esprit, les pensées philosophiques, et l'art par lequel l'auteur sait à la fois amuser, instruire et intéresser.'

Cette présentation ne correspond pas tout à fait à la réalité. On a certes réduit le conte, en préservant la cohérence de l'ensemble et en soignant les raccords. Un certain nombre de coupures sont faites apparemment dans le seul but d'abréger l'ouvrage. Le récit est réduit à l'essentiel. Des épisodes et intrigues secondaires sont supprimés: l'épreuve du lion, l'ancienne affaire de succession au trône de Babylone, par suite le personnage d'Aldée, ses prétentions à la couronne, son alliance et son mariage avec le roi des Scythes, et par conséquent le séjour de Formosante en Scythie et les allusions qui y sont faites par la suite; la guerre entre Bélus et les trois rois; l'arrestation des officiers de la suite de Formosante par le roi d'Egypte.

Les séquences sont souvent raccourcies. Des descriptions sont supprimées ou abrégées: celles du palais de Bélus, de l'arc de Nembrod, des trois rois, de leur cortège et de leurs présents, par exemple. Certains détails narratifs subissent le même sort: parmi ceux-ci, les prémices de la première fête, le repas chez milord Qu'importe, l'arrivée de Formosante à Paris. On élimine ou on réduit des éléments qui n'influent pas sur le déroulement de l'action, comme les propos sans portée particulière tenus par les personnages et les commentaires qu'ils font sur les événements: paroles adressées par Bélus aux prétendants, réactions des spectateurs pendant les épreuves, commentaires sur le départ et la personnalité d'Amazan, regrets de Bélus qui se retrouve seul, conversation de Formosante avec la mère Gangaride et avec l'empereur de Chine, d'Amazan avec milord Qu'importe et avec le membre du Parlement sur le sujet relativement anodin du progrès des sciences, échange de vues de Formosante avec son entourage après l'infidélité d'Amazan. Il en est

LA PRINCESSE DE BABILONE.

MDCCLXVIII.

1. Page de titre de la première édition (68),
imprimée par Gabriel Grasset.
Taylor Institution, Oxford.

de même de l'évocation de leurs états d'âme par l'auteur: amour et admiration de Formosante pour Amazan, son enthousiasme opposé à la froideur des femmes bataves, sa douleur; sa colère contre le roi d'Egypte, sa joie après la résurrection du phénix, son affection payée de retour pour la mère du héros; rêveries d'Amazan, commentaire prêté au narrateur sur la faiblesse humaine, bonheur final des deux amants. L'exaltation des personnages et le sourire ironique avec lequel le conteur la présente sont ainsi souvent atténués, et le ton du récit s'en trouve modifié.

Bien des suppressions révèlent d'autres mobiles que le désir d'abréger. Elles vont dans le même sens que les changements qu'apporte l'édition Le Jay (68P).

Quelques-unes dénotent, semble-t-il, un souci de décence. La comparaison de Formosante avec la Vénus aux belles fesses, les propositions du roi d'Egypte, que la princesse feint d'accepter, celles de mylady à Amazan qui laissent le mari indifférent disparaissent, ainsi que l'explication, pleine de sous-entendus, de la fatigue d'Amazan et de la fille d'affaire. Le plus souvent l'adaptateur paraît conduit par la prudence. Il lénifie certains portraits peu flatteurs: ceux de milord Qu'importe, des Italiens, des Espagnols, des Palestins. Il supprime ce qui a trait au conflit de Voltaire avec ses ennemis personnels: les attaques nominatives – c'est-à-dire toute la fin, comme l'édition Le Jay – et aussi une prise de position contre l'histoire ancienne 'à la Larcher'. Plus généralement il supprime les allusions à une actualité controversée: procès du chevalier de La Barre, invasion de la Pologne par Catherine II, décadence des arts et du prestige de la cour en France, agrément des salons et en particulier de celui de Mme Geoffrin. Il évite tout ce qui pourrait choquer ceux qui détiennent le pouvoir: l'ironie et les critiques à l'encontre de la société, des préjugés, de la vie des grands, des ministres et surtout des rois. Il élimine évidemment une attaque de l'obscurantisme, du pouvoir absolu arbitraire – bien qu'il s'agisse de l'histoire d'Angleterre –, et l'éloge en contrepartie des souverains éclairés: impératrice de Russie, princes d'Allemagne du Nord.

A plus forte raison de nombreux passages, voire des parties de chapitres disparaissent, qui tournaient en ridicule et critiquaient des croyances et pratiques religieuses, la puissance du clergé et le fanatisme. Ils concernaient la superstition et la religion (culte du bœuf Apis, du Phallus, valeur des oracles, docilité à leur égard de Bélus, qui les consulte deux fois de moins, rôle du grand aumônier, faux serment et déguisement sacrilège de Formosante et d'Irla), et surtout la religion chrétienne et en particulier catholique: méfaits des couvents, mœurs du Vatican (castration des chantres, pédérastie), usages qui témoignent de la suprématie morale du pape, son pouvoir temporel: revenus, autorité sur les rois (ce qui réduit de plus de moitié le chapitre 9 qui décrit le séjour d'Amazan à Rome); dissensions et fanatisme en France; expulsion des jésuites de Chine pour intolérance; Inquisition naturellement: ses procédés et tout ce qui en résulte pour les personnages en Espagne – arrestation, bataille, autodafé des inquisiteurs, commentaires et re- connaissance du roi, soit une grande partie du chapitre 11. Sont supprimés aussi des passages qui condamnaient ou raillaient d'autres formes d'intolérance: les guerres civiles en Angleterre, la censure à l'encontre de l'opéra et des livres; le nom même de Marc-Michel Rey disparaît. Symétriquement sont gommés le voyage de Formosante en Germanie, la comparaison de Catherine II avec les autres dirigeants – qui constituent des éloges de la largeur de vue, de l'indépendance d'esprit, de la tolérance –, et jusqu'au nom de la tolérance.

Le journaliste annonçait qu'il conserverait – 'autant qu'il est possible' il est vrai – 'les pensées philosophiques' de l'auteur. Pourtant il omet, en plus de tout ce qui a été signalé, la plus grande partie des propos philosophiques du phénix: sur la sagesse et la religion naturelle des Gangarides, la résurrection, l'âme des animaux, l'origine de l'homme. On ne peut croire qu'il ait obéi au seul désir d'abréger le récit.

Bn: 8° Lc2 39 (juillet 1768, I).

68A1

LA / PRINCESSE / DE BABILONE. / [*ornement typographique*] / [*filet, 72 mm*] / [*filet, 60 mm*] / *LONDRES*. / MDCCLXVIII. /

8°. sig. π² A-E⁸ F⁶ G⁴ (π1 bl.); pag. [4] 100; $5 signé, chiffres arabes (– F5, G3-4); réclames par cahier.

[1-2] bl.; [3] titre; [4] bl.; 1-96 La Princesse de Babilone; 97-100 Lettre de l'archevêque de Cantorbery à l'archevêque de Paris.

Une édition hollandaise, éditée (comme 68A2) par Marc-Michel Rey. Le 26 mars 1768, Du Peyrou, qui est à Neuchâtel, envoie à Rey un exemplaire de *La Princesse de Babylone* qui, dit-il, 'sort de presse'; il est 'bien persuadé', ajoute-t-il, 'qu'on ne l'a pas encore chez vous' (D14886). Cette édition suit fidèlement celle de Grasset (68); elle présente quelques variantes: ch.1, l.137, 291, 305; ch.2, l.63; ch.4, l.1, 168, 430-431; ch.11, l.91, 232.

ImV: D Princesse 1 / 1768 / 5.

68A2

LA / PRINCESSE / DE BABILONE. / [*ornement typographique*] / [*filet, 72 mm*] / [*filet, 60 mm*] / *LONDRES*. / MDCCLXVIII. /

8°. sig. π^2 A-E^8 F^6 G^4 (π1 bl.); pag. [4] 100; $5 signé, chiffres arabes (– F5, G3-4); réclames par cahier.

[*1-2*] bl.; [*3*] titre; [*4*] bl.; 1-96 La Princesse de Babilone; 97-100 Lettre de l'archevêque de Cantorbery à l'archevêque de Paris.

Une autre édition hollandaise, imprimée par le même imprimeur que 68A1 et sans doute éditée par Rey. Le texte a été revu: voir ch.1, l.193-194; ch.3, l. 34; ch.5, l.100; ch.7, l.10-11, 47; ch.8, l.47-48, 113; ch.9, l.131; ch.10, l.121-122, 185, 225, 225-226.

Il existe au moins un exemplaire composite (celui de Versailles), avec des cahiers de 68A1 et de 68A2.

Bn: 16° Y2 45636; Taylor: V8 D4 1768 (3); Bibliothèque municipale, Versailles: Fonds A in-8° E 551 e (exemplaire composite: les cahiers π et E-G appartiennent à 68A2, les cahiers A-D à 68A1).

68LI

LA / PRINCESSE / DE BABILONE. / [*filet gras-maigre, 70 mm*] / [*ornement typographique*] / *A GENEVE*. / [*filet gras-maigre, 38 mm*] / MDCCLXVIII. /

8°. sig. A-L^8 M^4; pag. 184 (p.182 numérotée '82'); $4 signé, chiffres arabes (– A1, G2, I4, M3-4; B4 signé 'B3'); réclames par page.

[1] titre; [2] bl.; [3]-184 La Princesse de Babilone.

Une édition anglaise, avec des 'press-figures': '1' p.34, 90; '2' p.72; '6' p.157, 183; '7' p.16, 30, 44, 52, 111; '8' p.114, 142, 162. La présence occasionnelle de *and* – transcription du 'et lié' – à la place de *et* confirme l'origine anglaise de l'édition.

Elle suit la première édition (68). Elle est sortie au plus tard vers le 1er mai: les références données par *The London chronicle* du 5-7 mai, qui publie deux extraits, correspondent à sa pagination.

Bn: Rés. p Y2 2292; Bodley: 27524 e 81 v (3); BL: 12316 g 12 (2).

68L2

LA / PRINCESSE / DE BABILONE. / [*ornement typographique*] / [*filet, 83 mm*] / [*filet, 72 mm*] / A ROME: / *Avec la Pérmiſſion du Saint Pere.* / 1768. /

8°. sig. π^2 A-N^4 (π1 bl.); pag. [*4*] 104; \$2 signé, chiffres arabes (– G2); sans réclames.

[*1-2*] bl.; [*3*] titre; [*4*] bl.; [*1*]-100 La Princesse de Babilone; 101-104 Lettre de l'archevêque de Cantorbery à l'archevêque de Paris.

Une autre édition anglaise, avec des 'press-figures': '1' p.8, 15, 87; '2' p.32, 36, 46, 55; '3' p.20, 69, 78, 93, 97.

Cette édition semble suivre le texte de 68A1.

Nouvelle émission en 1774, π^2 remplacé par π1 (verso bl.): 'LA / *PRINCESSE* / DE / BABILONE. / [*bois gravé, 41 x 35 mm*] / A LONDRES. / [*filet gras-maigre, 65 mm*] / M. DCC. LXXIV.'

Bn: Rés. Z Beuchot 697 (émission de 1768); Bibliothèque universitaire, Liège: XXIII 139 10 (émission de 1774).

68P

VOYAGES / *ET AVENTURES* / D'UNE PRINCESSE / *BABY-LONIENNE,* / Pour ſervir de ſuite à ceux de Scarmentado. / *Par un vieux Philoſophe, qui ne radote / pas toujours.* / [*bois gravé, 50 x 43 mm*] / A GENEVE. / [*filet gras-maigre, 58 mm*] / 1768. /

[*faux-titre*] VOYAGES / *ET AVENTURES* / D'UNE PRINCESSE / *BABYLONIENNE.* /

8°. sig. A-I^8 K^6; pag. [*4*] 156; \$4 signé, chiffres romains (– B3, K4); réclames par cahier.

[*1*] faux-titre; [*2*] bl.; [*3*] titre; [*4*] bl.; [1]-156 Voyages et aventures d'une princesse babylonienne.

Selon le *Mercure* de novembre 1768, p.93, cette édition était disponible chez Le Jay, quai de Gèvres. Le manuscrit sur lequel elle a été faite a été approuvé 'par M. Marchand' et une permission tacite, enregistrée sous le numéro 676 à la date du 29 septembre 1768, a été accordée à Le Jay (Bn F21981).

L'exemplaire de la Bn côté Y2 Z111 porte une étiquette collée sur la page de titre: 'A PARIS, / Chez J. G. Merigot, le jeune / Libraire, Quai des Auguſtins, / au coin de la rue Pavée.'

La référence sur la page de titre au 'philosophe, qui ne radote pas toujours' s'explique par un texte publié dans une édition du *Philosophe ignorant* en 1766: voir V 62, p.12, édition 66A.

Cette édition abrégée a fait l'objet de notices dans *Le Mercure de France* (novembre 1768, p.93), *L'Avant-coureur* (31 octobre, p.703) et le *Journal encyclopédique* (1er novembre, p.128-29). Dans le *Mercure* de décembre, d'Argental attaque l'éditeur: 'Il peut y avoir des raisons qui engagent un éditeur à abréger un ouvrage pour en faciliter l'impression; c'est à quoi se bornent tous ses pouvoirs. C'est un crime en littérature, comme en morale, de falsifier les expressions et la pensée d'un auteur. Une personne respectable, qui aime et honore les lettres et les arts [Mme Geoffrin] était désignée assez sensiblement dans un roman moderne par un écrivain célèbre. L'éditeur des *Voyages et aventures* etc. a noirci ce portrait et a tourné, sans avertir le lecteur, en satire fausse et amère un éloge vrai et mérité. D'ailleurs, quel style substitué à celui de l'homme de génie qu'on a voulu parodier! *Avoir plus de réputation hors de sa patrie que* DEDANS [ch.10, l.105-111]. On y trouve aussi dans d'autres endroits une foule *inconnue* de peuple au lieu d'*importune* [ch.6, l.19], un spectacle composé de chants délicieux et de *dames* qui expriment les mouvements de l'âme au lieu de *danses* [ch.10, l.119], etc. etc. Telle est l'édition tronquée qui est annoncée dans le Mercure de novembre comme une édition agréable, parce qu'elle l'est en effet par les caractères et le papier qui sont bien choisis' (p.155-56).

Cette brève critique ne dénonce que quelques-unes des nombreuses altérations effectuées par ou pour l'éditeur et qu'on trouvera dans l'apparat critique de la présente édition. La présentation même du conte est différente: il a changé de titre; il est divisé en vingt-et-un chapitres, et chacun est précédé d'un sommaire. Les alinéas sont beaucoup plus fréquents. La plupart des modifications et coupures portent sur des passages qu'avait déjà supprimés *Le Mercure de France* en publiant un abrégé de l'ouvrage en juillet (MF). Elles semblent en général dictées par la prudence. Le libraire Le Jay, chez qui on a saisi le 20 avril les *Nouveaux voyages aux Indes orientales* de Bossu, veut éviter de nouveaux ennuis et, à cet effet, obtenir une permission tacite (qu'il obtient comme on sait). Il cherche certainement aussi à se concilier les 'quelques personnes' qui, selon le *Journal encyclopédique*, 'avaient trouvé dans cet ouvrage des traits peut-être trop hardis' et à ne pas 'blesser les consciences les plus délicates'. Mais la prudence ne justifie pas par exemple l'introduction de *Candide* (ch.7, l.47), le maintien d'une attaque contre les jansénistes alors que la phrase suivante qui vise les jésuites va être supprimée (ch.10, l.85-91), ni surtout la diatribe contre Mme Geoffrin (ch.10, l.105-111).

La personnalité du réviseur transparaît. Il est exclu du salon de Mme Geoffrin. Il est conformiste dans tous les domaines; vraisemblablement hostile aux idées des philosophes (les pages qui mettent en cause les ennemis de Voltaire sont supprimées); peut-être a-t-il partie liée avec les jésuites. Est-ce un des continuateurs pris à partie par Voltaire dans la dernière page? Ce n'est pas impossible. Le Jay achètera à La Beaumelle en 1770 le manuscrit du *Commentaire sur la Henriade* et il le publiera en 1775 'revu et corrigé par M. F.': Fréron sans doute...

Bn: Rés. Z Beuchot 884; – Y2 73859; – Y2 Z111; Arsenal: GD 8° 19334; Taylor: V5 P7 1768 (3).

68XI

LA / PRINCESSE / DE BABILONE. / [*bois gravé, 38 x 25 mm*] / [*filet orné, 63 mm*] / *LONDRES.* / [*filet orné, 50 mm*] / M DCC LXVIII. /

8°. sig. A-I⁸; pag. 144; $5 signé, chiffres arabes (– A1); réclames par page.

[1] titre; [2] bl.; [3]-139 La Princesse de Babilone; 140-144 Lettre de l'archevêque de Cantorbéry à l'archevêque de Paris.

Une édition allemande qui aurait bien pu être imprimée à Dresde, comme le suggère Bengesco. Elle semble suivre le texte de 68A1.

Bn: Rés. Z Bengesco 242; Taylor: V5 P7 1768 (4); Gotha: Poes 1437 / 30.

68x2

LA / *PRINCESSE* / DE / BABILONE. /

12°. sig. A-G¹² H⁶ (H6 bl.); pag. 177; $6 signé, chiffres romains (– A1, H4-6; H3 signé 'Hij'); réclames par cahier.

[1] titre; [2] bl.; 3-177 La Princesse de Babilone.

Un édition française comportant un grand nombre d'omissions et d'autres erreurs ainsi que de nombreuses fautes orthographiques et typographiques. Il se peut qu'elle ait été faite à partir d'un original difficile à déchiffrer, une copie manuscrite par exemple. Cette édition n'a servi de modèle à aucune autre.

Bn: Rés. Z Bengesco 241; – Rés. Z Beuchot 699; – Y2 73741.

68x3

LA / PRINCESSE / DE BABILONE. / [*ornement typographique*] / [*filet gras-maigre, 55 mm*] / *LONDRES*. / M. D. CC. LXVIII. /

8°. sig. A-I⁸; pag. 143; $4 signé, chiffres arabes (– A1, B3); réclames par cahier.

[1] titre; [2] bl.; [3]-138 La Princesse de Babilone; 139-143 Lettre de l'archevêque de Cantorbery à l'archevêque de Paris.

Cette édition pourrait être liégeoise.

Bibliothèque universitaire, Liège: 23415 A.

68x4

LA / PRINCESSE / *DE* / BABILONE. / [*ornement typographique*] / [*filet gras-maigre, 60 mm*] / M. DCC. LXVIII. /

[*faux-titre*] LA / PRINCESSE / *DE* / BABILONE. /

12°. sig. π² A-F¹² G⁴; pag. [4] 152 (p.84 numérotée '4'); $6 signé, chiffres arabes (– G3-4); réclames par cahier.

[1] faux-titre; [2] bl.; [3] titre; [4] bl.; [1]-152 La Princesse de Babilone.

Une édition provinciale, ou suisse, qui suit assez fidèlement 68.

Bn: Rés. Z Bengesco 243 (1); Taylor: V5 C3 Can.

NM (1768)

Nouveaux mélanges philosophiques, historiques, critiques, &c. &c. &c.
[Genève, Cramer], 1765-1776. 19 vol. 8°. Bengesco iv.230-39; Trapnell
NM; BnC 111-135.

Volume 6 (1768): 193-292 La Princesse de Babilone.

Le première édition du tome 6 de la collection éditée par Cramer pour
faire suite à ses éditions des œuvres de Voltaire. Le texte de *La Princesse
de Babylone* suit pour l'essentiel l'édition de Grasset (68), en y ajoutant
quelques fautes typographiques et quelques variantes minimes.

Bn: Rés. Z Beuchot 28 (6).

w68 (1771)

Collection complette des œuvres de M. de Voltaire. [Genève, Cramer;
Paris, Panckoucke], 1768-1777. 30 vol. 4°. Bengesco iv.73-83; Trapnell
68; BnC 141-144.

Volume 13 (1771): 379-445 La Princesse de Babilone.

La grande édition in-quarto des œuvres de Voltaire, éditée par Cramer.
En ce qui concerne *La Princesse de Babylone*, elle reproduit le texte des
NM en y introduisant plusieurs fautes typographiques. Elle servira de
base à la plupart des éditions postérieures.

Taylor: VF.

72

Une édition de 1772 figure dans le *Catalogue des ouvrages de M. de
Voltaire* inséré dans les *Lois de Minos* (Rés. Z Beuchot 535). Nous
n'avons pas retrouvé d'exemplaire de cette édition.

W70L (1772)

Collection complette des œuvres de M. de Voltaire. Lausanne, Grasset,
1770-1781, 57 vol. 8°. Bengesco iv.83-89; Trapnell 70L; BnC 149-150.

Volume 25 (1772): 223-326 La Princesse de Babilone.

L'édition de François Grasset (frère de Gabriel) reproduit le texte de
La Princesse de Babylone paru dans w68.

Taylor: V1 1770.

W71P (1773)

Œuvres de M. de V.... Neufchatel [Paris, Panckoucke], 1771-1777. 34 ou 40 vol. 8° et 12°. Bengesco iv.91-94; Trapnell 72P; BnC 152-157.

Romans, volume 1 (1773): [269]-392 La Princesse de Babylone.

Cette édition reprend le texte de w68, en y apportant un certain nombre de rectifications et d'améliorations. D'autre part, les noms des ennemis de Voltaire cités dans les deux dernières pages sont réduits à des majuscules suivies d'astérisques. C'est une mesure de prudence, prise par les éditeurs ou par les 'deux hommes de lettres' – peut-être La Harpe et Suard – à qui ils disent avoir confié la correction du texte.

Bn: Z 24819.

W71L (1774)

Collection complète des œuvres de M. de Voltaire. Genève [Liège, Plomteux], 1771-1777. 32 vol. 8°. Bengesco iv.89-91; Trapnell 71; BnC 151.

Volume 16 (1774): 423-499 La Princesse de Babilone.

Cette édition reprend le texte de w68 en y ajoutant quelques fautes manifestes.

Taylor: VF.

R75

Romans, et contes philosophiques. Londres [Rouen, Machuel], 1775. 2 vol. 12°. Bengesco i.475; BnC 2510-2511.

Volume 2: 184-281 La Princesse de Babilone.

Bn: Y2 73787.

W75G

La Henriade, divers autres poèmes et toutes les pièces relatives à l'épopée. [Genève, Cramer & Bardin], 1775. 37 vol. (40 vol. avec les *Pièces détachées*). 8°. Bengesco iv.94-105; Trapnell 75G; BnC 158-161.

Volume 32: 1-80 La Princesse de Babilone.

L'édition dite *encadrée*, préparée avec la collaboration de Voltaire. Elle suit w68 avec quelques menues corrections.

Bn: Z 24870.

W75X

Œuvres de Mr de Voltaire. [Lyon?], 1775. 37 vol. (40 vol. avec les *Pièces détachées*). 8°. Bengesco 2141; BnC 162-163.

Volume 32: 1-78 La Princesse de Babilone.

Une imitation ou contrefaçon de w75G.

Bn: Z 24911.

CP78

Calendrier de Paphos. Paris, Desnos, 1778. 1 vol. 18°.

Contient les vers de la *Princesse*.

Bn: Rés. Z Beuchot 1027 (1).

R78B

Romans et contes. Bouillon, Société typographique, 1778. 3 vol. 8°. Bengesco i.475; BnC 2512-2514.

Volume 1: [163] L2r '[*filet, 78 mm*] / LA PRINCESSE / DE / BABYLONE. / [*filet, 78 mm*] / L ij'; [164] bl. à l'exception d'un bois gravé; [165]-263 La Princesse de Babylone.

Bn: Rés. p. Y2 1809.

R78

Romans et contes. Bouillon, Société typographique, 1778. 3 vol. 8°.

Volume 1: [199] I4r '[*filet, 55 mm*] / LA PRINCESSE / DE / BABYLONE. / [*filet, 55 mm*] / I4'; [200] bl. à l'exception d'un bois gravé; [201]-324 La Princesse de Babylone.

Bn: Y2 73776.

K84

Œuvres complètes de Voltaire. [Kehl], Société littéraire-typographique, 1784-1789. 70 vol. 8°. Bengesco 2142; BnC 164-193.

Volume 45: [95] F8*r* 'LA PRINCESSE / DE / BABYLONE.'; [96] bl. à l'exception de la réclame 'LA'; [97]-186 La Princesse de Babylone.

La première émission de la version in-octavo de l'édition de Kehl. Le texte de *La Princesse de Babylone* suit w75G en y apportant quelques corrections figurant déjà dans w71P.

Taylor: VF.

K85

Œuvres complètes de Voltaire. [Kehl], Société littéraire-typographique, 1784-1789. 70 vol. 8°. Bengesco 2142; BnC 164-193.

Volume 45: [95] F8*r* 'LA PRINCESSE / DE / BABYLONE.'; [96] bl. à l'exception de la réclame 'LA'; [97]-186 La Princesse de Babylone.

La deuxième impression de la version in-octavo de l'édition de Kehl.

Taylor: VF.

K12

Œuvres complètes de Voltaire. [Kehl], Société littéraire-typographique, 1784-1789. 92 vol. 12°. Bengesco 2142; BnC 164-193.

Volume 57: [235] V2*r* 'LA PRINCESSE / DE / BABYLONE.'; [236] bl.; [235]-352 La Princesse de Babylone.

La version in-douze de l'édition de Kehl.

Taylor: VF.

7. *Traductions et adaptations* [126]

Allemand

Die Prinzessin von Babylon. Göttingen (Bossiegel [Vandenhoeck]), Frankfurt, Leipzig (Krauss), 1769. Réimprimé Frankfurt, Leipzig, Wien 1785.

Anglais

En Angleterre le conte est traduit très vite, dès avril-mai, semble-t-il: les extraits que donne *The Court miscellany* pour le mois d'avril 1768 sont déjà conformes mot pour mot à la traduction 'for Bladon'. [127]

The Princess of Babylon. London, S. Bladon, 1768. pag.169. Réimprimé London, Nonesuch, 1927.

[126] Voir H. B. Evans, 'A provisional bibliography of English editions and translations of Voltaire', *Studies* 8 (1959), p.98; Th. Besterman, 'A provisional bibliography of Italian editions and translations of Voltaire', *Studies* 18 (1961), p.295; Th. Besterman, 'Provisional bibliography of Portuguese editions of Voltaire', *Studies* 76 (1970), p.28-29; J. Vercruysse, 'Bibliographie provisoire des traductions néerlandaises et flamandes de Voltaire', *Studies* 116 (1973), p.46; Th. Besterman, 'A provisional bibliography of Scandinavian and Finnish editions and translations of Voltaire', *Studies* 47 (1966), p.80; H. Fromm, *Bibliographie deutscher Übersetzungen aus dem Französischen 1700-1948* (Baden-Baden 1953), p.279; P. Wallich et H. von Müller, *Die Deutsche Voltaire-Literatur des achtzehnten Jahrhunderts* (Berlin 1921), p.38.

[127] *The Court miscellany* d'avril donne déjà sous le titre 'Travels through Europe from the French of Voltaire's Princess of Babylon' (iii.196-202) des extraits du conte – séjour de Formosante en Russie, traversée de la Germanie, voyage d'Amazan en Angleterre – qui reproduisent mot pour mot le texte de cette traduction, aménageant seulement un passage à la suite de la suppression de la critique des femmes anglaises. Toutefois, en mai ce journal donne du voyage d'Amazan en Italie et en Gaule une traduction différente, tout comme *The London chronicle* du 5-7 mai dans ses deux extraits. Dans son numéro du 14-16 juin seulement, *The London chronicle* reproduit mot pour mot la première version, et présente ces 'Amazan's [...] Adventures in England' comme tirées 'From Voltaire's Princess of Babylon, just published'; peut-être se contente-t-il d'ailleurs de copier *The Court miscellany* d'avril: il procède exactement à la même coupure et à la même modification du contexte immédiat.

The Princess of Babylon, dans *The Works of M. de Voltaire. Translated from the French, with notes historical and critical, by Dr Smollet and others*, 36 vols. London, J. Newbery, R. Baldwin, W. Johnson, S. Crowder, T. Davies, J. Coote, G. Kearsley and B. Collins, 1761-1770, xxxvi.

Danois

Prinsessen af Babylon af Voltaere. Kiøbenhavn, Tikiøbs Forlag, 1787. pag.148.

Néerlandais

De Princes van Babylon. Door den Heer de Voltaire. Rotterdam, Dirk Vis, 1768. pag.[ii].141.[i].

Polonais

Lipsku [Leipzig] 1779.

Russe

Moscou 1770, 1788, 1789.
St Petersburg 1781.

Suédois

Den Babyloniska Prinsessan. Skämtsam Kärleks-saga af Herr de Voltaire. Stockholm, J. C. Holmberg, 1786. pag.[ii].116.

Adaptations lyriques

La Princesse de Babylone, opéra en 4 actes. Paris, Denné, 1791. pag.viii.96. Poème de Joseph Martin, musique de A. Salieri.

La Princesse de Babylone, opéra en 3 actes, en vers. Paris, Vente, 1815. pag.viii.40. Paroles de M. Vigée, musique de M. Kreutzer, ballets de M. Gardel.

8. *Principes de cette édition* [128]

Aucune des éditions postérieures à l'originale (68) ne porte d'indices sûrs de l'intervention de l'auteur et toutes comportent des fautes et omissions évidentes. Nous reproduisons donc le texte de l'édition originale, imprimée et publiée par Gabriel Grasset à Genève en 1768. Les variantes proviennent des éditions suivantes: 68P, NM, W68, W70L, W75G et K. Elles ne tiennent pas compte des simples coquilles.

Traitement du texte de base

L'orthographe est résolument moderne sur un point au moins, résolument conforme à l'usage du temps sur d'autres points, et le plus souvent variable suivant le seul hasard. L'influence de Voltaire se fait sentir: les désinences de l'imparfait sont orthographiées *-ait*, conformément à la prononciation, comme le voulait Voltaire. A noter aussi la graphie moderne de 'paraître' et 'connaître'. Entraîné par la force de l'habitude, l'ouvrier a cependant laissé échapper un 'étoit venu', un 'avoit marché', un 'seroient'. Que l'orthographe relève de la grammaire ou de la lexicologie, c'est souvent l'anarchie qui règne: on rencontre 'tems' et 'temps' à deux lignes d'intervalle, 'imbéciles' et 'imbécilles', 'sçût' et 'sait', 'aumonier' et 'aumônier', 'amenérent' et 'relevèrent', le pluriel du même mot écrit '-mens' et '-ments', '-ans' et '-ants'; 'votre' et 'vôtre', 'a' et 'à' dans le même emploi; des participes passés en même situation accordés ou non; une troisième personne du singulier d'imparfait du subjonctif avec accent et une sans accent dans la même phrase et la même structure syntaxique. Aussi avons-nous systématiquement modernisé l'orthographe.

Nous avons cependant conservé l'orthographe des noms propres et celle des mots suivants d'origine étrangère: 'gérofle', 'géroflier', 'shac', 'sago', 'rost-beef', 'alguasils' et 'kan'. Nous avons conservé aussi le féminin 'une aigle', certains pluriels (ch.5, l.9: 'en robes'; ch.9, l.131: 'celles').

Nous avons éliminé certaines fautes purement typographiques: 'mélange de beauté inconnue' (ch.1, l.112), 'disait-elle tous bas' (ch.4, l.43), 'quelle puissent' (ch.11, l.252); et 'can' (ch.11, l.294), 'parazanges' (ch.2, l.66), 'Babylone' (ch.4,

---

[128] Section préparé par Ulla Kölving.

l.354), 'avait causée' (ch.4, l.456), 'Formozante' (ch.5, l.130), 'Tiriens' (ch.11, l.33), 'fille d'affaires' (ch.10, l.207; ch.11, l.76-77) qui sont des graphies exceptionnelles.

Nous avons rigoureusement conservé les italiques.

Nous avons respecté la ponctuation, à quelques exceptions près: nous avons remplacé un point par un point d'interrogation (ch.2, l.24); supprimé le point d'interrogation à la fin d'interrogations indirectes (ch.1, l.293, 303; ch.5, l.106).

Les particularités du texte de base étaient les suivantes:

1. Consonnes

– absence de la consonne *p* dans le mot 'tems' et son composé 'longtems'.

– absence de la consonne *t* dans les finales en *-ans* et en *-ens*: diamans, éléphans, enfans, amans; descendans, représentans, assistans, passans, négocians, habitans; méchans, importans, étonnanas, sanglans; sentimens, complimens, rugissemens, embrassemens; talens; prudens, différens.

– redoublement de consonnes contraire à l'usage actuel: appellait, appellé, rapellez, jetter, jetta, jettait, jettant; échaffaut, imbecilles, planette, plattes, secrette, succer.

– présence d'une seule consonne là où l'usage actuel prescrit son doublement: poura, pourait, pourez, pouriez; apartenir, aplaudir, apliquer, aporter, raport, raporter, aprendre, aprocher, apartement, aprêté, rapellez, ofrir, oposées, oprobres, suporter, suplier, suplice, supliciés, soufler; boureau, canelle, caneliers, carosse, charette, couroux, démarer, dictionaire, fouriers, fourures, fraper, grifons, marmotes, nourir, tranquile, tranquilité, tranquilement.

2. Voyelles

– emploi de *y* à la place de *i* dans: yvoire, yvre, enyvrée, yvrognes; hayes, vraye, gayement, gayeté; soye, envoye, renvoye, croyent.

– emploi de *i* à la place de *y* dans: pirope, cilindres; écuier; roiale, emploia, déploier, envoier.

3. Graphies particulières

– l'orthographe moderne a été rétablie dans les mots suivants: avanture, adhérans, audiance, boëte, contract, dissentions, échaffaut, étendart, laidron, méchaniciens, moviettes, nuds, palfreniers, prophanes, ris, terrein, topase, verd, vuide; entousiasme, apoticaire; sçu, sçût; jusques là; prêt de (pour: près de); bazanés, carouzels, fraize, gozier, hazard, magazins, mazures, noliza; mal adroit; éperduement, précisement, entieremment.

4. Le trait d'union

- il a été supprimé dans les mots suivants: aussi-bien, aussi-tôt, dès-lors, jusqu'à-ce, tout-à-l'heure; très-adroitement, très-affligé, très-bien, très-peu, très-souvent; si-tôt (à distinguer de: sitôt); sur-tout, par-tout; quart-d'heure, jets-d'eau.

- il a été rétabli dans les noms et expressions suivants: dit elle, Faites vous, prétendez vous; laissez moi, protégez moi; dites en; soi disant; au devant, au dessus, par dessus, au delà, jusques là; temps là, après demain, sur le champ, grand oncle; Antiliban.

5. Accents

L'accent aigu

- il est absent dans: conquerir, possedez; desirs; desespérée, deshonorés; presentèrent; replique, repliquer, revérences; sechèrent; satieté, sobrieté, societé.

- contrairement à l'usage actuel, il est présent dans: éxige, inéxorable; pelérinage, régistres, enrégistrées, rélation, réligions.

- il est employé au lieu du grave dans : troisiéme, neuviéme; fléches, séche, siécle, niéce, siéges, régles, liévres, briéveté, pélerinage; pére, fiére, arriére-garde, paupiéres, barriére, carriére, cimetiéres, frontiéres, laniéres, lumiéres, maniéres, priéres, guerriére, singuliéres, premiéres, entiére, entiérem(m)ent, familiérement, légérement; amenérent, communiquérent; cultivérent, deploiérent, osérent, remontrérent, restérent, traversérent; régne(nt); enléverai.

L'accent grave

- il est parfois absent dans la préposition: a.
- il est présent dans: celà.
- il est absent dans: déja, voila; pelerins.

L'accent circonflexe

- il est parfois employé au lieu de l'aigu dans: extrêmité; et au lieu du grave dans: arêne, crême, emblêmes, prophêtes, système.

- il est présent dans des mots qui ne le comportent pas selon l'usage actuel: aîles, nâquis, râres, tîtres; pû, vû.

- il est employé dans les adjectifs possessifs 'nôtre', 'vôtre' comme détermi-nants du nom.

- il est absent dans: accroitre, ainée, ame, anesses, aumonier, baillon, bruler, bucher, couter, diner, gout, gouter, dégoutante, graces, haves, hotel,

hotellerie, rafraichissemens, reverie, roti, sure, sureté, théatre, amphithéatre, trainer, trone, détroner, vetir, revetir, voute.
- il est absent dans quelques formes de l'indicatif: croit, parait, connait.
- il est absent dans quelques formes de passé simple: fites, naquites.
- il est absent dans la plupart des formes d'imparfait du subjonctif: assemblat, changeat, éveillat, laissat; conduisit, ouvrit, permit, servit, sortit; vint, fut.

Le tréma
- on le trouve dans: poëme, poësie; païs; désobéïssais, évanouïe, jouïssait, obéïe; aperçuë, avouë, issuë, vuë; queuë, jouës; fouët, vouër.

6. Divers
- Accord du participe présent et du participe passé. Pas de règle fixe. On trouve: couchans ensemble; les guerres que les hommes ont fait depuis; nous nous sommes faits [...] beaucoup plus de maux.
- Les adjectifs numéraux 'cent' et 'vingt' multipliés sont invariables.
- Emploi du pluriel en -x dans: fraix, loix.

LA PRINCESSE DE BABILONE

Le vieux Bélus roi de Babilone[1] se croyait le premier homme de la terre; car tous ses courtisans le lui disaient et ses historiographes le lui prouvaient.[2] Ce qui pouvait excuser en lui ce ridicule c'est qu'en effet ses prédécesseurs avaient bâti Babilone plus de trente mille ans avant lui, et qu'il l'avait embellie. On sait que son palais   5

---

a 68P: CHAPITRE PREMIER. / Description du palais du roi de Babylone, père de la belle Babylonienne. Portrait de cette incomparable beauté. Oracle qui ordonne son mariage et à quelles conditions. Trois rois se présentent pour l'obtenir. Arrivée d'un quatrième prétendant. //

2 68P: ses courtisans et ses

---

[1] Dans *La Philosophie de l'histoire*, ch.10, Voltaire précise – après avoir vérifié auprès de Moultou (D12278) – le sens qu'il donne à Babylone: 'C'est la ville du père *Bel*. *Bab* signifie *père* en chaldéen, comme l'avoue d'Herbelot. *Bel* est le nom du Seigneur. Les Orientaux ne la connurent jamais que sous le nom de Babel, la ville du Seigneur, la ville de Dieu, ou, selon d'autres, la porte de Dieu' (V 59, p.123; cf. art. 'Babel', 1770, *Questions sur l'Encyclopédie*). En akkadien 'Bab-ilami' signifie 'Porte des Dieux'. Dans le même chapitre de *La Philosophie de l'histoire*, Voltaire conteste l'existence d'un 'homme appelé Bélus': 'Nul prince asiatique ne porta un nom en *us*' et Bel est le nom de Dieu. *Bel* est le même mot que *Baal*. Larcher dans son *Supplément à la Philosophie de l'histoire* s'interroge sur l'identité et l'ancienneté de Bélus, qui aurait vécu 'environ 2175 ans avant notre ère' (S.67, p.66-67, 73, 243). En 1769, il écrira qu''Egyptien de naissance, il mena une colonie dans la Babylonie et y fonda sur les bords de l'Euphrate la ville de Babylone' (S.69, p.91), ce qui ne concorde pas avec ce qui est dit dans le conte.

[2] On sait que Voltaire fut lui-même historiographe de 1745 à 1750 et qu'il composa alors un *Panégyrique de Louis XV*. Mais à l'époque même où il commence vraisemblablement à rédiger le conte – dans la *Lettre sur les panégyriques* – il se vante de n'avoir 'loué que par les faits' dans ce *Panégyrique*, contrairement aux autres auteurs. Dans l'*Essai sur les mœurs* (1756), il critiquait, comme dans le conte, les historiographes 'qui [...] ont rarement dit la vérité', affirmant, face à eux, son impartialité d'historien (à d'Argental, 16 juillet [1756]; D6935).

et son parc situés à quelques parasanges [3] de Babilone, s'étendaient entre l'Euphrate et le Tigre qui baignaient ces rivages enchantés. Sa vaste maison de trois mille pas de façade s'élevait jusqu'aux nues. La plate-forme était entourée d'une balustrade de marbre blanc de cinquante pieds de hauteur, qui portait les statues colossales de tous les rois et de tous les grands hommes de l'empire. Cette plate-forme composée de deux rangs de briques couvertes d'une épaisse surface de plomb d'une extrémité à l'autre, était chargée de douze pieds de terre: et sur cette terre on avait élevé des forêts d'oliviers, d'orangers, de citronniers, de palmiers, de gérofliers, [4] de cocotiers, de canneliers, qui formaient des allées impénétrables aux rayons du soleil.

Les eaux de l'Euphrate élevées par des pompes [5] dans cent colonnes creusées, venaient dans ces jardins remplir de vastes bassins de marbre; et retombant ensuite par d'autres canaux, allaient former dans le parc des cascades de six mille pieds de

10

15

20

---

6   68P, avec note: Le parasange est une mesure itinéraire de Perse qui équivaut à trois lieues de France.
9   68P: entourée de balustrades de
16   68P, K: girofliers [*passim*]
18   68P: par deux pompes

[3] 'Parasange', mot féminin en général, mais parfois considéré comme masculin comme en grec, est une unité de mesure des anciens Perses; elle vaut 5 220 mètres selon Hérodote, 5 400 selon la *Grande encyclopédie*. L'édition 68P indique en note qu'elle équivaut à 'trois lieues de France', c'est-à-dire à 1852 × 3 mètres. Le palais était effectivement à quelque distance de la ville.

[4] Voltaire mentionne à plusieurs reprises les 'gérofles' et les 'gérofliers'. Ils contribuent certes à donner une couleur exotique au récit, mais ne faut-il pas faire un rapprochement avec le 'Gérofle' de la polémique avec Coger à laquelle il sera faite allusion à la fin du conte? La *Lettre de Gérofle à Cogé* fut composée en 1767 (V 63A, p.216-25).

[5] Effectivement des turbines apportaient les eaux de l'Euphrate. Ces détails techniques: les pompes, la superposition de maçonnerie, de plomb et de terre pour construire les terrasses des jardins, sont empruntés à la tradition et transmis en particulier par Diodore de Sicile.

72

longueur, et cent mille jets d'eau, dont la hauteur pouvait à peine être aperçue; elles retournaient ensuite dans l'Euphrate dont elles étaient parties. [6] Les jardins de Sémiramis qui étonnèrent l'Asie plusieurs siècles après, n'étaient qu'une faible imitation de ces antiques merveilles; car du temps de Sémiramis [7] tout commençait à dégénérer chez les hommes et chez les femmes.

Mais ce qu'il y avait de plus admirable à Babilone, ce qui éclipsait tout le reste, était la fille unique du roi nommée Formosante. [8] Ce fut d'après ses portraits et ses statues que dans la suite des siècles Praxitèle sculpta son Aphrodite, et celle qu'on nomma la Vénus aux belles fesses. [9] Quelle différence, ô ciel! de l'original aux copies!

28   68P: à Babylone, et qui

31-33   68P: et celle que le fameux Médicis acquit à tant de frais pour orner son palais. Mais quelle différence, ô ciel! des copies que l'Europe a vues à l'original que possédait Bélus! Aussi ce monarque était plus

[6] Addison entre autres – que connaît et lit Voltaire – fait, dans le cinquième *Essai sur l'imagination* paru dans *The Spectator*, une description similaire de Babylone: il évoque ses murailles, le temple dédié précisément à Jupiter Bélus et 'qui s'élevait à la hauteur d'un mille', les statues de rois taillées dans le roc, les fameux jardins suspendus, le 'prodigieux bassin' qui avait contenu 'l'Euphrate entier', les nombreux canaux, et aussi la puissance du roi qui pouvait réunir d'immenses armées. Mais Addison, qui se conforme à la tradition, célèbre surtout Sémiramis (*Le Spectateur, ou le Socrate moderne*, 6e éd., Paris 1744, iv.278-79).

[7] Dans *La Philosophie de l'histoire*, Voltaire conteste l'existence d'une 'femme appelée Sémiramis' comme celle d'un 'homme appelé Bélus' (V 59, p.122).

[8] Le nom de Formosante est formé de l'adjectif latin *formosa* qui signifie belle et du suffixe -*ante* fréquent entre autres dans le *Roland furieux*. En choisissant ce nom, Voltaire ne penserait-il pas aussi, malignement, à Callirrhoé, l'héroïne du roman de Chariton qu'a traduit Larcher précisément; voir ci-dessus, p.45-46 et 38-39.

[9] La Vénus aux belles fesses, en général désignée par son nom grec de Vénus Callipyge, a été effectivement attribuée à Praxitèle. On en a trouvé une copie dans la maison dorée de Néron. La Vénus de Médicis qui la remplace dans 68P est sans doute une reproduction de la Vénus de Cnide. La traduction de l'*Histoire des amours de Chéréas et Callirhoé* (Paris 1763) de Chariton faite et annotée par Larcher contient une note sur la Vénus aux belles fesses (p.151-53). En 1797, Larcher devenu dévot aura la même réaction que le réviseur de 68P: il voudra la faire supprimer comme indécente et la faire remplacer par une note savante sur les temples de Vénus en Sicile (voir V 64, p.56).

73

Aussi Bélus était plus fier de sa fille que de son royaume. Elle avait dix-huit ans; il lui fallait un époux digne d'elle: mais où le trouver? Un ancien oracle avait ordonné que Formosante ne pourrait appartenir qu'à celui qui tendrait l'arc de Nembrod. [10] Ce Nembrod le fort chasseur devant le Seigneur, [11] avait laissé un arc de sept pieds babyloniques [12] de haut, d'un bois d'ébène plus dur que le fer du mont Caucase qu'on travaille dans les forges de Derbent; [13] et nul mortel depuis Nembrod n'avait pu bander cet arc merveilleux.

Il était dit encore que le bras qui aurait tendu cet arc tuerait le lion le plus terrible et le plus dangereux qui serait lâché dans le cirque de Babilone. [14] Ce n'était pas tout; le bandeur de l'arc, le vainqueur du lion devait terrasser tous ses rivaux; mais il devait surtout avoir beaucoup d'esprit, être le plus magnifique des hommes, le plus vertueux, et posséder la chose la plus rare qui fût dans l'univers entier.

[10] Cet épisode est inspiré, directement ou indirectement, de l'*Odyssée*, xxi: Pénélope est promise à celui qui tendra l'arc d'Ulysse et, contre toute attente, seul l'étranger non identifié réussira, comme dans le conte.

[11] Il est question de Nemrod ou Nembrod dans Genèse x.8-9 où il est dit effectivement 'fort chasseur devant l'Eternel'. Larcher, dans son *Supplément*, avait discuté de l'identité de Nemrod, rappelant entre autres que: 'le P. Pétau prétend que Bélus est le même que l'Ecriture appelle Nemrod' (S.67, p.66-67). Signalons aussi que les allusions au chasseur Nemrod devaient être courantes à la cour de la duchesse Du Maine aux temps et lieux où Voltaire la fréquentait.

[12] Pied babylonique: selon *Trévoux*, 'le pied babylonien' (et non 'babylonique') 'avait 12 pouces, 1 ligne et demie; selon Capellus, 14 pouces, 8 lignes et demis, et selon M. Perrault, 12 pouces, 10 lignes et demie', alors que le 'pied de Roi' n'avait que 12 pouces.

[13] Derbent / Derbend: 'Mot Persien qui signifie un passage étroit et fermé. C'est le nom d'une ville située sur la mer Caspienne, au pied du mont Caucase [...] Les Turcs appellent cette ville Demir capi porte de fer' (d'Herbelot) 'pour marquer', ajoute *Trévoux*, 'qu'il ne se peut forcer'. Certains écrivains orientaux disent qu'on y fit construire un rempart revêtu de lances de fer. Est-ce ce qui a donné à Voltaire l'idée de parler du fer des forges de Derbent?

[14] L'épreuve du lion a sans doute été inspirée à Voltaire par le combat d'Hercule contre le lion de Némée, la ressemblance des sonorités Nemrod/Némée ayant pu entraîner une association d'idées, selon un processus qui ne lui est pas étranger.

Il se présenta trois rois [15] qui osèrent disputer Formosante, le pharaon d'Egypte, le shac [16] des Indes, et le grand kan des Scythes. Bélus assigna le jour et le lieu du combat à l'extrémité de son parc, dans le vaste espace bordé par les eaux de l'Euphrate et du Tigre réunies. On dressa autour de la lice un amphithéâtre de marbre qui pouvait contenir cinq cent mille spectateurs. Vis-à-vis l'amphithéâtre était le trône du roi, qui devait paraître avec Formosante accompagnée de toute la cour; et à droite et à gauche, entre le trône et l'amphithéâtre, étaient d'autres trônes et d'autres sièges pour les trois rois, et pour tous les autres souverains qui seraient curieux de venir voir cette auguste cérémonie.

Le roi d'Egypte arriva le premier, monté sur le bœuf Apis, et tenant en main le sistre d'Isis. Il était suivi de deux mille prêtres vêtus de robes de lin plus blanches que la neige, de deux mille eunuques, de deux mille magiciens, et de deux mille guerriers.

Le roi des Indes arriva bientôt après dans un char traîné par douze éléphants. Il avait une suite encore plus nombreuse et plus brillante que le pharaon d'Egypte.

Le dernier qui parut était le roi des Scythes. Il n'avait auprès de lui que des guerriers choisis, armés d'arcs et de flèches. Sa monture était un tigre superbe qu'il avait dompté, et qui était aussi haut que les plus beaux chevaux de Perse. La taille de ce monarque

50

55

60

65

59-60   68P: Apis tenant
62   w70L: et deux mille
64-65   68P: suite encore plus brillante

---

[15] Voltaire a sans doute pensé aux trois rois mages. On remarque dans ce passage l'insistance sur le chiffre trois; or, la répétition est un procédé utilisé par Voltaire dans le conte pour signaler une allusion.

[16] Voltaire explique la signification de *shak* dans l'*Essai sur les mœurs*, ch.3, à propos du 'jeu que nous appelons *des échecs*, par corruption': 'Les noms de *shak*, qui veut dire *prince*, et de *pion*, qui signifie *soldat*, se sont conservés encore dans cette partie de l'Orient' (*Essai*, i.231-32). Le mot sera orthographié *sha* dans le conte à partir de w68.

imposante et majestueuse, effaçait celle de ses rivaux; ses bras nus   70
aussi nerveux que blancs semblaient déjà tendre l'arc de Nembrod.

Les trois princes se prosternèrent d'abord devant Bélus et
Formosante. Le roi d'Egypte offrit à la princesse les deux plus
beaux crocodiles du Nil, deux hippopotames, deux zèbres, deux
rats d'Egypte, et deux momies, avec les livres du grand Hermès[17]   75
qu'il croyait être ce qu'il y avait de plus rare sur la terre.

Le roi des Indes lui offrit cent éléphants qui portaient chacun
une tour de bois doré, et mit à ses pieds le Veidam[18] écrit de la

[17] Hermès Trismégiste est le nom donné par les Grecs à Thot, dieu lunaire
égyptien, considéré comme l'inventeur de tous les arts et de toutes les sciences. Les
Grecs virent en lui un très ancien roi d'Egypte, auteur de nombreux livres. Voltaire
le mentionne dans *La Philosophie de l'histoire*, ch.20 (V 59, p.164), en se référant à
Eusèbe, qui cite Manéthon (*Praeparatio evangelica*, II). En 1769, Voltaire complétera
le chapitre de *La Philosophie de l'histoire* en supputant l'époque où vivait Thot. En
août 1767 précisément – pendant qu'il composait sans doute le conte – Voltaire
demandait à Damilaville la traduction de la *Praeparatio evangelica* d'Eusèbe et des
renseignements sur l'époque où on a pu écrire le Mercure Trismégiste (D14355).

[18] Voltaire possédait lui-même une traduction de l'Ezour-Veidam qu'il considérait
comme très précieuse. Le Ier octobre 1761, il écrivait à Jacob Vernes: 'M[r] de la
Persilière n'a aucune part à cet ouvrage; il a été réellement traduit à Benares, par
un Brame correspondant de nôtre pauvre compagnie qui entend assez bien le
français, et Mr de Modave, commandant pour le Roy, sur la côte de Coromandel,
qui me vint voir il y a quelques mois, me fit présent de ce manuscrit. Il est assurément
très autentique et doit avoir été fait longtemps avant l'expédition d'Aléxandre. [...]
Le manuscrit est intitulé Ezour Vedam, c'est à dire commentaire du Vedam [...] Je
le crois de plusieurs siècles antérieur à Pithagore. Je l'ai envoyé à la bibliothèque
du Roy, et on l'y regarde comme le monument le plus prétieux qu'elle possède'
(D10051). Il revient sur le manuscrit, son authenticité prétendue et le don qu'il en
a fait dans une lettre à Peacock du 8 décembre 1767 (D14579). Voir aussi *La
Philosophie de l'histoire*, ch.17 (V 59, p.149-52). Voltaire ne mentionne pas ici le
Shasta dont il n'a eu connaissance qu'en novembre-décembre 1767 à travers le livre
de J. Z. Holwell, *Interesting historical events, relative to the provinces of Bengal, and
the empire of Indostan* (London 1766-1767; BV1666). Holwell considère le Veidam
comme une corruption du Shasta (p.12). En réalité, le texte authentique des Veda
(il y en a quatre) ne fut connu que plus tard.

main de Xaca [19] lui-même.

Le roi des Scythes qui ne savait ni lire ni écrire, présenta cent   80
chevaux de bataille couverts de housses de peaux de renards
noirs. [20]

La princesse baissa les yeux devant ses amants, et s'inclina avec
des grâces aussi modestes que nobles.

Bélus fit conduire ces monarques sur les trônes qui leur étaient   85
préparés. Que n'ai-je trois filles? leur dit-il; je rendrais aujourd'hui
six personnes heureuses. Ensuite, il fit tirer au sort à qui essaierait
le premier l'arc de Nembrod. On mit dans un casque d'or les noms
des trois prétendants. Celui du roi d'Egypte sortit le premier;
ensuite parut le nom du roi des Indes. Le roi scythe en regardant   90
l'arc et ses rivaux, ne se plaignit point d'être le troisième.

Tandis qu'on préparait ces brillantes épreuves, vingt mille
pages et vingt mille jeunes filles distribuaient sans confusion des
rafraîchissements aux spectateurs entre les rangs des sièges. Tout
le monde avouait que les dieux n'avaient établi les rois que pour   95
donner tous les jours des fêtes, pourvu qu'elles fussent diversifiées,
que la vie est trop courte pour en user autrement, que les procès,

79   68P: main de Brama lui-même.
96   68P: donner souvent des fêtes

[19] Mathurin Veyssière de Lacroze, dans son *Histoire du christianisme des Indes*
(La Haye 1724; BV3437), donne une idée des connaissances à l'époque sur Xaca:
'La plupart de nos voyageurs font mention d'un certain Xaca ou Chaca, législateur
de ces Indiens [à l'est du Gange]. On a lieu de soupçonner que c'est le même
personnage que les Anciens ont connu sous le nom de Boudda.' Bouddha – c'est-
à-dire 'l'Eveillé', qui se serait appelé en réalité Gautama – aurait appartenu au clan
des Sâkya (p.501 ss.).

[20] Cette évocation des Scythes est conforme à ce qu'en a dit Voltaire dans *La
Philosophie de l'histoire*, ch.14, où il s'élève une fois de plus contre le fait 'qu'on
nous accable d'histoires anciennes sans choix et sans jugement': en l'occurrence, on
nous fait de grands éloges des Scythes sur la foi d'Horace ou de Quinte-Curce
(V 59, p.138). Le détail des 'renards noirs' n'est pas une fantaisie romanesque.
Voltaire les mentionne dans l'*Histoire de l'empire de Russie* (M.xvi.409).

les intrigues, la guerre, les disputes des prêtres qui consument la vie humaine sont des choses absurdes et horribles, que l'homme n'est né que pour la joie, qu'il n'aimerait pas les plaisirs passionné- 100 ment et continuellement s'il n'était pas formé pour eux; que l'essence de la nature humaine est de se réjouir et que tout le reste est folie. Cette excellente morale n'a jamais été démentie que par les faits.

Comme on allait commencer ces essais qui devaient décider de 105 la destinée de Formosante, un jeune inconnu monté sur une licorne, [21] accompagné de son valet monté de même, et portant sur le poing un gros oiseau, se présente à la barrière. Les gardes furent surpris de voir en cet équipage une figure qui avait l'air de la divinité. C'était, comme on a dit depuis, le visage d'Adonis sur le 110 corps d'Hercule; [22] c'était la majesté avec les grâces. Ses sourcils

98   68P: disputes qui consument
101   68P: s'ils n'étaient pas formés pour lui; que
108   68P: se présenta à

[21] La licorne est mentionnée par les auteurs grecs et romains comme originaire de l'Inde; les modernes en font une description précise. Eusèbe Renaudot la signale comme chose vue dans ses *Anciennes relations des Indes et de la Chine, de deux voyageurs mahométans, qui y allèrent dans le neuvième siècle* [...] *traduites de l'arabe* (Paris 1718; BV2950): 'On trouve le fameux carcandandan ou Licorne, qui n'a qu'une seule corne sur le front, et sur laquelle on trouve une tache ronde, qui représente la figure d'un homme. Toute la corne est noire, et la figure qui se trouve au milieu est blanche [...]. Il y en a une très grande quantité dans les marais de ce royaume [Rahmi], il s'en trouve aussi dans toutes les autres provinces des Indes' (p.22). Il attribue à cet animal 'une force extraordinaire, et qui surpasse celle de tous les autres animaux [...]. Les éléphants fuient devant la licorne.' Un paragraphe est aussi consacré à la licorne dans l'*Histoire des Indes orientales, anciennes et modernes*, de Claude-Marie Guyon (Paris 1744; BV1585), I, ch.6: c'est, selon cet auteur, un des animaux les plus dangereux de la nature; cependant, les Indiens le dressent, s'en servent comme monture, ou l'attellent à un char de course qu'ils font tourner dans une enceinte.
[22] L'association d'Adonis et d'Hercule semble être devenue mécanique chez Voltaire. Cf. *La Pucelle*, x (1755): 'Qui d'un Hercule eut la force en partage, / Et d'Adonis le gracieux visage' (V7, p.430); *Ce qui plaît aux dames* (1764): 'Force

noirs et ses longs cheveux blonds, mélange de beauté inconnu à
Babilone, charmèrent l'assemblée: tout l'amphithéâtre se leva pour
le mieux regarder: toutes les femmes de la cour fixèrent sur lui des
regards étonnés. Formosante elle-même qui baissait toujours les
yeux, les releva et rougit: les trois rois pâlirent: tous les spectateurs
en comparant Formosante avec l'inconnu, s'écriaient, Il n'y a dans
le monde que ce jeune homme qui soit aussi beau que la princesse.

Les huissiers saisis d'étonnement lui demandèrent s'il était roi.
L'étranger répondit qu'il n'avait pas cet honneur, mais qu'il était
venu de fort loin par curiosité pour voir s'il y avait des rois qui
fussent dignes de Formosante. On l'introduisit dans le premier
rang de l'amphithéâtre, lui, son valet, ses deux licornes et son
oiseau. Il salua profondément Bélus, sa fille, les trois rois, et toute
l'assemblée. Puis il prit place en rougissant. Ses deux licornes se
couchèrent à ses pieds, son oiseau se percha sur son épaule, et son
valet qui portait un petit sac, se mit à côté de lui.

Les épreuves commencèrent. On tira de son étui d'or l'arc de
Nembrod. Le grand maître des cérémonies suivi de cinquante
pages et précédé de vingt trompettes, le présenta au roi d'Egypte
qui le fit bénir par ses prêtres; et l'ayant posé sur la tête du bœuf
Apis, il ne douta pas de remporter cette première victoire.[23] Il

115
120
125
130

---

112   68-w75g: inconnue à
  k: beautés inconnues à
119   68p: Des huissiers
127-128   68p: à côté de lui. / CHAPITRE II. / Tous les concurrents tentent
d'accomplir l'oracle; un seul réussit, et ne cesse pas d'être modeste. Oiseau
merveilleux qu'il députe à Formosante avec un superbe présent. Quel était ce
vainqueur. Son départ; ce qui l'occasionne. ¶Les épreuves

d'Hercule et grâce d'Adonis'. Dans l'*Histoire de Jenni*, ch.1, on retrouvera l'expression du conte: 'le visage d'Adonis sur le corps d'un jeune Hercule'.

[23] Dans *La Défense de mon oncle*, 'Seconde diatribe', Voltaire explique ainsi ce
culte: 'qu'est-il arrivé chez presque toutes les nations de la terre, et surtout chez les
Egyptiens? Le sage commence par consacrer à Dieu le bœuf qui laboure la terre, le
sot peuple adore à la fin le bœuf et les fruits mêmes que la nature a produits' (V 64,
p.253).

descend au milieu de l'arène, il essaie, il épuise ses forces, il fait des contorsions qui excitent le rire de l'amphithéâtre, et qui font même sourire Formosante. 135

Son grand aumônier s'approcha de lui, Que Votre Majesté, lui dit-il, renonce à ce vain honneur qui n'est que celui des muscles et des nerfs: vous triompherez dans tout le reste. Vous vaincrez le lion, puisque vous avez le sabre d'Osiris. La princesse de Babilone doit appartenir au prince qui a le plus d'esprit, et vous avez deviné 140 des énigmes. Elle doit épouser le plus vertueux, vous l'êtes, puisque vous avez été élevé par les prêtres d'Egypte. Le plus généreux doit l'emporter, et vous avez donné les deux plus beaux crocodiles et les deux plus beaux rats qui soient dans le Delta. Vous possédez le bœuf Apis et les livres d'Hermès, qui sont la chose la plus rare 145 de l'univers. Personne ne peut vous disputer Formosante. Vous avez raison, dit le roi d'Egypte, et il se remit sur son trône.

On alla mettre l'arc entre les mains du roi des Indes. Il en eut des ampoules pour quinze jours: et se consola en présumant que le roi des Scythes ne serait pas plus heureux que lui. 150

Le Scythe mania l'arc à son tour. Il joignait l'adresse à la force; l'arc parut prendre quelque élasticité entre ses mains, il le fit un peu plier, mais jamais il ne put venir à bout de le tendre. L'amphithéâtre à qui la bonne mine de ce prince inspirait des inclinations favorables, gémit de son peu de succès, et jugea que 155 la belle princesse ne serait jamais mariée.

Alors le jeune inconnu descendit d'un saut dans l'arène, et s'adressant au roi des Scythes, Que Votre Majesté, lui dit-il, ne s'étonne point de n'avoir pas entièrement réussi. Ces arcs d'ébène se font dans mon pays; il n'y a qu'un certain tour à donner. Vous 160 avez beaucoup plus de mérite à l'avoir fait plier, que je n'en peux avoir à le tendre. Aussitôt il prit une flèche, l'ajusta sur la corde, tendit l'arc de Nembrod, et fit voler la flèche bien au-delà des

---

137   68A1, 68A2:   qui est celui
142   NM: été élevés par
143   68P: les plus beaux crocodiles

barrières. Un million de mains applaudit à ce prodige. [24] Babilone
retentit d'acclamations, et toutes les femmes disaient, Quel bonheur   165
qu'un si beau garçon ait tant de force!

Il tira ensuite de sa poche une petite lame d'ivoire, écrivit sur
cette lame avec une aiguille d'or, attacha la tablette d'ivoire à l'arc;
et présenta le tout à la princesse avec une grâce qui ravissait tous
les assistants. Puis il alla modestement se remettre à sa place entre   170
son oiseau et son valet. Babilone entière était dans la surprise. Les
trois rois étaient confondus, et l'inconnu ne paraissait pas s'en
apercevoir.

Formosante fut encore plus étonnée en lisant sur la tablette
d'ivoire attachée à l'arc ces petits vers en beau langage chaldéen.   175

> L'arc de Nembrod est celui de la guerre;
> L'arc de l'amour est celui du bonheur;
> Vous le portez. Par vous ce dieu vainqueur
> Est devenu le maître de la terre.
> Trois rois puissants, trois rivaux aujourd'hui   180
> Osent prétendre à l'honneur de vous plaire.
> Je ne sais pas qui votre cœur préfère,
> Mais l'univers sera jaloux de lui. [25]

Ce petit madrigal ne fâcha point la princesse. Il fut critiqué par
quelques seigneurs de la vieille cour, qui dirent qu'autrefois dans   185
le bon temps on aurait comparé Bélus au soleil, et Formosante à
la lune, son cou à une tour et sa gorge à un boisseau de froment. [26]

---

187   68P: une tour d'ivoire, et

[24] On note au passage qu'"un million de mains applaudit' alors qu'il a été dit que
l'amphithéâtre pouvait contenir cinq cent mille spectateurs (l.52-53).

[25] Ces vers font penser à ceux que Voltaire envoya au moment de l'Epiphanie
1744 à la princesse Louise-Ulrique de Prusse: 'Princesse qui donnez la loi / A mon
cœur comme à mon génie, / Je vois [...] / Votre portrait que je reçois / le saint
jour de l'épiphanie / Et tous les souverains seront jaloux de moi, / Vous, messieurs
les trois rois, qu'on fête et qu'on ignore' (*Voltairiana inedita*, p.46). Voir aussi ci-
dessous, n.29 et notre introduction.

[26] Les comparaisons de la jeune fille avec la lune, de son cou avec une tour, de

Ils dirent que l'étranger n'avait point d'imagination, et qu'il s'écartait des règles de la véritable poésie; mais toutes les dames trouvèrent les vers fort galants. Elles s'émerveillèrent qu'un homme qui bandait si bien un arc eût tant d'esprit. La dame d'honneur de la princesse lui dit, Madame, voilà bien des talents en pure perte. De quoi servira à ce jeune homme son esprit et l'arc de Bélus? A le faire admirer, répondit Formosante. Ah! dit la dame d'honneur entre ses dents, encore un madrigal, et il pourrait bien être aimé.

Cependant Bélus ayant consulté ses mages[27] déclara qu'aucun des trois rois n'ayant pu bander l'arc de Nembrod, il n'en fallait pas moins marier sa fille, et qu'elle appartiendrait à celui qui viendrait à bout d'abattre le grand lion qu'on nourrissait exprès dans sa ménagerie. Le roi d'Egypte qui avait été élevé dans toute la sagesse de son pays,[28] trouva qu'il était fort ridicule d'exposer

190

195

200

---

193   K: De quoi serviront à
193-194   68A2:   l'arc de Bélui? A

sa gorge avec un boisseau de froment rappellent le *Cantique des cantiques*. Elles sont pour Voltaire des exemples du style biblique – ou plus généralement oriental – qu'il critique depuis longtemps; voir par exemple *Zadig*, 'Les disputes et les audiences', ou l'article 'Imagination', écrit pour l'*Encyclopédie*. D'une façon plus générale, elles représentent l'absence de naturel qu'il critique: il interdisait déjà l'entrée du Temple du Goût à Voiture, à Benserade et à tous ceux qui 'n'avaient guère que l'esprit de leur temps'. En comparant Bélus au soleil, songe-t-il au Baal phénicien? En voyant ce vieux Bélus dévot vivant dans un magnifique palais entouré de jets d'eau, au milieu de courtisans qui le flattent, on ne peut s'empêcher de penser – malgré l'admiration de l'auteur pour Louis XIV – au vieux Roi Soleil. La 'vieille cour' est d'ailleurs l'expression employée par Longchamp dans ses *Mémoires* pour désigner celle de Versailles dont la duchesse Du Maine raconte des anecdotes à Voltaire réfugié à Sceaux en 1747; il arrive également à Voltaire de comparer les jardins de Babylone à ceux de Versailles (voir par exemple D3444, 10 août [1746]).

[27] Sur l'emploi du mot 'mages', voir ci-dessus, la critique faite par Larcher dans son *Supplément* (p.25).

[28] Réminiscence biblique, utilisée ironiquement: Moïse 'fut instruit dans toute la sagesse des Egyptiens' (Actes vii.22); voir ci-dessus, l'attitude de Voltaire à l'égard de la civilisation égyptienne (p.25-26).

un roi aux bêtes pour le marier. Il avouait que la possession de Formosante était d'un grand prix; mais il prétendait que si le lion l'étranglait, il ne pourrait jamais épouser cette belle Babilonienne. Le roi des Indes entra dans les sentiments de l'Egyptien; tous deux conclurent que le roi de Babilone se moquait d'eux; qu'il fallait faire venir des armées pour le punir; qu'ils avaient assez de sujets qui se tiendraient fort honorés de mourir au service de leurs maîtres sans qu'il en coutât un cheveu à leurs têtes sacrées; qu'ils détrôneraient aisément le roi de Babilone, et qu'ensuite ils tireraient au sort la belle Formosante.

Cet accord étant fait, les deux rois dépêchèrent chacun dans leur pays un ordre exprès d'assembler une armée de trois cent mille hommes pour enlever Formosante. [29]

Cependant, le roi des Scythes descendit seul dans l'arène le cimeterre à la main. Il n'était pas éperdument épris des charmes de Formosante; la gloire avait été jusque-là sa seule passion, elle l'avait conduit à Babilone. Il voulait faire voir que si les rois de l'Inde et de l'Egypte étaient assez prudents pour ne se pas compromettre avec des lions, il était assez courageux pour ne pas dédaigner ce combat, et qu'il réparerait l'honneur du diadème. Sa rare valeur ne lui permit pas seulement de se servir du secours de son tigre. Il s'avance seul, légèrement armé, couvert d'un casque d'acier garni d'or, ombragé de trois queues de cheval blanches comme la neige.

On lâche contre lui le plus énorme lion qui ait jamais été nourri

205

210

215

220

225

208   68P: pour l'en punir
213-214   NM-W75G: dans leurs pays
217   68P: éperdument amoureux des
219-220   68P: rois des Indes et

[29] Cf. ce qu'écrit Voltaire à la princesse Louise-Ulrique de Prusse le 22 décembre [1743]: 'C'est grand dommage que je n'aie pas à mon service ces 300 000 hommes que je voulais pour vous enlever' (D2900). Ce nombre correspond aussi à un point de la polémique (voir ci-dessus, p.27).

dans les montagnes de l'Antiliban. Ses terribles griffes semblaient
capables de déchirer les trois rois à la fois, et sa vaste gueule de les
dévorer. Ses affreux rugissements faisaient retentir l'amphithéâtre.　230
Les deux fiers champions se précipitent l'un contre l'autre d'une
course rapide. Le courageux Scythe enfonce son épée dans le
gosier du lion; mais la pointe rencontrant une de ces épaisses dents
que rien ne peut percer, se brise en éclats; et le monstre des forêts,
furieux de sa blessure, imprimait déjà ses ongles sanglants dans les　235
flancs du monarque.

Le jeune inconnu touché du péril d'un si brave prince, se jette
dans l'arène plus prompt qu'un éclair; il coupe la tête du lion avec
la même dextérité qu'on a vu depuis dans nos carrousels de jeunes
chevaliers adroits enlever des têtes de maures ou des bagues.　240

Puis tirant une petite boîte, il la présente au roi scythe, en lui
disant, Votre Majesté trouvera dans cette petite boîte le véritable
dictame qui croît dans mon pays. Vos glorieuses blessures seront
guéries en un moment. Le hasard seul vous a empêché de triompher
du lion; votre valeur n'en est pas moins admirable.　245

Le roi scythe plus sensible à la reconnaisance qu'à la jalousie,
remercia son libérateur, et après l'avoir tendrement embrassé,
rentra dans son quartier pour appliquer le dictame sur ses blessures.

L'inconnu donna la tête du lion à son valet; celui-ci après l'avoir
lavée à la grande fontaine qui était au-dessous de l'amphithéâtre,　250
et en avoir fait écouler tout le sang, tira un fer de son petit sac,
arracha les quarante dents du lion,[30] et mit à leur place quarante
diamants d'une égale grosseur.

228-229　68P:　semblaient prêtes à déchirer
229-230　68P:　gueule capable de les dévorer.
230　68P:　affreux mugissements faisaient
235-236　68P:　dans le flanc du

[30] 'Les quarante dents du lion'; et Voltaire insiste sur ce nombre: il le répète trois
fois en quelques lignes. Même chiffre dans *Le Marseillois et le lion*, l.86; avec cette
note: 'Ceux qui ont écrit l'histoire naturelle auraient bien dû compter les dents des
lions, mais ils ont oublié cette particularité aussi bien qu'Aristote. Quand on parle

Son maître avec sa modestie ordinaire se remit à sa place; il donna la tête du lion à son oiseau: Bel oiseau, dit-il, allez porter aux pieds de Formosante ce faible hommage. L'oiseau part tenant dans une de ses serres le terrible trophée; il le présente à la princesse en baissant humblement le cou, et en s'aplatissant devant elle. Les quarante brillants éblouirent tous les yeux. On ne connaissait pas encore cette magnificence dans la superbe Babilone: [31] l'émeraude, la topaze, le saphir et le pyrope étaient regardés encore comme les plus précieux ornements. Bélus et toute la cour étaient saisis d'admiration. L'oiseau qui offrait ce présent les surprit encore davantage. Il était de la taille d'une aigle, [32] mais ses yeux étaient aussi doux et aussi tendres que ceux de l'aigle sont fiers et menaçants. Son bec était couleur de rose, et semblait tenir quelque chose de la belle bouche de Formosante. Son cou rassemblait toutes les couleurs de l'iris, mais plus vives et plus brillantes. L'or

255

260

265

263   68P: qui offrit ce
264   68P, K: taille d'un aigle
267   68P: de la belle Formosante

---

d'un guerrier, il ne faut pas omettre ses armes. M. de St Didier qui avait vu disséquer à Marseille un lion nouvellement venu d'Afrique, s'assura qu'il avait quarante dents' (voir ci-dessous, p.758-59). Buffon, dont les œuvres figurent dans la bibliothèque de Ferney, dit qu'il en a 30 (*Histoire naturelle*, Paris 1750-1770; BV572, ix.43).

[31] Jusqu'en 1727, époque où l'on apprit en Europe l'existence de diamants au Brésil – leur découverte causa même un tel scepticisme qu'on en contesta l'origine –, les seuls diamants connus étaient ceux des Indes orientales. Ils étaient très chers. Jean-Baptiste Tavernier, dans *Les Six voyages* […] *en Turquie, en Perse et aux Indes* (Paris 1679; BV3251), II.ii, ch.14, ouvrage bien connu de Voltaire, parle des diamants du vice-roi de Mascareigne, don Philippe, et consacre plusieurs chapitres (ch.15 ss.) aux diamants et autres pierres précieuses qu'il a vus et dont il a fait commerce au cours de son voyage. Il donne même des précisions sur la taille, le nombre de carats, l'origine et le prix de ces diamants. L'abbé Guyon parle aussi des mines de diamants des Indes (*Histoire des Indes orientales*, ii.31, 81; iii.26).

[32] Selon *Trévoux*, 'aigle' est le plus souvent masculin au sens propre comme en français contemporain, mais 'quelques auteurs le font féminin'. Certaines éditions du conte rectifient.

en mille nuances éclatait sur son plumage. Ses pieds paraissaient un mélange d'argent et de pourpre; et la queue des beaux oiseaux qu'on attela depuis au char de Junon n'approchait pas de la sienne. [33]

L'attention, la curiosité, l'étonnement, l'extase de toute la cour, se partageaient entre les quarante diamants et l'oiseau. Il s'était perché sur la balustrade entre Bélus et sa fille Formosante; elle le flattait, le caressait, le baisait. Il semblait recevoir ses caresses avec un plaisir mêlé de respect. Quand la princesse lui donnait des

[33] La description du phénix est conforme à celle qu'en font les auteurs anciens depuis Hérodote. Voltaire a pu aussi trouver des renseignements dans l'*Histoire des Indes orientales* de Guyon, qui raconte l'origine et l'histoire de la croyance au phénix et en étudie même les variantes. Plusieurs détails font penser à ce que dit Voltaire: 'Ils [les Grecs] le représentaient de la grandeur d'un aigle, la tête timbrée d'un pennage exquis, les plumes du col dorées, les autres pourprées, la queue blanche, mêlée de pennes incarnates, et les yeux étincelants comme des étoiles.' Le pape saint Clément croit à une sorte de résurrection du phénix; quand il va mourir, il se fait 'un nid de myrrhe et d'encens', où il achève sa vie. De sa chair pourrie il naît une espèce de ver, qui s'étant nourri quelque temps de la substance de cet animal, commence d'abord à se couvrir de plumes; et lorsqu'il est devenu plus fort, il prend le nid où sont renfermés les os de celui dont il est né; et passant d'Arabie en Egypte, il s'avance jusqu'à la ville d'Héliopolis. Là [...] il vient en volant mettre ces os sur l'autel du Soleil'. Les modalités décrites par 'la plupart' des anciens se rapprochent encore plus de celles du conte: 'il allume [son bûcher], s'y laisse consumer, et [...] c'est de ses cendres qu'il en renaît un autre' (i.225-26). 'La durée de sa vie fait un second sujet de variations': on lui 'donne' trois siècles, cinq siècles, 660 ans ou, chez les Arabes et les Egyptiens 'et les rabbins', beaucoup plus. Guyon note encore que 'la plupart des auteurs le font naître aux Indes, quelques-uns en Arabie' (i.228). Selon lui, le mythe du phénix 'vient de l'équivoque qu'il y a dans le mot de Phoenix [...] qui signifie également un palmier [...] Parce que la moëlle du palmier est très nourrissante [...] et bonne pour la santé, on a dit qu'elle faisait vivre très longtemps, qu'elle guérissait de dangereuses maladies [...] Le même nom de Phoenix a fait transporter toutes ces qualités à l'oiseau qui le portait.' Il est question de la renaissance du phénix aussi dans la *Relation du voyage de Perse et des Indes orientales* (Paris 1663; BV1628) de Thomas Herbert. Le phénix joue un rôle également dans le *Roland furieux* de l'Arioste et dans l'*Histoire de Fleur d'Epine* de Hamilton entre autres. D'autre part, par son comportement et ses pouvoirs, le phénix de Voltaire semble tenir du Simorg Anka, c'est-à-dire du 'griffon merveilleux' dont parle d'Herbelot (voir ci-dessous, ch.3, n.9).

baisers, il les rendait, et la regardait ensuite avec des yeux attendris. Il recevait d'elle des biscuits et des pistaches qu'il prenait de sa patte purpurine et argentée, et qu'il portait à son bec avec des grâces inexprimables.

Bélus qui avait considéré les diamants avec attention, jugeait qu'une de ses provinces pouvait à peine payer un présent si riche. Il ordonna qu'on préparât pour l'inconnu des dons encore plus magnifiques que ceux qui étaient destinés aux trois monarques. Ce jeune homme, disait-il, est sans doute le fils du roi de la Chine, ou de cette partie du monde qu'on nomme Europe, dont j'ai entendu parler, ou de l'Afrique qui est, dit-on, voisine du royaume d'Egypte.

Il envoya sur-le-champ son grand écuyer complimenter l'inconnu, et lui demander s'il était souverain ou fils du souverain d'un de ces empires, et pourquoi possédant de si étonnants trésors il était venu avec un valet et un petit sac.

Tandis que le grand écuyer avançait vers l'amphithéâtre pour s'acquitter de sa commission, arriva un autre valet sur une licorne. Ce valet adressant la parole au jeune homme, lui dit, Ormar votre père touche à l'extrémité de sa vie, et je suis venu vous en avertir. L'inconnu leva les yeux au ciel, versa des larmes, et ne répondit que par ce mot, *Partons*.

Le grand écuyer après avoir fait les compliments de Bélus au vainqueur du lion, au donneur des quarante diamants, au maître du bel oiseau,[34] demanda au valet de quel royaume était souverain le père de ce jeune héros. Le valet répondit, Son père est un vieux berger qui est fort aimé dans le canton.

280

285

290

295

300

---

291   68A1, 68A2:   fils de souverain
291-292   W75G, K: était souverain d'un de
299   68P: par ces mots

---

[34] On reconnaît dans ces récapitulations qui se répètent un des procédés utilisés par Voltaire dans *Zadig*. Cf. ci-dessous, ch.2, l.10, ch.3, l.84 ss. et ch.5, l.127-128.

Pendant ce court entretien l'inconnu était déjà monté sur sa   305
licorne. Il dit au grand écuyer, Seigneur, daignez me mettre aux
pieds de Bélus et de sa fille. J'ose la supplier d'avoir grand soin de
l'oiseau que je lui laisse; il est unique comme elle. En achevant ces
mots il partit comme un éclair; les deux valets le suivirent, et on
les perdit de vue.   310

Formosante ne put s'empêcher de jeter un grand cri. L'oiseau
se retournant vers l'amphithéâtre où son maître avait été assis, parut
très affligé de ne le plus voir. Puis regardant fixement la princesse,
et frottant doucement sa belle main de son bec, il sembla se vouer
à son service.   315

Bélus, plus étonné que jamais, apprenant que ce jeune homme
si extraordinaire était le fils d'un berger, ne put le croire. Il fit
courir après lui; mais bientôt on lui rapporta que les licornes sur
lesquelles ces trois hommes couraient, ne pouvaient être atteintes,
et qu'au galop dont elles allaient, elles devaient faire cent lieues   320
par jour.

305   68A1, 68A2: l'inconnu étant déjà
305-306   68P: sur la licorne.

2.

Tout le monde raisonnait sur cette aventure étrange, et s'épuisait
en vaines conjectures. Comment le fils d'un berger peut-il donner
quarante gros diamants? pourquoi est-il monté sur une licorne?
On s'y perdait, et Formosante en caressant son oiseau, était
plongée dans une rêverie profonde.   5

La princesse Aldée[1] sa cousine issue de germaine, très bien
faite, et presque aussi belle que Formosante, lui dit, Ma cousine,
je ne sais pas si ce jeune demi-dieu est le fils d'un berger; mais il
me semble qu'il a rempli toutes les conditions attachées à votre
mariage. Il a bandé l'arc de Nembrod, il a vaincu le lion, il a   10
beaucoup d'esprit, puisqu'il a fait pour vous un assez joli im-
promptu. Après les quarante énormes diamants qu'il vous a donnés,
vous ne pouvez nier qu'il ne soit le plus généreux des hommes. Il
possédait dans son oiseau ce qu'il y a de plus rare sur la terre. Sa
vertu n'a point d'égale, puisque pouvant demeurer auprès de vous,   15
il est parti sans délibérer dès qu'il a su que son père était malade.

a   68P: CHAPITRE III. / Beaux raisonnements de la cour de Babylone et de la
princesse Aldée sur le départ du vainqueur, et sur sa condition. L'oracle est consulté
de nouveau sur le mariage de Formosante, réponse ambiguë qu'il fait.
8   68P: jeune homme demi-dieu

[1] Sur la signification qu'a l'emploi d'*aldée* comme nom propre, voir ci-dessus,
p.34-35. Rappelons seulement la définition du mot que donne Voltaire dans le *Précis
du siècle de Louis XV*, ch.34, à propos d'une donation de 35 aldées faite par
Chandasaeb à la Compagnie des Indes: '*Aldée* signifie *village*: c'est encore le terme
dont on se sert en Espagne depuis l'invasion des Arabes, qui dominèrent également
dans l'Espagne et dans l'Inde, et dont la langue a laissé des traces dans plus de cent
provinces' (*OH*, p.1496). Le mot se trouve avec un sens un peu plus précis dans
Trévoux, qui cite Moreri. L'abbé Guyon l'emploie comme synonyme de 'terres'
(*Histoire des Indes orientales*, iii.342 ss.).

L'oracle est accompli dans tous ses points, excepté dans celui qui exige qu'il terrasse ses rivaux; mais il a fait plus, il a sauvé la vie du seul concurrent qu'il pouvait craindre; et quand il s'agira de battre les deux autres, je crois que vous ne doutez pas qu'il n'en vienne à bout aisément.

Tout ce que vous dites est bien vrai, répondit Formosante. Mais est-il possible que le plus grand des hommes, et peut-être même le plus aimable, soit le fils d'un berger?

La dame d'honneur se mêlant de la conversation, dit que très souvent ce mot de berger était appliqué aux rois; qu'on les appelait bergers parce qu'ils tondent de fort près leur troupeau;[2] que c'était sans doute une mauvaise plaisanterie de son valet; que ce jeune héros n'était venu si mal accompagné que pour faire voir combien son seul mérite était au-dessus du faste des rois, et pour ne devoir Formosante qu'à lui-même. La princesse ne répondit qu'en donnant à son oiseau mille tendres baisers.

On préparait cependant un grand festin pour les trois rois, et pour tous les princes qui étaient venus à la fête. La fille et la nièce du roi devaient en faire les honneurs. On portait chez les rois des présents dignes de la magnificence de Babilone. Bélus en attendant qu'on servît, assembla son conseil sur le mariage de la belle Formosante, et voici comme il parla en grand politique.

Je suis vieux, je ne sais plus que faire, ni à qui donner ma fille. Celui qui la méritait, n'est qu'un vil berger. Le roi des Indes et celui d'Egypte sont des poltrons; le roi des Scythes me conviendrait assez, mais il n'a rempli aucune des conditions imposées. Je vais encore consulter l'oracle. En attendant, délibérez, et nous

20

25

30

35

40

20-21 NM: qu'il ne vienne
27 68P: qu'ils tondaient leurs troupeaux; que
29-30 68P: voir, que son seul

[2] Sur la répétition du mot 'berger', voir ci-dessus, p.14-15.

conclurons suivant ce que l'oracle aura dit; car un roi ne doit se
conduire que par l'ordre exprès des dieux immortels.   45

Alors il va dans sa chapelle; l'oracle lui répond en peu de mots
suivant sa coutume, *Ta fille ne sera mariée que quand elle aura couru
le monde.* Bélus étonné revient au conseil et rapporte cette réponse.

Tous les ministres avaient un profond respect pour les oracles;
tous convenaient, ou feignaient de convenir qu'ils étaient le   50
fondement de la religion; que la raison doit se taire devant eux;
que c'est par eux que les rois règnent sur les peuples, et les mages
sur les rois;[3] que sans les oracles il n'y aurait ni vertu, ni repos sur
la terre. Enfin, après avoir témoigné la plus profonde vénération
pour eux, presque tous conclurent que celui-ci était impertinent,   55
qu'il ne fallait pas lui obéir; que rien n'était plus indécent pour une
fille, et surtout pour celle du grand roi de Babilone, que d'aller
courir sans savoir où; que c'était le vrai moyen de n'être point
mariée, ou de faire un mariage clandestin, honteux et ridicule;
qu'en un mot, cet oracle n'avait pas le sens commun.   60

Le plus jeune des ministres nommé Onadase, qui avait plus
d'esprit qu'eux, dit que l'oracle entendait sans doute quelque
pèlerinage de dévotion, et qu'il s'offrait à être le conducteur de la
princesse. Le conseil revint à son avis,[4] mais chacun voulut servir
d'écuyer. Le roi décida que la princesse pourrait aller à trois cents 65

46   68P: dans son oratoire; l'oracle
58-59 68P: n'être jamais mariée
63   68A1, 68A2: être conducteur

[3] Une idée de même ordre est exprimée par Assur dans *Sémiramis*, II.vii: 'Ils [les
prodiges] sont l'appât grossier des peuples ignorants, / L'invention du fourbe, et
le mépris des grands'. Sur les ressemblances avec *Sémiramis*, voir ci-dessus, p.12.
[4] '*Revenir* signifie aussi, changer d'avis. [...] Ce juge s'est rendu à la raison qu'on
lui a objectée, il est *revenu* à l'avis du rapporteur, dont il n'était pas d'abord'
(*Trévoux*). Revenir à l'avis de quelqu'un, c'est 'quitter l'avis qu'on a pour se ranger
à l'avis de quelqu'un' (Littré).

parasanges sur le chemin de l'Arabie, à un temple dont le saint avait la réputation de procurer d'heureux mariages aux filles,[5] et que ce serait le doyen du conseil qui l'accompagnerait. Après cette décision, on alla souper.

66-67   68P: dont l'idole avait

[5] Sur ce temple, voir ch.4, n.14.

3.

Au milieu des jardins, entre deux cascades, s'élevait un salon ovale
de trois cents pieds de diamètre, dont la voûte d'azur semée
d'étoiles d'or représentait toutes les constellations avec les planètes,
chacune à leur véritable place; et cette voûte tournait ainsi que le
ciel par des machines aussi invisibles que le sont celles qui dirigent   5
les mouvements célestes.[1] Cent mille flambeaux enfermés dans
des cylindres de cristal de roche, éclairaient les dehors et l'intérieur
de la salle à manger. Un buffet en gradins portait vingt mille vases
ou plats d'or; et vis-à-vis le buffet, d'autres gradins étaient remplis
de musiciens. Deux autres amphithéâtres étaient chargés, l'un des   10
fruits de toutes les saisons, l'autre d'amphores de cristal où   -
brillaient tous les vins de la terre.[2]

a   68P: CHAPITRE IV. / Magnifique salon où le roi de Babylone donne une
magnifique fête. Gentillesse de l'oiseau merveilleux dont il a été parlé. Galanteries
du roi de Scythie à la princesse Aldée. Honnête proposition qu'il lui fait. Comment
elle est reçue. Promesses qu'ils se font en se séparant.
    1-2   68P: un salon de
    5   68P: invisibles que celles

[1] Cette machinerie est un 'oréri' perfectionné. Un des personnages de l'*Histoire
de Jenni* parle ainsi des oréris: 'Vous admirez ces machines d'une nouvelle invention
qu'on appelle oréri, parce que milord Oréri [Charles Boyle, comte d'Orrery, 1676-
1731] les a mises à la mode en protégeant l'ouvrier par ses libéralités; c'est une très
faible copie de notre monde planétaire et de ses révolutions, la période même du
changement des solstices et des équinoxes, qui nous amène de jour en jour une
nouvelle étoile polaire. [...] Cette machine est très imparfaite: il faut la faire tourner
avec une manivelle; cependant c'est un chef-d'œuvre de l'habileté de nos artisans'
(*Romans et contes*, p.632).
    [2] Ce salon rappelle – en beaucoup plus grandiose – certains décors qui furent
familiers à Voltaire. Quand il étudiait à Cirey avec Mme Du Châtelet le système de
Newton, il avait aménagé une galerie contenant des appareils de physique et cinq
sphères; il y fait allusion au début de ses *Mémoires* (M.i.7). Comme chez Bélus, on
y prenait des repas (voir la lettre écrite de Cirey par Mme de Graffigny, 5 décembre

Les convives prirent leurs places autour d'une table de compartiments[3] qui figuraient des fleurs et des fruits, tous en pierres
précieuses. La belle Formosante fut placée entre le roi des Indes   15
et celui d'Egypte. La belle Aldée auprès du roi des Scythes. Il y
avait une trentaine de princes, et chacun d'eux était à côté d'une
des plus belles dames du palais. Le roi de Babilone au milieu, vis-
à-vis de sa fille, paraissait partagé entre le chagrin de n'avoir pu
la marier, et le plaisir de la garder encore. Formosante lui demanda   20
la permission de mettre son oiseau sur la table à côté d'elle. Le roi
le trouva très bon.

La musique, qui se fit entendre, donna une pleine liberté à

21   68P: la tablette à côté
22   68P: le trouva bon.

1738; D1677). A Lunéville également, il y avait 'une grande salle toute meublée des
expériences nouvelles de physique, et particulièrement de tout ce qui confirme le
système newtonien' (25 juin [1735]; D882). Le décor et l'organisation de cette soirée
font penser à certaines fêtes données au château de Sceaux, entre autres à la réception
offerte le 16 juillet 1685 par Seignelay et à laquelle assistait déjà le duc Du Maine.
La collation fut servie dans le Pavillon de l'Aurore qui ressemble au 'salon' de
Babylone: non seulement il est situé dans un parc orné de jets d'eau, mais son
orientation vers le lever de l'aurore, la peinture du plafond et le nombre des
ouvertures – douze comme les signes du zodiaque – sont inspirés par des
considérations astronomiques. Comme dans le salon du conte, on y avait disposé
des fruits 'aussi beaux qu'ils étaient rares pour la saison'; des rafraîchissements dans
un des renfoncements, et des musiciens dans un autre (*Mercure galant*, juillet 1685,
p.263-316). Par la suite, à plusieurs reprises, des fêtes furent données à Sceaux à
l'occasion de mariages (voir Dangeau, *Mémoires*, Paris 1854-1860, xiii.72-80, 144
et 153-54; *Mercure galant*, mai 1710, p.225-33). Et surtout – fait touchant de plus
près l'auteur puisqu'il composa à l'occasion de ce même mariage *La Princesse de
Navarre* – en février 1745, la reine y offrit un grand dîner au roi et à la cour qui
amenaient à Versailles l'infante d'Espagne destinée au dauphin. En ce qui concerne
les souvenirs de la cour de Sceaux en général, voir ci-dessus, p.14-15.
    [3] L'*Encyclopédie* donne cette définition du 'compartiment': 'disposition de figures
régulières, formées de lignes droites ou courbes et parallèles, et divisées avec
symétrie pour les lambris, les plafonds […] et pour les pavements'. Les tables de
compartiments étaient tout à fait à la mode au milieu du dix-huitième siècle.

chaque prince d'entretenir sa voisine. Le festin parut aussi agréable
que magnifique. On avait servi devant Formosante un ragoût que   25
le roi son père aimait beaucoup. La princesse dit qu'il fallait le
porter devant Sa Majesté; aussitôt l'oiseau se saisit du plat avec
une dextérité merveilleuse, et va le présenter au roi. Jamais on ne
fut plus étonné à souper. Bélus lui fit autant de caresses que sa
fille. L'oiseau reprit ensuite son vol pour retourner auprès d'elle.   30
Il déployait en volant une si belle queue, ses ailes étendues étalaient
tant de brillantes couleurs, l'or de son plumage jetait un éclat si
éblouissant, que tous les yeux ne regardaient que lui. Tous les
concertants cessèrent leur musique et demeurèrent immobiles.
Personne ne mangeait, personne ne parlait, on n'entendait qu'un   35
murmure d'admiration. La princesse de Babilone le baisa pendant
tout le souper, sans songer seulement s'il y avait des rois dans le
monde. Ceux des Indes et d'Egypte sentirent redoubler leur dépit
et leur indignation, et chacun d'eux se promit bien de hâter la
marche de ses trois cent mille hommes pour se venger.   40

Pour le roi des Scythes, il était occupé à entretenir la belle
Aldée: son cœur altier méprisant sans dépit les inattentions de
Formosante, avait conçu pour elle plus d'indifférence que de
colère. Elle est belle, disait-il, je l'avoue, mais elle me paraît de
ces femmes qui ne sont occupées que de leur beauté, et qui pensent   45
que le genre humain doit leur être bien obligé quand elles daignent
se laisser voir en public. On n'adore point des idoles dans mon
pays. J'aimerais mieux une laideron complaisante et attentive, que
cette belle statue. Vous avez, madame, autant de charmes qu'elle,
et vous daignez au moins faire conversation avec les étrangers. Je   50
vous avoue avec la franchise d'un Scythe, que je vous donne la
préférence sur votre cousine. Il se trompait pourtant sur le caractère
de Formosante: elle n'était pas si dédaigneuse qu'elle le paraissait;
mais son compliment fut très bien reçu de la princesse Aldée. Leur

34   68A2: et demeurent immobiles.
     W68-K: et devinrent immobiles.
50   68P: daignez faire au moins conversation

entretien devint fort intéressant: ils étaient très contents, et déjà   55
sûrs l'un de l'autre avant qu'on sortît de table.

Après le souper on alla se promener dans les bosquets. Le roi
des Scythes et Aldée ne manquèrent pas de chercher un cabinet
solitaire. Aldée qui était la franchise même, parla ainsi à ce prince:

Je ne hais point ma cousine, quoiqu'elle soit plus belle que moi,   60
et qu'elle soit destinée au trône de Babilone: l'honneur de vous
plaire me tient lieu d'attraits. Je préfère la Scythie avec vous à la
couronne de Babilone sans vous. [4] Mais cette couronne m'appartient
de droit, s'il y a des droits dans le monde; car je suis de la branche
aînée de Nembrod, et Formosante n'est que de la cadette. Son   65
grand-père détrôna le mien et le fit mourir.

Telle est donc la force du sang dans la maison de Babilone! dit
le Scythe. Comment s'appelait votre grand-père? Il se nommait
Aldée comme moi; [5] mon père avait le même nom; il fut relégué
au fond de l'empire avec ma mère; et Bélus après leur mort ne   70
craignant rien de moi voulut bien m'élever auprès de sa fille. Mais
il a décidé que je ne serais jamais mariée.

Je veux venger votre père et votre grand-père, et vous, dit le
roi des Scythes. Je vous réponds que vous serez mariée; je vous
enlèverai après-demain de grand matin; car il faut dîner demain   75
avec le roi de Babilone, et je reviendrai soutenir vos droits avec

---

71   w68-к: voulut m'élever
73   68р, к: votre père, votre

---

[4] Cf. ce que dit dans *Sémiramis*, ii.i, la princesse Azéma à Arzace (M.iv.521):
      Ninias me verrait préférer aujourd'hui
      Un exil avec vous, à ce trône [de Babylone] avec lui.
      Les campagnes du Scythe, et ses climats stériles,
      Pleins de votre grand nom, sont d'assez doux asiles.

[5] Sur l'origine de ce nom, voir ch.2, n.1; sur l'interprétation de l'insistance de
Voltaire, voir ci-dessus, p.34-35.

une armée de trois cent mille hommes. [6] Je le veux bien, dit la belle Aldée; et après s'être donné leur parole d'honneur, ils se séparèrent.

Il y avait longtemps que l'incomparable Formosante s'était allée coucher. Elle avait fait placer à côté de son lit un petit oranger   80
dans une caisse d'argent, pour y faire reposer son oiseau. Ses rideaux étaient fermés, mais elle n'avait nulle envie de dormir. Son cœur et son imagination étaient trop éveillés. Le charmant inconnu était devant ses yeux; elle le voyait tirant une flèche avec l'arc de Nembrod; elle le contemplait coupant la tête du lion; elle   85
récitait son madrigal; enfin elle le voyait s'échapper de la foule, monté sur sa licorne; alors elle éclatait en sanglots; elle s'écriait avec larmes, Je ne le reverrai donc plus, il ne reviendra pas.

Il reviendra, madame, lui répondit l'oiseau du haut de son oranger, peut-on vous avoir vue et ne pas vous revoir?   90

O ciel! ô puissances éternelles! mon oiseau parle le pur chaldéen! En disant ces mots elle tire ses rideaux, lui tend les bras, se met à genoux sur son lit: Etes-vous un dieu descendu sur la terre? êtes-vous le grand Orosmade [7] caché sous ce beau plumage? Si vous êtes un dieu, rendez-moi ce beau jeune homme.   95

— Je ne suis qu'une volatile, [8] répliqua l'autre; mais je naquis dans le temps que toutes les bêtes parlaient encore, et que les oiseaux, les serpents, les ânesses, les chevaux et les griffons

78   68P: s'être donnés leur
78-79   68P: séparèrent. / CHAPITRE V. / L'oiseau merveilleux parle à Formosante; il lui fait son histoire. Description du pays des Gangarides, d'où est son ami appelé Amazan. Entreprise infructueuse d'un roi des Indes sur cette contrée. Leurs richesses, leurs guerres, leur religion. Conseils de l'oiseau à la princesse. ¶Il y avait
86   68P: madrigal; enfin le

[6] Voir ch.1, n.29.
[7] 'Orosmade, ou Oromaze, le dieu des jours' (*Essai*, i.253); voir aussi les carnets: 'Orosmade *Ormuts*' (V 81, p.181).
[8] 'Volatile' fut d'abord féminin; le dictionnaire de Richelet (1680) et celui de l'Académie de 1695 le donnent encore comme tel. Mais ceux de Furetière en 1701 et de Trévoux en 1752 le donnent comme masculin.

s'entretenaient familièrement avec les hommes. Je n'ai pas voulu parler devant le monde, de peur que vos dames d'honneur ne me prissent pour un sorcier: je ne veux me découvrir qu'à vous.

Formosante, interdite, égarée, enivrée de tant de merveilles, agitée de l'empressement de faire cent questions à la fois, lui demanda d'abord quel âge il avait. Vingt-sept mille neuf cents ans et six mois, madame;[9] je suis de l'âge de la petite révolution du ciel que vos mages appellent la précession des équinoxes, et qui s'accomplit en près de vingt-huit mille de vos années.[10] Il y a des révolutions infiniment plus longues, aussi nous avons des êtres beaucoup plus vieux que moi. Il y a vingt-deux mille ans que

[9] Ici le phénix semble tenir du 'griffon merveilleux' dont parle d'Herbelot à l'article 'Simorg Anka' et à l'article 'Tharamurath': 'il est raisonnable, il parle toutes sortes de langues, et il est capable de religion […] En un mot, c'est une fée qui a la figure d'un oiseau.' – 'Le Caherman Nameh rapporte que Simorg Anka, interrogé sur son âge, répondit: "Ce monde est fort ancien; car il s'est déjà trouvé sept fois rempli de créatures, et sept fois entièrement vide de toutes sortes d'animaux. Le siècle d'Adam dans lequel nous sommes doit durer 7 000 ans, qui sont un grand cycle d'années, et j'ai déjà vu douze de ces révolutions, sans que je sache combien il m'en reste à voir".' Le même ouvrage nous apprend que Simorg Anka était grand ami de la race d'Adam: 'il fut toujours inviolable dans les combats qu'il livra lui seul aux démons, et tous les héros qu'il favorisa remportèrent aussi par son moyen de grands avantages sur eux'. Il a aussi le pouvoir de transporter dans des régions imaginaires.

[10] Sur la précession des équinoxes voir *Lettres philosophiques*, XVII, *Eléments de la philosophie de Newton*, III.xii (V 15, p.490-500), *Dissertation sur les changements arrivés dans notre globe* (1746), *De l'astrologie* (1756), art. 'Astronomie', *Questions sur l'Encyclopédie* (1770). Voltaire s'est d'autant plus intéressé au sujet qu'il met en question l'astrologie. Dans les *Lettres philosophiques*, XVII, il évalue cette 'révolution' à 25 900 ans: 'les anciens, doublement trompés, composèrent leur grande année du monde, c'est-à-dire, de la révolution de tout le ciel, d'environ trente-six mille ans. Mais les modernes savent que cette révolution imaginaire du ciel des étoiles n'est autre chose que la révolution des pôles de la terre, qui se fait en vingt-cinq mille neuf cent années'. 'Ses pôles ont un mouvement très lent de rétrogradation d'Orient en Occident, qui fait que chaque jour leur position ne répond pas précisément aux mêmes points du ciel' (éd. Lanson et Rousseau, ii.59 et 58).

j'appris le chaldéen dans un de mes voyages.[11] J'ai toujours   110
conservé beaucoup de goût pour la langue chaldéenne;[12] mais les
autres animaux mes confrères ont renoncé à parler dans vos
climats. — Et pourquoi cela, mon divin oiseau? — Hélas! c'est
parce que les hommes ont pris enfin l'habitude de nous manger au
lieu de converser et de s'instruire avec nous. Les barbares! ne   115
devaient-ils pas être convaincus qu'ayant les mêmes organes
qu'eux, les mêmes sentiments, les mêmes besoins, les mêmes
désirs, nous avions ce qui s'appelle une âme tout comme eux;[13]

---

118   68P: nous avons ce

---

[11] Dans *La Philosophie de l'histoire*, ch.10, Voltaire a discuté de l'ancienneté des
Chaldéens: 1900 ans ou 470 000 comme on l'a dit? Plus de 1900, pense Voltaire,
puisque leurs 'tables astronomiques remontent [...] à l'année 2234 avant notre ère'
(V 59, p.120) et qu'elles supposent une civilisation déjà ancienne. Larcher, dans la
seconde édition de son *Supplément*, discutera cette affirmation (S.69, p.59-60); voir
aussi ch.8, n.18.

[12] Voltaire lui-même s'est renseigné sur le vocabulaire chaldéen. Il demandait à
Moultou en 1763-1764 'quelques mots caldéens, siriaques, et même Egyptiens, qui
fussent diaboliques à prononcer pour les opposer aux expressions grecques qui sont
si douces' (D11602); voir aussi D12278.

[13] Ce passage porte la trace des réflexions que fait depuis longtemps Voltaire sur
la nature de l'âme et son éventuelle présence chez les animaux, réflexions suscitées
en particulier par la lecture de Locke. Dans les *Lettres philosophiques*, XIII, l'idée est
exprimée dans les mêmes termes: 'Les bêtes ont les mêmes organes que nous, les
mêmes sentiments [...] Si Dieu n'a pas pu animer la matière et lui donner le
sentiment, il faut de deux choses l'une, ou que les bêtes soient de pures machines,
ou qu'elles aient une âme spirituelle' (éd. Lanson et Rousseau, i.173). On trouve
aussi dans la correspondance des indices de l'intérêt ancien de Voltaire pour ces
questions: il en parle par exemple en 1735 au père Tournemine (D877, D963). Il
demande à Moussinot en 1739 (D1949) l'*Amusement philosophique sur le langage des
bêtes* (Paris 1739) de Guillaume-Hyacinthe Bougeant, puis à Thiriot (D1976) la
Lettre à madame la comtesse D*** pour servir de supplément à l'Amusement philosophique
(s.l. 1739) d'Aubert de La Chesnaye Des Bois. D'autre part, il s'est documenté très
tôt sur les croyances de l'Inde pour son *Histoire générale* dont il publie des fragments,
concernant l'Inde entre autres, dès 1745-1746 dans le *Mercure*. Aussi écrit-il à
Peacock le 8 décembre 1767 (D14579) que Holwell n'a fait que le confirmer dans
ses opinions concernant les 'coutumes antiques' des Indes, la science des bramanes,
etc. Or, Holwell consacre à ce problème de la communication entre les hommes et

que nous étions leurs frères, et qu'il ne fallait cuire et manger que
les méchants? Nous sommes tellement vos frères, que le grand
Etre, l'Etre éternel et formateur, ayant fait un pacte avec les
hommes, (a) nous comprit expressément dans le traité. Il vous
défendit de vous nourrir de notre sang, et à nous de sucer le
vôtre. [14]

120

(a) Voyez le chapitre 9 de la *Genèse*, et les chapitres 3, 18 et 19 de
l'*Ecclésiaste*.

n.a   68P, sans note

les animaux plusieurs passages des *Evénements historiques intéressants relatifs aux
provinces de Bengale et à l'empire de l'Indoustan* (Amsterdam 1768); voir par exemple
ii.90, où il parle de la 'tyrannie que Mhurd [l'homme] a usurpée sur la création
animale'; plus loin, p.103, il mentionne la croyance des bramines que 'les animaux
ont la faculté de pouvoir se communiquer réciproquement leurs idées'. Voltaire
revient sur la question dans l'article 'Bêtes' du *Dictionnaire philosophique* en 1764.
Dans *La Philosophie de l'histoire*, il rappelle que dans la Bible 'l'écrivain sacré fait
parler le serpent, et l'ânesse de Balaam' car 'on attribuait quelquefois la parole aux
bêtes' (V 59, p.249). Dans *La Défense de mon oncle* à propos d'accouplements entre
femmes et bêtes, il écrit: 'Cette expression remarquable, *leur sang retombera sur eux*
[la femme et la bête, Lévitique xx.16] prouve évidemment que les bêtes passaient
alors pour avoir de l'intelligence. Non seulement le serpent et l'ânesse avaient parlé;
mais Dieu après le déluge, avait fait un pacte, une alliance avec les bêtes' (V 64,
p.209). Il reviendra encore sur la question en 1776 dans *La Bible enfin expliquée*.
En ce qui concerne plus particulièrement le phénix, voir ce qu'écrit d'Herbelot, à
l'article 'Hegiage', au sujet du langage des oiseaux que certains peuples prétendent
comprendre.

[14] On lit en réalité dans Genèse ix.1-11: 'Dieu bénit Noé, et ses enfants et il leur
dit: [...] Que tous les animaux de la terre, et tous les oiseaux du ciel soient frappés
de terreur et tremblent devant vous [...] Nourrissez-vous de tout ce qui a vie et
mouvement [...] J'excepte seulement la chair mêlée avec le sang [...] je vengerai
votre sang de toutes les bêtes qui l'auront répandu, et je vengerai la vie de l'homme
de la main de l'homme [...] Je vais faire l'alliance avec vous [...] et avec tous les
animaux vivants [...] toute chair qui a vie ne périra plus désormais par les eaux du
déluge' (trad. Lemaître de Sacy).

Les fables de votre ancien Locman,[15] traduites en tant de   125
langues, seront un témoignage éternellement subsistant de l'heureux commerce que vous avez eu autrefois avec nous. Elles
commencent toutes par ces mots: *du temps que les bêtes parlaient.*
Il est vrai qu'il y a beaucoup de femmes parmi vous qui parlent
toujours à leurs chiens, mais ils ont résolu de ne point répondre   130
depuis qu'on les a forcés à coups de fouet d'aller à la chasse, et
d'être les complices du meurtre de nos anciens amis communs, les
cerfs, les daims, les lièvres et les perdrix.

Vous avez encore d'anciens poèmes dans lesquels les chevaux
parlent,[16] et vos cochers leur adressent la parole tous les jours,   135
mais c'est avec tant de grossièreté, et en prononçant des mots si
infâmes, que les chevaux qui vous aimaient tant autrefois vous
détestent aujourd'hui.

Le pays où demeure votre charmant inconnu, le plus parfait des
hommes, est demeuré le seul où votre espèce sache encore aimer   140
la nôtre et lui parler; et c'est la seule contrée de la terre où les
hommes soient justes.

Et où est-il ce pays de mon cher inconnu? quel est le nom de
ce héros? comment se nomme son empire? car je ne croirai pas
plus qu'il est un berger que je ne crois que vous êtes une chauve-   145
souris.

140   68P: où notre espèce
141   68P: parler; c'est

[15] Voir *Les Contes et fables indiennes de Bidpaï et de Lokman*, trad. A. Galland
(Paris 1724). Les fables en question ne sont en réalité que quarante et une fables
d'Esope, traduites en syriaque au treizième siècle, puis en arabe, et attribuées à
Lokman, souverain légendaire avant l'islam. Les carnets contiennent cette note sur
Lokman: 'Locman était de Casbin à ce que prétendent les Persans, il n'y a pas
d'aparence qu'il ait été d'Ethiopie, ce pays là n'ayant guères produit d'écrivains'
(V 81, p.128).

[16] Dans l'*Iliade*, ix.408 ss., le cheval d'Achille lui prédit sa mort. C'est un des
exemples cités par Calmet que Voltaire reprendra dans *La Bible enfin expliquée*
(M.xxx.408).

Son pays, madame, est celui des Gangarides, peuple vertueux et invincible qui habite la rive orientale du Gange. Le nom de mon ami est Amazan. [17] Il n'est pas roi; et je ne sais même s'il voudrait s'abaisser à l'être; il aime trop ses compatriotes: il est 150 berger comme eux. Mais n'allez pas vous imaginer que ces bergers ressemblent aux vôtres, qui couverts à peine de lambeaux déchirés gardent des moutons infiniment mieux habillés qu'eux, qui gémissent sous le fardeau de la pauvreté, et qui payent à un exacteur la moitié des gages chétifs qu'ils reçoivent de leurs maîtres. Les 155 bergers gangarides nés tous égaux, sont les maîtres des troupeaux innombrables qui couvrent leurs prés éternellement fleuris. On ne les tue jamais, c'est un crime horrible vers le Gange de tuer et de manger son semblable. [18] Leur laine, plus fine et plus brillante que la plus belle soie, est le plus grand commerce de l'Orient. D'ailleurs 160 la terre des Gangarides produit tout ce qui peut flatter les désirs de l'homme. [19] Ces gros diamants qu'Amazan a eu l'honneur de

---

150   68P: voudrait l'être
158-159   68P: tuer et manger

[17] Faut-il rapprocher le nom d'Amazan de celui d'Arbazan, lieu d'où vient l'homologue d'Amazan, Arzace, dans *Sémiramis*? Il pourrait aussi – et l'un n'exclut pas l'autre – être une forme 'orientalisée' de l'anglais *amazing*. Ce serait conforme à l'esprit du conte.

[18] Informé par les récits de voyageurs et par les mémoires de la Compagnie des Indes, Voltaire parle également, dans le *Précis du siècle de Louis XV*, ch.29, de 'l'horreur [des Indiens] de répandre le sang des bêtes' (*OH*, p.1468). Cette horreur leur vient, dit-il, de leur croyance à la métempsycose qui leur fait voir leurs 'semblables' dans les animaux. La même idée était exprimée par le Gangaride du 'Souper' de *Zadig*: 'Il se pourrait faire que l'âme de la défunte fût passée dans le corps de cette poule, et vous ne voudriez pas vous exposer à manger votre tante. Faire cuire des poules, c'est outrager manifestement la nature' (*Romans et contes*, p.88); cf. encore *La Philosophie de l'histoire*, ch.17, où cette abstinence est expliquée aussi par le climat.

[19] Voltaire a fait le même tableau édénique de ce peuple dans *La Philosophie de l'histoire*, ch.17: 'les Indiens, vers le Gange, sont peut-être les hommes les plus anciennement rassemblés en corps de peuple. Il est certain que le terrain où les animaux trouvent la pâture la plus facile est bientôt couvert de l'espèce qu'il peut

vous offrir, sont d'une mine qui lui appartient. Cette licorne que vous l'avez vu monter, est la monture ordinaire des Gangarides. C'est le plus bel animal, le plus fier, le plus terrible et le plus doux qui orne la terre. Il suffirait de cent Gangarides et de cent licornes, pour dissiper des armées innombrables. Il y a environ deux siècles qu'un roi des Indes fut assez fou pour vouloir conquérir cette nation: [20] Il se présenta suivi de dix mille éléphants et d'un million

165

nourrir. Or il n'y a pas de contrée au monde où l'espèce humaine ait sous sa main des aliments plus sains, plus agréables, et en plus grande abondance que vers le Gange'. Voltaire cite quelques-uns des aliments naturels du pays: le coco, la datte, la figue, l'oranger, le citronnier, la canne à sucre, les palmiers, et conclut: 'Jamais on ne fut obligé, dans ce pays, de risquer sa vie en attaquant les animaux.' Il ajoute que les hommes se seront rassemblés d'eux-mêmes en cet heureux climat: 'on ne se sera point disputé un terrain aride pour y établir de maigres troupeaux; on ne se sera point fait la guerre pour un puits' (V 59, p.145-46). Voltaire fonde non seulement l'économie, mais la sociologie et la morale des peuples sur des considérations géographiques (voir aussi n.23 ci-dessous). Il a dû trouver dans une certaine mesure confirmation de cette vision paradisiaque à la fin de l'année 1767 en lisant les *Interesting historical events, relative to the provinces of Bengal* de Holwell. L'auteur des *Lettres chinoises, indiennes et tartares*, parlant de Holwell et de ses compagnons de voyage, écrit en effet: 'ils ont encore découvert le paradis terrestre [...] il est réellement sur un des bras du Gange [...] Tous les fruits, tous les arbres, toutes les fleurs, y sont entretenus par une fraîcheur éternelle [...] Ce peuple fortuné, dit la relation, a conservé la beauté du corps [...] et toute la beauté de l'âme, pureté, piété, équité, régularité, amour de tous les devoirs. C'est là que la liberté et la propriété sont inviolables.' Le compte rendu ajoute que, quoique l'ouvrage ait été traduit, 'ces faits, jetés en passant, n'ont été remarqués en France par personne' (M.xxix.486).

[20] Le peuple des Gangarides, qui habitait le nord-est de l'Inde, en deçà du Gange, était bien connu dans l'antiquité. Il fut très puissant au temps d'Alexandre. Dans le 'Souper' de *Zadig*, 'l'Indien Gangaride' est désigné indifféremment comme Indien ou comme Gangaride. Ici au contraire, Voltaire oppose Indiens et Gangarides. Dans le *Traité sur la tolérance*, ch.6, il évoque aussi l'éventualité d'une guerre entre les Gangarides et les 'habitants de l'Indus'. Dans l'*Essai sur les mœurs*, il distingue également les deux peuples: 'on ne vit jamais les peuples de l'Inde, non plus que les Chinois et les Gangarides, sortir de leur pays pour aller exercer le brigandage' (i.234). Mais il attribue alors aux habitants de l'Inde en général les habitudes et vertus – dues au climat et aux croyances – qu'il prête ici aux seuls Gangarides; cf. le *Précis du siècle de Louis XV*, ch.29. Dans *La Philosophie de l'histoire*, en revanche, il spécifie: 'les Indiens, *vers le Gange*, sont peut-être les hommes les plus anciennement

de guerriers. Les licornes percèrent les éléphants comme j'ai vu 170
sur votre table des mauviettes enfilées dans des brochettes d'or. [21]
Les guerriers tombaient sous le sabre des Gangarides, comme les
moissons de riz sont coupées par les mains des peuples de l'Orient.
On prit le roi prisonnier avec plus de six cent mille hommes. On
le baigna dans les eaux salutaires du Gange, on le mit au régime 175
du pays, qui consiste à ne se nourrir que de végétaux prodigués
par la nature pour nourrir tout ce qui respire. Les hommes
alimentés de carnage et abreuvés de liqueurs fortes, ont tous un
sang aigri et aduste [22] qui les rend fous en cent manières différentes.
Leur principale démence est la fureur de verser le sang de leurs 180
frères, et de dévaster des plaines fertiles pour régner sur des
cimetières. [23] On employa six mois entiers à guérir le roi des Indes
de sa maladie. Quand les médecins eurent enfin jugé qu'il avait le
pouls plus tranquille, et l'esprit plus rassis, ils en donnèrent le
certificat au conseil des Gangarides. Ce conseil ayant pris l'avis 185
des licornes renvoya humainement le roi des Indes, sa sotte cour,
et ses imbéciles guerriers dans leur pays. Cette leçon les rendit

---

176   68P: consiste à ne manger que des végétaux
183   68P: eurent jugé
186   68P: des Indes à sa sotte

---

rassemblés en corps de peuple' (V 59, p.145). Holwell distingue également des autres
Hindous les habitants de la région du Gange.

[21] Ce détail est sans doute inspiré par la phrase citée ci-dessus, ch.1, n.21, où
Eusèbe Renaudot signale la supériorité des licornes sur les éléphants.

[22] 'Aduste', terme technique: 'Terme de médecine, qui ne se dit que du sang et
des humeurs, quand elles sont brûlées par une trop grande chaleur naturelle [...] Il
est mieux dans l'usage ordinaire de dire, Un sang brûlé' (*Trévoux*).

[23] La même idée est exprimée à propos des 'Indiens' en général dans l'*Essai sur
les mœurs*, ch.3, pacifisme et végétarisme étant imputés en dernier ressort au climat:
'Les Indiens ont toujours été aussi mous que nos septentrionaux étaient féroces [...]
leur climat [des hommes du Midi] les dispose à l'abstinence des liqueurs fortes et
de la chair des animaux, nourritures qui aigrissent le sang, et portent souvent à la
férocité' (*Essai*, i.235-36).

sages, et depuis ce temps les Indiens respectèrent les Gangarides, comme les ignorants qui voudraient s'instruire, respectent parmi vous les philosophes chaldéens qu'ils ne peuvent égaler. A propos, 190 mon cher oiseau, lui dit la princesse, y a-t-il une religion chez les Gangarides? — S'il y en a une? Madame, nous nous assemblons pour rendre grâce à Dieu les jours de la pleine lune; les hommes dans un grand temple de cèdre, les femmes dans un autre de peur des distractions; tous les oiseaux dans un bocage, les quadrupèdes 195 sur une belle pelouse. Nous remercions Dieu de tous les biens qu'il nous a faits. Nous avons surtout des perroquets qui prêchent à merveille.[24]

Telle est la patrie de mon cher Amazan, c'est là que je demeure; j'ai autant d'amitié pour lui qu'il vous a inspiré d'amour. Si vous 200 m'en croyez, nous partirons ensemble, et vous irez lui rendre sa visite.

Vraiment, mon oiseau, vous faites là un joli métier, répondit en souriant la princesse, qui brûlait d'envie de faire le voyage, et qui n'osait le dire. Je sers mon ami, dit l'oiseau, et après le bonheur 205 de vous aimer, le plus grand est celui de servir vos amours.

Formosante ne savait plus où elle en était; elle se croyait transportée hors de la terre. Tout ce qu'elle avait vu dans cette journée, tout ce qu'elle voyait, tout ce qu'elle entendait, et surtout

193   NM-W75G: rendre grâces à
      68P: Dieu le jour de

[24] Ces rites ressemblent à ceux que décrit l'abbé Guyon: 'Persuadés que le même esprit est tantôt dans un homme, tantôt dans une bête, ou dans une plante, quelques-uns d'eux [les Indiens] n'avaient d'autres sacrifices que les libations'. Dans les processions, certains 'portaient des oiseaux de différentes espèces dont le chant formait toute la musique de cette fête et de la nation avec le fifre et les tambours' (*Histoire des Indes orientales*, i.20 ss.). Sur le rôle des oiseaux, voir aussi d'Herbelot, art. 'Hegiage'; cf. ch.4, n.27 et 29. En ce qui concerne plus particulièrement les perroquets, rappelons que Voltaire en avait un (19 février [1758]; D7640). Il a aussi pu trouver l'idée de leur faire jouer un rôle dans les *Voyages* de Charles Dellon, qui signale l'abondance des perroquets dans les Indes (Cologne 1709, i.200-201).

ce qu'elle sentait dans son cœur, la plongeait dans un ravissement   210
qui passait de bien loin celui qu'éprouvent aujourd'hui les fortunés
musulmans, quand dégagés de leurs liens terrestres, ils se voient
dans le neuvième ciel entre les bras de leurs houris, environnés et
pénétrés de la gloire et de la félicité célestes.

4.

Elle passa toute la nuit à parler d'Amazan. Elle ne l'appelait plus
que son berger; et c'est depuis ce temps-là que les noms de berger
et d'amant sont toujours employés l'un pour l'autre chez quelques
nations.[1]

Tantôt elle demandait à l'oiseau si Amazan avait eu d'autres   5
maîtresses. Il répondait que non, et elle était au comble de la joie.
Tantôt elle voulait savoir à quoi il passait sa vie; et elle apprenait
avec transport qu'il l'employait à faire du bien, à cultiver les arts,
à pénétrer les secrets de la nature, à perfectionner son être. Tantôt
elle voulait savoir si l'âme de son oiseau était de la même nature   10
que celle de son amant, pourquoi il avait vécu près de vingt-huit
mille ans, tandis que son amant n'en avait que dix-huit ou
dix-neuf. Elle faisait cent questions pareilles auxquelles l'oiseau
répondait avec une discrétion qui irritait sa curiosité. Enfin, le
sommeil ferma leurs yeux, et livra Formosante à la douce illusion   15
des songes envoyés par les dieux, qui surpassent quelquefois la
réalité même, et que toute la philosophie des Chaldéens a bien de
la peine à expliquer.[2]

Formosante ne s'éveilla que très tard. Il était petit jour chez elle

a   68P: CHAPITRE VI. / Suite de la conversation de l'oiseau merveilleux et de
Formosante. Mort de cet oiseau. L'oracle est consulté; sa réponse est si concise que
personne ne l'entend.
1   68A1, 68A2: Elle passe toute
11-12   68P: près de vingt mille

[1] Dans cet emploi insistant du mot 'berger', il ne faut certainement pas voir
qu'une allusion aux pastorales; voir ci-dessus, p.14-15, 90.
[2] On reconnaît l'intérêt que Voltaire portait aux songes. Voir par exemple l'article
'Songes' du *Dictionnaire philosophique* complété en 1771 dans les *Questions sur
l'Encyclopédie*.

quand le roi son père entra dans sa chambre. L'oiseau reçut Sa 20
Majesté avec une politesse respectueuse, alla au-devant de lui,
battit des ailes, allongea son cou, et se remit sur son oranger. Le
roi s'assit sur le lit de sa fille, que ses rêves avaient encore embellie.
Sa grande barbe s'approcha de ce beau visage, et après lui avoir
donné deux baisers, il lui parla en ces mots. 25

Ma chère fille, vous n'avez pu trouver hier un mari comme je
l'espérais; il vous en faut un pourtant; le salut de mon empire
l'exige. J'ai consulté l'oracle, qui comme vous savez ne ment
jamais, et qui dirige toute ma conduite. Il m'a ordonné de vous
faire courir le monde. Il faut que vous voyagiez. – Ah! chez les 30
Gangarides sans doute, dit la princesse; et en prononçant ces mots
qui lui échappaient, elle sentit bien qu'elle disait une sottise. Le
roi qui ne savait pas un mot de géographie, lui demanda ce qu'elle
entendait par des Gangarides. Elle trouva aisément une défaite. [3]
Le roi lui apprit qu'il fallait faire un pèlerinage; qu'il avait nommé 35
les personnes de sa suite, le doyen des conseillers d'Etat, le grand
aumônier, une dame d'honneur, un médecin, un apothicaire et son
oiseau avec tous les domestiques convenables.

Formosante qui n'était jamais sortie du palais du roi son père,
et qui jusqu'à la journée des trois rois et d'Amazan n'avait mené 40
qu'une vie très insipide dans l'étiquette du faste et dans l'apparence
des plaisirs, fut ravie d'avoir un pèlerinage à faire. Qui sait, disait-
elle tout bas à son cœur, si les dieux n'inspireront pas à mon cher
Gangaride le même désir d'aller à la même chapelle, et si je n'aurai
pas le bonheur de revoir le pèlerin? Elle remercia tendrement son 45

24   68P: de son beau
40   W70L: des rois
41   68P: et l'apparence
44   68P: d'aller au même temple; et

[3] 'Défaite' a ici le sens, courant à l'époque classique, d'échappatoire.

père, en lui disant qu'elle avait eu toujours une secrète dévotion pour le saint chez lequel on l'envoyait. [4]

Bélus donna un excellent dîner à ses hôtes; il n'y avait que des hommes. C'étaient tous gens fort mal assortis; rois, princes, ministres, pontifes, tous jaloux les uns des autres; tous pesant leurs 50 paroles, tous embarrassés de leurs voisins et d'eux-mêmes. Le repas fut triste, quoiqu'on y bût beaucoup. [5] Les princesses restèrent dans leurs appartements, occupées chacune de leur départ. Elles mangèrent à leur petit couvert. [6] Formosante ensuite alla se promener dans les jardins avec son cher oiseau, qui pour l'amuser 55 vola d'arbre en arbre en étalant sa superbe queue et son divin plumage.

Le roi d'Egypte qui était chaud de vin, pour ne pas dire ivre, demanda un arc et des flèches à un de ses pages. Ce prince était à la vérité l'archer le plus maladroit de son royaume. Quand il tirait 60 au blanc, [7] la place où l'on était le plus en sûreté était le but où il visait. Mais le bel oiseau en volant aussi rapidement que la flèche,

---

46-47   68P: avait toujours eu une secrète dévotion pour l'idole chez laquelle on

48   68P: excellent repas à

58-59   68P: qui, sortant de table et chaud de vin, demanda

---

[4] Voir ci-dessous, n.14.

[5] Cf. encore ces stances adressées à la princesse Ulrique de Prusse en janvier 1747 (M.viii.517-18):

> On croirait que le jeu console;
> Mais l'Ennui vient à pas comptés,
> A la table d'un cavagnole,
> S'asseoir entre des majestés.
>
> On fait tristement grande chère,
> Sans dire et sans écouter rien…

[6] Vocabulaire de la cour de Versailles. On sait que le 'petit couvert', par opposition au 'grand couvert', désigne le repas sans cérémonie des princes et princesses.

[7] Le blanc est 'une marque blanche, ou noire, qu'on met à un but pour tirer de l'arc ou du fusil' (*Trévoux*).

se présenta lui-même au coup et tomba tout sanglant entre les bras de Formosante. L'Egyptien en riant d'un sot rire se retira dans son quartier. La princesse perça le ciel de ses cris, fondit en larmes, 65 se meurtrit les joues et la poitrine. L'oiseau mourant lui dit tout bas, Brûlez-moi, et ne manquez pas de porter mes cendres vers l'Arabie heureuse, à l'orient de l'ancienne ville d'Aden ou d'Eden, [8] et de les exposer au soleil sur un petit bûcher de gérofle et de cannelle. [9] Après avoir proféré ces paroles, il expira. Formosante 70 resta longtemps évanouie, et ne revit le jour que pour éclater en sanglots. Son père partageant sa douleur, et faisant des imprécations contre le roi d'Egypte, ne douta pas que cette aventure n'annonçât un avenir sinistre. Il alla vite consulter l'oracle de sa chapelle. L'oracle répondit, *Mélange de tout; mort vivant, infidélité et* 75 *constance, perte et gain, calamités et bonheur.* Ni lui, ni son conseil n'y purent rien comprendre; mais enfin, il était satisfait d'avoir rempli ses devoirs de dévotion.

Sa fille éplorée pendant qu'il consultait l'oracle, fit rendre à l'oiseau les honneurs funèbres qu'il avait ordonnés, et résolut de 80 le porter en Arabie au péril de ses jours. Il fut brûlé dans du lin incombustible avec l'oranger sur lequel il avait couché: elle en recueillit la cendre dans un petit vase d'or, tout entouré d'escarboucles et des diamants qu'on ôta de la gueule du lion. Que ne put-elle, au lieu d'accomplir ce devoir funeste, brûler tout en 85

74-75   68P: de son oratoire. L'oracle
76   68P: *gain, calamité et*
78-79   68P: dévotion. / CHAPITRE VII. / Formosante rend les honneurs funèbres à son cher oiseau. Le roi de Scythie enlève Aldée. La belle princesse de Babylone part pour l'Arabie. Douze cent mille hommes se préparent à désoler l'Asie. / Sa fille
80   NM: l'oiseau des honneurs

[8] Sur Aden ou Eden, voir ci-dessous, n.19.
[9] Voir ch.1, n.33, les détails donnés par Guyon. Selon la tradition la plus répandue, les restes de l'ancien phénix sont portés non en Arabie, mais d'Arabie à Héliopolis.

vie le détestable roi d'Egypte! c'était là tout son désir. Elle fit tuer dans son dépit les deux crocodiles, ses deux hippopotames, ses deux zèbres, ses deux rats, et fit jeter ses deux momies dans l'Euphrate; si elle avait tenu son bœuf Apis, elle ne l'aurait pas épargné. 90

Le roi d'Egypte outré de cet affront partit sur-le-champ pour faire avancer ses trois cent mille hommes. Le roi des Indes voyant partir son allié s'en retourna le jour même, dans le ferme dessein de joindre ses trois cent mille Indiens à l'armée égyptienne. Le roi de Scythie délogea dans la nuit avec la princesse Aldée, bien résolu 95 de venir combattre pour elle à la tête de trois cent mille Scythes, [10] et de lui rendre l'héritage de Babilone qui lui était dû, puisqu'elle descendait de la branche aînée.

De son côté la belle Formosante se mit en route à trois heures du matin avec sa caravane de pèlerins, se flattant bien qu'elle 100 pourrait aller en Arabie exécuter les dernières volontés de son oiseau, et que la justice des dieux immortels lui rendrait son cher Amazan, sans qui elle ne pouvait plus vivre.

Ainsi à son réveil le roi de Babilone ne trouva plus personne. Comme les grandes fêtes se terminent! disait-il, et comme elles 105 laissent un vide étonnant dans l'âme quand le fracas est passé! mais il fut transporté d'une colère vraiment royale, lorsqu'il apprit qu'on avait enlevé la princesse Aldée. Il donna ordre qu'on éveillât tous ses ministres, et qu'on assemblât le conseil. En attendant qu'ils vinssent, il ne manqua pas de consulter son oracle, mais il 110 ne put jamais en tirer que ces paroles, si célèbres depuis dans tout

87   k: dépit, ses deux
93   68P: le même jour, dans
109   68P: et assembla le

[10] Sur ce nombre de 300 000 sur lequel l'auteur insiste lourdement (cf. l.114 et 118), voir ci-dessus, p.13-14 et 27; ch.1, n.29.

l'univers, *Quand on ne marie pas les filles, elles se marient elles-mêmes.*

Aussitôt l'ordre fut donné de faire marcher trois cent mille hommes contre le roi des Scythes. Voilà donc la guerre la plus terrible allumée de tous les côtés, et elle fut produite par les plaisirs de la plus belle fête qu'on ait jamais donnée sur la terre. L'Asie allait être désolée par quatre armées de trois cent mille combattants chacune. On sent bien que la guerre de Troye qui étonna le monde quelques siècles après n'était qu'un jeu d'enfants en comparaison; mais aussi on doit considérer que dans la querelle des Troyens il ne s'agissait que d'une vieille femme fort libertine qui s'était fait enlever deux fois, [11] au lieu qu'ici il s'agissait de deux filles et d'un oiseau.

Le roi des Indes allait attendre son armée sur le grand et magnifique chemin qui conduisait alors en droiture de Babilone à Cachemire. Le roi des Scythes courait avec Aldée par la belle route qui menait au mont Immaüs. [12] Tous ces chemins ont disparu dans la suite par le mauvais gouvernement. Le roi d'Egypte avait marché à l'occident, et côtoyait la petite mer Méditerranée, que les ignorants Hébreux ont depuis nommée la grande mer. [13]

122-123 68P: s'était faite enlever
123   68P: de deux belles filles
128   68P: Imaüs
130   K: et s'avançait vers la

[11] Hélène avait été enlevée par Thésée avant de l'être par Pâris. Ce n'est pas la seule fois qu'Hélène sert à Voltaire de point de comparaison. Il écrit par exemple à la duchesse de Saxe-Gotha le 25 janvier 1759: 'Passe encor quand on combattait pour Helene, mais le Canada et la Silésie ne méritent pas que tout le monde s'égorge' (D8063), ou le 2 février 1759 à la comtesse de Lutzelbourg à propos de la 'conspiration de Portugal': 'Vous voyez mesdames que depuis Helene vous êtes la cause des plus grands événements' (D8076). Ici Hélène et la guerre de Troie sont tournées en dérision (voir l'introduction).

[12] L'Imaüs scythien sépare en deux la Scythie d'Asie. Cette chaîne se détache vers le nord de l'Imaüs Indicus, c'est-à-dire de l'Himalaya occidental.

[13] *Trévoux* signale qu''on l'appelait autrefois la *Mer des Grecs* ou la *Grande Mer*'.

A l'égard de la belle Formosante, elle suivait le chemin de Bassora planté de hauts palmiers qui fournissaient un ombrage éternel, et des fruits dans toutes les saisons. Le temple où elle allait en pèlerinage était dans Bassora même. Le saint à qui ce temple   135 avait été dédié, était à peu près dans le goût de celui qu'on adora depuis à Lampsaque. Non seulement il procurait des maris aux filles, mais il tenait lieu souvent de mari. [14] C'était le saint le plus fêté de toute l'Asie.

Formosante ne se souciait point du tout du saint de Bassora;   140

135   68P: même. La divinité à laquelle ce temple
136   68P: goût de celle qu'on
137   68P: à Lampsaque et que les Egyptiens appelèrent Phallum. Non seulement
138-139   68P: C'était le dieu le plus fêté
140   68P: du tout du dieu de

L'*Encyclopédie* mentionne également l'appellation de 'Grande Mer' et ajoute: 'elle est maintenant partagée en différentes divisions qui portent différents noms'. La qualification d''ignorants' appliquée aux Hébreux rappelle cette phrase de *La Défense de mon oncle*: 'Leur extrême ignorance ne leur permettait pas de connaître d'autres nations, et en détestant tout ce qu'ils connaissaient, ils croyaient détester toute la terre' (V 64, p.225) et la polémique du moment.

[14] Ce 'saint' antique adoré à Lampsaque – ville située sur l'Hellespont – était un Priape; 68P précise qu'on l'appelle Phallum. Hérodote (I, 182) signale aussi des temples où la prêtresse serait enfermée pendant des nuits avec le dieu venu en personne; il y en aurait un à Babylone, à Thèbes d'Egypte, à Patara de Lycie; plus loin, il donne des détails sur la prostitution sacrée des Babyloniennes (I, 199). Voltaire amalgame ici plusieurs légendes. Elles concernent toutes la prostitution sacrée à laquelle il s'intéresse depuis longtemps (et plus particulièrement en cette année 1767). Dans la préface de l'*Histoire de Charles XII* en 1748, et dans ses carnets (V 81, p.181), il faisait allusion à l'obligation prétendument imposée aux Babyloniennes par leur religion de se prostituer une fois l'an 'dans le temple de Vénus' (V 4, p.574). Dans *La Philosophie de l'histoire*, ch.11, il discutait de la question et rejetait au nom de la vraisemblance ce fait rapporté par la tradition depuis Hérodote (dont il déformait d'ailleurs quelque peu les paroles; V 59, p.128). Larcher s'étant élevé contre cette argumentation dans son *Supplément* en 1767, Voltaire répond dans *La Défense de mon oncle*, par l''Apologie des dames de Babylone' et, pensons-nous, par *La Princesse de Babylone*; sur cette polémique, voir ch.11, n.42 et ci-dessus, p.21 ss.

elle n'invoquait que son cher berger gangaride son bel Amazan. Elle comptait s'embarquer à Bassora, et entrer dans l'Arabie heureuse pour faire ce que l'oiseau mort avait ordonné.

A la troisième couchée, à peine était-elle entrée dans une hôtellerie où ses fourriers avaient tout préparé pour elle, qu'elle apprit que le roi d'Egypte y entrait aussi. Instruit de la marche de la princesse par ses espions, il avait sur-le-champ changé de route suivi d'une nombreuse escorte. Il arrive, il fait placer des sentinelles à toutes les portes, il monte dans la chambre de la belle Formosante, et lui dit, Mademoiselle, c'est vous précisément que je cherchais; vous avez fait très peu de cas de moi lorsque j'étais à Babilone; il est juste de punir les dédaigneuses et les capricieuses: vous aurez s'il vous plaît la bonté de souper avec moi ce soir; vous n'aurez point d'autre lit que le mien, et je me conduirai avec vous selon que j'en serai content.

Formosante vit bien qu'elle n'était pas la plus forte; elle savait que le bon esprit consiste à se conformer à sa situation; elle prit le parti de se délivrer du roi d'Egypte par une innocente adresse; elle le regarda du coin de l'œil, ce qui plusieurs siècles après s'est appelé lorgner; et voici comme elle lui parla, avec une modestie, une grâce, une douceur, un embarras, et une foule de charmes qui auraient rendu fou le plus sage des hommes, et aveuglé le plus clairvoyant.

Je vous avoue, monsieur, que je baissai toujours les yeux devant vous, quand vous fîtes l'honneur au roi mon père de venir chez lui. Je craignais mon cœur, je craignais ma simplicité trop naïve: je tremblais que mon père et vos rivaux ne s'aperçussent de la préférence que je vous donnais, et que vous méritez si bien. Je puis à présent me livrer à mes sentiments. Je jure par le bœuf Apis, qui est après vous tout ce que je respecte le plus au monde, que

145

150

155

160

165

170

143-144   68P: ordonné. / CHAPITRE VIII. / Rencontre malencontreuse de Formosante dans une hôtellerie. Danger qu'elle court. Artifice dont elle use pour s'en garantir. Elle retourne à Bassora avec sa femme de chambre. / A la
168   68A1, 68A2: préférence que vous méritez

vos propositions m'ont enchantée. J'ai déjà soupé avec vous chez le roi mon père; j'y souperai bien encore ici sans qu'il soit de la partie; tout ce que je vous demande, c'est que votre grand aumônier boive avec nous; il m'a paru à Babilone un très bon convive; j'ai d'excellent vin de Chiras, je veux vous en faire goûter à tous deux. 175
A l'égard de votre seconde proposition, elle est très engageante, mais il ne convient pas à une fille bien née d'en parler; qu'il vous suffise de savoir que je vous regarde comme le plus grand des rois, et le plus aimable des hommes.

Ce discours fit tourner la tête au roi d'Egypte; il voulut bien 180
que l'aumônier fût en tiers. J'ai encore une grâce à vous demander, lui dit la princesse, c'est de permettre que mon apothicaire vienne me parler; les filles ont toujours de certaines petites incommodités qui demandent de certains soins, comme vapeurs de tête, battements de cœur, coliques, étouffements, auxquels il faut mettre un 185
certain ordre dans de certaines circonstances; en un mot, j'ai un besoin pressant de mon apothicaire, et j'espère que vous ne me refuserez pas cette légère marque d'amour.

Mademoiselle, lui répondit le roi d'Egypte, quoiqu'un apothicaire ait des vues précisément opposées aux miennes, et que les 190
objets de son art soient le contraire de ceux du mien, je sais trop bien vivre pour vous refuser une demande si juste; je vais ordonner qu'il vienne vous parler en attendant le souper; je conçois que vous devez être un peu fatiguée du voyage; vous devez aussi avoir besoin d'une femme de chambre, vous pourrez faire venir celle 195
qui vous agréera davantage; j'attendrai ensuite vos ordres et votre commodité. Il se retira; l'apothicaire et la femme de chambre nommée Irla arrivèrent. La princesse avait en elle une entière confiance; elle lui ordonna de faire apporter six bouteilles de vin de Chiras pour le souper, et d'en faire boire de pareil à tous 200

---

172   K: souperai encore bien ici
173   68P: votre aumônier
175   68P: je vous en veux faire
184-185   68P: de tête, palpitations de cœur

les sentinelles[15] qui tenaient ses officiers aux arrêts; puis elle recommanda à l'apothicaire de faire mettre dans toutes les bouteilles certaines drogues de sa pharmacie qui faisaient dormir les gens vingt-quatre heures, et dont il était toujours pourvu. Elle fut ponctuellement obéie. Le roi revint avec le grand aumônier au bout d'une demi-heure: le souper fut très gai; le roi et le prêtre vidèrent les six bouteilles, et avouèrent qu'il n'y avait pas de si bon vin en Egypte; la femme de chambre eut soin d'en faire boire aux domestiques qui avaient servi. Pour la princesse, elle eut grande attention de n'en point boire, disant que son médecin l'avait mise au régime. Tout fut bientôt endormi.

L'aumônier du roi d'Egypte avait la plus belle barbe que pût porter un homme de sa sorte.[16] Formosante la coupa très adroitement; puis l'ayant fait coudre à un petit ruban, elle l'attacha à son menton. Elle s'affubla de la robe du prêtre, et de toutes les marques de sa dignité, habilla sa femme de chambre en sacristain de la déesse Isis; enfin s'étant munie de son urne et de ses pierreries, elle sortit de l'hôtellerie à travers les sentinelles qui dormaient comme leur maître. La suivante avait eu soin de faire tenir à la

205

210

215

203 68P: de pharmacie
219 K: avait eu le soin

---

[15] Toutes les éditions anciennes donnent 'tous les sentinelles'. Le mot 'sentinelle' – qui vient de l'italien *sentinella* – fut introduit au seizième siècle. Il était féminin et signifiait 'action de monter la garde' ou 'lieu où l'on monte la garde'. Mais on le rencontrait au masculin quand il désignait l'homme qui monte la garde, le genre grammatical étant motivé par le genre de l'objet désigné. Au seizième siècle dans Richelet et Furetière, au dix-huitième dans *Trévoux*, il est féminin comme aujourd'hui, même quand il désigne le soldat placé en sentinelle. Toutefois, on le trouve encore masculin dans quelques auteurs, parmi lesquels Féraud cite Voltaire, l'abbé Prévost, Fontanes.

[16] La plaisanterie perfide sur la barbe du grand aumônier est à rapprocher des paroles adressées à Amazan par les castrati au chapitre 9: 'quel charmant soprano vous auriez! [...] si vous n'aviez point de barbe!' (l.53-55).

porte deux chevaux prêts. La princesse ne pouvait mener avec elle   220
aucun des officiers de sa suite: ils auraient été arrêtés par les
grandes gardes.

Formosante et Irla passèrent à travers des haies de soldats,
qui prenant la princesse pour le grand-prêtre, l'appelaient mon
révérendissime père en Dieu, et lui demandaient sa bénédiction.   225
Les deux fugitives arrivent en vingt-quatre heures à Bassora avant
que le roi fût éveillé. Elles quittèrent alors leur déguisement, qui
eût pu donner des soupçons. Elles frétèrent au plus vite un vaisseau,
qui les porta par le détroit d'Ormus [17] au beau rivage d'Eden dans
l'Arabie heureuse. [18] C'est cet Eden, dont les jardins furent si   230
renommés qu'on en fit depuis la demeure des justes; [19] ils furent le

220-221   68p: La princesse partit sans avoir même avec elle aucun officier de
sa suite

[17] L'itinéraire suivi par ces personnages de fiction est conforme à la réalité
géographique. Il est intéressant de le remarquer puisque Larcher écrira en 1769:
'Voltaire nous avait donné des preuves qu'il n'avait aucune connaissance de la
géographie ancienne; mais en cherchant à se défendre il fait voir qu'il ne sait pas
mieux la moderne' (S.69, p.197-98).
[18] L'Arabie Heureuse occupe le sud de l'Arabie, le Yémen et le Hadramaout.
Dans *La Philosophie de l'histoire* (V 59, p.140), Voltaire signale qu'une partie
seulement de ce qu'on appelle Arabie Heureuse mérite ce nom. Il en fait une
description idyllique et détaillée.
[19] Voltaire utilise ici uniquement la forme *Eden*, ambivoque, et joue sur les deux
emplois du mot (tout en critiquant l'ambiguïté de la langue et de la pensée). Ci-
dessus l.68, et dans *La Philosophie de l'histoire*, ch.15, il mentionnait les deux formes
Aden et *Eden*. Comme *Trévoux* qui fait cette distinction: 'Ce nom [Aden] est arabe,
le même qu'*Eden* en hébreu, dont il vient originairement. Il signifie un lieu délicieux';
cf. d'Herbelot: 'Aden. Nom de plusieurs [...] lieux de l'Arabie Heureuse [...] dans
lesquels [...] on ne laisse pas de placer le jardin que les Hébreux appellent Eden, et
nous autres le paradis terrestre: les Arabes donnent le nom d'Aden et d'Eden à ce
paradis, aussi bien qu'à celui du ciel.' Dans *La Philosophie de l'histoire*, Voltaire
indiquait également l'étymologie du mot et il expliquait le passage d'un emploi à
un autre: 'C'est surtout dans ces pays [la partie fertile de l'Arabie Heureuse] que le
mot de jardin, paradis, signifia la faveur céleste. Les jardins de Saana, vers Aden,
furent [...] fameux chez les Arabes [...] Et cet Aden, ou Eden, était nommé le lieu
des délices. [...] La félicité dans ces climats brûlants était l'ombrage' (V 59, p.140).

modèle des Champs Elisées, des jardins des Hespérides, et de ceux des îles Fortunées, car dans ces climats chauds les hommes n'imaginèrent point de plus grande béatitude que les ombrages et les murmures des eaux. Vivre éternellement dans les cieux avec l'Etre suprême, ou aller se promener dans le jardin, dans le paradis, fut la même chose pour les hommes qui parlent toujours sans s'entendre, et qui n'ont pu guères avoir encore d'idées nettes, ni d'expressions justes.

Dès que la princesse se vit dans cette terre, son premier soin fut de rendre à son cher oiseau les honneurs funèbres qu'il avait exigés d'elle. Ses belles mains dressèrent un petit bûcher de gérofle et de cannelle. Quelle fut sa surprise lorsque ayant répandu les cendres de l'oiseau sur ce bûcher elle le vit s'enflammer de lui-même. Tout fut bientôt consumé. Il ne parut à la place des cendres qu'un gros œuf, dont elle vit sortir son oiseau plus brillant qu'il ne l'avait jamais été. [20] Ce fut le plus beau des moments que la princesse eût éprouvés dans toute sa vie; il n'y en avait qu'un qui pût lui être plus cher; elle le désirait, mais elle ne l'espérait pas.

Je vois bien, dit-elle à l'oiseau, que vous êtes le phénix dont on m'avait tant parlé. Je suis prête à mourir d'étonnement et de joie. Je ne croyais point à la résurrection, mais mon bonheur m'en a convaincue. La résurrection, madame, lui dit le phénix, est la chose du monde la plus simple. Il n'est pas plus surprenant de naître deux fois qu'une. Tout est résurrection dans ce monde; les chenilles ressuscitent en papillons, un noyau mis en terre ressuscite en

235

240

245

250

255

239-240   68P: justes. / CHAPITRE IX. / Formosante ressucite l'oiseau merveil-leux, et reconnaît le phénix. Elle part pour le pays des Gangarides dans un canapé. Manière aussi commode que rapide dont elle voyage. / Dès que

---

Aden a été effectivement une des localisations proposées pour le paradis terrestre. *Trévoux* cite Huet à ce propos.

[20] Sur le phénix et sa résurrection, voir ci-dessus, ch.1, n.33. Selon Hérodote (II, 73), c'est le nouveau phénix qui façonne un œuf et y introduit les restes de son père pour les transporter à Héliopolis.

arbre. [21] Tous les animaux ensevelis dans la terre ressuscitent en herbes, en plantes, et nourrissent d'autres animaux dont ils font bientôt une partie de la substance: toutes les particules qui composaient les corps sont changées en différents êtres. Il est vrai que je suis le seul à qui le puissant Orosmade ait fait la grâce de ressusciter dans sa propre nature.

Formosante qui depuis le jour qu'elle vit Amazan et le phénix pour la première fois, avait passé toutes ses heures à s'étonner, lui dit: Je conçois bien que le grand Etre ait pu former de vos cendres un phénix à peu près semblable à vous; mais que vous soyez précisément la même personne, que vous ayez la même âme, j'avoue que je ne le comprends pas bien clairement. Qu'est devenue votre âme pendant que je vous portais dans ma poche après votre mort?

Eh mon Dieu, madame, n'est-il pas aussi facile au grand Orosmade de continuer son action sur une petite étincelle de moi-même que de commencer cette action? Il m'avait accordé auparavant le sentiment, la mémoire et la pensée; il me les accorde encore: qu'il ait attaché cette faveur à un atome de feu élémentaire caché dans moi, ou à l'assemblage de mes organes, cela ne fait rien au fond: les phénix et les hommes ignoreront toujours comment la chose se passe; mais la plus grande grâce que l'Etre suprême m'ait accordée est de me faire renaître pour vous. Que ne puis-je passer les vingt-huit mille ans que j'ai encore à vivre jusqu'à ma prochaine résurrection entre vous et mon cher Amazan!

260

265

270

275

280

265 68P: Je reconnais bien

[21] Dans *La Philosophie de l'histoire*, Voltaire utilisait ce même exemple de la transformation des chenilles en papillons pour expliquer la croyance populaire aux métamorphoses (V 59, p.187). Dans la section qu'il ajoute, en 1767 précisément, à l'article 'Résurrection' du *Dictionnaire philosophique*, il raille Malebranche d'avoir prouvé 'la résurrection par les chenilles qui deviennent papillons': 'cette preuve, comme on voit, est aussi légère que les ailes des insectes dont il l'emprunte' (V 36, p.496); cf. aussi les carnets (V 81, p.179).

Mon phénix, lui repartit la princesse, songez que les premières paroles que vous me dîtes à Babilone, et que je n'oublierai jamais, me flattèrent de l'espérance de revoir ce cher berger que j'idolâtre; il faut absolument que nous allions ensemble chez les Gangarides, et que je le ramène à Babilone. C'est bien mon dessein, dit le phénix; il n'y a pas un moment à perdre. Il faut aller trouver Amazan par le plus court chemin, c'est-à-dire par les airs. Il y a dans l'Arabie heureuse deux griffons [22] mes amis intimes, qui ne demeurent qu'à cent cinquante milles d'ici, je vais leur écrire par la poste aux pigeons; ils viendront avant la nuit. Nous aurons tout le temps de vous faire travailler un petit canapé commode avec des tiroirs où l'on mettra vos provisions de bouche. Vous serez très à votre aise dans cette voiture avec votre demoiselle. [23] Les deux griffons sont les plus vigoureux de leur espèce; chacun d'eux tiendra un des bras du canapé entre ses griffes. Mais encore une fois, les moments sont chers. Il alla sur-le-champ avec Formosante commander le canapé à un tapissier de sa connaissance. Il fut achevé en quatre heures. On mit dans les tiroirs des petits pains à la reine, des biscuits meilleurs que ceux de Babilone, des poncires, des ananas, des cocos, des pistaches et du vin d'Eden qui l'emporte sur le vin de Chiras autant que celui de Chiras est au-dessus de celui de Surenne. [24]

285

290

295

300

284   68P: me flattèrent de revoir
291-292   68P: Nous aurons le temps
300   68P: des biscuits de Savoye meilleurs

[22] Il est aussi question des griffons dans l'*Histoire des Indes orientales* de Guyon, livre i, ch.6.

[23] Griffons à part, cette manière confortable de voyager ressemble à celle de Voltaire lui-même si l'on en croit Collini: 'Il avait sa propre voiture. C'était un carrosse coupé, large, commode, bien suspendu, garni de poches et de magasins. Le derrière était chargé de deux malles, et le devant, de quelques valises. Sur le banc étaient placés deux domestiques [...] Quatre chevaux de poste et quelquefois six' (*Mon séjour auprès de Voltaire*, Paris 1807, p.71-72).

[24] Les 'pains à la reine' (nos 'pains au lait'), fabriqués, d'après *Trévoux*, avec du sel et de la levure de bière, seraient ainsi appelés à cause du plaisir qu'y aurait pris

Le canapé était aussi léger que commode et solide. Les deux griffons arrivèrent dans Eden à point nommé. Formosante et Irla 305 se placèrent dans la voiture. Les deux griffons l'enlevèrent comme une plume. Le phénix tantôt volait auprès, tantôt se perchait sur le dossier. Les deux griffons cinglèrent vers le Gange avec la rapidité d'une flèche qui fend les airs. On ne se reposait que la nuit pendant quelques moments pour manger, et pour faire boire 310 un coup aux deux voituriers.

On arriva enfin chez les Gangarides. Le cœur de la princesse palpitait d'espérance, d'amour et de joie. Le phénix fit arrêter la voiture devant la maison d'Amazan; il demande à lui parler; mais il y avait trois heures qu'il en était parti, sans qu'on sût où il était 315 allé.

Il n'y a point de termes dans la langue même des Gangarides

306 68P: se placèrent dedans; les
311-312 68P: voituriers. / CHAPITRE X. / Formosante arrive chez les Gangarides, et descend à l'hôtel d'Amazan. Belle collation qu'on lui sert. Elle visite la mère de son amant. Conversation qu'elles ont ensemble. Un merle s'en mêle aussi, et conte l'histoire de ses voyages. / On arriva chez les
314 68P: devant l'hôtel d'Amazan
        w70L: il demanda à
317-318 68-w75G: point de termes [...] qui puisse
        w70L: point de terme [...] qui puisse

Marie de Médicis. En ce qui concerne les biscuits, 68P précise: 'des biscuits de Savoye'; y a-t-il une allusion à l'auteur, nourri à Ferney par les produits de la Savoie (Voltaire à Hennin, 29 janvier 1767; D13893)? Des poncires sont des citrons de Médie, utilisés exclusivement pour la confiserie selon *Trévoux*. Voltaire fait une allusion péjorative au vin de Suresnes dans une lettre à d'Alembert le 15 mars 1769 (D15516). Ce vin, récolté dans la banlieue de Paris, était effectivement médiocre, mais il se vendait bien dans la région, le vin courant voyageant alors très mal. Dans ces précisions alimentaires, on peut voir une marque de la gourmandise bien connue de l'auteur et un reflet de ses préoccupations. Non seulement les commandes de vins, commentaires sur les vins, remerciements pour envoi de vin, tiennent une place importante dans sa correspondance, à partir de son installation en Suisse surtout; mais le pays de Gex a connu une période de disette au début de 1767.

qui puissent exprimer le désespoir dont Formosante fut accablée. Hélas! voilà ce que j'avais craint, dit le phénix; les trois heures que vous avez passées dans votre hôtellerie sur le chemin de Bassora avec ce malheureux roi d'Egypte, vous ont enlevé peut-être pour jamais le bonheur de votre vie; j'ai bien peur que nous n'ayons perdu Amazan sans retour.

Alors il demanda aux domestiques si on pouvait saluer madame sa mère? ils répondirent que son mari était mort l'avant-veille et qu'elle ne voyait personne. Le phénix qui avait du crédit dans la maison ne laissa pas de faire entrer la princesse de Babilone dans un salon dont les murs étaient revêtus de bois d'oranger à filets d'ivoire; les sous-bergers et les sous-bergères en longues robes blanches ceintes de garnitures aurore, lui servirent dans cent corbeilles de simple porcelaine cent mets délicieux parmi lesquels on ne voyait aucun cadavre déguisé: c'était du riz, du sago,[25] de la semoule, du vermicelle, des macaronis,[26] des omelettes, des œufs au lait, des fromages à la crème, des pâtisseries de toute espèce, des légumes, des fruits d'un parfum et d'un goût dont on n'a point d'idée dans les autres climats: c'était une profusion de liqueurs rafraîchissantes supérieures aux meilleurs vins.

Pendant que la princesse mangeait couchée sur un lit de

322-323   68P: nous ayons perdu
329   NM-K: et sous-bergères

[25] 'sagou' est la seule forme indiquée par l'*Encyclopédie* pour le nom de ce produit, qu'elle donne comme tiré d'une espèce de palmier nommé ζagu. L'Inde produit effectivement du sagou. Le sagou blanc est le tapioca.

[26] Peut-être Voltaire a-t-il choisi ce mets en pensant au sens symbolique que lui confère l'étymologie donnée par Ménage et signalée par *Trévoux*: 'Ménage dit que ce mot vient de μακὰρ, *felix* qui en grec signifie *heureux*, comme si c'était le mets des Heureux.' La définition de *Trévoux* est un peu différente de la nôtre: 'Sorte de mets fait de farine et de fromage, qu'on cuit dans le pot avec de la viande'; mais Voltaire ne saurait attribuer aux Gangarides le crime de le faire cuire avec de la viande.

roses, quatre pavons, ou paons, ou pans,[27] heureusement muets,
l'éventaient de leurs brillantes ailes; deux cents oiseaux, cent   340
bergers et cent bergères lui donnèrent un concert à deux chœurs;
les rossignols, les serins, les fauvettes, les pinsons chantaient le
dessus avec les bergères;[28] les bergers faisaient la haute-contre et
la basse; c'était en tout la belle et simple nature. La princesse avoua
que s'il y avait plus de magnificence à Babilone, la nature était   345
mille fois plus agréable chez les Gangarides: mais pendant qu'on
lui donnait cette musique si consolante et si voluptueuse, elle
versait des larmes, elle disait à la jeune Irla sa compagne, Ces
bergers et ces bergères, ces rossignols et ces serins font l'amour,
et moi je suis privée du héros gangaride, digne objet de mes très   350
tendres et très impatients désirs.

Pendant qu'elle faisait ainsi collation, qu'elle admirait et qu'elle
pleurait, le phénix disait à la mère d'Amazan, Madame, vous ne
pouvez vous dispenser de voir la princesse de Babilone; vous
savez... Je sais tout, dit-elle, jusqu'à son aventure dans l'hôtellerie   355
sur le chemin de Bassora; un merle m'a tout conté ce matin;[29] et

341   68P: bergers et autant de bergères
        W70L: à deux cœurs
350-351   68P: mes tendres
352   W75G, K: ainsi cette collation

[27] L'idée des paons peut avoir été inspirée à Voltaire par exemple par les *Voyages*
de Dellon qui signale de nombreux paons dans les Indes (i.200-201).
[28] Détail sans doute inspiré par Guyon (voir ch.3, n.24).
[29] Le rôle de ce merle rappelle celui des mouches espionnes dans la *Zeneyde* de
Hamilton (*Œuvres*, Paris 1812, ii.414-15). Le thème a son origine dans les légendes
orientales. Ce merle fait penser à deux oiseaux dont parle d'Herbelot à l'article
'Hegiage': l'oiseau 'nommé Hudhud, qui est la Houppe' et que Salomon et la reine
de Saba avaient 'pour messager de leurs amours', et l'oiseau qui en passant avertit
'l'Arabe' qu'il y a près de l'endroit où il se trouve avec Hegiage 'une troupe de gens
et que [Hegiage] pourrait bien en être le chef'. D'Herbelot ajoute qu''il y a parmi
les peuples de l'Arabie des gens qui prétendent savoir le langage des oiseaux. Ils
disent que cette science leur est connue depuis le temps de Salomon et de la reine
de Saba'; sur la question du langage des animaux, voir aussi ch.3, n.13 et 24.

ce cruel merle est cause que mon fils au désespoir est devenu fou et a quitté la maison paternelle. Vous ne savez donc pas, reprit le phénix, que la princesse m'a ressuscité? Non, mon cher enfant, je savais par le merle que vous étiez mort, et j'en étais inconsolable. J'étais si affligée de cette perte, de la mort de mon mari, et du départ précipité de mon fils, que j'avais fait défendre ma porte. Mais puisque la princesse de Babylone me fait l'honneur de me venir voir, faites-la entrer au plus vite; j'ai des choses de la dernière conséquence à lui dire, et je veux que vous y soyez présent. Elle alla aussitôt dans un autre salon au-devant de la princesse. Elle ne marchait pas facilement; c'était une dame d'environ trois cents années; mais elle avait encore de beaux restes: et on voyait bien que vers les deux cent trente à quarante ans elle avait été charmante. [30] Elle reçut Formosante avec une noblesse respectueuse mêlée d'un air d'intérêt et de douleur qui fit sur la princesse une vive impression.

Formosante lui fit d'abord ses tristes compliments sur la mort de son mari. Hélas! dit la veuve, vous devez vous intéresser à sa perte plus que vous ne pensez. J'en suis touchée sans doute, dit Formosante, il était le père de... à ces mots elle pleura. Je n'étais venue que pour lui et à travers bien des dangers. J'ai quitté pour lui mon père et la plus brillante cour de l'univers; j'ai été enlevée

[30] A propos de la longévité des habitants de l'Inde, Voltaire écrit dans le *Précis du siècle de Louis XV*: 'Le climat de l'Inde est sans contredit le plus favorable à la nature humaine. Il n'est pas rare d'y voir des vieillards de six-vingts ans. Les tristes mémoires de notre compagnie des Indes nous apprennent que, dans une bataille, [...] Anaverdikan, que nous fîmes assassiner [...] était âgé de cent sept années [...]. Quiconque est sobre dans ces pays jouit d'une vie longue et saine' (*OH*, p.1468). Mais dans *La Philosophie de l'histoire*, ch.2, tout en disant que 'dans l'état de pure nature' les hommes ont pu vivre plus longtemps, il insistait sur le fait que la différence ne doit pas être considérable (V 59, p.95). Le chiffre de 230 à 240, dans le conte, n'est pas pris au hasard. Il correspond à un point de la polémique avec Larcher. Dans *La Défense de mon oncle*, ch.8, Voltaire discutait de l'âge auquel Abraham quitta la Chaldée, et précisément si on suit Larcher 'Abraham avait juste deux cent trente-cinq ans lorsqu'il se mit à voyager' (V 64, p.211).

par un roi d'Egypte que je déteste. Echappée à ce ravisseur j'ai
traversé les airs pour venir voir ce que j'aime; j'arrive, et il me   380
fuit! les pleurs et les sanglots l'empêchèrent d'en dire davantage.

La mère lui dit alors, Madame, lorsque le roi d'Egypte vous
ravissait, lorsque vous soupiez avec lui dans un cabaret sur le
chemin de Bassora, lorsque vous belles mains lui versaient du vin
de Chiras, vous souvenez-vous d'avoir vu un merle qui voltigeait   385
dans la chambre? Vraiment oui, vous m'en rappelez la mémoire,
je n'y avais pas fait d'attention; mais en recueillant mes idées, je
me souviens très bien qu'au moment que le roi d'Egypte se leva
de table pour me donner un baiser, le merle s'envola par la fenêtre
en jetant un grand cri, et ne reparut plus.   390

Hélas, madame, reprit la mère d'Amazan, voilà ce qui fait
précisément le sujet de nos malheurs: mon fils avait envoyé ce
merle s'informer de l'état de votre santé et de tout ce qui se passait
à Babilone; il comptait revenir bientôt se mettre à vos pieds et
vous consacrer sa vie. Vous ne savez pas à quel excès il vous   395
adore. Tous les Gangarides sont amoureux et fidèles; mais mon
fils est le plus passionné et le plus constant de tous. Le merle vous
rencontra dans un cabaret; vous buviez très gaiement avec le roi
d'Egypte et un vilain prêtre; il vous vit enfin donner un tendre
baiser à ce monarque qui avait tué le phénix, et pour qui mon fils   400
conserve une horreur invincible. Le merle à cette vue fut saisi
d'une juste indignation; il s'envola en maudissant vos funestes
amours; il est revenu aujourd'hui, il a tout conté; mais dans quels
moments juste ciel! dans le temps où mon fils pleurait avec moi la
mort de son père, et celle du phénix; dans le temps qu'il apprenait   405
de moi qu'il est votre cousin issu de germain!

O ciel! mon cousin! Madame, est-il possible? par quelle aven-

394   68P: comptait venir bientôt
398   68P: cabaret où vous buviez
399   68P: d'Egypte et son aumônier; il
407-408   68P: est-il possible? quoi! je

ture? comment? quoi! je serais heureuse à ce point! et je serais en même temps assez infortunée pour l'avoir offensé!

Mon fils est votre cousin, vous dis-je, reprit la mère, et je vais   410
bientôt vous en donner la preuve; mais en devenant ma parente vous m'arrachez mon fils; il ne pourra survivre à la douleur que lui a causée votre baiser donné au roi d'Egypte.

Ah! ma tante, s'écria la belle Formosante, je jure par lui et par le puissant Orosmade, que ce baiser funeste loin d'être criminel   415
était la plus forte preuve d'amour que je pusse donner à votre fils. Je désobéissais à mon père pour lui. J'allais pour lui de l'Euphrate au Gange. Tombée entre les mains de l'indigne pharaon d'Egypte, je ne pouvais lui échapper qu'en le trompant. J'en atteste les cendres et l'âme du phénix qui étaient alors dans ma poche; il peut   420
me rendre justice. Mais comment votre fils né sur les bords du Gange peut-il être mon cousin? moi dont la famille règne sur les bords de l'Euphrate depuis tant de siècles?

Vous savez, lui dit la vénérable Gangaride, que votre grand-oncle Aldée était roi de Babilone, et qu'il fut dêtrôné par le père   425
de Bélus? – Oui, madame. – Vous savez que son fils Aldée avait eu de son mariage la princesse Aldée élevée dans votre cour. C'est ce prince qui étant persécuté par votre père vint se réfugier dans notre heureuse contrée sous un autre nom; c'est lui qui m'épousa; j'en ai eu le jeune prince Aldée-Amazan, le plus beau, le plus fort,   430
le plus courageux, le plus vertueux des mortels, et aujourd'hui le plus fou. [31] Il alla aux fêtes de Babilone sur la réputation de votre

409-410   68P: pour l'avoir offensé! / CHAPITRE XI. / Suite du précédent. Formosante est convaincue que son amant est son cousin. Tous les merles sont exilés des bords du Gange. Elle prend aussitôt la poste pour le rejoindre à la Chine. / Mon fils

424-425   68P: votre oncle Aldée

430-431   68A1, 68A2:   le plus beau, le plus vertueux

[31] Dans *Sémiramis*, on découvre aussi que le jeune premier est l'héritier légitime du trône de Babylone qu'on avait emmené au loin sous un autre nom pour le soustraire à la mort.

beauté: depuis ce temps-là il vous idolâtre, et peut-être je ne reverrai jamais mon cher fils.

Alors elle fit déployer devant la princesse tous les titres de la maison des Aldées; à peine Formosante daigna les regarder. Ah! madame, s'écria-t-elle, examine-t-on ce qu'on désire? mon cœur vous en croit assez. Mais où est Aldée-Amazan? où est mon parent, mon amant, mon roi? où est ma vie? quel chemin a-t-il pris? J'irais le chercher dans tous les globes que l'Eternel a formés, et dont il est le plus bel ornement. J'irais dans l'étoile Canope, dans Shcath, dans Aldebaran; j'irais le convaincre de mon amour et de mon innocence.

Le phénix justifia la princesse du crime que lui imputait le merle d'avoir donné par amour un baiser au roi d'Egypte; mais il fallait détromper Amazan et le ramener. Il envoie des oiseaux sur tous les chemins, il met en campagne les licornes; on lui rapporte enfin qu'Amazan a pris la route de la Chine. Eh bien, allons à la Chine, s'écria la princesse, le voyage n'est pas long, j'espère bien vous ramener votre fils dans quinze jours au plus tard. A ces mots que de larmes de tendresse versèrent la mère gangaride et la princesse de Babilone! que d'embrassements! que d'effusion de cœur!

Le phénix commanda sur-le-champ un carrosse à six licornes. La mère fournit deux cents cavaliers et fit présent à la princesse sa nièce de quelques milliers des plus beaux diamants du pays. Le phénix affligé du mal que l'indiscrétion du merle avait causé, fit ordonner à tous les merles de vider le pays; et c'est depuis ce temps qu'il ne s'en trouve plus sur les bords du Gange.

435

440

445

450

455

439-442   68P: J'irai […] J'irai […] j'irai
447-448   68P: rapporte qu'Amazan
454-455   68P: sa nièce, des plus beaux
456   68-W75G: avait causée

Les licornes en moins de huit jours amenèrent Formosante, Irla et le phénix à Cambalu, [1] capitale de la Chine. C'était une ville plus grande que Babilone, et d'une espèce de magnificence toute différente. Ces nouveaux objets, ces mœurs nouvelles auraient amusé Formosante, si elle avait pu être occupée d'autre chose que d'Amazan.

Dès que l'empereur de la Chine eut appris que la princesse de Babilone était à une porte de la ville, il lui dépêcha quatre mille mandarins en robes de cérémonie; tous se prosternèrent devant elle, et lui présentèrent chacun un compliment écrit en lettres d'or sur une feuille de soie pourpre. [2] Formosante leur dit que si elle avait quatre mille langues, elle ne manquerait pas de répondre sur-

---

a   68P: CHAPITRE XII. / Formosante et sa femme de chambre arrivent à la Chine; ce qu'elle y voit de remarquable; beau trait de fidélité d'Amazan. Elle part pour la Scythie, où elle rencontre sa cousine Aldée. Amitiés réciproques qu'elles se font sans s'aimer.

1   68P: emmenèrent Formosante

[1] 'Cambalu, capitale du Catai septentrional. C'est la même ville que nous nommons aujourd'hui Pékin' (*Essai sur les mœurs*, i.607). Selon d'Herbelot, Cambalu vient de *Khan balig* et *Khan balig* signifie 'la ville du khan'. Le début de ce chapitre se situe encore dans l'antiquité à laquelle appartient la princesse; mais l'empereur qui a expulsé les jésuites est contemporain de Voltaire. Ici commence l'amalgame des deux époques.

[2] Ce détail – l'inscription en caractères d'or sur la feuille de soie pourpre – n'est pas inventé. Décrivant la pompe des obsèques du père Verbiest dans sa lettre du 15 février 1703, le père de Fontaney écrit: 'On y voyait d'abord un tableau de vingt-cinq pieds de haut sur quatre de large, orné de festons de soie, dont le fond était d'un taffetas rouge, sur lequel le nom et la dignité du père Verbiest étaient écrits en chinois en gros caractères d'or' (*Lettres édifiantes et curieuses*, Paris 1707-1776; BV2104, recueil VII, p.132).

le-champ à chaque mandarin, mais que n'en ayant qu'une elle les priait de trouver bon qu'elle s'en servît pour les remercier tous en général. Ils la conduisirent respectueusement chez l'empereur.   15

C'était le monarque de la terre le plus juste, le plus poli et le plus sage.[3] Ce fut lui qui le premier laboura un petit champ de ses mains impériales, pour rendre l'agriculture respectable à son peuple.[4] Il établit le premier des prix pour la vertu.[5] Les lois,

16-17   68P: de la terre la plus sage.

[3] Il s'agit de Yong-Tchin. En le louant, Voltaire se conforme au jugement des jésuites. Le père Contancin écrit à son sujet dans sa lettre du 2 décembre 1725: 'Tout aliéné qu'il paraît être de la religion chrétienne, on ne peut s'empêcher de louer les qualités qui le rendent digne de l'Empire, et qui en si peu de temps lui ont attiré le respect et l'amour de ses peuples' (*Lettres édifiantes*, recueil XVIII, p.429).

[4] Sur la participation des empereurs de Chine aux travaux des champs, Voltaire écrit dans *La Philosophie de l'histoire*: 'Les empereurs chinois offraient eux-mêmes au Dieu de l'univers, au *Chang-ti*, au *Tien*, au principe de toutes choses, les prémices des récoltes deux fois l'année; et de quelles récoltes encore! de ce qu'ils avaient semé de leurs propres mains. Cette coutume s'est soutenue pendant quarante siècles, au milieu même des révolutions et des plus horribles calamités' (V 59, p.155). Il a pris connaissance de la cérémonie rituelle au cours de laquelle l'empereur tenait lui-même la charrue dans la lettre du 2 décembre 1725 où le père Contancin écrit: 'On y marque [dans la gazette publique] le jour que l'empereur a labouré la terre, afin de réveiller dans l'esprit des peuples l'amour du travail et l'application à la culture des campagnes' et il décrit en detail cette cérémonie (*Lettres édifiantes*, recueil XVIII, p.439 ss.; passages marqués de signets dans l'exemplaire personnel de Voltaire). Toutefois, selon le père Contancin, Yong-Tchin n'a pas été le premier à labourer de ses mains, il a simplement dit qu'il voulait tous les ans se conformer à cette coutume. Dans *Le Siècle de Louis XIV*, Voltaire se contente de signaler qu''aucun empereur n'encouragea plus l'agriculture [que Yong-Tchin]' (*OH*, p.1107).

[5] Cf. *Essai sur les mœurs*, ch.1: 'Dans les autres pays les lois punissent le crime; à la Chine elles font plus, elles récompensent la vertu. Le bruit d'une action généreuse et rare se répand-il dans une province, le mandarin est obligé d'en avertir l'empereur; et l'empereur envoie une marque d'honneur à celui qui l'a si bien méritée' (*Essai*, i.217). En 1761, Voltaire ajoute l'exemple contemporain d'un paysan fait 'mandarin du cinquième ordre' pour son honnêteté. Dans *Le Siècle de Louis XIV*, ch.39, il décerne un éloge particulier à cet empereur Yong-Tchin qui 'surpassa son père dans l'amour des lois et du bien public' et qui disait 'je veux que le peuple soit heureux, je veux qu'il soit meilleur, qu'il remplisse tous ses devoirs; voilà les seuls

partout ailleurs, étaient honteusement bornées à punir les crimes. 20
Cet empereur venait de chasser de ses Etats une troupe de bonzes
étrangers qui étaient venus du fond de l'Occident, dans l'espoir
insensé de forcer toute la Chine à penser comme eux, et qui sous
prétexte d'annoncer des vérités avaient acquis déjà des richesses
et des honneurs. [6] Il leur avait dit, en les chassant, ces propres 25
paroles, enregistrées dans les annales de l'empire. [7]

'Vous pourriez faire ici autant de mal que vous en avez fait
ailleurs: [8] vous êtes venus prêcher des dogmes d'intolérance chez

---

25   68P: et des hommes. Il

monuments que j'accepte' (*OH*, p.1107). Voltaire a certainement découvert ces
'prix pour la vertu' institués par Yong-Tchin dans la lettre du père Contancin du
2 décembre 1725: ces prix étaient destinés, écrivait le père, à 'exciter les laboureurs
au travail et [à] leur inspirer l'amour d'une vie régulière'; on donnait au paysan le
plus méritant la dignité de mandarin du huitième ordre (*Lettres édifiantes*, recueil
XVIII, p.447).

[6] Voltaire donne quelques précisions dans l'*Essai sur les mœurs*, ch.195: 'Sous le
règne de ce Cang-hi [le prédécesseur de Yong-Tchin] les missionnaires d'Europe
jouirent d'une grande considération; plusieurs furent logés dans le palais impérial;
ils bâtirent des églises; ils eurent des maisons opulentes' (*Essai*, ii.791).

[7] Dans l'*Essai sur les mœurs* (i.206) et dans *La Philosophie de l'histoire*, Voltaire
insiste sur le fait que les Chinois, au lieu de raconter des légendes comme d'autres
peuples, ont très tôt écrit leur histoire – véridique – au fur et à mesure que les
événements se produisaient: 'Si quelques annales portent un caractère de certitude,
ce sont celles des Chinois, qui ont joint [...] l'histoire du ciel à celle de la terre'
(V 59, p.153). Voltaire suit en cela les jésuites: Jean-Baptiste Du Halde, *Description
géographique, historique, chronologique, politique et physique de l'empire de la Chine et
de la Tartarie chinoise* (La Haye 1736; BV1132), i.264, et le père Contancin, *Lettres
édifiantes*, 2 décembre 1725 (recueil XVIII, p.434 ss.), 15 décembre 1727 (recueil XIX,
p.265 ss.). Il est exact que ces 'annales' ont publié 'tout ce qui se passait sur l'affaire'
de l'expulsion des missionnaires jésuites: le père Contancin l'écrit dans sa lettre du
15 décembre 1727. Mais ce n'est évidemment pas là que Voltaire a trouvé le discours
qu'il prête à l'empereur dans le conte. Il en a puisé la substance dans les *Lettres
édifiantes*, comme il le dit lui-même dans les *Entretiens chinois* (M.xxvii.25).

[8] Dans la *Relation du bannissement des jésuites de la Chine* parue la même année
que le conte, Voltaire précise: 'Nous ne savons que trop', y dit l'empereur, 'les
maux horribles que vous avez causés au Japon. Douze religions y florissaient avec
le commerce [...], vous parûtes, et la discorde bouleversa le Japon; le sang coula

la nation la plus tolérante de la terre. Je vous renvoie pour n'être
jamais forcé de vous punir. Vous serez reconduits honorablement   30
sur mes frontières; on vous fournira tout pour retourner aux
bornes de l'hémisphère dont vous êtes partis. Allez en paix si vous
pouvez être en paix, et ne revenez plus.'[9]

La princesse de Babilone apprit avec joie ce jugement et ce
discours; elle en était plus sûre d'être bien reçue à la cour,   35
puisqu'elle était très éloignée d'avoir des dogmes intolérants.

---

31   68P: sur les frontières
32   68P: l'hémisphère d'où vous
35   68P: sûre d'en être

---

de tous côtés; vous en fîtes autant à Siam et aux Manilles; je dois préserver mon
empire d'un fléau si dangereux. Je suis tolérant, et je vous chasse tous, parce que
vous êtes intolérants' (M.xxvii.15-16). Ces paroles ne font pas partie du discours de
l'empereur que rapporte le père de Mailla dans le passage auquel Voltaire fait
référence (Lettres édifiantes, recueil XVII, p.268).

[9] Yong-Tchin avait effectivement chassé les jésuites en janvier 1724, mais il ne
les expulsait que des provinces, pas de Pékin ni de Canton d'après les Lettres
édifiantes, en particulier celle du père de Mailla du 16 octobre 1724 et celle du père
Contancin du 15 décembre 1727. Voltaire donne des détails sur cette expulsion dans
Le Siècle de Louis XIV, ch.39 (OH, p.1108-109), dans l'Essai sur les mœurs, ch.195
(ii.791-92), et naturellement dans les Entretiens chinois et la Relation du bannissement
des jésuites de la Chine. L'esprit des phrases de l'édit et des propos de l'empereur
qui y sont rapportés est sensiblement le même que dans le conte. Mais les prétendues
'propres paroles' y sont un peu différentes. Elles y sont plus proches de celles que
donne le père de Mailla dans sa lettre du 16 octobre 1724, qui est la source de
Voltaire indiquée par lui-même dans une note des Entretiens chinois (M.xxvii.25;
Lettres édifiantes, recueil XVII, p.268). Dans le conte, Voltaire condense à la fois le
contenu de l'édit du 11 janvier et celui des paroles de l'empereur aux jésuites. Il
durcit le ton, et augmente la rigueur de la mesure prise alors, en généralisant
l'expulsion. Notons encore que le père de Mailla lui-même ne donne qu''à peu
près' – bien qu'au style direct – 'tout ce que dit l'empereur'. L'actualité amène
Voltaire à s'intéresser particulièrement à cette question à l'époque où il rédige le
conte. Il écrit au marquis de Villevielle le 27 avril 1767: 'Je me réjouis avec mon
brave chevalier de l'expulsion des jésuites. Le Japon commença par chasser ces
fripons là, les Chinois ont imité le Japon, la France et l'Espagne imitent les Chinois'
(D14148).

L'empereur de la Chine en dînant avec elle tête à tête, eut la politesse de bannir l'embarras de toute étiquette gênante; elle lui présenta le phénix, qui fut très caressé de l'empereur, et qui se percha sur son fauteuil. Formosante sur la fin du repas lui confia 40 ingénument le sujet de son voyage, et le pria de faire chercher dans Cambalu le bel Amazan, dont elle lui conta l'aventure, sans lui rien cacher de la fatale passion dont son cœur était enflammé pour ce jeune héros. A qui en parlez-vous? lui dit l'empereur de la Chine, il m'a fait le plaisir de venir dans ma cour; il m'a enchanté, 45 cet aimable Amazan; il est vrai qu'il est profondément affligé; mais ses grâces n'en sont que plus touchantes; aucun de mes favoris n'a plus d'esprit que lui; nul mandarin de robe n'a de plus vastes connaissances; nul mandarin d'épée n'a l'air plus martial et plus héroïque; son extrême jeunesse donne un nouveau prix à tous ses 50 talents: si j'étais assez malheureux, assez abandonné du Tien et du Changti[10] pour vouloir être conquérant, je prierais Amazan de se mettre à la tête de mes armées, et je serais sûr de triompher de l'univers entier. C'est bien dommage que son chagrin lui dérange quelquefois l'esprit. 55

Ah! monsieur, lui dit Formosante avec un air enflammé, et un ton de douleur, de saisissement et de reproche, pourquoi ne m'avez-vous pas fait dîner avec lui? Vous me faites mourir, envoyez-le prier tout à l'heure. Madame, il est parti ce matin, et il n'a point dit dans quelle contrée il portait ses pas. Formosante se 60 tourna vers le phénix: Eh bien, dit-elle, phénix, avez-vous jamais vu une fille plus malheureuse que moi? mais, monsieur, continua-

49   68P: plus martial ni plus

[10] La querelle entre missionnaires et jésuites, que Voltaire donne dans *Le Siècle de Louis XIV* (*OH*, p.1106), par exemple, comme une des causes de l'expulsion, avait porté en particulier sur le sens à donner à ces mots. Il les explique ainsi dans *La Philosophie de l'histoire*, ch.18: 'Dieu de l'univers [...] principe de toutes choses' (V 59, p.155).

t-elle, comment, pourquoi a-t-il pu quitter si brusquement une cour aussi polie que la vôtre, dans laquelle il me semble qu'on voudrait passer sa vie?

Voici, madame, ce qui est arrivé. Une princesse du sang, des plus aimables, s'est éprise de passion pour lui, et lui a donné un rendez-vous chez elle à midi; il est parti au point du jour, et il a laissé ce billet qui a coûté bien des larmes à ma parente.

'Belle princesse du sang de la Chine,[11] vous méritez un cœur qui n'ait jamais été qu'à vous; j'ai juré aux dieux immortels de n'aimer jamais que Formosante princesse de Babilone, et de lui apprendre comment on peut dompter ses désirs dans ses voyages; elle a eu le malheur de succomber avec un indigne roi d'Egypte: je suis le plus malheureux des hommes; j'ai perdu mon père et le phénix, et l'espérance d'être aimé de Formosante; j'ai quitté ma mère affligée, ma patrie, ne pouvant vivre un moment dans les lieux où j'ai appris que Formosante en aimait un autre que moi; j'ai juré de parcourir la terre et d'être fidèle. Vous me mépriseriez, et les dieux me puniraient si je violais mon serment: prenez un amant, Madame, et soyez aussi fidèle que moi.'

Ah laissez-moi cette étonnante lettre, dit la belle Formosante, elle fera ma consolation; je suis heureuse dans mon infortune. Amazan m'aime; Amazan renonce pour moi à la possession des princesses de la Chine; il n'y a que lui sur la terre capable de remporter une telle victoire; il me donne un grand exemple; le phénix sait que je n'en avais pas besoin; il est bien cruel d'être privée de son amant pour le plus innocent des baisers donné par pure fidélité: mais enfin, où est-il allé? quel chemin a-t-il pris? daignez me l'enseigner, et je pars.

65

70

75

80

85

90

---

67   K: s'est prise de

[11] 'Belle princesse du sang de la Chine': titre emprunté aux *Lettres édifiantes*, recueil XVII: il est utilisé par exemple par le père Parennin dans sa lettre du 20 août 1726 (p.3) et dans la table du recueil à propos de la même lettre.

L'empereur de la Chine lui répondit qu'il croyait sur les rapports qu'on lui avait faits que son amant avait suivi une route qui menait en Scythie. Aussitôt les licornes furent attelées, et la princesse après les plus tendres compliments prit congé de l'empereur avec le phénix, sa femme de chambre Irla et toute sa suite. 95

Dès qu'elle fut en Scythie, elle vit plus que jamais combien les hommes et les gouvernements diffèrent et différeront toujours jusqu'au temps où quelque peuple plus éclairé que les autres communiquera la lumière de proche en proche après mille siècles de ténèbres, et qu'il se trouvera dans des climats barbares des âmes 100 héroïques qui auront la force et la persévérance de changer les brutes en hommes. [12] Point de villes en Scythie, par conséquent point d'arts agréables; on ne voyait que de vastes prairies et des nations entières sous des tentes et sur des chars. [13] Cet aspect imprimait la terreur. Formosante demanda dans quelle tente ou 105 dans quelle charrette logeait le roi. On lui dit que depuis huit jours

---

100   68A2:   dans ces climats

---

[12] Ce passage est éclairé par les suivants où Voltaire décrit les changements opérés chez les Scythes par les souverains russes. Cf. l'*Histoire de l'empire de Russie*: 'Ces peuples sont un grand exemple des changements arrivés chez toutes les nations. Quelques-unes de leurs hordes, loin d'être redoutables, sont devenues vassales de la Russie' (*OH*, p.373) et dans *La Philosophie de l'histoire*, ch.14: 'Les Russes habitent aujourd'hui l'ancienne Scythie européenne [...] Il y a eu sur la terre des révolutions qui ont plus frappé l'imagination; il n'y en a pas une qui satisfasse autant l'esprit humain et qui lui fasse autant d'honneur [...] on a vu en un demi-siècle la cour de Scythie plus éclairée que ne l'ont été jamais la Grèce et Rome' (V 59, p.138-39), et cela grâce à Pierre le Grand, Elisabeth, puis Catherine II.

[13] Voltaire signale le même contraste entre la Chine et la Scythie dans *La Philosophie de l'histoire*: 'l'empire chinois subsistait avec splendeur [...] Les Scythes [...] habitaient sous des tentes' (V 59, p.158). Le détail 'sur des chars' peut être une réminiscence du vers d'Horace (*Odes*, iii.24), qu'il cite et traduit librement dans *La Philosophie de l'histoire*, ch.14: 'Voyez les habitants de l'affreuse Scythie, / Qui vivent sur des chars' (p.138). Dans la tragédie des *Scythes*, écrite peu avant le conte et jouée en mars 1767, Voltaire peint les Scythes – conformément à la tradition – comme assez grossiers, bien que vertueux.

il s'était mis en marche à la tête de trois cent mille hommes de cavalerie pour aller à la rencontre du roi de Babilone dont il avait enlevé la nièce, la belle princesse Aldée. Il a enlevé ma cousine! s'écria Formosante; je ne m'attendais pas à cette nouvelle aventure: quoi! ma cousine qui était trop heureuse de me faire la cour est devenue reine, et je ne suis pas encore mariée![14] Elle se fit conduire incontinent aux tentes de la reine.

Leur réunion inespérée dans ces climats lointains; les choses singulières qu'elles avaient mutuellement à s'apprendre, mirent dans leur entrevue un charme qui leur fit oublier qu'elles ne s'étaient jamais aimées; elles se revirent avec transport; une douce illusion se mit à la place de la vraie tendresse; elle s'embrassèrent en pleurant; et il y eut même entre elles de la cordialité et de la franchise, attendu que l'entrevue ne se faisait pas dans un palais.

Aldée reconnut le phénix et la confidente Irla; elle donna des fourrures de zibeline à sa cousine, qui lui donna des diamants.[15] On parla de la guerre que les deux rois entreprenaient; on déplora la condition des hommes que des monarques envoient par fantaisie s'égorger pour des différends que deux honnêtes gens pourraient concilier en une heure; mais surtout on s'entretint du bel étranger vainqueur des lions, donneur des plus gros diamants de l'univers, faiseur de madrigaux, possesseur du phénix, devenu le plus malheureux des hommes sur le rapport d'un merle. C'est mon cher frère, disait Aldée; c'est mon amant, s'écriait Formosante;

110

115

120

125

130

129 68P: des hommes sur le champ. C'est

[14] Cette réflexion rappelle une phrase de Mme Jourdain: 'c'est la fille de Monsieur Jourdain, qui était trop heureuse, étant petite, de jouer à la Madame avec nous' (*Le Bourgeois gentilhomme*, III.xii). Sur la fonction de telles phrases, voir ci-dessus, p.38.

[15] Cet échange de cadeaux est-il une transposition du troc signalé dans l'*Histoire de l'empire de Russie*: 'des hommes [...] parlant une langue que personne n'entendait [...] venaient apporter au marché des martres et des renards noirs qu'ils troquaient pour des clous et des morceaux de verre' ('Du gouvernement de la Sibérie, des Samoyèdes, des Ostiaks', pays dont le midi est peuplé de Scythes; *OH*, p.369).

135

vous l'avez vu sans doute, il est peut-être encore ici; car, ma cousine, il sait qu'il est votre frère; il ne vous aura pas quittée brusquement, comme il a quitté le roi de la Chine.

Si je l'ai vu, grands dieux! reprit Aldée, il a passé quatre jours entiers avec moi. Ah! ma cousine, que mon frère est à plaindre! un faux rapport l'a rendu absolument fou; il court le monde sans savoir où il va. Figurez-vous qu'il a poussé la démence jusqu'à refuser les faveurs de la plus belle Scythe de toute la Scythie. Il partit hier après lui avoir écrit une lettre dont elle a été désespérée. Pour lui il est allé chez les Cimmériens.[16] Dieu soit loué, s'écria Formosante; encore un refus en ma faveur! mon bonheur a passé mon espoir, comme mon malheur a surpassé toutes mes craintes.[17] Faites-moi donner cette lettre charmante, que je parte, que je le suive, les mains pleines de ses sacrifices. Adieu, ma cousine; Amazan est chez les Cimmériens, j'y vole.

Aldée trouva que la princesse sa cousine était encore plus folle que son frère Amazan. Mais comme elle avait senti elle-même les atteintes de cette épidémie, comme elle avait quitté les délices et la magnificence de Babilone pour le roi des Scythes, comme les femmes s'intéressent toujours aux folies dont l'amour est cause, elle s'attendrit véritablement pour Formosante, lui souhaita un

135

140

145

150

138 68P: refuser la faveur de
142 68P: mon malheur a passé toutes
146 68P: était plus

[16] Les dénominations – Scythes, Cimmériens, comme ci-dessus Cambalu et ci-dessous Sarmates – et la séparation radicale des royaumes de Scythie et du territoire correspondant à la Russie sont empruntées à la géographie ancienne. Toutefois, l'auteur est contraint à quelque fantaisie, car, sous une appellation plus ou moins contemporaine de ses héros, il veut décrire la Russie du dix-huitième siècle. Les anciens connaissant seulement la partie du sud habitée par les Cimmériens ne lui offrent que ce terme à l'extension beaucoup trop restreinte pour désigner l'empire de Russie qu'il dépeint.

[17] Parodie du vers d'*Andromaque*, v.v: 'Grâce aux dieux! mon malheur passe mon espérance.'

heureux voyage, et lui promit de servir sa passion, si jamais elle était assez heureuse pour revoir son frère.

Bientôt la princesse de Babilone et le phénix arrivèrent dans l'empire des Cimmériens, bien moins peuplé à la vérité que la Chine, mais deux fois plus étendu,[1] autrefois semblable à la Scythie, et devenu depuis quelque temps aussi florissant que les royaumes qui se vantaient d'instruire les autres Etats.

Après quelques jours de marche on entra dans une très grande ville, que l'impératrice régnante faisait embellir;[2] mais elle n'y était pas, elle voyageait alors des frontières de l'Europe à celles de l'Asie pour connaître ses Etats par ses yeux, pour juger des maux et porter les remèdes, pour accroître les avantages, pour semer l'instruction.[3]

5

10

a 68P: CHAPITRE XIII. / Arrivée de la belle Babylonienne dans l'empire des Cimériens. Réception qu'on lui fait. Eloge de l'impératrice des Cimmériens. Nouvelle fidélité d'Amazan.

[1] En ce qui concerne l'étendue et la population de la Russie, Voltaire donne ces précisions dans l'*Histoire de l'empire de Russie sous Pierre le Grand*: 'L'empire de Russie est le plus vaste de notre hémisphère; il s'étend d'occident en orient l'espace de plus de deux mille lieues communes de France, et il a plus de huit cents lieues du sud au nord dans sa plus grande largeur' (*OH*, p.354). 'Le pays n'est pas peuplé à proportion de son étendue, il s'en faut de beaucoup; mais tel qu'il est, il possède autant de sujets qu'aucun Etat chrétien [...] Aujourd'hui la Russie contient au moins vingt-quatre millions d'habitants' (p.377). Il indique pourquoi, selon lui, la Russie est beaucoup moins peuplée que la Chine ou l'Inde: 'Plus un pays est civilisé, plus il est peuplé. Ainsi la Chine et l'Inde sont les plus peuplés de tous les empires, parce que [...] les Chinois et les Indiens ont formé le corps de peuple le plus anciennement policé que nous connaissions [...] Les Russes sont venus tard' (p.376).

[2] Cette 'ancienne capitale' est évidemment Moscou. Mais, si l'impératrice a beaucoup construit à Saint-Pétersbourg et dans les environs, elle a peu fait embellir Moscou, qui n'est plus capitale depuis 1712.

[3] Allusion précise à un voyage de Catherine. Elle écrivait à Voltaire le 6 avril 1767: 'j'irai fair un tour dans différentes Province le long du Volga, et au moment peut-être que Vous Vous y attendré le moins, Vous recevrés une lettre datté de

Un des principaux officiers de cette ancienne capitale, instruit de l'arrivée de la Babilonienne et du phénix, s'empressa de rendre ses hommages à la princesse, et de lui faire les honneurs du pays, bien sûr que sa maîtresse, qui était la plus polie et la plus magnifique des reines, [4] lui saurait gré d'avoir reçu une si grande dame avec les mêmes égards qu'elle aurait prodigués elle-même.

On logea Formosante au palais, dont on écarta une foule importune de peuple; on lui donna des fêtes ingénieuses. [5] Le

---

13   68P: de la belle Babylonienne
18-19   68P: foule inconnue de peuple

---

quelque bicoque de l'Asie' (D14091). La formule 'par ses yeux' est empruntée textuellement à une autre lettre datée de Kazan: 'Me voilà en Asie, j'ai voulu voir cela par mes yeux' (9 juin 1767; D14219).

[4] Ces paragraphes font partie de la campagne de propagande entreprise par Voltaire depuis 1766 en faveur de Catherine II, accusée d'avoir causé la mort de Pierre III et du prince Ivan. Voltaire avait eu quelque peine à se convaincre de l'innocence de Catherine, comme en témoigne cette note: 'Aujourd'hui 19ᵉ janvier 1766 Le Comte Rewusky m'a assuré que Pierre 3 n'est mort que pour avoir bu continuellement du Punch dans sa prison [...] Pierre 3 était fou et ivrogne; il crachait au nez de son grand aumônier. Etant dans le Sénat il signa au bas du procez d'un particulier, Je déclare la nation Libre' (V82, p.476). Il essaie ensuite de persuader les autres, ou du moins de faire valoir que les mérites de Catherine étaient très supérieurs aux fautes qu'on lui reprochait. Voir par exemple la lettre à d'Argental du 23 janvier 1768: 'J'ai de fortes raisons de croire que mʳˢ les ducs de Praslin et de Choiseul ne la regardent pas comme la dame du monde la plus scrupuleuse; cependant je sais autant qu'on peut savoir qu'elle n'a nulle part à la mort de son ivrogne de mari [...] A l'égard du meurtre du prince Yvan, il est clair que ma Catherine n'y a nulle part. On lui a bien de l'obligation d'avoir eu le courage de détrôner son mari, car elle règne avec sagesse et avec gloire; et nous devons bénir une tête couronnée qui fait régner la tolérance universelle dans 135 degrés de longitude [...] Dites donc beaucoup de bien de Catherine, je vous en prie, et faites-lui une bonne réputation dans Paris' (D14697).

[5] Voltaire pense certainement au fameux carrousel organisé en 1766 par Catherine II et auquel des dames ont participé (*Essai*, ii.39). Il en est question dans plusieurs lettres de 1765 et 1766 (D12809, D12865, D12978, D13607, D14010). Voltaire, qui s'était fait inviter avec 'le neveu de l'abbé Bazin' (D12809) à ce carrousel, écrivit pour le célébrer le *Galimatias pindarique sur un carrousel donné par l'impératrice de Russie* (M.viii.486-88). Shouvalov le remercie de ces vers par une

seigneur cimmérien qui était un grand naturaliste s'entretint   20
beaucoup avec le phénix dans les temps où la princesse était retirée
dans son appartement. Le phénix lui avoua qu'il avait autrefois
voyagé chez les Cimmériens, et qu'il ne reconnaissait plus le pays.
Comment de si prodigieux changements, disait-il, ont-ils pu être
opérés dans un temps si court? Il n'y a pas trois cents ans que je   25
vis ici la nature sauvage dans toute son horreur, j'y trouve
aujourd'hui les arts, la splendeur, la gloire et la politesse. Un seul
homme a commencé ce grand ouvrage, répondit le Cimmérien,
une femme l'a perfectionné, [6] une femme a été meilleure législatrice
que l'Isis des Egyptiens et la Cérès des Grecs. [7] La plupart des   30
législateurs ont eu un génie étroit et despotique, qui a resserré
leurs vues dans le pays qu'ils ont gouverné: chacun a regardé son
peuple comme étant seul sur la terre, ou comme devant être
l'ennemi du reste de la terre. Ils ont formé des institutions pour ce
seul peuple, introduit des usages pour lui seul, établi une religion   35
pour lui seul. C'est ainsi que les Egyptiens, si fameux par des
monceaux de pierres, se sont abrutis et déshonorés par leurs

---

21   68P: dans le temps
30   68P: que l'Iris des
32   68P: dans les pays qu'ils ont gouvernés; chacun

---

lettre datée du 2 mars 1767 (D14010), qu'il a dû recevoir quand il commençait à
rédiger le conte.

[6] Voir ch.5, n.12, la citation de *La Philosophie de l'histoire* concernant la
transformation opérée 'en un demi-siècle' par Pierre le Grand, Elisabeth, puis
Catherine II. Voir aussi la *Lettre sur les panégyriques* (1767).

[7] Catherine avait préparé un code de lois et se proposait de réunir, pour en
discuter, les représentants des différents peuples et des différentes religions de son
empire. Elle en parle à Voltaire le 6 avril 1767: 'Comme Vous paroissés [...] prendre
intérêts à ce que je fais, je joins à cette lettre la moins mauvaise Traduction française
du Manifeste que j'ai signée le 14 Décembre de l'année passée [...] Au mois de Juin
cette grande assemblée commencera ses séances [...] l'on travaillera aux loix que
l'humanité j'espère ne désaprouvera pas' (D14091).

superstitions barbares. [8] Ils croient les autres nations profanes, ils ne communiquent point avec elles, et excepté la cour qui s'élève quelquefois au-dessus des préjugés vulgaires, [9] il n'y a pas un Egyptien qui voulût manger dans un plat dont un étranger se serait servi. [10] Leurs prêtres sont cruels et absurdes. Il vaudrait mieux n'avoir point de lois et n'écouter que la nature qui a gravé dans nos cœurs les caractères du juste et de l'injuste, que de soumettre la société à des lois si insociables.

Notre impératrice embrasse des projets entièrement opposés;

40

45

39   68P: ne communiquèrent point
45   68P: lois insociables.

[8] Catherine dans une de ses lettres et Voltaire dans sa réponse opposent l'attitude de l'impératrice à la superstition et à l'idolâtrie de peuples comme les anciens Egyptiens qui adorent 'des oignons, des chats, des veaux, des peaux d'ânes, des bœufs, des serpens, des Crocodiles' (20 janvier 1767, D13868); le bœuf Apis est cité dans la réponse de l'auteur (27 février 1767, D13996). Voltaire tient à cette époque à démystifier la civilisation de l'ancienne Egypte; cf. *La Philosophie de l'histoire*, ch.22, et *La Défense de mon oncle*, en particulier dans la 'Troisième diatribe' où il emet les mêmes jugements que dans le conte: 'J'ai vu les pyramides, et je n'en ai point été émerveillé [...] La superstition de ce peuple est sans contredit ce qu'il y a jamais eu de plus méprisable. Je ne soupçonne point ses rois et ses prêtres d'avoir été assez imbéciles pour adorer sérieusement des crocodiles, des boucs, des singes et des chats; mais ils laissèrent le peuple s'abrutir dans un culte qui le mettait fort au-dessous des animaux qu'il adorait' (V 64, p.254-56).

[9] Voltaire fait une distinction analogue entre l'élite et la masse dans *La Philosophie de l'histoire*, ch.22: 'Quand les Ptolémées et les principaux prêtres se moquaient du bœuf Apis, le peuple tombait à genoux devant lui' (V 59, p.168), et dans *La Défense de mon oncle* (voir n.9). On remarque toutefois que le roi du conte ne fait pas partie des exceptions qui s'élèvent quelquefois au-dessus des préjugés vulgaires. Voltaire, emporté par l'idée, se soucie-t-il peu de cette divergence? ou se serait-il écoulé un assez long laps de temps depuis la rédaction des premiers chapitres?

[10] Il est question aussi d'une interdiction de ce genre dans *La Défense de mon oncle*, ch.14, plus précisément, il est vrai, à propos des Juifs, et pour montrer que ceux-ci 'haïssaient toutes les nations': 'il était défendu aux Egyptiens de manger avec [les Juifs]. Un Juif était souillé [...] s'il s'était servi d'une marmite étrangère' (V 64, p.224).

elle considère son vaste Etat sur lequel tous les méridiens viennent se joindre, comme devant correspondre à tous les peuples qui habitent sous ces différents méridiens. [11] La première de ses lois a été la tolérance de toutes les religions, et la compassion pour toutes les erreurs. [12] Son puissant génie a connu que si les cultes sont

50

50   68P: compassion de toutes

[11] Catherine II écrit effectivement à Voltaire le 9 juin 1767 qu'elle a conscience de l'extrême diversité de son peuple et que le nouveau code doit convenir à tous. Mais elle se rend compte que l'entreprise est presque impossible: 'Ces loix dont on parle tant, au bout du compte ne sont point faites encore, et qui peut répondre de leur bontés? [...] Imaginé je Vous prie qu'elle doivent servir pour l'Asie et pour l'Europe, et qu'elle différence de climat, de gens, d'habitude, d'idée même [...] Il y a dans cette Ville vingt peuple divers qui ne ce ressemblent point du tout, il faut pourtant leurs faire un habit qui leurs soit propre à tous. Ils peuvent ce bien trouver des principes généraux, mais les détails? et quels détails? J'allois dire, s'est presque un monde à créer, à unir, à conserver etc. Je ne finirai pas' (D14219).

[12] Catherine II écrivait déjà à Voltaire le 9 décembre 1765: 'La tolérance est établie chés Nous, elle fait loi de l'Etat, et il est défendu de persécuter' (D13032), et Voltaire s'empressait le 24 janvier suivant de transmettre ces 'deux lignes bien remarquables' aux d'Argental (D13133). Dans sa lettre du 20 juillet 1766, l'impératrice précisait: 'Voici mot à mot ce que j'ai inséré [...] dans une instruction pour un Comité qui refondra nos Loix: 'Dans un grand Empire qui étend sa domination sur autant de peuples divers, qu'il y a de différentes croyance parmi les homes, la faute la plus nuisible au repos, et à la tranquilité de ses Citoyens seroit l'intolérance de leurs différentes Religions. Il n'y a même qu'une sage tolérance également avoué de la religion Ortodoxe et de la Politique qui peut ramener touttes ces brebis égarée à la vraye croyance. La persécution irrite les esprits, la tolérance les adoucit, les rend moins obstinés, en étouffant ses disputes contraire au repos de l'Etat et à l'union des Citoyens' (D13433). A la fin de 1767, Catherine exprimera à Voltaire sa conviction d'avoir réussi aussi bien qu'il le prévoit dans le conte. Ses sujets de religions différentes 'ont si bien oublié la coutume de se griller réciproquement que s'il y avoit quelqu'un d'assés malavisé pour proposer à un député de bouillir son Voisin pour plaire à l'être suprême je répons pour tout qu'il n'y en a pas un seul qui ne répondroit, Il est home come moi, et selon le premier paragraf de l'Instruction de s.m.I. nous devons nous faire le plus de bien possible mais aucun mal' et: 'Je pense que Vous Vous plairiés au milieu de cette salle [du congrès réuni pour faire le nouveau code] où l'ortodoxe assis entre l'hérétique et le musulman écoutent tous les trois paisiblement la voix d'un idolâtre et, ce concertent souvent tous les quatre pour rendre leur avis supportables à tous' (D14611).

différents, la morale est partout la même; par ce principe elle a lié sa nation à toutes les nations du monde, et les Cimmériens vont regarder le Scandinavien et le Chinois comme leurs frères. Elle a fait plus; elle a voulu que cette précieuse tolérance, le premier lien des hommes, s'établît chez ses voisins; ainsi elle a mérité le titre de mère de la patrie,[13] et elle aura celui de bienfaitrice du genre humain, si elle persévère.

55

Avant elle, des hommes malheureusement puissants envoyaient des troupes de meurtriers ravir à des peuplades inconnues et arroser de leur sang les héritages de leurs pères; on appelait ces assassins des héros; leur brigandage était de la gloire. Notre souveraine a une autre gloire; elle a fait marcher des armées pour apporter la paix, pour empêcher les hommes de se nuire, pour les forcer à se supporter les uns les autres; et ses étendards ont été ceux de la concorde publique.[14]

60

65

60 68P: ravir des
63-64 68P: pour porter la paix,
65 68P: les uns et les autres

[13] L'assemblée des députés pour la confection d'un code de lois a 'suplié instamment [l'impératrice] d'accepter les titres de *Grande*, de *Sage* et de *Mère de la Patrie*. L'Impératrice les a refusés', répondant entre autres: 'Vous voulez m'appeler Mère de la Patrie. Je regarde comme le devoir de mon état de chérir les sujets que Dieu m'a confiés, et je n'ai point d'autre désir que de m'en faire aimer' (Golitsyne à Voltaire, 24 septembre 1767; D14439). A quoi Voltaire répond le 7 octobre dans des termes proches de ceux du conte: 'Le titre de mère de la patrie restera à l'impératrice malgré elle. Pour moi, si elle vient à bout d'inspirer la tolérance aux autres princes, je l'appellerai la bienfaitrice du genre humain' (D14470).

[14] Catherine II, après avoir imposé Stanislas-Auguste Poniatowski sur le trône de Pologne (1764), envahit le pays en 1767 sous prétexte de soutenir les 'dissidents' (orthodoxes, luthériens, calvinistes) contre les catholiques intolérants. Voltaire veut croire que le roi et l'impératrice s'entendent: 'Je vous supplie', écrit-il à Marmontel le 12 février, 'de demander à madame de Geoffrin si son cher Roy de Pologne ne s'est pas entendu habilement avec L'impératrice de Russie pour forcer les Evêques sarmates à être tolérants et à établir la liberté de conscience; je serais bien fâché de m'être trompé' (D13950); et à Catherine le 27: 'je serais bien attrapé si vôtre Majesté n'était pas d'accord avec Le Roi de Pologne. Il est philosophe, il est tolérant par principe' (D13996). Les nouvelles rapportées par Mme Geoffrin et que transmettra

Le phénix enchanté de tout ce que lui apprenait ce seigneur, lui dit, Monsieur, il y a vingt-sept mille neuf cents années et sept mois que je suis au monde;[15] je n'ai encore rien vu de comparable à ce que vous me faites entendre. Il lui demanda des nouvelles de son ami Amazan; le Cimmérien lui conta les mêmes choses qu'on avait dites à la princesse chez les Chinois et chez les Scythes. Amazan s'enfuyait de toutes les cours qu'il visitait, sitôt qu'une dame lui avait donné un rendez-vous auquel il craignait de succomber. Le phénix instruisit bientôt Formosante de cette nouvelle marque de fidélité qu'Amazan lui donnait, fidélité d'autant plus étonnante qu'il ne pouvait pas soupçonner que sa princesse en fût jamais informée.

Il était parti pour la Scandinavie. Ce fut dans ces climats que des spectacles nouveaux frappèrent encore ses yeux: ici la royauté et la liberté subsistaient ensemble par un accord qui paraît impossible dans d'autres Etats: les agriculteurs avaient part à la législation, aussi bien que les grands du royaume; et un jeune prince donnait les plus grandes espérances d'être digne de commander à une

---

78-79 68P: jamais informée. / CHAPITRE XIV. / Amazan passe en Scandinavie, en Sarmatie. Ce qu'il voit dans ces contrées, ainsi qu'en Germanie. Il donne partout l'exemple de la fidélité. / Il était

---

Marmontel le 8 mars seront tout autres (D140024). Voltaire essaie de justifier l'intervention armée de Catherine II: 'C'est une chose assez plaisante et qui a l'air de la contradiction de soutenir l'indulgence et la tolérance les armes à la main; mais aussi l'intolérance est si odieuse qu'elle mérite qu'on lui donne sur les oreilles. Si la superstition a fait si longtemps la guerre pourquoi ne la ferait-on pas à la superstition?' (à Frédéric, 3 mars; D14012). Le 25 août (D14393), il semble décidé à prendre ouvertement la défense de l'impératrice: il écrit son *Essai historique et critique sur les dissensions des Eglises de Pologne* (éd. D. Beauvois et E. Rostworowski, V 63A, p.243-89). Catherine fit reconnaître par la diète de 1768 la liberté de culte pour tous les dissidents. En réalité elle préparait, on le sait, le partage de la Pologne dont la Russie fut largement bénéficiaire en 1772.

[15] Le phénix a 27 900 ans et 7 mois; à Babylone (ch.3, l.104-105), il avait 27 900 ans et 6 mois. Il s'est donc écoulé un mois depuis le début de l'histoire. Voilà un détail réaliste de plus dans ce récit merveilleux.

nation libre. [16] Là c'était quelque chose de plus étrange; le seul roi   85
qui fût despotique de droit sur la terre par un contrat formel avec
son peuple, était en même temps le plus jeune et le plus juste des
rois. [17]

Chez les Sarmates Amazan vit un philosophe sur le trône; on
pouvait l'appeler le roi de l'anarchie, car il était le chef de cent   90
mille petits rois, dont un seul pouvait d'un mot anéantir les
résolutions de tous les autres. Eole n'avait pas plus de peine à
contenir tous les vents qui se combattent sans cesse, que ce
monarque n'en avait à concilier les esprits; c'était un pilote
environné d'un éternel orage, et cependant le vaisseau ne se brisait   95
pas: car le prince était un excellent pilote. [18]

[16] Voltaire décrit ainsi le régime de la Suède dans le *Précis du siècle de Louis XV*:
'Ce royaume était devenu une république, dont le roi n'était que le premier
magistrat. Il était obligé de se conformer à la pluralité des voix du sénat: les états,
composés de la noblesse, de la bourgeoisie, du clergé, et des paysans, pouvaient
réformer les lois du sénat, mais le roi ne le pouvait pas' (*OH*, p.1477). Le 'jeune
prince' est le futur Gustave III né en 1746, qui s'était mis de bonne heure à la tête
du parti libéral. Le 8 octobre 1767, Marmontel communique à Voltaire deux lettres
du prince inspirées par l'esprit des philosophes (D14471). En 1772, par le coup
d'Etat du 19 août, Gustave III rétablira un absolutisme 'éclairé'.

[17] Il s'agit de Christian VII de Danemark. Il règne en souverain absolu en vertu
de la 'loi royale' promulguée en 1665 par la diète de Copenhague. Il avait écrit 'une
lettre charmante de sa main' à Voltaire. Celui-ci, dans sa réponse du 4 février 1767,
vantait les 'grands exemples', que 'donne de bonne heure' Sa Majesté dont les
'bienfaits pénètrent dans des pays presque ignorés du reste du monde', et il concluait:
'C'est dans le nord qu'il faudra voyager pour apprendre à penser et à sentir'
(D13917). Le roi avait envoyé en même temps que sa lettre 'un secours' pour les
Sirven (voir D13918).

[18] Voltaire fait allusion à Stanislas-Auguste Poniatowski. Les 'petits rois' sont les
députés à la diète de Varsovie: le veto d'un seul d'entre eux empêchait qu'aucune
décision ne fût prise. Mme Geoffrin, invitée en Pologne par Stanislas, fait un tableau
sinistre de la situation, d'après la lettre de Marmontel à Voltaire du 8 mars 1767:
'Mme Geoffrin, depuis son retour, ne parle point de la Pologne et paraît fâchée
qu'on lui en parle [...] Elle m'a dit qu'il n'y avait rien de plus malheureux au monde
qu'un roi qui n'était pas roi' (D14024). Mais Stanislas était un 'roi philosophe'. Il
écrivait à Voltaire le 21 février 1767 que 'ses intentions' avaient leur source dans
ses écrits (D13988). Aussi le destinataire jugeait-il que cette lettre 'ferait honneur à
Trajan' (D14045).

En parcourant tous ces pays, si différents de sa patrie, Amazan refusait constamment toutes les bonnes fortunes qui se présentaient à lui, toujours désespéré du baiser que Formosante avait donné au roi d'Egypte, toujours affermi dans son inconcevable résolution de donner à Formosante l'exemple d'une fidélité unique et inébranlable.

La princesse de Babilone avec le phénix le suivait partout à la piste, et ne le manquait jamais que d'un jour ou deux, sans que l'un se lassât de courir, et sans que l'autre perdît un moment à le suivre.

Ils traversèrent ainsi toute la Germanie; ils admirèrent les progrès que la raison et la philosophie faisaient dans le Nord; tous les princes y étaient instruits, tous autorisaient la liberté de penser;[19] leur éducation n'avait point été confiée à des hommes qui eussent intérêt de les tromper ou qui fussent trompés eux-mêmes;[20] on les avait élevés dans la connaissance de la morale universelle et dans le mépris des superstitions; on avait banni dans tous ces Etats un usage insensé qui énervait et dépeuplait plusieurs pays méridionaux; cette coutume était d'enterrer tout vivants dans de vastes cachots un nombre infini des deux sexes éternellement séparés l'un de l'autre, et de leur faire jurer de n'avoir jamais de communication

104 W70L: et ne manquait

[19] Cf. 'Je voudrais que les Sorboniqueurs qui persécutent Marmontel apprissent que L'impératrice de Russie, les rois de Dannemarck, de Pologne et de Prusse, et la moitié des princes d'Allemagne, établissent hautement la liberté de conscience dans leurs états, et que cette liberté les enrichit' (16 mars 1767; D14045).

[20] Critique évidente de l'éducation des rois de France, souvent confiée à des prélats. Voltaire parle ainsi de celle de Louis XIV: 'le cardinal Mazarin souffrait volontiers qu'on donnât au roi peu de lumières [...] l'ignorance où le tenait le cardinal Mazarin...' (Le Siècle de Louis XIV, ch.25; OH, p.892) et, à propos de la rencontre du roi avec l'ex-reine Christine de Suède: 'à peine lui parla-t-il. Elevé dans l'ignorance, le bon sens avec lequel il était né le rendait timide' (p.678). Voltaire pense certainement aussi à l'éducation de Louis XV, qui avait été confiée au cardinal de Fleury.

ensemble. Cet excès de démence accrédité pendant des siècles avait dévasté la terre autant que les guerres les plus cruelles. [21]

Les princes du Nord avaient à la fin compris que si l'on voulait   120
avoir des haras, il ne fallait pas séparer les plus forts chevaux des cavales. Ils avaient détruit aussi des erreurs non moins bizarres et non moins pernicieuses. Enfin les hommes osaient être raisonnables dans ces vastes pays, tandis qu'ailleurs on croyait encore qu'on ne peut les gouverner qu'autant qu'ils sont imbéciles. [22]   125

---

118   68P: pendant tant de siècles,

[21] En plus des raisons de principe, Voltaire se trouve des motifs personnels de vouloir chasser les moines, à la fin de 1766 par exemple où il écrit à son neveu Mignot: 'prêtez moi vos secours et vos lumières pour résister à des Jfs de moines qui veulent opprimer maman Denis et moi. Quand vous aurez voix délibérative dans la première classe du parlement de France, faites moi une belle et bonne cabale contre tous ces Jfs de moines. Défaites nous de cette vermine qui ronge le royaume. Donnez de grands coups d'aiguillon dans le maigre cul de l'abbé de Chauvelin: c'est peu de chose, ce n'est pas assez d'avoir chassé les jésuites qui du moins instruisaient la jeunesse, pour conserver des sangsues qui ne sont bonnes à rien qu'à s'engraisser de notre sang' (D13688).

[22] Opposer l'Allemagne du Nord à l'Allemagne du Sud et lier au progrès l'abolition des ordres monastiques revient à opposer les pays non catholiques éclairés aux pays catholiques romains enténébrés. L'opposition s'étend à l'Europe. Voltaire explicite sa pensée dans l'*Essai sur les mœurs*, ch.177: 'La religion réformée, dominante dans la Hollande, servit encore à sa puissance. Ce pays, alors si pauvre, n'aurait pu ni suffire à la magnificence des prélats, ni nourrir des ordres religieux; et cette terre, où il fallait des hommes, ne pouvait admettre ceux qui s'engagent par serment à laisser périr, autant qu'il est en eux, l'espèce humaine. On avait l'exemple de l'Angleterre, qui était d'un tiers plus peuplée depuis que les ministres des autels jouissaient de la douceur du mariage, et que les espérances des familles n'étaient point ensevelies dans le célibat du cloître' (ii.728; cf. *La Voix du sage et du peuple*, M.xxiii.465-71). En Allemagne s'étaient convertis au luthérianisme et avaient confisqué les biens ecclésiastiques, dès la première moitié du seizième siècle, entre autres les électeurs du Palatinat, de Saxe, de Brandebourg, le landgrave de Hesse (cf. *Essai*, ch.130; ii.232). Au dix-huitième siècle, Frédéric II contribua à la libération du nord de l'Allemagne. Aussi s'étonne-t-on, avec *The London chronicle*, xxiv.304, de ne pas trouver d'éloge particulier de Frédéric II dans ce passage. On remarque aussi qu'au moment où il rédige *La Princesse de Babylone*, Voltaire n'écrit plus à Frédéric: il ne répond même pas au roi de mai 1767 à l'automne 1769. On s'est

interrogé sur les raisons de cette interruption (voir C. Mervaud, *Voltaire et Frédéric II*, Studies 234, p.380-87). L'absence d'éloge explicite de Frédéric II ne serait-elle pas due au fait que celui-ci refuse d'intervenir aux côtés de Catherine en faveur des dissidents polonais (D13855)? Voltaire lui adresse un discret reproche en mars 1767: 'Est-ce l'impératrice de Russie qui soutient seule à présent le fardeau qu'elle avait voulu partager avec trois puissances?' (D14012). Mais Frédéric persiste; le 24 mars, il critique implicitement Catherine de faire 'marcher des argumens munis de Canons et de bajonettes pour convaincre les Evêques polonais des droits que ces dissidens prétendent avoir' (D14066).

Amazan arriva chez les Bataves; son cœur éprouva une douce satisfaction dans son chagrin d'y retrouver quelque faible image du pays des heureux Gangarides; la liberté, l'égalité, la propreté, l'abondance, la tolérance;[1] mais les dames du pays étaient si froides qu'aucune ne lui fit d'avances comme on lui en avait fait partout ailleurs, il n'eut pas la peine de résister. S'il avait voulu attaquer ces dames, il les aurait toutes subjuguées l'une après l'autre sans être aimé d'aucune; mais il était bien éloigné de songer à faire des conquêtes.

Formosante fut sur le point de l'attraper chez cette nation insipide:[2] il ne s'en fallut que d'un moment.

a 68P: CHAPITRE XV. / Formosante, suivant toujours son amant, manque de l'atteindre chez les Bataves. Elle veut passer, après lui, dans l'île d'Albion; mais malheureusement des vents contraires la retiennent au port.
1-2 K: éprouva dans son chagrin une douce satisfaction
2 68P: d'y trouver quelque
10-11 68A2: nation laborieuse: il

[1] 'Liberté, égalité' – ce sont les qualités que Voltaire a lui-même appréciées en Hollande. De La Haye, il écrivait à d'Argenson le 8 août 1743: 'La Haye est un séjour délicieux l'été, et la liberté y rend les hivers moins rudes. J'aime à voir les maîtres de l'état simples citoyens. Il y a des partis […] mais l'esprit de parti n'ôte rien à l'amour de la patrie' (D2802). Il loue encore l'égalité qui régnait au début du dix-septième siècle, 'la douceur de ce gouvernement, et la tolérance de toutes les manières d'adorer Dieu' dans l'*Essai sur les mœurs*, ch.187 (ii.728); voir aussi le *Pot-pourri*, ch.5 (*Romans et contes*, p.242-43).
[2] La froideur et le caractère insipide sont des défauts que Voltaire reproche souvent aux Hollandais dans sa correspondance. En 1740, il écrit de La Haye à Maupertuis qu'il est dans un 'enfer phlegmatique' (D2314); lors de son séjour de 1743, il parle à Frédéric II du 'taciturne et froid Batave' (D2871). En 1770, il ira jusqu'à parler à Choiseul de 'la Hollande que je vomis de ma bouche parce qu'elle est tiède' (D16159). 68A2 remplace 'insipide' par 'laborieuse'; voir ci-dessus, p.46.

Amazan avait entendu parler chez les Bataves avec tant d'éloges d'une certaine île nommée Albion, qu'il s'était déterminé à s'embarquer lui et ses licornes sur un vaisseau, qui par un vent d'orient favorable, l'avait porté en quatre heures au rivage de cette terre plus célèbre que Tyr et que l'île Atlantide.

La belle Formosante qui l'avait suivi au bord de la Duina, de la Vistule, de l'Elbe, du Vezer,[3] arrive enfin aux bouches du Rhin qui portait alors ses eaux rapides dans la mer Germanique.

Elle apprend que son cher amant a vogué aux côtes d'Albion; elle croit voir son vaisseau, elle pousse des cris de joie dont toutes les dames bataves furent surprises, n'imaginant pas qu'un jeune homme pût causer tant de joie. Et à l'égard du phénix, elles n'en firent pas grand cas, parce qu'elles jugèrent que ses plumes ne pourraient probablement se vendre aussi bien que celles des canards et des oisons de leurs marais.[4] La princesse de Babilone loua ou nolisa deux vaisseaux pour la transporter avec tout son monde dans cette bienheureuse île qui allait posséder l'unique objet de tous ses désirs, l'âme de sa vie, le dieu de son cœur.

Un vent funeste d'occident s'éleva tout à coup dans le moment même où le fidèle et malheureux Amazan mettait pied à terre en Albion; les vaisseaux de la princesse de Babilone ne purent

18 68P: Weser
    w7oL, w75G, K: Veser
25 68P: probablement pas se
31 68P: le fidèle et le malheureux

[3] Le substantif 'Weser' est féminin aujourd'hui. Il est masculin comme chez Voltaire dans l'édition de 1752 du *Trévoux* qui donne pour le même fleuve un autre nom: Visurge (féminin). L'édition de 1771 signale encore les deux noms mais sans indiquer de genre.

[4] De cette boutade sur l'esprit mercantile des Hollandais, on peut rapprocher celles qu'on trouve dans les carnets ou dans la correspondance: 'en Hollande, [on dit] combien de tonnes? en France: est-il bien à la Cour?' (V 82, p.485); ou on y 'fait plus de cas d'une cargaison de poivre que de ses paradoxes [de Rousseau]' (D10527).

démarrer. Un serrement de cœur, une douleur amère, une mélancolie profonde saisirent Formosante; elle se mit au lit dans sa douleur,
en attendant que le vent changeât; mais il souffla huit jours entiers   35
avec une violence désespérante. ⁵ La princesse pendant ce siècle de
huit jours se faisait lire par Irla des romans; ce n'est pas que les
Bataves en sussent faire; mais comme ils étaient les facteurs de
l'univers, ils vendaient l'esprit des autres nations ainsi que leurs
denrées. ⁶ La princesse fit acheter chez Marc Michel Rey ⁷ tous les   40
contes que l'on avait écrits chez les Ausoniens et chez les Welches,
et dont le débit était défendu sagement chez ces peuples pour
enrichir les Bataves; elle espérait qu'elle trouverait dans ces
histoires quelque aventure qui ressemblerait à la sienne, et qui
charmerait sa douleur. Irla lisait, le phénix disait son avis, et la   45

34-35   68P: sa douleur, et attendant
41   w68-K: les Velches

⁵ Même ce détail n'est pas une simple exagération de conteur: en juin 1725,
Bolingbroke – ami de Voltaire – fut retenu, paraît-il, à Calais pendant une bonne
quinzaine de jours; en 1729, Morice, gendre d'Atterbury, attendit quarante-deux
jours que les vents tournent; pour plus de détails, voir A.-M. Rousseau, *L'Angleterre
et Voltaire*, i.76-77 et note.
⁶ Les 'facteurs', c'est-à-dire les correspondants ou les représentants. *Trévoux*
donne cette définition: 'Dans le droit, ce mot signifie celui qui est chargé d'une
procuration qui lui donne pouvoir d'agir au nom d'un autre; dans l'usage il signifie
Commissionnaire de marchand; celui qui achète pour d'autres marchands des
marchandises, ou qui les vend en leur nom'. On trouve le même mot et la même
idée dans *Des mensonges imprimés*: 'Lorsque les Hollandais s'aperçurent de ce
nouveau besoin de l'espèce humaine [la lecture], ils devinrent les facteurs de nos
pensées, comme ils l'étaient de nos vins et de nos sels' (V 31B, p.351). En mai 1767,
l'ambassadeur de Russie à La Haye, Vorontsov, fait à Voltaire un tableau très
sévère de la librairie hollandaise (D14168).
⁷ En 1767, Voltaire a d'assez bonnes relations avec Marc-Michel Rey. Ce fameux
éditeur de livres défendus a vraisemblablement à son actif une édition de *Candide*
(V 48, p.98) – roman cité parmi ceux qu'essaie de lire Formosante dans certaines
versions du conte – et deux éditions de *La Princesse de Babylone* (voir ci-dessus,
p.52-53).

princesse ne trouvait rien dans la Paysanne parvenue, ni dans Tansaï, ni dans le Sopha, ni dans Les Quatre Facardins[8] qui eût le moindre rapport à ses aventures; elle interrompait à tout moment la lecture pour demander de quel côté venait le vent.

46-47 w68-K: parvenue, ni dans le Sopha
47   68A2: Sopha, ni dans Candide qui
       68P: Facardins, ni dans Candide, qui

[8] *La Paysanne parvenue* (Paris 1735-1737), roman de Charles de Fieux, chevalier de Mouhy, inspiré du *Paysan parvenu* de Marivaux; *Tanzaï et Néadarné* (Paris 1734) et *Le Sopha* (Gaznah [1742]), romans de Claude-Prosper Jolyot de Crébillon; *Les Quatre Facardins* (Paris 1730), conte d'Antoine Hamilton, un familier de la cour de Sceaux dont Voltaire admirait la prose. Dans *Tanzaï*, la *Vie de Marianne* de Marivaux était tournée en ridicule. On y a vu aussi une caricature de l'ancienne protectrice de Voltaire, la duchesse Du Maine, sous les traits de la fée Concombre (H. Monod-Cassidy, *Un voyageur-philosophe au dix-huitième siècle: l'abbé Jean-Bernard Le Blanc*, Cambridge, Mass. 1941, p.221). On ne saurait toutefois trouver là une raison de la suppression de ce titre à partir de w68: la duchesse était morte depuis 1753, et Voltaire disait à la sortie du conte, en 1735, qu'il l'avait trouvé amusant (D826). Il s'agit certainement d'une omission par saut du même au même.

8.[1]

Cependant Amazan était déjà sur le chemin de la capitale d'Albion dans son carrosse à six licornes,[2] et rêvait à sa princesse: il aperçut un équipage versé dans une fosse; les domestiques s'étaient écartés pour aller chercher du secours; le maître de l'équipage restait tranquillement dans sa voiture, ne témoignant pas la plus légère   5 impatience, et s'amusant à fumer; car on fumait alors; il se nommait milord What-then, ce qui signifie à peu près milord Qu'importe, en la langue dans laquelle je traduis ces mémoires.

a 68P: CHAPITRE XVI. Amazan rencontre sur la route d'Albion un milord auquel il rend service. Singulière conversation qu'ils ont ensemble. La femme du milord albionien devient amoureuse d'Amazan.

2 W70L: licornes, rêvait
3 68P: dans un fossé; les
8 68P: en langue

[1] Le chapitre dans son ensemble est inspiré par les souvenirs qu'a Voltaire du séjour qu'il fit en Angleterre, quand il était jeune comme Amazan. Comme lui, il fut pris à partie par une foule à laquelle il finit par en imposer. Comme lui, il fut bien accueilli par des gens de la haute société. Pendant l'été 1727 en particulier, il séjourna à la campagne chez des aristocrates qui organisaient fêtes et réunions autour d'artistes et d'écrivains. Parmi les hôtes de Voltaire, on peut citer lord Peterborough, lord Hervey (à Ickworth), Fawkener (à Wandsworth). Comme Amazan encore, il eut des intrigues avec des femmes du monde, ou du moins on lui en prêta. Il fait par exemple des vers en anglais pour lady Hervey (cf. D10570). Ces vers deviendront des vers pour Laura Harley sous la plume d'un amant et ils seront cités par Harley dans le procès en adultère. On en déduisit que Voltaire avait eu une aventure avec Mme Harley; pour plus de détails, voir Rousseau, *L'Angleterre et Voltaire*, i.75 ss. Bien des éléments du chapitre se trouvent déjà dans le 'Projet d'une lettre sur les Anglais à M. ***', que Lanson date de 1728, pendant le séjour de Voltaire en Angleterre, et dans les *Lettres philosophiques*, VIII, 'Sur le parlement', et IX, 'Sur le gouvernement' (éd. Lanson et Rousseau, i.88-119; ii.256-77).

[2] Le nombre des licornes n'est pas pris au hasard: le carrosse à six chevaux est un privilège encore plus ou moins réservé aux princes.

Amazan se précipita pour lui rendre service; il releva tout seul
la voiture, tant sa force était supérieure à celle des autres hommes.   10
Milord Qu'importe se contenta de dire, Voilà un homme bien
vigoureux. Des rustres du voisinage étant accourus se mirent en
colère de ce qu'on les avait fait venir inutilement,[3] et s'en prirent
à l'étranger; ils le menacèrent en l'appelant chien d'étranger, et ils
voulurent le battre.   15

Amazan en saisit deux de chaque main, et les jeta à vingt pas;
les autres le respectèrent, le saluèrent, lui demandèrent pour boire:
il leur donna plus d'argent qu'ils n'en avaient jamais vu.[4] *Milord*

16   68P: et il les

[3] L'incident du carrosse – bien que banal – pourrait être inspiré à Voltaire par le
souvenir d'aventures qui lui sont arrivées autrefois, lors de ses voyages en
Champagne et en Lorraine. Certaines sont rapportées par Longchamp (*Mémoires
de Longchamp*, Bn N13006). Selon le secrétaire, en 1747 [janvier 1748], au sortir de
Sceaux, sur la route de Cirey, près de Nangis, la voiture de Voltaire et de Mme Du
Châtelet verse; le postillon va chercher des gens du pays pour l'aider à la relever et
pour la réparer; mécontents d'avoir été réveillés pour un médiocre salaire, ceux-ci
partent en maugréant. Nouvelle avarie; les villageois qu'on rappelle font des
difficultés pour revenir (p.54-57). C'est pendant le premier arrêt forcé que Voltaire
et la marquise auraient contemplé les étoiles assis dans la neige. Quoi qu'il en soit,
l'accident de carrosse devrait être daté de février 1749. En 1748, en désaccord avec
une aubergiste de Châlons-sur-Marne qui les escroquait, les voyageurs auraient vu
aussi la populace s'approcher de la voiture (p.75-76).

[4] Voltaire adapte peut-être un souvenir personnel. Lors de son séjour en
Angleterre, il aurait été, lui aussi, injurié, traité de *french dog*, et malmené par une
populace qu'il finit par conquérir. Voici comment Wagnière, dans les 'Additions au
Commentaire historique', raconte la mésaventure: 'Passant un jour à pied dans les
rues de Londres, la populace l'insulta, et allait lui jeter de la boue. Il monte aussitôt
sur une pierre qui se trouve près de lui, et s'écrie en anglais: *Braves Anglais, ne
suis-je pas déjà assez malheureux de n'être pas né parmi vous?* etc. Il harangua si
éloquemment, que ce peuple voulait à la fin le porter chez lui sur ses épaules'
(Longchamp et Wagnière, *Mémoires*, i.23). Pour plus de détails sur les sources de
cet épisode, dont une première mention figure dans Georges-Louis Lerouge, *An
historical account of the curiosities of London and Westminster* (Bordeaux 1765), p.126,
voir Rousseau, *L'Angleterre et Voltaire*, i.46-47.

Qu'importe lui dit, Je vous estime; venez dîner avec moi dans ma maison de campagne qui n'est qu'à trois milles; il monta dans la voiture d'Amazan, parce que la sienne était dérangée par la secousse.

Après un quart d'heure de silence, il regarda un moment Amazan, et lui dit, *How dye do*, à la lettre, *Comment faites-vous faire?* et dans la langue du traducteur, *Comment vous portez-vous?* ce qui ne veut rien dire du tout en aucune langue; puis il ajouta, Vous avez là six jolies licornes; et il se remit à fumer.

Le voyageur lui dit que ses licornes étaient à son service, qu'il venait avec elles du pays des Gangarides, et il en prit occasion de lui parler de la princesse de Babilone et du fatal baiser qu'elle avait donné au roi d'Egypte; à quoi l'autre ne répliqua rien du tout, se souciant très peu qu'il y eût dans le monde un roi d'Egypte et une princesse de Babilone. Il fut encore un quart d'heure sans parler; après quoi il redemanda à son compagnon comment il faisait faire; et si on mangeait de bon rost-beef dans le pays des Gangarides. Le voyageur lui répondit avec sa politesse ordinaire qu'on ne mangeait point ses frères sur les bords du Gange. Il lui expliqua le système qui fut après tant de siècles celui de Pithagore, de Porphire, d'Iamblique. Sur quoi milord s'endormit, et ne fit qu'un somme jusqu'à ce qu'on fût arrivé à sa maison.

Il avait une femme jeune et charmante, à qui la nature avait donné une âme aussi vive et aussi sensible que celle de son mari était indifférente. Plusieurs seigneurs albioniens étaient venus ce jour-là dîner avec elle. Il y avait des caractères de toutes les espèces; car le pays n'ayant presque jamais été gouverné que par des étrangers, les familles venues avec ces princes avaient toutes apporté des mœurs différentes. Il se trouva dans la compagnie des

20

25

30

35

40

45

24   68P: How do you do?
35   NM-K: mangeait du bon
40   68P: à la maison.
47-48   68A2:   compagnie de gens

gens très aimables, d'autres d'un esprit supérieur, quelques-uns d'une science profonde.

La maîtresse de la maison n'avait rien de cet air emprunté et 50 gauche, de cette roideur, de cette mauvaise honte qu'on reprochait alors aux jeunes femmes d'Albion; elle ne cachait point par un maintien dédaigneux, et par un silence affecté, la stérilité de ses idées, et l'embarras humiliant de n'avoir rien à dire: [5] nulle femme n'était plus engageante. Elle reçut Amazan avec la politesse et les 55 grâces qui lui étaient naturelles. L'extrême beauté de ce jeune étranger, et la comparaison soudaine qu'elle fit entre lui et son mari, la frappèrent d'abord sensiblement.

On servit. Elle fit asseoir Amazan à côté d'elle, et lui fit manger des poudings de toute espèce, ayant su de lui que les Gangarides 60 ne se nourrissaient de rien qui eût reçu des dieux le don céleste de la vie. Sa beauté, sa force, les mœurs des Gangarides, les progrès des arts, la religion et le gouvernement furent le sujet d'une conversation aussi agréable qu'instructive, pendant le repas qui dura jusqu'à la nuit, et pendant lequel *milord Qu'importe* but 65 beaucoup et ne dit mot. [6]

[5] Ce portrait des femmes anglaises est conforme aux premières impressions de Voltaire pendant son séjour en Angleterre: 'vous pourriez tirer plus de lumières d'un particulier qui [...] ne se rebuterait point de la froideur, de l'air dédaigneux et de glace que les dames anglaises mettent dans les commencements du commerce, et dont quelques-unes ne se défont jamais'; quelques dames de la cour 'étaient guindées et froides, prenaient du thé [...], ne disaient mot, ou criaient toutes à la fois pour médire de leur prochain' ('Projet d'une lettre', ii.257-58, 260-61).

[6] Le couple Qu'importe fait un peu penser au couple Tyrconel que Voltaire a connu en Prusse. Il écrit à leur sujet: 'Madame de Tirconel s'est très honnêtement tirée d'Andromaque. Il n'y a guère d'actrices qui aient de plus beaux yeux. Pour milord Tirconel c'est un digne Anglais. Son rôle est d'être à table' (D4344, lettre sans doute récrite). Ce dernier est aussi traité d'ignorant dans une lettre à Richelieu (D4907); toutefois, contrairement à milord Qu'importe, 'il a le discours serré et caustique' (D4344). A propos des rapports entre mari et femme, on peut citer quelques phrases écrites de Londres par César de Missy à Voltaire en 1742: 'il est assez commun d'y trouver [dans les journaux anglais] des avertissemens de maris qui apprennent au Public que leurs femmes se sont sauvées de chez eux. [...] Je connois un philosophe Anglois qui m'avoit dit un jour: Les Femmes en France sont

Après le dîner, pendant que milady versait du thé, et qu'elle dévorait des yeux le jeune homme, il s'entretenait avec un membre du parlement; car chacun sait que dès lors il y avait un parlement, et qu'il s'appelait *Wittenagemot*, ce qui signifie l'assemblée des gens d'esprit. [7] Amazan s'informait de la constitution, des mœurs, des lois, des forces, des usages, des arts qui rendaient ce pays si recommandable; [8] et ce seigneur lui parlait en ces termes:

Nous avons longtemps marché tout nus, quoique le climat ne soit pas chaud. Nous avons été longtemps traités en esclaves par des gens venus de l'antique terre de Saturne arrosée des eaux du Tibre. Mais nous nous sommes fait nous-mêmes beaucoup plus de maux que nous n'en avions essuyé de nos premiers vainqueurs. Un de nos rois poussa la bassesse jusqu'à se déclarer sujet d'un prêtre qui demeurait aussi sur les bords du Tibre, [9] qu'on appelait

70

75

80

72-73   68P: pays recommandable
73-74   68P: termes. CHAPITRE XVII. Un sénateur albionien raconte à Amazan l'histoire de son pays. La femme du milord donne un rendez-vous à Amazan, qui n'y répond que par du respect. Le milord s'en moque, et Amazan s'en retourne en Batavie. ¶Nous avons
79   68P: rois eut la faiblesse de se déclarer
79-80   68P: d'un prince qui

des Déesses dont les hommes sont les adorateurs: les Femmes en Angleterre ne sont autre chose que des femelles dont les hommes sont les mâles' (D2689). En ce qui concerne l'ivrognerie des Anglais, Voltaire note dans ses carnets un fait qui montre l'étendue du phénomène: 'Un évêque de Vorcestre en 1750 prêcha contre l'abus des liqueurs fortes, il attribue la dépopulation de Londres à ces excez en partie. En 1722, les batemes montaient à 19 000, en 1748 ils n'allaient qu'à 14 000' (V 81, p.170).

[7] Witenagemot (formé de *witan* = savoir, et de *gemoth* = assemblée) signifie 'assemblée de sages'. C'était l'assemblée nationale des Anglo-Saxons jusqu'à la conquête normande. Il fut remplacé plus tard par le parlement.

[8] Amazan s'informe comme Voltaire l'a fait lui-même (cf. *Lettres philosophiques*).

[9] Jean sans Terre en 1213; voir *Lettres philosophiques*, IX, et *Essai sur les mœurs*, ch.1 (*Essai*, i.533).

le Vieux des sept montagnes;[10] tant la destinée de ces sept montagnes a été longtemps de dominer sur une grande partie de l'Europe, habitée alors par des brutes.

Après ces temps d'avilissement sont venus des siècles de férocité et d'anarchie. Notre terre plus orageuse que les mers qui l'environnent, a été saccagée et ensanglantée par nos discordes; plusieurs têtes couronnées ont péri par le dernier supplice; plus de cent princes du sang des rois ont fini leurs jours sur l'échafaud.[11] On a arraché le cœur à tous leurs adhérents, et on en a battu leurs joues.[12] C'était au bourreau qu'il appartenait d'écrire l'histoire de notre île, puisque c'était lui qui avait terminé toutes les grandes affaires.

[10] Peut-être Voltaire songe-t-il aussi au Vieux de la montagne, nom donné par les croisés au chef des Ismaïliens ou Assassins. Le moindre signe de sa part conduisait au crime ceux qui lui obéissaient. Expression utilisée par Marmontel à propos de Voltaire, dans une lettre de 1767 précisément: 'Vous avez Le même ascendant que le vieux de la montagne; et vous n'en usez que pour faire des Enthousiastes de la vertu et de L'humanité' (8 octobre, D14471).

[11] Cf. *Essai sur les mœurs*, ch.167: 'Toutes ces cruautés s'exécutaient par acte du parlement. Il y a eu des temps sanguinaires chez tous les peuples; mais chez le peuple anglais, plus de têtes illustres ont été portées sur l'échafaud que dans tout le reste de l'Europe ensemble' (ii.468); et de Jeanne Grey, il écrit dans le même passage: 'Ce fut la troisième reine d'Angleterre, en moins de vingt années, qui mourut sur l'échafaud'. La guerre des Deux-Roses fut particulièrement sanglante: on tua 'presque tous les princes de la rose rouge' (ii.127). Parmi les têtes couronnées qui ont 'péri par le dernier supplice' ou qui du moins ont été assassinées, on peut citer Henri VI, peut-être Edouard IV, Edouard V, Richard III (tué dans une bataille mais dont le cadavre a été exposé), Jacques Ier et Jacques III d'Ecosse, Jeanne Grey, Marie Stuart, Charles Ier (cf. *Le Siècle de Louis XIV*, *OH*, p.770).

[12] Voltaire cite un exemple de ce supplice dans l'*Essai sur les mœurs*, ch.180: 'La sentence porta qu'il [Laud, archevêque de Canterbury] serait pendu, et qu'on lui arracherait le cœur pour lui en battre les joues, supplice ordinaire des traîtres: on lui fit grâce en lui coupant la tête' (ii.668). Cf. le *Commentaire sur le livre Des délits et des peines*: 'En Angleterre, on ouvrait le ventre d'un homme atteint de haute trahison, on lui arrachait le cœur, on lui en battait les joues, et le cœur était jeté dans les flammes. Mais quel était souvent ce crime de haute trahison? c'était, dans les guerres civiles, d'avoir été fidèle à un roi malheureux, et quelquefois de s'être expliqué sur le droit douteux du vainqueur' (1766; M.xxv.541).

Il n'y a pas longtemps que pour comble d'horreur, quelques personnes portant un manteau noir, et d'autres qui mettaient une chemise blanche par-dessus leur jaquette, ayant été mordues par des chiens enragés, communiquèrent la rage à la nation entière. Tous les citoyens furent ou meurtriers ou égorgés, ou bourreaux, ou suppliciés, ou déprédateurs, ou esclaves au nom du ciel, et en cherchant le Seigneur. [13]   95

Qui croirait que de cet abîme épouvantable, de ce chaos de dissensions, d'atrocités, d'ignorance et de fanatisme, il est enfin résulté le plus parfait gouvernement, peut-être, qui soit aujourd'hui dans le monde. Un roi honoré et riche, tout-puissant pour faire le bien, impuissant pour faire le mal, [14] est à la tête d'une nation libre, guerrière, commerçante et éclairée. Les grands d'un côté, et les représentants des villes de l'autre, partagent la législation avec le monarque.   100   105

On avait vu, par une fatalité singulière, le désordre, les guerres civiles, l'anarchie et la pauvreté désoler le pays quand les rois affectaient le pouvoir arbitraire. La tranquillité, la richesse, la félicité publique n'ont régné chez nous que quand les rois ont   110

93-95   68P: quelques personnes ayant été mordues
101   68P: il ait enfin
102   68P: gouvernement qui

[13] Sous Charles Ier, ceux qui portaient le 'manteau noir' étaient les puritains qui dominaient au Parlement et s'unirent avec l'Ecosse. Leurs adversaires, en chemise blanche, étaient les prêtres anglicans menés par l'archevêque de Canterbury Laud; sur cette guerre voir l'*Essai sur les mœurs*, ch.180. On trouve la même utilisation symbolique et caricaturale du surplis dans le 'Projet d'une lettre' de 1728: 'une nation qui a coupé la tête à Charles Ier, parce qu'il voulait introduire l'usage des surplis en Ecosse' (éd. Lanson et Rousseau, ii.265). Sur le scandale que causait le surplis dans les sectes dissidentes, voir C. J. Abbey et J. H. Overton, *The English Church in the eighteenth century* (London 1878), ii.468.

[14] Formule analogue à celle des *Lettres philosophiques*, VIII: 'le prince, tout-puissant pour faire du bien, a les mains liées pour faire le mal' (i.89).

reconnu qu'ils n'étaient pas absolus. [15] Tout était subverti quand on disputait sur des choses inintelligibles: tout a été dans l'ordre quand on les a méprisées. Nos flottes victorieuses portent notre gloire sur toutes les mers, et les lois mettent en sûreté nos fortunes: jamais un juge ne peut les expliquer arbitrairement: jamais on ne rend un arrêt qui ne soit motivé. Nous punirions comme des assassins, des juges qui oseraient envoyer à la mort un citoyen sans manifester les témoignages qui l'accusent et la loi qui le condamne. [16]

Il est vrai qu'il y a toujours chez nous deux partis qui se combattent avec la plume et avec des intrigues; mais aussi ils se réunissent toujours quand il s'agit de prendre les armes pour défendre la patrie et la liberté. [17] Ces deux partis veillent l'un sur l'autre; ils s'empêchent mutuellement de violer le dépôt sacré des lois; ils se haïssent, mais ils aiment l'Etat; ce sont des amants jaloux qui servent à l'envi la même maîtresse.

Du même fonds d'esprit qui nous a fait connaître et soutenir les droits de la nature humaine, nous avons porté les sciences au plus haut point où elles puissent parvenir chez les hommes. Vos Egyptiens qui passent pour de si grands mécaniciens, vos Indiens qu'on croit de si grands philosophes, vos Babiloniens qui se vantent

113   68A2, NM: choses intelligibles; tout

[15] C'est-à-dire depuis l'acceptation en février 1689 par Guillaume III, prince d'Orange (voir *Le Siècle de Louis XIV*, *OH*, p.763), de la 'Déclaration des droits', qui énumérait les droits du Parlement, et surtout depuis l'accession au trône des Hanovre en 1714.

[16] Cf. les éloges que fait Voltaire de la justice anglaise et la supériorité qu'il lui trouve sur la justice française dans le *Commentaire sur le livre Des délits et des peines* publié en 1766, après le procès de La Barre.

[17] On trouve la même satisfaction chez un batelier avec qui Voltaire dit s'être entretenu au début de son séjour en Angleterre: 'Un jour, en me promenant sur la Tamise, l'un de mes rameurs, voyant que j'étais Français, se mit à m'exalter d'un air fier la liberté de son pays, et me dit en jurant Dieu qu'il aimait mieux être batelier sur la Tamise qu'archevêque en France' ('Projet d'une lettre', ii.263).

d'avoir observé les astres pendant quatre cent trente mille années; [18] les Grecs qui ont écrit tant de phrases et si peu de choses, ne savent précisément rien en comparaison de nos moindres écoliers qui ont étudié les découvertes de nos grands maîtres. Nous avons arraché plus de secrets à la nature dans l'espace de cent années, que le genre humain n'en avait découvert dans la multitude des siècles. [19]

Voilà au vrai l'état où nous sommes. Je ne vous ai caché ni le bien, ni le mal, ni nos opprobres, ni notre gloire; et je n'ai rien exagéré. [20]

Amazan à ce discours se sentit pénétré du désir de s'instruire dans ces sciences sublimes dont on lui parlait; et si sa passion pour la princesse de Babilone, son respect filial pour sa mère qu'il avait quittée, et l'amour de sa patrie n'eussent fortement parlé à son cœur déchiré, il aurait voulu passer sa vie dans l'île d'Albion. Mais ce malheureux baiser donné par sa princesse au roi d'Egypte ne lui laissait pas assez de liberté dans l'esprit pour étudier les hautes sciences.

Je vous avoue, dit-il, que m'ayant imposé la loi de courir le

135

140

145

150

146   68P: dans la ville d'Albion.
150   K: que, m'étant imposé

[18] En ce qui concerne l'ancienneté des observations astronomiques des Chaldéens, voir ci-dessus, ch.3, n.11. Dans les *Eléments de la philosophie de Newton*, Voltaire avait déjà donné le chiffre de 430 000. Comme l'avait signalé un critique de l'époque, Fontenelle donne, d'après Diodore de Sicile, le chiffre de 403 000; voir *Eléments de la philosophie de Newton*, éd. R. L. Walters et W. H. Barber, V 15, p.481, n.10.

[19] Voltaire précise dans *Le Siècle de Louis XIV*, ch.31: 'C'est de son sein [de la Royal Society] que sortirent de nos jours les découvertes sur la lumière, sur le principe de la gravitation, sur l'aberration des étoiles fixes, sur la géométrie transcendante, et cent autres inventions qui pourraient à cet égard faire appeler ce siècle le *siècle des Anglais*, aussi bien que celui de Louis XIV' (*OH*, p.998; voir aussi ch.34, p.1024-26). Voltaire profitait de l'occasion pour affirmer la supériorité des modernes sur les anciens. En 1767, rabaisser les anciens, n'est-ce pas aussi rabaisser les Larcher 'pédants' qui passent leur vie à étudier leurs textes et leur histoire?

[20] Dans les *Lettres philosophiques*, VIII, Voltaire minimisait l'aspect négatif des guerres civiles.

monde, et de m'éviter moi-même, je serais curieux de voir cette antique terre de Saturne, ce peuple du Tibre et des sept montagnes à qui vous avez obéi autrefois; il faut sans doute que ce soit le premier peuple de la terre. Je vous conseille de faire ce voyage, lui répondit l'Albionien, pour peu que vous aimiez la musique 155 et la peinture. Nous allons très souvent nous-mêmes porter quelquefois notre ennui vers les sept montagnes. [21] Mais vous serez bien étonné en voyant les descendants de nos vainqueurs.

Cette conversation fut longue. Quoique le bel Amazan eût la cervelle un peu attaquée, il parlait avec tant d'agréments, sa voix 160 était si touchante, son maintien si noble et si doux, que la maîtresse de la maison ne put s'empêcher de l'entretenir à son tour tête à tête. Elle lui serra tendrement la main en lui parlant, et en le regardant avec des yeux humides et étincelants qui portaient les désirs dans tous les ressorts de la vie. Elle le retint à souper et à 165 coucher. Chaque instant, chaque parole, chaque regard enflammèrent sa passion. Dès que tout le monde fut retiré, elle lui écrivit un petit billet, ne doutant pas qu'il ne vînt lui faire la cour dans son lit, tandis que milord *Qu'importe* dormait dans le sien. Amazan eut encore le courage de résister; tant un grain de folie produit 170 d'effets miraculeux dans une âme forte et profondément blessée.

Amazan selon sa coutume fit à la dame une réponse respectueuse, par laquelle il lui représentait la sainteté de son serment et l'obligation étroite où il était d'apprendre à la princesse de Babilone à dompter ses passions; après quoi il fit atteler ses licornes, et 175 repartit pour la Batavie, laissant toute la compagnie émerveillée

---

[21] Depuis les *Lettres philosophiques*, Voltaire fait souvent allusion au *spleen* britannique. Il le mentionne encore dans une lettre à James Marriott du 26 février 1767, où il remarque que l'on est à Genève 'plus mélancolique encore qu'en Angleterre' et qu'on s'y suicide encore davantage (D13995). De nombreux voyageurs anglais passaient aux Délices, puis à Ferney en route pour l'Italie, car la tradition du 'Grand Tour' avait repris après la fin de la guerre de Sept Ans.

de lui, et la dame du logis désespérée. Dans l'excès de sa douleur elle laissa traîner la lettre d'Amazan; milord *Qu'importe* la lut le lendemain matin. Voilà, dit-il en levant les épaules, de bien plates niaiseries: et il alla chasser au renard avec quelques ivrognes du voisinage. [22]

Amazan voguait déjà sur la mer, muni d'une carte géographique dont lui avait fait présent le savant Albionien qui s'était entretenu avec lui chez milord *Qu'importe*. Il voyait avec surprise une grande partie de la terre sur une feuille de papier.

Ses yeux et son imagination s'égaraient dans ce petit espace; il regardait le Rhin, le Danube, les Alpes du Tirol marqués alors par d'autres noms, et tous les pays par où il devait passer avant d'arriver à la ville des sept montagnes; mais surtout il jetait les yeux sur la contrée des Gangarides, sur Babilone où il avait vu sa chère princesse, et sur le fatal pays de Bassora où elle avait donné un baiser au roi d'Egypte. Il soupirait, il versait des larmes, mais il convenait que l'Albionien qui lui avait fait présent de l'univers en raccourci, n'avait point eu tort en disant qu'on était mille fois plus instruit sur les bords de la Tamise que sur ceux du Nil, de l'Euphrate et du Gange.

Comme il retournait en Batavie, Formosante volait vers Albion, avec ses deux vaisseaux qui cinglaient à pleines voiles; celui d'Amazan et celui de la princesse se croisèrent, se touchèrent presque: les deux amants étaient près l'un de l'autre, et ne pouvaient

180

185

190

195

200

177-178   68P: désespérée dans l'excès de sa douleur. Elle
184   68P: chez le milord

[22] Sur l'indifférence et le flegme des Anglais, Voltaire raconte une anecdote qu'il présente comme un souvenir personnel dans son 'Projet d'une lettre': 'Dans le moment arriva un de leurs amis, qui leur dit avec un visage indifférent: Molly s'est coupé la gorge ce matin [...] Ces messieurs, qui tous étaient amis de Molly, reçurent la nouvelle sans sourciller. L'un d'eux seulement demanda ce qu'était devenu l'amant; il a acheté le rasoir, dit froidement quelqu'un de la compagnie' (ii.261-62).

s'en douter: [23] ah, s'ils l'avaient su! mais l'impérieuse destinée ne le permit pas.

[23] Dans la *Zaïde* de Mme de La Fayette, à la fin de la première partie, Conzalve, qui est parti à la recherche de Zaïde, n'est séparé d'elle que par une rivière, mais il doit partir et il la perd à nouveau; sur ce rapprochement, voir ci-dessus, p.44.

Sitôt qu'Amazan fut débarqué sur le terrain égal et fangeux de la Batavie, il partit comme un éclair pour la ville aux sept montagnes. Il fallut traverser la partie méridionale de la Germanie. De quatre milles en quatre milles on trouvait un prince et une princesse, des filles d'honneur et des gueux. [1] Il était étonné des coquetteries que ces dames et ces filles d'honneur lui faisaient partout avec la bonne foi germanique; et il n'y répondait que par de modestes refus. Après avoir franchi les Alpes, il s'embarqua sur la mer de Dalmatie, et aborda dans une ville qui ne ressemblait à rien du tout de ce qu'il avait vu jusqu'alors. La mer formait les rues, les maisons étaient bâties dans l'eau. Le peu de places publiques qui ornaient cette ville était couvert d'hommes et de femmes qui avaient un double visage, celui que la nature leur avait donné et une face de carton mal peint qu'ils appliquaient par-dessus; en sorte que la nation semblait composée de spectres. Les étrangers qui venaient dans cette contrée commençaient par acheter un visage, comme on se pourvoit ailleurs de bonnets et de souliers. [2] Amazan dédaigna cette mode contre nature, il se présenta tel qu'il était. Il y avait dans la ville douze mille filles enregistrées dans le grand livre de

a   68P: CHAPITRE XVIII. Amazan traverse la Germanie, passe à Venise. Ce qu'il y remarque. Il arrive à la ville des sept montagnes. Ce qu'il y remarque de singulier.
2   68P: comme une éclair
12   68P: étaient couvertes d'hommes

[1] Sur l'infériorité de l'Allemagne du Sud par rapport à l'Allemagne du Nord, voir ci-dessus, ch.6, n.23. En 1764, d'Alembert transmettait à Voltaire l'opinion qu'il avait de 'toutes ces petites cours borgnes', de 'tous ces petits Principiaux d'Allemagne' qui sont 'de plattes gens' (D11979).
[2] En novembre 1767 précisément, Claude de Loynes d'Autroche rappelait à Voltaire qu'il irait à Venise pour le carnaval (D14542).

la république; filles utiles à l'Etat, chargées du commerce le plus   20
avantageux et le plus agréable qui ait jamais enrichi une nation.
Les négociants ordinaires envoyaient à grands frais et à grands
risques des étoffes dans l'Orient: ces belles négociantes faisaient
sans aucun risque un trafic toujours renaissant de leurs attraits. [3]
Elles vinrent toutes se présenter au bel Amazan et lui offrir le   25
choix. Il s'enfuit au plus vite en prononçant le nom de l'incomparable princesse de Babilone, et en jurant par les dieux immortels
qu'elle était plus belle que toutes les douze mille filles vénitiennes.
Sublime friponne, s'écriait-il dans ses transports, je vous apprendrai
à être fidèle.   30

   Enfin les ondes jaunes du Tibre, des marais empestés, des
habitants hâves, décharnés et rares, couverts de vieux manteaux
troués, qui laissaient voir leur peau sèche et tannée, se présentèrent
à ses yeux, et lui annoncèrent qu'il était à la porte de la ville aux
sept montagnes, de cette ville de héros et de législateurs qui avaient   35
conquis et policé une grande partie du globe. [4]

   Il s'était imaginé qu'il verrait à la porte triomphale cinq cents
bataillons commandés par des héros, et dans le sénat une assemblée
de demi-dieux donnant des lois à la terre; il trouva pour toute
armée une trentaine de gredins montant la garde avec un parasol   40

---

25   68P: Amazan, lui

---

[3] Dans *La Défense de mon oncle*, ch.2, Voltaire écrit que 'l'histoire générale des
bordels peut être fort curieuse', et il prend comme exemples ceux de Venise et de
Rome qui 'commencent un peu à dégénérer, parce que tous les beaux-arts tombent
en décadence'. Il soupçonne Larcher de les fréquenter encore 'comme des restes
des mœurs antiques' (V 64, p.199-200).
   [4] Cf. *Essai sur les mœurs*, ch.185: 'Les voyageurs qui allaient admirer cette ville
[Rome] étaient étonnés de ne voir, d'Orviette à Terracine, dans l'espace de plus de
cent milles, qu'un terrain dépeuplé d'hommes et de bestiaux. La campagne de
Rome, il est vrai, est un pays inhabitable, infecté par des marais croupissants, que
les anciens Romains avaient desséchés' (ii.719-20). Même tableau dans les *Lettres
d'Amabed*, x, qui parurent un an après *La Princesse de Babylone* (*Romans et contes*,
p.510).

de peur du soleil: ayant pénétré jusqu'à un temple qui lui parut
très beau, mais moins que celui de Babilone,[5] il fut assez surpris
d'y entendre une musique exécutée par des hommes qui avaient
des voix de femmes.

Voilà, dit-il, un plaisant pays que cette antique terre de Saturne. 45
J'ai vu une ville où personne n'avait son visage, en voici une autre
où les hommes n'ont ni leur voix ni leur barbe. On lui dit que ces
chantres n'étaient plus hommes, qu'on les avait dépouillés de leur
virilité, afin qu'ils chantassent plus agréablement les louanges
d'une prodigieuse quantité de gens de mérite.[6] Amazan ne comprit 50
rien à ce discours. Ces messieurs le prièrent de chanter; il chanta
un air gangaride avec sa grâce ordinaire. Sa voix était une très
belle haute-contre. Ah! monsignor, lui dirent-ils, quel charmant
soprano vous auriez, ah! si — comment si? que prétendez-vous
dire? — ah, monsignor! — Eh bien? — si vous n'aviez point de barbe! 55
Alors ils lui expliquèrent très plaisamment et avec des gestes fort
comiques selon leur coutume de quoi il était question. Amazan
demeura tout confondu. J'ai voyagé, dit-il, et jamais je n'ai entendu
parler d'une telle fantaisie.

Lorsqu'on eut bien chanté, le Vieux des sept montagnes alla en 60
grand cortège à la porte du temple; il coupa l'air en quatre avec le
pouce élevé, deux doigts étendus et deux autres pliés, en disant

59-72   68P: fantaisie. ¶Les ardents

[5] Présentation similaire de la basilique Saint-Pierre dans l'*Essai sur les mœurs*,
ch.183: 'Ce n'était qu'en Italie qu'on avait élevé des temples dignes de l'antiquité;
et Saint-Pierre de Rome les surpassait tous' (ii.701).

[6] Dans le *Commentaire sur le livre Des délits et des peines* (1766), ch.20, Voltaire
écrivait: 'Aujourd'hui, à Rome, l'usage est qu'on châtre les enfants pour les rendre
dignes d'être musiciens du pape, de sorte que *castrato* et *musico del papa* sont devenus
synonymes' (M.xxv.570). Quelques lignes plus haut, il avait signalé une loi d'Adrien
qui punissait de mort les médecins qui faisaient des eunuques. L'emploi des castrati,
qui chantaient aussi à l'opéra et au théâtre, est souvent critiqué par Voltaire: dans
sa correspondance, dans *Candide*, ch.25, etc., si bien qu'on lui attribuera en 1771
Les Castrats, de Charles Bordes (voir D16990, n.3; CLT, ix.264-68).

ces mots dans une langue qu'on ne parlait plus, *à la Ville et à l'Univers.* (*a*) Le Gangaride ne pouvait comprendre que deux doigts pussent atteindre si loin. 65

Il vit bientôt défiler toute la cour du maître du monde; elle était composée de graves personnages, les uns en robes rouges, les autres en violet; presque tous regardaient le bel Amazan en adoucissant les yeux; ils lui faisaient des révérences, et se disaient l'un à l'autre, *San Martino, che bel'ragazzo! San Pancratio, che* 70 *bel'fanciullo!*

Les ardents, [7] dont le métier était de montrer aux étrangers les curiosités de la ville, s'empressèrent de lui faire voir des masures où un muletier ne voudrait pas passer la nuit, mais qui avaient été autrefois de dignes monuments de la grandeur d'un peuple roi. [8] Il 75 vit encore des tableaux de deux cents ans, et des statues de plus de vingt siècles, qui lui parurent des chefs-d'œuvre. Faites-vous encore de pareils ouvrages? Non, Votre Excellence, lui répondit un des ardents, mais nous méprisons le reste de la terre, parce que nous conservons ces raretés. Nous sommes des espèces de fripiers 80

(*a*) *Urbi et orbi.*

---

[7] On appelait 'ardents' les membres d'académies fondées à Naples et à Viterbe au dix-septième siècle, et ceux de la congrégation de Saint-Antoine qui soignaient les malades atteints du 'feu Saint-Antoine'; mais ces 'ardents' ne remplissaient ni les uns, ni les autres le rôle qu'ils ont dans le conte. Il s'agit sans doute ici des membres de la congrégation de la Propagande. C'est l'un d'eux qui prendra en charge Amabed (*Lettres d'Amabed*, x; *Romans et contes*, p.512), donnant également au riche étranger le titre d'Excellence. Dans le *Voyage* du père Tachard, c'était déjà le secrétaire de cette congrégation qui venait, avec un cardinal, chercher les envoyés dans un carrosse (*Second voyage du père Tachard et des jésuites envoyés par le roi au royaume de Siam*, Paris 1689, p.400 ss.). Si Voltaire appelle 'ardents' les membres de cette congrégation, c'est peut-être parce qu'ils brûlent du zèle de la 'propagande', dirigeant les missions et formant des missionnaires, peut-être aussi parce que certains d'entre eux sont cardinaux vêtus de rouge.

[8] En se moquant du culte rendu à l'antiquité et à ses monuments, c'est certainement encore Larcher que Voltaire cherche à atteindre.

qui tirons notre gloire des vieux habits qui restent dans nos
magasins.[9]

Amazan voulut voir le palais du prince, on l'y conduisit. Il vit
des hommes en violet qui comptaient l'argent des revenus de
l'Etat, tant d'une terre située sur le Danube, tant d'une autre sur   85
la Loire, ou sur le Guadalquivir, ou sur la Vistule. Oh oh, dit
Amazan après avoir consulté sa carte de géographie, votre maître
possède donc toute l'Europe comme ces anciens héros des sept
montagnes? Il doit posséder l'univers entier de droit divin, lui
répondit un violet; et même il a été un temps où ses prédécesseurs   90
ont approché de la monarchie universelle; mais leurs successeurs
ont la bonté de se contenter aujourd'hui de quelque argent que les
rois leurs sujets leur font payer en forme de tribut.[10]

Votre maître est donc en effet le roi des rois, c'est donc là son
titre? dit Amazan. Non, Votre Excellence, son titre est *serviteur*   95

84   68P: hommes qui
89-90 68P: l'univers entier, lui répondit un ardent; et même
93-116 68P: forme de tribut. ¶Amazan, après nombre de particularités toutes
plus capables les unes que les autres de lui inspirer le désir de voir le prince des sept
montagnes, dit qu'il serait curieux de dîner avec lui. Votre Excellence, lui répondit
l'ardent, quand vous seriez roi,

[9] Voltaire décrit ainsi la décadence de l'Italie dans l'*Essai sur les mœurs*, ch.185:
'Rome fut le seul centre des arts et de la politesse jusqu'au siècle de Louis XIV […];
mais bientôt l'Italie fut égalée dans plus d'un genre par la France, et surpassée de
beaucoup dans quelques-uns. Les Anglais eurent sur elle autant de supériorité par
les sciences que par le commerce. Rome conserva la gloire de ses antiquités et des
travaux qui la distinguèrent depuis Jules II' (ii.721).

[10] La même idée est développée entre autres dans le *Pot-pourri* (*Romans et contes*,
p.250-51) et dans *L'Homme aux quarante écus* (voir ci-dessous, p.365-66). Il s'agit
des annates, impôt payé au pape par les titulaires des bénéfices; cet impôt était en
principe égal au revenu d'une année, d'où son nom. Dans *L'Homme aux quarante
écus*, Voltaire évalue la somme payée par la France à quatre cent mille livres par an
et à quatre-vingt millions 'depuis environ deux siècles et demi que cet usage dure'.
Dans les carnets, il l'évalue 'à 300 m. L. par an' (V 81, p.142); cf. *Le Siècle de
Louis XIV*, ch.35 (*OH*, p.1030).

des serviteurs; il est originairement poissonnier et portier, et c'est pourquoi les emblèmes de sa dignité sont des clefs et des filets; mais il donne toujours des ordres à tous les rois. [11] Il n'y a pas longtemps qu'il envoya cent et un commandements à un roi du pays des Celtes, et le roi obéit. [12]

Votre poissonnier, dit Amazan, envoya donc cinq ou six cent mille hommes [13] pour faire exécuter ses cent et une volontés?

Point du tout, Votre Excellence, notre saint maître n'est pas assez riche pour soudoyer dix mille soldats; mais il a quatre à cinq cent mille prophètes divins distribués dans les autres pays. Ces prophètes de toutes couleurs sont, comme de raison, nourris aux dépens des peuples; ils annoncent de la part du ciel que mon maître peut avec ses clefs ouvrir et fermer toutes les serrures, et surtout celles des coffres-forts. Un prêtre normand qui avait auprès du roi dont je vous parle, la charge de confident de ses pensées, le convainquit qu'il devait obéir sans réplique aux cent et une pensées de mon maître; [14] car il faut que vous sachiez qu'une des prérogatives

103-104   K: n'est point assez
108   NM: toutes ses serrures

[11] Voltaire signale ironiquement aussi les contrastes entre les principes de la religion et la pratique pontificale dans les *Lettres d'Amabed* (*Romans et contes*, p.515 ss.).

[12] Allusion aux cent une propositions jansénistes condamnées par la bulle *Unigenitus* en septembre 1713.

[13] Le chiffre de 600 000 n'est pas dû au hasard. C'est une allusion à deux points de la polémique sur *La Philosophie de l'histoire*: Voltaire se demandait comment 600 000 Juifs ayant Dieu à leur tête avaient pu être battus, et il contestait que Sésostris eût mis en campagne 600 000 hommes (voir ci-dessus, p.27). Ce sera aussi l'effectif des troupes de Bélus dans le chapitre 11.

[14] Il s'agit de Michel Le Tellier, confesseur de Louis XIV. Voltaire précisait dans *Le Siècle de Louis XIV*, ch.38: 'Le jésuite Le Tellier et son parti envoyèrent à Rome cent trois propositions à condamner. Le Saint-Office en proscrivit cent et une'. Il disait alors que c'était Louis XIV qui 'crut bien faire de solliciter lui-même à Rome une déclaration de guerre, et de faire venir la fameuse constitution *Unigenitus*, qui remplit le reste de sa vie d'amertume' (*OH*, p.1081).

du Vieux des sept montagnes est d'avoir toujours raison, soit qu'il daigne parler, soit qu'il daigne écrire. [15]

Parbleu, dit Amazan, voilà un singulier homme; je serais curieux de dîner avec lui. Votre Excellence, quand vous seriez roi, vous ne pourriez manger à sa table; tout ce qu'il pourrait faire pour vous, ce serait de vous en faire servir une à côté de lui plus petite et plus basse que la sienne. [16] Mais si vous voulez avoir l'honneur de lui parler, je lui demanderai audience pour vous, moyennant la *buona mancia* que vous aurez la bonté de me donner. Très volontiers, dit le Gangaride. Le violet s'inclina. Je vous introduirai demain, dit-il; vous ferez trois génuflexions, et vous baiserez les pieds du Vieux des sept montagnes. [17] A ces mots Amazan fit de si prodigieux éclats de rire, qu'il fut près de suffoquer; il sortit en se tenant les côtés, et rit aux larmes pendant tout le chemin, jusqu'à ce qu'il fût arrivé à son hôtellerie, où il rit encore très longtemps.

113 68P: du prince des sept
121 68P: bouana mancia
122 68P: Gangaride. L'ardent s'inclina
124 68P: du prince des sept
125 68-w75G: fut prêt de

[15] Allusion au dogme de l'infaillibilité, proclamé par le concile de Trente. Frédéric II s'en moquait dans une lettre à Voltaire du 20 février 1767 (D13981), à propos d'un bref adressé aux catholiques de Pologne.

[16] C'est encore une allusion à un fait. Voltaire signale dans ses carnets que 'Christine [reine de Suède] ayant baisé le pied et la main [du pape] dîna avec lui à une petite table de six pouces plus basse que celle du vice-dieu' (V 82, p.554). C'est la seule chose intéressante, dit-il, qu'il ait trouvée dans les lettres de la reine.

[17] Voltaire se moque souvent de cette coutume. Il en explique l'origine dans l'*Essai sur les mœurs*, ch.13. A l'époque de Pépin encore 'ces prosternements n'étaient regardés [...] que comme le sont aujourd'hui nos révérences; c'était l'ancien usage de l'Orient [...] Tout cela était sans conséquence. Mais peu à peu les papes attribuèrent à eux seuls cette marque de respect. On prétend que le pape Adrien Ier fut celui qui exigea qu'on ne parût jamais devant lui sans lui baiser les pieds. Les empereurs et les rois se soumirent depuis, comme les autres, à cette cérémonie, qui rendait la religion romaine plus vénérable à la populace' (i.315).

A son dîner, il se présenta vingt hommes sans barbe et vingt violons qui lui donnèrent un concert. Il fut courtisé le reste de la journée par les seigneurs les plus importants de la ville; ils lui firent des propositions encore plus étranges que celles de baiser les pieds du Vieux des sept montagnes.[18] Comme il était extrêmement poli, il crut d'abord que ces messieurs le prenaient pour une dame, et les avertit de leur méprise avec l'honnêteté la plus circonspecte. Mais étant pressé un peu vivement par deux ou trois des plus déterminés violets, il les jeta par les fenêtres, sans croire faire un grand sacrifice à la belle Formosante. Il quitta au plus vite cette ville des maîtres du monde, où il fallait baiser un vieillard à l'orteil, comme si sa joue était à son pied, et où l'on n'abordait les jeunes gens qu'avec des cérémonies encore plus bizarres.

130

135

140

131   68A2:   que celle de
132   68P: du prince des sept
136   68P: déterminées, il
138-140 68P: maîtres du monde.//

[18] Cf. encore la fin des *Lettres d'Amabed*.

IO.

De province en province ayant toujours repoussé les agaceries de
toute espèce, toujours fidèle à la princesse de Babilone, toujours
en colère contre le roi d'Egypte, ce modèle de constance parvint
à la capitale nouvelle des Gaules. Cette ville avait passé comme
tant d'autres par tous les degrés de la barbarie, de l'ignorance, de $\quad$ 5
la sottise et de la misère. Son premier nom avait été, la boue et la
crotte;[1] ensuite elle avait pris celui d'Isis, du culte d'Isis parvenu
jusque chez elle. Son premier sénat avait été une compagnie de
bateliers.[2] Elle avait été longtemps esclave des héros déprédateurs

---

a $\quad$ 68P: CHAPITRE XIX. Amazan arrive à la capitale des Gaules. Tableau de ce
qu'il y remarque. Sa fidélité fait naufrage devant une fille d'affaire, dans les bras de
laquelle il est surpris par Formosante.

---

[1] Allusion à une étymologie qui faisait venir Lutetia de *lutum*, boue. Après avoir
indiqué que certains font venir Lutetia de λευκότης qui signifie 'blancheur',
Moreri écrit: 'Tout cela est extrêmement suspect et moins vraisemblable que le
sentiment des auteurs qui rapportent l'origine de ce nom aux marais voisins de cette
ville, qui la rendaient extrêmement boueuse. Ces derniers tirent le nom de *Lutetia*
de *lutum*, qui signifie *boue*. Ce sentiment est fondé sur un témoignage tiré de
Guillaume le Breton, auteur ancien' (art. 'Paris'). Certains modernes arrivent au
même sens en faisant dériver *Lucotetia*, dont Lutetia est une altération, du celtique
loukteih qui signifie 'lieu des marais'. En ce qui concerne le nom de Paris
auquel Voltaire fait ensuite allusion, Moreri signale effectivement que 'quelques
étymologistes tirent le nom de Paris d'un mot grec qui veut dire "près d'Isis" à
cause que cette idole y était adorée'. Le nom de *Parisii* pour désigner la ville est
déjà attesté chez Ammien Marcellin.

[2] Dès le règne de Tibère, Lutèce, devenue un des grands centres de la navigation
fluviale, possédait une puissante société de *nautes* ou navigateurs, attestée par une
inscription découverte sous Notre-Dame en 1711. C'est dans cette corporation que
furent longtemps choisis les magistrats chargés de l'administration de la ville; et
c'est d'elle que sortit la hanse parisienne célèbre au moyen-âge.

des sept montagnes, et après quelques siècles d'autres héros   10
brigands venus de la rive ultérieure du Rhin, s'étaient emparés de
son petit terrain.

Le temps qui change tout, en avait fait une ville dont la moitié
était très noble et très agréable, l'autre un peu grossière et ridicule:
c'était l'emblème de ses habitants. Il y avait dans son enceinte   15
environ cent mille personnes au moins qui n'avaient rien à faire
qu'à jouer et à se divertir. Ce peuple d'oisifs jugeait des arts que
les autres cultivaient. Ils ne savaient rien de ce qui se passait à la
cour; quoiqu'elle ne fût qu'à quatre petits milles d'eux, il semblait
qu'elle en fût à six cents milles au moins. La douceur de la société,   20
la gaieté, la frivolité étaient leur importante et leur unique affaire:
on les gouvernait comme des enfants à qui l'on prodigue des jouets
pour les empêcher de crier. [3] Si on leur parlait des horreurs qui
avaient deux siècles auparavant désolé leur patrie, et des temps
épouvantables où la moitié de la nation avait massacré l'autre pour   25
des sophismes, ils disaient qu'en effet cela n'était pas bien; et puis
ils se mettaient à rire et à chanter des vaudevilles. [4]

10   68P: après d'autres siècles, d'autres héros
16   68P: n'avaient à faire

[3] Sur le fait qu'on gouverne les Parisiens comme des enfants, voir l'article
'Climat', *Questions sur l'Encyclopédie* (M.xviii.197-202); pour plus de détails sur
l'attitude de Voltaire à l'égard de Paris et des Parisiens, voir J. M. Fahmy, *Voltaire
et Paris*, Studies 195 (1981).

[4] Cf. l'article 'Antiquité', *Questions sur l'Encyclopédie*: 'Nous fîmes des chansons
lorsque les massacres de la Saint-Barthélemy duraient encore. On a conservé des
pasquinades faites le lendemain de l'assassinat de Coligny [...] Que fait-on dans
Paris le jour qu'on apprend la perte d'une bataille, et la mort de cent braves officiers?
on court à l'opéra et à la comédie' (M.xvii.280). Voltaire a souvent parlé de la
frivolité, attitude qu'il dit nécessaire pour supporter la vie, et thème qu'il associe
volontiers à l'évocation des habitants de la capitale; voir par exemple l'article 'De
la frivolité' dans les *Nouveaux mélanges* de 1765 (M.xix.208-10).

Plus les oisifs étaient polis, plaisants et aimables, plus on observait un triste contraste entre eux et des compagnies d'occupés.

Il était parmi ces occupés ou qui prétendaient l'être, une troupe de sombres fanatiques, moitié absurdes, moitié fripons, dont le seul aspect contristait la terre, et qui l'auraient bouleversée, s'ils l'avaient pu pour se donner un peu de crédit. [5] Mais la nation des oisifs en dansant et en chantant les faisait rentrer dans leurs cavernes, comme les oiseaux obligent les chats-huants à se replonger dans les trous des masures.

D'autres occupés en plus petit nombre, étaient les conservateurs d'anciens usages barbares contre lesquels la nature effrayée réclamait à haute voix; ils ne consultaient que leurs registres rongés des vers. [6] S'ils y voyaient une coutume insensée et horrible, ils la

30

35

40

29-49   68P: et des compagnies d'occupés, qui leur donnaient de temps en temps des spectacles où le fanatisme, les préjugés et la démence opprimaient la raison, et faisaient souffrir l'humanité. Les oisifs poussaient

[5] Un passage d'une lettre de Voltaire à d'Argental du 6 mai 1768 éclaire ces lignes: 'Je suis fâché de voir qu'en France la moitié de la nation soit frivole et l'autre barbare. Ces barbares sont les jansénistes' (D15003). Dans le conte, Voltaire oppose aux frivoles deux catégories d'occupés. La première est constituée par les jansénistes fanatiques. Cette critique, certes banale chez Voltaire, prend ici une portée particulière puisqu'il croit ou veut croire Larcher répétiteur au collège Mazarin (voir ci-dessous, ch.11, n.39 et 43).

[6] La seconde catégorie d'occupés comprend certains magistrats auxquels il s'en est récemment pris dans le *Commentaire sur le livre Des délits et des peines* et surtout dans la *Relation de la mort du chevalier de La Barre* (1766). Dans le *Commentaire*, ch.21, il citait le cas de l'avocat général Omer Talon qui 'l'an 1673, dans le beau siècle de la France' se fonde sur un chapitre de la Bible pour demander la confiscation des biens de Mlle de Canillac et il concluait: 'C'est avec cette pédanterie, avec cette démence de citations étrangères au sujet, avec cette ignorance des premiers principes de la nature humaine, avec ces préjugés mal conçus et mal appliqués, que la jurisprudence a été traitée par des hommes qui ont eu de la réputation dans leur sphère' (M.xxv.572). Quant à la sentence portée à l'encontre du chevalier de La Barre, elle était 'fondée sur une déclaration de Louis XIV, émanée en 1682, à l'occasion des prétendus sortilèges et des empoisonnements réels commis par la Voisin, la Vigoureux, et les deux prêtres nommés Vigoureux et Le Sage' (M.xxv.512).

regardaient comme une loi sacrée. C'est par cette lâche habitude de n'oser penser par eux-mêmes et de puiser leurs idées dans les débris des temps où l'on ne pensait pas, que dans la ville des plaisirs il était encore des mœurs atroces. C'est par cette raison qu'il n'y avait nulle proportion entre les délits et les peines. On faisait quelquefois souffrir mille morts à un innocent pour lui faire avouer un crime qu'il n'avait pas commis. [7]

On punissait une étourderie de jeune homme comme on aurait puni un empoisonnement ou un parricide. [8] Les oisifs en poussaient des cris perçants, [9] et le lendemain ils n'y pensaient plus, et ne parlaient que de modes nouvelles.

Ce peuple avait vu s'écouler un siècle entier, pendant lequel les beaux-arts s'élevèrent à un degré de perfection qu'on n'aurait jamais osé espérer; les étrangers venaient alors comme à Babilone admirer les grands monuments d'architecture, les prodiges des

[7] Même idée exprimée dans des termes voisins, entre autres dans le *Commentaire sur le livre Des délits et des peines*, ch.12: 'Quoi! j'ignore encore si tu es coupable, et il faudra que je te tourmente pour m'éclairer; et si tu es innocent, je n'expierai point envers toi ces mille morts que je t'ai fait souffrir, au lieu d'une seule que je te préparais!' (M.xxv.558).

[8] Voltaire pense évidemment au jugement d'Abbeville, confirmé par le parlement de Paris le 4 juin 1766, qui condamnait le chevalier de La Barre, accusé (ainsi que le jeune Gaillard d'Etallonde dont Voltaire voudra obtenir la réhabilitation en 1774-1775) d'être passé devant une procession sans ôter son chapeau, d'avoir chanté deux chansons libertines, d'avoir mutilé un crucifix, à subir la question ordinaire et extraordinaire, à avoir la langue coupée, à être brûlé et décapité. La Barre fut exécuté le 1er juillet 1766; d'Etallonde réussit à s'enfuir et entra au service de Frédéric II. Dans la *Relation de la mort du chevalier de La Barre*, Voltaire avait constaté en des termes voisins: 'Il est aussi absurde que cruel de punir les violations des usages reçus dans un pays, les délits commis contre l'opinion régnante, et qui n'ont opéré aucun mal physique, du même supplice dont on punit les parricides et les empoisonneurs' (M.xxv.504).

[9] Après la condamnation du chevalier de La Barre, 'la France entière regarda ce jugement avec horreur [...] On fit prendre aux archers qui le conduisaient des chemins détournés; on craignait que le chevalier de La Barre ne fût délivré sur la route par ses amis' (*Relation*, M.xxv.513).

jardins, les sublimes efforts de la sculpture et de la peinture. [10] Ils
étaient enchantés d'une musique qui allait à l'âme sans étonner les
oreilles. [11]

La vraie poésie, c'est-à-dire celle qui est naturelle et harmo-
nieuse, celle qui parle au cœur autant qu'à l'esprit, ne fut connue   60
de la nation que dans cet heureux siècle. De nouveaux genres
d'éloquence déployèrent des beautés sublimes. Les théâtres surtout
retentirent de chefs-d'œuvre dont aucun peuple n'approcha jamais.
Enfin le bon goût se répandit dans toutes les professions, au point
qu'il y eut de bons écrivains même chez les druides. [12]   65

Tant de lauriers qui avaient levé leurs têtes jusqu'aux nues se
séchèrent bientôt dans une terre épuisée. Il n'en resta qu'un très
petit nombre dont les feuilles étaient d'un vert pâle et mourant.
La décadence fut produite par la facilité de faire, et par la paresse
de bien faire, par la satiété du beau, [13] et par le goût du bizarre. [14]   70

56   68P: sculpture. Ils
63   w68-κ: retentirent des chefs-d'œuvre

[10] La supériorité du règne de Louis xiv, la décadence des lettres et des arts sous
Louis xv sont des idées chères à Voltaire; voir par exemple *Le Siècle de Louis XIV*,
ch. 32 et 33, *Précis du siècle de Louis XV*, ch.42; correspondance de 1767 (D14405,
D14447, D14448, D14475, D14489, D14517, etc.).
[11] Cf. ce qu'écrit Voltaire à Chabanon le 18 décembre 1767: 'La déclamation de
Lully est [...] dans la nature, elle est adaptée à la langue, elle est l'expression du
sentiment' (D14596).
[12] Voltaire pense sans doute à Fénelon, à Bossuet, aux prédicateurs dont il fait
l'éloge dans le 'Catalogue des écrivains' du *Le Siècle de Louis XIV*.
[13] Ces idées ont été précisées dans *Le Siècle de Louis XIV*, ch.32: 'le siècle passé
ayant instruit le présent, il est devenu si facile d'écrire des choses médiocres qu'on
a été inondé de livres frivoles, et, ce qui encore est bien pis, de livres sérieux inutiles'
(*OH*, p.1017). 'Les grands hommes du siècle passé ont enseigné à penser et à parler;
ils ont dit ce qu'on ne savait pas. Ceux qui leur succèdent ne peuvent guère dire
que ce qu'on sait. Enfin, une espèce de dégoût est venue de la multitude de chefs-
d'œuvre' (*OH*, p.1015).
[14] L'éloge du naturel, la condamnation du faux esprit dans tous les genres
littéraires sont des antiennes de Voltaire. Grimm le louait en 1756 d'échapper aux
défauts incriminés: 'je suis persuadé [...] que c'est à M. de Voltaire, à M. Diderot
et à [M. de Buffon] que nous avons l'obligation d'avoir conservé la force, l'énergie,

La vanité protégea des artistes qui ramenaient les temps de la barbarie: et cette même vanité en persécutant les talents véritables, les força de quitter leur patrie; les frelons firent disparaître les abeilles.

Presque plus de véritables arts, presque plus de génie, le mérite consistait à raisonner à tort et à travers sur le mérite du siècle passé; le barbouilleur des murs d'un cabaret, critiquait savamment les tableaux des grands peintres, les barbouilleurs de papier défiguraient les ouvrages des grands écrivains. [15] L'ignorance et le mauvais goût avaient d'autres barbouilleurs à leurs gages; on répétait les mêmes choses dans cent volumes sous des titres différents. [16] Tout était ou dictionnaire ou brochure. Un gazetier druide écrivait deux fois par semaine les annales obscures de quelques énergumènes ignorés de la nation, et de prodiges célestes

75

80

73-74   NM: disparaître des abeilles.
75-76   68P: mérite consistant à

la vérité et la vraie beauté du style au milieu des attentats que des copistes serviles de M. de Fontenelle, philosophes aussi superficiels que mauvais beaux esprits, ont commis pour le corrompre' (CLT, iii.302).

[15] Voltaire pense sans doute à Jean-Philippe-René de La Bléterie, qui était 'parvenu jusqu'à rendre Tacite ridicule' (*OH*, p.1570) dans sa récente traduction, *Tibère, ou les six premiers livres des Annales de Tacite* (Paris 1768; BV 3239), mais aussi à Laurent Angliviel de La Beaumelle dont on connaît le rôle dans l'histoire de la publication du *Siècle de Louis XIV*.

[16] Voltaire ne fait-il pas un reproche de même ordre à ses adversaires du moment dans *La Défense de mon oncle* (V 64, p.229): 'La science ne consiste pas à répéter au hasard ce que les autres ont dit, à coudre à un passage hébreu qu'on n'entend point, un passage grec qu'on entend mal, à mettre dans un nouvel in-douze ce qu'on a trouvé dans un vieil in-folio, à crier,

    Nous rédigeons au long de point en point
    Ce qu'on pensa, mais nous ne pensons point.'

opérés dans des galetas par de petits gueux et de petites gueuses;[17]   85
d'autres ex-druides vêtus de noir, près de mourir de colère et de
faim, se plaignaient dans cent écrits qu'on ne leur permît plus de
tromper les hommes et qu'on laissât ce droit à des boucs vêtus de
gris.[18] Quelques archidruides imprimaient des libelles diffamatoires.[19]   90

85-91   68P: galetas par des gueux imbéciles. ¶Amazan ne savait
86   68-w75G: prêts de

[17] Il s'agit des *Nouvelles ecclésiastiques* (1728-1803; BV2589: 1755-1759), journal
clandestin d'inspiration janséniste, hostile non seulement aux jésuites mais également
aux encyclopédistes contre lesquels il a lancé une offensive en règle. Le rédacteur
principal de ce journal, qui a publié des relations de miracles sur la tombe du diacre
Pâris puis de scènes de convulsions, fut Jacques Fontaine dit de La Roche, puis,
après sa mort (1761), Louis Guidi et Marc-Claude Guénin de Saint-Marc. Les
Nouvelles ne paraissaient cependant qu'une fois par semaine depuis qu'elles avaient
pris forme de journal; voir *Dictionnaire des journaux*, éd. J. Sgard (Paris, Oxford
1991), i.951-53.
[18] Ces 'ex-druides, vêtus de noir', sont évidemment les jésuites. L'édit de 1764
avait fermé leurs établissements, un autre édit de mai 1767 les bannissait du royaume.
Les 'boucs vêtus de gris' sont les jansénistes et plus particulièrement les docteurs
de Sorbonne. Voltaire exprime sensiblement la même idée dans une lettre à
Marmontel le 7 août 1767: 'On s'est trop réjouï de la destruction des jésuites. Je
savais bien que les jansénistes prendraient la place vacante. On nous a délivrés des
renards et on nous a livrés aux loups' (D14342). Rappelons que les ennemis du
moment, attaqués explicitement à la fin du conte, Coger, Riballier et Larcher, font
partie – les uns effectivement, le dernier au dire de Voltaire seulement – du collège
Mazarin affilié aux jansénistes, et que Riballier est 'docteur de Sorbonne'.
[19] Cf. le *Précis du Siècle de Louis XV*, ch.43: 'La théologie n'a pas été à couvert
de ces excès: des ouvrages dont la nature est d'être édifiants sont devenus des libelles
diffamatoires, qui ont même éprouvé la sévérité des parlements' (*OH*, p.1570).
Citons à titre d'exemple les *Actes de l'Assemblée générale du clergé* qui condamnaient
La Philosophie de l'histoire et qui furent à leur tour condamnés par le parlement de
Paris, des lettres d'évêques et archevêques: Jean-Georges Lefranc de Pompignan,
*Instruction pastorale de monseigneur l'évêque du Puy sur la prétendue philosophie des
incrédules modernes* (Puy, Lyon, Paris 1768; BV1996) et Jean-François Chatillard
de Montillet, *Lettre pastorale de monseigneur l'archevêque d'Auch, au clergé séculier et
régulier de son diocèse* (s.l. 1764; BV2505), que Voltaire attribue à Louis Patouillet
(voir *La Guerre civile de Genève*, éd. J. Renwick, V 63A, p.143). Ici Voltaire pense
certainement à celui qui concerne la polémique d'actualité: Christophe de Beaumont,

Amazan ne savait rien de tout cela; et quand il l'aurait su, il ne s'en serait guères embarrassé, n'ayant la tête remplie que de la princesse de Babilone, du roi d'Egypte, et de son serment inviolable de mépriser toutes les coquetteries des dames dans quelque pays que le chagrin conduisît ses pas.

Toute la populace légère, ignorante, et toujours poussant à l'excès cette curiosité naturelle au genre humain, s'empressa longtemps autour de ses licornes; les femmes plus sensées forcèrent les portes de son hôtel pour contempler sa personne.

Il témoigna d'abord à son hôte quelque désir d'aller à la cour; mais des oisifs de bonne compagnie[20] qui se trouvèrent là par hasard, lui dirent que ce n'était plus la mode, que les temps étaient bien changés, et qu'il n'y avait plus de plaisirs qu'à la ville. Il fut invité le soir même à souper par une dame dont l'esprit et les talents étaient connus hors de sa patrie, et qui avait voyagé dans quelques pays où Amazan avait passé. Il goûta fort cette dame et la société rassemblée chez elle. La liberté y était décente, la gaieté n'y était point bruyante, la science n'y avait rien de rebutant, et

95

100

105

---

98   K: longtemps auprès de

105-111   68P: talents avaient plus de réputation hors de sa patrie que dedans. Il goûta peu cette dame, et la société rassemblée chez elle; parce que la liberté d'agir s'y vendait au prix de la liberté de penser. Toute la société n'avait qu'une âme, à l'unisson de laquelle il fallait qu'un arrivant montât d'abord la sienne, pour y être bien reçu. C'est là qu'on distribuait des privilèges exclusifs d'esprit et de réputation; mais les assistants avaient seuls part à ces faveurs. ¶Le lendemain il dîna dans une société beaucoup

---

Mandement de monseigneur l'archevêque de Paris, portant condamnation d'un livre qui a pour titre: Bélisaire, par M. Marmontel (Paris 1767; BV303). Voltaire y répondra par la *Lettre de l'archevêque de Cantorbery à M. l'archevêque de Paris*, publiée à la suite du conte dans certaines éditions; voir ci-dessus, p.52, 53, 54 et 56.

[20] Dans *La Défense de mon oncle*, Voltaire indique la composition de ce qu'en 1767 'on appelle à Paris la bonne compagnie' (qui est finalement le public auquel il s'adresse): 'Les jeunes dames qui sortent de l'opéra-comique pour aller chanter à table les jolies chansons de M. Collet; les jeunes officiers, les conseillers même de grand-chambre, messieurs les fermiers généraux' (V 64, p.216-17).

l'esprit rien d'apprêté.[21] Il vit que le nom de bonne compagnie n'est pas un vain nom, quoiqu'il soit souvent usurpé. Le lendemain il dîna dans une société non moins aimable, mais beaucoup plus voluptueuse.[22] Plus il fut satisfait des convives, plus on fut content de lui. Il sentait son âme s'amollir et se dissoudre comme les aromates de son pays se fondent doucement à un feu modéré, et s'exhalent en parfums délicieux.

Après le dîner on le mena à un spectacle enchanteur, condamné par les druides, parce qu'il leur enlevait les auditeurs dont ils

110

115

---

113   K: Il sentit son cœur s'amollir

---

[21] Il s'agit de Mme Geoffrin et de son salon. Les *Mémoires secrets* du 16 novembre 1766 signalaient les honneurs qu'elle avait reçus non seulement du roi de Pologne, mais de l'Impératrice reine et de l'impératrice de Russie, au cours de son voyage. L'épisode du dîner d'Amazan chez elle est vraisemblable. Elle recevait tous les voyageurs de marque. Selon Marmontel, 'il n'arrivoit d'aucun pays ni prince, ni ministre, ni hommes ou femmes de nom qui, en allant voir Mme Geoffrin, n'eussent l'ambition d'être invités à l'un de nos dîners, et ne se fissent un grand plaisir de nous voir réunis à table' (*Mémoires*, éd. J. Renwick, Clermont-Ferrand 1972, i.165). Il y avait deux dîners: celui des artistes le lundi et celui des gens de lettres le mercredi. La liberté y était décente, selon Marmontel: elle était adroite 'à tenir sous sa main ces deux sociétés naturellement libres, à marquer des limites à cette liberté, et à l'y ramener [...] lorsqu'elle vouloit s'échapper'; 'Son vrai talent étoit celui de bien conter [...] mais sans apprêt' (i.160, 162). Marmontel glisse une critique à son adresse: 'il manquoit à la société de Mme Geoffrin [...] la liberté de pensée. Avec son doux *Voilà qui est bien*, elle ne laissoit pas de tenir nos esprits comme à la lisière' (p.170). C'est sous cet aspect, mais avec beaucoup plus d'acrimonie, que le salon est présenté dans 68P (voir 105-111*v*). Le remanieur a réécrit tout le passage pour faire un tableau sévère où on reconnaît les critiques formulées dans le texte et les notes des *Lettres familières* ([Florence] 1767; BV2500) de Montesquieu parues en octobre 1767. Mme Geoffrin y était prise à partie et l'éditeur, l'abbé de Guasco, qui avait été chassé du salon douze ans auparavant, avait souligné ces attaques dans la Gazette de Hollande. En faisant l'éloge de Mme Geoffrin dans le conte, Voltaire a-t-il voulu prendre son parti contre l'éditeur?

[22] Marmontel évoque, comme Voltaire, des dîners plus libres: 'Le plus libre, ou plutôt le plus licencieux de tous, avoit été celui que donnoit toutes les semaines un fermier général nommé Pelletier, à huit ou dix garçons, tous amis de la joie'. Parmi les convives: Collé, Crébillon fils, Gentil-Bernard (i.170-71).

181

étaient les plus jaloux. Ce spectacle était un composé de vers
agréables, de chants délicieux, de danses qui exprimaient les
mouvements de l'âme, et de perspectives qui charmaient les yeux   120
en les trompant. [23] Ce genre de plaisir qui rassemblait tant de
genres n'était connu que sous un nom étranger; il s'appelait *Opéra*,
ce qui signifiait autrefois dans la langue des sept montagnes,
travail, soin, occupation, industrie, entreprise, besogne, affaire.
Cette affaire l'enchanta. Une fille surtout le charma par sa voix   125
mélodieuse, et par les grâces qui l'accompagnaient: cette fille
d'affaire après le spectacle lui fut présentée par ses nouveaux
amis. [24] Il lui fit présent d'une poignée de diamants. Elle en fut si
reconnaissante qu'elle ne put le quitter du reste du jour. Il soupa

119   68P: de dames qui
120   K: et des perspectives
121-122   68A2:   de gens n'était
129   68P: quitter le reste

[23] Ailleurs Voltaire est plus sévère pour l'opéra: 'L'opéra subsistera parce que les
trois quarts de ceux qui y vont n'écoutent point. On va voir une Tragédie pour
être touché; on se rend à l'opéra par désœuvrement et pour digérer' (à Chabanon,
12 février 1768; D14747).

[24] On remarque ici l'utilisation intéressante d'un jeu linguistique. Le jeu sur *opéra*
et sur son étymologie conditionne à la fois l'enchaînement des phrases du paragraphe
et celui des deux épisodes successifs de la vie d'Amazan. Selon *Trévoux*, le mot
'*d'affaire* tout seul signifie la même chose' qu'*affaire amoureuse*. *Affaire* et *affaire
amoureuse* sont des 'mots plaisants, pour signifier le service galant qu'on rend aux
dames qui ne refusent rien'. Cet épisode a été inspiré à Voltaire par ses préoccupations
du moment. Il illustre assez bien une phrase de *La Guerre civile de Genève*, composée
au début de 1767: 'L'opéra-comique, le singe de Nicolé, les romans nouveaux, les
actions des fermes, et les actrices de l'Opéra, fixent l'attention de Paris avec tant
d'empire que personne n'y sait, ni se soucie de savoir ce qui se passe au grand
Caire, à Constantinople, à Moscou et à Genève' (V 63A, p.70-71). L'idée lui en est
peut-être venue plus particulièrement à la suite de ses démêlés avec Dorat (voir
D14014, D14625) et des rivalités de Mlle Dubois et Mlle Durancy: '[Mlle Dubois] a
voulu vous tromper comme elle trompe ses amants et même les greluchons [c'est-
à-dire les amants de cœur]', lui écrit le duc de Duras le 9 décembre 1767 (D14580;
cf. D14586).

avec elle, et pendant le repas il oublia sa sobriété, et après le repas 130
il oublia son serment d'être toujours insensible à la beauté, et
inexorable aux tendres coquetteries. Quel exemple de la faiblesse
humaine!

La belle princesse de Babilone arrivait alors avec le phénix, sa
femme de chambre Irla et ses deux cents cavaliers gangarides 135
montés sur leurs licornes. Il fallut attendre assez longtemps pour
qu'on ouvrît les portes. Elle demanda d'abord si le plus beau des
hommes, le plus courageux, le plus spirituel et le plus fidèle était
encore dans cette ville. Les magistrats virent bien qu'elle voulait
parler d'Amazan. Elle se fit conduire à son hôtel, elle entra le cœur 140
palpitant d'amour; toute son âme était pénétrée de l'inexprimable
joie de revoir enfin dans son amant le modèle de la constance.
Rien ne put l'empêcher d'entrer dans sa chambre; les rideaux
étaient ouverts; elle vit le bel Amazan dormant entre les bras d'une
jolie brune. Ils avaient tous deux un très grand besoin de repos. 145

Formosante jeta un cri de douleur qui retentit dans toute la
maison, mais qui ne put éveiller ni son cousin, ni la fille *d'affaire*.
Elle tomba pâmée entre les bras d'Irla. Dès qu'elle eut repris ses
sens, elle sortit de cette chambre fatale avec une douleur mêlée de
rage. Irla s'informa quelle était cette jeune demoiselle qui passait 150
des heures si douces avec le bel Amazan. On lui dit que c'était une
fille *d'affaire* fort complaisante, qui joignait à ses talents celui de
chanter avec assez de grâce. O juste ciel! ô puissant Orosmade!
s'écriait la belle princesse de Babilone tout en pleurs, par qui suis-
je trahie, et pour qui! ainsi donc celui qui a refusé pour moi tant 155
de princesses m'abandonne pour une farceuse des Gaules![25] non,
je ne pourrai survivre à cet affront.

130   68P: sobriété: après
145-146   68P: repos. CHAPITRE XX. Formosante, désespérée de ce qu'elle a vu,
quitte les Gaules, et voudrait y être encore. Amazan, inconsolable de son infidélité,
court après Formosante. ¶Formosante jeta
156   68P: une chanteuse des Gaules

[25] *Trévoux* ne donne que le masculin et le sens de 'Bouffon, qui joue la farce, qui

Madame, lui dit Irla, voilà comme sont faits tous les jeunes gens d'un bout du monde à l'autre; fussent-ils amoureux d'une beauté descendue du ciel, ils lui feraient dans de certains moments des infidélités pour une servante de cabaret.

C'en est fait, dit la princesse, je ne le reverrai de ma vie; partons dans l'instant même, et qu'on attelle mes licornes. Le phénix la conjura d'attendre au moins qu'Amazan fût éveillé, et qu'il pût lui parler. Il ne le mérite pas, dit la princesse; vous m'offenseriez cruellement; il croirait que je vous ai prié de lui faire des reproches, et que je veux me raccommoder avec lui; si vous m'aimez, n'ajoutez pas cette injure à l'injure qu'il m'a faite. Le phénix qui après tout devait la vie à la fille du roi de Babilone, ne put lui désobéir. Elle repartit avec tout son monde. Où allons-nous, madame? lui demandait Irla; je n'en sais rien, répondait la princesse; nous prendrons le premier chemin que nous trouverons; pourvu que je fuie Amazan pour jamais, je suis contente.

Le phénix qui était plus sage que Formosante, parce qu'il était sans passion, la consolait en chemin; il lui remontrait avec douceur qu'il était triste de se punir pour les fautes d'un autre; qu'Amazan lui avait donné des preuves assez éclatantes et assez nombreuses de fidélité pour qu'elle pût lui pardonner de s'être oublié un moment; que c'était un juste à qui la grâce d'Orosmade avait manqué; [26] qu'il n'en serait que plus constant désormais dans l'amour et dans la vertu; que le désir d'expier sa faute le mettrait

160

165

170

175

180

---

164   68P: fût réveillé et
168   w68, w70L: pas cette injure qu'il m'a faite.
169-170   68P: Elle partit avec

---

donne la farce, qui dit des plaisanteries outrées, ou indécentes'. Le terme 'farceur' fait partie du vocabulaire de Voltaire; voir par exemple la lettre du 9 septembre 1762 à Damilaville: 'Les farceurs de Paris joueront le Droit du seigneur quand ils voudront' (D10698).

[26] Voltaire fait évidemment une allusion parodique aux discussions sur la grâce entre les jansénistes et leurs adversaires.

au-dessus de lui-même; qu'elle n'en serait que plus heureuse; que plusieurs grandes princesses avant elle avaient pardonné de semblables écarts et s'en étaient bien trouvées; il lui en rapportait des exemples; et il possédait tellement l'art de conter, que le cœur   185
de Formosante fut enfin plus calme et plus paisible; elle aurait voulu n'être point si tôt partie; elle trouvait que ses licornes allaient trop vite: mais elle n'osait revenir sur ses pas; combattue entre l'envie de pardonner et celle de montrer sa colère, entre son amour et sa vanité, elle laissait aller ses licornes; elle courait le monde   190
selon la prédiction de l'oracle de son père.

Amazan à son réveil apprend l'arrivée et le départ de Formosante et du phénix; il apprend le désespoir et le courroux de la princesse; on lui dit qu'elle a juré de ne lui pardonner jamais: Il ne me reste plus, s'écria-t-il, qu'à la suivre et à me tuer à ses pieds.   195

Ses amis de la bonne compagnie des oisifs accoururent au bruit de cette aventure; tous lui remontrèrent qu'il valait infiniment mieux demeurer avec eux; que rien n'était comparable à la douce vie qu'ils menaient dans le sein des arts et d'une volupté tranquille et délicate; que plusieurs étrangers et des rois même avaient préféré   200
ce repos si agréablement occupé et si enchanteur, à leur patrie et à leur trône;[27] que d'ailleurs sa voiture était brisée, et qu'un sellier

---

185   68A2:   et possédait
188   68P: pas; combattant entre

---

[27] Cette idée de la douceur incomparable de la vie à Paris est exprimée entre autres dans *Le Siècle de Louis XIV*. Voltaire pense sans doute en particulier à la reine Christine de Suède et au roi de Pologne Casimir, dont il parle en ces termes dans *Le Siècle de Louis XIV*: 'Jean-Casimir, roi de Pologne, renouvela l'exemple de la reine Christine. Fatigué des embarras du gouvernement, et voulant vivre heureux, il choisit sa retraite à Paris, dans l'abbaye de Saint-Germain, dont il fut abbé. Paris, devenu depuis quelques années le séjour de tous les arts, était une demeure délicieuse pour un roi qui cherchait les douceurs de la société, et qui aimait les lettres' (*OH*, p.706). Jean-Casimir 'vécut beaucoup avec Ninon' (*OH*, p.1117). Voltaire donne des détails sur les séjours en France de Christine de Suède en 1656 et 1657, dans le chapitre 6 (*OH*, p.677-78). Mme de Graffigny, dans une lettre écrite de Cirey en 1738, signale à ce propos un petit fait curieux: Voltaire racontait dans

lui en faisait une à la nouvelle mode; que le meilleur tailleur de la
ville lui avait déjà coupé une douzaine d'habits du dernier goût;
que les dames les plus spirituelles et les plus aimables de la ville   205
chez qui on jouait très bien la comédie, avaient retenu chacune
leur jour pour lui donner des fêtes. La fille *d'affaire* pendant ce
temps-là prenait son chocolat à sa toilette, riait, chantait, et faisait
des agaceries au bel Amazan, qui s'aperçut enfin qu'elle n'avait
pas le sens d'un oison.   210

Comme la sincérité, la cordialité, la franchise, ainsi que la
magnanimité et le courage, composaient la caractère de ce grand
prince, il avait conté ses malheurs et ses voyages à ses amis; ils
savaient qu'il était cousin issu de germain de la princesse; ils étaient
informés du baiser funeste donné par elle au roi d'Egypte; on se   215
pardonne, lui dirent-ils, ces petites frasques entre parents, sans
quoi il faudrait passer sa vie dans d'éternelles querelles: rien
n'ébranla son dessein de courir après Formosante; mais sa voiture
n'étant pas prête, il fut obligé de passer trois jours parmi les oisifs
dans les fêtes et dans les plaisirs: enfin, il prit congé d'eux en les   220
embrassant, en leur faisant accepter les diamants de son pays les
mieux montés, en leur recommandant d'être toujours légers et
frivoles, puisqu'ils n'en étaient que plus aimables et plus heureux. [28]
Les Germains, disait-il, sont les vieillards de Europe, les peuples

---

204-205   68P: du dernier gris; que
207   68-W75G: fille d'affaires
221   68P: accepter des diamants

---

une version manuscrite du *Siècle* une rencontre de Christine avec Ninon de Lenclos,
supprimée dans le texte imprimé (D1681; cf. D4456). Peut-être songe-t-il aussi à
Richard Cromwell (voir *Le Siècle de Louis XIV*, ch.6, *OH*, p.676).

[28] Voltaire commence ainsi l'article 'De la frivolité' des *Nouveaux mélanges*: 'Ce
qui me persuade le plus de la Providence, disait le profond auteur de *Bacha
Bilboquet*, c'est que, pour nous consoler de nos innombrables misères, la nature
nous a faits frivoles' (M.xix.208).

d'Albion sont les hommes faits, les habitants de la Gaule sont les ²²⁵
enfants, et j'aime à jouer avec eux. [29]

225   68A2:   sont des hommes
225-226   68A2:   sont des enfants

[29] Voltaire croit que 'chaque peuple a son caractère, comme chaque homme' (V 33, p.95). C'est ce qu'il écrivait par exemple dans l'article 'François, ou Français' destiné à l'*Encyclopédie*, où le problème pour lui était de comprendre comment, sans que le climat ait changé, les Parisiens – de 'sérieux et sévères' qu'ils étaient selon l'empereur Julien – sont devenus légers.

II

Ses guides n'eurent pas de peine à suivre la route de la princesse; on ne parlait que d'elle et de son gros oiseau. Tous les habitants étaient encore dans l'enthousiasme de l'admiration. Les peuples de la Dalmatie et de la Marche d'Ancône éprouvèrent depuis une surprise moins délicieuse, quand ils virent une maison voler dans les airs;[1] les bords de la Loire, de la Dordogne, de la Garonne, de la Gironde, retentissaient encore d'acclamations.

Quand Amazan fut aux pieds des Pirénées, les magistrats et les druides du pays lui firent danser malgré lui un tambourin;[2] mais sitôt qu'il eut franchi les Pirénées, il ne vit plus de gaieté et de joie. S'il entendit quelques chansons de loin à loin, elles étaient toutes sur un ton triste: les habitants marchaient gravement avec des grains enfilés et un poignard à leur ceinture. La nation vêtue de noir semblait être en deuil. Si les domestiques d'Amazan interrogeaient les passants, ceux-ci répondaient par signes;[3] si on

a   68P: CHAPITRE XXI. Amazan vole au-delà des Pyrénées. Il rencontre le phénix, qui lui raconte le malheur de Formosante. Amazan la délivre du danger d'être brûlée, et anéantit les brûleurs. Il se réconcilie avec Formosante.

1-2   68P: route de Formosante; on
10   K: gaieté ni de

[1] La santa casa, la maison de la Vierge transportée par les anges de Nazareth en Dalmatie, puis à Lorette, dans la province d'Ancône. Voltaire revient volontiers à cette 'fable' de Notre-Dame de Lorette, 'plus extravagante que toutes les métamorphoses d'Ovide' (*Homélies prononcées à Londres*, V 62, p.484); cf. *Relation du banissement des jésuites de la Chine* (M.xxvii.5).

[2] Cf. Moreri: 'les Basques [...] se font distinguer par leurs tambours' (art. 'Basques').

[3] Dans l'*Essai sur les mœurs*, ch.177, Voltaire fait le même tableau des Espagnols, tristes et silencieux, en ajoutant précisions et explications: 'Tout le monde jouait de la guitare, et la tristesse n'en était pas moins répandue sur la face de l'Espagne. Les pratiques de dévotion tenaient lieu d'occupation à des citoyens désœuvrés' (*Essai*,

entrait dans une hôtellerie, le maître de la maison enseignait aux gens en trois paroles qu'il n'y avait rien dans la maison, et qu'on pouvait envoyer chercher à quelques milles les choses dont on avait un besoin pressant. [4]

Quand on demandait à ces silentiaires [5] s'ils avaient vu passer la belle princesse de Babilone, ils répondaient avec moins de brièveté, Nous l'avons vue, elle n'est pas si belle, il n'y a de beau que les teints basanés; elle étale une gorge d'albâtre qui est la chose du monde la plus dégoûtante, et qu'on ne connaît presque point dans nos climats.

Amazan avançait vers la province arrosée du Bétis. [6] Il ne s'était pas écoulé plus de douze mille années depuis que ce pays avait été découvert par les Tyriens, vers le même temps qu'ils firent la

---

16   68P: maison apprenait aux
26   68P: avançait près la province

---

ii.633). Il attribue le silence des Espagnols aux dénonciations encouragées par les inquisiteurs: 'On ne confronte point les accusés aux délateurs, et il n'y a point de délateur qui ne soit écouté [...] C'est de là que le silence est devenu le caractère d'une nation née avec toute la vivacité que donne un climat chaud et fertile' (ch.140; ii.298). Il mentionne aussi l'habitude de 'parler avec les doigts', et l'attribue, de façon plus générale, à la contrainte imposée par la dévotion et la morale stricte (ii.633). Une des sources de Voltaire est vraisemblablement Marie-Catherine Le Jumel de Barneville, baronne d'Aulnoy, *Relation du voyage d'Espagne* (Paris 1691; BV223); voir *La Cour et la ville de Madrid vers la fin du XVIIe siècle. Relation d'Espagne* (Paris 1874), p.3-4, 88-89, 274, 270; p.12, 89, 256, 266, 267, 462, 464, 468.

[4] Parlant de l'Espagne au début du dix-septième siècle, Voltaire rappelle un mot de Charles-Quint: 'En France tout abonde, tout manque en Espagne' (*Essai*, ii.629); 'rien de ce qui rend la vie commode n'était connu. [...] De là vient qu'on voyage en Espagne comme dans les déserts de l'Arabie, et que dans les villes on trouve peu de ressource' (ii.633).

[5] Le mot 'silentiaire' désignait à Rome ceux qui faisaient observer le silence aux esclaves. On le dit ensuite des religieux qui, comme les chartreux, gardent un grand silence. L'emploi que l'on a ici, au sens général, est le seul exemple cité par Littré.

[6] Le Bétis était l'actuel Guadalquivir, et la Bétique la partie méridionale de l'Espagne, correspondant à peu près à l'Andalousie et à la province de Grenade.

découverte de la grande île Atlantide[7] submergée quelques siècles
après.[8] Les Tyriens cultivèrent la Bétique que les naturels du pays   30
laissaient en friche,[9] prétendant qu'ils ne devaient se mêler de rien,
et que c'était aux Gaulois leurs voisins à venir cultiver leurs terres.
Les Tyriens avaient amené avec eux des Palestins, qui dès ce
temps-là couraient dans tous les climats pour peu qu'il y eût de
l'argent à gagner. Ces Palestins en prêtant sur gages à cinquante   35
pour cent avaient attiré à eux presque toutes les richesses du pays.[10]

29   w68-k: île Atlantique

[7] Il faut sans doute voir dans cette chronologie 'tyrienne' une allusion à la
polémique avec Larcher sur l'ancienneté du temple et de la ville de Tyr (*La Défense
de mon oncle*, ch.11). Selon la tradition la plus répandue depuis Platon, les Atlantes
auraient été vaincus par les Athéniens neuf mille ans avant le temps de Platon.

[8] Dans *La Philosophie de l'histoire*, Voltaire se demandait si l'Atlantide n'est pas
tout simplement l'île de Madère: 'La plus grande de toutes ces révolutions serait la
perte de la terre atlantique, s'il était vrai que cette partie du monde eût existé. Il est
vraisemblable que cette terre n'était autre chose que l'île de Madère, découverte
peut-être par les Phéniciens, les plus hardis navigateurs de l'Antiquité, oubliée
ensuite, et enfin retrouvée au commencement du quinzième siècle de notre ère
vulgaire' (V 59, p.91; cf. les carnets, V 82, p.492). Toutes les éditions à partir de
w68 portent 'Isle Atlantique'. L'*Encyclopédie* ne donne pas 'Atlantide', seulement
'Atlantique' et 'Isle Atlantique'. Quant à *Trévoux* (52 et 71), il porte: 'Quelques-
uns disent *Atlantique* [...] au lieu de *Atlantide* qui paraît meilleur. On dit aussi *île
Atlantique*'.

[9] Dans l'*Essai sur les mœurs*, en parlant de la découverte de l'Espagne maritime
par les Phéniciens, Voltaire précise que les indigènes 'avaient bien mal profité des
présents que leur faisait la terre en tout genre' (i.198).

[10] La critique des Juifs fait partie de la polémique avec Larcher et Warburton;
voir *La Défense de mon oncle*, ch.14 (V 64, p.224-25). L'historique fait ici est
conforme, à quelques détails près, à celui qu'on trouve dans l'*Essai sur les mœurs*,
ch.102: 'Lorsque vers la fin du XVe siècle, on voulut rechercher la source de la
misère espagnole, on trouva que les Juifs avaient attiré à eux tout l'argent du pays
par le commerce et par l'usure [...] On prit [...] le parti de les chasser et de les
dépouiller [...] plusieurs revinrent feignant de s'être faits chrétiens. On les avait
chassés pour s'emparer de leurs richesses, on les reçut parce qu'ils en rapportaient;
et c'est contre eux principalement que fut établi le tribunal de l'Inquisition, afin
qu'au moindre acte de leur religion, on pût juridiquement leur arracher leurs biens
et la vie [...] On feignait de s'alarmer de la vanité que tiraient les Juifs d'être établis

Cela fit croire aux peuples de la Bétique que les Palestins étaient sorciers; et tous ceux qui étaient accusés de magie étaient brûlés sans miséricorde par une compagnie de druides qu'on appelait les rechercheurs ou les antropokaies.[11] Ces prêtres les revêtaient d'abord d'un habit de masque, s'emparaient de leurs biens, et récitaient dévotement les propres prières des Palestins, tandis qu'on les cuisait à petit feu *por l'amor de Dios*. 40

La princesse de Babilone avait mis pied à terre dans la ville qu'on appela depuis *Sevilla*.[12] Son dessein était de s'embarquer sur le Bétis pour retourner par Tyr à Babilone, revoir le roi Bélus son père, et oublier si elle pouvait son infidèle amant, ou bien le demander en mariage. Elle fit venir chez elle deux Palestins qui faisaient toutes les affaires de la cour. Ils devaient lui fournir trois vaisseaux. Le phénix fit avec eux tous les arrangements nécessaires, et convint du prix après avoir un peu disputé. 45

L'hôtesse était fort dévote, et son mari non moins dévot était familier, c'est-à-dire espion des druides rechercheurs antropokaies;[13] il ne manqua pas de les avertir qu'il avait dans sa maison 50

47 68P: son fidèle amant
53 68P: c'est-à-dire associé des druides

---

sur les côtes méridionales de ce royaume longtemps avant les chrétiens [...] Ils enveloppaient cette vérité de fables ridicules' (ii.57-58). Dans l'édition de 1769 de l'*Essai*, Voltaire ajoutera la précision qu'on trouve ici: 'Il est très vraisemblable que les Phéniciens, en découvrant l'Andalousie, et en y fondant des colonies, y avaient établi des Juifs, qui servirent de courtiers, comme ils en ont servi partout' (ii.58).

[11] Cf. cette remarque des carnets: 'Magiciens soumis à l'inquisition, mais s'il y avait des magiciens ils extermineraient les inquisiteurs avec trois paroles' (V 81, p.125). *Antropokaie*, 'brûleur d'hommes', est un mot créé par Voltaire sur le modèle d'"anthropophage'.

[12] On remarque qu'ici Voltaire n'utilise pas le nom ancien: Séville s'appelait Hispalis.

[13] Dellon parle, dans sa *Relation de l'Inquisition de Goa* (Amsterdam 1737; BV973), ch.17, de ces auxiliaires de l'Inquisition appelés *familiares de Santo Officio*; mais le rôle qu'il leur attribue est un peu différent. Ils 'sont proprement les huissiers de ce tribunal; les personnes de toute condition font gloire d'être admises à cette noble fonction [...] on les emploie pour aller arrêter les personnes accusées' (Paris,

une sorcière et deux Palestins qui faisaient un pacte avec le diable $\quad$ 55
déguisé en gros oiseau doré. Les rechercheurs apprenant que la
dame avait une prodigieuse quantité de diamants,[14] la jugèrent
incontinent sorcière; ils attendirent la nuit pour enfermer les deux
cents cavaliers et les licornes qui dormaient dans de vastes écuries:
car les rechercheurs sont poltrons. $\quad$ 60

Après avoir bien barricadé les portes, ils se saisirent de la
princesse et d'Irla; mais ils ne purent prendre le phénix qui s'envola
à tire-d'aile: il se doutait bien qu'il trouverait Amazan sur le
chemin des Gaules à Sevilla.

Il le rencontra sur la frontière de la Bétique, et lui apprit le $\quad$ 65
désastre de la princesse. Amazan ne put parler, il était trop saisi,
trop en fureur; il s'arme d'une cuirasse d'acier damasquinée d'or,
d'une lance de douze pieds, de deux javelots et d'une épée
tranchante appelée la fulminante, qui pouvait fendre d'un seul
coup des arbres, des rochers et des druides; il couvre sa belle tête $\quad$ 70
d'un casque d'or ombragé de plumes de héron et d'autruche.
C'était l'ancienne armure de Magog, dont sa sœur Aldée lui avait
fait présent dans son voyage en Scythie;[15] le peu de suivants qui
l'accompagnaient, montent comme lui chacun sur sa licorne.

65   68P: sur les frontières de
74   68P: montent chacun

1688, p.143-44). C'est aussi la définition que donne *Trévoux*, qui se réfère à P. Hélyot, iii, ch.31: 'La Fonction des *Familiers* est d'arrêter les prisonniers par ordre de l'Inquisition'. Dans l'*Essai sur les mœurs*, ch.140, Voltaire appelle ces 'familiers' 'les archers de l'Inquisition', sans indiquer leur rôle (ii.298).

[14] Tavernier parle ainsi, dans ses *Six voyages*, des confiscations de l'Inquisition: 'Pour ce qui est de l'or, de l'argent et des joyaux, cela n'est point mis par écrit, on ne le revoit jamais, et il est porté à l'Inquisition pour les dépens du procès' (Paris 1677, II, i.144-45). Voir aussi le passage de l'*Essai sur les mœurs* cité ci-dessus, n.10, où Voltaire explique la fondation même de l'Inquisition par le désir de dépouiller les Juifs.

[15] Magog est le fils de Japhet, d'après Genèse x.2. Dans les carnets, Gog et Magog sont cités comme Tartares (V 81, p.139). Calmet précise que 'la plupart des anciens faisaient Magog père des Scythes et des Tartares [...] D'autres ont cru que les

Amazan en embrassant son cher phénix ne lui dit que ces tristes   75
paroles, Je suis coupable; si je n'avais pas couché avec une fille
d'affaire dans la ville des oisifs, la belle princesse de Babilone ne
serait pas dans cet état épouvantable; courons aux antropokaies; il
entre bientôt dans Sevilla: quinze cents alguasils gardaient les
portes de l'enclos où les deux cents Gangarides et leurs licornes   80
étaient renfermés sans avoir à manger; tout était préparé pour le
sacrifice qu'on allait faire de la princesse de Babilone, de sa femme
de chambre Irla, et des deux riches Palestins.

Le grand antropokaie entouré de ses petits antropokaies était
déjà sur son tribunal sacré; une foule de Sévillois portant des   85
grains enfilés à leurs ceintures joignaient les deux mains sans dire
un mot; et l'on amenait la belle princesse, Irla, et les deux Palestins,
les mains liées derrière le dos, et vêtus d'un habit de masque. 16

Le phénix entre par une lucarne dans la prison où les Gangarides
commençaient déjà à enfoncer les portes. L'invincible Amazan les   90
brisait en dehors. Ils sortent tout armés, tous sur leurs licornes;
Amazan se met à leur tête. Il n'eut pas de peine à renverser les

76-77   68, NM-W75G: fille d'affaires
85-86   68P: portant des petites boules enfilées à
91   68A1, 68A2, 68P, W70L: sortent tous armés

Perses étaient les descendants de Magog' (*Dictionnaire historique* [...] *de la Bible*,
art. 'Gog et Magog').

16 Selon Dellon, *Relation de l'Inquisition de Goa*, ch.32, à Lisbonne, l'auto-da-fé
se pratique sur la place Osterreiro do paço: 'on la dispose comme si c'était une
église, et on y dresse aux deux côtés de l'autel deux trônes ou tribunaux dans l'un
desquels l'inquisiteur général est avec son conseil' (le roi, la reine, les princes, les
grands et les officiers du parlement se tiennent dans l'autre). A partir d'indications
de ce genre, Voltaire imagine une scène bouffonne en présentant le grand inquisiteur
comme un animal entouré de ses petits. Les 'habits de masque' se composent d'un
vêtement de toile noire, recouvert d'un grand scapulaire, le *san benito*, en toile
peinte de symboles différents suivant les chefs d'accusation; et, pour beaucoup de
condamnés, d'une sorte de mitre en carton peinte de même (Dellon, ch.30 et 31).
Voltaire donne plus de détails descriptifs dans *Candide*, ch.6 (éd. R. Pomeau, V 48,
p.139 et n.4).

alguazils, les familiers, les prêtres antropokaies; chaque licorne en perçait des douzaines à la fois. La fulminante d'Amazan coupait en deux tous ceux qu'il rencontrait; le peuple fuyait en manteau noir et en fraise sale, toujours tenant à la main ses grains bénits *por l'amor de Dios*.

Amazan saisit de sa main le grand rechercheur sur son tribunal, et le jette sur le bûcher qui était préparé à quarante pas; il y jeta aussi les autres petits rechercheurs l'un après l'autre.[17] Il se prosterne ensuite aux pieds de Formosante. Ah! que vous êtes aimable, dit-elle, et que je vous adorerais, si vous ne m'aviez pas fait une infidélité avec une fille *d'affaire*!

Tandis qu'Amazan faisait sa paix avec la princesse, tandis que ses Gangarides entassaient dans le bûcher les corps de tous les antropokaies, et que les flammes s'élevaient jusqu'aux nues, Amazan vit de loin comme une armée qui venait à lui. Un vieux monarque[18] la couronne en tête s'avançait sur un char traîné par huit mules[19] attelées avec des cordes; cent autres chars suivaient. Ils étaient accompagnés de graves personnages en manteau noir et en fraise, montés sur de très beaux chevaux; une multitude de gens à pied suivait en cheveux gras et en silence.

D'abord Amazan fit ranger autour de lui ses Gangarides et

[17] Voltaire réalise un de ses rêves. Depuis qu'il avait lu *Le Manuel des inquisiteurs* (Lisbonne 1762; BV2514) d'André Morellet, il rêvait de tuer tous les inquisiteurs et regrettait de n'en avoir fait tuer qu'un par Candide: 'Je vous remercie au nom de l'humanité', écrivait-il à Damilaville le 26 janvier 1762, 'du manuel de l'inquisition. C'est bien dommage que les philosophes ne soient encore ni assez nombreux, ni assez zélés, ni assez riches pour aller détruire par le fer et par la flamme ces ennemis du genre humain, et la secte abominable qui a produit tant d'horreurs' (D10284). Et quelques jours plus tard: 'Je lis toujours avec édification le manuel de l'inquisition, et je suis très fâché que Candide n'ait tué qu'un inquisiteur' (D10305); il finira par écrire: 'Si j'étais Candide, un inquisiteur ne mourrait que de ma main' (D10315).

[18] Le vieux monarque ne peut être que Carlos III qui travaillait avec son ministre Aranda à moderniser la législation espagnole. Il n'était âgé que de 51 ans en 1767.

[19] Cf. 'En Espagne, les carrosses des princes et des dames n'ont d'ordinaire qu'un attelage de *mules*' (*Trévoux*, art. 'Mule') et la *Relation* d'Espagne de la comtesse d'Aulnoy à laquelle Voltaire emprunte la plupart des précisions qu'il donne.

s'avança la lance en arrêt. Dès que le roi l'aperçut, il ôta sa couronne, descendit de son char, embrassa l'étrier d'Amazan, et 115 lui dit: Homme envoyé de Dieu, vous êtes le vengeur du genre humain, le libérateur de ma patrie, mon protecteur. Ces monstres sacrés dont vous avez purgé la terre étaient mes maîtres au nom du Vieux des sept montagnes; j'étais forcé de souffrir leur puissance criminelle. Mon peuple m'aurait abandonné si j'avais voulu seule- 120 ment modérer leurs abominables atrocités. D'aujourd'hui je re- spire, je règne, et je vous le dois. [20]

Ensuite il baisa respectueusement la main de Formosante, et la supplia de vouloir bien monter avec Amazan, Irla et le phénix dans son carrosse à huit mules. Les deux Palestins banquiers de la 125 cour, encore prosternés à terre de frayeur et de reconnaissance, se relevèrent; et la troupe des licornes suivit le roi de la Bétique dans son palais.

Comme la dignité du roi d'un peuple grave exigeait que ses mules allassent au petit pas, Amazan et Formosante eurent le 130 temps de lui conter leurs aventures. Il entretint aussi le phénix, il l'admira et le baisa cent fois. Il comprit combien les peuples d'Occident qui mangeaient les animaux, et qui n'entendaient plus leur langage, étaient ignorants, brutaux et barbares; que les seuls Gangarides avaient conservé la nature et la dignité primitive de 135 l'homme; mais il convenait surtout que les plus barbares des mortels étaient ces rechercheurs antropokaies dont Amazan venait de purger le monde. Il ne cessait de le bénir et de le remercier. La belle Formosante oubliait déjà l'aventure de la fille *d'affaire*, et

---

129   68P: dignité d'un peuple

---

[20] L'Inquisition ne fut supprimée en Espagne que par Napoléon le 4 décembre 1808; elle fut rétablie en 1814, puis abolie par décret le 15 juillet 1834. Toutefois un pas est fait en 1767 précisément: les jésuites sont chassés, et la cour de Madrid a demandé au pape la suppression d'un certain nombre de couvents. Voltaire espère que 'les ténèbres cimmériennes' qui restent en Espagne à la fin se dissiperont (à Catherine II, 27 février 1767; D13996).

n'avait l'âme remplie que de la valeur du héros qui lui avait sauvé 140
la vie. Amazan instruit de l'innocence du baiser donné au roi
d'Egypte et de la résurrection du phénix, goûtait une joie pure, et
était enivré du plus violent amour.

On dîna au palais, et on y fit assez mauvaise chère. Les cuisiniers
de la Bétique étaient les plus mauvais de l'Europe. Amazan 145
conseilla d'en faire venir des Gaules. Les musiciens du roi exécu-
tèrent pendant le repas cet air célèbre qu'on appela dans la suite
des siècles, les folies d'Espagne. [21] Après le repas on parla d'affaires.

Le roi demanda au bel Amazan, à la belle Formosante et au
beau phénix, ce qu'ils prétendaient devenir. Pour moi, dit Amazan, 150
mon intention est de retourner à Babilone dont je suis l'héritier
présomptif, et de demander, à mon oncle Bélus, ma cousine issue
de germaine l'incomparable Formosante, à moins qu'elle n'aime
mieux vivre avec moi chez les Gangarides.

Mon dessein, dit la princesse, est assurément de ne jamais me 155
séparer de mon cousin issu de germain. Mais je crois qu'il convient
que je me rende auprès du roi mon père, d'autant plus qu'il ne m'a
donné permission que d'aller en pèlerinage à Bassora, et que j'ai

143-144   68P: amour. CHAPITRE XXII. Les deux amants prennent le parti de
retourner à Babylone. Le roi de la Bétique leur donne des troupes pour les
accompagner. Ils arrivent à Tyr, et passent en Egypte. Le roi d'Etiopie leur donne
des fêtes, et devient amoureux de Formosante. Amazan punit ce souverain, et
épouse Formosante à Babylone. ¶On dîna

[21] Il s'agit d'une sarabande espagnole anonyme de la fin du seizième siècle qui
connut une grande vogue au dix-huitième siècle. Corelli écrivit en 1700 des
variations dans sa douzième sonate, opus v, qui eurent un grand succès. D'autres
variations furent composées, entre autres par Marin Marais et Haendel. Voltaire
charge peut-être le terme, dans le conte, d'une connotation ironique. Un bon mot
sur les Folies d'Espagne est consigné dans les carnets, suivi de la mention 'PDB': 'A
un homme qui jouoit toujours les folies d'Espagne, les plus courtes folies sont les
meilleures. PDB' (V 82, p.441, 444), PDB signifie certainement *Princesse de Babylone*,
voir ci-dessus, p.17.

couru le monde. Pour moi, dit le phénix, je suivrai partout ces
deux tendres et généreux amants.   160

Vous avez raison, dit le roi de la Bétique. Mais le retour à
Babilone n'est pas si aisé que vous le pensez. Je sais tous les jours
des nouvelles de ce pays-là par les vaisseaux tyriens, et par mes
banquiers palestins, qui sont en correspondance avec tous les
peuples de la terre. Tout est en armes vers l'Euphrate et le Nil. Le   165
roi de Scythie redemande l'héritage de sa femme à la tête de trois
cent mille guerriers tous à cheval. Le roi d'Egypte et le roi des
Indes désolent aussi les bords du Tigre et de l'Euphrate chacun à
la tête de trois cent mille hommes, pour se venger de ce qu'on
s'est moqué d'eux. Pendant que le roi d'Egypte est hors de son   170
pays, son ennemi le roi d'Ethiopie ravage l'Egypte [22] avec trois
cent mille hommes; et le roi de Babilone n'a encore que six cent
mille hommes sur pied pour se défendre. [23]

Je vous avoue, continua le roi, que lorsque j'entends parler de
ces prodigieuses armées que l'Orient vomit de son sein, et de leur   175
étonnante magnificence; quand je les compare à nos petits corps
de vingt à trente mille soldats, qu'il est si difficile de vêtir et de
nourrir, je suis tenté de croire que l'Orient a été fait bien longtemps
avant l'Occident. Il semble que nous soyons sortis avant-hier du
chaos, et hier de la barbarie. [24]   180

160   68P: tendres amants.
171-173   68P: ravage l'Egypte avec trois cent mille hommes sur pied pour
174   68P: continue le roi

[22] Cette invasion de l'Egypte par l'Ethiopie fait encore allusion à un fait historique
consigné dans *La Défense de mon oncle* (V 64, p.255, 257).
[23] Ici encore, Voltaire insiste sur le chiffre de 300 000 et il attribue 600 000
hommes au roi de Babylone. Sur la signification de ces nombres, voir ci-dessus,
p.13-14, 27.
[24] Dans *La Philosophie de l'histoire*, ch.3, par exemple, Voltaire attribue au climat
cette avance des Orientaux: 'Les pays les plus peuplés furent sans doute les climats
chauds, où l'homme trouva une nourriture facile et abondante dans les cocos, les
dattes, les ananas, et dans le riz qui croît de lui-même. Il est bien vraisemblable que

Sire, dit Amazan, les derniers venus l'emportent quelquefois sur ceux qui sont entrés les premiers dans la carrière. On pense dans mon pays que l'homme est originaire de l'Inde, mais je n'en ai aucune certitude.

Et vous, dit le roi de la Bétique au phénix, qu'en pensez-vous? 185 Sire, répondit le phénix, je suis encore trop jeune pour être instruit de l'antiquité. Je n'ai vécu qu'environ vingt-sept mille ans; mais mon père, qui avait vécu cinq fois cet âge, me disait qu'il avait appris de son père que les contrées de l'Orient avaient toujours été plus peuplées et plus riches que les autres. Il tenait de ses 190 ancêtres que les générations de tous les animaux avaient commencé sur les bords du Gange. Pour moi, je n'ai pas la vanité d'être de cette opinion. Je ne puis croire que les renards d'Albion, les marmottes des Alpes, et les loups de la Gaule viennent de mon pays; de même que je ne crois pas que les sapins et les chênes de 195 vos contrées descendent des palmiers et des cocotiers des Indes. [25]

---

l'Inde, la Chine, les bords de l'Euphrate et du Tigre, étaient très peuplés, quand les autres régions étaient presque désertes' (V 59, p.97).

[25] Les idées exprimées par Amazan et le phénix sur l'origine de l'homme sont précisées dans l'*Essai sur les mœurs*, ch.3: 'Quelques-uns ont cru la race des hommes orginaire de l'Indoustan, alléguant que l'animal le plus faible devait naître dans le climat le plus doux [...] Toutes ces considérations semblent fortifier l'ancienne opinion que le genre humain est originaire d'un pays où la nature a tout fait pour lui [cf. les carnets, V 81, p.168], [...] mais cela prouve seulement que les Indiens sont indigènes, et ne prouve point du tout que les autres espèces d'hommes viennent de ces contrées. Les blancs, et les nègres, et les rouges, et les Lapons, et les Samoyèdes, et les Albinos, ne viennent certainement pas du même sol [...] il n'y a donc qu'un brame mal instruit et entêté qui puisse prétendre que tous les hommes descendent de l'Indien Adimo et de sa femme' (i.232-33). On touche ici à la question de la polygénèse que Voltaire a souvent abordée. Voir entre autres les carnets (V 82, p.440), l'article 'De la population de l'Amérique' (écrit en 1752, publié en 1756), *Essai sur les mœurs*, ch.3, 145, 119, 146, 150, *La Philosophe de l'histoire*, ch.2 et 8, divers articles du *Dictionnaire philosophique*, par exemple 'Adam' (1767), *La Défense de mon oncle*, ch.18, où l'abbé Bazin est censé s'exprimer à peu près comme le phénix: 'Il ne pensait pas que les huîtres d'Angleterre fussent engendrées des crocodiles du Nil, ni que les girofliers des îles Moluques tirassent leur origine des sapins des Pirénées' (V 64, p.233). On note une fois de plus le rapport entre le conte et cette œuvre polémique.

Mais, d'où venons-nous donc? dit le roi. Je n'en sais rien, [26] dit le phénix. Je voudrais seulement savoir où la belle princesse de Babilone et mon cher ami Amazan pourront aller. Je doute fort, repartit le roi, qu'avec ses deux cents licornes il soit en état de percer à travers tant d'armées de trois cent mille hommes chacune. Pourquoi non? dit Amazan.

Le roi de la Bétique sentit le sublime du Pourquoi non? mais il crut que le sublime seul ne suffisait pas contre des armées innombrables. Je vous conseille, dit-il, d'aller trouver le roi d'Ethiopie; je suis en relation avec ce prince noir par le moyen de mes Palestins. Je vous donnerai des lettres pour lui. Puisqu'il est l'ennemi du roi d'Egypte, il sera trop heureux d'être fortifié par votre alliance. Je puis vous aider de deux mille hommes très sobres et très braves; il ne tiendra qu'à vous d'en engager autant chez les peuples qui demeurent, ou plutôt qui sautent au pied des Pirénées, et qu'on appelle Vasques ou Vascons. [27] Envoyez un de vos guerriers sur une licorne avec quelques diamants; il n'y a point de Vascon qui ne quitte le castel, c'est-à-dire, la chaumière de son père, [28] pour vous servir. Ils sont infatigables, courageux et plaisants; vous en serez très satisfait. En attendant qu'ils soient arrivés, nous vous donnerons des fêtes, et nous vous préparerons des vaisseaux. Je ne puis trop reconnaître le service que vous m'avez rendu.

Amazan jouissait du bonheur d'avoir retrouvé Formosante, et de goûter en paix dans sa conversation tous les charmes de l'amour réconcilié, qui valent presque ceux de l'amour naissant.

---

[26] Cf. *Le Philosophe ignorant* (1766), 'Premier doute': 'Qui es-tu? d'où viens-tu? que fais-tu? que deviendras-tu? c'est une question qu'on doit faire à tous les êtres de l'univers, mais à laquelle nul ne nous répond' (V 62, p.31).

[27] Les dictionnaires de Moreri et de *Trévoux* étudient l'origine et la répartition des formes *Basques*, *Vascons*, et *Gascons*, qui sont apparentées toutes trois au latin *Vascones*. Ils ne citent pas la forme *Vasques*, mais signalent le latin *Vasci*: 'Vascorum regio'.

[28] Castel 'signifie *château* et vient du latin *castellum*' (*Trévoux*, art. 'Castel').

Bientôt une troupe fière et joyeuse de Vascons arriva en dansant un tambourin. L'autre troupe fière et sérieuse de Bétiquois était prête. Le vieux roi tanné embrassa tendrement les deux amants; il fit charger leurs vaisseaux d'armes, de lits, de jeux d'échecs, d'habits noirs, de golilles,[30] d'oignons, de moutons, de poules, de farine et de beaucoup d'ail, en leur souhaitant une heureuse traversée, un amour constant et des victoires. 225

La flotte aborda le rivage où l'on dit que tant de siècles après la Phénicienne Didon, sœur d'un Pigmalion, épouse d'un Sichée, ayant quitté cette ville de Tyr, vint fonder la superbe ville de Carthage, en coupant un cuir de bœuf en lanières, selon le témoignage des plus graves auteurs de l'antiquité, lesquels n'ont jamais conté de fables, et selon les professeurs qui ont écrit pour les petits garçons; quoique après tout il n'y ait jamais eu personne à Tyr qui se soit appelé Pigmalion, ou Didon, ou Sichée, qui sont des noms entièrement grecs, et quoique enfin il n'y eût point de roi à Tyr en ces temps-là.[31] 230 235

223-224   NM-K: dansant au tambourin[29]
227   68P: d'habits noirs, d'oignons
232   68A1, 68A2:   quitté la ville

[29] La version 'dansant au tambourin', que donnent toutes les éditions collectives à partir de NM, est incorrecte. *Trévoux* donne le sens d'air de musique et de danse, dans la même rubrique que celui d'instrument de musique.

[30] Selon *Trévoux*, la golille est le 'collet que les Espagnols portent au haut du pourpoint, ou du justaucorps, et qui entoure le cou. [...] *Golilla* vient de *gola* qui en castillan signifie la gorge'. Le dictionnaire signale que Philippe v a fait une jolie fable latine sur la golille. Le père Commire la mit en vers iambes qu'on traduisit en vers français: 'Qui l'eût cru? La golille est l'instrument fatal etc.' Voltaire connote-t-il le terme?

[31] Cette 'fable' de la fondation de Carthage est racontée effectivement par de nombreux auteurs anciens, entre autres par Virgile (*Enéide*, i.371 ss.) et Silius Italicus (I, 24 ss.) que cite *Trévoux*. Moreri, à l'article 'Didon', raconte l'anecdote du cuir de bœuf d'après Trogue Pompée. A l'article 'Carthage', il dit que selon 'quelques auteurs' la ville fut fondée par Didon 'l'an 7 de Pygmalion, roi de Tyr [...], avant Jésus-Christ 888'. Il rapporte aussi diverses autres traditions. Selon lui, le nom de Didon vient d'un mot punique qui signifie *virago*, femme forte; la reine

La superbe Carthage n'était point encore un port de mer; il n'y 240
avait là que quelques Numides qui faisaient sécher des poissons
au soleil. On côtoya la Bizacène et les Syrthes, les bords fertiles,
où furent depuis Cyrène et la grande Chersonèse.

Enfin on arriva vers la première embouchure du fleuve sacré
du Nil. C'est à l'extrémité de cette terre fertile que le port 245
du Canope recevait déjà les vaisseaux de toutes les nations
commerçantes, sans qu'on sût si le dieu Canope avait fondé le
port, ou si les habitants avaient fabriqué le dieu, ni si l'étoile
Canope avait donné son nom à la ville, ou si la ville avait donné
le sien à l'étoile:[32] tout ce qu'on en savait, c'est que la ville et 250

---

242   68P: la Byzance et
245-246   68P, K: port de Canope
248   68P: port, ou si les humains avaient

---

ne l'aurait reçu qu'après sa mort; pendant sa vie elle se serait appelée Elise. Si les
noms Didon, Pygmalion sont hellénisés, ils ne semblent pas 'entièrement grecs',
comme le dit Voltaire. Pygmalion serait un nom phénicien; Didon viendrait du
sémitique aussi, de (ne) *dîdâ* = l'errante ou *dôd* = l'amour; Sychée serait l'abréviation
de Sicherbal. Ce passage du conte se rattache à la polémique à plusieurs niveaux. Il
attaque une certaine conception de l'histoire, celle des auteurs qui ne passent pas
les faits au crible de la vraisemblance. Il attaque personnellement Larcher que
Voltaire prend pour un de ces 'professeurs qui ont écrit pour les petits garçons'.
Enfin, il touche à certains points particuliers de la polémique. Il y a controverse sur
l'histoire des Phéniciens, voir *La Défense de mon oncle*, ch.11 et 'Seconde diatribe'.
On discute aussi de l'origine – grecque en particulier – des noms propres et des
conclusions qu'il convient d'en tirer (voir V 64, p.195, 222-23).

[32] Le rapport avec la polémique sur l'histoire ancienne est encore évident. Le
scepticisme de Voltaire est explicite. L'article 'Canope' du *Trévoux* donne une idée
des discussions réelles sur l'origine de la ville et du nom: '*Canopus*, ou *Canope*, s.m.
Ville d'Egypte à 120 stades d'Alexandrie [...] On prétend que cette ville fut bâtie
par les Lacédémoniens ou par Ménélas, qui revenant de Troie avec Hélène, fut
accueilli d'une furieuse tempête et jeté sur les côtes d'Egypte. Tacite, *Annal*. Lib. 1,
cap. 60. Son pilote nommé Canope y mourut. Il bâtit une ville en sa mémoire [...]
à laquelle il donna son nom [...] On peut voir ce qu'en disent Méla Liv. 11, ch.7,
Solin ch. 34, Ammien Marc. Liv. xxii et Strabon Liv. xvii [...] *Canope* avait donné
son nom au bras du Nil le plus occidental'. Le dieu égyptien Canopus 'était le pilote
d'Osiris, si l'on en croit Plutarque; selon d'autres, le pilote de Ménélas [...] qui

l'étoile étaient fort anciennes; et c'est tout ce qu'on peut savoir de l'origine des choses, de quelque nature qu'elles puissent être.

Ce fut là que le roi d'Ethiopie ayant ravagé toute l'Egypte, vit débarquer l'invincible Amazan, et l'adorable Formosante. Il prit l'un pour le dieu des combats, et l'autre pour la déesse de la beauté. Amazan lui présenta la lettre de recommandation du roi d'Espagne. Le roi d'Ethiopie donna d'abord des fêtes admirables suivant la coutume indispensable des temps héroïques. Ensuite on parla d'aller exterminer les trois cent mille hommes du roi d'Egypte, les trois cent mille de l'empereur des Indes, et les trois cent mille du grand kan des Scythes, qui assiégeaient l'immense, l'orgueilleuse, la voluptueuse ville de Babilone.

Les deux mille Espagnols qu'Amazan avait amenés avec lui, dirent qu'ils n'avaient que faire du roi d'Ethiopie pour secourir Babilone; que c'était assez que leur roi leur eût ordonné d'aller la délivrer, qu'il suffisait d'eux pour cette expédition.

Les Vascons dirent qu'ils en avaient bien fait d'autres, qu'ils battraient tout seuls les Egyptiens, les Indiens et les Scythes, et qu'ils ne voulaient marcher avec les Espagnols qu'à condition que ceux-ci seraient à l'arrière-garde.

Les deux cents Gangarides se mirent à rire des prétentions de leurs alliés, et ils soutinrent qu'avec cent licornes seulement ils feraient fuir tous les rois de la terre. La belle Formosante les apaisa par sa prudence et par ses discours enchanteurs. Amazan présenta au monarque noir ses Gangarides, ses licornes, les Espagnols, les Vascons et son bel oiseau.

Tout fut prêt bientôt pour marcher par Memphis, par Héliopolis,

255

260

265

270

275

---

ayant fait naufrage sur la côte d'Egypte, y fut honoré comme Dieu. On lui bâtit un temple: il passa pour être un dieu des eaux [...] Aristide néanmoins dit avoir appris d'un prêtre considérable de la ville de Canope que longtemps avant Ménélas ce lieu portait ce nom'.

par Arsinoé, par Pétra, par Artémite, par Sora, par Apamée[33] pour aller attaquer les trois rois, et pour faire cette guerre mémorable devant laquelle toutes les guerres que les hommes ont faites depuis n'ont été que des combats de coqs et de cailles.[34]

Chacun sait comment le roi d'Ethiopie devint amoureux de la belle Formosante, et comment il la surprit au lit, lorsqu'un doux sommeil fermait ses longues paupières. On se souvient qu'Amazan, témoin de ce spectacle, crut voir le jour et la nuit couchant ensemble. On n'ignore pas qu'Amazan, indigné de l'affront, tira soudain sa fulminante, qu'il coupa la tête perverse du nègre insolent, et qu'il chassa tous les Ethiopiens d'Egypte; ces prodiges ne sont-ils pas écrits dans le livre des chroniques d'Egypte?[35] La Renommée a publié de ses cent bouches les victoires qu'il remporta sur les trois rois avec ses Espagnols, ses Vascons et ses licornes. Il

280

285

290

278   68P: par Pitra,

[33] Amazan suit à peu près la route qui menait, dans l'antiquité, du delta du Nil en Mésopotamie; elle passait par Memphis, Héliopolis, Arsinoé, Pétra (voir N. G. L. Hammond, *Atlas of the Greek and Roman world in antiquity*, Park Ridge 1981, cartes 11a et 11b). Sora, d'après La Martinière qui se réfère à Ptolémée, v.19, est située aux confins de l'Arabie déserte et de la Mésopotamie. L'Artémite par laquelle Amazan passe auparavant doit être celle qui, selon les mêmes sources, est dans l'Arabie déserte. Aucune Apamée ne semble exactement sur la route. La plus proche serait celle que La Martinière place en Mésopotamie entre le Tigre et l'Euphrate.
[34] Il y a eu effectivement des combats de cailles: en Chine. Mais peut-être le mot vient-il d'autant plus facilement sous la plume de Voltaire qu'il parle avec insistance d'une histoire de cailles dans *La Défense de mon oncle*, 'Quatrième diatribe' (V 64, p.258).
[35] Voltaire se moque et de la confiance aveugle accordée aux sources anciennes et de la réputation scientifique faite aux Egyptiens; cf. *La Défense de mon oncle*: 'Non seulement nous n'avons aucune traduction, aucun extrait de leurs livres de philosophie, de morale, de belles-lettres, mais rien ne nous apprend qu'on ait jamais daigné en faire' (V 64, p.255). En ridiculisant plus précisément de prétendues 'chroniques d'Egypte', il suggère une comparaison avec les authentiques annales de la Chine dont il a été question au début du chapitre 5. Or la comparaison entre la Chine et l'Egypte, la discussion sur leur ancienneté relative font partie de la polémique sur l'histoire.

rendit la belle Formosante à son père. Il délivra toute la suite de
sa maîtresse que le roi d'Egypte avait réduite en esclavage. Le
grand kan des Scythes se déclara son vassal; et son mariage avec
la princesse Aldée fut confirmé. L'invincible et généreux Amazan,   295
reconnu pour héritier du royaume de Babilone, entra dans la ville
en triomphe avec le phénix en présence de cent rois tributaires. La
fête de son mariage surpassa en tout celle que le roi Bélus avait
donnée. On servit à table le bœuf Apis rôti. [36] Le roi d'Egypte et
celui des Indes donnèrent à boire aux deux époux; et ces noces   300
furent célébrées par cinq cents grands poètes de Babilone.

O Muses! qu'on invoque toujours au commencement de son
ouvrage, je ne vous implore qu'à la fin. C'est en vain qu'on me
reproche de dire grâces sans avoir dit *benedicite*. Muses! vous n'en
serez pas moins mes protectrices. Empêchez que des continuateurs   305
téméraires ne gâtent par leurs fables les vérités que j'ai enseignées
aux mortels dans ce fidèle récit; ainsi qu'ils ont osé falsifier Candide,
l'Ingénu, et les chastes aventures de la chaste Jeanne qu'un ex-
capucin a défigurées par des vers dignes des capucins, dans des
éditions bataves. [37] Qu'ils ne fassent pas ce tort à mon typographe   310

300   68P: et leurs noces
301-360   68P: poètes de Babilone.//

[36] Cette scène – symbolique certes de la victoire sur la superstition – est inspirée
par un fait relaté dans *La Défense de mon oncle*: 'Le peuple égyptien regarda comme
un athée le Persan Cambise adorateur d'un seul Dieu, lorsqu'il fit mettre le bœuf
Apis à la broche' (V 64, p.253); cf. *Dictionnaire philosophique*, art. 'Apis'.

[37] Dans *La Défense de mon oncle* également, Voltaire fait allusion à une suite de
Candide (V 64, p.242): il s'agit de la *Seconde partie* de *Candide* (s.l. 1760), attribuée
par Grimm à Thorel de Campigneulles (CLT, iv.400) et par un critique moderne
à Du Laurens (voir J. Rustin, 'Les "suites" de *Candide* au xviiiᵉ siècle', *Studies* 90,
1972, p.1395-416); elle fut souvent réimprimée à la suite de *Candide* comme si elle
était de Voltaire. On écrivit aussi une suite de cette suite: *Candide en Dannemarc,
ou l'optimisme des honnêtes gens* en 1767 précisément (Genève; BV631). En ce qui
concerne *L'Ingénu*, Voltaire pense sans doute à une œuvre attribuée à Charles
Bordes: *Le Cathéchumène, traduit du chinois* (Amsterdam 1768; BV470), déjà publié
en 1767 dans l'*Evangile de la raison*. L'ex-capucin qui a défiguré 'la chaste Jeanne'

chargé d'une nombreuse famille, et qui possède à peine de quoi avoir des caractères, du papier et de l'encre.

O Muses! imposez silence au détestable Cogé, [38] professeur de bavarderie au collège Mazarin, qui n'a pas été content des discours moraux de Bélisaire et de l'empereur Justinien, et qui a écrit de vilains libelles diffamatoires contre ces deux grands hommes. [39]

Mettez un bâillon au pédant Larcher, [40] qui sans savoir un mot

315

---

est Maubert de Gouvest, qui a donné une édition 'augmentée' de *La Pucelle* (Londres [Glasgow] 1756).

[38] Voltaire écrit Cogé et non Coger. Il faut voir certainement là une allusion à la plaisanterie sur Coger en usage chez les philosophes qui lui appliquaient le *Coge pecus* de Virgile (*Bucoliques*, iii.20; cf. d'Alembert à Voltaire, D14274).

[39] François-Marie Coger, professeur d'éloquence ('de bavarderie') au collège Mazarin, fit paraître en avril 1767 un *Examen du Bélisaire de M. Marmontel*. Voltaire accuse réception à Damilaville le 12 juin (D14223) d'une édition déjà augmentée (voir V 64, p.161). Il sera lui-même directement mis en cause dans la seconde édition de cet *Examen* qu'il reprochera à l'auteur le 27 juillet (D14310): ces deux éditions constituent ici les 'vilains libelles diffamatoires'. *Bélisaire* paraît en février 1767. La Sorbonne le censure le 6 avril et dresse un *Indiculus* qui est publié par les soins des philosophes vers le 12 mai, mais le gouvernement en arrête la diffusion. Voltaire prend part à la bataille en écrivant des pamphlets: *Anecdote sur Bélisaire*, *Seconde anecdote sur Bélisaire*, *Réponse catégorique au sieur Cogé* (voir éd. J. Renwick, V 63A, p.153-230); *Lettre de l'archevêque de Cantorbery à l'archevêque de Paris* (imprimée à la suite du conte dans certaines éditions) et *La Défense de mon oncle*, ch.22. Il traite explicitement de l'affaire la même année non seulement dans ses lettres (voir par exemple D14342, D14480, D14372, D14404), mais aussi dans *L'Ingénu*, ch.11. Il est donc naturel qu'il lui consacre ici un paragraphe. On s'en étonne d'autant moins que pour lui, les polémiques Coger et Larcher sont liées, même matériellement: il a reçu en même temps des exemplaires du *Supplément* et de l'*Examen* (D14223); il associe volontiers les noms de Coger et de Larcher quand il énumère ses têtes de Turc dans les lettres et œuvres de 1767-1768; voir par exemple *La Guerre civile de Genève* (V 63A, p.148), *L'Homme aux quarante écus* (ci-dessous, p.370-71), la lettre à Saurin du 13 janvier 1768 (D14667).

[40] Le terme de 'pédant' appliqué à Larcher a une connotation intéressante. Dans son *Supplément à la Philosophie de l'histoire*, Larcher s'est plaint que la critique philologique fût reléguée 'injustement dans la poussière des collèges'; que l'on traitât avec mépris ceux qui l'exercent, et que l'on eût inventé pour eux 'le nom odieux de pédant' (S.67, p.27). Ce mot ne devrait désigner, au contraire, ajoutait-il, que ceux qui 'se targuent d'une fausse érudition' ... comme Voltaire? C'est donc une injure qu'ils se renvoient peut-être, en tout cas que Larcher considère comme

de l'ancien babilonien, sans avoir voyagé comme moi sur les bords
de l'Euphrate et du Tigre,[41] a eu l'impudence de soutenir que la
belle Formosante fille du plus grand roi du monde, et la princesse   320
Aldée, et toutes les femmes de cette respectable cour, allaient
coucher avec tous les palefreniers de l'Asie pour de l'argent dans
le grand temple de Babilone, par principe de religion.[42] Ce libertin
de collège,[43] votre ennemi et celui de la pudeur, accuse les belles
Egyptiennes de *Mendès*, de n'avoir aimé que des boucs,[44] se   325

particulièrement blessante. D'ailleurs Larcher n'est pas un simple pédant. C'est un
érudit coté, dans les domaines scientifique et littéraire. Voltaire lui-même tiendra
compte de certaines critiques de Larcher quand il corrigera *La Philosophie de
l'histoire* pour l'édition de Kehl.

[41] On trouve la même fiction du voyage d'information dans *La Défense de mon
oncle*: 'Je sais que les mœurs asiatiques diffèrent des nôtres, et je le sais mieux que
toi, puisque j'ai accompagné mon oncle en Asie' (V 64, p.198; cf. l'Exorde', p.195).

[42] On reconnaît ici le reproche fondamental fait à Larcher: il affirme sans avoir
vérifié et contre toute vraisemblance. Voltaire réitère ici les déformations que
Larcher dans son *Supplément* lui a reproché de faire subir à Hérodote et par suite à
lui-même qui, après un examen critique, reprend les affirmations d'Hérodote
confirmées par Jérémie. Larcher relevait trois erreurs: les Babyloniennes devaient
se prostituer une fois dans leur vie seulement; les femmes 'couchaient' avec des
étrangers qui n'étaient pas forcément palefreniers. Les femmes de haut rang
attendaient à part; l'union se faisait en dehors du temple (S.67, p.89-91). (Hérodote
parle pourtant de l'intérieur du lieu saint dans I, 199.) En 1769, Larcher semble
viser le conte en même temps que *La Défense de mon oncle*: 'Le chapelain de la
princesse de Babylone se retranche dans sa Défense sur le peu de vraisemblance
d'une pareille coutume; mais combien n'y a-t-il pas de choses peu vraisemblables
qui ne laissent pas d'être vraies? Quel genre de preuves exige-t-il donc à l'égard
des faits? Des preuves mathématiques? Mais ignore-t-il qu'on ne peut prouver les
faits mathématiquement? Si l'on apporte donc toutes les preuves dont les faits sont
susceptibles, il est alors moins raisonnable de douter que de croire' (S.69, p.123).

[43] Autre injustice de Voltaire. Larcher n'est pas un 'libertin de collège'; il n'est
pas répétiteur au collège Mazarin comme Voltaire l'a fait croire pendant plus de
deux siècles; il ne figure sur aucun registre du collège, et, appartenant à une famille
de notables, il a les moyens de vivre sans enseigner (voir V 64, p.29 ss.).

[44] Dans *La Défense de mon oncle*, Voltaire écrit 'que les dames de la dynastie de
Mendès couchaient publiquement avec des boucs' (V 64, p.208). Ici elles en arrivent
à 'n'avoir aimé que des boucs'. On remarque que Voltaire écrit les Egyptiennes 'de
Mendès', et non 'de la dynastie de Mendès' comme dans la *Défense*, où l'expression
fut critiquée par Larcher dans sa *Réponse à la Défense* (fin décembre). Est-ce un

proposant en secret par cet exemple de faire un tour en Egypte pour avoir enfin de bonnes aventures. [45]

Comme il ne connaît pas plus le moderne que l'antique, [46] il insinue, dans l'espérance de s'introduire auprès de quelque vieille, que notre incomparable Ninon à l'âge de quatre-vingts ans coucha avec l'abbé Gédouin de l'Académie française, et de celle des inscriptions et belles-lettres. Il n'a jamais entendu parler de l'abbé de Châteauneuf qu'il prend pour l'abbé Gédouin. [47] Il ne connaît pas plus Ninon que les filles de Babilone.

330

hasard? ou Voltaire a-t-il eu connaissance et a-t-il tenu compte de la critique de Larcher? En réalité, Larcher dit 1) que le Dieu Pan était adoré dans le nome mendésien sous la figure du bouc; 2) que pour affirmer qu'on enfermait en Egypte le bouc mendésien avec un grand nombre de belles femmes, on se fonde seulement sur un on-dit de Plutarque et un vers de Pindare; 3) que le seul témoin, Hérodote, présente justement cet accouplement public d'une Egyptienne de Mendès avec un bouc comme un fait extraordinaire (S.67, p.238-42). Voici effectivement ce qu'écrit Hérodote: 'Le bouc et le dieu Pan s'appellent en égyptien Mendès. De mes jours, il s'est passé dans ce nome cette chose extraordinaire: un bouc avait ouvertement commerce avec une femme; cela vint à faire l'objet d'une exhibition publique' (II, 46). Signalons que dans *La Philosophie de l'histoire*, ch.2, Voltaire rapportait le fait relaté par Hérodote et le jugeait vraisemblable (V 59, p.94).

[45] Dans *L'Homme aux quarante écus* également, Voltaire 'envoie' Larcher 'sur les lieux courir les bonnes fortunes' (ci-dessous, p.371). De son côté, Larcher écrit dans sa *Réponse à la Défense de mon oncle*: 'Il fait beau voir ce bel Adonis, faible, languissant et pouvant à peine se soutenir, venir rompre une lance pour les dames de Babylone et de la dynastie de Mendès. Je le laisse avec elles: aussi bien nos Parisiennes ne s'accommoderaient guère d'un tel galant' (p.37-38). La *Réponse* ayant paru fin décembre 1767 (d'Hémery la signale le 31) et les deux contes en 1768, Voltaire renvoie-t-il à Larcher son injure?

[46] Cf. *La Défense de mon oncle*, ch.8: 'Il se trompe sur l'histoire moderne comme sur l'ancienne', et il enchaîne sur Ninon de Lenclos (V 64, p.212). Larcher renverra un compliment analogue à Voltaire en 1769: 'Voltaire nous avait donné des preuves qu'il n'avait aucune connaissance de la géographie ancienne; mais en cherchant à se défendre, il a fait voir qu'il ne sait pas mieux la moderne' (S.69, p.197-98).

[47] Pour opposer un exemple à Voltaire qui avait douté des amours tardives de Sara dans *La Philosophie de l'histoire* (V 59, p.144), Larcher avait écrit: 'ignore-t-il donc qu'il y a des femmes dont la beauté se soutient longtemps [...] Ninon l'Enclos [...] était de ce nombre. On sait qu'à l'âge de 80 ans elle sut inspirer à l'abbé Gédoyn des sentiments qui ne sont faits que pour la jeunesse ou l'âge viril' (S.67, p.145-46). Voltaire répondit par des railleries et fournit des détails: 'Il est vrai qu'on

Muses filles du ciel, votre ennemi Larcher fait plus; il se répand   335
en éloges sur la pédérastie; il ose dire que tous les bambins de mon
pays sont sujets à cette infamie. [48] Il croit se sauver en augmentant
le nombre des coupables.

Nobles et chastes Muses, qui détestez également le pédantisme
et la pédérastie, protégez-moi contre maître Larcher!   340
Et vous, maître Aliboron, dit Fréron, ci-devant soi-disant

lui présenta l'abbé de Gédoin qui sortait alors des jésuites [...] Il était fort éloigné
de sentir des désirs pour une décrépite ridée qui n'avait sur les os qu'une peau jaune
tirant sur le noir. Ce n'était point l'abbé de Gédoin à qui on imputait cette folie;
c'était à l'abbé de Châteauneuf [...] Châteauneuf avait eu en effet la fantaisie de
coucher avec elle vingt ans auparavant. Elle était encore assez belle à l'âge de près
de soixante années. Elle lui donna en riant un rendez-vous pour un certain jour du
mois. Et pourquoi ce jour là plutôt qu'un autre? lui dit l'abbé de Châteauneuf. C'est
que j'aurai alors soixante ans juste, lui dit-elle. Voilà la vérité de cette historiette
qui a tant couru, que l'abbé de Châteauneuf [...] m'a racontée souvent dans mon
enfance' (V 64, p.212). Larcher tiendra compte de l'observation et rectifiera en 1769:
'L'abbé triomphe; Ninon, dit-il, n'avait que 60 ans, et cette aventure est arrivée à
l'abbé de Châteauneuf, et non à l'abbé Gédoyn.' Mais il ajoutera: 'Mais [...] qu'est-
ce que cela fait à la question: il n'en sera pas moins vrai que, de son propre aveu,
Ninon était encore assez belle, dans un âge avancé, pour inspirer de tendres
sentiments' (S.69, p.190).

[48] On trouve le même enchaînement d'idées dans La Défense de mon oncle, ch.5:
prostitution des Babyloniennes, pédérastie, Fréron (V 64, p.204). Dans la Défense,
Voltaire accuse Larcher d'"insinuer adroitement' la pédérastie et ajoute: 'Il va
chercher jusqu'à un Syrien nommé Bardezane, qui a dit que chez les Welches tous
les petits garçons faisaient cette infamie' (V 64, p.205). En réalité, Larcher est
d'accord avec Voltaire. Il ne cite Bardesanes que pour remplacer l'exemple de l'abbé
Bazin par un meilleur: 'Le reproche que fait à Sextus Empiricus M. l'abbé Bazin
tombe plutôt sur un certain Bardesanes, Syrien de nation, qui prétend qu'il y avait
parmi les Gaulois une loi par laquelle les jeunes garçons s'épousaient [...] Mais il
ajoute qu'il n'est pas possible que tous les Gaulois se soient livrés à une pareille
infamie. Les raisons de M. l'abbé ont ici toute leur force et suffisent pour détruire
l'assertion de ce Syrien' (S.67, p.102-103). Ici Voltaire gauchit encore plus la pensée
de Larcher en lui attribuant la prétendue affirmation de Bardesanes. Larcher
répondra d'ailleurs à Voltaire dans la Réponse à la Défense de mon oncle (p.31) puis
dans la seconde édition du Supplément: 'Je n'ai cependant parlé de ce vice détestable
qu'avec toute la circonspection imaginable, et parce que je m'y suis vu forcé par
mon sujet' (S.69, p.132).

jésuite; vous dont le Parnasse est tantôt à Bissêtre, [49] et tantôt au cabaret du coin; vous à qui on a rendu tant de justice sur tous les théâtres de l'Europe, dans l'honnête comédie de l'Ecossaise, [50] vous, digne fils du prêtre Desfontaines, qui naquîtes de ses amours avec un de ces beaux enfants qui portent un fer et un bandeau comme le fils de Vénus, et qui s'élancent comme lui dans les airs, quoiqu'ils n'aillent jamais qu'au haut des cheminées; [51] mon cher Aliboron, pour qui j'ai toujours eu tant de tendresse, et qui m'avez fait rire un mois de suite du temps de cette Ecossaise; je vous recommande ma Princesse de Babilone; dites-en bien du mal afin qu'on la lise.

345

350

343   K: qui l'on a

[49] Fréron demanda à être relevé de ses vœux le 10 avril 1739 et se maria le 21 janvier 1751. Il ne semble pas qu'on doive l'accuser d'homosexualité comme le fait Voltaire par exemple dans *La Défense de mon oncle*, ch.5 (V 64, p.204). Il n'a jamais été envoyé à Bicêtre mais seulement à la Bastille.

[50] *L'Ecossaise* fut représentée le 26 juillet 1760. Voltaire mentionne souvent son succès 'sur tous les théâtres de l'Europe'; voir par exemple la lettre à Coqueley de Chaussepierre du 24 avril 1767 (D14139).

[51] Cf. encore *La Défense de mon oncle*. Voltaire y cite en note, avec quelque inexactitude (V 64, p.205), une partie d'une épigramme particulièrement cruelle qu'il avait écrite contre Desfontaines vers 1738 sans doute (M.x.521):

Un ramoneur à face basanée
Le fer en main, les yeux ceints d'un bandeau
S'allait glissant dans une cheminée
Quand de Sodome un antique bedeau,
Qui pour l'Amour prenait ce jouvenceau,
Vint endosser son échine inclinée.
L'Amour cria: le quartier accourut.
On verbalise: et Desfontaines en rut
Est encagé dans le clos de Bicêtre.

Desfontaines, après avoir quitté l'ordre des jésuites, resta effectivement 'prêtre'. Il est vrai aussi qu'il fut accusé de sodomie et conduit le 2 mai 1725 à Bicêtre après déposition d'un garçon de 16 ans qui avait travaillé pour lui (Voltaire alors contribua à le faire élargir). Fréron avait fait ses débuts de journaliste dans le périodique de Desfontaines, les *Observations sur les écrits modernes*.

Je ne vous oublierai point ici, gazetier ecclésiastique, illustre orateur des convulsionnaires, père de l'église fondée par l'abbé Bécherand et par Abraham Chaumeix;[52] ne manquez pas de dire   355
dans vos feuilles aussi pieuses qu'éloquentes et sensées, que la Princesse de Babilone est hérétique, déiste et athée. Tâchez surtout d'engager le sieur Riballier à faire condamner la Princesse de Babilone par la Sorbonne;[53] vous ferez grand plaisir à mon libraire à qui j'ai donné cette petite histoire pour ses étrennes.   360

FIN.

---

[52] Il s'agit encore des *Nouvelles ecclésiastiques* (voir ch.10, n.17). L'abbé Becherand fut l'un des premiers jansénistes convulsionnaires: pour guérir sa claudication, il dansait sur la tombe du diacre Pâris. Quant à Abraham Chaumeix, auteur des *Préjugés légitimes contre l'Encyclopédie* (Paris 1758-1759), Voltaire prétend que 's'étant fait convulsionnaire, il devint un homme considérable dans le parti, surtout depuis qu'il se fut fait crucifier avec une couronne d'épingles sur la tête, le 2 mars 1749, dans la rue Saint-Denis' (*Le Russe à Paris*; M.x.127n).

[53] Voltaire formulait un souhait analogue à propos du *Bélisaire* dans une lettre à Marmontel le 22 août: 'Ce qu'il faut surtout souhaiter, c'est que la Sorbonne le condamne' (D14389). Riballier était syndic de la Sorbonne qui censura *Bélisaire*.

L'Homme aux quarante écus

critical edition

by

Brenda M. Bloesch

INTRODUCTION

1. *Background and sources*

L'Homme aux quarante écus, this 'petit ouvrage d'un commis des finances' (D14733), was prompted by the rise of the physiocratic school from the mid-1750s, and in particular by the appearance in July 1767 of Le Mercier de La Rivière's *Ordre naturel et essentiel des sociétés politiques*,[1] an exposition of physiocratic doctrine by one of the movement's most zealous adherents. Condorcet, who wrote the foreword to *L'Homme aux quarante écus* in the Kehl edition, aptly summarised the circumstances surrounding its composition (M.xxi.305):

Après la paix de 1748, les esprits parurent se porter, en France, vers l'agriculture et l'économie politique, et on publia beaucoup d'ouvrages sur ces deux objets. M. de Voltaire vit avec peine que, sur des matières qui touchaient de si près au bonheur des hommes, l'esprit de système vînt se mêler aux observations et aux discussions utiles. C'est dans un moment d'humeur contre ces systèmes qu'il s'amusa à faire ce roman.

Much physiocratic theory was in Voltaire's eyes yet another manifestation of the *esprit de système* which, since the failure of Law's System in 1720, and particularly from 1740 onwards, had met with mounting hostility. Criticism of 'systems' had become a commonplace of the times.[2] Like his fellow Encyclopedists,[3] and

---

[1] Pierre-Paul-François-Joachim-Henri Le Mercier de La Rivière, *Ordre naturel et essentiel des sociétés politiques* (Londres, Paris 1767; BV2027).

[2] See J. Ehrard, *L'Idée de nature en France dans la première moitié du XVIIIe siècle* (Paris 1963), i.154, 162.

[3] Cf. Diderot, art. 'Philosophie': 'Deux obstacles principaux ont retardé longtemps les progrès de la philosophie, l'autorité et l'esprit systématique' (*Encyclopédie*, xii.514).

like Condillac in his *Traité des systèmes*,[4] Voltaire had long been irritated by theories that were based less on factual observation than on mere conjecture.

When the *esprit de système* invaded economics in the 1760s, Voltaire's reactions were predictably unfavourable. His correspondence reveals that he read most of the significant proposals for taxation, physiocratic or otherwise, usually receiving them with a marked lack of enthusiasm. He was familiar with the major works on economic theory of the past, and was by this time well qualified, albeit as an amateur, to judge the latest contributions in the field.

From 1733 onwards, when the debris of Law's System had been cleared away under cardinal Fleury's peaceful administration, economic activity received fresh impetus. An unprecedented number of French works on economic theory appeared, including Jean-François Melon's *Essai politique sur le commerce*,[5] and Dutot's *Réflexions politiques sur les finances et le commerce*,[6] which was a source of data for *L'Homme aux quarante écus*. Interest in such subjects intensified with the publication of Montesquieu's *De l'esprit des lois* in 1748, and led to the founding in 1751 of the *Journal économique*, both of which are targeted by Voltaire in his conte. The prevailing economic policy was mercantilist,[7] with an emphasis on enhancing the power of the state through industry and commerce at the expense of agriculture, and accumulating specie through a favourable balance of trade.

Voltaire's interest in economics, which probably arose from his efforts to manage his own financial affairs, is increasingly apparent in his writings from the 1730s onwards, notably in the *Observations*

---

[4] Etienne Bonnot de Condillac, *Traité des systèmes, où l'on en démêle les inconvénients et les avantages* (La Haye 1749; BV837).

[5] S.l. 1734 (1736; BV2386).

[6] La Haye 1738 (BV1195).

[7] See E. F. Heckscher, *Mercantilism* (London 1935); C. W. Cole, *Colbert and a century of French mercantilism* (New York 1939).

sur MM. Jean Lass, Melon et Dutot sur le commerce, le luxe, les monnaies, et les impôts, the first serious exposition of his own views on economic theory, based, in the 1745 version, on personal investigation. [8] An outline of 1739 for *Le Siècle de Louis XIV* included two chapters on 'les grands changements faits dans la police du royaume, dans le commerce, dans les finances', [9] and from then on his correspondence displays a wide range of reading and considerable reflection in these areas. The result was a flowering of works between 1748 and 1751 concerned largely with economic matters, notably the *Dialogue entre un philosophe et un contrôleur général des finances* (1750; M.xxiii.501-506), which constitutes a reasonably systematic exposition of his economic views. [10]

Voltaire's study of the achievements of Colbert, together with prevailing mercantilist attitudes, had prepared him for ready acceptance of the modified version of mercantilism expounded by neomercantilists such as Melon and Dutot. [11] Forbonnais, whose *Recherches et considérations sur les finances de France* [12] was used by Voltaire to add passages in defence of Colbert to *Le Siècle de Louis XIV* while *L'Homme aux quarante écus* was being

[8] M.xxii.359-70. First published in July 1738 under the title *Lettre de M. de Voltaire sur l'ouvrage de M. Du Tot et sur celui de M. Melon* (*Le Pour et contre*, xv.296-312), it appeared the following year with the title *Lettre de M. de Voltaire à M. Thiriot, sur le livre de M. Dutot* and the incorporation of a few corrections (*Bibliothèque française*, xxix.359f.). When the work was republished in 1745 as two separate letters (w38, vi.329-43), large sections of the earlier version were suppressed and much was added.

[9] Voltaire to Jean-Baptiste Dubos (30 October 1738; D1642).

[10] See also *Des embellissements de Paris* (1749), ed. M. Waddicor (V 31B, p.199-233); *Des embellissements de la ville de Cachemire* (1749), ed. M. Waddicor (V 31B, p.235-61); and *Lettre à l'occasion de l'impôt du vingtième* (1749), ed. H. Duranton (V 31B, p.289-314).

[11] See D1202, D1181 and *Observations sur MM. Jean Lass, Melon et Dutot* (M.xxii.361n). For a history of the neomercantilists, see G. Dionnet, *Le Néomercantilisme au XVIIIe siècle et au début du XIXe siècle* (Paris 1901).

[12] François Véron de Forbonnais, *Recherches et considérations sur les finances de France, depuis l'année 1595 jusqu'à l'année 1721* (Basle 1758; BV3431).

composed,[13] largely continued the neomercantilist tradition. Voltaire and the neomercantilists retained the mercantilist concern with manufactures, commerce and a favourable balance of trade, but placed emphasis on the circulation of money. Some believed it possible to substitute paper for metal as the means of exchange, a factor overlooked in Voltaire's analysis in *L'Homme aux quarante écus*. Like Boisguilbert, Vauban, the abbé de Saint-Pierre[14] and the neomercantilists, Voltaire identified real wealth not with gold and silver, but with 'l'abondance de toutes les denrées'.[15] Indeed, to a greater extent than Melon and Dutot, he regarded human welfare rather than national power as the goal of economic activity.

While acknowledging the importance of agriculture, however, Voltaire and the neomercantilists did not at first adequately appreciate its role and its plight. From mid-century the introduction of English agricultural methods into France, and increasing familiarity with English economic theory,[16] fostered a change in outlook. The need to increase wealth by ensuring a large working population and promoting agriculture to feed it was the theme of Mirabeau's *L'Ami des hommes*.[17] The work caused a sensation: many editions were published, the Dauphin claimed to know the book by heart, and when the author's identity became known people flocked to see

---

[13] See J. Quignard, 'Un établissement de texte: *Le Siècle de Louis XIV* de Voltaire', *Les Lettres romanes* 5 (November 1951), p.320, 328. Cf. D7729, D9972.

[14] Pierre Le Pesant de Boisguilbert, *Le Détail de la France sous le règne présent* (s.l. 1707; BV448); Sébastien Le Prestre, marquis de Vauban, *Projet d'une dîme royale* (s.l. 1707; BV3405); Charles-Irénée Castel de Saint-Pierre, *Annales politiques* (London [Paris] 1757; BV650).

[15] *Dialogue entre un philosophe et un contrôleur général des finances* (M.xxiii.502).

[16] Notably Richard Cantillon, *Essai sur la nature du commerce en général* (Londres 1755), made known to the French public in 1756 through a commentary by Mirabeau in *L'Ami des hommes*.

[17] Victor Riquetti, marquis de Mirabeau, *L'Ami des hommes, ou traité de la population* (Avignon 1756-1758; BV2466).

him. [18] When the book came to the notice of François Quesnay, author of the articles 'Fermiers' and 'Grains' in the *Encyclopédie*, he arranged to meet Mirabeau and convinced him that he had wrongly placed the emphasis on population rather than on the production of food. From this meeting dates the founding of the first school of economic theory, the 'économistes' or physiocrats as they were later termed, with Quesnay at its head and Mirabeau as one of its most ardent disciples. In his article 'Fermiers' of 1756 Quesnay had already declared agriculture to be a country's most important activity, and had stressed the need for economic liberty and security for the producer. In the article 'Grains' of 1757 he laid down fourteen maxims which completely reversed traditional mercantilist positions by claiming that agriculture was the basis of the economy, whereas 'les travaux d'industrie ne multiplient pas les richesses'. [19]

In October 1759 Henri Bertin was appointed to the post of *contrôleur général*. Under his administration agriculture was given unprecedented attention. The royal physician Quesnay enjoyed favour with Mme de Pompadour and discussed economic matters with Bertin himself. In 1760 Mirabeau proposed a project of fiscal reform in his *Théorie de l'impôt*, [20] expounding in some detail the physiocratic proposal for a single tax on land. But he included virulent attacks on the *fermiers généraux* who were more indispensable than ever to the king, and the outcome for Mirabeau was a short term in prison. His book was nonetheless immensely successful and widely read, both for its ideas and above all for its audacity of tone.

[18] See G. Weulersse, *Le Mouvement physiocratique en France de 1756 à 1770* (Paris 1910), i.53; R. L. Meek, *The Economics of physiocracy: essays and translations* (London 1962).

[19] *Encyclopédie*, vii.826. In 1758 Quesnay presented his ideas more systematically in the fourth part of Mirabeau's *L'Ami des hommes*, then in his celebrated *Tableau économique*, republished in Quesnay's and Dupont de Nemours's *Physiocratie* (1767; BV2841).

[20] *Théorie de l'impôt* (s.l. 1760; BV2468). Vauban had advocated simplification in his *Projet d'une dîme royale*, and in 1749 the *contrôleur général* Jean-Baptiste Machault d'Arnouville had made an attempt to improve the situation with his *vingtième*.

The government had shown its distaste for overfree criticism, and in 1761 and 1762 there was a lull in the output of economic literature. Thereafter, however, general interest mounted steadily. When the *Gazette du commerce* – founded in 1763 primarily as a factual publication – included articles supporting or opposing the new economic doctrine, they attracted so much attention that in 1765 the *Journal de l'agriculture* was created to deal exclusively with such matters. In spite of Bertin's departure from his post in 1763, and the deaths of Mme de Pompadour in 1764 and of the Dauphin in 1765, the physiocrats were still influential in official circles. Bertin continued to serve in the administration and his successor Laverdy, by his very ignorance of economic matters, enabled his pro-physiocratic subordinate Trudaine de Montigny to direct policy. Other sympathisers included the *intendant du commerce* Vincent de Gournay, Morellet, and Turgot who, as *intendant* of Limousin from 1761, had carried out reforms in keeping with physiocratic ideas. In these propitious circumstances the physiocrats steadily gained recruits, including Pierre-Samuel Dupont de Nemours, editor of the *Journal de l'agriculture*, Nicolas Baudeau, and Le Mercier de La Rivière. With the exception of Grimm, the Encyclopedists were also favourably disposed towards the physiocrats, whose official protection enabled them to campaign for reforms more openly than they. Diderot, d'Alembert and Helvétius all attended their meetings.

Before the publication of *L'Homme aux quarante écus*, Voltaire seems not to have met any of the principal physiocrats. There is no record of any correspondence with Quesnay, who defended Voltaire vigorously against Mirabeau's ingrained hostility, approving of his 'chasse aux Pompignans'. [21] Under Quesnay's influence most of the physiocrats respected Voltaire. Dupont de Nemours

---

[21] See Nicole Colleson, dame Collot Du Haussay, *Mémoires*, éd. H. Fournier (Paris 1891), p.73. See also D15864.

corresponded with Voltaire in 1763 (see D11369) but the two men appear not to have met until 1768 (see D18003). Morellet's visit to Ferney in 1766 may have played some role in Voltaire's subsequent concern with the physiocratic movement. Voltaire was also in communication with the very government officials whose reforming zeal was exerting an influence on French economic policy. Significantly, most of them were disciples of Vincent de Gournay, who stressed the importance of both commerce and agriculture. In 1760 Turgot visited Voltaire and thereafter Voltaire corresponded with him for the rest of his life. Mme Denis was the first cousin of Trudaine de Montigny who, as *intendant du commerce*, was able to retain his post when the more conspicuous *contrôleurs généraux* lost office through their attempts at reform. His father, Daniel-Charles de Trudaine, had done much to stimulate interest in English economic writings during the first half of the century. Voltaire esteemed both father and son, and sent them some of his works (see D11597; D11598). In 1761 Voltaire incorporated lines in honour of Trudaine in his *Epître à Mme Denis sur l'agriculture* (M.x.380).

By the 1760s Voltaire shared much of the physiocrats' preoccupation with agricultural matters. On his move to Ferney in November 1758 he had become the owner of a considerable estate, and was fired with enthusiasm for farming. Besides the *Epître à Mme Denis sur l'agriculture*, he composed a *Mémoire sur l'agriculture* dated 23 March 1761, [22] in which are found most of his views on the subject. By this time he must have known Quesnay's articles 'Fermiers' and 'Grains', which he praises in his own article 'Agriculture' for the *Questions sur l'Encyclopédie* (1770; M.xvii.81), and he certainly knew Mirabeau's *L'Ami des hommes*, which contained a *Mémoire sur l'agriculture* [23] bearing some resemblance to his own. Like Quesnay

[22] Bn N24342, f.287-92; see A. Brown, 'Calendar of Voltaire manuscripts other than correspondence', *Studies* 77 (1970), p.19-20. The *Mémoire* was published in 1771 with slight modifications and an additional section as the article 'Fertilisation' in the *Questions sur l'Encyclopédie* (M.xix.107-14).

[23] *L'Ami des hommes*, v.i-viii, 1-108.

and Mirabeau, Voltaire addressed wealthy landowners, not the poor, exhorting them to reside on their property.

On some topics, however, such as the clearing of waste land, the grain trade, and agricultural implements, the physiocratic influence on Voltaire was probably antedated or surpassed by that of Boisguilbert, Melon, the abbé de Saint-Pierre, and other theorists such as d'Argenson, Dupin, Herbert, Plumart de Dangeul, Ange Goudar and Duhamel Du Monceau, whose works Voltaire possessed. [24] Indeed, Voltaire's assertion of the importance of agriculture is more Melonist than physiocratic in tone.

Voltaire saw much to applaud in current economic trends, but he had grave reservations about many of the theorists. On the basis of *L'Ami des hommes* he judged Mirabeau 'un fou qui a beaucoup de bons moments' (D9507), and complained, 'ce prétendu amy du genre humain n'est mon fait, que quand il dit, aimez l'agriculture. Je rends grâce à dieu, et non à ce Mirabau, qui m'a donné cette dernière passion' (D7951). He ordered Mirabeau's *Théorie de l'impôt* (D9533) but found it unsatisfactory, a 'théorie obscure, théorie qui me parait absurde' (D9539), according it in his marginal notes 'le premier prix en galimathias' (CN, v.653). Projects such as this, including Jean-Baptiste Naveau's *Le Financier citoyen*, [25] also a target in *L'Homme aux quarante écus*, disgusted him (D9539):

---

[24] René-Louis de Voyer de Paulmy, marquis d'Argenson, *Considérations sur le gouvernement ancien et présent de la France* (Amsterdam [Paris] 1764; BV98); Claude Dupin, *Mémoire sur les bleds, avec un projet d'édit pour maintenir en tout temps la valeur des grains à un prix convenable au vendeur et à l'acheteur* ([Paris] 1748; BV1157); Claude-Jacques Herbert, *Essai sur la police générale des grains, sur leurs prix et sur les effets de l'agriculture* (Berlin 1757; BV1627); Plumart de Dangeul, *Remarques sur les avantages et les désavantages de la France et de la Grande Bretagne* (Leyde [Paris] 1754; BV2767); Ange Goudar, *Les Intérêts de la France mal entendus, dans les branches de l'agriculture, de la population, des finances, du commerce, de la marine, et de l'industrie* (Amsterdam 1756; BV1502); and Henri-Louis Duhamel Du Monceau, *Expériences de la nouvelle culture des terres, faites pendant l'année 1753, et réflexions relatives au Traité de la culture des terres* (Genève 1754; BV1133).

[25] Paris 1757 (BV2556).

toutes ces théories viennent bien mal à propos pour faire acroire aux étrangers que nous sommes sans ressource, et qu'on peut nous outrager et nous attaquer impunément. Voilà de plaisants citoyens, et de plaisants amis des hommes! Qu'ils viennent comme moi sur la frontière, ils changeront bien d'avis. Ils verront combien il est nécessaire de faire respecter le Roy et l'Etat.

France's finances needed drastic reform, but Voltaire's attitude at this date was understandable. Mirabeau's statistical data were unreliable, and in his preface he addressed the king in audacious terms. France was, moreover, engaged in the fruitless and costly Seven Years' War; however, in 1761 Voltaire saw signs of improvement on land, though not at sea (D9538).

It is interesting to note that in criticising the *Théorie de l'impôt* Voltaire did not associate it with the physiocratic movement in general, and that he criticised this project no more than non-physiocratic ones. For him it was merely one among many exasperating theories, all products of the detested *esprit de système*. He reacted no more favourably to Roussel de La Tour's *La Richesse de l'Etat*, [26] which renewed interest in the problem of taxation but which Voltaire judged scathingly. [27] When Dupont de Nemours sent him a copy of his *Réflexions sur l'écrit intitulé Richesse de l'Etat* [28] he commented sarcastically: 'Une pareille finance ne ressemble pas mal à la poësie; c'est une très noble fiction. Il faut que l'auteur avance la somme pour achever la beauté du projet' (D11369); and he confided to Chauvelin: 'Je suis bien

[26] S.l. 1763 (BV3041-3042). Voltaire asked Damilaville to send him a copy of this work (D11267). He also possessed Roussel de La Tour's *Développement du plan intitulé: Richesse de l'Etat* (s.l. 1763; BV3040).
[27] 'On aurait beau faire cent volumes de cette espèce, ils ne produiraient pas un sou au Roy' (D11351). Cf. Voltaire's remarks in the margins of his copy (L. L. Albina, 'Les sources du conte antiphysiocratique *L'Homme aux quarante écus* d'après les données nouvelles provenant de la bibliothèque personnelle de Voltaire', *Studies* 242, 1986, p.163). This work is, however, wrongly described in the *Mémoires secrets* as a major target of *L'Homme aux quarante écus* (iii.307).
[28] Paris 1763 (*Ferney catalogue*, B972).

las de tous ces gens qui gouvernent les Etats du fond de leur grenier' (D11423). He nonetheless asked Damilaville for Darigrand's *L'Antifinancier*.[29] He was impressed with the *parlementaire*'s description of the poverty of the people and the depradations of tax collectors, but not with the proposed 'impôt unique, personnel dans les villes, réel dans les campagnes'.[30] Darigrand was like 'tous les philosophes qui réussissent très bien à ruiner les systêmes de leurs adversaires, et qui n'en établissent pas de meilleurs' (D11630).

There was another problem too. In September 1763 Voltaire predicted gloomily to Chauvelin (D11423):

Adieu nos beaux arts si les choses continuent comme elles sont. La rage des remonstrances et des projets sur les finances a saisi la nation. Nous nous avisons d'être sérieux, et nous nous perdons. Nous fesions autrefois de jolies chansons, et à présent nous ne faisons que de mauvais calculs. C'est Arlequin qui veut être philosophe.

And he complained to Damilaville in January 1764 that 'tous les livres écrits depuis quelque temps respirent je ne sçais quoi de sombre et de pédantesque, à commencer par *l'ami des hommes*, et à finir par *les richesses de l'état*. Je ne vois que des fous qui calculent mal' (D11670).

But though these projects of the early 1760s irritated him intensely, Voltaire as yet made no attempt to oppose them, and for a few years economic subjects received little attention in his works. Perhaps it was partly a matter of caution. In March 1764 Laverdy forbade the printing of any works on finance because their authors, 'à l'abri de prétendus projets de finances, se livrent à des déclamations injurieuses et osent se permettre parfois les

---

[29] Jean-Baptiste Darigrand, *L'Antifinancier, ou relevé de quelques-unes des malversations dont se rendent journellement coupables les fermiers généraux* (Amsterdam [Paris] 1763; BV941); see D11581, D11612, D11617, D11626.

[30] *L'Antifinancier*, p.39-40. Voltaire wrote in the margin of his copy, against p.44: 'impot unique. ridicule. il en faut sur les marchandises. toutes les nations en usent ainsi' (CN, iii.51).

calomnies les plus punissables'.[31] Voltaire wisely included an 'Audience avec M. le contrôleur général' flattering to Laverdy in *L'Homme aux quarante écus*. Perhaps also Voltaire recoiled from adding to the current plethora of works on such topics. In the 'Epître dédicatoire' to *Les Scythes* he boasted (M.vi.263):

Il y avait autrefois en Perse un bon vieillard, qui cultivait son jardin [...] et ce vieillard n'écrivait ni sur la population ni sur l'agriculture, comme on faisait par passe-temps à Babylone [...] mais il avait défriché des terres incultes, et triplé le nombre des habitants autour de sa cabane.

When Le Mercier de La Rivière's *Ordre naturel* appeared in July 1767, Voltaire's anger was unleashed. Both the title and the contents irritated him (see D14344; D14490). He was incensed by the author's disdain for reality. The pragmatism forced on Le Mercier de La Rivière during his years as *intendant* of Martinique deserted him when he returned to work under Quesnay's guidance.[32] Confident in the power of reason, Le Mercier de La Rivière claimed to 'peindre les choses telles qu'elles doivent être essentiellement, sans consulter ce qu'elles sont ou ce qu'elles ont été, dans quelque pays que ce soit' (*Ordre naturel*, i.194). Besides the *impôt unique* which had irritated Voltaire from the first, the *Ordre naturel* offered, unlike Montesquieu's *De l'esprit des lois*, a world view supposedly in conformity with the laws of nature, as the term 'physiocracy' implies. The book was dogmatic in tone, and conveyed a sense of providential cosmic order unlikely to appeal to the author of *Candide*.

The *Ordre naturel*, composed under Quesnay's supervision and published with official approval, was nonetheless the most comprehensive exposition of physiocratic doctrine yet produced.

[31] See L.-Ph. May, *Le Mercier de La Rivière (1719-1801): aux origines de la science économique* (Paris 1975), p.59.
[32] See Le Mercier de La Rivière, *Mémoires et textes inédits sur le gouvernement économique des Antilles*, ed. L.-Ph. May (Paris 1978), p.17, 27, 39, 58f. Le Mercier de La Rivière may have been one of Quesnay's disciples prior to his departure for Martinique, where he served as *intendant* from 1759 to 1763; see May, *Le Mercier de La Rivière*, p.42.

The movement's economic theories were expressed more coherently than hitherto, and the political principles underlying them were expounded in detail for the first time. [33] The work immediately excited immense interest. [34] The physiocrats claimed that 'Depuis très longtemps, aucun livre n'avait fait autant de sensation sur les esprits droits et les âmes honnêtes; c'est une révolution dans les idées', and that the success would not be transitory. [35] The *Gazette du commerce* testified on 12 March 1768 that the book 'fit la plus grande sensation', and in fact 3000 copies were sold in a few months. [36] Diderot, who read the *Ordre naturel* at Sartines's request, greeted the work enthusiastically: [37] in Grimm's opinion its immense success was partly due to Diderot's energetic propaganda in its favour. [38]

The appearance of the *Ordre naturel* coincided with the most decisive period of the physiocratic movement. In 1767 there were grounds for great optimism and also for concern. It was then that Quesnay and his disciples organised themselves into a closely knit body and, besides amplifying their doctrine with political principles, strove to clinch their success by intensified propaganda. On 20 December the *Mémoires secrets* noted: 'Il s'est formé à Paris une nouvelle secte, appelée *les Economistes*: ce sont des philosophes politiques [...] qui se sont réunis et prétendent faire un corps de

---

[33] Quesnay had previously only touched on these principles, in his 'Droit naturel' (*Journal de l'agriculture*, September 1765), and his 'Despotisme de la Chine' (*Ephémérides du citoyen*, 1767, iii.7-88, iv.5-77, v.5-61, vi.5-75).

[34] See Weulersse, *Le Mouvement physiocratique*, i.136-37.

[35] *Ephémérides du citoyen* (1767), vii.162.

[36] See L. Silberstein, *Le Mercier de La Rivière und seine politischen Ideen* (Berlin 1928), p.17.

[37] 'Ce livre m'a fait plus de plaisir et m'a été cent fois plus utile que l'*Esprit des loix* [...] le premier qui m'ait éclairé, qui m'ait instruit, qui m'ait convaincu et qui ait dissipé les fantômes que les autres m'avoient faits' (Roth-Varloot, vii.77). See A. Strugnell, *Diderot's politics* (The Hague 1973), p.106-107.

[38] CLT, vii.444-45. Grimm considered the *Ordre naturel* a 'chef-d'œuvre de galimatias', full of commonplaces 'si ridiculement outrés et exagérés qu'ils en sont devenus absurdes' (vii.446-47).

système' (iii.318) and Mirabeau himself confirmed that 'ce n'est que de cette année que les partisans de la science œconomique ont pris forme de société'.[39]

By this time, moreover, the physiocrats possessed a journal exclusively their own. When in 1766 Dupont de Nemours was dismissed from his post as editor of the *Journal de l'agriculture*, Baudeau placed his own periodical, the *Ephémérides du citoyen*, at their disposal. In March 1767 Dupont de Nemours published an abridgement of Mirabeau's *Philosophie rurale*,[40] followed in November by a collection of Quesnay's works using for the first time the title *Physiocratie*,[41] and in December by an abridgement of Le Mercier de La Rivière's *Ordre naturel* entitled *De l'origine et des progrès d'une science nouvelle*.[42]

Government policy continued to evolve steadily in the direction of physiocratic principles. In August 1767 the *intendants* were sent a circular in preparation for the declaration of 7 February 1768 which, as a first step towards fair imposition of the *taille*, fixed part of that tax.[43] But although the physiocrats were making some impact on government economic policy, they were also arousing considerable opposition. Rousseau corresponded with Mirabeau but resisted all the latter's efforts to enlist his support. Grimm, irritated by the physiocrats' dogmatism, sententiousness and sectarian spirit, was lambasting the members of this new 'Sorbonne'

[39] Letter to Quesnay (December 1767; see Leigh 6165).

[40] Mirabeau and Quesnay, *Eléments de la philosophie rurale* (La Haye 1767), abridged from Mirabeau, *Philosophie rurale, ou économie générale et politique de l'agriculture* (Amsterdam 1763).

[41] Quesnay, *Physiocratie, ou constitution naturelle du gouvernement le plus avantageux au genre humain* (BV2841: Leyde, Paris 1767-1768; BV2842: Leyde, Paris 1768). Included in this collection was the *Tableau économique*, first published privately in a limited edition, and hailed by Mirabeau as an invention on a par with those of writing and money.

[42] Londres, Paris 1768 (BV1173).

[43] See M. Marion, *Les Impôts directs sous l'ancien régime, principalement au XVIIIᵉ siècle* (Paris 1910), p.39.

225

mercilessly for trying to make agriculture 'une science mystique et d'institution divine' (CLT, vii.434). The *Gazette du commerce* of August 1767 also warned against the physiocrats' dogmatic tone (p.665) and in September the *Journal de l'agriculture*, by this time under the direction of Forbonnais and the abbé Yvon, complained: 'tout homme qui a une opinion différente du maître, ou qui ayant la même opinion l'exprime différemment, est déclaré ennemi de la *sainte science*'; 'ils ont enfanté des systèmes qui cadrent mal avec les faits' (p.5-6; 104).

Besides hostile articles in the journals, other refutations of physiocratic doctrine were beginning to appear while Voltaire was contemplating his own.[44] Linguet furthermore, in his *Théorie des lois civiles*,[45] did the physiocrats a grave disservice by extending their theory of property to its extreme limits. With a penchant for paradox uncharacteristic of his age, Linguet challenged the physiocrats' preoccupation with landowners at the expense of landless peasants, yet championed royal absolutism in the fear that freedom for the impoverished masses would lead to anarchy.[46] As Baudeau complained, 'Etre *propriétaire*, suivant la Théorie des lois, c'est être *maître absolu* de la *personne* et du *travail* quelconque d'un ou de plusieurs *autres*'.[47]

The right to own property was crucial to the physiocratic

---

[44] For example, Forbonnais, *Principes et observations économiques* (Amsterdam 1767), which came to the defence of merchants and manufacturers; Jean-Joseph-Louis Graslin, *Essai analytique sur la richesse et sur l'impôt* (Londres 1767); Gabriel Bonnot de Mably, *Doutes proposés aux philosophes économistes, sur l'Ordre naturel et essentiel des sociétés politiques* (La Haye 1768), which concentrated on the political aspects of the doctrine.

[45] Simon-Nicolas-Henri Linguet, *Théorie des lois civiles, ou principes fondamentaux de la société* (Londres 1767; BV2136).

[46] See R. I. Boss, 'Linguet: the reformer as anti-*philosophe*', *Studies* 151 (1976), p.333-51; D. G. Levy, *The Ideas and careers of Simon-Nicolas-Henri Linguet* (Urbana 1980).

[47] *Ephémérides du citoyen* (1767), iii.197.

scheme [48] and was best safeguarded by entrusting absolute power to 'un chef unique'. [49] Opposed to arbitrary despotism, however, the physiocrats instead promoted the concept of 'despotisme naturel' or 'despotisme légal', in contrast to 'enlightened despotism' which depended on the wisdom and wishes of the ruler and his advisers. [50] No more than an agent of society's essential laws, the monarch would be the co-proprietor of his subjects' land, providing them with protection and security in return for obedience and a share in the harvest. [51] Voltaire was appalled at the idea of co-proprietorship. He was opposed, like the physiocrats, to arbitrary despotism, and was convinced of the need for government by law, [52] but he was less confident than they were of sustained rational behaviour on the part of monarchs. He had admired the English system whereby 'le Prince, tout puissant pour faire du bien, a les mains liées pour faire le mal', [53] and taxes were levied only by consent of Parliament and thus, in theory, of the people. But he had no such confidence in French parlementaires who were to be the court of last resort in the physiocratic plan and whose record in fiscal matters he rightly deplored.

Behind the physiocrats' principle of co-proprietorship lay their conviction that only land yielded a surplus. Consequently, only agriculture created new wealth, manufacturing and trade being 'sterile' activities, a designation that predictably aroused much indignation. From this they drew the conclusion that the simplest

[48] 'Propriété, et par conséquent sûreté et liberté de jouir, voilà [...] ce qui constitue l'essence de l'ordre naturel et essentiel de la société' (Le Mercier de La Rivière, Ordre naturel, i.59).

[49] Ordre naturel, i.239.

[50] Ordre naturel, i.279. See also L. Cheinisse, Les Idées politiques des physiocrates (Paris 1914), p.102.

[51] Ordre naturel, i.38.

[52] See Th. Besterman, 'Voltaire, absolute monarchy, and the enlightened monarch', Studies 32 (1965), p.13-14.

[53] Lettres philosophiques, VIII (ed. G. Lanson and A. M. Rousseau, Paris 1964), i.89.

and most economical way for the government to obtain revenue was to levy a single tax on the net produce from the land. Voltaire recoiled from the idea of a single tax on land. The imposition of an *impôt unique* would have resulted in a heavy tax burden on his land, and he suggested to Chardon that this might account to some extent for his opposition to the physiocratic plan in the *Ordre naturel*.[54] Voltaire derived only part of his income from land, however,[55] and it is doubtful that the *impôt unique* would have had a disastrous effect on him. Its introduction would have eliminated the multiple indirect taxes to which he must have been subject, including the *lods et ventes* which he had been obliged to pay on the purchase of his property.[56] Significantly, the hero of *L'Homme aux quarante écus* suggests that the existing fiscal regime is perhaps even more oppressive than the physiocratic one.

Farming was to Voltaire as much a creative activity as a source of income. Whatever the role of self-interest in shrinking here from the idea of a single tax on land, and at the same time arraigning the current fiscal system, he was undoubtedly motivated by the desire to alleviate the burden of a host of peasant proprietors, many of whom, owning little land and unable to meet the expense of modern agricultural techniques, often lived little above starvation level. By now he had gained personal experience of the

[54] D14618: 'je ne sais si c'est parce que je cultive quelques arpents de terre, que je n'aime point que les terres soient seules chargées d'impôts'.

[55] Much of Voltaire's income came from trading, investments in government stock and private annuities. In 1767 he was furthermore beginning to establish small craft workshops on his estate; see L. Kozminski, *Voltaire financier* (Paris 1929), p.267; J. Donvez, *De quoi vivait Voltaire?* (Paris 1949), p.131-42, 154, 161.

[56] It is difficult to know exactly what taxes Voltaire paid. In August 1763 he boasted to Dupont de Nemours about paying the *vingtième* on Tournay: 'Je trouve les impôts très justes, quoi que très lourds [...] J'ai le plaisir de paier toujours mes vingtièmes d'avance, afin d'en être plutôt quitte' (D11369), a pleasure belied by his tenacious endeavours to avoid it. He had however succeeded in gaining exemption from the *taille*, *capitation* and *vingtième* on Ferney; see F. Caussy, *Voltaire, seigneur de village* (Paris 1912), p.1-35.

problems confronting farmers. Whereas in *Le Siècle de Louis XIV*, ch.30, he had concluded that 'les plaintes qu'on a de tout temps fait éclater sur la misère de la campagne ont cessé alors d'être fondées' (*OH*, p.995), after moving to Ferney he observed: 'La moitié des habitans périt de misère, et l'autre pourit dans des cachots. Le cœur est déchiré quand on est témoin de tant de malheurs' (D7946). *Jeannot et Colin* of 1764 has a fleeting allusion to the tax burdens of Colin's father, and humble life in a country town is compared favourably with the attractions of the capital, but the main characters are not farmers. In 1766 Voltaire gave peasants a key role in *Les Scythes*.

Early in 1767 the Free Economic Society of St Petersburg sponsored an essay competition on the merits of private land ownership by peasants. Voltaire submitted an entry but failed to receive the prize (D15124). The surviving portion of the text, incorporated in the article 'Propriété' (1771) of the *Questions sur l'Encyclopédie*, describes the benefits accruing to the economy from peasant proprietorship.[57] A few months later, at the time of writing *L'Homme aux quarante écus*, Voltaire's concern for agriculture had broadened to encompass the well-being of those who practised it. As Peter Gay points out,[58] he now disguised himself as a peasant. He assured Dupont de Nemours on 7 June 1769 that, contrary to the latter's contention, the terms *chaumière* and *cabane* were only too appropriate for farmhouses (D15679), an exchange reflecting the physiocratic preoccupation with wealthy farmers and Voltaire's growing identification with peasants.[59]

[57] M.xx.291-94. See C. H. Wilberger, *Voltaire's Russia: window on the East*, Studies 164 (1976), p.152-53.

[58] *Voltaire's politics: the poet as realist* (New Haven, London 1988), p.234. See D15082.

[59] See also *Epître à M. de Saint-Lambert* (1769; M.x.407-408). When the *Mémoire sur l'agriculture* was published in 1771 it was accompanied by a section on the hardships endured by poor farmers through the exactions of tax collectors (M.xix.112-14).

Perhaps his debate with Linguet on the latter's *Théorie des lois civiles* had provoked Voltaire to ponder more deeply the problems of the poor. A plea on behalf of poor landowners was also consistent with his current political activities. Since April 1765 in the dispute in Geneva between 'représentants', 'négatifs' and 'natifs' he had sided with the 'natifs', the humblest group. *L'Homme aux quarante écus* is a production of the most radical period of Voltaire's life: it belongs to his campaign against injustices of all kinds, which since 1762 had become a major preoccupation.

Certain injustices of a more personal nature may also have played a role in the genesis of *L'Homme aux quarante écus*. 'D'un bon souper chez monsieur André' contains a panegyric of Catherine II which was by now a frequent refrain in Voltaire's writings. With embarrassing alacrity he responded to Catherine's efforts to enlist his support for her dubious political manœuvres regarding Poland. Yet when in 1767 it came to seeking help on her instructions to the commissioners for composing her new Code of Laws, she turned not to him but, through her ambassador to France, Dmitry Golitsuin, to Diderot, who recommended Le Mercier de La Rivière for the task. Jealousy may have been a factor in some of the opposition to the *Ordre naturel* among Catherine's French friends. [60] If Voltaire was determined to discredit Le Mercier de La Rivière's views in the upper echelons of the French government, he was no less eager to prevent them from forming the basis of economic and political life in Russia. On 29 January 1768, before *L'Homme aux quarante écus* could have reached Catherine, he warned her: 'Je ne suis pas en tout de l'avis du respectable auteur de l'Ordre essentiel des sociétés' (D14704). Voltaire need not have worried. Before he had finished writing, Le Mercier de La Rivière was out of favour in Russia and planning his return. [61]

[60] See May, *Le Mercier de La Rivière*, p.79.
[61] See Ch. de La Rivière, 'Mercier de La Rivière à Saint-Pétersbourg en 1767', *Rhl* 4 (1897), p.581-602; May, *Le Mercier de La Rivière*, p.79-82.

If Catherine had consulted Voltaire, he, unlike Diderot, might possibly have suggested their mutual friend Etienne-Noël Damilaville, author of the articles 'Mouture', 'Population' and 'Vingtième' in the *Encyclopédie*, to help her with her Code. Damilaville was apparently deeply offended both by Diderot's failure to recommend him to Catherine and by his enthusiasm for the *Ordre naturel*. A letter from Diderot to Damilaville of June or July 1767 shows that the two friends had quarrelled over the *Ordre naturel*,[62] but even while apologising Diderot claimed that the book included the best defence yet of the single tax on land, thereby further insulting Damilaville, who had undertaken the same task in his article 'Vingtième', written at Diderot's request.

It has been suggested that Voltaire, by showing how a person from a modest background could educate himself and become worthy of esteem, intended *L'Homme aux quarante écus* as a form of homage to Damilaville, to compensate for the injustices currently besetting him.[63] A *premier commis* in the Paris office administering the *vingtième* since 1755, Damilaville had been passed over for promotion in 1762. In 1767, as well as not being recommended for the post in Russia and, as Voltaire learned in September (D14414), becoming seriously ill, he seemed to be in danger of suffering a second career disappointment at home.[64] Mabille, director of the *vingtième* for the Paris region, was known to be dying, and Damilaville hoped to replace him. On 14 November d'Alembert urged Voltaire to ask Choiseul to intervene with Laverdy, who had allegedly promised the position to Damilaville, but was facing pressure from the Paris *intendant* Berthier de Sauvigny not to appoint him (D14531). Voltaire, who had already suggested that Damilaville's job was 'bien indigne de lui' (D12918), was much

---

[62] Roth-Varloot, vii.75-80.

[63] A. Morris, 'A new interpretation of Voltaire's tale *L'Homme aux quarante écus*', diss. (University of Massachusetts 1978).

[64] See F. A. Kafker and S. L. Kafker, *The Encyclopedists as individuals: a biographical dictionary of the authors of the Encyclopédie*, Studies 257 (1988), p.84-88.

concerned. [65] He may have hoped to finish *L'Homme aux quarante écus* and send it with a letter pleading Damilaville's case to Laverdy during December, but if so he appears to have been over-optimistic in his timetable. His efforts were in vain, for Mabille's son, who also had influential friends, received the appointment.

Voltaire certainly had Damilaville on his mind when composing *L'Homme aux quarante écus*. Damilaville was an esteemed friend, [66] and his hurt feelings may have been a factor in the decision to refute Le Mercier de La Rivière's *Ordre naturel* at this point. The wide diversity of subjects in *L'Homme aux quarante écus* – finance, statistics, population and religion – may have been determined partly by the interests Voltaire and Damilaville shared and discussed, [67] mostly by correspondence but also during Damilaville's visit to Ferney in August 1765, when his article 'Population' was in the press and 'Vingtième' had just been completed. These two articles were sources for *L'Homme aux quarante écus*, particularly for the arguments of the Old Man in the introduction. Only rarely, however, are the resemblances to Damilaville's statements precise. The Old Man may represent Damilaville to some extent, but it is doubtful whether Laverdy could have been expected to see Damilaville in the figure of M. André. Voltaire did not generally portray his friends in his works. Apart from the treatment of the *Ordre naturel*, most of the themes discussed in the conte are featured in other works, some so frequently as to have become standard refrains in this period.

Areas of disagreement between Voltaire and Damilaville are also prominent in *L'Homme aux quarante écus*. Indeed, when Voltaire sent Damilaville a copy of the work, he mentioned their differences on fiscal policy (D14743; cf. D13206). While Damilaville no doubt relished Voltaire's criticism of the *Ordre*

[65] See D14532, D14547, D14553, D14562, D14603, D14643, D14653, D14663.

[66] See D14451, D14461.

[67] See Morris, 'A new interpretation', p.32-39. But Damilaville refused to discuss the *Ordre naturel*. See D14506.

naturel, he cannot have been entirely happy with the indictment of the *impôt unique*, since a single tax on land was precisely what he had proposed in his own article 'Vingtième'. Voltaire was not enthusiastic about Damilaville's articles.

When in *L'Homme aux quarante écus* Voltaire reiterated his usual litany of charges against monks, nuns, ex-Jesuits and other bastions of Christianity, he knew that he would meet a ready response in Damilaville, who had digressed at length on these subjects in his articles. Yet, despite being an inveterate foe of Christianity, a fervent ally in the battle against 'l'infâme', Damilaville was unsuccessful in his quest to convert Voltaire to atheism, a mission entrusted to him by Diderot and other members of d'Holbach's circle, and the very purpose of his visit to Ferney. Besides finances and population, the pair no doubt discussed the scientific theories that atheists were adducing to undermine Christianity and deism alike.[68] The efforts of these fellow Encyclopedists to discredit deism were unsettling to Voltaire, for whom 'le véritable système', expressed in *Des singularités de la nature* of 1768, was 'Celui du grand Etre qui a tout fait, et qui a donné à chaque élément, à chaque espèce, à chaque genre, sa forme, sa place, et ses fonctions éternelles' (M.xxvii.141). With its focus on 'systems', *L'Homme aux quarante écus* provided him with an appropriate vehicle for ridiculing some scientific speculations which appeared to underpin atheism.

The main problem was not Damilaville, zealous atheist though he was, but Diderot, d'Holbach, and their circle. Just as Voltaire's letters to Damilaville were really intended for this audience, so *L'Homme aux quarante écus*, whether intended for Damilaville or not, could convey messages to the same group. There were tensions in other areas besides religion, notably universal education.[69] To

---

[68] Diderot had already claimed that geometry was in decline, that Newton's view of the universe was invalid: the Eternal Geometrician was now redundant (*Pensées sur l'interprétation de la nature*, [Paris] 1754; BV1039).

[69] See J.-M. Moureaux, 'La place de Diderot dans la correspondance de Voltaire: une présence d'absence', *Studies* 242 (1986), p.169-217.

choose as hero a peasant who attained a sophisticated degree of enlightenment was to assure the brethren that he was not hostile to education for all people of humble origin. Condemnation of the *Ordre naturel* was, moreover, condemnation of Diderot's exuberant promotion of the book. Diderot had disappointed him of late (D14348).

L'Homme aux quarante écus had lessons for all who would listen: not to succumb to the follies of either atheism or the church, not to promote dogmatic fantasies in economics, government or science, not to ignore the fiscal burdens of the poor, not to remain unmoved by injustices of all kinds. To inculcate these lessons Voltaire drew on a wide diversity of sources besides the *Ordre naturel*. He borrowed statistical data from Dutot, Mirabeau, Deparcieux, Messance and Goudar for the 'Entretien avec un géometre' [70] and from Saint-Foix for the 'Aventure avec un carme'. [71] Buffon's *Histoire naturelle* and de Maillet's *Telliamed* are targeted in the 'Nouvelles douleurs', [72] and Sanchez and Maupertuis are attacked in 'Mariage de l'Homme aux quarante écus'. [73] Most of Voltaire's information on the history and the symptoms of syphilis come

[70] Antoine Deparcieux, *Essai sur les probabilités de la durée de la vie humaine* (Paris 1746; BV984). For Dutot see above, note 6; for Mirabeau see above, note 20; for Goudar see above, note 24, and for Messance see below, note 78.

[71] Germain-François Poullain de Saint-Foix, *Essais historiques sur Paris* (Londres, Paris 1754-1755; BV3064: Londres, Paris 1755-1757).

[72] Georges-Louis Leclerc, comte de Buffon, and Louis-Jean-Marie Daubenton, *Histoire générale, naturelle et particulière* (Paris 1750-1770; BV572); Benoît de Maillet, *Telliamed, ou entretiens d'un philosophe indien avec un missionnaire français sur la diminution de la mer, la formation de la terre, l'origine de l'homme, etc.* (Amsterdam 1748).

[73] Tomas Sanchez, *De sancto matrimonii sacramento disputationum* (Lugduni 1739; BV3081); Pierre-Louis Moreau de Maupertuis, *Vénus physique, contenant deux dissertations, l'une sur l'origine des hommes et des animaux, et l'autre sur l'origine des noirs* (s.l. 1745; BV2369: s.l. 1751).

from Jean Astruc's *Traité des maladies vénériennes*,[74] as Voltaire indicated in his later article 'Lèpre et vérole' for the *Questions sur l'Encyclopédie*.[75] Comments on Switzerland were probably informed by Altmann's *L'Etat et les délices de la Suisse*.[76]

Yet it was not Voltaire's wont to undertake careful documentation for a mere conte, 'un petit rogaton', and, apart from the collection of statistical data, of which he was proud (see p.305, n.15), *L'Homme aux quarante écus* is no exception. Voltaire drew lavishly on his previous research and publications. His acquaintance with many of the sources used for *L'Homme aux quarante écus* was undoubtedly due to his preparation of other works of 1768 such as *Des singularités de la nature* and the *Histoire du Parlement de Paris*; and to his revision of *Le Siècle de Louis XIV*, of which he published a new, enlarged edition in 1768, and the accompanying *Précis du siècle de Louis XV*. He provided a witty critique of the *Ordre naturel*, but not a thorough refutation. Economics is a pervasive theme, even in religious matters, yet despite many valid insights, his economic analysis lacks the clarity of sustained economic reflection. Like Voltaire's other contes, *L'Homme aux quarante écus* is a spontaneous production, a by-product of the erudition of years.

2. *Composition and publication*

It is possible to assign fairly narrow limits to the period of composition of *L'Homme aux quarante écus*.[77] From the middle of

[74] Paris 1755 (BV201: Paris 1764).

[75] 1774 (M.xix.573). See R. Galliani, 'Voltaire, Astruc, et la maladie vénérienne', *Studies* 219 (1983), p.19-36.

[76] Johann Georg Altmann, *L'Etat et les délices de la Suisse ou description helvétique historique et géographique* (Basle 1764; BV55).

[77] Alexander Jovicevich's contention that a preliminary version existed as early as 1763 is not substantiated by any conclusive evidence and, moreover, underestimates the importance of the years 1767-1768 for the physiocratic movement;

1767 there are references in Voltaire's correspondence to some of the works used to write the conte. A letter of 19 July from Wargemont (D14293) shows that Voltaire had asked for a copy of Le Mercier de La Rivière's *Ordre naturel*, and his first known reference to it occurs in a letter to Damilaville of 8 August (D14344):

M. le prince Galitzin me mande que le livre intitulé: *L'ordre essentiel et naturel des sociétés politiques* est fort au dessus de Montesquieu. N'est ce pas le livre que vous m'avez dit ne rien valoir du tout? Le titre m'en déplaît fort.

We do not know precisely when the book came into Voltaire's hands: he did not possess a copy in mid-August (D14363), on 7 October he had not yet started reading it (D14470), but on 16 October he told Damilaville (D14490):

J'ai lu une grande partie de *l'ordre essentiel des sociétés*; cette essence m'a porté quelquefois à la tête et m'a mis de mauvaise humeur. Il est bien certain que la terre paye tout; quel homme n'est pas convaincu de cette vérité? Mais qu'un seul homme soit le propriétaire de toutes les terres, c'est une idée monstrueuse, et ce n'est pas la seule de cette espèce dans ce livre qui d'ailleurs est profond, méthodique, et d'une sécheresse désagréable. On peut profiter de ce qu'il y a de bon, et laisser là le mauvais.

On 30 October he pressed Damilaville, evidently for the second time, to give his views on it (D14506).

There are several indications in Voltaire's correspondence over the following month that he was gathering statistical data to refute Le Mercier de La Rivière. On 2 November he asked whether Damilaville was acquainted with a book on population by Messance,[78] having heard that the *intendant* La Michodière had been

---

see Jovicevich, 'Sur la date de composition de *L'Homme aux quarante écus*', *Symposium* 18 (Fall 1964), p.251-57.

[78] *Recherches sur la population des généralités d'Auvergne, de Lyon, de Rouen, et de quelques provinces et villes du royaume, avec des réflexions sur la valeur du bled tant en France qu'en Angleterre, depuis 1674 jusqu'en 1764* (Paris 1766; BV2432). Messance's work was a source for the 'Entretien avec un géomètre' (see below, p.302).

involved in its composition and that it was 'très éxact et très bien fait' (D14514). The next day he told Moreau de La Rochette that France was not 'aussi dépeuplée qu'on le dit' (D14516). On 14 November he expressed satisfaction at steps taken by the Conseil to favour 'le commerce et la population du roiaume' (D14530).

On 6 December the French Resident at Geneva, Pierre-Michel Hennin, presumably in response to a request from Voltaire, sent him some information about the physiocrats and about the reception of Le Mercier de La Rivière's *Ordre naturel* in the periodicals:

Voici m. la gazette du commerce où je n'ai marqué que les pièces qui ont suivi de près la publication du livre de M. de la Rivière. Il y en a dans le commencement de l'année une ou deux qui traitent plus particulièrement des principes que cet Ecrivain a adoptés, qui appartiennent à l'auteur du tableau œconomique. C'est dans le journal d'agriculture que je n'ai point, mais que j'espère trouver ici, que sont celles où la matière est discutée à fond, et les auteurs des Ephémérides du citoyen sont les champions de Mrs Quesnay et de la Rivière. Je suis bien aise de vous avertir au reste M. que cette querelle a mis beaucoup de personnes sur la scène: M. de Mirabeau, mad^e de Marchais, m. de Forbonnois. [79]

Hennin concluded by asking Voltaire to teach these writers 'qu'on peut parler françois en traitant des sujets œconomiques, et que tout législateur doit être clair' (D14573). He seemed to be under the impression that Voltaire as yet knew little about the physiocrats but intended to inform himself and write about them.

Although Voltaire's idea of refuting the *Ordre naturel* may have originated in late October 1767, there is no evidence that he tried to obtain information on the movement in general before his request to Hennin. He continued to invite comment from his friends. As late as 25 December 1767 he hinted that he would

---

[79] D14573. The 'Papiers et correspondance de Pierre-Michel Hennin' in the Bibliothèque de l'Institut de France show that Hennin corresponded with Quesnay, Elisabeth-Josèphe de La Borde, baronne de Marchais and Forbonnais between 1758 and 1760.

welcome Chardon's opinion on Le Mercier de La Rivière's book, his own view still being unfavourable (D14618). We do not possess Chardon's reply, but Voltaire probably did not wait for it before beginning work on his conte.

Voltaire's documentation on the movement seems not to have been extensive. He did not read the *Ordre naturel* with great care. [80] Of the few marginal comments and markers in his copy, only two of the latter have a direct bearing on the text of *L'Homme aux quarante écus* (CN, v.302-303). He probably scanned hastily the periodicals recommended by Hennin, [81] though he makes no reference to them in his conte or in his correspondence of this period, and he looked again at Mirabeau's *L'Ami des hommes* and *Théorie de l'impôt*. Most of his statistical data came from non-physiocratic sources.

On 13 January 1768 Voltaire assured Joseph-Michel-Antoine Servan (D14668):

il y a longtemps que mon cœur me disait de vous remercier des deux discours que vous avez prononcés au parlement, qui ont été imprimés [...] Vous verrez, Monsieur, par le petit fragment que j'ai l'honneur de vous envoyer, combien on vous rend déjà justice. On vous cite comme un ancien tout jeune que vous êtes.

---

[80] See below, p.294-98.

[81] The journals mentioned by Hennin contain numerous articles for and against the physiocrats, for example: *Gazette du commerce* (22 August 1767), p.665-66; *Journal de l'agriculture*: (January 1767), p.156-92; (April 1767), p.174-80; (August 1767), p.57-100; (October 1767), p.138-61; (November 1767), p.100-24, 171-91. In the *Journal de l'agriculture* there are extracts from Le Mercier de La Rivière's *Ordre naturel*: (September 1767), p.98-124; (October 1767), p.73-100; (November 1767), p.125-62; and from Forbonnais's *Principes et observations économiques*: (April 1767), p.3-48; (May 1767), p.3-24; (June 1767), p.3-27; (July 1767), p.3-25; (October 1767), p.3-36; (November 1767), p.3-32. Baudeau's explanation of Quesnay's *Tableau économique* occurs in the *Ephémérides du citoyen*: (1767), xi.134-64; xii.137-82; as do numerous articles on Le Mercier de La Rivière's *Ordre naturel*: (1767), vii.159, 163-67; viii.153-200; ix.151-75; x.218-20; xi.165-85; xii.183-209. Of these journals, only the *Ephémérides du citoyen* is in Voltaire's library (BV1223).

The 'petit fragment' was undoubtedly part of *L'Homme aux quarante écus*, for 'Des proportions' contains four long quotations from Servan's *Discours sur l'administration de la justice criminelle*.[82] The fragment may well have consisted of printed pages, for many years later, in his notes for the Kehl edition prepared for Catherine II, Wagnière recorded that *L'Homme aux quarante écus* was 'composé et imprimé en 1767 à la fin'.[83]

There are indications in the correspondence that Voltaire was still working on *L'Homme aux quarante écus* during the early part of January 1768. A remark to Hennin on 17 January revealed how little his recent reading of physiocratic writings had affected his admiration for English commercial achievements (D14684). The 'Lettre à l'homme aux quarante écus' was doubtless on his mind when he observed to Moreau de La Rochette the next day: 'Je m'imagine, monsieur, que vous n'avez guère plus profité que moi de tous les livres qu'on fait à Paris, au coin du feu, sur l'agriculture. Ils ne servent pas plus que toutes les rêveries sur le gouvernement: *Experientia rerum magistra*' (D14689). Commenting on the Genevan troubles, he concluded on 14 January: 'il n'y a qu'un bon souper qui puisse mettre la paix dans la République' (D14672), and on 17 and 18 January he reported Catherine's account of her ecumenical assembly with satisfaction (D14684, D14685). The 'Grande querelle' and 'D'un bon souper chez monsieur André' demonstrate his hero's talents in these areas. Bernard Routh's death, mentioned in the 'Scélérat chassé', occurred on 18 January 1768, although Voltaire may have been misinformed on this subject.[84]

Complete proofs were probably circulating a few days after Servan was sent his fragment on 13 January. The work's existence was recorded in a despatch dated 18 January from Avignon and

[82] Genève [Grenoble] 1767 (BV3152).
[83] See Brown, 'Calendar of Voltaire manuscripts', p.68.
[84] See below, p.393-94, n.3 and n.4.

published in a supplement to the *Gazette de Berne* on 10 February. [85] Bound copies may not have been available until the last week in January, for a copy of 68G1 that forms part of the large collection of Genevan first editions of Voltaire's works owned by the Tronchin family bears on the half-title the inscription by Jean-Armand Tronchin: 'a paru le 25 Janvier 1768'. The first edition was printed, without the author's name or the place of publication, in Geneva, not, as has long been supposed, by the Cramers, but, like many of Voltaire's works at this period, by Gabriel Grasset, who had established his own publishing firm after having been employed by the Cramers. [86]

L'Homme aux quarante écus may have been one of two unspecified 'polissonneries' which Voltaire sent out on 29 January 1768 (D14708). On 3 February he at last refers to it by name when sending it to Chardon (D14719):

J'ai l'honneur, Monsieur, de vous envoier un petit écrit qui m'est tombé entre les mains. C'est une espèce de réponse à ceux qui par passe temps se sont mis à gouverner l'état depuis quelques années. Je n'ose le présenter à Mr Le Duc De Choiseul. Cela est hérissé de calculs qui réjouïraient peu une tête toute farcie d'escadrons et de bataillons, et des intérêts de tous les princes de l'Europe. Cependant, Monsieur, si vous jugiez qu'il y eût dans cette rapsodie, quelque plaisanterie bonne ou mauvaise qui pût le faire digérer guaiement après ses tristes diners, je hazarderais de mettre à ses pieds, comme aux vôtres, l'homme aux quarante écus.

Voltaire also sent *L'Homme aux quarante écus* on the same day to an unidentified woman, perhaps Mme d'Epinay (D14722), and on 6 February to François de Chennevières (D14733), to whom he observed on 12 May 1768: 'c'est précisément à mr de Menard, chef de bureau, que j'avais envoyé, il y a trois mois, le 1er exemplaire'

[85] See D14751, commentary.
[86] See A. Brown and U. Kölving, 'Voltaire and Cramer?', *Le Siècle de Voltaire: hommage à René Pomeau*, ed. C. Mervaud and S. Menant (Oxford 1987), p.149-83.

(D15012). On 10 February he told Damilaville that a copy would be sent to him (D14743), and on 15 February he offered it to d'Argental (D14755). Paul-Claude Moultou must also have obtained one of the first copies, for in a letter dated tentatively 5 February 1768 he informed Voltaire that he had read it (D14729).

L'Homme aux quarante écus was soon available beyond the circle of Voltaire's friends to the general public. Joseph d'Hémery identified both author and place of publication under the heading 'Livres nouveaux' on 18 February: 'L'homme aux quarante écus brochure in 8 de 118 pages imprimé à Genève ce dont il y a ici quelques exemplaires qui sont parvenus par la poste ou par des personnes qui sont venues de ce pays-là; c'est encore une nouvelle production de Mr de Voltaire',[87] revealing that by that date copies had reached Paris, and it was noted, along with the name of the author, in the *Mémoires secrets* on 21 February (iii.362).

3. Reception

As with so many of his works, Voltaire seems to have been apprehensive of official reaction to *L'Homme aux quarante écus* and reluctant to be publicly associated with it. On 10 February 1768 the despatch dated 18 January from Avignon and published in a supplement to the *Gazette de Berne* revealed, without giving the actual title, that:

Le sieur de Voltaire [...] vient de donner un nouvel essort à ses précédentes imaginations par plusieurs pièces dont certaines font du bruit; l'une est une réfutation de l'Ordre naturel et essentiel des sociétés politiques de M. de la Riviere, de la Théorie des lois de M. l'avocat Linguet, et une brochure intitulée *le Dîner*.

---

[87] Bn F22165, f.12v. The work does not figure among the books accepted or refused in the *Registre des permissions tacites* (Bn F21981).

Voltaire's displeasure at this indiscretion must have been consider-able. On 11 February a certain Meunier wrote him a letter exonerating André de Maucourant de Maurancourt, the former editor of the *Gazette de Berne* and Meunier's father-in-law. [88] On 13 February the *avoyer* count Albrecht Friedrich von Erlach expressed his indignation at the despatch and informed Voltaire that he had asked the new editor, Antoine Delorme, [89] 'de le Resvoquer absoluement par sa Gasette de ce jour' (D14754). On the same day, in a letter which crossed with that of Erlach (D14751), and again on 16 February (D14758), Voltaire complained about the contents of the journal under its new editorship. Erlach responded on 21 February with a second letter of apology (D14769), and an unsatisfactory retraction published in a supple-ment to the *Gazette de Berne* on 13 February was followed on 20 February by a statement in the *Gazette de Berne* that Voltaire denied authorship. [90]

The incident suggests that Voltaire classed *L'Homme aux quarante écus* among his more dangerous works, but he was doubtless more anxious still about *Le Dîner du comte de Boulain-villiers*. While he vigorously and repeatedly denied authorship of the latter, [91] he never, except allegedly in the letter to the *Gazette de Berne*, explicitly denied writing *L'Homme aux quarante écus* or expressed anxiety about it. On 15 February 1768 he remarked placidly to d'Argental (D14755):

Pour l'homme aux quarante écus, on voit aisément que c'est l'ouvrage

---

[88] Meunier states that Maurancourt oversaw his last issue of the *Gazette de Berne* on 6 February (D14746).

[89] On the identity of Antoine Delorme, hitherto confused with Jean-Louis Delorme, see *Dictionnaire des journaux*, ed. J. Sgard (Paris, Oxford 1991), i.458. Antoine Delorme edited the journal for a brief period after Maurancourt and was responsible for the publication of the despatch (see D14746, commentary; D14769).

[90] See L.-E. Roulet, *Voltaire et les Bernois* (La Chaux-de-Fonds 1950), p.181-82; D14754, commentary; D14769.

[91] See *Le Dîner du comte de Boulainvilliers*, ed. U. Kölving (V 63A, p.296-97).

d'un calculateur. Le ministère en doit être content. Je n'envoye jamais de brochures à Paris, mais je crois qu'on peut vous faire tenir celle là sans vous compromettre. Je la chercherai si vous en êtes curieux.

He did not admit authorship until 25 November 1773, in a letter to the comte de Milly (D18648), and elsewhere offered it to his friends as the work of 'un commis des finances' (D14733) and 'un commis du grenier à sel de notre ville' (D14722). He told Chabanon that it was not 'assez sérieux' to be presented to Sartines (D14955). Extracts of the conte were published anonymously in July and August in the *Mercure de France*,[92] with a drastically expurgated text in which the connection with *L'Homme aux quarante écus* is carefully concealed (the words 'l'homme aux quarante écus' invariably being replaced by 'un citoyen') and all derogatory allusions to the clergy and civil authorities are suppressed. The result is a relatively inoffensive text, incumbent on a journal published *avec approbation et privilège du roi*. Voltaire undoubtedly condoned,[93] if he did not actually arrange, the mutilation of the text of *L'Homme aux quarante écus*, which suggests that he regarded the work as controversial.

Hennin obviously agreed. When on 20 March 1768 Millin de Grandmaison wrote from Paris asking him for copies of *La Défense de mon oncle* and of *L'Homme aux quarante écus*, Hennin replied on 3 May:

Je n'ai point oublié M. la Commision dont vous me chargiez, mais j'ai

---

[92] July 1768, ii.32-35: the introduction (l.1-50), with the title 'Le vieillard politique'; ii.55-67: part of the 'Entretien avec un géomètre' (l.1-217), with the title 'Entretien entre un géomètre et un citoyen de Paris'; August 1768, p.50-59: 'D'un bon souper chez monsieur André', with the title 'Souper philosophique chez M. André'.

[93] On 22 July 1768 he congratulated the new editor, Jacques Lacombe, on the quality of the journal (D15152), and on 19 August he observed to François Marin: 'Ce m^r Lacombe est un homme qui a beaucoup d'esprit. Son prédécesseur était un bœuf' (D15178). When praising the *Mercure de France* to d'Alembert on 13 January 1769 he said: 'Il y a des extraits de livres fort bien faits' (D15427).

attendu jusqu'à ce jour l'occasion de vous envoyer les brochures que vous me demandez. Il y a longtems que vous les auriez Si par des raisons que vous pourrez imaginer je ne m'etois fait une loy de ne jamais envoyer par la poste aucune brochure. Ma famille même me trouve trop rapide a cet egard. Quoiqu'il en soit, je crois qu'il convient que le Resident du Roy ne puisse pas etre repris pour pareille chose. [94]

If Voltaire had apprehensions, they were justified. *L'Homme aux quarante écus* figures several times in the *Registre des livres arrivant à Paris et arrêtés dans les visites faites par les syndics et adjoints*: on 25 June 1768, along with other works, it was 'suspendu' and 'renvoyé à l'étranger par jugement du 7 Juin et parti le 15 du même mois'; on 9 September, 16 [?] December, 4 January 1769 and 7 April it was 'suspendu [...] comme prohibé'; and on 20 June, again with other works, it was 'suspendu sur la Chambre Syndicale'. [95]

Further evidence of the unfavourable official reaction to *L'Homme aux quarante écus* is a decree of the Paris *parlement* of 24 September 1768 condemning Jean-Baptiste Josserand 'garçon épicier', Jean Lecuyer 'brocanteur', and Lecuyer's wife Marie Suisse, 'pour avoir vendu des livres contraires aux bonnes mœurs et à la religion'. [96] The decree ordered that the books in question – *L'Homme aux quarante écus*, Dubois-Fontanelle's tragedy *Ericie ou la vestale* and d'Holbach's *Christianisme dévoilé* [97] – be burnt in public. Diderot expressed surprise at the inclusion of *L'Homme aux quarante écus* in the decree, but gave the following explanation:

[94] Hennin, 'Papiers et correspondance', MS 1269, f.462r.

[95] Bn F21932. On this last occasion, according to a marginal note in a different hand, it was 'à rendre à Mde Denis par ordre particulier du 24 juin 1769 en payant Vingtune livres'. In a third hand are the words 'Cretel pour madame denis'. Mme Denis did not return from Paris to Ferney until October 1769.

[96] Paris, An, AD^III 26, *Bibliothèque administrative. Législation criminelle. Livres condamnés* (1765-1770). The decree was the outcome of an appeal to the *parlement* against the sentence pronounced at a 'Procès criminel fait par le lieutenant-général de police du Châtelet de Paris'.

[97] The books are named in letters from Diderot to Sophie Volland (Roth-Varloot, viii.186-87) and from d'Alembert to Voltaire (D15271).

Vous connoissez *L'Homme aux quarante écus*, et vous aurez bien de la peine à deviner par quelle raison il se trouve dans cet arrêt infamant. C'est la suite du profond ressentiment que nos seigneurs gardent d'un certain article *Tyran* du *Dictionnaire portatif*, dont vous vous souviendrez peut-être. Ils ne pardonneront jamais à M. de Voltaire d'avoir dit qu'il valoit mieux avoir à faire à une seule énorme bête féroce qu'on pouvoit éviter, qu'à une bande de petits tigres subalternes qu'on trouvoit sans cesse entre ses jambes. Et voilà la raison pour laquelle le *Dictionnaire portatif* a été brûlé dans l'affaire du jeune La Barre, qui n'avoit point ce livre. [98]

The harshness of the sentences [99] seems to have attracted considerable attention. [100] Technically the Paris *parlement* was acting in accordance with a decree of 28 March 1764 banning all writings on financial administration on pain of severe punishment, but this ban was rarely strictly enforced. [101] While critical of the current fiscal system, *L'Homme aux quarante écus* contained no concrete proposals for fiscal reform which could contradict the *parlementaires'* own plans for taxation. Moreover, though Le Mercier de La Rivière was a *conseiller au parlement*, the *parlementaires*, as

---

[98] Roth-Varloot, viii.187.

[99] All three were condemned to the stocks for three days, the two men to be branded and sent to the galleys for nine and five years respectively and Marie Suisse to spend five years in 'la maison de force de l'hôpital général'. According to a manuscript note on the record in the Archives nationales, the decree was implemented on 3, 4 and 5 October 1768, and d'Alembert told Voltaire that one of the convicted men 'est mort de désespoir le lendemain de l'exécution' (D15271). Josserand and Marie Suisse seem to have been liberated thanks to d'Argental's influence and assisted financially by Voltaire; see D15505, D15627, D15659.

[100] See J.-P. Belin, *Le Commerce des livres prohibés à Paris de 1750 à 1759* (Paris 1913), p.115; N. Herrmann-Mascard, *La Censure des livres à Paris à la fin de l'ancien régime (1750-1789)* (Paris 1968), p.127. The *Gazette d'Utrecht* recorded the event in a supplement of 14 October 1768, stating that it had aroused 'la plus grande compassion du public'. The incident was also noted in the *Mémoires secrets* (iv.128-29) and, on 2 October 1768, in a document in the archives of the château d'Harcourt; see *Le Gouvernement de Normandie au XVIIe et au XVIIIe siècle: documents tirés des archives du château d'Harcourt*, ed. C. Hippeau (Caen 1863), iv.41-42.

[101] See A. Saricks, *Pierre-Samuel Du Pont de Nemours* (Kansas 1965), p.36.

landowners, were not favourably disposed towards the physiocratic proposal for a single tax on land. Nor did they appreciate Le Mercier de La Rivière's emphasis on strong central government. *L'Homme aux quarante écus* does, however, contain a reference to the expulsion of the Jesuits unflattering to the Jansenists with whom the *parlements* sided, and the *chambre des vacations* which issued the decree of condemnation was presided over by the inflexible Jansenist Le Peletier de Saint-Fargeau (see D15271).

Voltaire himself gave two slightly differing explanations of the grim event. The first, to Mme Denis, appears to attribute the indictment of his book to parlementary sensibilities: 'on dit qu'on y combat le sentiment d'un conseiller au parlement. Cela est effroyable' (D15273). In a later letter to his nephew Dompierre d'Hornoy, who was a *conseiller au parlement*, he focused on the errors of the agents who made the arrests: 'Les gens qui trouvèrent ce livre entre les mains du nommé Josserand en voiant ces mots gouvernement, ministres, contrôleurs généraux, s'imaginèrent que c'était en éffet du contrôleur général et des ministres réels qu'on parlait. De pareilles méprises ne sont pas râres' (D15518). Whatever the reasons for the *parlement*'s indictment, it was emulated when *L'Homme aux quarante écus* was included in a decree of the court of Rome of 29 November 1771 and in an edict of the Spanish Inquisition of 20 June 1779. [102]

Official condemnation, contrary to intention, made for popularity. The *Gazette de Berne* implied as early as 10 February 1768 that the work was one of a number which 'font du bruit'. [103] The number of editions of *L'Homme aux quarante écus* testifies to the public demand. There are at least 24 separate editions or reprints in French bearing the date 1768, all without the name of the author, though Voltaire does not seem to have been directly involved with any except the first. A letter of 18 February to John

[102] See *Index librorum prohibitorum*; F. Lafarga, *Voltaire en Espagne (1734-1835)*, Studies 261 (1989), p.33.

[103] See above, p.240.

246

Wilkes from an unknown Parisian correspondent shows that an edition was by then thought to be already available in London. [104]

There is little doubt that some months later Marc-Michel Rey produced his own edition in Amsterdam. On 14 March Du Peyrou promised to send Rey a copy from Neuchâtel. [105] On 7 October Frédéric-Henri Jacobi in Düsseldorf asked Rey for the *conte* and in a letter dated tentatively 4 April 1769 he ordered three copies. [106]

In October 1768 Jean Capperonnier asked Hennin to procure *L'Homme aux quarante écus* and some other works (D15261). Chiniac de La Bastide included it in a list of works that he offered to send to the bookseller Laurent on 2 November, providing him on 25 December with a price list (1 livre 10 sous for *L'Homme aux quarante écus*) and asking him for a safe address through which to get them into France (D15288, D15386). Montmoreau told Sudrac de Ludrac that he had asked for the book at Bordeaux, and expressed satisfaction at its comments on Italy (D15376). Catherine II had received a copy by December (D15396):

J'ai augmenté le peu ou point de médecine qu'on doñe pendant l'inoculation de trois ou quatre exellent spécifique que je recomande à tout homñe de bon sens de ne point négliger en pareille occasion. S'est de ce faire lire l'Ecossaise, Candide, l'Ingenu, l'homñe aux quarante écus et la Princesse de Babilone, il n'i a pas moyen après cela de sentir le moindre mal.

---

[104] 'Envoyez moi tout de suite par la poste deux brochures de Mr de Voltaire intitulées la Ière Le diner de Mrs de Boulainvilliers et L'abbé Couet, la seconde: L'homme aux quarante écus. Vous trouverez à Londres ces 2 brochures pour un petit Ecu; ici, on ne nous permet pas de les lire à moins que nous n'ayons 5 ou 6 louis de trop dans nos poches [...] do pray dear Jack send me them two pamphlets directly' (G. Bonno, 'Lettre inédite d'un correspondant parisien de John Wilkes', *Revue de littérature comparée* 17, 1937, p.713-14).

[105] D14833. On 17 March he explained that he still could not get one (D14848). Presumably he was successful by 26 March when he wrote: 'Depuis douze jours voici le quatriéme envoy que je vous fais' (D14886).

[106] J. Th. de Booy and R. Mortier, *Les Années de formation de F. H. Jacobi, d'après ses lettres inédites à M. M. Rey (1763-1771)*, Studies 45 (1966), p.126, 146.

But the success of *L'Homme aux quarante écus* was undoubtedly due at least as much to the reputation of its author as to official hostility. Its popularity was certainly not occasioned by wide formal publicity in the press; besides the references to the French edition in the announcements in the *Gazette de Berne* and the *Mémoires secrets* in February and the veiled excerpts in the *Mercure de France* of July and August, the *Courrier du Bas-Rhin* of 2 March gave a careless view of the work, praising 'ce roman aussi ingénieux que critique et plaisant' but providing an inaccurate account of the contents; on 4 March *Le Courrier d'Avignon* recorded under the rubric 'De Paris le 25 février' the publication of 'une brochure qui a pour titre, *l'Homme aux quarante écus*, contenant 120 pages' endorsing the view that it was arousing public interest 'parce qu'elle part de la plume d'un célèbre auteur' (xix.80). On 18 March the *Gazette d'Utrecht* included it among works 'que le public recherche avec tant d'avidité'.

It would be unfair to suggest that the work's acclaim owed nothing to its intrinsic merits, however. On reading *L'Homme aux quarante écus* and *Le Dîner du comte de Boulainvilliers* Moultou commented, in a letter which exists only in translation: 'It is impossible that every eye should not be at last opened to the truth',[107] and Voltaire reported that 'M. le duc de Choiseul et m. Bertin en ont été très contents'.[108] Moreau de La Rochette was even more delighted (D14986):

Je conviens, monsieur, que quarante écus et vingt-trois ans de vie sont un bien mauvais présent; mais la sauce vaut mieux que le poison, et la manière honnête avec laquelle vous payez vos dettes, est une marque d'attention qui met le comble à ma reconnaissance. Vos quarante écus, au surplus, sont une monnaie très précieuse pour moi. Les vingt-trois ans de vie n'en diminuent pas la valeur, parce qu'il faut savoir prendre son parti. Si j'avais tous les soirs, quand je rentre chez moi, après avoir

[107] D14729 and textual notes.
[108] D14796; see also D15273.

bien parcouru mes plants, quarante écus de cette espèce, et le bon souper de m. André, je me délasserais avec l'un et me réjouirais avec l'autre. Les vingt-trois ans de vie se passeraient très agréablement; et en vérité, monsieur, c'est à quoi je voudrais voir borner toutes mes richesses; mais où trouver des quarante écus comme les vôtres, et des personnes comme celles du souper de m. André? Ce sont des trésors rares; aussi les gens raisonnables préfèrent souvent de se coucher sans souper.

Other personal recipients of the *conte*, apart from those already mentioned (see above, p.240-41), include the comte de Rochefort, Mme Denis, and perhaps Grimm. In letters to La Tourette, Deparcieux, Thiriot and Tabareau, Voltaire alluded to the work on the assumption that they were acquainted with it.[109] For the most part their reactions are unknown. Voltaire was frustrated at the lack of any comment from d'Argental[110] and especially from Chennevières and Mesnard de Clesle.[111]

Voltaire himself had a high opinion of the work. He told the marquise Du Deffand on 30 March 1768: 'J'ai reçu de Hollande une princesse de Babilone. J'aime mieux les quarante écus que je ne vous envoie point, parce que vous n'êtes pas arithméticienne, et que vous ne vous souciez guères de savoir si la France est riche ou pauvre' (D14897), and he described it to Mme Denis as 'un ouvrage sage et utile' (D15273). *The Monthly review*, which published excerpts of the English translation of 1768, also thought *La Princesse de Babylone* inferior to *L'Homme aux quarante écus*, which 'comes down more to the level of common sense than the former, and contains shrewd but rambling observations on modern government, religion, sciences, and manners'. The reviewer added that 'our author's reflections on proportional punishments are truly excellent'.[112]

---

[109] See D14827, D15082, D15212, D15232.

[110] See D14904, D14954

[111] See D14942, D15012, D15033.

[112] August 1768, xxxix.126, 131. *The Monthly review* was sold by Becket and D'Hondt, the publishers of the translation (see below, p.280). An excerpt from its

The Gentleman's magazine of July 1768, also commenting on the English translation, disagreed. *L'Homme aux quarante écus* was 'much inferior to the *Princess of Babylon*' and contained 'little entertainment but much scepticism and indecency' (p.336). The intitial review in the *Mémoires secrets* of 21 February was entirely negative: 'Cette facétie n'est point amusante comme les autres: elle n'a ni grâces ni légèreté' and the various subjects are passed in review 'avec assez peu d'adresse [...] Cela devient fastidieux jusqu'à la nausée' (iii.362). By 22 August, however, when compared with Coyer's *Chinki*,[113] which 'peut être regardée comme le pendant de l'Homme aux quarante écus', Voltaire's work was thought to have 'des grâces, une gaieté, une aménité et une variété dont manque absolument Chinki' (iv.100).

Palissot, distrustful of the *esprit de système* in both its economic and its scientific manifestations, was sympathetic with the aims of *L'Homme aux quarante écus* but critical of its structure:

cet assemblage de parties hétérogènes, quoique liées par un même titre, ne pouvait former un véritable roman. Les plaisanteries de l'auteur ne sont pas toutes également piquantes; mais on y reconnaît toujours sa manière ingénieuse de jeter du ridicule sur les opinions qui pouvaient en être susceptibles, et ce talent si rare de mettre à la portée du peuple des questions d'une philosophie souvent très abstraite.[114]

The Encyclopedist Le Roy criticised Voltaire's observations on taxation, wrongly accusing him of failing to perceive that the burden of existing taxation was perhaps more onerous than the physiocratic *impôt unique*. Voltaire wrote *L'Homme aux quarante écus* when 'la fureur de briller dans tous les genres l'a saisi. Il a voulu se montrer à la fois physicien, politique, économiste,

---

comment was quoted in the announcement of *L'Homme aux quarante écus* in *The Scots magazine* of October 1768 (xxx.536).

[113] See below, n.119.

[114] Charles Palissot de Montenoy, *Le Génie de Voltaire*, in *Œuvres complètes* (Paris 1809), vi.233.

moraliste', and he had wanted to demonstrate 'son habileté particulière en économie politique'.[115]

Some criticisms were unmitigated by any recognition of the merits of the work. In *Voltaire parmi les ombres* Charles-Louis Richard interpreted *L'Homme aux quarante écus* as an attack on royal authority,[116] perhaps understandably in view of Voltaire's comments on Switzerland and his failure to clarify his attitude to physiocratic political principles. A pamphlet by Jean Dombre of Nîmes entitled *Le De Voltaire dévoilé ou réponse à l'Homme aux quarante écus* (1768) purported to deal expressly with *L'Homme aux quarante écus* but scarcely mentioned it, and ignored its subject matter, apart from the satire of Fréron and Patouillet and of France's annual payments to the Pope.[117]

Although Voltaire was more interested in conveying his ideas than in establishing a literary precedent, *L'Homme aux quarante écus* is not a work of methodical, carefully reasoned refutation, but rather an expression of spontaneous revulsion at what seemed a grossly unfair method of levying taxes. Perhaps this is why none of the journals most involved in the current disputes on physiocracy mentioned it. Contributors to the *Gazette du commerce* and the *Journal de l'agriculture* did not corroborate their opposition by open allusion to the work, though certain criticisms were somewhat reminiscent of Voltaire's in the 'Désastre'. For example, on 18 June 1768 an 'Associé au Bureau d'agriculture de Paris' congratulated the *Gazette du commerce* on its campaign against 'des

[115] Charles-Georges Le Roy, *Réflexions sur la jalousie, pour servir de commentaire aux derniers ouvrages de M. de Voltaire* (Amsterdam 1772), p.19-20.

[116] Genève, Paris 1776, p.214-15.

[117] Dombre, a Protestant no doubt genuinely disgusted with Voltaire's endeavours to undermine the Church, obviously had the impression that Voltaire had attacked 'quelques lignes de mon livre' (p.10), in which, it seems, Dombre had praised Voltaire. This book has not been traced. Voltaire is not known to have alluded to Dombre. *L'Homme aux quarante écus* seems to have been here no more than a pretext for an extraordinarily naïve, bombastic and splenetic general indictment: 'la hâche à la main, je vous mettrai en pièces après avoir mis au jour vos faiblesses' (p.5).

systèmes capables de causer la ruine d'un Etat', for 'vouloir du fonds de son cabinet être agriculteur, commerçant et législateur, c'est s'exposer à devenir la risée des êtres pensants' (p.481); and in the same month a correspondent in the *Journal de l'agriculture* asked: 'Quel est cet *ordre naturel des choses?* C'est celui où un homme qui aurait tout son bien en contrats, en billets sur la place, eût-il 400 000 livres de rente, serait dispensé de payer une obole à l'Etat!' (p.177). Nor did the physiocrats undertake to refute *L'Homme aux quarante écus* in the *Ephémérides du citoyen*, as was their custom with formidable opponents.

There is, nevertheless, evidence to suggest that the physiocrats were fearful of the work's impact and anxious to forestall further opposition of this kind. A letter from Dupont de Nemours of 1 September 1769 reveals that some time in 1768 he and Saint-Mégrin had paid a brief visit to Voltaire, presumably to prevent a flow of anti-physiocratic literature from Ferney (D15864). The letter strengthens the impression that the physiocrats were endeavouring to rally Voltaire's support; he was assured that Quesnay, Turgot, and Saint-Mégrin all held him in the highest esteem.

In 1769 there was a steady improvement in Voltaire's relations with the physiocrats, marked by a series of determined efforts on his part to emphasise their common ground and at the same time to discuss their differences amicably. On 1 July 1769 he wrote a cordial letter to Roubaud (D15721), a physiocrat since 1768, which was published in the *Mercure de France* in August and to which Roubaud replied in October in a long and deferential letter to the same journal (p.132-35). Towards the end of 1769, in the *Défense de Louis XIV contre l'auteur des Ephémérides*, Voltaire reproached the writers in the *Ephémérides* for their denigration of Louis XIV and Colbert, but assured them that their journal, which had provided 'des leçons dont j'ai profité', together with 'les bons articles de l'*Encyclopédie* sur l'agriculture', could 'suffire, à mon avis, pour l'instruction et le bonheur d'une nation entière' (*OH*, p.1283). He reiterated both his criticism and his praise in the *Diatribe à l'auteur des Ephémérides* (1775).

Thus, contrary to expectation, the publication of *L'Homme aux quarante écus* was followed by a new era of harmony in Voltaire's relations with the physiocrats. On 9 January 1770 the *Mémoires secrets* registered surprise at 'la modération avec laquelle il épargne ces journalistes, pour lesquels il montre tous les égards dus à de pareils philosophes' (xix.178), and on 1 January Grimm remarked: 'Notre grand patriarche de Ferney […] s'était très honnêtement moqué, dans son *Homme aux quarante écus*, de ce tas de pauvres diables qu'il appelait nos nouveaux ministres; il s'est cru depuis obligé d'en faire de pompeux éloges', adding, perhaps for his own satisfaction, 'quoique nous sachions de science certaine qu'il les méprise plus que jamais' (CLT, viii.420-21). The inference is that Voltaire's customary eagerness to ingratiate himself with prevailing powers may have accounted for his new policy of reconciliation: Maynon d'Invault, who had replaced Laverdy as *contrôleur général* in October 1768, was more kindly disposed towards the physiocrats. Government support, however, was far from steadfast, and in December 1769 the new *contrôleur général* resigned in frustration to be replaced by the hostile Terray.[118]

There is little doubt that Voltaire wrote *L'Homme aux quarante écus* with the aim of discrediting the physiocrats' 'ordre naturel' at the highest level. To what extent the work influenced governing circles is difficult to ascertain. After 1768 the physiocratic movement did begin to decline, but there were many potent forces to account for this.

If few people commented approvingly on *L'Homme aux quarante écus*, its influence between 1768 and 1845 was considerable. It was translated into both English and German in 1768, and in 1772 probably into Dutch, though not until 1780 into Russian.

Six works are said to derive inspiration from *L'Homme aux quarante écus*: Coyer's *Chinki*, Siret's *L'Homme au latin*, the

---

[118] See Weulersse, *Le Mouvement physiocratique*, i.173-74, 210.

anonymous *L'Homme aux trente-six fortunes*, *Naru, fils de Chinki*, probably by Duwicquet d'Ordre, J. J. Fazy's *L'Homme aux portions* and Saint-Chamans's *Le Petit-fils de l'homme aux quarante écus*.[119] In all these 'imitations' *L'Homme aux quarante écus* seems to have been envisaged as an appealing literary form. In each case the hero is an intelligent protagonist or spectator whose experiences are made the pretext for indicting opinions or abuses. With *L'Homme au latin* and *L'Homme aux trente-six fortunes* the connection with Voltaire goes no further. In *Chinki*, *Naru, fils de Chinki*, *L'Homme aux portions* and *Le Petit-fils de l'homme aux quarante écus*, all dealing mainly with economic and social matters, the links with *L'Homme aux quarante écus* are more obvious, but in the first two the debt to Voltaire is not acknowledged. *L'Homme aux quarante écus* is not named in *Chinki*, though one edition of 1768 bore the subtitle 'Seconde partie de l'Homme aux quarante écus' and was therefore attributed to Voltaire himself.[120] Nor is it named in *Naru, fils de Chinki*, where the influence of Voltaire is even more apparent.

[119] Gabriel-François Coyer, *Chinki, histoire cochinchinoise qui peut servir à d'autres pays* (Londres [Paris] 1768; BV893); Pierre-Louis Siret, *L'Homme au latin, ou la destinée des savants, histoire sans vraisemblance* (Genève 1769; but appearing at the end of 1768); *L'Homme aux trente-six fortunes, ou le Français à Constantinople et ailleurs* (Constantinople 1769); Louis-Alexandre Duwicquet d'Ordre, *Naru, fils de Chinki* (Londres 1776); J. J. Fazy, *L'Homme aux portions, ou conversations philosophiques et politiques* (Paris 1821); vicomte de Saint-Chamans, *Le Petit-fils de l'homme aux quarante écus* (Paris 1823); see J.-M. Quérard, *Les Supercheries littéraires dévoilées* (Paris 1869). To this list should be added the *Contre-enquête par L'Homme aux quarante écus; contenant un examen des arguments et des principes mis en avant dans l'enquête commerciale* (Paris 1834) by an unknown author, who merely adopts the title to represent the average man, and the *Lettres de M. de Voltaire à l'Homme aux quarante écus et réponses de l'Homme aux quarante écus à M. de Voltaire* (Paris 1845), ostensibly by 'Andréas Cassius', but thought to be the work of Bellecombe. This last work is a fantasy purporting to relate Voltaire's experiences after death: regarding Voltaire as 'créé pour combattre les abus de l'Eglise' (p.1), it seizes with relish upon the religious aspects of the tale.

[120] See A.-A. Barbier, *Dictionnaire des ouvrages anonymes et pseudonymes* (Paris 1806-1808).

In 1769 the designation 'L'Homme A Q. E.' was deemed sufficient by the author of *L'Homme aux trente-six fortunes* (p.3). Condorcet contended that *L'Homme aux quarante écus* was 'destiné à être lu par les hommes de tous les états dans l'Europe entière' and therefore undertook to refute Voltaire's position in the notes to the Kehl edition. According to Saint-Chamans's testimony in 1823 the work was 'déjà habitué [...] à jouer un rôle dans les discussions d'économie politique' (p.viii). In 1845 the author of the *Lettres de M. de Voltaire à l'homme aux quarante écus* claimed that 'tout le monde connaît l'Homme aux quarante écus de Voltaire' (p.1).

It is perhaps rash to assert that 'one can trace its influence in the *cahiers* of 1789'[121] but one Revolutionary leader, Brissot, affirmed: 'L'auteur y prêchait de grandes vérités', adding somewhat misleadingly: 'Il y prêchait l'égalité des fortunes, il y prêchait contre la propriété exclusive.'[122] It can be safely assumed that, through its reforming zeal, *L'Homme aux quarante écus* must have made some slight contribution to the climate of opinion that culminated in the upheaval of the French Revolution.[123] Such impact as it made was, as the numerous imitations show, undoubtedly due to its unsurpassed readability as a work on economics.

---

[121] H. Brailsford, *Voltaire* (London 1935), p.178.

[122] *Recherches philosophiques sur la propriété et le vol*, in *Bibliothèque philosophique du législateur, du politique, du jurisconsulte*, ed. Jacques-Pierre Brissot (Paris 1782), vi.293.

[123] In *De la richesse territoriale du royaume de France*, printed by order of the National Assembly in 1791, the chemist Antoine Lavoisier described *L'Homme aux quarante écus* as 'un chef-d'œuvre de profondeur. Pour le philosophe, c'est un traité complet d'économie politique et de plaisanterie; pour l'homme du monde, c'est un conte plein de gaieté: le génie supérieur à tous a trouvé moyen de se mettre au niveau de tous' (*Mélanges d'économie politique*, ed. L.-F.-E. Daire and G. de Molinari, Paris 1847, i.590-91).

4. 'L'Homme aux quarante écus' and the art of the short story

Until recent years, critics of Voltaire's contes have largely ignored *L'Homme aux quarante écus*. Nuçi Kotta has affirmed that it 'is not, strictly speaking, a tale', and Jacques Van den Heuvel has asked, 'Mérite-il le nom de conte, cet *Homme aux quarante écus*?'[124] Indeed, many of Voltaire's contemporaries described it as a 'brochure',[125] as did Voltaire himself,[126] and Palissot thought that it was not 'un véritable roman' (see above, p.250).

This point of view is understandable. The major part of *L'Homme aux quarante écus* consists of direct or indirect dialogue. Six sections out of sixteen can be described as almost pure dialogue, though only three of them, the 'Entretien', the 'Mariage' and 'De la vérole', are formal, with each speech preceded by the speaker's name. Even more disconcerting, perhaps, is the fact that at times the story is arbitrarily interrupted by the pure exposition of ideas. The 'Nouvelles douleurs occasionnées par les nouveaux systèmes' has no structural connection with the rest, being supposedly 'tiré des manuscrits d'un vieux solitaire', namely Voltaire,[127] who intervenes himself to dispute current geological and biological theories. The hero is temporarily forgotten, as he is at the beginning of 'Des proportions', which opens with a plea for proportionality between crime and punishment.

[124] N. Kotta, *L'Homme aux quarante écus: a study of Voltairian themes* (The Hague, Paris 1966), p.15; J. Van den Heuvel, *Voltaire dans ses contes* (Paris 1967), p.319, 327. More recently, the conte has received attention in R. J. Howells, *Disabled powers: a reading of Voltaire's contes* (Amsterdam 1993), p.153-67; R. Pearson, *The Fables of reason: a study of Voltaire's 'contes philosophiques'* (Oxford 1993), ch.2. See also p.262, n.134.

[125] For example Hennin and the anonymous correspondent of John Wilkes (see above, p.243-44, 247, n.104).

[126] See D14722, D14755.

[127] See his allusion to the *Histoire du docteur Akakia*, below, p.346.

It would thus appear that Voltaire paid scant attention to the formal structure of *L'Homme aux quarante écus*, and this impression is reinforced by his treatment of the fictional setting. Fantasy, normally an important element of his contes, is almost entirely absent. The story could be that of any peasant farmer in eighteenth-century France, and practically the only flight of imagination is the assumption that the physiocrats are in power. Yet even this fiction is readily abandoned when attention turns to existing fiscal abuses.

The work should not, however, be dismissed as a collection of heterogeneous ideas assembled with no concern for continuity. There is some justification for classing it among Voltaire's 'romans et contes' as successive editors of his works have done, particularly as in all the editions supervised by Voltaire it was so placed. Not only are there unifying themes in the work, but also a distinctly discernible story. Like Voltaire's other contes from *Micromégas* to *L'Ingénu*, *L'Homme aux quarante écus* is an intellectual odyssey. The narrative thread, moreover, is fairly well sustained, and in general Voltaire takes care to relate each section to its predecessors.

The plot follows the normal pattern of the Voltairian conte, though its peculiar feature is that it comprises two somewhat indistinct phases, the first relating the vicissitudes of the protagonist, the second his intellectual development. In the introductory section the impecunious hero listens to an Old Man lamenting current French economic conditions. In the 'Désastre' the hero relates how he had been imprisoned for failing to pay the equivalent of twenty écus when the physiocrats came to power and implemented a single tax on land. Following his release he meets a wealthy man who is exempt from taxation as his income is derived from investments rather than from land. The hero, puzzled by the rationale for this policy, consults a geometrician, who instructs him in economic matters, informs him that his income is the national average and advises him to marry in order to ease his financial situation. Reduced to beggary by the new tax, the hero is refused help from some Carmelites, who are also free from taxation as their wealth is invested in housing. Some grey musketeers eventually feed the hero and give him an écu, which he uses to attend an audience with the *contrôleur général*. When the *commis* who had imprisoned him arrives, the hero petitions the minister, and is awarded one hundred écus as compensation and exempted from the *taille* for life. The first phase of the story is over.

With his troubles ended, the hero is free to consider current issues with growing wisdom, enabling the author to air his own views. The pace of the tale slackens and the hero ceases to be the narrator. A letter from an unnamed person warns the hero against current agricultural systems. Then, in the 'Nouvelles douleurs', Voltaire exposes the follies of various scientific systems, before an unidentified narrator takes over the relation of events. The hero doubles his fortune by marrying a woman with an income of one hundred écus. Her subsequent pregnancy provides the occasion for a critique of various systems of generation. With a fortune and leisure, the hero eagerly endeavours to extend his knowledge. In conversations with the narrator, he deplores the celibacy of monks and their effect on the economy in general, and asks about the annates paid to the Holy See. Current judicial practices are condemned when the hero witnesses the torturing of an innocent man. Then, when two of his cousins fall victim to syphilis, which has been spread by troops garrisoned in his canton, the hero learns of the origins and progress of the disease from the head surgeon of the regiment.

We now learn that the hero's name is M. André. After six months' suffering his cousins die, leaving him their money. He also becomes the legatee of a distant relative and is obliged to collect his inheritance in Paris, allowing Voltaire to include a commentary on the capital, which is a standard feature of his *contes*. M. André secures his fortune by winning a case against the *fermiers du domaine* who try to deprive him of it. He gives to the poor of his district before satisfying his desire to build a library. He constructs a comfortable house on his four arpents of land, makes plans for his son's education, and gains a daughter.

After relating these details, the story returns to M. André's stay in Paris, during which he supposedly settles a 'Grande querelle' over Marmontel's *Bélisaire* by inviting the heads of the two factions to supper, which earns him a reputation as an arbitrator. He ousts a 'Scélérat' from the house without ceremony, and with the acquisition of a library his 'Bon sens' increases steadily. He discourses enthusiastically on the progress of human reason and we leave him holding a 'Bon souper', now fully equipped with the knowledge and discernment which wealth and leisure have enabled him to acquire. His 'voyage intellectuel' is complete.

With this emphasis on the hero's intellectual progress his character, like that of the heroes in Voltaire's other contes, is only lightly drawn. But the portrait such as it is is skilfully presented. At the outset the hero is no more than an anonymous victim of administrative abuses, endowed with a reflective disposition but largely preoccupied with his physical survival. When through a series of windfalls he attains prosperity, his name is revealed and his good qualities enumerated. He has become 'notre nouveau philosophe' (p.386), generous, industrious, modest, astute, and able to deal with rascals. The 'Grande querelle' even incorporates a sustained character sketch.

There is a marked evolution in M. André's mental faculties. In the 'Entretien avec un géomètre' which precedes his financial recovery, his comments and questions are generally naïve. His grasp of economics extends little beyond his awareness that he has been grossly overtaxed. Nor are his observations particularly astute immediately following his new-found security. With time, however, they become increasingly constructive, until in 'Des impôts payés à l'étranger' he makes an eloquent plea in favour of increased pay for country priests with the attendant possibility of abolishing tithing. No longer a merely passive student of life, he ultimately plays a positive role in current affairs, placing his accumulated wisdom and discernment at the disposal of others, and rejoicing in the progress of human reason. Such a method of portrayal skilfully reflects the political theme, reinforcing one of the most pungent observations in the tale: 'La misère avait affaibli les ressorts de l'âme de M. André, le bien-être leur a rendu leur élasticité' (p.396). The implication is that a person can only develop his individuality when he is properly fed. Voltaire's apparent lack of interest in his hero's character at the beginning of his tale is almost certainly intentional.

The story is no more than a pretext for discoursing on the author's chosen topics. The exposition of ideas is by definition an essential feature of any *conte philosophique*, as Voltaire explained when he advised Marmontel to adopt the genre (D11667). In *L'Homme aux quarante écus* the conversational technique is virtually imposed by the nature of the subject matter, as Vivienne Mylne observes, [128] and the fictional element is of necessity relegated to the background to a greater extent than in Voltaire's other contes.

The conversations are not in dialectic form, with all sides of a question presented. Often there is no real opposition of views between the speakers, though the 'Aventure avec un carme' and the 'Nouvelles douleurs' are lively exceptions. The role of the hero is generally to make artless, common-sense enquiries which throw into relief the absurdity of existing conditions and opinions and enable the main speaker to discourse on a given subject from a pre-determined point of view.

The technique was by no means new. Dialogue had been much used in antiquity, sometimes for economic matters, for example in Plato's *Republic* and *Laws* and Xenophon's *Economics*, where there is no real disagreement between the speakers. Voltaire may have derived his technique from these writers, but there is no tangible trace of influence. By 1767 the tradition of the dialogue was well established and immensely popular in France. [129] Voltaire

---

[128] 'Literary techniques and methods in Voltaire's *contes philosophiques*', *Studies* 57 (1967), p.1057.

[129] See F. Spear, 'The Dialogues of Voltaire', diss. (Columbia University 1957), p.12-13.

had scant respect for Pluche's *Le Spectacle de la nature*,[130] but he much admired the form of Fontenelle's *Entretiens sur la pluralité des mondes*. He had already written dialogues on economics himself. The *Dialogue entre un philosophe et un contrôleur général des finances* (1750) begins with a few questions and answers, but lapses into the mere exposition of Voltaire's economic views. *Des embellissements de la ville de Cachemire* (1749?), however, is almost entirely in dialogue form. The second part of Quesnay's *Physiocratie* (see above, note 41) incorporated two 'Dialogues sur le commerce, et sur les travaux des artisans', but presented long and carefully reasoned arguments on both sides. *L'Homme aux quarante écus* bears a much closer resemblance to Gérardin's *Dialogue d'un curé de campagne*[131] which Voltaire admired (D13997), and even more to the dialogue in Dupont de Nemours's *Réflexions sur l'écrit intitulé Richesse de l'Etat* (see above, note 28), a simple exposition of information by means of question and answer as in the 'Entretien avec un géomètre' (see D11423).

In none of these dialogues, however, did the authors attempt to create a piece of fiction. *L'Homme aux quarante écus* by contrast is much more than a series of conversations; it is the story of a person. Fénelon's *Télémaque* had incorporated economic reflections but it depicts a utopia, and with its classical setting and prolix speeches it has little connection with Voltaire's tale. Nor has *Mahmoud le Gasnévide* by Melon,[132] who gives a foretaste of his economic ideas in a tedious and intricate oriental fantasy which failed to impress Voltaire (D837). More relevant is Marmontel's *Bélisaire*, the subject of the 'Grande querelle'. Though the story

---

[130] Noël-Antoine Pluche, *Le Spectacle de la nature, ou entretiens sur les particularités de l'histoire naturelle, qui ont paru les plus propres à rendre les jeunes gens curieux, et à leur former l'esprit* (Paris 1732-1746; BV2765).

[131] *Dialogue d'un curé de campagne avec son marguillier, au sujet de l'édit du roi qui permet l'exportation des grains* (s.l. 1766; BV1455).

[132] *Mahmoud le Gasnévide, histoire orientale: fragment traduit de l'arabe, avec des notes* (Rotterdam 1729).

is quite different, taxation and luxury are among the topics discussed. The comments bear no detailed resemblance to Voltaire's, but incorporate the idea of simple, fair taxation implicit in *L'Homme aux quarante écus*. In each work the story is a mere pretext for the exposition of ideas, and the conversations are far more important than the narrative. In *Bélisaire*, however, the two main speakers in most of the conversations, Justinian and Belisarius, are mature and well informed, both eloquent in presenting opposing views, though the latter's always prevail. The hero of *L'Homme aux quarante écus* is intelligent but ingenuous, a successor to Candide and l'Ingénu, at least in the early part of the tale. [133] Only after a long series of enquiries is he sufficiently well-informed to offer arguments other than those of innate but uncultivated common sense. Sometimes, as with l'Ingénu, this common sense, untrammelled by prejudice, exposes the follies of 'civilised' behaviour, sometimes it reveals its own limitations. Candide and l'Ingénu do not, however, discuss economics. *L'Homme aux quarante écus* seems to have no real prototype among either Voltaire's own works or those of other writers except minimally in the last three sections of his *Pot-pourri*.

It cannot be called a masterpiece of fiction. While, as we have seen, Voltaire gave more thought to the structure than has usually been acknowledged, it is nonetheless true that some passages would have been better left out for the sake of structural unity, or at least presented in a way more compatible with the general pattern of the tale (see above, p.256). 'Clarity, consistency, persuasiveness' [134] are far from being the hallmarks of this work. Having created a hero, Voltaire should perhaps have allowed him to handle the scientific matters in the 'Nouvelles douleurs'. Voltaire

[133] D. A. Bonneville calls M. André 'Voltaire's anti-Candide', on the grounds that Candide finally stopped his intellectual pursuits (*Voltaire and the form of the novel*, Studies 158, 1976, p.73).

[134] R. Ginsberg, 'The argument of Voltaire's *L'Homme aux quarante écus*: a study in philosophic rhetoric', *Studies* 56 (1967), p.649.

fails to make a satisfactory distinction between the time when the physiocrats are allegedly in power and the time when conditions under the *ancien régime* prevail. In the 'Audience' the *contrôleur général* offers a dubious explanation for the hero's imprisonment by the physiocrats given the implicit acknowledgement of the physiocratic regime by the Geometrician, the Carmelite and the grey musketeers (see p.332-33). Certain obscurities impair the economic analysis in the 'Entretien' (p.313, n.29; p.318, n.33, n.34; p.319, 35; p.320, n.37; see Kotta, p.60-67, 72-82). The work bears numerous marks of haste. In the 'Aventure' and the 'Audience' events suggest Paris as the setting, but the hero is not said to have gone there until 'De la vérole' (see below, p.325-28, 386). In the 'Nouvelles douleurs' the narrator alleges that geological and biological theories 'ne m'avaient pas fait autant de mal que M. Boudot' (p.346), thus suggesting that he was also the letter-writer of the previous section, which, if intended, is by no means made clear. Numerical errors mar the 'Audience' (see p.332, l.66), the 'Lettre' (see p.334, n.2) and 'Des moines' (see p.360, n.8), a mistaken nationality 'De la vérole' (p.379, n.10), an unfortunate inclusion of a 'mais' the 'Mariage' (p.349, l.39), an incorrect designation of a source and a hilarious misreading of another source 'D'un bon souper' (p.403, n.11; p.406, n.18, 19). [135]

[135] Aware of its shortcomings as a work of fiction, R. Ginsberg has attempted to elevate *L'Homme aux quarante écus* to the rank of masterpiece by considering it a new genre, 'a work of philosophic rhetoric in which literary techniques are employed to persuade a universal audience to adopt a certain philosophic and practical outlook on life' (p.622) – a definition surely applicable to many of Voltaire's works – though he continues to refer to it as a 'conte'. R. J. Howells suggests that the narrative's 'radical dislocation figures that of the worldly reality represented' (*Disabled powers*, p.98). R. Pearson surmises that 'the apparent disorder of this conte is intended as a riposte to the specious and dangerous tidiness of system-builders' and concludes that the work 'achieves perfection as a text of the Enlightenment by telling a story in the manner of a supper party' (*The Fables of reason*, p.22, 27). Yet none of these fanciful efforts to make a virtue out of disorder, reflective less of Voltaire's intentions than of postmodern narrative and reader-oriented literary theory, adequately justifies the numerous flaws in the content and structure of *L'Homme aux quarante écus*. The lapses noted above stretch the idea of intentionality beyond credibility.

L'Homme aux quarante écus is nevertheless a fairly successful synthesis of the dialogue and conte techniques, forming a new departure in economic literature. For its readability to be fully appreciated, it has only to be compared with the extraordinary aridity and verbosity of the economic writings of Voltaire's age. Then we can understand why successive writers on economics eagerly adopted his technique, in the hope of alleviating the tedium of their subject and of communicating their ideas to a wider public.

5. *Editions*[136]

The first edition of *L'Homme aux quarante écus* (68G1) was printed and published in Geneva by Gabriel Grasset. He produced a second edition (68G2) and another Swiss publisher brought out two editions closely related to each other (68G3 and 68G4). To this family of editions belong also the Rey edition (68A1), one English edition (68L1), two of uncertain origin (68X1 and 68X2) and one that is probably German (68X3). An edition published in Paris by Lacombe (68P) gave rise to a dozen other printings, including two Dutch editions (68A2 and 68A3), two from England (68L2 and 68L3) and eight of unknown or uncertain origin (68X4-11).

The work was included in the *Nouveaux mélanges*, and in subsequent collected editions of Voltaire's works. No manuscripts are known.[137]

---

[136] Section prepared with the collaboration of Andrew Brown.

[137] The inclusion of *L'Homme aux quarante écus* among the manuscripts rumoured by the *Gazette d'Utrecht* (18 March 1768) to have been stolen from Voltaire by La Harpe and subsequently circulated in Paris is almost certainly unjustified. La Harpe denied the allegations in the *Avant-coureur* of 4 April (xiv.220) and the following day the author of the original article printed an apology in the *Gazette d'Utrecht*. In a letter to Choiseul (D14893) La Harpe admitted to having distributed the second canto of the *Guerre civile de Genève* to some of Voltaire's friends, but he expressly denied having taken *L'Homme aux quarante écus*. Though scholars

2. Title page of the first edition (68), printed by Gabriel Grasset.
Bibliothèque nationale de France, Paris.

689

L'HOMME / AUX / QUARANTE / ÉCUS . / [woodcut, 34 x 30 mm] / [thick-thin rule, 55 mm] / 1768. /
[half-title] L'HOMME / AUX / QUARANTE / ÉCUS . /

8°. sig. π² A-G⁸ H¹¹ (± A1.8, B2.7, E4.5); pag. [4] 126 or 119; 34 signed, roman (– H3-1); sheet and heading catchwords.

[1] half-title; [2] blank; [3] title; [4] blank; [1]-118 L'Homme aux quarante écus; 119 Table des pièces contenues dans ce volume; 120 Errata.

This is the first edition, printed and published in Geneva by Gabriel Cramer. It exists in three states:

1. 120 pages; no cancels.

2. 120 pages; cancels at A1.8 and B2.7.

3. 119 pages (no errata); different setting of the title page with a thick thin rule of 47 mm; cancels at A1.8, B2.7 and E4.5.

The function of the cancels is to carry out the corrections listed in the errata, for pages 17, 20 and 74.

The Austin copy, from the Tronchin family library, is inscribed 'a pru le 27 janvier 1908' on the half-title.

SBV: BV 3625 (state 3) (2 copies); Bn, Rés. Z Beuchot 375 (state 1); Rés. p Y² 1712 (state 2); Rés. Z Bengesco 212 (state 3); Austin; TR V 2 (state 3).

689²

L'HOMME / AUX / QUARANTE / ÉCUS . / [woodcut, 33 x 30 mm] / [à] / AMSTERDAM . / [thick-thin rule, 52 mm] / 1768. /
[half-title] L'HOMME / AUX / QUARANTE / ÉCUS . /

8°. sig. π² A-G⁸ H¹; pag. [4] 106; 34 signed, roman (– H4-a); sheet and heading catchwords.

disagree on the extent of La Harpe's guilt in the affair as a whole; he was undoubtedly telling the truth on this point. He left Ferney for Paris on or about 4 November 1767, when Voltaire had only just begun work on L'Homme aux quarante écus and was still seeking opinions and information from his friends.

68GI

L'HOMME / AUX / QUARANTE / ÉCUS. / [*woodcut, 54 x 36 mm*] / [*thick-thin rule, 58 mm*] / 1768. /

[*half-title*] L'HOMME / AUX / QUARANTE / ÉCUS. /

8°. sig. π² A-G⁸ H⁴ (± A1.8, B2.7, E4.5); pag. [*4*] 120 or 119; $4 signed, roman (– H3-4); sheet and heading catchwords.

[*1*] half-title; [*2*] blank; [*3*] title; [*4*] blank; [1]-118 L'Homme aux quarante écus; 119 Table des pièces contenues dans ce volume; 120 Errata.

This is the first edition, printed and published in Geneva by Gabriel Grasset. It exists in three states:

1. 120 pages; no cancels.

2. 120 pages; cancels at A1.8 and B2.7.

3. 119 pages (no errata); different setting of the title page with a thick-thin rule of 57 mm; cancels at A1.8, B2.7 and E4.5.

The function of the cancels is to carry out the corrections listed in the errata, for pages 15, 20 and 74.

The Austin copy, from the Tronchin family library, is inscribed 'a paru le 25 Janvier 1768' on the half-title.

StP: BV3627 (state 3) (2 copies); Bn: Rés. Z Beuchot 375 (state 1); – Rés. p Y2 1742 (state 2); – Rés. Z Bengesco 237 (state 3); Austin: TR V 2 (state 3).

68G2

L'HOMME / AUX / QUARANTE / ÉCUS. / [*woodcut, 53 x 36 mm*] / *A AMSTERDAM*, / [*thick-thin rule, 71 mm*] / 1768. /

[*half-title*] L'HOMME / AUX / QUARANTE / ÉCUS. /

8°. sig. π² A-G⁸ H⁴; pag. [*4*] 119; $4 signed, roman (– H3-4); sheet and heading catchwords.

disagree on the extent of La Harpe's guilt in the affair as a whole, he was undoubtedly telling the truth on this point. He left Ferney for Paris on or about 4 November 1767, when Voltaire had only just begun work on *L'Homme aux quarante écus* and was still seeking opinions and information from his friends.

[*1*] half-title; [*2*] blank; [*3*] title; [*4*] blank; [1]-118 L'Homme aux quarante écus; 119 Table des pièces contenues dans ce volume.

A second printing by Gabriel Grasset.

StP: BV 3628 (2 copies); Bn: Z 27277.

68G3

[*within ornamented border*] L'HOMME / AUX / *QUARANTE* / ÉCUS. / [*ornamented rule, 55 mm*] / [*type ornament*] / [*ornamented rule, 46 mm*] / *M. DCC. LXVIII.* /

[*half-title*] *L'HOMME* / AUX / QUARANTE / *ÉCUS.* /

8°. sig. A-G⁸ H⁶; pag. 124 (p.13 numbered on the left in Taylor copy); $4 signed, roman (– A1-2; A3 signed 'A', A4 'Aij'); sheet catchwords.

[1] half-title; [2] blank; [3] title; [4] blank; 5-122 L'Homme aux quarante écus; 123-124 Table des pièces contenues dans ce volume.

This edition is closely related to 68G4 and sheets from the two printings are found mixed together. These editions may be Swiss, given the 'nonante' on p.98.

Bn: Rés. Z Beuchot 377 (sheets F-H from 68G4); – Zz 3997; Taylor: V5 H6 1768 (8) (has half-title and sig. A of 68G3 but features of 68G4 on p.50 and 69).

68G4

[*within ornamented border*] L'HOMME / AUX / *QUARANTE* / ÉCUS. / [*ornamented rule, 55 mm*] / [*type ornament*] / [*ornamented rule, 46 mm*] / *M. DCC. LXVIII.* /

[*half-title*] *L'HOMME* / AUX / QUARANTE / ÉCUS. /

8°. sig. A-G⁸ H⁶; pag. 124 (p.64 numbered '4' in Bn copy; p.13 numbered on the left); $4 signed, roman (– A1-2; A4 signed 'Aij'); sheet catchwords.

[1] half-title; [2] blank; [3] title; [4] blank; 5-122 L'Homme aux quarante écus; 123-124 Table des pièces contenues dans ce volume.

Based on 68G3 and produced by the same printer.

Bn: Rés. Z Beuchot 376 (lacks A1); Arsenal: 8° NF 4852.

68P

L'HOMME / *AUX* / QUARANTE / E'CUS. / [*woodcut, 47 x 35 mm*] / [*thick-thin rule, 61 mm*] / 1768. /

[*half-title*] L'HOMME / *AUX* / QUARANTE / E'CUS. /

8°. sig. π² A-G⁸ H⁴; pag. [*4*] 120; $4 signed, roman (– H3-4; F3 signed 'Piij'); sheet and heading catchwords.

[*1*] half-title; [*2*] blank; [*3*] title; [*4*] blank; [*1*]-118 L'Homme aux quarante écus; 119 Table des pièces contenues dans ce volume; 120 Errata.

A careless edition with numerous errors, based on state 1 of 68G1. This text was the source of many other editions and of the extracts of *L'Homme aux quarante écus* published by Lacombe in the *Mercure de France*. It is tempting therefore to attribute this edition to Lacombe, who published a number of Voltaire's works at this time.

Arsenal: 8° BL 22156.

MF

Mercure de France, dédié au roi. Par une société de gens de lettres, Paris, Lacombe, juillet-août 1768.

Juillet, tome 2: 32-35, 55-67; Août: 50-59

The *Mercure* prints extracts from the work: 'Entretien entre un géomètre et un citoyen de Paris' and 'Souper philosophique chez M. André'.

Bn: Lc2 39 (juillet-août 1768).

68A1

L'HOMME / AUX| QUARANTE ÉCUS. / [*type ornament*] / [*rule, 72 mm*] / [*rule, 61 mm*] / *LONDRES.* / MDCCLXVIII. /

8°. sig. π² A-E⁸ F⁶ (F6 blank); pag. [*4*] 89; $5 signed, arabic (– F4-5); sheet catchwords.

[*1*] title; [*2*] blank; [*3*] Table des pièces contenues dans ce volume; [*4*] blank; [*1*]-89 L'Homme aux quarante écus.

This may well be the edition printed for Marc-Michel Rey of Amsterdam. We know that a copy of an edition was going to be sent by Du Peyrou to Rey (see D14848 of 17 March 1768); the present edition is certainly Dutch; and it cites Rey by name (see below, p.377). It is based on 68G1 (state 3) and introduces a number of errors.

Taylor: V5 H6 1768 (4); – V5 H6 1768 (5).

68A2

L'HOMME / AUX / QUARANTE / ÉCUS. / [*thick-thin rule, 77 mm*] / [*type ornament*] / [*thick-thin rule, 77 mm*] / *A GENEVE*, / [*thick-thin rule, 75 mm*] / MDCCLXVIII. /

[*half-title*] L'HOMME / *AUX* / QUARANTE / ÉCUS. /

8°. sig. π^2 A-D^8 E^2; pag. [*4*] 67; $5 signed, arabic; sheet catchwords.

[*1*] half-title; [*2*] blank; [*3*] title; [*4*] blank; 1-65 L'Homme aux quarante écus; 66-67 Table des pièces contenues dans ce volume.

A Dutch edition, based on 68P.

Taylor: V8 D4 1768(1)/2; Bpu: Hf 5096; Arsenal: Rf.14649.

68A3

L'HOMME / AUX / QUARANTE / ÉCUS. / [*thick-thin rule, 78 mm*] / [*type ornament*] / [*thick-thin rule, 78 mm*] / *A GENEVE*, / [*thick-thin rule, 78 mm*] / MDCCLXVIII. /

8°. sig. A-E^8; pag. 80; $5 signed, arabic (– A1); sheet catchwords.

[1] title; [2] blank; 3-79 L'Homme aux quarante écus; 80 Table des pièces contenues dans ce volume.

Another Dutch edition, based on 68A2.

Bn: Rés. Z Beuchot 378; – Y2 73737; Stockholm: Litt. fr.; Gotha: Poes 1437.

68L1

L'HOMME / AUX / QUARANTE ÉCUS. / [*type ornament*] / [*rule, 83 mm*] / [*rule, 72 mm*] / A PARIS: / *Avec la Pérmiſſion de la Docte Chambre / Sindicale, et de Meſſeigneurs les Gras / Férmiers Généraux.* / 1768. /

270

8°. sig. π^2 A-L^4 M^2; pag. [4] 92 (p.91 numbered '19' in some copies); $2 signed, arabic (– M2); no catchwords.

[1] title; [2] blank; [3] Table des pièces contenues dans ce volume; [4] blank; [1]-92 L'Homme aux quarante écus.

An English edition, based on 68A1. Press figures: '1' on B3r (p.13), C2v (p.20), D3v (p.30), E4v (p.40), I3r (p.69); '2' on H3r (p.61), L2v (p.84); '3' on A3r (p.5), F3v (p.46), G4v (p.56), K3v (p.78), M2r (p.91).

Bn: Rés. Z Bengesco 239 (p.91 numbered '19'); – Rés. Z Beuchot 379; Taylor: V5 H6 1768 (9).

68L2

L'HOMME / AUX / QUARANTE / ÉCUS. / [double rule, 73 mm] / [type ornament] / [double rule, 73 mm] / A GENEVE, / [double rule, 52 mm] / MDCCLXVIII. /

8°. sig. π^2 A-F^8; pag. [4] 95; $4 signed, arabic; page catchwords.

[1] title; [2] blank; [3-4] Table des pièces contenues dans ce volume; 1-95 L'Homme aux quarante écus.

The appearance of this edition, based on 68A2, suggests that it was printed in England. 68L2 (or 68L3) was the basis of the translation from Becket and D'Hondt (see p.279-80).

Taylor: V5 H6 1768 (2).

68L3

L'HOMME / AUX / QUARANTE / ÉCUS. / [double rule, 73 mm] / [type ornament] / [double rule, 73 mm] / A GENEVE, / [double rule, 52 mm] / MDCCLXVIII. /

8°. sig. π^2 A-F^8; pag. [4] 95; $4 signed, arabic; page catchwords.

[1] title; [2] blank; [3-4] Table des pièces contenues dans ce volume; 1-95 L'Homme aux quarante écus.

Another edition by the printer of 68L2.

Taylor: V5 H6 1768 (1).

68X1

[within ornamented border] L'HOMME / AUX / QUARANTE /

ÉCUS. / [*line of type ornaments, 57 mm*] / [*type ornament*] / [*ornamented rule, 45 mm*] / M. DCC. LXVIII. /

[*half-title*] *L'HOMME* / AUX / QUARANTE / ÉCUS. /

8°. sig. A-M⁴ N1; pag. 98 (p.83 numbered '38'; p.88 numbered on the right); $2 signed, arabic (– A1, B2, E2, G2); sheet catchwords.

[1] title; [2] blank; 3-98 L'Homme aux quarante écus.

A carelessly produced edition, based on 68G3 or 68G4.

Arsenal: 8° BL 22155.

68x2

[*within ornamented border*] L'HOMME / AUX / QUARANTE / ÉCUS. / [*ornamented rule*] / [*type ornament*] / [*ornamented rule*] / M. DCC. LXVIII. /

[*half-title*] *L'HOMME* / AUX / QUARANTE / ÉCUS. /

8°. sig. A-M⁴; pag. 95; $2 signed, roman (– A1); sheet catchwords.

[1] title; [2] blank; 3-95 L'Homme aux quarante écus.

Another edition based on 68G3 or 68G4. It is unique in having 'Disgrâce' rather than 'Désastre' in the title, running-heads and table of contents entry of the 'Désastre de l'Homme aux quarante écus'. The ornaments are from the foundry of Perrenot of Avignon and this edition may have been printed there.

Library of Congress, Washington: PQ 1981 D75 A77.

68x3

L'HOMME / AUX / QUARANTE ÉCUS. / [*woodcut, 49 x 40 mm*] / [*ornamented rule, 66 mm*] / *A LONDRES.* / MDCCLXVIII. /

8°. sig. A-H⁸ (H8 blank); pag. 124 [125-126] (p.63 numbered '6' in Bn copy, '60' in Taylor copy, p.73 numbered on the left in Bn copy); $5 signed, arabic (– A1; F5 signed 'F2'); page catchwords.

[1] title; [2] blank; [3]-124 L'Homme aux quarante écus; [125-126] Table des pièces contenues dans ce volume.

This appears to be a German edition and was probably based on 68A1.

Bn: Rés. p Y2 2595; Taylor: V5 H6 1768 (6).

68x4

L'HOMME / *AUX* / QUARANTE / E'CUS. / [*woodcut, 47 x 35 mm*] / [*thick-thin rule, 63 mm*] / 1768. /

[*half-title*] L'HOMME / *AUX* / QUARANTE / E'CUS. /

8°. sig. π² A-G⁸ H⁴; pag. [*4*] 119; $4 signed, roman (– H3-4; F4 signed 'Fiij'); sheet catchwords.

[*1*] half-title; [*2*] blank; [*3*] title; [*4*] blank; [1]-118 L'Homme aux quarante écus; 119 Table des pièces contenues dans ce volume.

A French edition, probably produced by the same printer as 68P.

Bn: 8° Z 10759 (π1 and π2 transposed).

68x5

L'HOMME / *AUX* / QUARANTE / E'CUS. / [*woodcut, as in 68x4*] / [*thick-thin rule, 32 mm*] / 1768. /

[*half-title*] L'HOMME / *AUX* / QUARANTE / E'CUS. /

8°. sig. π² A-G⁸ H⁴; pag. [*4*] 119; $4 signed, roman (– D4, H3-4); sheet catchwords (also for headings on D8*r*, G1*v* and H3*v* and above footnotes on H1*v* and H2*r*).

[*1*] half-title; [*2*] blank; [*3*] title; [*4*] blank; [1]-118 L'Homme aux quarante écus; 119 Table des pièces contenues dans ce volume.

A French edition, possibly produced by the same printer as 68x4, though the spelling is more modern.

Bn: Rés. Z Beuchot 374; Arsenal: 8° B 22153; – 8° B 22154; Taylor: V5 H6 1768 (7).

68x6

L'HOMME / *AUX* / QUARANTE / ÉCUS. / [*woodcut, 50 x 41 mm*] / [*thick-thin rule, 55 mm*] / 1768. /

[*half-title*] L'HOMME / *AUX* / QUARANTE E'CUS. /

8°. sig. A-G⁸ H⁶; pag. 123 (p.35 numbered '3'); $4 signed, arabic (– A1-2, H4; A3 signed 'Aiij', G3 'G2'); sheet catchwords.

[1] half-title; [2] blank; [3] title; [4] blank; [5]-122 L'Homme aux quarante écus; 123 Table des pièces contenues dans ce volume.

This edition, probably based on 68x5, may have been printed in France.

Taylor: V5 H6 1768 (3).

68x7

L'HOMME / *AUX* / QUARANTE / ÉCUS. / [*type ornament*] / [*thick-thin rule, 56 mm*] / 1768. /

8°. sig. π^2 A-F^8 G^4; pag. [2] 106; $2 signed, arabic (– C2, D2, E2, F2, G2; B2 signed 'A2'); no catchwords.

[*1*] title; [2] blank; [1] Table des pièces contenues dans ce volume; [2] Errata; [3]-106 L'Homme aux quarante écus.

A carelessly produced edition based on 68P.

Bn: 8° Y2 9607 (1).

68x8

L'HOMME / *AUX* / QUARANTE / ÉCUS. / [*ornament*] / [*double rule*] / 1768. /

8°. sig. π^2 A-F^8 G^4; pag. [2] 106; $2 signed, arabic (– C2, D2, E2, F2, G2; B2 signed 'A2'); no catchwords.

[*1*] title; [2] blank; [1] Table des pièces contenues dans ce volume; [2] Errata; [3]-106 L'Homme aux quarante écus.

An edition closely related to 68x7.

Bibliothèque historique de la ville de Paris: 935530.

68x9

L'HOMME / *AUX* / QUARANTE / ÉCUS. / [*thick-thin rule, 84 mm*] / [*type ornament*] / [*thick-thin rule, 85 mm*] / *A GENEVE.* / [*thin-thick rule, 84 mm*] / MDCCLXVIII. /

[*half-title*] L'HOMME / *AUX* / QUARANTE / ÉCUS. /

8°. sig. π^2 A-C^8 D^6; pag. [4] 58 [59]; $4 signed, arabic (– D4); sheet catchwords.

[*1*] half-title; [*2*] blank; [*3*] title; [*4*] blank; 1-58 L'Homme aux quarante écus; [59] Table des pièces contenues dans ce volume.

An imitation of 68A2 possibly printed in Liège.

Bn: Rés. Z Bengesco 240.

68x10

L'HOMME / *AUX* / QUARANTE / ECUS. / [*type ornament*] / A PARIS. / *Par la Compagnie des Libraires / Aſſociés.* / [*treble rule, 55 mm*] / MDCCLXVIII. / Avec Approbation & Permiſſion. /

8°. sig. π1 A-F⁸ G² ¹π1; pag. [*2*] 102 (p.19 numbered '16', 96 '98', 97 '98', 98 '97'); $2 signed, roman (− B2, C2, G2; +C3, signed 'C3'; A2 signed 'A2'); sheet catchwords.

[*1*] title; [*2*] blank; 1-102 L'Homme aux quarante écus.

Based on 68x9, this edition was probably produced in the same area.

Rés. p Y2 2293; Arsenal: 8° NF 83636.

68x11

L'HOMME / *AUX* / QUARANTE / ÉCUS. / [*woodcut, 65 x 41 mm*] / [*thick-thin rule, 60 mm*] / 1768. /

[*half-title*] L'HOMME / *AUX* / QUARANTE ÉCUS. /

8°. sig. π² A-G⁸ H⁶; pag. [*4*] 124; $4 signed, roman (− H4); sheet catchwords.

[*1*] half-title; [*2*] blank; [*3*] title; [*4*] blank; [*1*]-122 L'Homme aux quarante écus; 123 Table des pièces contenues dans ce volume; 124 Errata [for p.15, 21, 77].

This could be a Genevese edition, judging from its appearance.

Bn: Rés. Z Bengesco 238.

NM1 (1768)

Nouveaux mélanges philosophiques, historiques, critiques, &c. &c. &c. [Genève, Cramer], 1765-1776. 19 vol. 8°. Bengesco iv.230-39; Trapnell NM; BnC 111-135.

Volume 6 (1768): 100-192 L'Homme aux quarante écus, based on state 1 of 68G1, retaining one error (see p.312).

The first printing of volume 6 of the *Nouveaux mélanges*.

Taylor: VF; Bn: Rés. Z Beuchot 28 (6); – Rés. Z Bengesco 487 (6); – Z 24712.

NM2 (1771)

Nouveaux mélanges philosophiques, historiques, critiques, &c. &c. &c. [Genève, Cramer], 1765-1776. 19 vol. 8°. Bengesco iv.230-39; Trapnell NM; BnC 111-135.

Volume 6 (1771): 100-192 L'Homme aux quarante écus.

A second edition of the *Nouveaux mélanges*.

Bn: Z 24770.

w68 (1771)

Collection complette des œuvres de M. de Voltaire. [Genève, Cramer; Paris, Panckoucke], 1768-1777. 30 vol. 4°. Bengesco iv.73-83; Trapnell 68; BnC 141-144.

Volume 13 (1771): 312-378 L'Homme aux quarante écus.

The quarto edition of which the first 24 volumes were produced by Cramer, under Voltaire's supervision.

Taylor: VF.

NM3 (1772)

Nouveaux mélanges philosophiques, historiques, critiques, &c. &c. &c. [Genève, Cramer], 1765-1776. 19 vol. 8°. Bengesco iv.230-39; Trapnell NM; BnC 111-135.

Volume 6 (1772): 100-192 L'Homme aux quarante écus.

A third edition of the *Nouveaux mélanges*.

Bn: Z 24633.

w70L (1772)

Collection complette des œuvres de M. de Voltaire. Lausanne, Grasset, 1770-1781, 57 vol. 8°. Bengesco iv. 83-89; Trapnell 70L; BnC 149-150.

Volume 25: 125-222 L'Homme aux quarante écus.

Some volumes, particularly the theatre, were produced with Voltaire's participation.

Taylor: V1 1770/2 (25).

R75

Romans et contes philosophiques. Londres [Rouen, Machuel], 1775. 2 vol. 12°. Bengesco i.475; BnC 2510-2511.

Volume 2: 93-183 L'Homme aux quarante écus.

Bn: Y2 73787.

W75G

La Henriade, divers autres poèmes et toutes les pièces relatives à l'épopée. [Genève, Cramer & Bardin], 1775. 37 vol. (40 vol. with the *Pièces détachées*). 8°. Bengesco iv.94-105; Trapnell 75G; BnC 158-161.

Volume 31: 343-419 L'Homme aux quarante écus

The *encadrée* edition, produced at least in part under Voltaire's supervision.

The cancel at Y2.7 affects p.339-340 and 349-350, that at Z2 affects p.355-356 (l.172, 174): see J. Vercruysse, *Les Editions encadrées des Œuvres de Voltaire*, Studies 168 (1977), p.143.

Bn: Z 24869, with cancels; Taylor: V1 1775 (31).

R76

Romans et contes philosophiques. Londres, 1776. 2 vol. 8°.

Volume 2: 92-179 L'Homme aux quarante écus.

Private collection.

W71L (1776)

Collection complète des œuvres de M. de Voltaire. Genève [Liège, Plomteux], 1771-1777. 32 vol. 8°. Bengesco iv.89-91; Trapnell 71; BnC 151.

Volume 13 (1776): 352-422 L'Homme aux quarante écus.

This edition reprints the text of w68.

Taylor: VF.

R78B

Romans et contes. Bouillon, Société typographique, 1778. 3 vol. 8°.
Bengesco i.475; BnC 2512-2514.

Volume 3: [1] a1r '[*rule, 80 mm*] / L'HOMME / *AUX* / QUARANTE
ÉCUS. / [*rule, 80 mm*] / *Tome III*. a'; [2] blank but for ornament; 3-
97 L'Homme aux quarante écus; [98] blank but for catchwords 'Avis au
Relieur.'; 99-102 Avis au relieur pour placer les estampes des romans
et contes de M. de Voltaire, sans s'arrêter à l'indication qui se trouve
aux planches.

With separate signatures and pagination.

Bn: Rés. p Y2 1809 (3).

R78X

Romans et contes. Bouillon, Société typographique, 1778. 3 vol. 8°.
Bengesco i.475; BnC 2512-2514.

Volume 3: [253] L7r '[*rule, 54 mm*] / L'HOMME / *AUX* / QUARANTE
ECUS. / [*rule, 54 mm*]'; [254] blank but for ornament; 255-370 L'Homme
aux quarante écus

A counterfeit of R78B.

Bn: Y2 73778.

K84

Œuvres complètes de Voltaire. [Kehl], Société littéraire-typographique,
1784-1789. 70 vol. 8°. Bengesco 2142; BnC 167-169.

Volume 45: [1] A1r 'L'HOMME / AUX / QUARANTE ECUS. /
Romans. Tome II. A'; [2] bl; [3]-6 Avertissement des éditeurs; [7]-93
L'Homme aux quarante écus.

The first octavo issue of the Kehl edition, based in part upon Voltaire's
manuscripts.

Taylor: VF; University of London: XTP V86A 784.

K85

Œuvres complètes de Voltaire. [Kehl], Société littéraire-typographique, 1785-1789. 70 vol. 8°. Bengesco 2142; BnC 173-186.

Volume 45: [1] A1r 'L'HOMME / AUX / QUARANTE ECUS. / *Romans*. Tome II. A'; [2] bl; [3]-6 Avertissement des éditeurs; [7]-93 L'Homme aux quarante écus.

The second octavo issue of the Kehl edition.

Taylor: VF.

K12

Œuvres complètes de Voltaire. [Kehl], Société littéraire-typographique, 1784-1789. 70 vol. 8°. Bengesco 2142; BnC 189-193.

Volume 57: [117] K3r 'L'HOMME / AUX / QUARANTE ECUS.'; [118] bl; [119]-124 Avertissement des éditeurs; [125]-233 L'Homme aux quarante écus.

The duodecimo issue of the Kehl edition.

Taylor: VF.

6. *Translations*[138]

English

The Man of forty crowns, translated from the French of M. de Voltaire.

---

[138] Sources include H. B. Evans, 'A provisional bibliography of English editions and translations of Voltaire', *Studies* 8 (1959), p.16, 79-80; Th. Besterman, 'A provisional bibliography of Italian editions and translations of Voltaire', *Studies* 18 (1961), p.286; J. Vercruysse, 'Bibliographie provisoire des traductions néerlandaises et flamandes de Voltaire', *Studies* 116 (1973), p.36; H. Fromm, *Bibliographie deutscher Übersetzungen aus dem Französischen 1700-1948* (Baden-Baden 1953), p.274-75; P. Wallich and H. von Müller, *Die Deutsche Voltaire-Literatur des achtzehnten Jahrhunderts* (Berlin 1921), p.37.

London, T. Becket and P. A. D'Hondt, 1768. 8°. pag.iii.104. Excerpts appeared in *The Monthly review* (August 1768), xxxix.126-31.

The Man of forty crowns. Translated from the French of M. de Voltaire. Glasgow, Robert Urie, 1768. 12°. pag.[3].182.[2].

The Man of forty crowns. Translated from the French of M. de Voltaire. Dublin, J. Milliken, 1770. 12°. pag.139.

The Man worth forty crowns, in *The Works of Mr de Voltaire*. Translated by T. Smollett and others. London, J. Newbery, R. Baldwin, etc., 1761-1770, vol.36, London 1770. 12°. pag.127-240.

The Man worth forty crowns of M. de Voltaire. Translated from the French. With notes historical and critical. By Tobias Smollett and Thomas Francklin. Philadelphia, Robert Bell, 1778. 8°. pag.116.[4].

Dutch

Amsterdam, G. Boom, 1772. 8°. Recorded by J. van Abcoude and R. Arrenberg, *Naamregister van de bekendste en meest in gebruik zynde nederduitsche boeken* (Rotterdam 1788), p.552.

German

Der Mann von vierzig Thalern. Leipzig, Schwickert, 1768; second edition in the same year.

Der Mann mit vierzig Thalern. Frankfurt, Leipzig 1769. pag.135.

Russian

L'Homme aux quarante écus. St Petersburg 1780. 8°. pag.[2].136. Translated by P. I. Bogdanovitch.

L'Homme aux quarante écus. St Petersburg 1785. 8°. pag.158.[2]; new edition 1792. 8°. pag.158.[2].

7. *Editorial principles*

The base text is state 3 of 68G1, the first edition. Variants are drawn from 68G2, 68G3, 68P, 68A1, 68A2, 68A3, NM1, NM2, w68, w70L, w75G, K and MF. Simple misprints are not recorded in the critical apparatus, nor are variations in punctuation having no effect upon the sense of the text.

Treatment of the base text.

The following errors in the base text have been corrected: 'L'Homme', l.42: 'leurs gendres' for 'leur gendres'; n*a*, 6: 'au nombre' for 'ou nombre'; running head: 'DÉSASTRE' for 'DISGRACE'; 'Entretien', l.6: 'une infinité' for 'un infinité'; 'Nouvelles douleurs', l.117: 'globe terraqué' for 'globe terraquée'.

The spelling of names of persons and places has been respected. The accent has, however, been added to: Gueret, Jérome; and suppressed in: Méxique.

The original use of italic and, in most cases, punctuation has been retained.

The following aspects of orthography, accentuation and grammar have been modified where necessary to conform to modern usage:

I. Orthography

1. Consonants

- the consonant *p* was not always used in: tems, nor in its compound: longtems
- the consonant *t* was not used in syllable endings *–ans* and *–ens*: bâtimens, croquans, délinquans, diamans, différens, émigrans, enfans (but also: enfants), excellens, habitans (but also: habitants), Intendans, jugemens, mendians, monumens, mouvemens, négocians, parens, suivans, talens, tourmens
- double consonants were used in: apellé, appellait, caffard, caffé, canellées, Controlleur (but also: controleur), fallun (but also: falun), imbécilles, jettai, jettait, jette, jetter, jettez, mammelles, Persannes, secrette, serrail, traittement
- a single consonant was used in: aparamment, apareil, aparence, apartement, apartient, apellé, apointements, aporte, aporté, aportée, aprendre (but also: apprendre), aprendront, apris, aprofondie, aprouvent, balade, balon, beure, canellée, carosse, celier, charue, chaufer, débatue, échape, échaper, envelope, étoufer, goutes, grapes, gromelant, jouflu, oprobre, poura, pourai, pourait (but also: pourrait), pouriez

281

(but also: pourriez), rafinée, raport, raporte, raportent, siflée, suplice, suplie, suportable, suporter, suposant, supose, suposé, tranquile

2. Vowels
   - *y* was used instead of *i* in: aye, ayent, gaye, gayement, monnoye, Mylord, oye, pluye, soye, vraye
   - *i* was used instead of *y* in: Abbaie, bruiante, crisalide, défraier, égaia, emploiés, envoier, loïer, mistère, paiais, paie, paié, païé, paier, païs, païsans (but also: paye, payé, payer, pays, paysans), phisionomie, phisique, sistême, stile, tiran (but also: Tyran)
   - *oi* was used instead of *ai* in: auroit (cancel only), avoient (but usually: avaient), monnoie

3. Various
   - the ampersand was used
   - a question mark was sometimes used after an indirect question
   - omission of the apostrophe in: grand peine
   - words were separated in: bon homme, mal avisé
   - the following word was joined: entant
   - archaic forms were used, as in: apoticaire, avanture, badaut, batême, bled, cathégories, cizeleur, confrairie, contracts, cu, culebute, dépends, dixme, échalats, encor (but also: encore), excédent, fauxbourg, impratiquable, inadvertences, Jaques (but also: Jacques), létargie, Lezine, monachale, nazillent, nud, œconomique, ozier, panchée, prophanes, quarrés, sçais (but also: sais), sçu, septiers, shisme, sols, terreins, thiare, trigaut, vuide

5. Abbreviations
   - monsieur becomes: M.
   - Saint becomes: St

6. Hyphenation
   - the hyphen was used in: aussi-bien, c'est-là, co-propriétaire, tout-à-fait, tout-à-l'heure
   - the hyphen was not used in: au dessus, belles lettres, ce temps là, chirurgien major, ex jésuite, Faites moi, nuë tête, opéra comiques, petites maisons, petits maîtres, quote part, Saint Siège
   - the hyphen was sometimes used in compound adjectives with *très*: très-grand, très-mal, très-peu, très-utile, très-vraye

- the hyphen was not always used before *là*: cette bonne compagnie là, cet homme là, cet Italien la, ce jour là, ce païs la, ce temps là
- the hyphen was not always used with inversions: disait il, laissons le; or with the imperative: allez vous en, Défiez vous, éclairez vous, expliquez moi, Faites moi, jettez le, Taisez vous

7. Restoration of the initial capital
- initial capitals have been introduced where necessary to indicate the beginning of direct speech
- initial capitals were not attributed to: académie (des inscriptions), bastille (la), état (l'), les petites maisons, vôtre grace
- initial capitals were not attributed to nouns denoting nationality or race: arabe, suissesse
- initial capitals were not attributed to titles of published works: la dixme (royale), le financier citoyen, les mille et une nuits

8. Suppression of the initial capital
- initial capitals were generally attributed to: Abbaie, Abbé, Académicien, Agriculteur, Aides, Aloges, Annonciades, Archevêque, Archiducs, Avocat, Avoyers, Bibliothèque, Caffard, Calviniste, Canton, Capitaine, Cardinal, Carmes, Carpocratiens, Catholiques, Chambre, Chefs, Chirugien, Chrêtienne, Chrêtien, Citoyen, Code, Comte, Concile, Concitoyens, Conseil, Conseillers, Controlleur, Cour, Couvent(s), Curé, Dame, Diocèses, Docteur, Domanier, Don, Duc, Edit, Empereur, Empire, Epicurien, Eunuques, Evêque, Fermier, Fief, Finances, Fonciers, Général, Géomètre, Gouvernement, Impératrice, Intendans, Jésuite, Journaux, Juge, Lamas, Latin, Législateurs, Législation, Lezine, Lieutenants, Livres, Loix, Madame, Magistrat, Magistrature, Maison, Maître, Manufacturier, Marais, Marchands, Maréchal, Marquis, Mer (but also: mer), Messe, Messieurs, Ministre, Moines, Monades, Monsieur, Muphti, Mylord, Négatif, Océan, Ordonnance, Pape, Parlement, Patrie, Pelerins, Père, Peuple, Pharaon, Philosophe, Précepteurs, Prieur, Primat, Prince, Princesses, Procureur, Protestants, Protonotaire, Providence, Province, Puissances, Régiment, Reine, Représentant, République, Revérend, Roi, Royaume, Saints, Seigneur, Signor, Souverains, Stathouder, Théologie, Théologien, Tragédie, Tyrans, Univers, Ursulines, Vaisseaux, Vice-roi, Village, Ville, Wisk
- initial capitals were attributed to adjectives denoting nationality:

Anglais, Batave, Français, Grec, Helvétien, Irlandais, Persannes, Romain, Russe, Suisse

II. Accents

1. The acute accent
   - was used in: Dénina, enrégistrer, ensévelis, éxécration, éxécutrice (but also: exécutrice), Méxique, réfléxions, régistres
   - was not used in: arithmetique, Considerez, co-proprietaire, deserteurs, desespoir, deshérités, dissequer, fleau, heritages, opera, Pondicheri, posseder, proprietaire, recolte (but also: récolte), répeter, repliquer, Republiques, Reverend (but also: Revérend), Secretaire (but also: Secrétaire), societés
   - was generally used in place of the grave:
     - in adverbs which have an -er or -et + silent e on the penultimate syllable: entiérement, légérement, secrétement
     - in ordinals
     - in the nouns: avénement, collége, frontiéres, lépre, lumiére, maniére, matiére, négre, piéces, régle, siége
     - in the adjectives: célébre, entiére, grossiére, singuliére
     - in the preposition: derriére
     - in certain verbs in the present, future or past historic tense: achéterai, chargérent, gâtérent, portérent, posséde, présentérent, renoncérent, séme, tombérent
   - was used instead of the circumflex in: bétises (but also: bêtise), vétue

2. The grave accent
   - was not used in: bruyeres, déja, Pelerins
   - was sometimes used in: celà

3. The circumflex accent
   - was used in: nôtre (but also: notre), plûpart (but also: plupart), vôtre
   - was used in the past participles: lû (but also: lu), pû, vû
   - was used instead of the acute in: Chrêtien, mêtier (but also: métier)
   - was used instead of the grave in: fêves, sistêmes
   - was not used in: abimé, acariatre, accroitre, ame, anesses, aumone (but also: aumône), aumonier, bruler, brulons, buchers, coutait, couté, coutent, croitré, dégoutantes, diner, s'encloitraient, graces, hopitaux,

hotel (but also: hôtel), huitres (but also: huîtres), parait, plait, surement, théatre, trainer, vouté

- was not always used in the past historic: allames, conclumes, convint, laissat, partimes, ressuscitat, soupames

4. The diaeresis

- was generally used in: jouïr, lieuës, loïer, Louïs, nuë, païe, païs, païsans, poëte, rejouïr

III. Grammar

- the cardinal numbers *cent* and *quatre-vingt* were invariable
- the plural in *-x* was used in: artichaux, fraix (but also: frais), loix
- agreement of adverb in: une posterité toute entiére
- *s* was added in: guères, jusques
- *s* was omitted in: mille et une nuit, opéra comiques
- *s* was misplaced in: hôtel de villes

Modernisation of quotations

The spelling, but not the punctuation, of quotations from printed sources has been modernised, except where a specific critical edition is used, in which case the spelling of the edition is followed.

L'HOMME AUX QUARANTE ÉCUS

Un vieillard[1] qui toujours plaint le présent et vante le passé,[2] me disait, Mon ami, la France n'est pas aussi riche qu'elle l'a été sous Henri iv.[3] Pourquoi? c'est que les terres ne sont pas si bien cultivées; c'est que les hommes manquent à la terre, et que le journalier ayant enchéri son travail, plusieurs colons laissent leurs héritages en friche.

D'où vient cette disette de manœuvres? – De ce que quiconque s'est senti un peu d'industrie, a embrassé les métiers de brodeur, de ciseleur, d'horloger, d'ouvrier en soie, de procureur ou de théologien.[4] C'est que la révocation de l'édit de Nantes a laissé un

10

9-10 an.... ou d'avocat. C'est

[1] The old man could be La Bruyère, Fénelon, d'Argenson, Ange Goudar, or Quesnay, who all played a part in the debate on luxury in the seventeenth and eighteenth centuries, but perhaps most likely D'amilaville (see p.233); though there are no close verbal parallels to his articles 'Population' and 'Vingtième'. To some extent the old man may be Voltaire himself.

[2] See Boileau, L'Art poétique, iii.380.

[3] Voltaire here uses Henri iv, whose era the physiocrats viewed with nostalgia, to provide a framework for laments on France's economic condition. In general, however, he was by this time less concerned with praising Henri iv than with defending Colbert, in passages added in 1768 to Le Siècle de Louis XIV, ch.30 (OH, p.684-87); and in the Défense de Louis XIV contre l'auteur des Éphémérides of 1769 (OH, p.1281-95); see introduction, p.215, 252.

[4] As early as 1739 Voltaire had noted: 'J'ay manque souvent d'ouvriers à la campagne [...] j'ay trouve qu'on s'en plaignoit presque partout' (D2074). By 1767 he was complaining that the inhabitants of Gex 'ont presque tous abandonné l'agriculture pour travailler chez eux aux manufactures de Genève' (D14565). This obstacle, together with the poverty of the soil on his own estate, induced him to found a colony of traders and craftsmen at Ferney (see D14150). Cf. Quesnay, art. 'Fermier'; Damilaville, art. 'Vingtième' (Encyclopédie, vi.522, 559; xvii.855).

L'HOMME AUX QUARANTE ÉCUS

Un vieillard[1] qui *toujours plaint le présent et vante le passé*,[2] me disait, Mon ami, la France n'est pas aussi riche qu'elle l'a été sous Henri IV.[3] Pourquoi? c'est que les terres ne sont pas si bien cultivées; c'est que les hommes manquent à la terre, et que le journalier ayant enchéri son travail, plusieurs colons laissent leurs héritages en friche.

D'où vient cette disette de manœuvres? – De ce que quiconque s'est senti un peu d'industrie, a embrassé les métiers de brodeur, de ciseleur, d'horloger, d'ouvrier en soie, de procureur ou de théologien.[4] C'est que la révocation de l'édit de Nantes a laissé un

5

10

9-10 MF: ou d'avocat. C'est

---

[1] The old man could be La Bruyère, Fénelon, d'Argenson, Ange Goudar or Quesnay, who all played a part in the debate on luxury in the seventeenth and eighteenth centuries, but perhaps most likely Damilaville (see p.232), though there are no close verbal parallels to his articles 'Population' and 'Vingtième'. To some extent the old man may be Voltaire himself.

[2] See Boileau, *L'Art poétique*, iii.389.

[3] Voltaire here uses Henri IV, whose era the physiocrats viewed with nostalgia, to provide a framework for laments on France's economic condition. In general, however, he was by this time less concerned with praising Henri IV than with defending Colbert, in passages added in 1768 to *Le Siècle de Louis XIV*, ch.30 (*OH*, p.984-87), and in the *Défense de Louis XIV contre l'auteur des Ephémérides* of 1769 (*OH*, p.1281-95); see introduction, p.215, 252.

[4] As early as 1739 Voltaire had noted: 'J'ay manqué souvent d'ouvriers à la campagne [...] j'ay trouvé qu'on s'en plaignoit presque partout' (D2054). By 1767 he was complaining that the inhabitants of Gex 'ont presque tous abandonné l'agriculture pour travailler chez eux aux manufactures de Genève' (D13893). This obstacle, together with the poverty of the soil on his own estate, induced him to found a colony of traders and craftsmen at Ferney (see D14159). Cf. Quesnay, art. 'Fermier', Damilaville, art. 'Vingtième' (*Encyclopédie*, vi.532, 538; xvii.882).

très grand vide dans le royaume;[5] que les religieuses et les mendiants se sont multipliés, et qu'enfin chacun a fui autant qu'il a pu le travail pénible de la culture, pour laquelle Dieu nous a fait naître, et que nous avons rendue ignominieuse, tant nous sommes sensés.

Une autre cause de notre pauvreté est dans nos besoins nouveaux. Il faut payer à nos voisins quatre millions d'un article, et cinq ou six d'un autre, pour mettre dans notre nez une poudre puante, venue de l'Amérique: le café, le thé, le chocolat, la cochenille, l'indigo, les épiceries, nous coûtent plus de soixante millions par an. Tout cela était inconnu du temps de Henri IV aux épiceries près, dont la consommation était bien moins grande. Nous brûlons cent fois plus de bougie, et nous tirons plus de la moitié de notre cire de l'étranger, parce que nous négligeons les ruches. Nous voyons cent fois plus de diamants aux oreilles, au cou, aux mains de nos citoyennes de Paris et de nos grandes villes, qu'il n'y en avait chez toutes les dames de la cour de Henri IV en comptant la reine. Il a fallu payer presque toutes ces superfluités argent comptant.[6]

Observez surtout, que nous payons plus de quinze millions de rentes sur l'Hôtel de ville aux étrangers; et que Henri IV à son

---

11   MF: que les oisifs et
14   NMI-W75G: avons rendu ignominieuse
27   68A2:   qu'il n'y avait

---

[5] This view was widely held; see for example Quesnay, art. 'Grains', Damilaville, art. 'Population' (*Encyclopédie*, vii.830; xiii.90, 93). Cf. D14553.

[6] Though delighting in foreign luxuries in *Le Mondain* (1736; M.x.84), Voltaire became progressively more critical of the export of specie for these goods because they did not increase circulation and employment at home; see *Remarques pour servir de supplément à l'Essai sur les mœurs*, XVIII (1763; *Essai*, ii.939). In *Le Siècle de Louis XIV*, ch.29, he applauded the founding of the India Companies, which ensured that any profits from the transport of luxuries went to France (*OH*, p.965-66), and he continued to do so until in 1769 the Compagnie française des Indes was found to be running at a loss.

avènement en ayant trouvé pour deux millions en tout sur cet hôtel imaginaire, en remboursa sagement une partie pour délivrer l'Etat de ce fardeau.[7]

Considérez que nos guerres civiles avaient fait verser en France 35 les trésors du Mexique lorsque Don Phelippo *el discreto* voulait acheter la France,[8] et que depuis ce temps-là les guerres étrangères nous ont débarrassés de la moitié de notre argent.

Voilà en partie les causes de notre pauvreté. Nous la cachons sous des lambris vernis et par l'artifice des marchandes de modes: 40 nous sommes pauvres avec goût. Il y a des financiers, des entrepreneurs, des négociants très riches; leurs enfants, leurs gendres sont très riches: en général la nation ne l'est pas.[9]

33 MF: hôtel, en

[7] See *Le Siècle de Louis XIV*, ch.30 (*OH*, p.992-93), and Naveau's complaint about the export of specie in this way (*Le Financier citoyen*, ii.58). The 'rentes sur l'Hôtel de ville', introduced by François Ier, formed a large part of France's government bonds. The name derives from the fact that many of them were bought by municipalities and re-sold with their backing. Voltaire's figure for the amount of these *rentes* on the accession of Henri IV is found in Forbonnais, *Recherches et considérations sur les finances de France*, i.81.

[8] Philip II of Spain, who contributed financially to the Ligue with the aim of establishing his daughter Isabella on the French throne.

[9] Voltaire's emphasis here is on luxury's grossly uneven distribution and its impact on the balance of trade. Although he had applauded the extravagant spending of the few in *Le Mondain* and, under the influence of Mandeville and Melon, in the *Défense du Mondain ou l'apologie du luxe* (M.x.93), he advocated more widespread abundance in the *Lettre à l'occasion de l'impôt du vingtième* (V 31B, p.305-14). In *Des embellissements de Paris*, Voltaire criticised indulgence in luxuries at the expense of public works (V 31B, p.213-33), and in *Le Siècle de Louis XIV*, ch.29, he expressed his dislike of ostentation (*OH*, p.981). He fully endorsed enjoyment of the comforts of life, but cautioned against excess (*Dictionnaire philosophique*, art. 'Luxe', V 36, p.324-29). The physiocrats distinguished between *faste* and *luxe*: 'Faste signifie la grandeur et l'éclat de la dépense: *luxe* signifie l'excès' (*Ephémérides du citoyen*, 1767, iii.90). The former could be beneficial or harmful, but the latter was always harmful, 'ce cruel ennemi du genre humain' (Le Mercier de La Rivière, *Ordre naturel*, ii.476). Despite their advocacy of a free economy, the physiocrats lamented 'les progrès funestes qu'a fait le *luxe* moderne en France depuis la mort de Henri IV et la retraite

Le raisonnement de ce vieillard, bon ou mauvais, fit sur moi une impression profonde; car le curé de ma paroisse qui a toujours 45 eu de l'amitié pour moi, m'a enseigné un peu de géométrie et d'histoire, et je commence à réfléchir, ce qui est très rare dans ma province. Je ne sais s'il avait raison en tout: mais étant fort pauvre je n'eus pas grand'peine à croire que j'avais beaucoup de compagnons. (*a*) 50

(*a*) Madame de Maintenon qui en tout genre était une femme fort entendue, excepté dans celui sur lequel elle consultait le trigaud[10] et processif abbé Gobelin son confesseur; madame de Maintenon, dis-je, dans une de ses lettres fait le compte du ménage de son frère et de sa femme en 1680. Le mari et la femme avaient à payer le loyer d'une 5 maison agréable; leurs domestiques étaient au nombre de dix. Ils avaient quatre chevaux et deux cochers, un bon dîner tous les jours. Madame de Maintenon évalue le tout à neuf mille francs par an, et met trois mille livres pour le jeu, les spectacles, les fantaisies, et les magnificences de monsieur et de madame.[11] 10

Il faudrait à présent environ quarante mille livres pour mener une

n.*a*, 1   MF: Madame de M.... [*passim*]
        68AI: tout ce genre
n.*a*, 2-4   MF: entendue, fait dans une de ses lettres le

de Sully, mais principalement depuis la fin du dernier siècle', but only when this jeopardised agricultural investment; if payment could be made in agricultural produce, 'acheter des denrées et des marchandises étrangères n'est point luxe' (*Ephémérides du citoyen*, 1767, i.216-19); see also M. R. de Labriolle-Rutherford, 'L'évolution de la notion du luxe depuis Mandeville jusqu'à la Révolution', *Studies* 26 (1963), p.1034.

[10] 'Brouillon, barguigneur, qui n'agit point franchement et nettement dans les affaires' (*Trévoux*).

[11] See Françoise d'Aubigné, marquise de Maintenon, *Lettres*, LV, ed. La Beaumelle (Nancy [Francfort] 1752; BV2266), to her sister-in-law. Voltaire's figures are accurate except for the date of the letter: letter LV is undated, but is followed by letter LVI dated 15 December 1679. Voltaire reproduced part of this letter in *Questions sur l'Encyclopédie*, art. 'Economie' (1771; M.xviii.456-57).

telle vie dans Paris. Il n'en eût fallu que six mille du temps de Henri IV. [12] Cet exemple prouve assez que le vieux bonhomme ne radote pas absolument.

[12] In *Réflexions politiques*, Dutot argued that as a result of the influx of gold and silver and of frequent currency manipulations, Louis XV was less rich than many of his predecessors, because although they had smaller incomes in livres, their purchasing power was greater. In the *Lettre de M. de Voltaire sur l'ouvrage de M. Du Tot et sur celui de M. Melon* of 1738, Voltaire reluctantly agreed, because of Louis XIV's debts. In 1745, however, after personal research and calculations, he accepted Dutot's figures for the incomes of François Ier and Louis XV, but rejected his contention that prices were 15 times higher in 1735, and concluded that Louis XV was the richer (*Observations sur MM. Jean Lass, Melon et Dutot*, M.xxii.367-70). Here, after re-reading Dutot's *Réflexions politiques*, Voltaire accepts his conclusion.

DÉSASTRE DE L'HOMME AUX QUARANTE ÉCUS

Je suis bien aise d'apprendre à *l'univers*,[1] que j'ai une terre qui me vaudrait net quarante écus de rente, n'était la taxe à laquelle elle est imposée.

Il parut plusieurs édits de quelques personnes qui se trouvant de loisir gouvernent l'Etat au coin de leur feu.[2] Le préambule de ces édits était que la puissance *législatrice et exécutrice est née de droit divin copropriétaire de ma terre*;[3] et que je lui dois au moins la moitié de ce que je mange.[4] L'énormité de l'estomac de la puissance

---

[1] An allusion to a presumptuous statement in Jean-Jacques Lefranc de Pompignan's *Mémoire présenté au roi* (Paris 1760; BV2002), already mocked by Voltaire in 1760 in *L'Ecossaise* (V 50, p.341) and in the *Dialogues chrétiens* (M.xxiv.131).

[2] Cf. D11423, D14689; *Questions sur l'Encyclopédie*, art. 'Economie': 'Il ne s'agit pas ici des déclamations de ces politiques qui gouvernent un Etat du fond de leur cabinet par des brochures' (M.xviii.454). Voltaire fantasises that the physiocrats are in power and have issued edicts enforcing the application of their principles.

[3] See *Ordre naturel*, i.247-48; ii.3, 102-103 (CN, v.303). Le Mercier de La Rivière believed that 'la puissance législatrice et la puissance exécutrice ne puissent être qu'une seule et même puissance', namely the sovereign, and that in a physiocratic régime 'c'est la Divinité elle-même qui gouverne' (*Ordre naturel*, i.198, 239; ii.470). Voltaire disagreed, in letters to Damilaville: 'qu'un seul homme soit le propriétaire de toutes les terres, c'est une idée monstrueuse' (D14490); and to Catherine II: 'je ne crois point du tout que la puissance législatrice soit de droit divin copropriétaire de mes petites chaumières' (D14704). He is cautious enough not to use the words 'le souverain', thus avoiding any suggestion that he was anti-royalist. Grimm shared Voltaire's concerns (CLT, vii.448).

[4] The physiocrats did not insist on 50 per cent as the proportion for their tax on the net yield from land. Quesnay thought that the tax could amount to 'la moitié du fermage' (art. 'Grains', *Encyclopédie*, vii.822), but he and his disciples tended to favour a third of the *produit net*. It is not clear whether Le Mercier de La Rivière meant the tax to amount to a third or a half; but his examples can readily be interpreted as indicating 50 per cent (*Ordre naturel*, ii.39, 105, 128). He distinguished between *produit brut* and *produit net* (ii.52-67); but, Grimm pointed out, 'ce produit net est par son essence incertain, variable, inconnu et caché; comment asseoir une

294

législatrice et exécutrice me fit faire un grand signe de croix. Que
serait-ce si cette puissance qui préside à *l'ordre essentiel des sociétés*   10
avait ma terre en entier? l'un est encore plus divin que l'autre.

Monsieur le contrôleur général sait que je ne payais en tout que
douze livres;[5] que c'était un fardeau très pesant pour moi, et que
j'y aurais succombé si Dieu ne m'avait donné le génie de faire des
paniers d'osier qui m'aidaient à supporter ma misère. Comment   15
donc pourrai-je tout d'un coup donner au roi vingt écus?

Les nouveaux ministres disaient encore dans leur préambule,
qu'on ne doit taxer que les terres, parce que tout vient de la terre
jusqu'à la pluie; et que par conséquent il n'y a que les fruits de la
terre qui doivent l'impôt.[6]   20

imposition publique et permanente sur une base si mouvante?' (CLT, vii.448). The
physiocrats also distinguished between landowners and farmers, the former being
responsible for sharing the *produit net* with the sovereign. The *produit net* excludes
the 'dépenses de la culture', which, it seems, include the farmer's living expenses as
well as the direct expenses, for Le Mercier de La Rivière said that farming should
be at least as lucrative as other professions. This would significantly reduce the
severity of the tax. Even so, the physiocrats' emphasis on large farming operations
implied a particularly onerous burden on the numerous small-scale producers like
the hero, who is both proprietor and farmer. On the *impôt unique* and immunity
from the expenses of cultivation, see Weulersse, *Le Mouvement physiocratique*,
i.439-73, ii.336-86.

[5] The sum paid by labourers near Paris without property (see Roussel de La Tour,
La Richesse de l'Etat, s.l. 1763, p.11).

[6] See Mirabeau, *L'Ami des hommes*, i.167-68; Quesnay, *Physiocratie*, i.107;
Le Mercier de La Rivière: 'toute richesse provient de la terre', 'C'est donc une
vérité de la plus grande évidence que l'impôt doit être pris sur les produits nets des
terres' (*Ordre naturel*, ii.107, 137). In his *Dialogue entre un philosophe et un contrôleur
général des finances* of 1750, perhaps under the influence of John Locke, Voltaire
defined a tax as 'une certaine quantité de blé, de bestiaux, de denrées, que les
possesseurs des terres doivent à ceux qui n'en ont point. [...] L'argent n'est que la
représentation de ces denrées' (M.xxiii.505). On 16 October 1767 he commented to
Damilaville on the *Ordre naturel*: 'Il est bien certain que la terre paye tout; quel
homme n'est pas convaincu de vette vérité?' (D14490). The idea was widely held,
but the more he reflected on the *Ordre naturel* (see D14618) the less certain he
became. In 1776 he explained that while 'tout vient de la terre sans doute', this
meant merely that 'elle produit les métaux comme les bleds', that land was the
source of all raw materials, not the sole creator of values (D19914). In February

Un de leurs huissiers vint chez moi dans la dernière guerre: il me demanda pour ma quote-part trois setiers de blé, et un sac de fèves, le tout valant vingt écus, pour soutenir la guerre qu'on faisait, et dont je n'ai jamais su la raison, ayant seulement entendu dire que dans cette guerre il n'y avait rien à gagner du tout pour mon pays et beaucoup à perdre. Comme je n'avais alors ni blé, ni fèves, ni argent, la puissance législatrice et exécutrice me fit traîner en prison; et on fit la guerre comme on put. [7]

En sortant de mon cachot, n'ayant que la peau sur les os, je rencontrai un homme joufflu et vermeil dans un carrosse à six chevaux; il avait six laquais et donnait à chacun d'eux pour gages le double de mon revenu. Son maître d'hôtel aussi vermeil que lui, avait deux mille francs d'appointements, et lui en volait par an vingt mille. Sa maîtresse lui coûtait quarante mille écus en six mois: je l'avais connu autrefois dans le temps qu'il était moins riche que moi: il m'avoua pour me consoler qu'il jouissait de quatre cent mille livres de rente. Vous en payez donc deux cent mille à l'Etat, lui dis-je, pour soutenir la guerre avantageuse que nous avons; car moi qui n'ai juste que mes cent vingt livres il faut que j'en paye la moitié.

Moi! dit-il, que je contribue aux besoins de l'Etat! Vous voulez rire, mon ami: j'ai hérité d'un oncle qui avait gagné huit millions

1768 Voltaire told Damilaville that the author of *L'Homme aux quarante écus* 'est de votre opinion sur l'impôt unique, mais il n'en est point sur la taxation des terres' (D14743), an ambiguous statement meaning perhaps that he shared Damilaville's misgivings about Le Mercier de La Rivière's *impôt unique* but opposed Damilaville's proposal in his article 'Vingtième' of a land tax. Here Voltaire's opposition to the *impôt unique* is unambiguous.

[7] Voltaire was keenly aware of the folly of the Seven Years' War, but this allusion is unfortunate. The physiocrats opposed war, except for defensive purposes. Moreover if a landowning farmer had been unable to pay his tax, they would have been unlikely to divert him from the land by imprisonment. The stupidity of imprisoning someone for this reason had already been pointed out by Boisguilbert (*Le Détail de la France*, ii.236).

à Cadix[8] et à Surate;[9] je n'ai pas un pouce de terre; tout mon bien est en contrats, en billets sur la place; je ne dois rien à l'Etat; c'est à vous de donner la moitié de votre subsistance, vous qui êtes un 45 seigneur terrien. Ne voyez-vous pas que si le ministre des finances exigeait de moi quelques secours pour la patrie, il serait un imbécile qui ne saurait pas calculer; car tout vient de la terre: l'argent et les billets ne sont que des gages d'échange: au lieu de mettre sur une carte au pharaon cent setiers de blé, cent bœufs, mille moutons, et 50 deux cents sacs d'avoine, je joue des rouleaux d'or qui représentent ces denrées dégoûtantes. Si après avoir mis *l'impôt unique* sur ces denrées, on venait encore me demander de l'argent, ne voyez-vous pas que ce serait un double emploi?[10] que ce serait demander deux fois la même chose? Mon oncle vendit à Cadix pour deux 55 millions de votre blé, et pour deux millions d'étoffes fabriquées avec votre laine: il gagna plus de cent pour cent dans ces deux affaires. Vous concevez bien que ce profit fut fait sur des terres déjà taxées: ce que mon oncle achetait dix sous de vous, il le revendait plus de cinquante francs au Mexique, et tous frais faits, 60 il est revenu avec huit millions.

Vous sentez bien qu'il serait d'une horrible injustice de lui redemander quelques oboles sur les dix sous qu'il vous donna. Si vingt neveux comme moi, dont les oncles auraient gagné dans le

[8] In the eighteenth century Cadiz had a monopoly of Spanish trade with South America and the West Indies, in which Voltaire himself speculated. On the whole he was fortunate in his investments; see Donvez, *De quoi vivait Voltaire?*, p.69-70. But in March 1767 he told Damilaville: 'J'écris à Cadix au sujet de la banqueroute des Gilli mais j'espère très peu de chose' (D14018) and by July 1768 he estimated that he had lost 20000 écus (D15119). The following year he calculated his loss at double this sum (D15635, D15747).

[9] Surat was an important European commercial base in India in the eighteenth century, having been established for this purpose in the late sixteenth century.

[10] An expression much used by the physiocrats; see Mirabeau, *Théorie de l'impôt*, p.188; Quesnay, *Physiocratie*, i.123; Le Mercier de La Rivière, *Ordre naturel*, ii.102, 129, 168 (CN, v.303). On tax exemption for holders of securities, see *Ordre naturel*, ii.126, and for merchants, ii.312.

bon temps chacun huit millions au Mexique, à Buenos Aires, à   65
Lima, à Surate, ou à Pondichéri, prêtaient seulement à l'Etat,
chacun deux cent mille francs dans les besoins urgents de la patrie,
cela produirait quatre millions: quelle horreur! Payez, mon ami,
vous qui jouissez en paix d'un revenu clair et net de quarante écus;
servez bien la patrie, et venez quelquefois dîner avec ma livrée.   70

   Ce discours plausible me fit beaucoup réfléchir, et ne me consola
guère.

ENTRETIEN AVEC UN GÉOMÈTRE

Il arrive quelquefois qu'on ne peut rien répondre et qu'on n'est pas persuadé. On est atterré sans pouvoir être convaincu. On sent dans le fond de son âme un scrupule, une répugnance qui nous empêche de croire ce qu'on nous a prouvé. Un géomètre vous démontre qu'entre un cercle et une tangente, vous pouvez faire passer une infinité de lignes courbes, et que vous n'en pouvez faire passer une droite. Vos yeux, votre raison vous disent le contraire. Le géomètre vous répond gravement que c'est là un infini du second ordre. Vous vous taisez, et vous vous en retournez tout stupéfait, sans avoir aucune idée nette, sans rien comprendre, et sans rien répliquer. [1]

Vous consultez un géomètre de meilleure foi [2] qui vous explique le mystère. Nous supposons, dit-il, ce qui ne peut être dans la nature, des lignes qui ont de la longueur sans largeur; il est impossible physiquement parlant qu'une ligne réelle en pénètre une autre. Nulle courbe, ni nulle droite réelle ne peut passer entre deux lignes réelles qui se touchent; ce ne sont là que des jeux de l'entendement, des chimères idéales; et la véritable géométrie est l'art de mesurer les choses existantes.

1-2 NM, W68: qu'on est pas

[1] Voltaire had always been sceptical about this proposition of Euclid's concerning the circle and the tangent; see *Lettres philosophiques*, XVII (ii.54), and especially *Traité de métaphysique* (V 14, p.448).

[2] From the references below to a proposal for supplying Paris with water and to a calculation of life expectancy, it can be inferred that the 'géomètre' is Antoine Deparcieux (1703-1768). Besides being concerned with public welfare he was an able mathematician and engineer, the author of astronomical tables and works on plane and spherical trigonometry. He steadily rose in Voltaire's estimation (D10883; D11265; D14282).

Je fus très content de l'aveu de ce sage mathématicien; et je me 20
mis à rire dans mon malheur d'apprendre qu'il y avait de la
charlatanerie jusque dans la science qu'on appelle la haute science. [3]

Mon géomètre était un citoyen philosophe qui avait daigné
quelquefois causer avec moi dans ma chaumière. Je lui dis,
Monsieur, vous avez tâché d'éclairer les badauds de Paris sur le 25
plus grand intérêt des hommes, la durée de la vie humaine. Le
ministère a connu par vous seul ce qu'il doit donner aux rentiers
viagers selon leurs différents âges. [4] Vous avez proposé de donner
aux maisons de la ville l'eau qui leur manque, [5] et de nous sauver
enfin de l'opprobre et du ridicule d'entendre toujours crier à l'eau, 30
et de voir des femmes enfermées dans un cerceau oblong porter
deux seaux d'eau pesant ensemble trente livres à un quatrième

25   68G3:   d'éclaircir les

[3] The Kehl editors add the following note: 'Il y a ici une équivoque; quand on
dit qu'une ligne courbe passe entre le cercle et sa tangente, on entend que cette
ligne courbe se trouve entre le cercle et sa tangente au-delà du point de contact, et
en deçà; car à ce point elle se confond avec ces deux lignes. Les lignes sont la limite
des surfaces, comme les surfaces sont la limite des corps, et ces limites doivent être
supposées sans largeur: il n'y a point de charlatanerie là-dedans. La mesure de
l'étendue abstraite est l'objet de la géométrie; celle des choses existantes en est
l'application' (xlv.14, n.2).

[4] A reference to Deparcieux's *Essai sur les probabilités de la durée de la vie
humaine; d'où l'on déduit la manière de déterminer les rentes viagères, tant simples
qu'en tontines* (Paris 1746; BV984) and *Addition à l'Essai sur les probabilités de la
durée de la vie humaine* (Paris 1760; BV984).

[5] The need to provide Paris with more water had long been recognised; see
Journal économique (May 1753), p.38. In his *Mémoire lu à l'assemblée publique de
l'Académie royale des sciences, le samedi 13 novembre 1762* (Paris 1763; BV985),
Deparcieux described a scheme to convey the water of the Yvette to Paris. This
work was followed by: *Second mémoire sur le projet d'amener à Paris la rivière
d'Yvette* (Paris 1767) and *Troisième mémoire sur le projet d'amener l'Yvette à Paris*
(Paris 1768), which was read to the Académie des sciences in 1767. Voltaire received
one or more of these later works and was enthusiastic about the project (D14282,
D15082).

étage auprès d'un privé. Faites-moi, je vous prie, l'amitié de me dire combien il y a d'animaux à deux mains et à deux pieds en France.

LE GÉOMÈTRE

On prétend qu'il y en a environ vingt millions, et je veux bien adopter ce calcul très probable, (a) en attendant qu'on le vérifie;

(a) Cela est prouvé par les mémoires des intendants faits à la fin du dix-septième siècle, [6] combinés avec le dénombrement par feux, composé en 1753, par ordre de M. le comte d'Argenson, [7] et surtout avec l'ouvrage [8]

[6] In the *Remarques pour servir de supplément à l'Essai sur les mœurs*, XIX, Voltaire says that his figure of 20 million agrees with that in the '*Dîme*, attribuée au maréchal de Vauban, et surtout avec le détail des provinces, donné par les intendants, à la fin du dernier siècle' (*Essai*, ii.943). The *Mémoires des intendants* were compiled between 1698 and 1700, at the request of the duc de Beauvillier. It is doubtful whether Voltaire consulted the original *Mémoires*, but as early as 1735 (D879, D880) he was making notes from Henri de Boulainvilliers's abridgement, *Etat de la France* (Londres 1737; BV504); see I. O. Wade, *The Search for a new Voltaire*, Transactions of the American philosophical society n.s. 48.iv (1958), p.61-63. The *Mémoires* were referred to constantly in the eighteenth century, often through Vauban's *Projet d'une dîme royale*, which was based on their findings. Voltaire here uses an approximation of Vauban's figure of 19 094 000 or 19 094 146 for the population of France (p.20, 159) as did Melon (*Essai politique*, 1736, p.322-23) and Dutot (*Réflexions politiques*, i.125).

[7] See *Remarques pour servir de supplément à l'Essai sur les mœurs*, XIX: 'dans le dernier dénombrement fait, en 1753, sur un relevé des tailles et autres impositions, on ne trouve aujourd'hui que trois millions cinq cent cinquante mille quatre cent quatre-vingt-neuf feux, ce qui, à quatre et demi par feu, ne donnerait que quinze millions neuf cent soixante et dix-sept mille deux cents habitants. A quoi il faudra ajouter les réguliers, les gens sans aveu, et sept cent mille âmes au moins que l'on suppose être dans Paris, dont le dénombrement a été fait suivant la capitation, et non pas suivant le nombre des feux' (*Essai*, ii.942). Voltaire also cites this 'dénombrement' in a letter to Moreau de La Rochette of 3 November 1767: 'Je vois, par le dénombrement exact des feux, fait en 1753, qu'il y a environ vingt millions de personnes dans le royaume' (D14516).

[8] To counteract the widespread belief that France's population was in decline, the *intendant* Jean-Baptiste-François de La Michodière ordered the compilation of demographic data on the districts he served. The task was assumed and published

ce qui serait très aisé, et qu'on n'a pas encore fait, *parce qu'on ne s'avise jamais de tout.*[9]

L'HOMME AUX QUARANTE ÉCUS

Combien croyez-vous que le territoire de France contienne 40 d'arpents?

LE GÉOMÈTRE

Cent trente millions, dont presque la moitié est en chemins, en villes, villages, landes, bruy⁻ �🙰s, marais, sables, terres stériles, couvents inutiles, jardins de plaisance plus agréables qu'utiles, terrains incultes, mauvais terrains mal cultivés. On pourrait réduire 45 les terres d'un bon rapport à soixante et quinze millions d'arpents carrés, mais comptons-en quatre-vingts millions.[10] On ne saurait trop faire pour sa patrie.

---

très exact de M. de Mezence fait sous les yeux de monsieur l'intendant de La Michaudière l'un des hommes les plus éclairés.

n.*a*, 5   MF: La M....
44   MF: couvents, jardins

---

by his secretary Messance in his *Recherches sur la population* of 1766. Messance's conclusion was that France's population had grown: 'il ne peut pas y avoir dans toute l'étendue du royaume moins de 23 909 400 habitants' (p.275), an assertion which both surprised and convinced Grimm (CLT, vii.130); see J. J. Spengler, 'Messance: founder of French demography', *Human biology* 12 (1940), p.77-94. Voltaire, well informed on demographical statistics, was consulted by Messance (see D7426; D7516).

[9] The title of a comic opera by Sedaine, with music by Monsigny, performed at the Foire Saint-Laurent on 14 September 1761 (*On ne s'avise jamais de tout*, Paris 1761).

[10] See Mirabeau: 'Le territoire du royaume est d'environ cent trente millions d'arpents de terre, dont la moitié est en bois, prairies, vignes, étangs, rivières, chemins, habitations et terres ingrates: l'autre moitié de soixante-cinq millions d'arpents, qu'on réduit à soixante millions, cultivables en grains. De ces soixante millions d'arpents, il n'y en a pas quarante qui soient cultivés' (*Théorie de l'impôt*,

L'HOMME AUX QUARANTE ÉCUS

Combien croyez-vous que chaque arpent rapporte l'un dans l'autre année commune, en blés, en semence de toute espèce, vins, étangs, bois, métaux, bestiaux, fruits, laines, soies, lait, huile, tous frais faits, sans compter l'impôt?　　　　　　　　　　　　　50

LE GÉOMÈTRE

Mais, s'ils produisent chacun vingt-cinq livres, c'est beaucoup; cependant, mettons trente livres pour ne pas décourager nos concitoyens. Il y a des arpents qui produisent des valeurs renais- 55 santes estimées trois cents livres; il y en a qui produisent 3 livres. La moyenne proportionnelle entre 3 et 300 est 30; car vous voyez bien que 3 est à 30 comme 30 est à 300. Il est vrai que s'il y avait beaucoup d'arpents à 30 livres et très peu à 300 livres, notre compte ne s'y trouverait pas;[11] mais encore une fois, je ne veux 60 point chicaner.

59　68A3:　d'arpents à 3 livres,
　　68G2:　peu à 3 livres,

---

p.236-37); and Quesnay: 'L'étendue du territoire serait d'environ 130 millions d'arpents de terres de différentes qualités' (*Physiocratie*, i.47). In August 1761 a decree had been passed to encourage *défrichements*, followed in January 1763 by another in favour of *dessèchements*, a policy warmly supported and practised by Voltaire.

[11] For these calculations Voltaire needed the total area of productive land and the average yield per arpent. To use the mean proportional of the greatest and the smallest yields per arpent instead of the arithmetic mean of a series of values was questionable, although it might happen to be correct. Voltaire undoubtedly chose the figure 30 because it matched the other data he used. It would have been better to say 's'il y avait beaucoup d'arpents à 3 livres' (as in 68A3) instead of 'à 30 livres'. The figure 30 is given in an example in the *Ordre naturel* (ii.406), but unlike Voltaire's (see l.51-52), it includes the expenses of cultivation, giving a net yield of only 20.

L'HOMME AUX QUARANTE ÉCUS

Eh bien, monsieur, combien les quatre-vingts millions d'arpents donneront-ils de revenu, estimé en argent?

LE GÉOMÈTRE

Le compte est tout fait: cela produit par an deux milliards quatre cents millions de livres numéraires au cours de ce jour. [12]

65

L'HOMME AUX QUARANTE ÉCUS

J'ai lu que Salomon possédait lui seul vingt-cinq milliards d'argent comptant: [13] et certainement il n'y a pas deux milliards quatre cents millions d'espèces circulantes dans la France, qu'on m'a dit être beaucoup plus grande et plus riche que le pays de Salomon.

70

LE GÉOMÈTRE

C'est là le mystère: il y a peut-être à présent environ neuf cents millions d'argent circulant dans le royaume; [14] et cet argent passant de main en main suffit pour payer toutes les denrées et tous les

---

[12] See Dutot: 'Le revenu de tous les biens du royaume montait donc en 1699 qui est le temps où M. de Vauban écrivait, au moins à deux milliards quatre cents millions' (*Réflexions politiques*, i.124-25). This figure is not found in Vauban's *Projet d'une dîme royale* and must have been calculated by Dutot.

[13] See *Dictionnaire philosophique*, art. 'Salomon' (V 36, p.500-17). Voltaire may have calculated this figure himself from the generally accepted equivalent figure in English money found in Prideaux, *Histoire des Juifs*, i.9. Prideaux's figure is 'au-delà de huit cent millions de livres sterling'. If 800 million is multiplied by the figure for the current rate of exchange at Paris on 30 December 1767, namely 31 livres, 5 sous, 8 deniers per pound sterling (*Gazette du commerce*, 2 January 1768, p.6), the result is almost exactly 25 milliards. Humphrey Prideaux, *Histoire des Juifs et des peuples voisins depuis la décadence des royaumes d'Israël et de Juda jusqu'à la mort de Jésus-Christ*, trans. Brutel de La Rivière and Du Soul (Amsterdam 1722; BV2811: Paris 1726).

[14] This is Goudar's estimate; see *Les Intérêts de la France mal entendus*, ii.20.

travaux: le même écu peut passer mille fois de la poche du
cultivateur dans celle du cabaretier et du commis des aides.   75

L'HOMME AUX QUARANTE ÉCUS

J'entends. Mais vous m'avez dit que nous sommes vingt millions
d'habitants, hommes et femmes, vieillards et enfants, combien
pour chacun, s'il vous plaît?

LE GÉOMÈTRE

Cent vingt livres ou quarante écus. [15]

L'HOMME AUX QUARANTE ÉCUS

Vous avez deviné tout juste mon revenu: j'ai quatre arpents qui   80
en comptant les années de repos mêlées avec les années de produit
me valent cent vingt livres; c'est peu de chose.

---

82   NM2:   cent livres

---

[15] This calculation, from which the title of the work is derived, was made by
Dutot in a footnote to his estimate of France's total income, 2 milliards 400 millions:
'Ce revenu réparti à 20 millions de personnes qu'il y a dans le royaume, ne donne
à chacune que 120 livres de rente, c'est 6 sols 8 deniers par jour: ce qui montre que
ce revenu n'est pas trop fort, et qu'il ne l'est pas même assez' (*Réflexions
politiques*, i.125). Thus, three key figures in Voltaire's calculations occur on one
page of Dutot's book. With the series of statistical data given in the 'Entretien'
Voltaire appears to be subscribing to the physiocrats' view that only land creates
wealth. But Dutot's figures included 'le revenu annuel de tous les héritages du
royaume, maisons, bâtiments et édifices' (p.124). Knowing this, Voltaire insisted
on the plausibility of 40 écus as a realistic average income: 'Je ne garantis pas le
calcul de m. de Lamichodière; mais s'il y a vingt millions d'hommes en France,
chaque individu doit prétendre à *quarante écus* de rente. Et si nous n'avons que seize
millions d'animaux à deux pieds et à deux mains, il nous revient à chacun 144^{ll} ou
environ' (D15232); see D14904; *Questions sur l'Encyclopédie*, art. 'Economie'
(M.xviii.462).

Quoi! si chacun avait une portion égale comme dans l'âge d'or,[16] chacun n'aurait que cinq louis d'or par an?

LE GÉOMÈTRE

Pas davantage, suivant notre calcul que j'ai un peu enflé. Tel est l'état de la nature humaine. La vie et la fortune sont bien bornées; on ne vit à Paris l'un portant l'autre que vingt-deux à vingt-trois ans:[17] et l'un portant l'autre on n'a tout au plus que 120 livres par an à dépenser. C'est-à-dire que votre nourriture, votre vêtement, votre logement, vos meubles, sont représentés par la somme de 120 livres.

L'HOMME AUX QUARANTE ÉCUS

Hélas! que vous ai-je fait pour m'ôter ainsi la fortune et la vie? Est-il vrai que je ne n'aie que vingt-trois ans à vivre, à moins que je ne vole la part de mes camarades?

LE GÉOMÈTRE

Cela est incontestable dans la bonne ville de Paris; mais de ces vingt-trois ans, il en faut retrancher au moins dix de votre enfance; car l'enfance n'est pas une jouissance de la vie, c'est une préparation; c'est le vestibule de l'édifice, c'est l'arbre qui n'a pas encore donné de fruits, c'est le crépuscule d'un jour. Retranchez des treize années

85

90

95

---

88   68G1 (state 1), 68P: vingt-trois ans l'un portant l'autre; on [68G1 errata: vingt-trois: et]

68A2, 68A3:   l'un portant l'autre n'a

MF: vingt-trois ans; on n'a

NM1-K: vingt-trois ans; l'un portant

---

[16] The first of the five ages described by Hesiod (*Works and days*, II.109-201) and the first of the four described by Ovid (*Metamorphoses*, I.i.89f.).

[17] This is the life expectancy given by Deparcieux, *Essai sur les probabilités de la durée de la vie humaine*, p.69-70 (CN, iii.77).

qui vous restent le temps du sommeil, et celui de l'ennui, c'est au 100
moins la moitié: reste six ans et demi que vous passez dans le
chagrin, les douleurs, quelques plaisirs et l'espérance.

L'HOMME AUX QUARANTE ÉCUS

Miséricorde! votre compte ne va pas à trois ans d'une existence
supportable.

LE GÉOMÈTRE

Ce n'est pas ma faute. La nature se soucie fort peu des individus. 105
Il y a d'autres insectes qui ne vivent qu'un jour, mais dont l'espèce
dure à jamais. La nature est comme ces grands princes qui comptent
pour rien la perte de quatre cent mille hommes, pourvu qu'ils
viennent à bout de leurs augustes desseins.

L'HOMME AUX QUARANTE ÉCUS

Quarante écus et trois ans à vivre! quelle ressource imagineriez- 110
vous contre ces deux malédictions?

LE GÉOMÈTRE

Pour la vie, il faudrait rendre dans Paris l'air plus pur,[18] que les
hommes mangeassent moins, qu'ils fissent plus d'exercice, que les

---

110-111   68P, MF, 68A2, 68A3:   imaginerez-vous
113   68P, MF, 68A2, 68A3:   plus d'exercices, que

---

[18] Ever since *Ce qu'on ne fait pas et ce qu'on pourrait faire* (1742; M.xxiii.186)
Voltaire had insisted on the need for more hygienic conditions in Paris; see, for
example, *Des embellissements de Paris* (V 31B, p.213-15); see also *Journal économique*
(February 1753), p.132; (June 1753), p.139; (February 1767), p.81.

mères allaitassent leurs enfants,[19] qu'on ne fût plus assez malavisé
pour craindre l'inoculation;[20] c'est ce que j'ai déjà dit; et pour la 115
fortune, il n'y qu'à se marier et faire des garçons et des filles.

L'HOMME AUX QUARANTE ÉCUS

Quoi! le moyen de vivre commodément est d'associer ma misère
à celle d'un autre?

LE GÉOMÈTRE

Cinq ou six misères ensemble font un établissement très tolé-
rable. Ayez une brave femme, deux garçons et deux filles seulement, 120
cela fait sept cent vingt livres pour votre petit ménage, supposé
que justice soit faite, et que chaque individu ait 120 livres de rente.
Vos enfants en bas âge ne vous coûtent presque rien; devenus
grands ils vous soulagent; leurs secours mutuels vous sauvent
presque toutes les dépenses, et vous vivez très heureusement en 125
philosophe, pourvu que ces messieurs qui gouvernent l'Etat n'aient
pas la barbarie de vous extorquer à chacun vingt écus par an; mais
le malheur est que nous ne sommes plus dans l'âge d'or, où les
hommes nés tous égaux avaient également part aux productions

114   68G3:   ne fût pas assez
126-127   MF: philosophe, mais

[19] Voltaire's attitude was widely held; see Deparcieux, *Essai sur les probabilités
de la durée de la vie humaine*, p.72; Buffon, *Histoire naturelle*, ii.472; Mirabeau,
L'Ami des hommes, i.ii.56; Rousseau, *Emile*. See also G. D. Sussman, *Selling
mothers' milk* (Urbana 1982).
[20] Voltaire had suffered from smallpox, and consistently advocated inoculation;
see *Lettres philosophiques*, XI. In January 1768 the Paris Faculty of Medicine passed
a provisional decree tolerating inoculation, though resistance continued until 1775;
see A. H. Rowbotham, *The 'Philosophes' and the propaganda for inoculation of
smallpox in eighteenth-century France*, University of California publications in
modern philology 18 (1936), p.267-74.

succulentes d'une terre non cultivée.[21] Il s'en faut beaucoup   130
aujourd'hui que chaque être à deux mains et à deux pieds possède
un fonds de cent vingt livres de revenu.

L'HOMME AUX QUARANTE ÉCUS

Ha! vous nous ruinez. Vous nous disiez tout à l'heure, que dans
un pays où il y a quatre-vingts millions de terre assez bonne, et
vingt millions d'habitants, chacun doit jouir de 120 livres de rente,   135
et vous nous les ôtez!

LE GÉOMÈTRE

Je comptais suivant les registres du siècle d'or, et il faut compter
suivant le siècle de fer. Il y a beaucoup d'habitants qui n'ont que
la valeur de dix écus de rente, d'autres qui n'en ont que quatre ou
cinq, et plus de six millions d'hommes qui n'ont absolument rien.   140

L'HOMME AUX QUARANTE ÉCUS

Mais ils mourraient de faim au bout de trois jours.

LE GÉOMÈTRE

Point du tout; les autres qui possèdent leurs portions, les font
travailler, et partagent avec eux; c'est ce qui paye le théologien, le
confiturier, l'apothicaire, le prédicateur, le comédien, le procureur
et le fiacre. Vous vous êtes cru à plaindre de n'avoir que cent vingt   145
livres à dépenser par an, réduites à 108 livres à cause de votre taxe

---

134   NM2-K: millions d'arpents de terre
143-144   MF: paye le confiturier, l'apothicaire, le comédien

---

[21] A veiled reference, perhaps, to Rousseau's *Discours sur l'origine et les fondements
de l'inégalité* (1755). Voltaire, following Locke, thoroughly approved of property
rights. The physiocrats, too, recognised the value of combining capital resources
in large land holdings.

de douze francs; mais regardez les soldats qui donnent leur sang pour la patrie; ils ne disposent, à quatre sous par jour,[22] que de soixante et treize livres, et ils vivent gaiement en s'associant par chambrées.

L'HOMME AUX QUARANTE ÉCUS

Ainsi donc un ex-jésuite a plus de cinq fois la paye du soldat.[23] Cependant les soldats ont rendu plus de services à l'Etat sous les yeux du roi à Fontenoy, à Laufelt, au siège de Fribourg,[24] que n'en a jamais rendu le révérend père la Valette.[25]

150-159   MF: chambrées. Chacun.

[22] Voltaire's estimates of soldiers' pay diminish steadily over the years: 6 sous in the *Observations sur MM. Jean Lass, Melon et Dutot* (M.xxii.369), 5 sous in *Le Siècle de Louis XIV*, ch.30 (*OH*, p.996), 4 sous here. According to A. Babeau, *La Vie militaire sous l'ancien régime* (Paris 1889), i.116-17, the pay of infantrymen was 8 sous in 1610, 5 or 6 sous under Louis XIII, 5 sous under Louis XIV, and raised to 5 sous 6 deniers in 1718, then to 6 sous 4 deniers. It did not increase further before the Revolution and was sometimes lower. There was widespread feeling in the eighteenth century that soldiers' pay should be increased; see Naveau, *Le Financier citoyen*, ii.99, 211; Mirabeau, *Théorie de l'impôt*, p.66.

[23] Here Voltaire is bent on creating the impression that the ex-Jesuits gained financially from the destruction of their order in France, which appears to have been far from the case. Even d'Alembert admitted that many ex-Jesuits seemed to be suffering severe hardship; see *Sur la destruction des jésuites en France* (s.l. 1765; BV37), a work which Voltaire must have known well since he was involved in its publication in Geneva.

[24] Three French victories over the English in the War of the Austrian Succession.

[25] The Jesuit Antoine de La Valette (1708-1767) was appointed director of all Jesuit missions in South America in 1754. After a number of unsuccessful speculations undertaken to re-establish the mission's finances he was found guilty of flouting the rules of the order and expelled. In May 1761 the pro-Jansenist Paris *parlement* declared the whole order responsible for the debts La Valette had incurred and in August 1762 decreed the suppression of the Society within the sphere of its jurisdiction. A royal edict of November 1764 destroyed the order, but permitted ex-Jesuits to remain in the country if they ceased to function as religious. A new decree of 9 May 1767 banished all Jesuits from France on the pretext that they were again becoming a political threat. See P. Delattre, *Les Etablissements des jésuites en France* (Enghien 1939-1955), ii.562, 642.

LE GÉOMÈTRE

Rien n'est plus vrai: et même chaque jésuite devenu libre a plus   155
à dépenser qu'il ne coûtait à son couvent; il y en a même qui
ont gagné beaucoup d'argent à faire des brochures contre les
parlements, comme le révérend père Patouillet, et le révérend père
Nonotte. [26] Chacun s'ingénie dans ce monde; l'un est à la tête d'une
manufacture d'étoffes, l'autre de porcelaine; un autre entreprend   160
l'opéra; celui-ci fait la gazette ecclésiastique, cet autre une tragédie
bourgeoise ou un roman dans le goût anglais; il entretient le
papetier, le marchand d'encre, le libraire, le colporteur, qui sans
lui demanderaient l'aumône. Ce n'est enfin que la restitution de
cent vingt livres à ceux qui n'ont rien, qui fait fleurir l'Etat.   165

L'HOMME AUX QUARANTE ÉCUS

Plaisante manière de fleurir!

158-159   68A2, 68A3:   père Monote. Chacun
161   MF: fait une brochure; cet autre
166   NM1-K: Parfaite manière de

[26] Voltaire persistently believed that Louis Patouillet (1699-1779) was the real
author of the *Lettre pastorale de monseigneur l'archevêque d'Auch, au clergé séculier
et régulier de son diocèse* (s.l. 1764; BV2505), purported to be by Jean-François de
Chatillard de Montillet-Grenaud and in which Voltaire was severely criticised; see
Lettre pastorale à monsieur l'archevêque d'Auch (1766; M.xxv.469-70); *La Guerre
civile de Genève* (1767; V 63A, p.143-44); *Les Honnêtetés littéraires* (1767; M.xxvi.155-
56). Voltaire suspected both Patouillet and Claude-François Nonnotte of contributing to Louis-Mayeul Chaudon's *Dictionnaire anti-philosophique, pour servir de
commentaire et de correctif au Dictionnaire philosophique et aux autres livres, qui ont
paru de nos jours contre le christianisme* (Avignon 1767; BV728); cf. D14562: 'Trois
jésuites nommés Patouillet, Nonotte et Ceruti ont contribué à ce chef d'œuvre'.
Patouillet and Nonnotte had been major contributors to the *Supplément des Nouvelles
ecclésiastiques* (1734-1748), a journal founded by the Jesuits to counteract the
Jansenist *Nouvelles ecclésiastiques*. Nonnotte had been a target of Voltaire's since
the publication in 1762 of his criticism of the *Essai sur les mœurs* (*Les Erreurs de
Voltaire*, Amsterdam [Paris] 1766; BV2579).

LE GÉOMÈTRE

Il n'y en a point d'autre; par tout pays le riche fait vivre le pauvre. [27] Voilà l'unique source de l'industrie du commerce. Plus la nation est industrieuse, plus elle gagne sur l'étranger. Si nous attrapions de l'étranger dix millions par an pour la balance du commerce, il y aurait dans vingt ans deux cents millions de plus dans l'Etat; et ce serait dix francs de plus à répartir loyalement sur chaque tête; c'est-à-dire, que les négociants feraient gagner à chaque pauvre dix francs de plus une fois payés, dans l'espérance de faire des gains encore plus considérables. Mais le commerce a ses bornes comme la fertilité de la terre; autrement la progression irait à l'infini; et puis, il n'est pas sûr que la balance de notre commerce nous soit toujours favorable; il y a des temps où nous perdons. [28]

L'HOMME AUX QUARANTE ÉCUS

J'ai entendu parler beaucoup de population. Si nous nous avisions de faire le double d'enfants de ce que nous en faisons; si

---

172   68G1 (state 1), 68P, MF, NM1-W75G: l'Etat; ce serait dix francs de plus dans le royaume, et ce serait dix francs de plus à répartir [68G1 errata: β]

   W75G cancel, K: l'Etat; ce serait

174   W75G cancel, K: francs de plus, dans

---

[27] See *Défense du Mondain* (M.x.92); *Observations sur MM. Jean Lass, Melon et Dutot* (M.xxii.363-64); *Le Siècle de Louis XIV*, ch.30. The advantage of luxuries providing employment for the poor had been pointed out by Bayle, Montesquieu, Melon (*Essai politique*, 1734, p.148), and especially by Bernard Mandeville in *The Fable of the bees*, ch.7 (London 1724; BV2300), but was rejected by Damilaville, art. 'Vingtième' (*Encyclopédie*, xvii.870), and others; see Labriolle-Rutherford, 'L'évolution de la notion du luxe', p.1029-30.

[28] See *Lettre à l'occasion de l'impôt du vingtième* (V31B, p.305) and D14684: 'le commerce seul peut opérer nôtre guérison'. Like his neo-mercantilist mentors, Voltaire retained the mercantilist concern for a favourable balance of trade.

notre patrie était peuplée du double, si nous avions quarante
millions d'habitants au lieu de vingt, qu'arriverait-il?

LE GÉOMÈTRE

Il arriverait que chacun n'aurait à dépenser que vingt écus l'un
portant l'autre, ou qu'il faudrait que la terre rendît le double de ce   185
qu'elle rend; ou qu'il y aurait le double de pauvres; ou qu'il
faudrait avoir le double d'industrie et gagner le double sur
l'étranger, ou envoyer la moitié de la nation en Amérique; ou que
la moitié de la nation mangeât l'autre.

L'HOMME AUX QUARANTE ÉCUS

Contentons-nous donc de nos vingt millions d'hommes et de   190
nos cent vingt livres par tête, réparties comme il plaît à Dieu: mais
cette situation est triste, et votre siècle de fer est bien dur. [29]

LE GÉOMÈTRE

Il n'y a aucune nation qui soit mieux; et il en est beaucoup qui
sont plus mal. Croyez-vous qu'il y ait dans le Nord de quoi donner

---

[29] The hero is earlier advised to have four children (p.308); later he hopes for
ten (p.357). Voltaire nowhere specified what he thought the optimum population
of France should be. In the *Dialogue entre un philosophe et un contrôleur général* he
said that wealth consisted 'dans le grand nombre d'hommes laborieux' (M.xxiii.503),
and in *Le Siècle de Louis XIV*, ch.29, he applauded Colbert's measures to increase
population (*OH*, p.967). But, in contrast to populationists such as Goudar,
Forbonnais and Mirabeau (in the first, pre-physiocratic, half of *L'Ami des hommes*),
Voltaire did not favour a spectacular increase: 'Notre grand intérêt est que les
hommes qui existent soient heureux [...] si nous n'avons pu encore procurer ce
bonheur aux hommes, pourquoi tant souhaiter d'en augmenter le nombre? Est-ce
pour faire de nouveaux malheureux?' (letter to the *Gazette littéraire de l'Europe*, 4
November 1764; M.xxv.219); see *Questions sur l'Encyclopédie*, art. 'Population'
(1771; M.xx.253). Voltaire was therefore closer to the physiocrats' emphasis on 'plus
d'aisance que procurent de grands revenus' (Quesnay, *Physiocratie*, i.119-20) than
to population increase, but unlike them he appeared to retain mercantilist scepticism
regarding the possibility of vastly increasing world supplies of goods and currency.

la valeur de cent vingt de nos livres à chaque habitant? S'ils avaient   195
eu l'équivalent, les Huns, les Goths, les Vandales, et les Francs
n'auraient pas déserté leur patrie pour aller s'établir ailleurs, le fer
et la flamme à la main.

L'HOMME AUX QUARANTE ÉCUS

Si je vous laissais dire, vous me persuaderiez bientôt que je suis
heureux avec mes cent vingt francs.   200

LE GÉOMÈTRE

Si vous pensiez être heureux, en ce cas vous le seriez.

L'HOMME AUX QUARANTE ÉCUS

On ne peut s'imaginer être ce qu'on n'est pas, à moins qu'on
ne soit fou.

LE GÉOMÈTRE

Je vous ai déjà dit que pour être plus à votre aise et plus heureux
que vous n'êtes, il faut que vous preniez une femme; mais j'ajouterai   205
qu'elle doit avoir comme vous 120 livres de rente, c'est-à-dire
quatre arpents à dix écus l'arpent. Les anciens Romains n'en
avaient chacun que trois. Si vos enfants sont industrieux, ils
pourront en gagner chacun autant en travaillant pour les autres.

L'HOMME AUX QUARANTE ÉCUS

Ainsi ils ne pourront avoir de l'argent sans que d'autres en   210
perdent.

---

195 w68-κ: de cent vingt livres
196 68A2, 68A3:   les Huns, les Vandales
210 68A2, 68A3:   ils pourront

LE GÉOMÈTRE

C'est la loi de toutes les nations, on ne respire qu'à ce prix.

L'HOMME AUX QUARANTE ÉCUS

Et il faudra que ma femme et moi nous donnions chacun la moitié de notre récolte à la puissance législatrice et exécutrice, et que les nouveaux ministres d'Etat nous enlèvent la moitié du prix de nos sueurs et de la substance de nos pauvres enfants avant qu'ils puissent gagner leur vie! Dites-moi, je vous prie, combien nos nouveaux ministres font entrer d'argent de droit divin dans les coffres du roi.

215

LE GÉOMÈTRE

Vous payez vingt écus pour quatre arpents qui vous en rapportent quarante. L'homme riche qui possède quatre cents arpents payera deux mille écus par ce nouveau tarif, et les quatre-vingts millions d'arpents rendront au roi douze cents millions de livres par année, ou quatre cents millions d'écus.

220

L'HOMME AUX QUARANTE ÉCUS

Cela me paraît impraticable et impossible.[30]

225

LE GÉOMÈTRE

Vous avez très grande raison, et cette impossibilité est une démonstration géométrique qu'il y a un vice fondamental de raisonnement dans nos nouveaux ministres.

---

[30] Presumably this refers either to the heavy tax burden on agriculture or to an inadequacy of the money supply in relation to the tax yield. However, the latter obstacle is discounted earlier on p.304-305, l.71-75.

L'HOMME AUX QUARANTE ÉCUS

N'y a-t-il pas aussi une prodigieuse injustice démontrée à me prendre la moitié de mon blé, de mon chanvre, de la laine de mes moutons, etc. et de n'exiger aucun secours de ceux qui auront gagné dix ou vingt ou trente mille livres de rente avec mon chanvre dont ils ont tissu de la toile, avec ma laine dont ils ont fabriqué des draps, avec mon blé qu'ils auront vendu plus cher qu'ils ne l'ont acheté? [31]

230

235

LE GÉOMÈTRE

L'injustice de cette administration est aussi évidente que son calcul est erroné. Il faut que l'industrie soit favorisée, mais il faut que l'industrie opulente secoure l'Etat. Cette industrie vous a certainement ôté une partie de vos 120 livres et se les est appropriées en vous vendant vos chemises et votre habit vingt fois plus cher qu'ils ne vous auraient coûté si vous les aviez faits vous-même. Le manufacturier qui s'est enrichi à vos dépens, a, je l'avoue, donné un salaire à ses ouvriers qui n'avaient rien par eux-mêmes; mais il a retenu pour lui chaque année une somme qui lui a valu enfin trente mille livres de rente; il a donc acquis cette fortune à vos dépens; vous ne pourrez jamais lui vendre vos denrées assez cher pour vous rembourser de ce qu'il a gagné sur vous; car si vous tentiez ce surhaussement, il en ferait venir de l'étranger à meilleur prix. [32] Une preuve que cela est ainsi, c'est qu'il reste

240

245

246   K: pourrez donc jamais

---

[31] Having earlier objected to the immunity of *rentiers* and merchants (see above, p.296-97), Voltaire here attacks the immunity of manufacturers; see *Questions sur l'Encyclopédie*, art. 'Impôt' (1771; M.xix.442); see also Le Mercier de La Rivière, *Ordre naturel*, ii.403, where the income of a weaver is discussed.

[32] Voltaire is seizing on a fundamental flaw in the physiocratic theory. His argument can be found in an article on the *impôt unique* in the *Journal de l'agriculture* (January 1767), p.163.

toujours possesseur de ses trente mille livres de rente, et vous   250
restez avec vos cent vingt livres qui diminuent souvent bien loin
d'augmenter.

Il est donc nécessaire et équitable que l'industrie raffinée du
négociant paye plus que l'industrie grossière du laboureur. Il en
est de même des receveurs des deniers publics. Votre taxe avait   255
été jusqu'ici de douze francs avant que nos grands ministres vous
eussent pris vingt écus. Sur ces douze francs, le publicain retenait
dix sous pour lui. Si dans votre province il y a cinq cent mille
âmes, il aura gagné deux cent cinquante mille francs par an. Qu'il
en dépense cinquante; il est clair qu'au bout de dix ans il aura deux   260
millions de bien. Il est très juste qu'il contribue à proportion, sans
quoi tout serait perverti et bouleversé.

L'HOMME AUX QUARANTE ÉCUS

Je vous remercie d'avoir taxé ce financier, cela soulage mon
imagination; mais puisqu'il a si bien augmenté son superflu,
comment puis-je faire pour accroître aussi ma petite fortune?   265

LE GÉOMÈTRE

Je vous l'ai déjà dit, en vous mariant, en travaillant, en tâchant
de tirer de votre terre quelques gerbes de plus que ce qu'elle vous
produisait.

L'HOMME AUX QUARANTE ÉCUS

Je suppose que j'aie bien travaillé, que toute la nation en ait fait
autant, que la puissance législatrice et exécutrice en ait reçu un   270
plus gros tribut, combien la nation a-t-elle gagné au bout de
l'année?

260   68A2, 68A3:   dépense cinquante mille; il
269   68A2, 68A3:   que j'ai bien travaillé

LE GÉOMÈTRE

Rien du tout; à moins qu'elle n'ait fait un commerce étranger utile; mais elle aura vécu plus commodément. Chacun aura eu à proportion plus d'habits, de chemises, de meubles, qu'il n'en 275 avait auparavant. Il y aura eu dans l'Etat une circulation plus abondante, [33] les salaires auront été augmentés avec le temps à peu près en proportion du nombre de gerbes de blé, de toisons de moutons, de cuirs de bœufs, de cerfs et de chèvres qui auront été employés, de grappes de raisin qu'on aura foulées dans le pressoir. 280 On aura payé au roi plus de valeurs de denrées en argent, et le roi aura rendu plus de valeurs à tous ceux qu'il aura fait travailler sous ses ordres; mais il n'y aura pas un écu de plus dans le royaume. [34]

L'HOMME AUX QUARANTE ÉCUS

Que restera-t-il donc à la puissance au bout de l'année? 285

278-279   K: de mouton, de

[33] Following Saint-Evremond, Bayle, Montesquieu and Melon, Voltaire had defended luxury in *Le Mondain* on the grounds that it promoted circulation (M.x.89), to which, like Colbert, mercantilists and neo-mercantilists, he attached great importance. In contrast to his approval of a state gold reserve, Voltaire opposed private hoarding; see *Observations sur MM. Jean Lass, Melon et Dutot* (M.xxii.264). On this basis he defended Louis xiv's indulgence in luxuries; see *Anecdotes sur Louis XIV* (1748; M.xxiii.243); *Des embellissements de Paris* (V 31B, p.221); *Le Siècle de Louis XIV*, ch.30 (*OH*, p.989). The physiocrats and Damilaville strongly disagreed with him.

[34] Voltaire's current preoccupation with Colbert (see p.289, n.3) and his focus on the average French income give a mercantilist slant to this effort at objective economic analysis and somewhat obscure the fact that – like Boisguilbert, the abbé de Saint-Pierre and the neo-mercantilists – he envisaged money as a means rather than an end, defining wealth in the *Dialogue entre un philosophe et un contrôleur général* as 'l'abondance de toutes les denrées' and recognising the role of work in its creation (M.xxiii.502). Whereas Melon and Dutot retained more of the mercantilist pre-occupation with the power of the state, Voltaire gave equal attention to its wealth.

LE GÉOMÈTRE

Rien encore une fois; c'est ce qui arrive à toute puissance; elle ne thésaurise pas; elle a été nourrie, vêtue, logée, meublée; tout le monde l'a été aussi, chacun suivant son état; et si elle thésaurise, elle a arraché à la circulation autant d'argent qu'elle en a entassé; elle a fait autant de malheureux qu'elle a mis de fois quarante écus   290 dans ses coffres.

L'HOMME AUX QUARANTE ÉCUS

Mais ce grand Henri IV n'était donc qu'un vilain, un ladre, un pillard; car on m'a conté qu'il avait encaqué dans la Bastille plus de cinquante millions de notre monnaie d'aujourd'hui.

LE GÉOMÈTRE

C'était un homme aussi bon, aussi prudent que valeureux. Il   295 allait faire une juste guerre, et en amassant dans ses coffres vingt-deux millions de son temps, en ayant encore à recevoir plus de vingt autres qu'il laissait circuler, il épargnait à son peuple plus de cent millions qu'il en aurait coûté, s'il n'avait pas pris ces utiles mesures. Il se rendait moralement sûr du succès contre un ennemi   300 qui n'avait pas les mêmes précautions. [35] Le calcul des probabilités était prodigieusement en sa faveur. Ses vingt-deux millions encais-

---

301   68A3:   n'avait pas pris
302-305   68A3, K: en sa faveur.//

---

[35] Because of the contingency of war, Voltaire recognised the need to establish gold reserves with which foreign aid could be bought, but he rejected the bullionist technique of prohibiting the export of precious metals; see *Dialogue entre un philosophe et un contrôleur général* (M.xxiii.502, 506). He had discussed Henri IV's hoarding in *Des embellissements de Paris*, using the same figures and concluding that it was an evil necessity (V 31B, p.224-25). Here he implies that Henri's policy averted the hardship postulated in l.288-291. The omission of l.302-305 in 68A3 and K corrects this impression.

sés prouvaient qu'il y avait alors dans le royaume la valeur de
vingt-deux millions d'excédant dans les biens de la terre, ainsi
personne ne souffrait.   305

L'HOMME AUX QUARANTE ÉCUS

Mon vieillard me l'avait bien dit, qu'on était à proportion plus
riche sous l'administration du duc de Sully, que sous celle des
nouveaux ministres qui ont mis l'impôt unique, et qui m'ont pris
vingt écus sur quarante. [36] Dites-moi, je vous en prie, y a-t-il une
nation au monde qui jouisse de ce beau bénéfice de l'impôt unique?   310

LE GÉOMÈTRE

Pas une nation opulente. Les Anglais qui ne rient guère, se sont
mis à rire quand ils ont appris que des gens d'esprit avaient proposé
parmi nous cette administration. Les Chinois exigent une taxe de
tous les vaisseaux marchands qui abordent à Kanton. Les Hollandais payent à Nangazaqui quand ils sont reçus au Japon, sous   315
prétexte qu'ils ne sont pas chrétiens. [37] Les Lapons et les Samoïedes,
à la vérité, sont soumis à un impôt unique en peaux de marte, la
république de St Marin ne paye que des dîmes pour entretenir
l'Etat dans sa splendeur.

309   68A3, K: je vous prie
317   NM2-K: de martre, la

[36] The physiocrats were in the habit of comparing the current administration
unfavourably with that of Sully; here a supposed physiocratic régime is itself
compared unfavourably with Sully's. But this is a careless remark. The physiocrats
deplored the problems described in the preamble (p.289-92).

[37] In *Questions sur l'Encyclopédie*, art. 'Japon', Voltaire explained that when in
1637 the Dutch discovered in a captured Spanish ship a plan by Japanese Christians
to take over the country with the help of foreign ships, they informed the Japanese
government, which rewarded them with exclusive trading privileges on condition
that they did not proselytise (1771; M.xix.496); see *Dictionnaire philosophique*, art.
'Christianisme' (V 35, p.587 and n.145).

Il y a dans notre Europe une nation célèbre par son équité et   320
pour sa valeur, qui ne paye aucune taxe, c'est le peuple helvétien;
mais voici ce qui est arrivé; ce peuple s'est mis à la place des ducs
d'Autriche, et de Zeringue; les petits cantons sont démocratiques
et très pauvres, chaque habitant y paye une somme très modique
pour les besoins de la petite république. [38] Dans les cantons riches,   325
on est chargé envers l'Etat des redevances que les archiducs
d'Autriche et les seigneurs fonciers exigeaient: les cantons protestants sont à proportion du double plus riches que les catholiques,
parce que l'Etat y possède les biens des moines. Ceux qui étaient
sujets des archiducs d'Autriche, des ducs de Zeringue et des   330
moines, le sont aujourd'hui de la patrie; ils payent à cette patrie
les mêmes dîmes, les mêmes droits, les mêmes lods et ventes [39]
qu'ils payaient à leurs anciens maîtres; et comme les sujets en
général ont très peu de commerce, le négoce n'est assujetti à
aucune charge, excepté de petits droits d'entrepôt: les hommes   335
trafiquent de leur valeur avec les puissances étrangères, et se
vendent pour quelques années, ce qui fait entrer quelque argent
dans leur pays à nos dépens; [40] et c'est un exemple aussi unique

320-321   68G3:   et par sa valeur
331-332   w70L: patrie les mêmes droits

[38] See Voltaire's brief comment on Switzerland in *Essai sur les mœurs*, ch.67: 'point
d'impôt sur les peuples; ils n'ont à payer ni le luxe ni les armées d'un maître' (i.667).
The situation was not so enviable as Voltaire implies. He means that the Swiss paid
no direct taxes. Contrary to what might be inferred here, Voltaire seems to have
approved of direct taxes. On Swiss taxes Voltaire probably consulted Altmann, *L'Etat
et les délices de la Suisse* (1764; BV55; CN, i.91), and on the history of Switzerland
generally both Altmann and Alexander Ludwig de Wattenwyl, *Histoire de la Confédération helvétique* (Berne 1754; BV3832). Wattenwyl relates how the Zähringer dynasty
rose to power in the twelfth century, but became extinct in 1218.
[39] 'Un droit en argent que doit un héritage au seigneur dont il relève immédiatement, quand on en fait la vente' (*Trévoux*, art. 'Lods').
[40] Both Altmann, *L'Etat et les délices de la Suisse*, i.369, and Damilaville, art.
'Population', 'Vingtième' (*Encyclopédie*, xiii.95, xvii.871), remark on the valour of
Swiss troops, for whose service other nations paid dearly.

dans le monde policé, que l'est l'impôt établi par vos nouveaux législateurs.

340

L'HOMME AUX QUARANTE ÉCUS

Ainsi, monsieur, les Suisses ne sont pas de droit divin dépouillés de la moitié de leurs biens; et celui qui possède quatre vaches n'en donne pas deux à l'Etat?

LE GÉOMÈTRE

Non, sans doute. Dans un canton, sur treize tonneaux de vin on en donne un, et on en boit douze. Dans un autre canton on paye la douzième partie, et on en boit onze. [41]

345

L'HOMME AUX QUARANTE ÉCUS

Ah! qu'on me fasse Suisse. Le maudit impôt que l'impôt unique et inique, qui m'a réduit à demander l'aumône! mais trois ou quatre cents impôts, dont les noms mêmes me sont impossibles à retenir et à prononcer, sont-ils plus justes et plus honnêtes? Y a-t-il jamais eu un législateur qui, en fondant un Etat, ait imaginé de créer des conseillers du roi, mesureurs de charbon, jaugeurs de vin, mouleurs de bois, langueyeurs de porc, contrôleurs de beurre salé? [42] d'entretenir une armée de faquins deux fois plus nombreuse que celle d'Alexandre, commandée par soixante généraux qui mettent le pays à contribution, qui remportent des victoires

350

355

[41] It is hardly surprising that Switzerland, at least in the canton of Berne, did not have the multiplicity of wine taxes payable in France, as the government had a monopoly in the wine trade; see Altmann, *L'Etat et les délices de la Suisse*, i.438. Voltaire must be referring to the *dîmes*, which were payable in Switzerland as well as in France and may have been one thirteenth of the yield, the French average.

[42] After Colbert's death in 1683, successive *contrôleurs généraux* created a multiplicity of offices which could be sold for ready money, so recklessly indeed that sometimes the same office was sold to several people at once. In *Le Siècle de Louis XIV*, ch.30, Voltaire made a similar list of these 'charges ridicules', adding 'Ces extravagances font rire aujourd'hui, mais alors elles faisaient pleurer' (*OH*, p.991).

signalées tous les jours, qui font des prisonniers, [43] et qui quelquefois les sacrifient en l'air ou sur un petit théâtre de planches, comme faisaient les anciens Scythes, à ce que m'a dit mon curé?

Une telle législation, contre laquelle tant de cris s'élevaient et qui faisait verser tant de larmes, valait-elle mieux que celle qui m'ôte tout d'un coup nettement et paisiblement la moitié de mon existence? J'ai peur qu'à bien compter on ne m'en prît en détail les trois quarts sous l'ancienne finance. [44]

360

LE GÉOMÈTRE

Illiacos intra muros peccatur et extra. [45]

365

Est modus in rebus, [46] *caveas ne quid nimis.* [47]

---

361   68P: larmes, voulait-elle

[43] See Mirabeau's similar attack in the *Théorie de l'impôt*, p.141-42. Unlike Sully, Richelieu, Colbert and Montesquieu, but like Damilaville, art. 'Vingtième' (*Encyclopédie*, xvii.876), and the physiocrats, Voltaire was generally averse to indirect taxes, which were so complicated that the government placed offices and expert staff at the disposal of the Compagnie des fermiers généraux and received a fixed annual payment in return for the right to collect them. In *Le Siècle de Louis XIV*, ch.30, Voltaire criticised this practice (*OH*, p.985) and from 1761 onwards he made unremitting efforts to free the pays de Gex from the rapacity of the *fermiers généraux*. In fact, by the mid-eighteenth century his hostility was appropriate only to the lower officials, and in *Des embellissements de Paris* he admitted that some of the *fermiers généraux* were 'de très grandes âmes', among them Helvétius (V 31B, p.230). See Y. Durand, *Les Fermiers généraux au XVIIIᵉ siècle* (Paris 1971).

[44] It is obvious that Voltaire deplored the existing fiscal régime as much as the *impôt unique*.

[45] Horace, *Epistles*, I.ii.16.

[46] Horace, *Satires*, I.i.106. This was the epigraph of Forbonnais's *Principes et observations économiques*.

[47] Diogenes Laertius attributes 'ne quid nimis' to Solon (*Lives*, I.63; BV1042: *Les Vies des plus illustres philosophes*, Amsterdam 1761). It also occurs in Terence, *Andria*, I.i.34.

l'homme aux quarante écus

J'ai appris un peu d'histoire et de géométrie, mais je ne sais pas le latin.

LE GÉOMÈTRE

Cela signifie à peu près, *on a tort des deux côtés. Gardez le milieu en tout. Rien de trop.* 370

l'homme aux quarante écus

Oui, rien de trop, c'est ma situation; mais je n'ai pas assez.

LE GÉOMÈTRE

Je conviens que vous périrez de faim, et moi aussi, et l'Etat aussi, supposé que la nouvelle administration dure seulement deux ans; mais il faut espérer que Dieu aura pitié de nous.

l'homme aux quarante écus

On passe sa vie à espérer, et on meurt en espérant. Adieu, 375 monsieur; vous m'avez instruit, mais j'ai le cœur navré.

LE GÉOMÈTRE

C'est souvent le fruit de la science.

AVENTURE AVEC UN CARME

Quand j'eus bien remercié l'académicien de l'Académie des sciences de m'avoir mis au fait, je m'en allai tout pantois, louant la Providence, mais grommelant entre mes dents ces tristes paroles, *vingt écus de rente seulement pour vivre, et n'avoir que vingt-deux ans à vivre!* Hélas! puisse notre vie être encore plus courte, puisqu'elle 5 est si malheureuse!

Je me trouvai bientôt vis-à-vis d'une maison superbe. Je sentais déjà la faim; je n'avais pas seulement la cent vingtième partie de la somme qui appartient de droit à chaque individu. Mais dès qu'on m'eut appris que ce palais était le couvent des révérends 10 pères carmes déchaussés, je conçus de grandes espérances; et je dis, Puisque ces saints sont assez humbles pour marcher pieds nus, ils seront assez charitables pour me donner à dîner.

Je sonnai; un carme vint, Que voulez-vous, mon fils? Du pain, mon révérend père, les nouveaux édits m'ont tout ôté. Mon fils, 15 nous demandons nous-mêmes l'aumône, nous ne la faisons pas. Quoi! votre saint institut vous ordonne de n'avoir pas de souliers, et vous avez une maison de prince! et vous me refusez à manger! Mon fils, il est vrai que nous sommes sans souliers et sans bas; c'est une dépense de moins; mais nous n'avons pas plus froid aux 20 pieds qu'aux mains; et si notre saint institut nous avait ordonné d'aller cul nu, nous n'aurions point froid au derrière. A l'égard de notre belle maison, nous l'avons aisément bâtie, parce que nous avons cent mille livres de rentes en maisons dans la même rue.[1]

17-18 K: pas de bas, et

---

[1] The extensive property owned by the Paris discalced Carmelites is noted by Germain Brice, *Description de la ville de Paris et de tout ce qu'elle contient de plus remarquable* (Paris 1752, ii.266; BV 543: Paris 1725), and by Saint-Foix, who calculates their income from rented houses as 'près de cent mille' (*Essais historiques sur Paris*, i.326), the figure given by Mirabeau, *L'Ami des hommes*, i.22.

Ah ah! vous me laissez mourir de faim, et vous avez cent mille   25
livres de rentes: vous en rendez donc cinquante mille au nouveau
gouvernement?

Dieu nous préserve de payer une obole. Le seul produit de la
terre cultivée par des mains laborieuses, endurcies de calus et
mouillées de larmes, doit des tributs à la puissance législatrice et   30
exécutrice. Les aumônes qu'on nous a données nous ont mis en
état de faire bâtir ces maisons dont nous tirons cent mille livres
par an. Mais ces aumônes venant des fruits de la terre, ayant déjà
payé le tribut, elles ne doivent pas payer deux fois:[2] elles ont
sanctifié les fidèles qui se sont appauvris en nous enrichissant: et   35
nous continuons à demander l'aumône et à mettre à contribution
le faubourg St Germain[3] pour sanctifier encore les fidèles. Ayant
dit ces mots le carme me ferma la porte au nez.[4]

Je passai par-devant l'hôtel des mousquetaires gris;[5] je contai
la chose à un de ces messieurs; ils me donnèrent un bon dîner et   40
un écu. L'un d'eux proposa d'aller brûler le couvent; mais un

[2] In the physiocratic plan rent from houses was exempt from taxation (Mirabeau,
Théorie de l'impôt, p.187; Le Mercier de La Rivière, *Ordre naturel*, ii.123-24).

[3] Events here and in the 'Audience de M. le contrôleur général' suggest Paris as
the setting, but the hero is not said to have gone there until the episode 'De la
vérole'.

[4] Cf. *Candide*: 'Le derviche à ces mots leur ferma la porte au nez' (V 48, p.257).
This episode may allude to an incident at the farewell party given by Damilaville
in Paris before his departure for Ferney in August 1765: Diderot told Sophie
Volland that while the guests were sitting on a bench near a Carmelite monastery
a woman leaving the church fainted; when one of the guests asked for help on her
behalf the monastery gatekeeper refused and shut the door (Roth-Varloot, v.74).
Damilaville may have recounted this incident to Voltaire; see Morris, 'A new
interpretation of Voltaire's tale *L'Homme aux quarante écus*', p.165-66. The rapacity
of monks is a favourite theme with Voltaire, but here his target is probably
Mirabeau's *L'Ami des hommes*, where to Voltaire's chagrin the huge property
holdings of monks are defended (i.22).

[5] According to Brice, the troops of the king's household cavalry were distinguished by their grey or black horses. Their headquarters were in the rue de
Charenton (*Description de la ville de Paris*, ii.266).

mousquetaire plus sage lui remontra que le temps n'était pas
encore venu et le pria d'attendre encore deux ou trois ans.

AUDIENCE DE M. LE CONTRÔLEUR GÉNÉRAL

J'allai avec mon écu présenter un placet à monsieur le contrôleur général, qui donnait audience ce jour-là. [1]

Son antichambre était remplie de gens de toute espèce. Il y avait surtout des visages encore plus pleins, des ventres plus rebondis, des mines plus fières que mon homme aux huit millions. Je n'osais m'approcher, je les voyais, et ils ne me voyaient pas.

Un moine gros décimateur [2] avait intenté un procès à des citoyens qu'il appelait ses paysans. Il avait déjà plus de revenu que la moitié de ses paroissiens ensemble; et de plus il était seigneur de fief. Il prétendait que ses vassaux ayant converti avec des peines extrêmes leurs bruyères en vignes, ils lui devaient la dixième partie de leur vin, ce qui faisait, en comptant le prix du travail et des échalas, et des futailles, et du cellier, plus du quart de la récolte. Mais comme les dîmes, disait-il, sont de droit divin, je demande

---

[1] This episode is undoubtedly intended as a compliment to the *contrôleur général* Clément-Charles-François de Laverdy. Voltaire may have meant to dramatise the proceedings at the meetings of the Conseil d'Etat et des finances presided over by the *contrôleur général* with the assistance of the *maîtres des requêtes*, or he may have had in mind one of the ordinary, permanent commissions to which this council delegated some of its work and to which the *maîtres des requêtes* and sometimes the *contrôleur général* belonged. In a completely physiocratic régime the taxes mentioned here, apart from the *dîmes*, would no longer exist. But the existence of such a regime postulated hitherto is called into doubt in the last paragraph, l.70-78.

[2] 'Seigneur à qui appartiennent les grosses dîmes d'une paroisse [...] Cet abbé est le collateur de cette cure, en est le gros décimateur. Les gros décimateurs doivent donner aux curés une portion congrue. Les seigneurs laïques qui ont des dîmes inféodées sont aussi gros décimateurs. Quand il y a des dîmes à partager entre le curé et les gros décimateurs, c'est au curé à choisir' (*Trévoux*). Voltaire was himself a lay *gros décimateur* and strove relentlessly to ensure his right to the *dîmes inféodées* associated with his estate; see Caussy, *Voltaire seigneur de village*, ch.1-3.

le quart de la substance de mes paysans au nom de Dieu.[3] Le ministre lui dit, Je vois combien vous êtes charitable.

Un fermier général fort intelligent dans les aides,[4] lui dit alors, Monseigneur, ce village ne peut rien donner à ce moine; car ayant fait payer aux paroissiens l'année passée trente-deux impôts pour leur vin, et les ayant fait condamner ensuite à payer le trop bu, ils sont entièrement ruinés. J'ai fait vendre leurs bestiaux et leurs meubles, ils sont encore mes redevables. Je m'oppose aux prétentions du révérend père.[5]

Vous avez raison d'être son rival, repartit le ministre, vous aimez l'un et l'autre également votre prochain, et vous m'édifiez tous deux.

[3] *Dîmes* were paid on the gross yield of a crop, and might well amount to a quarter of the net yield as is suggested here. They were the subject of many disputes. This monk's pretention to the *dîmes novales*, payable on newly reclaimed land, was untenable on two counts. By a declaration of August 1759 this type of *dîme* had been allotted exclusively to the curés who performed parochial duties. Moreover, since a royal declaration of August 1766 all recently cleared land had been exempted from *dîmes* for 15 years. His only ground for litigation could be that the peasants had abandoned land already under cultivation which, according to the decree of 1766, would invalidate their exemption; see H. Marion, *La Dîme ecclésiastique en France au XVIIIe siècle et sa suppression* (Bordeaux 1912), p.16-17, 31, 48-52.

[4] 'C'est en général toute imposition de deniers extraordinaire, que le Roi lève sur le peuple pour soutenir les charges de son état [...] Les *Aides* ont été nommées d'abord ainsi, à cause que c'étaient des subsides que les Etats consentaient être levés sur le peuple, pour aider les rois à soutenir les guerres' (*Trévoux*).

[5] The most remunerative part of the *aides* consisted of a multiplicity of sales and transit taxes on wine. A wine producer or wholesale merchant was allowed a certain amount of tax-free wine for his own consumption. If he exceeded this, he was assumed to have sold it without paying the appropriate taxes, and was fined or had his goods seized. Besides the fine and legal costs, he had to pay the *gros manquant*, popularly known as the *trop bu*, which aroused fierce indignation although it was rarely levied and yielded little; see G. T. Matthews, *The Royal general farms in eighteenth-century France* (New York 1958), p.162. Against the passage condemning the *trop bu* in Darigrand, *L'Anti-financier*, p.11, Voltaire wrote: 'tres bien cette horreur est tres justement relevée' (CN, iii.54). In *André Destouches à Siam* of 1766 he had criticised the taxcollectors' practice of confiscating the means of livelihood of those unable to pay their dues (V 62, p.123).

Un troisième, moine et seigneur, dont les paysans sont mainmortables, attendait aussi un arrêt du Conseil qui le mît en possession de tout le bien d'un badaud de Paris, qui ayant par inadvertance demeuré un an et un jour dans une maison sujette à cette servitude, et enclavée dans les Etats de ce prêtre, y était mort au bout de l'année. [6] Le moine réclamait tout le bien du badaud, et cela de droit divin. 30

Le ministre trouva le cœur du moine aussi juste et aussi tendre que les deux premiers. 35

Un quatrième, qui était contrôleur du domaine, présenta un beau mémoire, par lequel il se justifiait d'avoir réduit vingt familles à l'aumône. Elles avaient hérité de leurs oncles ou tantes, ou frères, ou cousins; il avait fallu payer les droits. Le domanier leur avait prouvé généreusement qu'elles n'avaient pas assez estimé leurs héritages, qu'elles étaient beaucoup plus riches qu'elles ne croyaient; et en conséquence les ayant condamnées à l'amende du triple, les ayant ruinées en frais, et fait mettre en prison les pères 40

42-43   68G3:   ayant condamnés à [...] ayant ruinés en

---

[6] 'Main-mortable [...] se dit des gens serfs, dont les biens, qu'on appelle aussi *main-mortables*, appartiennent au seigneur' (*Trévoux*); see *Précis du siècle de Louis XV* (*OH*, p.1564); *La Voix du curé* (M.xxviii.567). A person could be *mainmortable* by birth, as were the peasants here, in which case he could neither marry nor part with his possessions without the consent of his lord. If a person, such as the 'badaud de Paris', bought property in certain areas, it also could be *mainmortable*. In this case, though the owner incurred no other liabilities, if he lived on his land for a year and a day, when he died it reverted to his lord. By the eighteenth century *mainmorte*, virtually the only remaining vestige of serfdom, which still existed in Voltaire's province of Bourgogne and in some others, was no longer accepted passively by its victims. Although Voltaire rejoiced at his own 'droit de mainmorte sur plusieurs petites possessions' (1 February 1764; D11678), after receiving a plea from the lawyer Charles Christin in 1765 he embarked on a campaign on behalf of the *mainmortables* peasants of Saint-Claude in Franche-Comté which he pursued with tenacity for the rest of his life; see H. Hancock, 'Voltaire et l'affaire des mainmortables: un ultime combat', *Studies* 114 (1973), p.79-98.

de famille, il avait acheté leurs meilleures possessions sans bourse délier. [7]

Le contrôleur général lui dit (d'un ton un peu amer à la vérité): *Euge contrôleur bone et fidelis, quia supra pauca fuisti fidelis, fermier général te constituam.* (*a*) [8] Cependant, il dit tout bas à un maître des requêtes qui était à côté de lui; Il faudra bien faire rendre gorge à ces sangsues sacrées, et à ces sangsues profanes: il est temps de soulager le peuple, qui sans nos soins et notre équité n'aurait jamais de quoi vivre que dans l'autre monde. (*b*)

Des hommes d'un génie profond lui présentèrent des projets. L'un avait imaginé de mettre des impôts sur l'esprit. Tout le monde, disait-il, s'empressera de payer, personne ne voulant passer pour un sot. Le ministre lui dit, Je vous déclare exempt de la taxe.

Un autre proposa d'établir l'impôt unique sur les chansons et sur le rire, attendu que la nation était la plus gaie du monde, et qu'une chanson la consolait de tout. Mais le ministre observa que depuis quelque temps on ne faisait plus guère de chansons

(*a*) Je me fis expliquer ces paroles par un savant à quarante écus, elles me réjouirent.

(*b*) Le cas à peu près semblable est arrivé dans la province que j'habite, et le contrôleur du domaine a été forcé à faire restitution. Mais il n'a pas été puni.

44 κ: de familles, il

[7] This case is concerned with the *droits domaniaux* which were levied on certain legal transactions. The basic legal registration tax was the *contrôle*, due when the documents were registered. In addition, a change of property ownership (except by inheritance from parents or by marriage) incurred a surtax, the *insinuation* for movable goods, the *centième denier* for real property. The families mentioned here must have had to pay one of these besides the *contrôle*.

[8] An adaptation of Matthew xxv.23: 'Euge serve bone, et fidelis, quia super pauca fuisti fidelis, super multa te constituam.'

plaisantes, et il craignit que pour échapper à la taxe on ne devînt trop sérieux.

Vint un sage et brave citoyen qui offrit de donner au roi trois fois plus, en faisant payer par la nation trois fois moins. Le ministre lui conseilla d'apprendre l'arithmétique. [9]

Un quatrième prouvait au roi *par amitié*, qu'il ne pouvait recueillir que soixante et quinze millions, mais qu'il allait lui en donner deux cent vingt-cinq. [10] Vous me ferez plaisir, dit le ministre, quand nous aurons payé les dettes de l'État.

Enfin arriva un commis de l'auteur nouveau qui fait la puissance législatrice copropriétaire de toutes nos terres par le droit divin, et qui donnait au roi douze cents millions de rente. Je reconnus l'homme qui m'avait mis en prison pour n'avoir pas payé mes vingt écus. Je me jetai aux pieds de M. le contrôleur général, et je lui demandai justice; il fit un grand éclat de rire, et me dit que c'était un tour qu'on m'avait joué. Il ordonna à ces mauvais plaisants de me donner cent écus de dédommagement, et m'exempta

65

70

75

---

63   68G3:   un brave et sage citoyen
64   68G2:   en faisait payer
66   NM1-K: Un cinquième prouvait

---

[9] Possibly a careless allusion to Roussel de La Tour's non-physiocratic proposal for an *impôt unique* to be levied progressively according to income, giving 698 million, which, when added to 42 million from various tariffs, would yield a total of 740 million (*La Richesse de l'Etat*, p.5-6). He defended this optimistic estimate: 'le peuple étant surchargé, lorsqu'il ne paye que deux cent cinquante millions' because 'pour avoir ce que les peuples supportent en droits des fermes il faut tripler le net qui en revient au roi', a burden thought to total 900 million (p.21-24).

[10] An allusion to Mirabeau, who described the physiocratic *impôt unique* on land and outlined a plan for providing the king with 'une contribution de deux cent vingt-cinq millions' (*Théorie de l'impôt*, p.286). He estimated, however, that at the time agriculture could bear a tax of no more than 75 million, and proposed 'une taxe de supplément d'environ cent cinquante millions' for the period of transition from the old system to the new. It was to be levied 'sur les loyers des maisons, et subsidiairement sur les habitants, proportionnellement à leur état et facultés' (p.317, 321).

332

de taille pour le reste de ma vie.[11] Je lui dis, Monseigneur, Dieu vous bénisse!

---

[11] Although Voltaire did not criticise the *taille* in his account of its institution in the *Essai sur les mœurs*, ch.84 (i.781), he commented on the arbitrary nature of this direct tax in the *Lettres philosophiques*, ix (i.107) and in *Le Siècle de Louis XIV*, ch.30 (*OH*, p.984-85). He also appears to have approved of the rectifications proposed by the abbé de Saint-Pierre in *Mémoire pour l'établissement de la taille proportionnelle* (s.l. 1717) and *Projet de taille tarifée* (Rotterdam 1537 [1737]; BV655). See *Lettre de M. de Voltaire sur l'ouvrage de M. Du Tot et sur celui de M. Melon* (M.xxii.361) and *Ce qu'on ne fait pas et ce qu'on pourrait faire* (M.xxiii.185).

LETTRE À L'HOMME AUX QUARANTE ÉCUS

Quoique je sois trois fois aussi riche que vous, c'est-à-dire, quoique je possède trois cent soixante livres ou francs de revenu, je vous écris cependant comme d'égal à égal, sans affecter l'orgueil des grandes fortunes.

J'ai lu l'histoire de votre désastre et de la justice que M. le   5
contrôleur général vous a rendue, je vous en fais mon compliment; mais par malheur je viens de lire le Financier citoyen, malgré la répugnance que m'avait inspirée le titre qui paraît contradictoire à bien des gens.[1] Ce citoyen vous ôte vingt francs[2] de vos rentes et à moi soixante; il n'accorde que cent francs à chaque individu   10
sur la totalité des habitants. Mais en récompense un homme non moins illustre enfle nos rentes jusqu'à cent cinquante livres;[3] je vois que votre géomètre a pris un juste milieu.[4] Il n'est point de ces magnifiques seigneurs qui d'un trait de plume peuplent Paris d'un million d'habitants,[5] et vous font rouler quinze cents millions   15

[1] See Naveau: 'Comme l'auteur a travaillé vingt-deux ans dans les fermes et que son zèle pour le bien de l'Etat lui a fait entreprendre l'ouvrage qu'il donne au public, il l'a intitulé *Le Financier citoyen*' ('Avertissement', p.IX).

[2] Voltaire wrote 'vingt francs' instead of 'quinze'; see Naveau: 'un Français ne dépense que 100 l. et paye à l'Etat seulement 15 l.' (*Le Financier citoyen*, ii.76). Naveau's figures are based on his estimate of 2 milliards for the national income, divided between 20 million people.

[3] Dupin: 'dans un grand Etat, à compter depuis le souverain jusqu'au plus vil des sujets, chaque individu dépense le fort pour le faible au moins 150 livres par an, pour nourriture, logement, vêtement et autres besoins généralement quelconques' (*Economiques*, 1745, ed. M. Aucuy, Paris 1912-1913, i.213).

[4] The Géomètre's figure of 120 livres, taken from Dutot's *Réflexions politiques*, offers an intermediate estimate between Naveau's 100 and Dupin's 150 livres.

[5] In *Questions sur l'Encyclopédie*, art. 'Population', Voltaire gives Pluche as his source for this figure (M.xx.252); see Noël-Antoine Pluche, *Concorde de la géographie de différents âges* (Paris 1765; BV2762), p.152.

334

d'espèces sonnantes dans le royaume,[6] après tout ce que nous en avons perdu dans nos guerres dernières.

Comme vous êtes grand lecteur, je vous prêterai le *Financier citoyen*. Mais n'allez pas le croire en tout; il cite le testament du grand ministre Colbert, et il ne sait pas que c'est une rapsodie ridicule faite par un Gatien de Courtils.[7] Il cite la Dîme du maréchal de Vauban, et il ne sait pas qu'elle est d'un Boisguilbert.[8] Il cite le testament du cardinal de Richelieu, et il ne sait pas qu'il est de l'abbé de Bourzeis.[9] Il suppose que ce cardinal assure *que*

20

21   NM2-W75G: Gratien

[6] According to Naveau there were 1500 million gold and silver coins in France, but at least 900 million of these were out of circulation (*Le Financier citoyen*, ii.p.84).

[7] *Le Financier citoyen*, i.46-49, 53-54. The *Testament politique de messire Jean-Baptiste Colbert* (La Haye 1693; cf. BV2907) is traditionally attributed to Gatien de Courtilz de Sandras; see *Des mensonges imprimés*, ed. M. Waddicor (V31B, 1994, p.354, n.6).

[8] *Le Financier citoyen*, i.186-99. In *Le Siècle de Louis XIV*, 'Catalogue des écrivains', Voltaire maintained that the *Projet d'une dîme royale* was by Boisguilbert, not Vauban (*OH*, p.1212); cf. BV3405. He sustained this opinion in the *Lettre écrite depuis l'impression des Doutes sur le Testament du cardinal de Richelieu* of 1764 on the grounds that Colbert's cool response to Boisguilbert's *Le Détail de la France* caused him to publish this later work under a respected name (M.xxv.306-307). Voltaire was perhaps misled by the appearance in 1707 of an edition of Boisguilbert's collected works, presumably published without his knowledge, under the title *Testament politique du maréchal de Vauban*.

[9] *Le Financier citoyen*, i.21-23. The authenticity of Richelieu's *Testament politique*, published in Amsterdam in 1688, immediately became the subject of much dispute. In his *Conseils à un journaliste* (1739; M.xxii.241-66), Voltaire offered twelve reasons for doubting the authenticity of the *Testament*, one of which was that the style was not that of Richelieu. In a letter of 21 June 1739 he suggested that the style was that of the abbé de Bourzeis (D2035). In his later *Arbitrage entre M. de Voltaire et M. de Foncemagne* (1764; M.xxv.321-34) Voltaire admitted that the first chapter of the *Testament* was by Richelieu or at least approved by him, but maintained that the rest of the work was probably by Bourzeis. Later historians have proved him to be wrong; see J. H. Brumfitt, *Voltaire historian* (Oxford 1958), p.147-60, and E. Esmonin, *Etudes sur la France des XVIIe et XVIIIe siècles* (Paris 1964), who suggests that the work consists of Richelieu's genuine statements considerably amplified by the team of secretaries who assembled it (p.219-32).

quand la viande enchérit on donne une paye plus forte au soldat.[10]   25
Cependant la viande enchérit beaucoup sous son ministère, et la
paye du soldat n'augmenta point; ce qui prouve, indépendamment
de cent autres preuves, que ce livre reconnu pour supposé dès
qu'il parut, et ensuite attribué au cardinal même, ne lui appartient
pas plus que les testaments du cardinal Alberoni et du maréchal   30
de Bellisle ne leur appartiennent.[11]

Défiez-vous toute votre vie des testaments et des systèmes. J'en
ai été la victime comme vous. Si les Solons et les Licurgues
modernes se sont moqués de vous, les nouveaux Triptolêmes se
sont encore plus moqués de moi;[12] et sans une petite succession   35
qui m'a ranimé, j'étais mort de misère.

J'ai cent vingt arpents labourables dans le plus beau pays de la
nature et le sol le plus ingrat. Chaque arpent ne rend tous frais
faits dans mon pays qu'un écu de trois livres. Dès que j'eus lu
dans les journaux qu'un célèbre agriculteur avait inventé un   40
nouveau semoir, et qu'il labourait sa terre par planches,[13] afin

---

[10] *Le Financier citoyen*, i.22, quoting Richelieu's *Testament politique*.

[11] The *Testament politique du cardinal Jules Alberoni, recueilli de divers mémoires, lettres et entretiens de Son Eminence* (Lausanne 1753; BV1186), is attributed to Joseph-Marie Durey de Morsan, although Voltaire does not say so in the *Examen du Testament politique du cardinal Alberoni* (M.xxiv.11-16). In a discussion of the authorship of this *Testament* in the *Journal encyclopédique*, Durey de Morsan was said to be the author and Jean-Henri Maubert de Gouvest the publisher (May 1767, p.51-60). The *Testament politique du maréchal duc de Belle-Isle* (Amsterdam [Paris] 1761; BV755) is attributed to François-Antoine Chevrier.

[12] The physiocrats were sometimes compared to Solon and Lycurgus, and the agronomes, such as Duhamel Du Monceau and Thomé of Lyon, to the mythical Triptolemus who rode about the earth in a chariot imparting knowledge of agriculture.

[13] With the publication of the first volume of Duhamel Du Monceau's *Traité de la culture des terres suivant les principes de M. Tull*, in 1750, the agricultural methods of Jethro Tull were introduced into France. The new agricultural techniques were also described in Duhamel Du Monceau's *Expériences de la nouvelle culture des terres* (Genève 1754; BV529), in Diderot's articles 'Agriculture', 'Charrue' and 'Semoir' for the *Encyclopédie*, and in the *Recueil contenant les déliberations de la Société royale d'agriculture de la généralité de Paris* (Paris 1761; BV2884); they were also frequently discussed in the *Journal économique* and in the *Gazette du commerce*.

qu'en semant moins il recueillît davantage, j'empruntai vite de
l'argent, j'achetai un semoir, je labourai par planches, je perdis ma
peine et mon argent, aussi bien que l'illustre agriculteur qui ne
sème plus par planches. [14]   45

Mon malheur voulut que je lusse le Journal économique qui se
vend à Paris chez Boudet. [15] Je tombai sur l'expérience d'un
Parisien ingénieux, qui pour se réjouir avait fait labourer son
parterre quinze fois, et y avait semé du froment, au lieu d'y planter
des tulipes: il eut une récolte très abondante. J'empruntai encore   50
de l'argent. Je n'ai qu'à donner trente labours, me disais-je, j'aurai
le double de la récolte de ce digne Parisien qui s'est formé des
principes d'agriculture à l'opéra et à la comédie, et me voilà enrichi
par ses leçons et par son exemple. [16]

47   K: Boudet [*passim*]

[14] Three of the most striking features of Tull's methods are discussed here: the
use of a sowing drill (*semoir*), multiple ploughing, and sowing 'par planches', all
publicised by Duhamel Du Monceau, who himself invented a drill. Sowing 'par
planches' is described in his *Traité de la culture des terres*, i.131-37, and in an article
in the *Journal économique* (December 1755), p.57-58; CN, iv.611. The new practices
were by no means generally applauded. A letter to the *Journal économique* stated
that neighbouring farmers found 'le système anglais [...] une belle chimère et rien
de plus' (December 1753, p.31-53), and the agronomes themselves came to realise
the difficulties of applying English methods in France; see Duhamel Du Monceau,
Eléments d'agriculture (Paris 1762), i.460, 483-85. In his first *Mémoire sur la pratique
du semoir* (Lyon 1760) Thomé of Lyon confined himself to the drill, because farmers
disliked leaving large gaps between the *planches*, and noted that multiple ploughing
occupied too much time and could damage neighbours' crops. Thomé is probably
the 'illustre agriculteur' of line 44, for Duhamel Du Monceau noted that he had
given up sowing 'par planches' because his land was in so many small plots (*Traité
de la culture des terres*, vi.497). A detailed account of Thomé's *Mémoire sur la
pratique du semoir* and his *Second mémoire sur la pratique du semoir de Genève* (Lyon
1762) was printed in the *Journal économique* (November 1762), p.488-96, including
his rejection of 'planches' (p.489).

[15] The *Journal économique* was published by Antoine Boudet.

[16] No account of ploughing 15 times is found in the *Journal économique*, though
Duhamel Du Monceau gives an example of 11 ploughings (*Eléments d'agriculture*,
i.120). Multiple ploughing was one of Tull's recommendations, but Duhamel

337

Labourer seulement quatre fois dans mon pays est une chose 55
impossible; la rigueur et les changements soudains des saisons ne
le permettent pas; et d'ailleurs, le malheur que j'avais eu de semer
par planches comme l'illustre agriculteur dont j'ai parlé, m'avait
forcé à vendre mon attelage. Je fais labourer trente fois mes cent
vingt arpents par toutes les charrues qui sont à quatre lieues à la 60
ronde. Trois labours pour chaque arpent coûtent douze livres,
c'est un prix fait: il fallut donner trente façons par arpent. Le
labour de chaque arpent me coûta cent vingt livres: la façon de
mes cent vingt arpents me revint à 14 400 livres. Ma récolte qui se
monte année commune dans mon maudit pays à trois cents setiers, 65
monta, il est vrai, à trois cent trente, qui à vingt livres le setier me
produisirent 6600 livres: je perdis 7800 livres: il est vrai que j'eus
la paille. [17]

J'étais ruiné, abîmé sans une vieille tante qu'un grand médecin
dépêcha dans l'autre monde en raisonnant aussi bien en médecine 70
que moi en agriculture.

Qui croirait que j'eus encore la faiblesse de me laisser séduire
par le journal de Boudot? Cet homme-là, après tout, n'avait pas

---

Du Monceau (*Traité de la culture des terres*, i.xxiii) and Thomé (*Second mémoire*)
warned against it, and a review of a work by Mathieu Tillet in the *Journal économique*
pointed out that more than four ploughings might give an increased yield not worth
the extra cost (November 1763, p.481).

[17] Voltaire welcomed books on husbandry and appreciated the advantages of
modern equipment; see D7993, D8404, D9723; *Mémoire sur l'agriculture*, f.288r;
Questions sur l'Encyclopédie, art. 'Agriculture' (M.xvii.86). Yet, after following
Tull's advice (D9723), he rejected excessive ploughing and came to the conclusion
that 'la méthode de Mr Tull, Anglais, de semer par planches [...] est détestable,
dumoins dans le climat que j'habite' (22 April 1774; D18903). Some projects, he
realised, were purely fanciful, others, as Mirabeau recognised, were too complicated
for the average peasant farmer to understand (*L'Ami des hommes*, iii, v, p.96). In
fact technical progress in husbandry in eighteenth-century France was confined
almost entirely to the rich farmers of the *noblesse d'épée* and the *noblesse de robe*; see
A. J. Bourde, *The Influence of England on the French agronomes 1750-1789*
(Cambridge 1953), p.217-18; M. Morineau, 'Y a-t-il eu une révolution agricole en
France au xviiie siècle?', *Revue historique* 239 (1968), p.299-326.

juré ma perte. Je lis dans son recueil qu'il n'y a qu'à faire une
avance de quatre mille francs pour avoir quatre mille livres de   75
rentes en artichauts: certainement Boudot me rendra en artichauts
ce qu'il m'a fait perdre en blé. Voilà mes quatre mille francs
dépensés, et mes artichauts mangés par des rats de campagne.[18] Je
fus hué dans mon canton comme le diable de Papefiguière.[19]

J'écrivis une lettre de reproche fulminante à Boudot. Pour toute   80
réponse le traître s'égaya dans son journal à mes dépens. Il me nia
impudemment que les Caraïbes fussent nés rouges. Je fus obligé
de lui envoyer une attestation d'un ancien procureur du roi de la
Guadeloupe, comme quoi Dieu a fait les Caraïbes rouges, ainsi
que les nègres noirs.[20] Mais cette petite victoire ne m'empêcha pas   85
de perdre jusqu'au dernier sou toute la succession de ma tante,
pour avoir trop cru les nouveaux systèmes. Mon cher monsieur,
encore une fois, gardez-vous des charlatans.

[18] Voltaire had begun to grow artichokes in 1755 (D6245, D6561). The *Journal
économique* published three articles by Henri de Goyon de La Plombanie on 'La
culture des artichaux': (December 1756), p.53-88; (February 1757), p.63-96 (CN,
iv.613); (March 1757), p.72-108 (CN, iv.614).

[19] Rabelais, *Pantagruel*, IV, ch.46.

[20] Voltaire believed that his theory that there are several species of men had been
mocked in an account of Chambon's *Le Commerce de l'Amérique par Marseille*
(Avignon 1764) in the *Journal économique* (July 1765), p.309. Voltaire, who was
probably over-reacting, retaliated at greater length in *La Défense de mon oncle*,
naming the *Journal* but not Chambon and publishing the above mentioned certificate
signed by Rieu (ed. J.-M. Moureaux, V 64, p.234-35 and notes).

NOUVELLES DOULEURS, OCCASIONNÉES
PAR LES NOUVEAUX SYSTÈMES

*Ce petit morceau est tiré des manuscrits
d'un vieux solitaire.*

Je vois que si de bons citoyens se sont amusés à gouverner les Etats, et à se mettre à la place des rois, si d'autres se sont crus des Triptolèmes et des Cérès, il y en a de plus fiers qui se sont mis sans façon à la place de Dieu, et qui ont créé l'univers avec leur plume,[1] comme Dieu le créa autrefois par la parole.

Un des premiers qui se présenta à mes adorations fut un descendant de Thalès[2] nommé Téliamed, qui m'apprit que les montagnes et les hommes sont produits par les eaux de la mer.[3] Il y eut d'abord de beaux hommes marins qui ensuite devinrent

---

[1] By 1767 Voltaire was passionately involved in undermining the scientific theories that were reinforcing the atheist tendencies of some of the leading *philosophes* such as Diderot and d'Holbach. As in *La Défense de mon oncle*, ch.19, he makes Buffon his chief target here, though no one is named, doubtless to avoid any appearance of dissent among the brethren (see V64, p.239 and n.40). The main onslaught was to come later in 1768, in *Des singularités de la nature*.

[2] A Greek philosopher of the Milesian school (*c*.636-*c*.546 BC), who, according to Aristotle (*Metaphysics*, 1.iii.5), held that the permanent entity is water; cf. *Des singularités de la nature*, ch.18: 'Thalès apprit aux Grecs que l'eau est le premier principe de la nature' (M.xxvii.156).

[3] Benoît de Maillet, *Telliamed, ou entretiens d'un philosophe indien avec un missionnaire français sur la diminution de la mer, la formation de la terre, l'origine de l'homme, etc.* (Amsterdam 1748). In *Des singularités de la nature*, ch.11, 18, Voltaire discusses Maillet's speculations at greater length, mocking Buffon for supporting them. In the margin of Buffon's *Histoire naturelle* he comments: 'ce systeme tres ridicule de Teliamed ne meritait pas detre ramassé par un aussi beau genie que M^r de buffon' (i.64; CN, i.561). There is a manuscript copy of *Telliamed* in Voltaire's library (see CN, i.655-56). See J. Roger, *Les Sciences de la vie dans la pensée française du XVIIIe siècle* (Paris 1963), p.520-26.

amphibies. [4] Leur belle queue fourchue se changea en cuisses et en   10
jambes. J'étais encore tout plein des Métamorphoses d'Ovide, [5] et
d'un livre où il était démontré que la race des hommes était bâtarde
d'une race de babouins. [6] J'aimais autant descendre d'un poisson
que d'un singe.

Avec le temps j'eus quelques doutes sur cette généalogie, et   15
même sur la formation des montagnes. Quoi! me dit-il, vous ne
savez pas que les courants de la mer qui jettent toujours du sable
à droite et à gauche à dix ou douze pieds de hauteur tout au plus,
ont produit dans une suite infinie de siècles, des montagnes de
vingt mille pieds de haut, lesquelles ne sont pas de sable? Apprenez   20
que la mer a nécessairement couvert tout le globe. [7] La preuve en
est qu'on a vu des ancres de vaisseau sur le mont St Bernard, [8] qui
étaient là plusieurs siècles avant que les hommes eussent des
vaisseaux.

Figurez-vous que la terre est un *globe de verre* [9] qui a été   25

---

[4] *Telliamed*, ii.174-244.

[5] *Metamorphoses*, xv.264-65.

[6] Several eighteenth-century writers hinted at the consanguinity of humans and
apes, including Maupertuis, *Vénus physique*, and Charles Bonnet, *Contemplation de
la nature* (Amsterdam 1764; BV466), where the monkey is described as an 'ébauche
de l'homme [...] imparfait, mais [...] qui achève de mettre dans son jour l'admirable
progression des œuvres de Dieu' (i.69).

[7] See *Telliamed*, i.105; Buffon, *Histoire naturelle*, i.79-112 (CN, i.562-66). In
Eléments de la philosophie de Newton (V 15, p.473-76) and *Dissertation sur les
changements arrivés dans notre globe* (1746; M.xxiii.225-30) Voltaire had reacted
against theories of the formation of the earth advanced by Thomas Burnet, John
Woodward and others because these writers endeavoured to reconcile their view
with the biblical account of the flood. In 1767, even more fearful that such theories
might lend support to atheism, he returned to the subject with vigour in *La Défense
de mon oncle*, ch.19 (V 64, p.236-39, 364-76).

[8] See Buffon: 'Sabinus dans ses Commentaires sur les Métamorphoses d'Ovide,
dit qu'il paraît par les monuments de l'histoire, qu'en l'année 1460 on trouva dans
une mine des Alpes un vaisseau avec ses ancres' (*Histoire naturelle*, i.592; CN, i.583).

[9] This was Leibniz's view, described and endorsed by Buffon. Voltaire comments:
'centre de la terre vitrifié par phaeton', 'o la pazzia di sisteme!' (*Histoire naturelle*,
i.231, 258; CN, i.577).

longtemps tout couvert d'eau. Plus il m'endoctrinait, plus je devenais incrédule. Quoi donc, me dit-il, n'avez-vous pas vu le falun de Touraine à trente-six lieues de la mer? c'est un amas de coquilles avec lesquelles on engraisse la terre comme avec du fumier. Or si la mer a déposé dans la succession des temps une mine entière de coquilles à trente-six lieues de l'Océan, pourquoi n'aura-t-elle pas été jusqu'à trois mille lieues pendant plusieurs siècles sur notre globe de verre?

Je lui répondis, Monsieur Téliamed, il y a des gens qui font quinze lieues par jour à pied; mais ils ne peuvent en faire cinquante. Je ne crois pas que mon jardin soit de verre; et quant à votre falun, je doute encore qu'il soit un lit de coquilles de mer. [10] Il se pourrait bien que ce ne fût qu'une mine de petites pierres calcaires qui prennent aisément la forme des fragments de coquilles, [11] comme il y a des pierres qui sont figurées en langues, et qui ne sont point des langues; en étoiles, et qui ne sont point des astres; en serpents

[10] It was Buffon (*Histoire naturelle*, i.266-70; CN, i.578), not Maillet, who described the falun of Touraine, regarded in the eighteenth-century as one of the most tangible proofs that the sea had covered the earth. In *La Philosophie de l'histoire*, Voltaire intimated that the falun consisted of sea fossils (V 59, p.89), but following Damilaville's visit in 1765 he saw the danger of such an admission, and subsequently questioned the validity of the theory (see *La Défense de mon oncle*, V 64, p.238-39, 373-74). He acquired and examined a sample of the falun, but still could not make up his mind. This uncertainty, manifest in *Des singularités de la nature*, disappeared in favour of the freshwater solution when in 1769 he modified *La Philosophie de l'histoire* and in 1770 incorporated most of chapters 12 to 18 of *Des singularités de la nature* into *Questions sur l'Encyclopédie*, art. 'Coquilles'; see M. Carozzi, 'Voltaire's geological observations in *Des singularités de la nature*', *Studies* 215 (1982), p.101-19. In fact the faluns consisted of freshwater and marine fossils, either separately or mixed together.

[11] In *La Défense de mon oncle*, ch.19, Voltaire suggests that: 'la nature, inépuisable dans ses ouvrages a pu très bien former une grande quantité de fossiles' (V 64, p.238), an idea found in Elie Bertrand's *Dictionnaire universel des fossiles propres et des fossiles accidentels* (La Haye 1763; BV379), which Voltaire reviewed favourably in an article for the *Gazette littéraire de l'Europe* (18 April 1764; M.xxv.166-67). By 1766, however, Bertrand had concluded that fossils were the remains of marine life; see V 64, p.372-73, n.31.

roulés sur eux-mêmes, et qui ne sont point des serpents; en parties naturelles du beau sexe, et qui ne sont point pourtant les dépouilles des dames.[12] On voit des dendrites, des pierres figurées, qui représentent des arbres et des maisons, sans que jamais ces petites pierres aient été des maisons et des chênes.

Si la mer avait déposé tant de lits de coquilles en Touraine, pourquoi aurait-elle négligé la Bretagne, la Normandie, la Picardie, et toutes les autres côtes? J'ai bien peur que ce falun tant vanté ne vienne pas plus de la mer que les hommes. Et quand la mer se serait répandue à trente-six lieues, ce n'est pas à dire qu'elle ait été jusqu'à trois mille, et même jusqu'à trois cents, et que toutes les montagnes aient été produites par les eaux. J'aimerais autant dire que le Caucase a formé la mer, que de prétendre que la mer a fait le Caucase.

Mais, monsieur l'incrédule, que répondrez-vous aux huîtres pétrifiées qu'on a trouvées sur le sommet des Alpes?[13]

Je répondrai, monsieur le créateur, que je n'ai pas vu plus d'huîtres pétrifiées que d'ancres de vaisseau sur le haut du mont Cenis.[14] Je répondrai ce qu'on a déjà dit, qu'on a trouvé des écailles d'huîtres, (qui se pétrifient aisément) à de très grandes distances de la mer, comme on a déterré des médailles romaines à cent lieues de Rome; et j'aime mieux croire que des pèlerins de

45

50

55

60

43 68G3: sont pourtant point les
61 K: écailles d'huître

[12] Bertrand's *Dictionnaire universel des fossiles* gives descriptions of 'astroïtes' and 'cornes d'Ammon' (i.60, 154). The 'concha Veneris' is described in the plates of the *Encyclopédie*, xxiii, planche 73. Cf. *Des singularités de la nature*, ch.7 (M.xxvii.135-36).

[13] See *Telliamed*, i.29.

[14] Part of the northern Alps, west of Turin. See *Des singularités de la nature*, ch.12: 'Un seul physicien m'a écrit qu'il a trouvé une écaille d'huître pétrifiée vers le mont Cenis' (M.xxvii.145).

St Jacques ont laissé quelques coquilles vers St Maurice, que
d'imaginer que la mer a formé le mont St Bernard. [15]

Il y a des coquillages partout; mais est-il bien sûr qu'ils ne
soient pas les dépouilles des testacées et des crustacées de nos lacs
et de nos rivières aussi bien que des petits poissons marins? [16]

— Monsieur l'incrédule, je vous tournerai en ridicule dans le
monde que je me propose de créer.

— Monsieur le créateur, à vous permis; chacun est le maître dans
son monde; mais vous ne me ferez jamais croire que celui où nous
sommes soit de verre, ni que quelques coquilles soient des
démonstrations que la mer a produit les Alpes et le mont Taurus.
Vous savez qu'il n'y a aucune coquille dans les montagnes
d'Amérique. Il faut que ce ne soit pas vous qui ayez créé cet
hémisphère, et que vous vous soyez contenté de former l'ancien
monde; c'est bien assez.

— Monsieur, monsieur, si on n'a pas découvert de coquilles sur
les montagnes d'Amérique, *on en découvrira.* [17]

— Monsieur, c'est parler en créateur qui sait son secret et qui est
sûr de son fait. Je vous abandonne, si vous voulez, votre falun,

79   68G3: découvert des coquilles

[15] See also *Dissertation sur les changements arrivés dans notre globe* (M.xxiii.222).
In *La Défense de mon oncle*, Voltaire claimed to have spoken 'd'un ton un peu
goguenard' (V 64, p.239) but he continued to regard the theory as plausible, here
and in *Des singularités de la nature*, ch.12 (M.xxvii.145-46), despite Buffon's derisive
remark in the *Histoire naturelle* (i.281).

[16] Only freshwater fossils occur in the vicinity of Geneva. Voltaire rightly judged
that many allegedly marine fossils were of lacustrine origin; see Carozzi, 'Voltaire's
geological observations', p.104-105.

[17] In fact Maillet maintained that shells had already been found on mountains in
America (*Telliamed*, i.101-20), as, according to Buffon, did Woodward (*Histoire
naturelle*, i.244). Though he admitted that La Condamine had failed to find shells
in the mountains of Peru, Buffon remained convinced of their existence (*Histoire
naturelle*, i.294-95; CN, i.579: 'point de coquilles au Pérou. mais').

344

pourvu que vous me laissiez mes montagnes. Je suis d'ailleurs le très humble et très obéissant serviteur de votre Providence.

Dans le temps que je m'instruisais ainsi avec Téliamed, un 85 jésuite irlandais déguisé en homme, d'ailleurs grand observateur, et ayant de bons microscopes, fit des anguilles avec de la farine de blé ergoté.[18] On ne douta pas alors qu'on ne fît des hommes avec de la farine de bon froment. Aussitôt on créa des particules organiques qui composèrent des hommes. Pourquoi non? Le grand 90 géomètre Fatio avait bien ressuscité des morts à Londres;[19] on pouvait tout aussi aisément faire à Paris des vivants avec des particules organiques: mais malheureusement les nouvelles anguilles de Needham ayant disparu, les nouveaux hommes disparurent aussi, et s'enfuirent chez les monades[20] qu'ils rencontrèrent 95 dans le plein au milieu de la matière subtile, globuleuse et cannelée.[21]

Ce n'est pas que ces créateurs de systèmes n'aient rendu de grands services à la physique; à Dieu ne plaise que je méprise leurs

[18] John Turberville Needham (1713-1781), an English Roman Catholic priest, not an Irish Jesuit. In his *An account of some new microscopical discoveries* of 1745, Needham concluded that micro-organisms generated spontaneously in hot nutrient solutions. Buffon adopted the theory in his *Histoire naturelle*, part of which was prepared in collaboration with Needham (ii.168-230; cf. CN, i.593). Voltaire had ridiculed Needham's theory of spontaneous generation in *Histoire du docteur Akakia* (1752; M.xxiii.573) and *Questions sur les miracles* (1765; M.xxv.393-96). Needham in turn criticised the first of the *Questions sur les miracles* in a *Réponse d'un théologien au docte proposant des autres questions* (s.l. 1765; BV2561). Henceforth Voltaire lambasted him mercilessly, apparently seriously damaging his reputation; see Roger, *Les Sciences de la vie*, p.494-520, 741-43; S. Roe, 'Voltaire versus Needham: atheism, materialism, and the generation of life', *Journal of the history of ideas* 46 (1985), p.65-87.

[19] Nicolas Fatio de Duiller (1664-1753), a mathematician and astronomer, was condemned to be pilloried in 1707 for professing to have resuscitated a dead man; cf. *Dieu et les hommes*, ch.36 (V 69, p.447-48).

[20] Voltaire had ridiculed Leibniz's theory of monads in *Eléments de la philosophie de Newton* (V 15, p.241-44).

[21] A reference to Descartes's vortex theory, with which Voltaire dealt at length in *Eléments de la philosophie de Newton* (see for example V 15, p.403-12).

travaux! on les a comparés à des alchimistes qui en faisant de l'or 100
(qu'on ne fait point) ont trouvé de bons remèdes ou du moins des
choses très curieuses. On peut être un homme d'un rare mérite et
se tromper sur la formation des animaux et sur la structure du
globe.

Les poissons changés en hommes, et les eaux changées en 105
montagnes ne m'avaient pas fait autant de mal que M. Boudot; je
me bornais tranquillement à douter, lorsqu'un Lapon me prit
sous sa protection.[22] C'était un profond philosophe, mais qui ne
pardonnait jamais aux gens qui n'étaient pas de son avis. Il me fit
d'abord connaître clairement l'avenir en exaltant mon âme. Je fis 110
de si prodigieux efforts d'exaltation, que j'en tombai malade; mais
il me guérit en m'enduisant de poix-résine de la tête aux pieds. A
peine fus-je en état de marcher, qu'il me proposa un voyage aux
terres australes pour y disséquer des têtes de géants, ce qui nous
ferait connaître clairement la nature de l'âme. Je ne pouvais 115
supporter la mer; il eut la bonté de me mener par terre. Il fit
creuser un grand trou dans le globe terraqué:[23] ce trou allait droit
chez les Patagons. Nous partîmes; je me cassai une jambe à l'entrée
du trou; on eut beaucoup de peine à me redresser la jambe: il s'y
forma un calus qui m'a beaucoup soulagé. 120

J'ai déjà parlé de tout cela dans une de mes diatribes[24] pour

[22] Maupertuis, who had led an expedition to Lapland in 1736 to determine the
shape of the earth. On Voltaire's misrepresentation of Maupertuis's ideas and his
renewed attacks from 1767 onwards, see *Histoire du docteur Akakia*, ed. J. Tuffet
(Paris 1967), p.CIV-CVI.

[23] See Maupertuis, *Lettres* (Berlin 1753), p.154; *Lettre sur le progrès des sciences*, in
Œuvres (Dresde 1752), p.345, 334, 350, 339; cf. CN, v.530-32.

[24] The *Histoire du docteur Akakia*, but also more recently in *La Défense de mon
oncle*, ch.19, where he writes: 'Si j'ai été un peu goguenard, et si j'ai par là déplu
autrefois à un philosophe lapon qui voulait qu'on perçât un trou jusqu'au centre de
la terre, qu'on disséquât des cervelles de géants pour connaître l'essence de la
pensée, qu'on exaltât son âme pour prédire l'avenir, et qu'on enduisît tous les
malades de poix résine; c'est que ce Lapon m'avait horriblement molesté' (V 64,
p.240-41).

instruire l'*univers*[25] très attentif à ces grandes choses. Je suis bien vieux; j'aime quelquefois à répéter mes contes, afin de les inculquer mieux dans la tête des petits garçons pour lesquels je travaille depuis si longtemps.

125

[25] See above, p.294 and n.1.

MARIAGE DE L'HOMME AUX
QUARANTE ÉCUS

L'homme aux quarante écus s'étant beaucoup formé, et ayant fait
une petite fortune, épousa une jolie fille qui possédait cent écus de
rente. Sa femme devint bientôt grosse. Il alla trouver son géomètre,
et lui demanda si elle lui donnerait un garçon ou une fille? Le
géomètre lui répondit que les sages-femmes, les femmes de   5
chambre le savaient pour l'ordinaire, mais que les physiciens qui
prédisent les éclipses n'étaient pas si éclairés qu'elles.

Il voulut savoir ensuite si son fils ou sa fille avait déjà une âme.
Le géomètre dit que ce n'était pas son affaire, et qu'il en fallait
parler au théologien du coin.   10

L'homme aux quarante écus, qui était déjà l'homme aux deux
cents écus pour le moins, demanda en quel endroit était son enfant?
Dans une petite poche, lui dit son ami, entre la vessie et l'intestin
rectum. O Dieu paternel! s'écria-t-il, l'âme immortelle de mon fils
née et logée entre de l'urine et quelque chose de pis! Oui, mon   15
cher voisin, l'âme d'un cardinal n'a point eu d'autre berceau: et
avec cela on fait le fier, on se donne des airs.

Ah! monsieur le savant, ne pourriez-vous point me dire comment
les enfants se font?

Non, mon ami; mais si vous voulez je vous dirai ce que les   20
philosophes ont imaginé, c'est-à-dire comment les enfants ne se
font point. [1]

11-12   K: deux cents pour

---

[1] Voltaire had already outlined the history of various theories of generation in
an article for the *Gazette littéraire de l'Europe* (4 April 1764; M.xxv.153-58) on
Bonnet's *Considérations sur les corps organisés* (Amsterdam 1762; BV465; CN, i.393-
94). Among the works referred to below he was well acquainted with those of
Sanchez, Buffon and Maupertuis. He probably derived his information on the other

348

Premièrement, le révérend père Sanchez dans son excellent livre *de Matrimonio*, est entièrement de l'avis d'Hipocrate; il croit comme un article de foi que les deux véhicules fluides de l'homme et de la femme s'élancent et s'unissent ensemble, et que dans le moment l'enfant est conçu par cette union; et il est si persuadé de ce système physique devenu théologique, qu'il examine, chap. 21 du livre second, *Utrum virgo Maria semen emiserit in copulatione cum Spiritu Sancto*.[2]

Eh monsieur, je vous ai déjà dit que je n'entends pas le latin; expliquez-moi en français l'oracle du père Sanchez. Le géomètre lui traduisit le texte,[3] et tous deux frémirent d'horreur.

Le nouveau marié en trouvant Sanchez prodigieusement ridicule, fut pourtant assez content d'Hipocrate; et il se flattait que sa femme avait rempli toutes les conditions imposées par ce médecin pour faire un enfant.[4]

Malheureusement, lui dit le voisin, il y a beaucoup de femmes qui ne répandent aucune liqueur, mais qui ne reçoivent qu'avec

25

30

35

---

39   68A3, κ: liqueur, qui ne

---

theorists from Bonnet's *Considérations*, from Buffon's *Histoire naturelle*, and from Arnulphe d'Aumont's article 'Génération' (*Encyclopédie*, vii.559-74; CN, iii.398-99), in which almost all the points he mentions can be found. On eighteenth-century theories of generation, see Roger, *Les Sciences de la vie, passim*; F. Cole, *Early theories of sexual generation* (Oxford 1930).

[2] Tomas Sanchez, *De sancto matrimonii sacramento disputationum* (Lugduni 1739; BV3081), with marker by an unknown hand inscribed 'an semen virgo maria' at II, ch.21, p.140-41 (Albina, 'Les sources', p.166). Voltaire enjoyed mocking Sanchez; see *La Relation de la maladie* [...] *du jésuite Berthier* (M.xxiv.98-99); *L'Examen important de milord Bolingbroke* (V 62, p.214).

[3] Voltaire had already given a translation in *Les Questions de Zapata* (V 62, p.400).

[4] The rest of this conversation was reproduced, with some variants, in the 'Entretien d'un jeune marié fort naïf et d'un philosophe' in *Questions sur l'Encyclopédie*, art. 'Génération' (1771; M.xix.224, n.1).

aversion les embrassements de leurs maris, et qui cependant en   40
ont des enfants. Cela seul décide contre Hipocrate et Sanchez.

De plus, il y a très grande apparence que la nature agit toujours
dans les mêmes cas par les mêmes principes; or, il y a beaucoup
d'espèces d'animaux qui engendrent sans copulation, comme les
poissons écaillés, les huîtres, les pucerons. Il a donc fallu que les   45
physiciens cherchassent une mécanique de génération qui convînt
à tous les animaux. Le célèbre Harvey, qui le premier démontra
la circulation, et qui était digne de découvrir le secret de la nature,
crut l'avoir trouvé dans les poules: elles pondent des œufs; il jugea
que les femmes pondaient aussi. [5] Les mauvais plaisants dirent que   50
c'est pour cela que les bourgeois, et même quelques gens de cour,
appellent leur femme ou leur maîtresse ma poule, et qu'on dit que
toutes les femmes sont coquettes parce qu'elles voudraient que les
coqs les trouvassent belles. Malgré ces railleries Harvey ne changea
point d'avis, et il fut établi dans toute l'Europe que nous venons   55
d'un œuf.

L'HOMME AUX QUARANTE ÉCUS

Mais, monsieur, vous m'avez dit que la nature est toujours
semblable à elle-même, qu'elle agit toujours par le même principe

51   68A2, 68A3: bourgeois, même

[5] See Voltaire's article for the *Gazette littéraire de l'Europe* (M.xxv.155), and his
letter to Thiriot of 15 September 1768: 'Vous avez très grande raison d'être étonné
que dans l'homme aux quarante écus on ait imputé au grand calculateur Harvey le
système des œufs; il est vrai qu'il y croyait; et même il y croyait si bien, qu'il avait
pris pour sa devise ces mots, tout vient d'un œuf' (D15212). William Harvey (1578-
1657) believed that all parts of the embryo were potentially present in the 'egg' –
actually the foetus in mammals and the pupa in insects – which developed by
successive growth of the various parts by epigenesis (*Exercitationes de generatione
animalium*, London 1651), as opposed to the preformation theory preferred by
Voltaire; see: art. 'Génération' (*Encyclopédie*, vii.564-65); Cole, *Early theories*, p.132-
44; Roger, *Les Sciences de la vie*, p.112-21.

dans le même cas; les femmes, les juments, les ânesses, les anguilles
ne pondent point. Vous vous moquez de moi.   60

LE GÉOMÈTRE

Elles ne pondent point en dehors, mais elles pondent en dedans;
elles ont des ovaires comme tous les oiseaux; les juments, les
anguilles en ont aussi. Un œuf se détache de l'ovaire, il est couvé
dans la matrice. Voyez tous les poissons écaillés, les grenouilles,
ils jettent des œufs que le mâle féconde. Les baleines et les autres   65
animaux marins de cette espèce, font éclore leurs œufs dans leur
matrice. Les mites, les teignes, les plus vils insectes sont visiblement
formés d'un œuf. Tout vient d'un œuf: et notre globe est un grand
œuf qui contient tous les autres.

L'HOMME AUX QUARANTE ÉCUS

Mais vraiment ce système porte tous les caractères de la vérité;   70
il est simple, il est uniforme, il est démontré aux yeux dans plus
de la moitié des animaux; j'en suis fort content, je n'en veux point
d'autre; les œufs de ma femme me sont fort chers.

LE GÉOMÈTRE

On s'est lassé à la longue de ce système; on a fait les enfants
d'une autre façon.   75

L'HOMME AUX QUARANTE ÉCUS

Et pourquoi, puisque celle-là est si naturelle?

LE GÉOMÈTRE

C'est qu'on a prétendu que nos femmes n'ont point d'ovaire,
mais seulement de petites glandes.[6]

---

74   w68: longue de système

[6] See Buffon: 'la semence des femelles vivipares est filtrée par les corps glanduleux

L'HOMME AUX QUARANTE ÉCUS

Je soupçonne que des gens qui avaient un autre système à
débiter, ont voulu décréditer les œufs.　　　　　　　　　　80

LE GÉOMÈTRE

Cela pourrait bien être. Deux Hollandais s'avisèrent d'examiner
la liqueur séminale au microscope, celle de l'homme, celle de
plusieurs animaux; et ils crurent y apercevoir des animaux déjà
tout formés, qui couraient avec une vitesse inconcevable.[7] Ils en
virent même dans le fluide séminal du coq. Alors on jugea que les　　85
mâles faisaient tout et les femelles rien; elles ne servirent plus qu'à
porter le trésor que le mâle leur avait confié.

L'HOMME AUX QUARANTE ÉCUS

Voilà qui est bien étrange. J'ai quelques doutes sur tous ces
petits animaux qui frétillent si prodigieusement dans une liqueur
pour être ensuite immobiles dans les œufs des oiseaux, et pour　　90

83　68G3:　apercevoir déjà des animaux

---

qui croissent sur leurs testicules, et ces corps glanduleux contiennent une assez
bonne quantité de cette semence' (*Histoire naturelle*, ii.421).

[7] The two Dutchmen were Antoni van Leeuwenhoek (1632-1723) and Nicolaas
Hartsoeker (1656-1725). Leeuwenhoek, an animalculist preformationist, was shown
human spermatozoa (*animalculae*) by Johan Ham, a student at the University of
Leyden, and in 1677 described them in a letter to the Royal Society of London.
Hartsoeker claimed to have discovered spermatozoa before Ham, but he is now
thought to have learned of them from Leeuwenhoek; see Roger, *Les Sciences de la
vie*, p.294-302. According to Buffon, Leeuwenhoek believed that 'toutes ces parties
[...] du corps humain se voyaient dans la liqueur séminale', and that 'les animaux
spermatiques se transformaient en hommes ou en animaux' (*Histoire naturelle*, ii.243,
246; Voltaire comments: 'il faut avoir de bons yeux pour voir des garçons et des
filles dans une goutte de sperme', CN, i.598). Voltaire also mentions Leeuwenhoek
as among the first to observe spermatozoa in his article for the *Gazette littéraire de
l'Europe* (M.xxv.155).

être non moins immobiles neuf mois (à quelques culbutes près) dans le ventre de la femme; cela ne me paraît pas conséquent. Ce n'est pas (autant que j'en puis juger) la marche de la nature. Comment sont faits, s'il vous plaît, ces petits hommes qui sont si bons nageurs dans la liqueur dont vous me parlez? 95

LE GÉOMÈTRE

Comme des vermisseaux. Il y avait surtout un médecin nommé Andri qui voyait des vers partout, et qui voulait absolument détruire le système d'Harvey.[8] Il aurait, s'il l'avait pu, anéanti la circulation du sang, parce qu'un autre l'avait découverte. Enfin, deux Hollandais et M. Andri, à force de tomber dans le péché 100 d'Onam, et de voir les choses au microscope, réduisirent l'homme à être chenille. Nous sommes d'abord un ver comme elle; de là dans notre enveloppe nous devenons comme elle pendant neuf mois une vraie chrysalide, que les paysans appellent fève. Ensuite, si la chenille devient papillon, nous devenons hommes; voilà nos 105 métamorphoses.

L'HOMME AUX QUARANTE ÉCUS

Eh bien! s'en est-on tenu là? n'y a-t-il point eu depuis de nouvelle mode?

LE GÉOMÈTRE

On s'est dégoûté d'être chenille. Un philosophe extrêmement plaisant a découvert dans une Vénus physique que l'attraction 110 faisait les enfants, et voici comment la chose s'opère. Le germe

98 68G3: s'il avait pu
111-112 K: Le sperme étant

[8] Nicolas Andry de Boisregard (1658-1742), an animalculist and the first academic helminthologist; he was nicknamed 'homo vermiculosus' by Antonio Vallisnieri.

étant tombé dans la matrice, l'œil droit attire l'œil gauche, qui arrive pour s'unir à lui en qualité d'œil; mais il en est empêché par le nez qu'il rencontre en chemin, et qui l'oblige de se placer à gauche. Il en est de même des bras, des cuisses et des jambes qui tiennent aux cuisses. ⁹ Il est difficile d'expliquer dans cette hypothèse la situation des mamelles et des fesses. Ce grand philosophe n'admet aucun dessein de l'Etre créateur dans la formation des animaux. Il est bien loin de croire que le cœur soit fait pour recevoir le sang et pour le chasser, l'estomac pour digérer, les yeux pour voir, les oreilles pour entendre; cela lui paraît trop vulgaire; tout se fait par attraction.

L'HOMME AUX QUARANTE ÉCUS

Voilà un maître fou. Je me flatte que personne n'a pu adopter une idée aussi extravagante.

LE GÉOMÈTRE

On en rit beaucoup; mais ce qu'il y eut de triste, c'est que cet insensé ressemblait aux théologiens, qui persécutent autant qu'ils le peuvent ceux qu'ils font rire. ¹⁰

D'autres philosophes ont imaginé d'autres manières qui n'ont pas fait une plus grande fortune; ce n'est plus le bras qui va

---

⁹ See Maupertuis, *Vénus physique*, ch.15 (CN, v.532). Maupertuis believed in pangenesis, the assembly in the genital organs of animals of organic molecules from all parts of the body. In Maupertuis's version of this theory the molecules were diverse, each characteristic of the part of the body contributing it and drawn by attraction to its fellows to form the foetus. Voltaire had already ridiculed this theory in *Extrait de la Bibliothèque raisonnée* (1752; M.xxiii.540-41), *Histoire du docteur Akakia* (ed. Tuffet, p.5, 25), and in his article for the *Gazette littéraire de l'Europe* (M.xxv.155).

¹⁰ Maupertuis complained to Frederick II about Voltaire's treatment of him in the *Histoire du docteur Akakia*. Voltaire was both outraged and humiliated by Frederick's angry reaction, which included ordering the public burning of the book in Berlin; see C. Mervaud, in R. Pomeau, *Voltaire en son temps*, 2nd ed. (Paris, Oxford 1995), i.702-704.

chercher le bras; ce n'est plus la cuisse qui court après la cuisse; 130
ce sont de petites molécules, de petites particules de bras et de
cuisse qui se placent les unes sur les autres. [11] On sera peut-être
enfin obligé d'en revenir aux œufs, après avoir perdu bien du
temps.

L'HOMME AUX QUARANTE ÉCUS

J'en suis ravi: mais quel a été le résultat de toutes ces disputes? 135

LE GÉOMÈTRE

Le doute. Si la question avait été débattue entre des théologaux,
il y aurait eu des excommunications et du sang répandu; mais
entre des physiciens la paix est bientôt faite; chacun a couché avec
sa femme sans penser le moins du monde à son ovaire, ni à
ses trompes de Fallope. Les femmes sont devenues grosses ou 140
enceintes, sans demander seulement comment ce mystère s'opère.
C'est ainsi que vous semez du blé, et que vous ignorez comment
le blé germe en terre.

L'HOMME AUX QUARANTE ÉCUS

Oh! je le sais bien; on me l'a dit il y a longtemps; c'est par
pourriture. [12] Cependant, il me prend quelquefois des envies de 145
rire de tout ce qu'on m'a dit.

---

[11] An allusion to Buffon's version of pangenesis, in which the molecules were all
alike and were arranged on 'moules intérieurs' of undescribed origin performing a
function similar to that of modern DNA: 'Il est clair [...] que la reproduction se
fait par la réunion de molécules organiques renvoyées de chaque partie du corps de
l'animal ou du végétal dans un ou plusieurs réservoirs communs' (*Histoire naturelle*,
ii.332; CN, i.604: 'rien de tout cela nest clair. sil y avait quelque chose de probable
dans ces questions si epineuses ce serait le sisteme des germes contenus les uns dans
les autres. mais il epouvante l'imagination'); see Voltaire's article in the *Gazette
littéraire de l'Europe* (M.xxv.156). Significantly, ovist preformationism is not ridiculed
here, although Voltaire remained generally sceptical: 'Tous les systèmes sur la
manière dont nous venons au monde ont été détruits les uns par les autres' (D15212).

[12] An allusion to I Corinthians xv.36 and John xii.24.

LE GÉOMÈTRE

C'est une fort bonne envie. Je vous conseille de douter de tout, excepté que les trois angles d'un triangle sont égaux à deux droits, et que les triangles qui ont même base et même hauteur sont égaux entre eux, ou autres propositions pareilles, comme par exemple   150
que deux et deux font quatre.

L'HOMME AUX QUARANTE ÉCUS

Oui, je crois qu'il est fort sage de douter; mais je sens que je suis curieux depuis que j'ai fait fortune, et que j'ai du loisir. Je voudrais, quand ma volonté remue mon bras ou ma jambe, découvrir le ressort par lequel ma volonté les remue; car sûrement   155
il y en a un. Je suis quelquefois tout étonné de pouvoir lever et abaisser mes yeux, et de ne pouvoir dresser mes oreilles. Je pense, et je voudrais connaître un peu… là… toucher au doigt ma pensée. Cela doit être fort curieux. Je cherche si je pense par moi-même, si Dieu me donne mes idées, si mon âme est venue dans mon corps   160
à six semaines ou à un jour, comment elle s'est logée dans mon cerveau; si je pense beaucoup quand je dors profondément, et quand je suis en léthargie. Je me creuse la cervelle pour savoir comment un corps en pousse un autre. Mes sensations ne m'étonnent pas moins; j'y trouve du divin, et surtout dans le plaisir. J'ai   165
fait quelquefois mes efforts pour imaginer un nouveau sens, et je n'ai jamais pu y parvenir. Les géomètres savent toutes ces choses; ayez la bonté de m'instruire.

LE GÉOMÈTRE

Hélas! Nous sommes aussi ignorants que vous;[13] adressez-vous à la Sorbonne.   170

156-157   68G2:   et baisser mes

[13] See *Le Philosophe ignorant* (1766) to which Voltaire in 1767 gave the title *Les Questions d'un homme qui ne sait rien* (V 62, p.31-105).

L'HOMME AUX QUARANTE ÉCUS, DEVENU
PÈRE, RAISONNE SUR LES MOINES

Quand l'homme aux quarante écus se vit père d'un garçon, il commença à se croire un homme de quelque poids dans l'Etat; il espéra donner au moins dix sujets au roi, qui seraient tous utiles. C'était l'homme du monde qui faisait le mieux des paniers: et sa femme était une excellente couturière. Elle était née dans le voisinage d'une grosse abbaye de cent mille livres de rente. Son mari me demanda un jour pourquoi ces messieurs qui étaient en petit nombre avaient englouti tant de parts de quarante écus? Sont-ils plus utiles que moi à la patrie? – Non, mon cher voisin. – Servent-ils comme moi à la population du pays? – Non, au moins en apparence. – Cultivent-ils la terre? défendent-ils l'Etat quand il est attaqué? – Non, ils prient Dieu pour vous. – Eh bien, je prierai Dieu pour eux, et partageons.

Combien croyez-vous que les couvents renferment de ces gens utiles, soit en hommes, soit en filles, dans le royaume?

Par les mémoires des intendants faits sur la fin du dernier siècle, il y en avait environ quatre-vingt-dix mille.[1]

Par notre ancien compte ils ne devraient, à quarante écus par tête, posséder que dix millions huit cent mille livres; combien en ont-ils?

Cela va à cinquante millions en comptant les messes et les quêtes des moines mendiants, qui mettent réellement un impôt

13   K: eux, partageons.

[1] Voltaire gives the same figure in *Essai sur les mœurs*, ch.139 (ii.293), but it is not found in Boulainvilliers's *Etat de la France*, which Voltaire used. Louis de Jaucourt's figure was 'plus de cent mille' (art. 'Ordres religieux', *Encyclopédie*, xi.601-602).

considérable sur le peuple. Un frère quêteur d'un couvent de Paris s'est vanté publiquement que sa besace valait quatre-vingt mille livres de rente. 25

Voyons combien cinquante millions répartis entre quatre-vingt-dix mille têtes tondues donnent à chacune? — cinq cent cinquante-cinq livres.

C'est une somme considérable dans une société nombreuse, où les dépenses diminuent par la quantité même des consommateurs; 30 car il en coûte bien moins à dix personnes pour vivre ensemble, que si chacun avait séparément son logis et sa table.

Les ex-jésuites à qui on donne aujourd'hui quatre cents livres de pension,[2] ont donc réellement perdu à ce marché?

Je ne le crois pas; car ils sont presque tous retirés chez des 35 parents qui les aident; plusieurs disent la messe pour de l'argent, ce qu'ils ne faisaient pas auparavant; d'autres se sont faits précepteurs,[3] d'autres ont été soutenus par des dévotes, chacun s'est tiré d'affaire: et peut-être y en a-t-il peu aujourd'hui qui, ayant goûté du monde et de la liberté, voulussent reprendre leurs anciennes chaînes. La 40 vie monacale, quoi qu'on en dise, n'est point du tout à envier. C'est une maxime assez connue que les moines sont des gens qui s'assemblent sans se connaître, vivent sans s'aimer, et meurent sans se regretter.

Vous pensez donc qu'on leur rendrait un très grand service de 45 les défroquer tous?

Ils y gagneraient beaucoup sans doute, et l'Etat encore davan-

[2] Voltaire once again tries to gloss over the fate of the ex-Jesuits. There seems to have been a lack of uniformity in the pensions received by ex-Jesuits. In the Dauphiné the sum was 540 livres annually (see J. Egret, *Le Parlement de Dauphiné, et les affaires publiques dans la deuxième moitié du XVIIIe siècle*, Grenoble 1942, i.129), but in Flanders it was 400 livres for full members, 300 livres for novices, and 200 livres for brothers; see Delattre, *Les Etablissements des jésuites en France*, ii.640.

[3] For example Guillaume-François Berthier, editor of the Jesuit *Mémoires de Trévoux*, who was among those entrusted with the education of the future Louis XVI and Monsieur (le comte de Provence) in 1762.

tage; on rendrait à la patrie des citoyens et des citoyennes qui ont
sacrifié témérairement leur liberté dans un âge où les lois ne
permettent pas qu'on dispose d'un fonds de dix sous de rente. [4]   50
On tirerait ces cadavres de leurs tombeaux; ce serait une vraie
résurrection. Leurs maisons deviendraient des hôtels de villes,
des hôpitaux, des écoles publiques, ou seraient affectées à des
manufactures. La population deviendrait plus grande, tous les arts
seraient mieux cultivés. On pourrait du moins diminuer le nombre   55
de ces victimes volontaires en fixant le nombre des novices. La
patrie aurait plus d'hommes utiles et moins de malheureux. C'est
le sentiment de tous les magistrats, c'est le vœu unanime du public
depuis que les esprits sont éclairés. [5] L'exemple de l'Angleterre et
de tant d'autres Etats, est une preuve évidente de la nécessité de   60
cette réforme. Que ferait aujourd'hui l'Angleterre, si au lieu de
quarante mille hommes de mer elle avait quarante mille moines? [6]
Plus les arts se sont multipliés, plus le nombre des sujets laborieux
est devenu nécessaire. Il y a certainement dans les cloîtres beaucoup
de talents ensevelis, qui sont perdus pour l'Etat. Il faut pour faire   65
fleurir un royaume le moins de prêtres possible, et le plus d'artisans
possible. [7] L'ignorance et la barbarie de nos pères, loin d'être une
règle pour nous, n'est qu'un avertissement de faire ce qu'ils feraient
s'ils étaient en notre place avec nos lumières.

52-54   68A2, 68A3:   deviendraient des hôpitaux, des manufactures.
52-53   NM1-K: hôtels de ville, des
63   68G3:   arts sont multipliés
66-67   K: artisans. L'ignorance

[4] See *La Voix du sage et du peuple* (1750; M.xxiii.469); the abbé de Saint-Pierre,
Ouvrages de politique (Rotterdam 1738; BV654: Rotterdam 1733-1741; CN, ii.386-
405), xiii.168; *Annales politiques* (Londres 1757; BV650; CN, ii.380), p.25; Melon,
Essai politique (1736), p.30.
[5] In fact steps were being taken to reduce numbers; see H. Sée, *La France
économique et sociale au XVIIIᵉ siècle* (Paris 1952), p.58-59.
[6] The figure is given by Melon, *Essai politique* (1736), p.322.
[7] See *Remarques pour servir de supplément à l'Essai sur les mœurs*, XI (*Essai*, ii.923).

Ce n'est donc point par haine contre les moines que vous voulez   70
les abolir, c'est par pitié pour eux, c'est par amour pour la patrie?
Je pense comme vous. Je ne voudrais point que mon fils fût moine.
Et si je croyais que je dusse avoir des enfants pour le cloître, je ne
coucherais plus avec ma femme.

— Quel est en effet le bon père de famille qui ne gémisse de   75
voir son fils et sa fille perdus pour la société! cela s'appelle se
sauver; mais un soldat qui se sauve quand il faut combattre, est
puni. Nous sommes tous les soldats de l'Etat; nous sommes à la
solde de la société, nous devenons des déserteurs quand nous la
quittons. Que dis-je? les moines sont des parricides qui étouffent   80
une postérité tout entière. Quatre-vingt-dix mille cloîtrés qui
braillent ou qui nasillent du latin, pourraient donner à l'Etat chacun
deux sujets: cela fait cent soixante mille [8] hommes qu'ils font périr
dans leur germe. Au bout de cent ans la perte est immense; cela
est démontré. [9]   85

Pourquoi donc le monachisme a-t-il prévalu? Parce que le
gouvernement fut presque partout détestable et absurde depuis
Constantin; parce que l'empire romain eut plus de moines que de
soldats; parce qu'il y en avait cent mille dans la seule Egypte; [10]
parce qu'ils étaient exempts de travail et de taxe; parce que les   90
chefs des nations barbares qui détruisirent l'empire s'étant faits

---

71   68A2, 68A3:   abolir, c'est par amour

---

[8] All eighteenth-century editions have this figure, but it should be 'cent quatre-vingt mille'.

[9] See Montesquieu, *Lettres persanes*, CXVII; art. 'Monastère', 'Population' (*Encyclopédie*, x.638; xiii.93, 97-98). Montesquieu, the Encyclopedists, and their sympathisers erroneously believed that Protestant countries were more populous than Catholic countries because of the large number of celibate ecclesiastics in the latter; see R. Gonnard, 'Les doctrines de la population au XVIIIe siècle', *Revue d'histoire des doctrines économiques et sociales* 4 (1908), p.358-61.

[10] Cf. *Essai sur les mœurs*, ch.11, where Voltaire says that there were 70 000 monks in Egypt (i.304).

chrétiens pour gouverner des chrétiens, exercèrent la plus horrible tyrannie;[11] parce qu'on se jetait en foule dans les cloîtres pour échapper aux fureurs de ces tyrans, et qu'on se plongeait dans un esclavage pour en éviter un autre;[12] parce que les papes, en instituant tant d'ordres différents de fainéants sacrés, se firent autant de sujets dans les autres états; parce qu'un paysan aime mieux être appelé mon révérend père, et donner des bénédictions que de conduire la charrue; parce qu'il ne sait pas que la charrue est plus noble que le froc; parce qu'il aime mieux vivre aux dépens des sots que par un travail honnête; enfin parce qu'il ne sait pas qu'en se faisant moine, il se prépare des jours malheureux, tissus d'ennui et de repentir.

Allons, monsieur, plus de moines pour leur bonheur et pour le nôtre. Mais je suis fâché d'entendre dire au seigneur de mon village, père de quatre garçons et de trois filles, qu'il ne saura où les placer s'il ne fait pas ses filles religieuses.

Cette allégation trop souvent répétée est inhumaine, antipatriotique, destructive de la société.

Toutes les fois qu'on peut dire d'un état de vie quel qu'il puisse être, si tout le monde embrassait cet état, le genre humain serait perdu; il est démontré que cet état ne vaut rien, et que celui qui le prend nuit au genre humain autant qu'il est en lui.

Or il est clair que si tous les garçons et toutes les filles s'encloîtraient, le monde périrait; donc la moinerie est par cela seul l'ennemie de la nature humaine, indépendamment des maux affreux qu'elle a causés quelquefois.

Ne pourrait-on pas en dire autant des soldats?

Non assurément: car si chaque citoyen porte les armes à son

95

100

105

110

115

---

117   68G3:   a causé

[11] An allusion to Clovis I, who adopted Christianity in 496 in order to gain support for his conquest of Gaul; see *Essai sur les mœurs*, ch.11 (i.306).
[12] See *Essai sur les mœurs*, ch.139 (ii.280); art. 'Monastère' (*Encyclopédie*, x.638).

tour, comme autrefois dans toutes les républiques, et surtout dans   120
celle de Rome; le soldat n'en est que meilleur cultivateur; le soldat
citoyen se marie, il combat pour sa femme et pour ses enfants.
Plût à Dieu que tous les laboureurs fussent soldats et mariés! ils
seraient d'excellents citoyens.[13] Mais un moine en tant que moine
n'est bon qu'à dévorer la substance de ses compatriotes. Il n'y a   125
point de vérité plus reconnue.

Mais les filles, monsieur, les filles des pauvres gentilshommes
qu'on ne peut marier, que feront-elles?

Elles feront, on l'a dit mille fois, comme les filles d'Angleterre,
d'Ecosse, d'Irlande, de Suisse, de Hollande, de la moitié de   130
l'Allemagne, de Suède, de Norvège, du Dannemarck, de Tartarie,
de Turquie, d'Afrique, et de presque tout le reste de la terre.[14]
Elles seront bien meilleures épouses, bien meilleures mères quand
on se sera accoutumé ainsi qu'en Allemagne à prendre des femmes
sans dot.[15] Une femme ménagère et laborieuse fera plus de bien   135
dans une maison que la fille d'un financier qui dépense plus en
superfluités qu'elle n'a porté de revenu chez son mari.

Il faut qu'il y ait des maisons de retraite pour la vieillesse, pour
l'infirmité, pour la difformité. Mais par le plus détestable des abus,
les fondations ne sont que pour la jeunesse et pour les personnes   140
bien conformées. On commence dans le cloître par faire étaler aux
novices des deux sexes leur nudité, malgré toutes les lois de la

---

131   68A1: Norvège, de Dannemark
136-137 68G3: en superfluité, qu'elle

---

[13] Damilaville, who had served in the army, attributed its rapacity to the fact that
it was permanent, and composed of mercenaries whose pay was insufficient to feed
them, whereas ancient armies were composed of citizens who cost the state little:
'ils étaient mariés; ils avaient des biens dans la république, et se retiraient chez eux
après la guerre' (art. 'Population', *Encyclopédie*, xiii.98).

[14] Cf. *La Voix du sage et du peuple* (M.xxiii.469); art. 'Population' (*Encyclopédie*,
xiii.97).

[15] See *Journal économique* (May 1766), p.223.

pudeur; on les examine attentivement devant et derrière. Qu'une vieille bossue aille se présenter pour entrer dans un cloître, on la chassera avec mépris, à moins qu'elle ne donne une dot immense. [16]   145
Que dis-je? toute religieuse doit être dotée, sans quoi elle est le rebut du couvent. Il n'y eut jamais d'abus plus intolérable.

Allez, allez, monsieur, je vous jure que mes filles ne seront jamais religieuses. Elles apprendront à filer, à coudre, à faire de la dentelle, à broder, à se rendre utiles. Je regarde les vœux comme   150
un attentat contre la patrie et contre soi-même.

Expliquez-moi, je vous prie, comment il se peut faire qu'un de mes amis, pour contredire le genre humain, prétende que les moines sont très utiles à la population d'un Etat, parce que leurs bâtiments sont mieux entretenus que ceux des seigneurs, et leurs   155
terres mieux cultivées?

Eh! quel est donc votre ami qui avance une proposition si étrange?

C'est l'ami des hommes, ou plutôt celui des moines. [17]

Il a voulu rire; il sait trop bien que dix familles qui ont chacune   160
cinq mille livres de rente en terre, sont cent fois, mille fois plus utiles qu'un couvent qui jouit d'un revenu de cinquante mille

161   K: rentes en

[16] See *Essai sur les mœurs*, ch.139 (ii.281); *Remarques pour servir de supplément à l'Essai sur les mœurs*, XI (*Essai*, ii.925); see also *Journal économique* (March 1766), p.126.

[17] Mirabeau's *L'Ami des hommes* had already been a target in *Remarques pour servir de supplément à l'Essai sur les mœurs*, XI (*Essai*, ii.923-24), and above, p.326. In refutation of Cantillon's *Essai sur la nature du commerce en général* Mirabeau argued that monks can promote an increase of population by living frugally, thereby leaving more food for other people who can thus support more children; that they preach, teach and work; that they can afford to put waste land under cultivation and maintain their buildings because of the continuity of their orders; and that they have built fine houses in Paris (*L'Ami des hommes*, i.19-22). Neither Grimm nor Damilaville were impressed with these arguments either (CLT, vii.434; art. 'Population', *Encyclopédie*, xiii.98).

livres, et qui a toujours un trésor secret. Il vante les belles maisons
bâties par les moines, et c'est précisément ce qui irrite les citoyens;
c'est le sujet des plaintes de l'Europe. Le vœu de pauvreté
condamne les palais, comme le vœu d'humilité contredit l'orgueil,
et comme le vœu d'anéantir sa race contredit la nature.

Je commence à croire qu'il faut beaucoup se défier des livres.

Il faut en user avec eux comme avec les hommes, choisir les
plus raisonnables, les examiner, et ne se rendre jamais qu'à
l'évidence.

165

170

DES IMPÔTS PAYÉS À L'ÉTRANGER

Il y a un mois que l'homme aux quarante écus vint me trouver en se tenant les côtés de rire, et il riait de si grand cœur que je me mis à rire aussi sans savoir de quoi il était question, tant l'homme est né imitateur, tant l'instinct nous maîtrise, tant les grands mouvements de l'âme sont contagieux. 5

> *Ut ridentibus arrident, ita flentibus adflent (a)*
> *Humani vultus.* [1]

Quand il eut bien ri, il me dit qu'il venait de rencontrer un homme qui se disait protonotaire du Saint-Siège, et que cet homme envoyait une grosse somme d'argent à trois cents lieues d'ici à un 10 Italien, au nom d'un Français à qui le roi avait donné un petit fief, et que ce Français ne pourrait jamais jouir des bienfaits du roi s'il ne donnait à cet Italien la première année de son revenu.

La chose est très vraie, lui dis-je, mais elle n'est pas si plaisante. Il en coûte à la France environ quatre cent mille livres par an en 15 menus droits de cette espèce; et depuis environ deux siècles et

(*a*) Le jésuite Sanadon a mis *adsunt* pour *adflent*. [2] Un amateur d'Horace prétend que c'est pour cela qu'on a chassé les jésuites.

3-4   68G1 (state 1; state 2), 68P: question. Tout homme est [68G1 errata: β]

[1] Horace, *Ars poetica*, 101-102.
[2] The reference is probably to *Les Poésies d'Horace*, trans. Noël-Etienne Sanadon (Paris 1728), 'Épître aux Pisons', 101. In Horace, *Œuvres*, trans. André Dacier (Amsterdam 1727; BV1678) the reading is *adflent*, and the line is accompanied by a note: 'C'est sûrement la véritable leçon, qui a été altérée dans les manuscrits, où l'on lit *adsunt, adsint, adsant*. Cinq ou six savants commentateurs en ont averti, et le texte a été enfin réformé dans les meilleures éditions qui se sont faites de nos jours' (viii.4, 117). Modern editors, however, write *adsunt*.

demi que cet usage dure, nous avons déjà porté en Italie quatre-vingts millions. [3]

Dieu paternel! s'écria-t-il, que de fois quarante écus! cet Italien-là nous subjugua donc il y a deux siècles et demi! il nous imposa   20
ce tribut! Vraiment, répondis-je, il nous en imposait autrefois d'une façon bien plus onéreuse. Ce n'est là qu'une bagatelle en comparaison de ce qu'il leva longtemps sur notre pauvre nation, et sur les autres pauvres nations de l'Europe. Alors je lui racontai comment ces saintes usurpations s'étaient établies; il sait un peu   25
d'histoire; il a du bon sens, il comprit aisément que nous avions été des esclaves auxquels il restait encore un petit bout de chaîne. Il parla longtemps avec énergie contre cet abus, mais avec quel respect pour la religion en général! comme il révérait les évêques! comme il leur souhaitait beaucoup de quarante écus, afin qu'ils les   30
dépensassent dans leurs diocèses en bonnes œuvres!

Il voulait aussi que tous les curés de campagne eussent un nombre de quarante écus suffisant pour les faire vivre avec décence. Il est triste, disait-il, qu'un curé soit obligé de disputer trois gerbes de blé à son ouaille, et qu'il ne soit pas largement payé par la   35
province. Il est honteux que ces messieurs soient toujours en procès avec leurs seigneurs. Ces contestations éternelles pour des droits imaginaires, pour des dîmes, détruisent la considération

21 68P: Vraiment, réponds-je
    68G3: nous imposait
25-26 68G3: un peu l'histoire;

[3] The annates due to the court of Rome each time an ecclesiastical living changed hands consisted of one year's revenue from the living, based on an assessment made at the time of the concordat between Pope Leo x and François 1er in 1516 and therefore much less than the actual revenue. In this respect France was better off than other Roman Catholic countries; see Claude Fleury, *Institution au droit ecclésiastique* (Paris 1767), i.473 (BV1352: Paris 1762-1763). Voltaire discusses the history of annates in *Essai sur les mœurs*, ch.138 (ii.272-74), *Traité sur la tolérance* (1763; M.xxv.28), and *Questions sur l'Encyclopédie*, art. 'Annates' (1770; M.xvii.258-60).

qu'on leur doit.[4] Le malheureux cultivateur qui a déjà payé aux préposés son dixième[5] et les deux sous pour livre,[6] et la taille, et la capitation,[7] et le rachat du logement des gens de guerre après qu'il a logé des gens de guerre[8] etc. etc. etc., cet infortuné, dis-je, qui se voit encore enlever le dixième de sa récolte par son curé, ne le regarde plus comme son pasteur, mais comme son écorcheur qui lui arrache le peu de peau qui lui reste. Il sent bien qu'en lui enlevant la dixième gerbe de droit divin, on a la cruauté diabolique de ne pas lui tenir compte de ce qu'il lui en a coûté pour faire croître cette gerbe. Que lui reste-t-il pour lui et pour sa famille?

40

45

[4] See Diderot, art. 'Célibat' (*Encyclopédie*, ii.806). In *Questions sur l'Encyclopédie*, art. 'Curé de campagne' (1771; M.xviii.303), Voltaire lamented the plight of the two kinds of curé: the *curé décimateur*, who was appointed by his bishop and had a right to collect *dîmes* from his reluctant parishioners but often had great difficulty in doing so, and the *curé à portion congrue*, who managed a parish controlled feudally by other, usually non-resident, clergy (often *moines décimateurs*), and instead of receiving *dîmes* was paid a fixed, generally inadequate, salary by them. These practices gave rise to many disputes, alluded to here; see Marion, *La Dîme ecclésiastique*, p.22-29; P. de Vaissière, *Curés de campagne de l'ancienne France* (Paris 1932), p.84; T. Tackett, *Priest and parish in eighteenth-century France* (Princeton 1977), p.118-20, 230-32.

[5] A scheduled tax on all sources of income, originally established as an emergency war tax in 1710. Commended by Voltaire in *Anecdotes sur Louis XIV* (M.xxiii.247-48), the *dixième* was equitable in theory but grossly unfair in practice. It was transformed into a *vingtième* in 1749. See Marion, *Les Impôts directs*, p.62-65, 74-78.

[6] In 1705 an addition of 2 sous per livre was levied on most indirect taxes, in 1715 it was increased to 4 sous, in 1760 to 5 sous, and in 1763 to 6 sous for the *gabelles* and *entrées de Paris*; see Matthews, *The Royal general farms*, p.85-86.

[7] When introduced in 1695 the *capitation* was a tax of fixed sums bearing in theory on almost everyone, but in 1701 it was changed from an *impôt de quotité* to an *impôt de répartition*, becoming virtually an extension of the *taille*, which it was formally recognised to be in 1761. The privileged classes had succeeded in evading it.

[8] Towns or provinces had been exempt from lodging officers in private dwellings since 1765, on payment of a lodging allowance. Other ranks, however, were billeted as before, although several classes, including nobles and clergy, were exempt from receiving them except in emergencies. In the case of the king's household troops, all exemptions were invalid. See *Encyclopédie méthodique*, art. 'Finances' (ii.722-24).

les pleurs, la disette, le découragement, le désespoir, et il meurt
de fatigue et de misère. Si le curé était payé par la province, il   50
serait la consolation de ses paroissiens, au lieu d'être regardé par
eux comme leur ennemi. [9]

Ce digne homme s'attendrissait en prononçant ces paroles; il
aimait sa patrie et était idolâtre du bien public. Il s'écriait quelquefois, Quelle nation que la française si on voulait!   55

Nous allâmes voir son fils à qui sa mère bien propre et bien
lavée présentait un gros téton blanc. L'enfant était fort joli. Hélas!
dit le père, te voilà donc, et tu n'as que vingt-trois ans de vie, et
quarante écus à prétendre!

---

53 w75G: s'attendrissait prononçant
57 w75G, K: lavée donnait un
58 68G3: donc, tu n'as

[9] Cf. *Le Dîner du comte de Boulainvilliers* (1767; V 63A, p.405).

DES PROPORTIONS

Le produit des extrêmes est égal au produit des moyens: mais deux sacs de blé volés ne sont pas à ceux qui les ont pris comme la perte de leur vie l'est à l'intérêt de la personne volée.

Le prieur de *** à qui deux de ses domestiques de campagne avaient dérobé deux setiers de blé, vient de faire pendre les deux délinquants. Cette exécution lui a plus coûté que toute sa récolte ne lui a valu, et depuis ce temps il ne trouve plus de valets.

Si les lois avaient ordonné que ceux qui voleraient le blé de leur maître laboureraient son champ toute leur vie les fers aux pieds et une sonnette au cou attachée à un carcan, ce prieur aurait beaucoup gagné.

Il faut effrayer le crime; oui sans doute: mais le travail forcé et la honte durable l'intimident plus que la potence.

Il y a quelques mois qu'à Londres un malfaiteur fut condamné à être transporté en Amérique pour y travailler aux sucreries avec les nègres. Tous les criminels en Angleterre, comme en bien d'autres pays, sont reçus à présenter requête au roi, soit pour obtenir grâce entière, soit pour diminution de peine. Celui-ci présenta requête pour être pendu. Il alléguait qu'il haïssait mortellement le travail, et qu'il aimait mieux être étranglé une minute que de faire du sucre toute sa vie.

D'autres peuvent penser autrement, chacun a son goût; mais on a déjà dit,[1] et il faut répéter, qu'un pendu n'est bon à rien, et que les supplices doivent être utiles.

Il y a quelques années que l'on condamna dans la Tartarie deux jeunes gens à être empalés pour avoir regardé (leur bonnet sur la tête) passer une procession de lamas. L'empereur de la Chine, qui

[1] In *Dictionnaire philosophique*, art. 'Lois civiles et ecclésiastiques' (V 36, p.323) and *Commentaire sur le livre Des délits et des peines* (1766; M.xxv.555).

est un homme de beaucoup d'esprit, dit qu'il les aurait condamnés
à marcher nu-tête à la procession pendant trois mois. [2]

Proportionnez les peines aux délits, a dit le marquis Beccaria; [3]   30
ceux qui ont fait les lois n'étaient pas géomètres.

Si l'abbé Guyon, ou Cogé, ou l'ex-jésuite Nonotte, ou l'ex-
jésuite Patouillet, ou le prédicant la Beaumelle, font de misérables
libelles, [4] où il n'y a ni vérité, ni raison, ni esprit, irez-vous les
faire pendre comme le prieur de D.... a fait pendre ses deux   35
domestiques? et cela sous prétexte que les calomniateurs sont plus
coupables que les voleurs.

35   w68-k: prieur de ***

[2] Allusion to the condemnation of the chevalier de La Barre and Gaillard
d'Etallonde in 1766. La Barre was executed and his body burned with a copy of
Voltaire's *Dictionnaire philosophique*. On 7 August 1766 Frederick II wrote to
Voltaire: 'Si vous me demandez si j'aurais prononcé un arrêt aussi dur, je vous dirai
que non, et que, selon mes lumières naturelles, j'aurais proportionné la punition au
délit. Vous avez brisé une statue, je vous condamne à la rétablir' (D13479). Frederick
later took d'Etallonde into his service.

[3] Cesare Beccaria's *Dei delitti e delle pene* (BV314: Monaco 1764; BV315: trans.
André Morellet, Lausanne 1766; CN, i.257-58) offered a systematic and concise
presentation of the principles of a more humane approach to criminal law. Voltaire
started reading it in October 1765 and was favourably impressed (D12938), but it
seems to have had little impact on his writings before May 1766; see *André Destouches
à Siam*, ed. J. Renwick (V 62, p.112-13). No doubt his conversations with Morellet,
who visited Ferney in June 1766, convinced him of the validity of Beccaria's case.
The need for judicial reform in France was the theme of the *Commentaire sur le livre
Des délits et des peines* and of the *Relation de la mort du chevalier de La Barre* (1767;
M.xxv.503-16). See M. T. Maestro, *Voltaire and Beccaria as reformers of criminal law*
(New York 1942).

[4] All long-standing adversaries of Voltaire's. Claude-Marie Guyon (1699-1771)
was the author of *L'Oracle des nouveaux philosophes* (Berne 1759; BV1586); see *Les
Honnêtetés littéraires* (1767; M.xxvi.157). On Coger, Nonnotte and Patouillet, see
p.387, n.31 and p.311, n.26. Hostilities with La Beaumelle were acute in 1767, when
Voltaire claimed to have received 95 anonymous letters from him; see V 64, p.388,
n.23.

Condamnerez-vous Fréron même aux galères pour avoir insulté le bon goût, et pour avoir menti toute sa vie dans l'espérance de payer son cabaretier? [5]

Ferez-vous mettre au pilori le sieur Larcher parce qu'il a été très pesant, parce qu'il a entassé erreur sur erreur, parce qu'il n'a jamais su distinguer aucun degré de probabilité, parce qu'il veut que dans une antique et immense cité, renommée par sa police et par la jalousie des maris, dans Babylone enfin où les femmes étaient gardées par des eunuques, toutes les princesses allassent par dévotion donner publiquement leurs faveurs dans la cathédrale aux étrangers pour de l'argent? [6] contentons-nous de l'envoyer sur les lieux courir les bonnes fortunes; soyons modérés en tout; mettons de la proportion entre les délits et les peines.

Pardonnons à ce pauvre Jean-Jaques lorsqu'il n'écrit que pour se contredire, lorsqu'après avoir donné une comédie sifflée sur le théâtre de Paris, [7] et qu'il injurie ceux qui en font jouer à cent

---

38-39   68A2, 68A3: galères pour avoir menti
53   68A1, NM1-K: Paris, il injurie

---

[5] An allusion to Fréron's twelve-year lawsuit with a merchant with whom, in a drunken bout, he had incurred expenses which he did not want to pay; see J. Balcou, *Fréron contre les philosophes* (Genève, Paris 1975).

[6] The origin of this quarrel was Pierre-Henri Larcher's criticism of *La Philosophie de l'histoire*, the *Supplément à la Philosophie de l'histoire* (Amsterdam 1767; BV1923). Voltaire retaliated in *La Défense de mon oncle*, where the subject of the dispute mentioned here is discussed at length, though Larcher was right (V 64, p.197-201, 278-79).

[7] An allusion to Rousseau's *Narcisse, ou l'amant de lui-même*, which was performed twice, on 18 and 20 December 1752, at the Comédie-Française, and which was not 'sifflée' (see *Œuvres complètes*, ed. B. Gagnebin and M. Raymond, Paris 1959-1995, ii.LXXXVII-IX).

lieues de là; [8] lorsqu'il cherche des protecteurs et qu'il les outrage; [9] lorsqu'il déclame contre les romans et qu'il fait des romans dont 55 le héros est un sot précepteur qui reçoit l'aumône d'une Suissesse à laquelle il a fait un enfant, et qui va dépenser son argent dans un bordel de Paris; [10] laissons-le croire qu'il a surpassé Fénelon et Xénophon en élevant un jeune homme de qualité dans le métier de menuisier: ces extravagantes platitudes ne méritent pas un 60 décret de prise de corps; [11] les Petites-Maisons suffisent avec de bons bouillons, de la saignée et du régime.

Je hais les lois de Dracon qui punissaient également les crimes et les fautes, la méchanceté et la folie. Ne traitons point le jésuite Nonotte, qui n'est coupable que d'avoir écrit des bêtises et des 65 injures, comme on a traité les jésuites Malagrida, Oldecorn, Garnet, Guignard, Guéret, et comme on devait traiter le jésuite Le

[8] Rousseau had publicly opposed the installation of a theatre in Geneva in 1758 in his *Lettre à M. d'Alembert sur son article Genève*, which nonetheless paid tribute to Voltaire's talents as a playwright (see *Œuvres complètes*, v.111). However, in his notorious 'lettre de rupture' of 17 June 1760, Rousseau accused Voltaire of abusing Genevan hospitality by encouraging amateur theatrical productions at Les Délices: 'Vous avez perdu Geneve, pour le prix de l'azile que vous y avez receu' (D8986). This 'injury' infuriated Voltaire, who was fond of citing it in his correspondence; see D9682, D9684, D9717, D9745; see also Pomeau, *Voltaire en son temps*, ii.134-48.

[9] The recent rupture between Rousseau and David Hume aroused much interest in France, particularly with Voltaire, who himself claimed from 1761 onwards that Rousseau had spurned his own offers of protection; see Leigh 1374 and note d. Infuriated by Rousseau's suggestion that he had abused Genevan protection, Voltaire often accused Rousseau of misusing French patronage (see Leigh 1325, note c). On the whole of this passage, see D9682: 'il écrit contre les Spectacles, après avoir fait une mauvaise comédie, il écrit contre la France qui le nourrit [...] il m'écrit à moy la plus impertinente lettre que jamais fanatique ait grifonnée'.

[10] See *Lettres à M. de Voltaire sur la Nouvelle Heloïse* (1761; M.xxiv.165-79), which, though signed by Augustin-Louis de Ximenès, were actually composed by Voltaire and constituted a response to Rousseau's 'lettre de rupture' rather than a serious refutation of *La Nouvelle Héloïse*: 'Je n'y ay point fait de réponse a sa lettre. Mr de Chimène a répondu pr moi' (D9682).

[11] The Paris *parlement* issued a decree for Rousseau's arrest on 9 June 1762, after the publication of *Emile*.

Tellier qui trompa son roi et qui troubla la France. [12] Distinguons principalement dans tout procès, dans toute contention, dans toute querelle, l'agresseur de l'outragé, l'oppresseur de l'opprimé. La guerre offensive est d'un tyran: celui qui se défend est un homme juste.

Comme j'étais plongé dans ces réflexions, l'homme aux quarante écus me vint voir tout en larmes. Je lui demandai avec émotion si son fils qui devait vivre vingt-trois ans, était mort? Non, dit-il, le petit se porte bien, et ma femme aussi; mais j'ai été appelé en témoignage contre un meunier à qui on a fait subir la question ordinaire et extraordinaire, et qui s'est trouvé innocent; je l'ai vu s'évanouir dans les tortures redoublées; j'ai entendu craquer ses os, j'entends encore ses cris et ses hurlements: ils me poursuivent, je pleure de pitié et je tremble d'horreur; je me mis à pleurer et à frémir aussi; car je suis extrêmement sensible.

Ma mémoire alors me représenta l'aventure épouvantable des Calas, une mère vertueuse dans les fers, ses filles éplorées et fugitives, sa maison au pillage, un père de famille respectable brisé par la torture, agonisant sur la roue, et expirant dans les flammes; un fils chargé de chaînes, traîné devant les juges, dont un lui dit, *nous venons de rouer votre père, nous allons vous rouer aussi.*

Je me souvins de la famille des Sirven qu'un de mes amis [13] rencontra dans des montagnes couvertes de glaces, lorsqu'elle

89   68P, 68A2, 68A3:   me souviens de

---

[12] Gabriel Malagrida, confessor of those who tried to assassinate Joseph II of Portugal, was put to death by the Inquisition in 1761. Edward Oldcorne and Henry Garnett were accused of complicity in the Guy Fawkes plot of 1605 against James I of England and were executed. Guignard and Guéret were the masters of Jean Châtel who struck Henri IV with a knife in 1594; Guignard was executed and Guéret banished. Michel Le Tellier, confessor of Louis XIV, obtained the bull *Unigenitus* from the pope against the Jansenists and was thereby responsible for much religious unrest in France. He also encouraged the revocation of the Edict of Nantes.

[13] Possibly Paul-Claude Moultou.

fuyait la persécution d'un juge aussi inique qu'ignorant. Ce juge, me dit-il, a condamné toute cette famille innocente au supplice, en supposant, sans la moindre apparence de preuve, que le père et la mère aidés de deux de leurs filles, avaient égorgé et noyé la troisième de peur qu'elle n'allât à la messe. Je voyais à la fois dans des jugements de cette espèce, l'excès de la bêtise, de l'injustice et de la barbarie. [14]

Nous plaignions la nature humaine, l'homme aux quarante écus et moi. J'avais dans ma poche le discours d'un avocat général de Dauphiné qui roulait en partie sur ces matières intéressantes. [15] Je lui en lus les endroits suivants. [16]

'Certes, ce furent des hommes véritablement grands qui osèrent les premiers se charger de gouverner leurs semblables, et s'imposer le fardeau de la félicité publique; qui, pour le bien qu'ils voulaient

95

100

99-100   68G3:   général du Dauphiné

[14] Voltaire had commented on various judicial abuses in *Dialogue entre un plaideur et un avocat* (1750; M.xxiii.493-96), and in *Essai sur les mœurs*, ch.128, 140, 153 (ii.225, 294-302, 384-85), but it was the Calas affair and the Sirven affair that fully aroused his desire for legal reform; see Pomeau, *Voltaire en son temps*, ii.110-33, 237-51.

[15] Antoine-Joseph-Michel Servan, *Discours sur l'administration de la justice criminelle* (Genève [Grenoble] 1767; BV3152). Servan, a young *avocat général* in the *parlement* of the Dauphiné was imbued with the ideas of the *philosophes* and had already been daring enough to express them publicly in a speech before the *parlement* (see Egret, *Le Parlement de Dauphiné*, i.147). His *Discours* was considerably influenced by Beccaria's treatise, and may have helped Voltaire to appreciate the latter's merits. Voltaire had been impressed by Servan during the latter's visit to Geneva in the spring of 1766 (D13249, D13250) and was equally so with the *Discours*: 'vous faites bien sentir à quel point nos lois ont besoin de réforme' (14 February 1767; D13955), reiterating his appreciation when he sent him an advance copy of this section of *L'Homme aux quarante écus* on 13 January 1768 (D14668). Buffon and d'Alembert shared Voltaire's enthusiasm.

[16] See Servan, *Discours*, p.10-11, 42-44, 81-82, 132-33. The passages are marked in the margins of Voltaire's copy; beside the first is written 'Admirable' (Albina, 'Les sources', p.167).

faire aux hommes s'exposèrent à leur ingratitude, et pour le repos   105
d'un peuple renoncèrent au leur; qui se mirent, pour ainsi dire,
entre les hommes et la Providence, pour leur composer, par
artifice, un bonheur qu'elle semblait leur avoir refusé.

'Quel magistrat un peu sensible à ses devoirs, à la seule
humanité, pourrait soutenir ces idées? Dans la solitude d'un cabinet   110
pourra-t-il, sans frémir d'horreur et de pitié, jeter les yeux sur ces
papiers, monuments infortunés du crime ou de l'innocence? ne lui
semble-t-il pas entendre des voix gémissantes sortir de ces fatales
écritures, et le presser de décider du sort d'un citoyen, d'un époux,
d'un père, d'une famille? quel juge impitoyable (s'il est chargé   115
d'un seul procès criminel) pourra passer de sang-froid devant une
prison? C'est donc moi, dira-t-il, qui retiens dans ce détestable
séjour mon semblable, peut-être mon égal, mon concitoyen, un
homme enfin: c'est moi qui le lie tous les jours, qui ferme sur lui
ces odieuses portes: peut-être le désespoir s'est emparé de son   120
âme; il pousse vers le ciel mon nom avec des malédictions; et sans
doute il atteste contre moi le grand Juge qui nous observe et doit
nous juger tous les deux.

. . . .

'Ici un spectacle effrayant se présente tout à coup à mes yeux;
le juge se lasse d'interroger par la parole, il veut interroger par les   125
supplices: impatient dans ses recherches, et peut-être irrité de leur
inutilité, on apporte des torches, des chaînes, des leviers et tous
ces instruments inventés pour la douleur. Un bourreau vient se
mêler aux fonctions de la magistrature, et termine par la violence
un interrogatoire commencé par la liberté.   130
'Douce philosophie, toi qui ne cherches la vérité qu'avec
l'attention et la patience, t'attendais-tu que dans ton siècle on
employât de tels instruments pour la découvrir?

118 68A2, 68A3: peut-être mon concitoyen
129 NMI-K: et terminer par

'Est-il bien vrai que nos lois approuvent cette méthode inconcevable et que l'usage la consacre?   135

'... Leurs lois imitent leurs préjugés; les punitions publiques
sont aussi cruelles que les vengeances particulières, et les actes de
leur raison ne sont guère moins impitoyables que ceux de leurs
passions. Quelle est donc la cause de cette bizarre opposition?
c'est que nos préjugés sont anciens, et que notre morale est   140
nouvelle; c'est que nous sommes aussi pénétrés de nos sentiments
qu'inattentifs à nos idées; c'est que l'avidité des plaisirs nous
empêche de réfléchir sur nos besoins, et que nous sommes plus
empressés de vivre que de nous diriger. C'est en un mot que nos
mœurs sont douces, et qu'elles ne sont pas bonnes; c'est que nous   145
sommes polis, et nous ne sommes seulement pas humains.'

Ces fragments que l'éloquence avait dictés à l'humanité rem-
plirent le cœur de mon ami d'une douce consolation. Il admirait
avec tendresse. Quoi! disait-il dans son transport, on fait de ces
chefs-d'œuvre en province! on m'avait dit qu'il n'y a que Paris   150
dans le monde.

Il n'y a que Paris, lui dis-je, où l'on fasse des opéras-comiques;
mais il y a aujourd'hui dans les provinces beaucoup de magistrats
qui pensent avec la même vertu et qui s'expriment avec la même
force.[17] Autrefois les oracles de la justice, ainsi que ceux de la   155
morale, n'étaient que ridicules. Le docteur Balouard déclamait au
barreau, et Arlequin dans la chaire. La philosophie est enfin venue,
elle a dit, Ne parlez en public que pour dire des vérités neuves et
utiles, avec l'éloquence du sentiment et de la raison.

Mais si nous n'avons rien de neuf à dire! se sont écriés les   160

146   κ: et que nous
149-150   w68-κ: on fait des chefs-d'œuvre

[17] See Voltaire's letters to Servan of 13 April (D13250) and 9 May 1766 (D13291).

376

parleurs: Taisez-vous alors, a répondu la philosophie: tous ces vains discours d'appareil qui ne contiennent que des phrases, sont comme le feu de la St Jean, allumé le jour de l'année où l'on a le moins besoin de se chauffer; il ne cause aucun plaisir, et il n'en reste pas même la cendre.

Que toute la France lise les bons livres. Mais malgré les progrès de l'esprit humain, on lit très peu; et parmi ceux qui veulent quelquefois s'instruire, la plupart lisent très mal. Mes voisins et mes voisines jouent après dîner un jeu anglais que j'ai beaucoup de peine à prononcer, car on l'appelle whisk.[18] Plusieurs bons bourgeois, plusieurs grosses têtes qui se croient de bonnes têtes, vous disent, avec un air d'importance, que les livres ne sont bons à rien. Mais, messieurs les Welches, savez-vous que vous n'êtes gouvernés que par des livres? savez-vous que l'ordonnance civile, le code militaire et l'Evangile sont des livres dont vous dépendez continuellement? Lisez, éclairez-vous, ce n'est que par la lecture qu'on fortifie son âme; la conversation la dissipe, le jeu la resserre.

J'ai bien peu d'argent, me répondit l'homme aux quarante écus; mais si jamais je fais une petite fortune, j'achèterai des livres chez Marc-Michel Rey.[19]

165

170

175

180

166   68P, 68A2, 68A3:   lise de bons
180   68A2, 68A3:   chez M***.

[18] See Jaucourt, art. 'Whisk': 'Les Français ont reçu dernièrement tout ensemble de l'Angleterre victorieuse dans les quatre parties du monde, une généreuse paix, et la connaissance de ce beau jeu, qu'ils paraissent goûter extrêmement. [...] ils en ont adopté religieusement toutes les lois, et les suivent ponctuellement, excepté peut-être celle du silence' (*Encyclopédie*, xvii.609).

[19] Rey was the Amsterdam publisher of a long list of polemical or dangerous works, including many by Voltaire, among them perhaps one of the 1768 editions of *L'Homme aux quarante écus*; see above, p.269-70; J. Vercruysse, 'Voltaire et Marc-Michel Rey', *Studies* 58 (1967), p.1707-63.

DE LA VÉROLE

L'homme aux quarante écus demeurait dans un petit canton où l'on n'avait jamais mis de soldats en garnison depuis cent cinquante années. Les mœurs dans ce coin de terre inconnu étaient pures comme l'air qui l'environne. On ne savait pas qu'ailleurs l'amour pût être infecté d'un poison destructeur; que les générations fussent 5 attaquées dans leur germe, et que la nature se contredisant elle-même pût rendre la tendresse horrible, et le plaisir affreux;[1] on se livrait à l'amour avec la sécurité de l'innocence. Des troupes vinrent, et tout changea.

Deux lieutenants, l'aumônier du régiment, un caporal et un 10 soldat de recrue qui sortait du séminaire, suffirent pour empoisonner douze villages en moins de trois mois.[2] Deux cousines de l'homme aux quarante écus se virent couvertes de pustules calleuses; leurs beaux cheveux tombèrent; leur voix devint rauque; les paupières de leurs yeux fixes et éteints se chargèrent d'une 15 couleur livide, et ne se fermèrent plus pour laisser entrer le repos dans des membres disloqués qu'une carie secrète commençait à ronger[3] comme ceux de l'Arabe Job, quoique Job n'eût jamais eu cette maladie.[4]

---

[1] Voltaire had already associated syphilis with the problem of evil in *Essai sur les mœurs*, ch.75 (i.720-21); *Candide*, ch.4 (V 48, p.130-31); *Dictionnaire philosophique*, art. 'Amour' (V 35, p.325-26). See also J. Astruc, *Traité des maladies vénériennes*, i.xxviii-xxix; Linguet, *La Cacomonade, histoire politique et morale, traduite de l'allemand du docteur Pangloss* (Cologne 1766), p.19. Voltaire ordered this work, which was published anonymously, in July 1766 (D13463).

[2] In 1768 and 1769 Voltaire was attributing recent outbreaks of syphilis in the pays de Gex to the troops billeted in the area in 1767 (see D15273, D15772).

[3] Nearly all these symptoms are described by Astruc, *Traité*, iii.147-48; iv.5-9, 77, 368, Voltaire's main source on this subject. Cf. CN, i.164-65.

[4] See *Dictionnaire philosophique*, art. 'Job' (V 36, p.252-53); *Questions sur l'Encyclopédie*, art. 'Lèpre et vérole' (M.xix.572-73). Job suffered from elephantiasis; see Astruc, *Traité*, i.61, 92-93.

Le chirurgien-major du régiment, homme d'une grande expé- 20
rience, fut obligé de demander des aides à la cour pour guérir
toutes les filles du pays. Le ministre de la guerre[5] toujours porté
d'inclination à soulager le beau sexe, envoya une recrue de fraters[6]
qui gâtèrent d'une main ce qu'ils rétablirent de l'autre.

L'homme aux quarante écus lisait alors l'histoire philosophique 25
de Candide, traduite de l'allemand du docteur Ralph, qui prouve
évidemment que tout est bien, et qu'il était absolument *impossible*
dans le meilleur des mondes *possibles*, que la vérole, la peste, la
pierre, la gravelle, les écrouelles, la chambre de Valence[7] et
l'Inquisition n'entrassent dans la composition de l'univers, de cet 30
univers uniquement fait pour l'homme roi des animaux,[8] et image
de Dieu, auquel on voit bien qu'il ressemble comme deux gouttes
d'eau.

Il lisait dans l'histoire véritable de Candide, que le fameux
docteur Pangloss avait perdu dans le traitement un œil et une 35
oreille.[9] Hélas! dit-il, mes deux cousines, mes deux pauvres
cousines seront-elles borgnes ou borgnesses et essorillées? Non,
lui dit le major consolateur; les Allemands ont la main lourde,[10]

36-37 68A2, 68A3: deux cousines, seront-elles

---

[5] The duc de Choiseul.

[6] Regimental medical facilities were headed by a surgeon-major, each company
having a 'frater' or barber surgeon; see L. B. Kennett, *The French armies in the
Seven Years' War* (Durham, NC 1967), p.130.

[7] According to the Kehl editors, the *fermiers généraux*, considering the *cour des
aides* too slow in judging tax cases, persuaded the *contrôleur général* d'Orry to
oversee, 'vers 1730, l'érection de trois ou quatre commissions souveraines, dont les
juges, payés par eux s'empressèrent de gagner leur argent', and 'On établit une de
ces chambres à Valence, et elle subsiste encore' (xlv.73*n*).

[8] Cf. *Le Marseillois et le lion*, l.37-42 and n.*f* (below, p.748, 757).

[9] *Candide*, ch.4 (V 48, p.132). Astruc mentions the loss of eyes, but not ears, only
hearing (*Traité*, iii.158-59; iv.87).

[10] In *Candide* it is the patient, Pangloss, who is German.

mais nous autres nous guérissons les filles promptement, sûrement
et agréablement.

En effet, les deux jolies cousines en furent quittes pour avoir la
tête enflée comme un ballon pendant six semaines pour perdre la
moitié de leurs dents en tirant la langue d'un demi-pied, et pour
mourir de la poitrine au bout de six mois. [11]

Pendant l'opération le cousin et le chirurgien-major raison-
nèrent ainsi.

L'HOMME AUX QUARANTE ÉCUS

Est-il possible, monsieur, que la nature ait attaché de si épouvantables tourments à un plaisir si nécessaire? tant de honte à tant de
gloire, et qu'il y ait plus de risque à faire un enfant qu'à tuer un
homme? Serait-il vrai au moins pour notre consolation que ce
fléau diminue un peu sur la terre, et qu'il devienne moins dangereux
de jour en jour?

LE CHIRURGIEN-MAJOR

Au contraire, il se répand de plus en plus dans toute l'Europe
chrétienne; [12] il s'est étendu jusqu'en Sibérie; j'en ai vu mourir plus
de cinquante personnes, et surtout un grand général d'armée et un
ministre d'Etat fort sage. [13] Peu de poitrines faibles résistent à la
maladie et au remède. Les deux sœurs la petite et la grosse se sont
liguées encore plus que les moines pour détruire le genre humain.

---

[11] Astruc mentions the loss of teeth and says that 'une enflure de la tête et de la
langue, souvent dangereuse' resulted from the old-fashioned remedy of administering 'l'onguent mercuriel à très grande dose et coup sur coup' (*Traité*, iv.7, 182-
83). Patients frequently succumbed to the treatment for syphilis.

[12] Astruc suggests the same, but concludes that the disease is, however, also
becoming less virulent (*Traité*, i.360).

[13] Perhaps allusions to Louis-Joseph de Bourbon, duc de Vendôme (1654-1712)
and cardinal Guillaume Dubois (1656-1723).

L'HOMME AUX QUARANTE ÉCUS

Nouvelle raison pour abolir les moines, afin que remis au rang
des hommes ils réparent un peu le mal que font les deux sœurs.   60
Dites-moi, je vous prie, si les bêtes ont la vérole.

LE CHIRURGIEN

Ni la petite, ni la grosse, ni les moines ne sont connus chez
elles.

L'HOMME AUX QUARANTE ÉCUS

Il faut donc avouer qu'elles sont plus heureuses et plus prudentes
que nous dans ce meilleur des mondes.   65

LE CHIRURGIEN

Je n'en ai jamais douté, elles éprouvent bien moins de maladies
que nous; leur instinct est bien plus sûr que notre raison: jamais
ni le passé ni l'avenir ne les tourmente.

L'HOMME AUX QUARANTE ÉCUS

Vous avez été chirurgien d'un ambassadeur de France en
Turquie, y a-t-il beaucoup de vérole à Constantinople?   70

LE CHIRURGIEN

Les Francs[14] l'ont apportée dans le faubourg de Péra où ils
demeurent. J'y ai connu un capucin qui en était mangé comme
Pangloss; mais elle n'est point parvenue dans la ville; les Francs
n'y couchent presque jamais. Il n'y a presque point de filles
publiques dans cette ville immense. Chaque homme riche a des   75

---

[14] 'Les Turcs donnent ce nom à tous les Européens occidentaux. On croit qu'il
est né dans l'Asie, au temps des croisades' (*Trévoux*).

femmes ou des esclaves de Circassie, toujours gardées, toujours surveillées, dont la beauté ne peut être dangereuse. Les Turcs appellent la vérole le mal chrétien;[15] et cela redouble le profond mépris qu'ils ont pour notre théologie. Mais en récompense ils ont la peste, maladie d'Egypte dont ils font peu de cas, et qu'ils ne se donnent jamais la peine de prévenir.   80

L'HOMME AUX QUARANTE ÉCUS

En quel temps croyez-vous que ce fléau commença dans l'Europe?

LE CHIRURGIEN

Au retour du premier voyage de Christophe Colomb chez des peuples innocents qui ne connaissaient ni l'avarice ni la guerre,   85
vers l'an 1494.[16] Ces nations simples et justes étaient attaquées de ce mal de temps immémorial, comme la lèpre régnait chez les Arabes et chez les Juifs, et la peste chez les Egyptiens. Le premier fruit que les Espagnols recueillirent de cette conquête du nouveau

76 w75G, K: femmes esclaves de
86 68G3: l'an mille quatre cent nonante quatre.

[15] See Astruc, *Traité*, i.15. Astruc notes that in turn 'les Turcs communiquèrent la vérole aux Persans leurs voisins, qui la nomment la maladie des Turcs' (*Traité*, i.262). The disease was variously called French, Spanish, Polish, German, as one country sought to blame another for its transmission.

[16] See *Essai sur les mœurs*, ch.145 (ii.338); *Candide* (V 48, p.131); *Questions sur l'Encyclopédie*, art. 'Lèpre et vérole' (M.xix.573). The origin of syphilis was a subject of dispute in the eighteenth century. Astruc discusses the question at length, concluding that the disease was indigenous to the Antilles and spread to Europe in the late fifteenth century (*Traité*, i, ch.7-10). Calmet and other proponents of the opposite view held that the disease had always been widespread and that Job was afflicted with it. Voltaire may also have consulted Dominique Raymond, *Histoire de l'éléphantiasis, contenant aussi l'origine du scorbut, du feu St Antoine, de la vérole* (Lausanne 1767; BV2875).

monde fut la vérole; elle se répandit plus promptement que l'argent   90
du Mexique qui ne circula que longtemps après en Europe. La
raison en est que dans toutes les villes il y avait alors de belles
maisons publiques appelées bordels, établies par l'autorité des
souverains pour conserver l'honneur des dames. Les Espagnols
portèrent le venin dans ces maisons privilégiées dont les princes   95
et les évêques tiraient les filles qui leur étaient nécessaires. On a
remarqué qu'à Constance il y avait eu sept cent dix-huit filles pour
le service du concile qui fit brûler si dévotement Jean Hus et
Jérôme de Prague. [17]

On peut juger par ce seul trait avec quelle rapidité le mal   100
parcourut tous les pays. Le premier seigneur qui en mourut fut
l'illustrissime et révérendissime évêque et vice-roi de Hongrie en
1499, que Bartolomeo Montanagua grand médecin de Padoue ne
put guérir. [18] Gualtieri assure que l'archevêque de Mayence *Bertold
de Henneberg attaqué de la grosse vérole rendit son âme à Dieu en*   105
1504. [19] On sait que notre roi François 1er en mourut. Henri III la
prit à Venise, mais le jacobin Jaques Clément prévint l'effet de la
maladie. [20]

Le Parlement de Paris toujours zélé pour le bien public fut le

93   K: appelées b..., établies
104   NM2: Mayenne
106   68A1: en 1304.

[17] John Huss of Bohemia was burnt as a heretic on 6 July 1415, and his follower,
Jerome of Prague, on 30 May 1416; see *Essai sur les mœurs*, ch.73 (i.697-702).
Voltaire's source here is François Bruys, *Histoire des papes, depuis St Pierre jusqu'à
Benoît XIII inclusivement* (La Haye 1732-1734; BV563), iv.39 (CN, i.551).

[18] See Astruc: 'Barthelemi Montagnana, [...], professeur en médecine dans cette
même faculté, écrivait en 1499 son *Conseil médical à Pierre Zeno Venitien, pour
l'illustrissime et reverendissime évêque et viceroi de Hongrie, lequel avait la vérole*'
(*Traité*, i.106).

[19] Cf. *Annales de l'Empire*, 'Electeurs de Mayence' (1753; M.xiii.209), where
Voltaire questions Gualtieri's assertion.

[20] Jacques Clément assassinated Henri III in 1589; see Astruc, *Traité*, i.5-6.

premier qui donna un arrêt contre la vérole en 1497. Il défendit à   110
tous les vérolés de rester dans Paris *sous peine de la hart*.[21] Mais
comme il n'était pas facile de prouver juridiquement aux bourgeois
et bourgeoises qu'ils étaient en délit, cet arrêt n'eut pas plus d'effet
que ceux qui furent rendus depuis contre l'émétique: et malgré le
parlement le nombre des coupables augmenta toujours. Il est   115
certain que si on les avait exorcisés au lieu de les faire pendre, il
n'y en aurait plus aujourd'hui sur la terre; mais c'est à quoi
malheureusement on ne pensa jamais.

L'HOMME AUX QUARANTE ÉCUS

Est-il bien vrai ce que j'ai lu dans Candide, que parmi nous
quand deux armées, de trente mille hommes chacune, marchent   120
ensemble en front de bandière, on peut parier qu'il y a vingt mille
vérolés de chaque côté?[22]

LE CHIRURGIEN

Il n'est que trop vrai. Il en est de même dans les licences de
Sorbonne. Que voulez-vous que fassent de jeunes bacheliers à qui
la nature parle plus haut et plus ferme que la théologie? Je puis   125
vous jurer que proportion gardée, mes confrères et moi nous avons
traité plus de jeunes prêtres que de jeunes officiers.

L'HOMME AUX QUARANTE ÉCUS

N'y aurait-il point quelque manière d'extirper cette contagion
qui désole l'Europe? on a déjà tâché d'affaiblir le poison d'une
vérole, ne pourra-t-on rien tenter sur l'autre?   130

121-122   68G1-68G3:   mille véroles de

---

[21] Astruc, *Traité*, i.372, 381-87. See *Questions sur l'Encyclopédie*, art. 'Lèpre et
vérole' (M.xix.574-75).
[22] *Candide*, ch.4 (V 48, p.132).

384

LE CHIRURGIEN

Il n'y aurait qu'un seul moyen, c'est que tous les princes de l'Europe se liguassent ensemble[23] comme dans les temps de Godefroi de Bouillon. Certainement une croisade contre la vérole serait beaucoup plus raisonnable que ne l'ont été celles qu'on entreprit autrefois si malheureusement contre Saladin, Melecsala[24]   135 et les Albigeois. Il vaudrait bien mieux s'entendre pour repousser l'ennemi commun du genre humain, que d'être continuellement occupé à guetter le moment favorable de dévaster la terre, et de couvrir les champs de morts pour arracher à son voisin deux ou trois villes et quelques villages. Je parle contre mes intérêts, car la   140 guerre et la vérole font ma fortune; mais il faut être homme avant d'être chirurgien-major.

C'est ainsi que l'homme aux quarante écus se formait, comme on dit, l'esprit et le cœur.[25] Non seulement il hérita de ses deux cousines qui moururent en six mois; mais il eut encore la succession   145 d'un parent fort éloigné qui avait été sous-fermier des hôpitaux des armées, et qui s'était fort engraissé en mettant les soldats blessés à la diète.[26] Cet homme n'avait jamais voulu se marier; il

132   68G3: dans le temps

[23] This happened in 1923, with the founding of the Union internationale contre le péril vénérien; see J. D. Rolleston, *Voltaire and medecine* (London 1926), p.17.

[24] The sultan Melik al Salah. Voltaire also refers to him in *Essai sur les mœurs*, ch.57 (i.590).

[25] See *Micromégas*, ch.1, *Zadig*, ch.15 (*Romans et contes*, p.20, 120). Also an allusion to Charles Rollin, *Traité des études* (1726-1728; BV3007: *De la manière d'enseigner et d'étudier les belles-lettres, par rapport à l'esprit et au cœur*, Paris 1748-1755) and perhaps to Claude Buffier, *Cours de sciences sur des principes nouveaux et simples; pour former le langage, l'esprit et le cœur dans l'usage ordinaire de la vie* (Paris 1732).

[26] See Damilaville: 'Dans les tributs que le gouvernement exige, se trouvent compris, excepté la solde des soldats, tout ce qui est nécessaire pour la dépense de l'habillement, de la nourriture [...] des armées, et avec la valeur de ces choses les fortunes immenses que font les entrepreneurs qui les fournissent' (art. 'Vingtième', *Encyclopédie*, xvii.877).

385

avait un assez joli sérail. Il ne reconnut aucun de ses parents, vécut
dans la crapule, et mourut à Paris d'indigestion. C'était un homme,   150
comme on voit, fort utile à l'Etat.

Notre nouveau philosophe fut obligé d'aller à Paris pour
recueillir l'héritage de son parent. D'abord les fermiers du domaine
le lui disputèrent. Il eut le bonheur de gagner son procès, et la
générosité de donner aux pauvres de son canton qui n'avaient pas   155
leur contingent de quarante écus de rente, une partie des dépouilles
du richard. Après quoi il se mit à satisfaire sa grande passion
d'avoir une bibliothèque.

Il lisait tous les matins, faisait des extraits, et le soir il consultait
les savants pour savoir en quelle langue le serpent avait parlé à   160
notre bonne mère;[27] si l'âme est dans le corps calleux ou dans la
glande pinéale;[28] si St Pierre avait demeuré vingt-cinq ans à
Rome;[29] quelle différence spécifique est entre un trône et une
domination;[30] et pourquoi les nègres ont le nez épaté? D'ailleurs,
il se proposa de ne jamais gouverner l'Etat, et de ne faire aucune   165
brochure contre les pièces nouvelles. On l'appelait monsieur
André, c'était son nom de baptême. Ceux qui l'ont connu rendent
justice à sa modestie et à ses qualités tant acquises que naturelles.
Il a bâti une maison commode dans son ancien domaine de quatre
arpents. Son fils sera bientôt en âge d'aller au collège, mais il veut 170
qu'il aille au collège d'Harcourt et non à celui de Mazarin, à cause

---

[27] Genesis iii.1. See Augustin Calmet, *Commentaire littéral sur tous les livres de
l'Ancien et du Nouveau Testament* (Paris 1709-1734; BV613), i.xv-xxii, 34-35.

[28] Calmet disagreed with Descartes's assertion (*Les Passions de l'âme*, I, art.31-
32) that the soul resided in the pineal gland.

[29] See Calmet, *Dictionnaire historique, critique, chronologique, géographique et
littéral de la Bible* (Paris 1730; BV615; CN, ii.323), iii.618. Voltaire considered
St Peter's presence in Rome unproven; see *Dictionnaire philosophique*, art. 'Pierre'
(V 36, p.447-55); *Questions sur l'Encyclopédie*, art. 'Voyage de saint Pierre à Rome'
(1772; M.xx.592-96).

[30] Colossians i.16; see Calmet, *Commentaire littéral*, viii.486.

du professeur Cogé qui fait des libelles, [31] et parce qu'il ne faut pas qu'un professeur de collège fasse des libelles.

Madame André lui a donné une fille fort jolie qu'il espère marier à un conseiller de la cour des aides, pourvu que ce magistrat n'ait pas la maladie que le chirurgien-major veut extirper dans l'Europe chrétienne.

---

[31] François-Marie Cogér, *licencié en théologie* and professor of rhetoric at the collège Mazarin, had been one of Voltaire's favourite targets since the publication of his *Examen du Bélisaire de M. Marmontel* (Paris 1767; BV803).

GRANDE QUERELLE

Pendant le séjour de monsieur André à Paris, il y eut une querelle importante. [1] Il s'agissait de savoir si Marc Antonin était un honnête homme, et s'il était en enfer ou en purgatoire, ou dans les limbes, en attendant qu'il ressuscitât. [2] Tous les honnêtes gens prirent le parti de Marc Antonin. Ils disaient, Antonin a toujours été juste, sobre, chaste, bienfaisant. Il est vrai qu'il n'a pas en paradis une place aussi belle que St Antoine; car il faut des proportions comme nous l'avons vu. Mais certainement l'âme de l'empereur Antonin n'est point à la broche dans l'enfer. Si elle est en purgatoire, il faut l'en tirer; il n'y a qu'à dire des messes pour lui. Les jésuites n'ont plus rien à faire, qu'ils disent trois mille messes pour le repos de l'âme de Marc Antonin; ils y gagneront, à quinze sous la pièce, deux mille deux cent cinquante livres. D'ailleurs, on doit du respect à une tête couronnée, il ne faut pas la damner légèrement.

5

10

1   68P, 68A2, 68A3: il y avait une
10   68A2, 68A3: tirer; n'y

[1] Voltaire is alluding to the controversy that surrounded the publication of Marmontel's *Bélisaire* (Paris 1767; BV2327); see J. Renwick, *Marmontel, Voltaire and the Bélisaire affair*, Studies 121 (1974). Marmontel was drawn into conflict with a faction within the Sorbonne; the ensuing dispute was closely followed by Voltaire, who came to Marmontel's defence in several publications, notably *Anecdote sur Bélisaire*, *Seconde anecdote sur Bélisaire*, *Réponse catégorique au sieur Cogé* (V 63A, p.181-88, 203-208, 221-25); *L'Ingénu*, ch.11 (*Romans et contes*, p.317-19), and *La Défense de mon oncle* (V 64, p.265-69, 437-50).

[2] In the controversial chapter 15 of *Bélisaire*, on which Voltaire congratulated Marmontel (D13967), the emperor asks: 'vous espérez trouver [...] les héros païens dans le ciel?' and Bélisaire replies: 'Je ne puis me résoudre à croire qu'entre mon âme et celle d'Aristide, de Marc-Aurèle et de Caton il y ait un éternel abîme; et si je le croyais, je sens que j'en aimerais moins l'Etre excellent qui nous a faits' (p.237-38).

Les adversaires de ces bonnes gens prétendaient au contraire 15
qu'il ne fallait accorder aucune composition à Marc Antonin; qu'il
était un hérétique; que les carpocratiens et les aloges n'étaient pas
si méchants que lui;[3] qu'il était mort sans confession; qu'il fallait
faire un exemple; qu'il était bon de le damner pour apprendre à
vivre aux empereurs de la Chine et du Japon, à ceux de Perse, 20
de Turquie et de Maroc, aux rois d'Angleterre, de Suède, de
Dannemarck, de Prusse, au stathouder de Hollande, et aux avoyers
du canton de Berne, qui n'allaient pas plus à confesse que
l'empereur Marc Antonin; et qu'enfin c'est un plaisir indicible de
donner des décrets contre des souverains morts, quand on ne peut 25
en lancer contre eux de leur vivant, de peur de perdre ses oreilles.

La querelle devint aussi sérieuse que le fut autrefois celle des
ursulines et des annonciades, qui disputèrent à qui porterait plus
longtemps des œufs à la coque entre les fesses, sans les casser. On
craignit un schisme comme du temps des cent et un contes de ma 30
mère l'oie,[4] et de certains billets payables au porteur dans l'autre
monde.[5] C'est une chose bien épouvantable qu'un schisme, cela
signifie division dans les opinions, et jusqu'à ce moment fatal tous
les hommes avaient pensé de même.

33   68A1: opinions, jusqu'à

[3] The disciples of Carpocrates of Alexandria, a gnostic teacher in the early second
century, believed that the essence of true religion consisted in the union of the soul
with God by means of contemplation, and practised pagan rites, though using
Christian terminology. The Alogi were a Christian sect who rejected St John's
Gospel and Revelation.
[4] An allusion to the 'querelle des Anciens et des Modernes': Charles Perrault,
who started the controversy in 1687 with his poem *Le Siècle de Louis le Grand*, was
also the author of *Histoires ou contes du temps passé*, published in 1697 and bearing
the title *Contes de ma mère l'oie* on its frontispiece.
[5] An allusion to the heated controversy between Jesuits and Jansenists over the
billets de confession required by the Jesuits as proof of orthodoxy; see *Candide*, ch.22:
'Un habitué du quartier vint avec douceur lui demander un billet payable au porteur
pour l'autre monde' (V 48, p.209-10).

Monsieur André, qui est un excellent citoyen, pria les chefs des   35
deux partis à souper. C'est un des bons convives que nous ayons;
son humeur est douce et vive, sa gaieté n'est point bruyante; il est
facile et ouvert; il n'a point cette sorte d'esprit qui semble vouloir
étouffer celui des autres; l'autorité qu'il se concilie n'est due qu'à
ses grâces, à sa modération, et à une physionomie ronde qui est   40
tout à fait persuasive. Il aurait fait souper gaiement ensemble un
Corse et un Génois, [6] un représentant de Genève et un négatif, [7] le
muphti et un archevêque. Il fit tomber habilement les premiers
coups que les disputants se portaient, en détournant la conversation,
et en faisant un conte très agréable, qui réjouit également les   45
damnants et les damnés. Enfin, quand ils furent un peu en pointe
de vin, il leur fit signer que l'âme de l'empereur Marc Antonin
resterait *in statu quo*, c'est-à-dire, je ne sais où, en attendant un
jugement définitif.

Les âmes des docteurs s'en retournèrent dans leurs limbes   50
paisiblement après le souper: tout fut tranquille. Cet accommode-
ment fit un très grand honneur à l'homme aux quarante écus; et
toutes les fois qu'il s'élevait une dispute bien acariâtre, bien

---

42   68A2:   Corse, un

[6] Corsica, a rebellious possession of the republic of Genoa, was acquired by
France in July 1768. Voltaire added a chapter on Corsica to his *Précis du siècle de
Louis XV* in 1769.

[7] Members of Geneva's two ruling councils were known as *négatifs* because they
had the right to reject any proposal made by the *conseil général* consisting of all
citizens (*représentants*). Besides the *représentants* there were the *natifs*, mainly
descendants of Huguenot refugees, who had no votes, were heavily taxed, and were
consequently very dissatisfied; see *La Guerre civile de Genève*, ed. J. Renwick
(V 63A, p.4-6, 10-11). Voltaire sympathised with the *représentants* against the *négatifs*
and with the *natifs* against the *représentants*, and tried, with little success, to mediate
between all three. In 1765 he offered to act as host to the conflicting parties but
failed to persuade the *négatifs* and the *représentants* to eat with him simultaneously.
In 1768 the disputes were still raging fiercely. See Gay, *Voltaire's politics*, p.185-
238.

virulente, entre les gens lettrés ou non lettrés, on disait aux deux
partis, *Messieurs, allez souper chez monsieur André*.   55

Je connais deux factions acharnées, qui faute d'avoir été souper
chez monsieur André, se sont attiré de grands malheurs. [8]

57   68G3:   sont attirés de
       68P, 68A2, 68A3:   sont attirées de

[8] Voltaire had great faith in the principle of inviting rival factions to eat together
as a means of creating an atmosphere of reconciliation. In January 1768 he still
thought this would be the solution to the dissensions in Geneva (D14672).

SCÉLÉRAT CHASSÉ

La réputation qu'avait acquise M. André d'apaiser les querelles en donnant de bons soupers, lui attira la semaine passée une singulière visite. Un homme noir assez mal mis, le dos voûté, la tête penchée sur une épaule, l'œil hagard, les mains fort sales, vint le conjurer de lui donner à souper avec ses ennemis. 5

Quels sont vos ennemis? lui dit monsieur André, et qui êtes-vous? Hélas! dit-il, j'avoue, monsieur, qu'on me prend pour un de ces maroufles qui font des libelles pour gagner du pain, et qui crient Dieu, Dieu, Dieu, religion, religion, pour attraper quelque petit bénéfice. On m'accuse d'avoir calomnié les citoyens les plus 10 véritablement religieux, les plus sincères adorateurs de la Divinité, les plus honnêtes gens du royaume. Il est vrai, monsieur, que dans la chaleur de la composition il échappe souvent aux gens de mon métier de petites inadvertances qu'on prend pour des erreurs grossières, des écarts que l'on qualifie de mensonges impudents. 15 Notre zèle est regardé comme un mélange affreux de friponnerie et de fanatisme. On assure que tandis que nous surprenons la bonne foi de quelques vieilles imbéciles, nous sommes le mépris et l'exécration de tous les honnêtes gens qui savent lire.

Mes ennemis sont les principaux membres des plus illustres 20 académies de l'Europe, des écrivains honorés, des citoyens bienfaisants. Je viens de mettre en lumière un ouvrage que j'ai intitulé *Anti-philosophique*. [1] Je n'avais que de bonnes intentions, mais

---

15   68G3:   qu'on qualifie

---

[1] The anonymously published *Dictionnaire anti-philosophique* by Chaudon was aimed primarily against Voltaire and the *Dictionnaire philosophique*. On reading it in December 1767 Voltaire told Damilaville: 'Les malheureux y ont ressemblé toutes les ordures qu'on a vomies dans divers temps contre Helvétius et Diderot, et contre quelqu'un que vous connaissez' (D14562).

personne n'a voulu acheter mon livre. [2] Ceux à qui je l'ai présenté
l'ont jeté dans le feu, en me disant qu'il n'était pas seulement anti-   25
raisonnable, mais anti-chrétien, et très anti-honnête.

Eh bien, lui dit monsieur André, imitez ceux à qui vous avez
présenté votre libelle; jetez-le dans le feu, et qu'il n'en soit plus
parlé. Je loue fort votre repentir; mais il n'est pas possible que je
vous fasse souper avec des gens d'esprit qui ne peuvent être vos   30
ennemis, attendu qu'ils ne vous liront jamais.

Ne pourriez-vous pas du moins, monsieur, dit le cafard, me
réconcilier avec les parents de feu M. de Montesquieu, dont j'ai
outragé la mémoire, pour glorifier le révérend père Rout, qui vint
assiéger ses derniers moments, et qui fut chassé de sa chambre? [3]   35

31 NMI-W75G: ennemis entendu qu'ils

[2] In fact at least seven editions appeared from 1767 to 1785; see R. E. A. Waller,
'Louis-Mayeul Chaudon against the *philosophes*', *Studies* 228 (1984), p.259.

[3] The Jesuit Bernard Routh had been Montesquieu's confessor on his death-bed
in February 1755, and it was widely rumoured, in an attempt to discredit him, that
he had tried to confiscate the corrected manuscript for a revised edition of the
Lettres persanes. The story evidently reached Voltaire within a few days of
Montesquieu's death (D6185). In a letter to Mme Du Deffand of 31 August 1764
Voltaire exclaimed: 'Il y a eu des jésuites assez impudents, pour dire que m^r de
Montesquieu était mort en imbécile, et ils s'en faisaient un droit pour engager les
autres à mourir de même' (D12067). The matter resurfaced in 1767 with the
publication by Ottaviano di Guasco of the *Lettres familières du président de
Montesquieu* (s.l. 1767; BV2500). In the *Dictionnaire anti-philosophique* Chaudon
came to Routh's defence, by regretting the fact that Montesquieu had not handed
over his papers (p.231) and by reprinting Routh's own account of Montesquieu's
death, the 'Lettre du R. P. Routh, jésuite, à monseigneur Gualterio, nonce de Sa
Sainteté à Paris' (p.386-90), which had first appeared in the *Gazette d'Utrecht* shortly
after Montesquieu's death. Voltaire's account of events resembles an anecdote
published by Guasco in 1767; see O. R. Taylor, 'Bernard Routh et la mort de
Montesquieu', *French studies* 3 (1949), p.101-21, especially p.118-19. See *Questions
sur l'Encyclopédie*, art. 'Fanatisme' (M.xix.84). Taylor concludes that Routh behaved
honourably.

Morbleu, lui dit M. André, il y a longtemps que le révérend père Rout est mort;[4] allez-vous-en souper avec lui.

C'est un rude homme que M. André quand il a affaire à cette espèce méchante et sotte. Il sentit que le cafard ne voulait souper chez lui avec des gens de mérite que pour engager une dispute, pour les aller ensuite calomnier, pour écrire contre eux, pour imprimer de nouveaux mensonges. Il le chassa de sa maison, comme on avait chassé Rout de l'appartement du président de Montesquieu.

On ne peut guère tromper monsieur André. Plus il était simple et naïf quand il était l'homme aux quarante écus, plus il est devenu avisé quand il a connu les hommes.

---

38   68G2:   quand il a à faire à

[4] In fact Routh died on 18 January 1768.

394

LE BON SENS DE MONSIEUR ANDRÉ

Comme le bon sens de monsieur André s'est fortifié depuis qu'il a une bibliothèque! il vit avec les livres comme avec les hommes; il choisit; et il n'est jamais la dupe des noms. Quel plaisir de s'instruire, et d'agrandir son âme pour un écu sans sortir de chez soi!

Il se félicite d'être né dans un temps où la raison humaine commence à se perfectionner. [1] Que je serais malheureux, dit-il, si l'âge où je vis était celui du jésuite Garasse, du jésuite Guignard, ou du docteur Boucher, du docteur Aubri, du docteur Guincestre, [2] ou du temps que l'on condamnait aux galères ceux qui écrivaient contre les catégories d'Aristote! [3]

---

10   K: ou des gens qui condamnaient aux galères

---

[1] Despite mounting pessimism, aggravated by the disaster of the Lisbon earthquake, and despite the philosophes' continuing and often valid fears of reprisal for their activities, Voltaire's confidence in the progress of human reason remained strong; see for example his letters to Golitsuin (14 August 1767; D14363) and the duc de Bouillon (23 December 1767; D14613), and *Précis du siècle de Louis XV*, ch.43, 'Des progrès de l'esprit humain' (1768), showing 'à quel point les esprits se sont éclairés' and how 'la raison s'est perfectionnée' (*OH*, p.1566-68).

[2] Voltaire has frequently levelled accusations of intolerance against the zealous Jesuit writer François Garasse (1585-1631); see, for example, *Lettres à S. A. Monseigneur le prince de **** (1767; M.xxvi.480-81, 496-97). On Guignard see above, p.373, n.12. Voltaire had criticised Jean Boucher's *De justa Henrici III abdicatione* (1589) in *La Henriade*, 'Remarques sur le premier chant' (V 2, p.264), and he denounces him as 'séditieux, emporté jusqu'à la démence' in *Histoire du Parlement de Paris* (1768; M.xv.551). Christophe Aubry and Jean Guincestre were also prominent supporters of the Ligue: on Aubry see *Essai sur les mœurs*, ch.174 (ii.550); Guincestre is mentioned in the early editions of *La Henriade* (V 2, p.613v).

[3] See *Histoire du Parlement de Paris*, ch.49 (M.xvi.22): in 1624 the *parlement* denounced as heretical two scientists who publicly refuted certain points of Aristotelian doctrine.

La misère avait affaibli les ressorts de l'âme de M. André, le bien-être leur a rendu leur élasticité. Il y a mille Andrés dans le monde auxquels il n'a manqué qu'un tour de roue de la fortune pour en faire des hommes d'un vrai mérite.   15

Il est aujourd'hui au fait de toutes les affaires de l'Europe, et surtout des progrès de l'esprit humain.

Il me semble, me disait-il mardi dernier, que la raison voyage à petites journées, du nord au midi, avec ses deux intimes amies l'expérience et la tolérance. L'agriculture et le commerce   20
l'accompagnent. Elle s'est présentée en Italie, mais la Congrégation de l'Indice l'a repoussée. Tout ce qu'elle a pu faire a été d'envoyer secrètement quelques-uns de ses facteurs qui ne laissent pas de faire du bien. Encore quelques années, et le pays des Scipions ne sera plus celui des arlequins enfroqués.   25

Elle a de temps en temps de cruels ennemis en France; mais elle y a tant d'amis qu'il faudra bien à la fin qu'elle y soit premier ministre.

Quand elle s'est présentée en Bavière et en Autriche, elle a trouvé deux ou trois grosses têtes à perruque qui l'ont regardée   30
avec des yeux stupides et étonnés. Ils lui ont dit, Madame, nous n'avons jamais entendu parler de vous; nous ne vous connaissons pas. [4] Messieurs, leur a-t-elle répondu, avec le temps vous me connaîtrez et vous m'aimerez. Je suis très bien reçue à Berlin, à Moscou, à Copenhague, à Stokolm. [5] Il y a longtemps que par le   35

30   68G2: à perruques qui

[4] See D14404: 'Les maisons d'Autriche et de Bavière sont les seules qui soutiennent encore ces cuistres là ['ces marauds de théologiens']; cependant on commence à s'éclairer à Vienne même' (Voltaire to d'Alembert, 4 September 1767). Enlightenment thought was not encouraged by Maria Theresa, but her son the emperor Joseph II was favourably disposed, and established a measure of religious toleration by an edict of 19 October 1781.

[5] Progress in Frederick's Germany and Catherine II's enlightened attitude are also contrasted with Maria Theresa's Austria in D14404. In February 1767 Voltaire had received a pleasing letter from Christian VII of Denmark (see D13917, D13918),

crédit de Loke, de Gordon, de Trenchard,[6] de milord Shaftsburi[7] et de tant d'autres, j'ai reçu mes lettres de naturalité en Angleterre. Vous m'en accorderez un jour. Je suis la fille du temps, et j'attends tout de mon père.

Quand elle a passé sur les frontières de l'Espagne et du Portugal, elle a béni Dieu de voir que les bûchers de l'Inquisition n'étaient plus si souvent allumés; elle a espéré beaucoup en voyant chasser les jésuites;[8] mais elle a craint qu'en purgeant le pays de renards on ne le laissât exposé aux loups.[9]

40

---

36   68G3: Shastburi
     68A2, 68A3: Schaftsbury
44   68P, 68A2, 68A3: le laisse exposé

---

and high hopes were held of the influence in Sweden of Prince Gustaf, nephew of Frederick.

[6] Thomas Gordon (1684-1750) and John Trenchard (1662-1723) co-operated in producing *The Independent Whig* from 1720 to 1721 (5th edn. London 1732; BV3339; BV3338: trans. d'Holbach, Londres [Amsterdam] 1767) and in writing weekly letters signed 'Cato', published in the *London journal* and the *British journal* between 1720 and 1723. Trenchard was a Christian, but was accused of deism because of his attacks on the high-church party.

[7] Antony Ashley Cooper, third earl of Shaftesbury (1671-1713), whom Voltaire described as 'l'un des plus hardis philosophes d'Angleterre' (*Homélies prononcées à Londres*, V 62, p.432).

[8] The Jesuits were expelled from Portugal in 1759, and their property confiscated. They were deported from Spain in 1767.

[9] The Jesuits and the Jansenists; see D11270: 'Quelqu'un aiant dit que l'extinction des jésuites rendrait la France heureuse, quelqu'un ayant répondu que pour compléter son bonheur il faudrait se défaire des jansénistes, quelqu'un se mit à dire ce qui suit:

> Les renards et les loups furent longtemps en guerre.
> Les moutons respiraient. Des bergers diligents
> Ont chassé par arrest les renards de nos champs;
> Les loups vont désoler la terre.
> Nos bergers semblent entre nous,
> Un peu d'accord avec les loups.'

See also D14339, D14342.

Si elle fait encore des tentatives pour entrer en Italie, on croit   45
qu'elle commencera par s'établir à Venise, et qu'elle séjournera
dans le royaume de Naples, [10] malgré toutes les liquéfactions de ce
pays-là qui lui donnent des vapeurs. [11] On prétend qu'elle a un
secret infaillible pour détacher les cordons d'une couronne qui
sont embarrassés je ne sais comment dans ceux d'une tiare, et pour   50
empêcher les haquenées [12] d'aller faire la révérence aux mules. [13]

Enfin, la conversation de monsieur André me réjouit beaucoup;
et plus je le vois, plus je l'aime.

[10] Anticlerical policies had been pursued in Venice since the early seventeenth
century, and in Naples since the reign of the Bourbon don Carlos; see Voltaire's
letter to Charles-Frédéric-Gabriel Christin: 'les jésuites ont été déclarés par le roi
de Naples un ordre mendiant, on leur a ôté toutes leurs possessions, et les mesures
sont prises pour les chasser tous' (16 December 1767; D14591).

[11] A reference to the annual alleged liquefaction of the blood of St Januarius,
preserved in the crypt of Naples cathedral; see Le Dîner du comte de Boulainvilliers
(V 63A, p.364).

[12] The Bourbons of Naples paid to the pope for Benevento 'le tribut de vassal,
qui consiste en sept mille écus pendus au cou d'une haquenée' (Précis du siècle de
Louis XV, ch.39; OH, p.540). The practice was stopped in 1776 and, though
resumed the next year, it was finally abolished in 1788.

[13] See La Mule du pape (1733; M.ix.573-74); Tancrède (1749; M.v.502n).

D'UN BON SOUPER CHEZ MONSIEUR ANDRÉ

Nous soupâmes hier ensemble[1] avec un docteur de Sorbonne,
M. Pinto célèbre juif,[2] le chapelain de la chapelle réformée de
l'ambassadeur batave,[3] le secrétaire de M. le prince Galitzin[4] du
rite grec, un capitaine suisse calviniste, deux philosophes et trois
dames d'esprit.   5

1-4 MF: Nous soupâmes hier avec un docteur, un célèbre juif, le chapelain
protestant d'un ambassadeur, le secrétaire d'un prince du rite grec,

---

[1] Voltaire had used the supper-party formula in *Zadig*, *Lettre à l'occasion de
l'impôt du vingtième*, and *Le Dîner du comte de Boulainvilliers*. He was also exhilarated
at the recent news of Catherine II's diverse gathering to draw up her Code of Laws:
'Elle me fait l'honneur de me mander qu'elle avait assemblé, dans la grande salle
de son Kremelin de fort honnêtes paiens, des Grecs instruits, des Latins nés ennemis
des Grecs, des Luthériens, des Calvinistes ennemis des Latins, de bons Musulmans,
les uns tenant pour Ali, les autres pour Omar, qu'ils avaient tous soupé ensemble,
ce qui est le seul moien de s'entendre, et qu'elles les avait fait consentir à recevoir
des lois moiennant lesquelles, ils vivraient tous de bonne amitié' (D14685); see also
D14561, D14611, D14684.

[2] Isaac de Pinto (1717-1787) defended his fellow Jews against Voltaire in *Apologie
pour la nation juive, ou réflexions critiques sur le premier chapitre du VIIe tome des
œuvres de monsieur de Voltaire au sujet des juifs* (s.l. 1762). He also wrote to Voltaire
on the subject and received an apology from him (D10579, D10600).

[3] Jean Duvoisin, chaplain to the Dutch embassy in Paris, who married the
younger daughter of Jean Calas in 1767. Grimm recorded the announcement of the
marriage together with the 'Brevet du roi portant permission de se marier' necessary
for Mlle Calas to marry a non-Roman Catholic foreigner and obtained with the
help of Choiseul (CLT, vii.244-45). Voltaire rejoiced at this act of tolerance
(D13994).

[4] Prince Dmitry Alexeivich Golitsuin, the Russian ambassador at Paris, who had
been relieved of his post in September 1767. He corresponded with Voltaire about
Le Mercier de La Rivière's *Ordre naturel* (see D14439). The secretary was Andrei
Petrovich Shuvalov, who visited Ferney in 1767. His uncle had supplied Voltaire
with historical documents on Russia.

Le souper fut fort long, et cependant on ne disputa pas plus sur la religion que si aucun des convives n'en avait jamais eu; tant il faut avouer que nous sommes devenus polis; tant on craint à souper de contrister ses frères. Il n'en est pas ainsi du régent Cogé, et de l'ex-jésuite Nonotte, et de l'ex-jésuite Patouillet, et de l'ex- jésuite Rotalier, [5] et de tous les animaux de cette espèce. Ces croquants-là vous disent plus de sottises dans une brochure de deux pages que la meilleure compagnie de Paris ne peut dire de choses agréables et instructives dans un souper de quatre heures. Et ce qu'il y a d'étrange c'est qu'ils n'oseraient dire en face à personne ce qu'ils ont l'impudence d'imprimer.

La conversation roula d'abord sur une plaisanterie des Lettres Persanes dans laquelle on répète d'après plusieurs graves person- nages, que le monde va non seulement en empirant, mais en se dépeuplant tous les jours; [6] de sorte que si le proverbe, *plus on est*

6   68A1:   long, cependant
6-7   MF: pas sur la religion, tant il
9-16 MF: frères.//
9-11 68A2, 68A3:   Cogé, et de l'ex-jésuite Patouillet, et de tous

[5] On Rotalier, see *La Guerre civile de Genève*: 'On m'a parlé aussi d'un ex-jésuite nommé Prost impliqué dans la sainte banqueroute de frère la Valette, lequel Prost est retiré a Dole sous le nom de Rotalier' (V 63A, p.148).

[6] Montesquieu, *Lettres persanes*, CXII. Montesquieu's source was probably Isaac Vossius, who claimed that Europe had only 30 million inhabitants and France 5 million (*Variorum observationum liber*, London 1685); see art. 'Population' (*Encyclopédie*, xiii.90). The question of population trends in history was a contentious issue. In *Essai sur les mœurs*, ch.58, 63 (i.599, 634), Voltaire acknowledged that nations sometimes experience population decline, and in the *Remarques pour servir de supplément à l'Essai sur les mœurs*, XIX, he gave a brief outline of the method he would use to estimate world population (*Essai*, ii.941-45). He was dubious about Montesquieu's contention as early as 1744 (see *Nouvelles considérations sur l'histoire*; M.xvi.139-40). In 1767, after further research, he denied that France was 'aussi dépeuplée qu'on le dit' (D14516) and refuted Damilaville's article 'Population' on this point in *Questions sur l'Encyclopédie*, art. 'Population' (M.xx.250-53). On the population debate generally see Gonnard, 'Les doctrines de la population au XVIIIᵉ siècle', p.356-57, 363; J. J. Spengler, *French predecessors of Malthus* (Durham, NC 1942) and *France faces depopulation* (Durham, NC 1979), p.17-18.

de fous, plus on rit, a quelque vérité, le rire sera incessamment banni de la terre.

Le docteur de Sorbonne assura qu'en effet le monde était réduit presque à rien. Il cita le père Pétau qui démontre qu'en moins de trois cents ans un seul des fils de Noé (je ne sais si c'est Sem ou Japhet) avait procréé de son corps une série d'enfants qui se montait à six cent vingt-trois milliards, six cent douze millions, trois cent cinquante-huit mille fidèles, l'an 285 après le déluge universel. [7]

Monsieur André demanda pourquoi du temps de Philippe le Bel, c'est-à-dire, environ trois cents ans après Hugues Capet, il n'y avait pas six cent vingt-trois milliards de princes de la maison royale? c'est que la foi est diminuée, dit le docteur de Sorbonne.

On parla beaucoup de Thèbes aux cent portes, et du million de soldats qui sortait par ces portes, avec vingt mille chariots de guerre. [8] Serrez, serrez, disait M. André, je soupçonne, depuis que je me suis mis à lire, que le même génie qui a écrit Gargantua, écrivait autrefois toutes les histoires.

23	MF:	Le docteur assura
28	MF:	milles âmes, l'an
33	MF:	la race est diminuée, dit le docteur
35	MF:	qui sortaient par
36	68A2, 68A3:	Serrez, disait

[7] Denis Petau, *Opus de doctrina temporum* (Antwerpiae 1703), ii, book 9, ch.14, p.18. Voltaire had ridiculed Petau's calculation before; see for example *Dictionnaire philosophique*, art. 'De la Chine' (V 35, p.537); *La Philosophie de l'histoire*, ch.24 (V 59, p.172); *Remarques pour servir de supplément à l'Essai sur les mœurs*, XIX (*Essai*, ii.944).

[8] These figures also occur in *La Philosophie de l'histoire* (V 59, p.159-60) and in *La Défense de mon oncle*, where Voltaire attributes them to Rollin and Bossuet (V 64, p.213 and n.8), without, however, mentioning their scepticism about the figures, which he persisted in quoting despite Larcher's careful criticism of Voltaire and defence of Bossuet and Rollin in his *Réponse à la Défense de mon oncle* (Amsterdam 1767).

Mais enfin, lui dit un des convives, Thèbes, Memphis, Babilone, Ninive, Troye, Seleucie étaient de grandes villes et n'existent plus. 40 Cela est vrai, répondit le secrétaire de M. le prince Galitzin. Mais Moscou, Constantinople, Londres, Paris, Amsterdam, Lyon qui vaut mieux que Troye, toutes les villes de France, d'Allemagne, d'Espagne et du Nord, étaient alors des déserts.

Le capitaine suisse, homme très instruit, nous avoua que quand 45 ses ancêtres voulurent quitter leurs montagnes et leurs précipices pour aller s'emparer comme de raison d'un pays plus agréable, César qui vit de ses yeux le dénombrement de ces émigrants, trouva qu'il se montait à trois cent soixante et huit mille, en comptant les vieillards, les enfants et les femmes. Aujourd'hui le 50 seul canton de Berne possède autant d'habitants;[9] il n'est pas tout à fait la moitié de la Suisse; et je puis vous assurer que les treize cantons ont au delà de sept cent vingt mille âmes, en comptant les natifs qui servent ou qui négocient en pays étranger. Après cela, messieurs les savants, faites des calculs et des systèmes; ils seront 55 aussi faux les uns que les autres.

Ensuite on agita la question si les bourgeois de Rome du temps des Césars étaient plus riches que les bourgeois de Paris du temps de M. Silhouette.[10]

41   MF: le secrétaire de l'ambassadeur. Mais
46   68G3:   ces ancêtres
58-59   MF: Paris de notre temps.//

[9] Julius Caesar, *De bello gallico*, I.xxix. Voltaire gives the same figure in an article for the *Gazette littéraire de l'Europe* (4 November 1764; M.xxv.218) and in *Questions sur l'Encyclopédie*, art. 'Population' (M.xx.248), where he gives his source as Robert Wallace, *A dissertation on the numbers of mankind in ancient and modern times* (Edinburgh 1753), p.40 (BV3822: trans. E. de Joncourt, Londres [Paris] 1754). Voltaire ordered the French translation in July 1767 (D14283). When Voltaire read in David Hume, *Essays and treatises on several subjects*: 'Helvetia [...] according to Caesar [...] contained only 360,000 inhabitants. The canton of Berne alone has, at present, as many people' (Edinburgh 1758; BV1697, p.247) he wrote in the margin: 'oh que non!' (CN, iv.547).

[10] Etienne de Silhouette (1709-1767), *contrôleur général* from March to November

Ah! ceci me regarde, dit M. André. J'ai été longtemps l'homme   60
aux quarante écus; je crois bien que les citoyens romains en avaient
davantage. Ces illustres voleurs de grand chemin avaient pillé les
plus beaux pays de l'Asie, de l'Afrique et de l'Europe. Ils vivaient
fort splendidement du fruit de leurs rapines; mais enfin il y avait
des gueux à Rome. Et je suis persuadé que parmi ces vainqueurs   65
du monde il y eut des gens réduits à quarante écus de rente comme
je l'ai été.

Savez-vous bien, lui dit un savant de l'Académie des inscriptions
et belles-lettres, que Lucullus dépensait à chaque souper qu'il
donnait dans le salon d'Apollon, trente-neuf mille trois cent   70
soixante et douze livres treize sous de notre monnaie courante;
mais qu'Atticus, le célèbre épicurien Atticus, ne dépensait pas par
mois pour sa table au delà de deux cent trente-cinq livres tournois?

Si cela est, dis-je, il était digne de présider à la confrérie de la
lésine établie depuis peu en Italie. J'ai lu comme vous dans Florus   75
cette incroyable anecdote; [11] mais apparemment que Florus n'avait
jamais soupé chez Atticus, ou que son texte a été corrompu comme
tant d'autres, par les copistes. Jamais Florus ne me fera croire que
l'ami de César et de Pompée, de Cicéron et d'Antoine qui
mangeaient souvent chez lui, en fût quitte pour un peu moins de   80
dix louis d'or par mois.

60-61   MF: André; je crois
73   68P, MF, 68A2, 68A3:   deux cent trente livres
     NM2:   ceux cent trente-cinq livres

1759, achieved immense popularity by raising 72 million through bonds seemingly
designed to thwart the detested general farms, a measure applauded by Voltaire on
26 May 1759 (D8316). But when by an edict of 22 September 1759 Silhouette
introduced his much-needed *subvention générale* (virtually a third *vingtième*), together
with taxes on numerous kinds of luxuries, he aroused a storm of opposition and
was obliged to leave his post after only a few months in office; see M. Marion,
Histoire financière de la France depuis 1715 (Paris 1914-1921), i.191-98.

[11] This anecdote is found not in the works of Florus, but in Cornelius Nepos,
Liber de excellentibus ducibus exterarum gentium, xxv, 'Atticus', 13, 14.

Et voilà justement comme on écrit l'histoire [12]

Madame André prenant la parole, dit au savant que s'il voulait défrayer sa table pour dix fois autant, il lui ferait grand plaisir.

Je suis persuadé que cette soirée de M. André valait bien un mois d'Atticus. Et les dames doutèrent fort que les soupers de Rome fussent plus agréables que ceux de Paris. La conversation fut très gaie, quoiqu'un peu savante. Il ne fut parlé ni des modes nouvelles, ni des ridicules d'autrui, ni de l'histoire scandaleuse du jour.

La question du luxe fut traitée à fond. On demanda si c'était le luxe qui avait détruit l'empire romain, et il fut prouvé que les deux empires d'Occident et d'Orient n'avaient été détruits que par la controverse et par les moines. [13] En effet, quand Alaric prit Rome, on n'était occupé que de disputes théologiques; et quand Mahomet II prit Constantinople, les moines défendaient beaucoup plus l'éternité de la lumière du Tabor qu'ils voyaient à leur nombril, [14] qu'ils ne défendaient la ville contre les Turcs. [15]

85

90

95

---

86   w68-k: Et des dames
88   mf: ni de modes
92   nm2:   fut trouvé que
94-98   mf: controverse.//

---

[12] *Charlot*, I.vii (1767; M.vi.360).

[13] Cf. Damilaville, art. 'Population': 'le luxe naquit, et le luxe perdit l'empire' (*Encyclopédie*, xiii.94). Voltaire sharply disagreed. He had elaborated on the causes of Rome's fall in *La Philosophie de l'histoire* (V 59, p.266-68, 317-18), concluding, as he does here, that internal dissension and preoccupation with church controversies were responsible for the fall of the Roman empire. See also *Essai sur les mœurs*, ch.11, 'Causes de la chute de l'empire romain' (i.303-306); and his letter to Shuvalov of 30 September 1767 (D14450).

[14] The monks of Mount Athos claimed that by gazing at their navels and falling into a profound sleep they could see the uncreated light that shone on the face of Christ on Mount Tabor.

[15] An allusion to the alleged refusal of Greek orthodox monks to co-operate with the local Roman clergy in appealing to the papacy to defend Constantinople against the Turks in 1453. Voltaire also refers to their uncompromising attitude in *Essai sur les mœurs*, ch.91: 'Nous aimons mieux, s'écriaient-ils, voir ici le turban qu'un

Un de nos savants fit une réflexion qui me frappa beaucoup. C'est que ces deux grands empires sont anéantis, et que les ouvrages de Virgile, d'Horace, et d'Ovide subsistent.

On ne fit qu'un saut du siècle d'Auguste au siècle de Louis XIV. Une dame demanda pourquoi avec beaucoup d'esprit on ne faisait plus guère aujourd'hui d'ouvrages de génie.

Monsieur André répondit que c'est parce qu'on en avait fait dans le siècle passé.[16] Cette idée était fine et pourtant vraie; elle fut approfondie. Ensuite on tomba rudement sur un Ecossais qui s'est avisé de donner des règles de goût, et de critiquer les plus

100

105

_____

chapeau de cardinal' (i.819). Voltaire probably drew his information on these disputes from Fleury, *Histoire ecclésiastique* (Paris 1720-1738; BV1350), xx.23-125. Constantine XI did his best to defend his capital, but he had only a small garrison, and everyone was obliged to work night and day to mend the city walls during weeks of heavy bombardment by Muhammed II's forces. On the eve of the final attack the people spent the day in prayer, but by this time there was little else they could do.

[16] The idea that French literature had reached its zenith in Louis XIV's reign and had since declined was widely held, though some *philosophes*, such as Diderot and Grimm, were less convinced than Voltaire; see R. Mortier, 'L'idée de décadence littéraire au XVIIIᵉ siècle', *Studies* 57 (1967), p.1013-29.

admirables endroits de Racine, sans savoir le français. (*a*)¹⁷ On

(*a*) Ce M. Home, grand juge d'Ecosse, enseigne la manière de
faire parler les héros d'une tragédie avec esprit; et voici un exemple
remarquable qu'il rapporte de la tragédie de Henri IV, du divin Shakespear. Le divin Shakespear introduit milord Falstaf chef de justice qui
vient de prendre prisonnier le chevalier Jean Coleville et qui le présente   5
au roi.¹⁸

'Sire, le voilà, je vous le livre; je supplie Votre Grâce de faire
enregistrer ce fait d'armes parmi les autres de cette journée, ou pardieu
je le ferai mettre dans une ballade avec mon portrait à la tête; on verra
Coleville me baisant les pieds. Voilà ce que je ferai si vous ne rendez   10
pas ma gloire aussi brillante qu'une pièce de deux sous dorée. Et alors
vous me verrez dans le clair ciel de la renommée, ternir votre splendeur
comme la pleine lune efface les charbons éteints de l'élément de l'air qui
ne paraissent autour d'elle que comme des têtes d'épingle.'

C'est cet absurde et abominable galimatias très fréquent dans le divin   15
Shakespear, que M. Jean¹⁹ Home propose pour le modèle du bon goût

n.*a*, 11-12   w75G, K: alors vous verrez

¹⁷ The Scottish judge Henry Home, Lord Kames, praised Shakespeare at the
expense of Racine in *Elements of criticism* (Edinburgh 1762). Voltaire, long irritated
by what he considered to be Shakespeare's 'barbarisms', reviewed the book in
sarcastic vein for the *Gazette littéraire de l'Europe* (4 April 1764; M.xxv.159-63).
Doubtless the chief cause of his indignation was the fact that Home believed that
France could never produce a great epic poem, *La Henriade* being 'cold and
uninteresting' because 'everything is touched in a summary way' (iii.178-79).

¹⁸ Voltaire's errors are pointed out by the English translator of *L'Homme aux
quarante écus*: 'the author [...] has mistaken a humorous buffoon for a lord chief
justice of England [...] seeing in the *dramatis personae* the name of Sir John Falstaff
immediately under the Lord Chief Justice [...] made him confound two personnages
so very different. There is another considerable error, Coleville is presented by
Falstaff not to the king, but to Prince John of Lancaster' (*The Man of forty crowns*,
London 1768, p.101).

¹⁹ A slip: Voltaire is confusing Henry Home with the playwright John Home.
He does not make this mistake in his article for the *Gazette littéraire de l'Europe* of
4 April 1764. The quotation is from Home, *Elements*, ii.60.

traita encore plus sévèrement un Italien nommé Dénina, qui a   110
dénigré l'*Esprit des lois* sans le comprendre, et qui surtout a censuré
ce que l'on aime le mieux dans cet ouvrage.[20]

Cela fit souvenir du mépris affecté que Boileau étalait pour le
Tasse.[21] Quelqu'un des convives avança que le Tasse avec ses
défauts était autant au-dessus d'Homère, que Montesquieu avec   115
ses défauts encore plus grands, est au-dessus du fatras de Grotius.[22]
On s'éleva contre ces mauvaises critiques dictées par la haine
nationale et le préjugé. Le signor Dénina fut traité comme il le
méritait, et comme les pédants le sont par les gens d'esprit.

On remarqua surtout avec beaucoup de sagacité, que la plupart   120
des ouvrages littéraires du siècle présent, ainsi que les conversations, roulent sur l'examen des chefs-d'œuvre du dernier siècle.
Notre mérite est de discuter leur mérite. Nous sommes comme

et de l'esprit dans la tragédie. Mais en récompense M. Home trouve
l'Iphigénie et la Phèdre de Racine extrêmement ridicules.

110   MF: Italien qui
118   MF: Le signor D**

[20] Carlo Giovanni Maria Denina (1731-1813), an Italian priest, published in 1760
a *Discorso sopra le vicende della letteratura*, which was republished with additions in
1763 and translated into French as *Tableau des révolutions de la littérature ancienne
et moderne* (Paris 1767). Denina considered Montesquieu's style unsatisfactory and
his short chapters unrelated to each other and even difficult to comprehend (p.268-
70). He also cast doubt on Voltaire's ability as a historian (p.283-84), and maintained
that despite *La Henriade* 'il manque trop à M. de Voltaire pour égaler le mérite des
autres poètes que nous avons dans le genre héroïque' (p.275).

[21] Boileau, *Satires*, ix.176: 'Tous les jours à la cour un sot de qualité / Peut juger
de travers avec impunité; / A Malherbe, à Racan, préférer Théophile, / Et le
clinquant du Tasse, à tout l'or de Virgile.'

[22] See Voltaire's letter to Linguet, 14 or 15 March 1767: 'Ne craignez pas que le
bas peuple lise jamais Grotius et Puffendorf, il n'aime pas à s'ennuyer. Il lirait plutot
[...] quelques chapitres de l'Esprit des lois qui sont à portée de tous les esprits,
parce qu'ils sont très naturels et très agréables' (D14039, textual note).

des enfants déshérités qui font le compte du bien de leurs pères. On avoua que la philosophie avait fait de très grands progrès, 125 mais que la langue et le style s'étaient un peu corrompus.

C'est le sort de toutes les conversations de passer d'un sujet à un autre. Tous ces objets de curiosité, de science et de goût, disparurent bientôt devant le grand spectacle que l'impératrice de Russie et le roi de Pologne donnaient au monde. Ils venaient de 130 relever l'humanité écrasée, et d'établir la liberté de conscience dans une partie de la terre, beaucoup plus vaste que ne le fut jamais l'empire romain. Ce service rendu au genre humain, cet exemple donné à tant de cours qui se croient politiques, fut célébré comme il devait l'être. On but à la santé de l'impératrice, du roi philosophe, 135 et du primat philosophe, et on leur souhaita beaucoup d'imita-teurs. [23] Le docteur de Sorbonne même les admira; car il y a quelques gens de bon sens dans ce corps, comme il y eut autrefois des gens d'esprit chez les Béotiens.

Le secrétaire russe nous étonna par le récit de tous les grands 140 établissements qu'on faisait en Russie. On demanda pourquoi on aimait mieux lire l'histoire de Charles XII qui a passé sa vie à détruire, que celle de Pierre le Grand qui a consumé la sienne à créer. [24] Nous conclûmes que la faiblesse et la frivolité sont la cause

131-132   MF: écrasée, dans
134   MF: de cours, fut célébré
135   68A2, 68A3:   l'impératrice philosophe, du roi
136-137   MF: d'imitateurs.//

[23] Voltaire praised Catherine, Stanislas and the Polish primate Gabriel Podoski in similar terms in *Discours aux confédérés catholiques de Kaminieck en Pologne* (1768; M.xxvii.77); see *Essai historique et critique sur les dissensions des Eglises de la Pologne* (1767; V 69A, p.289). Flattered by Catherine's interest in him, Voltaire ignored the fact that her intervention in Polish affairs was far from philanthropic.

[24] Voltaire's *Histoire de Charles XII* had proved more popular than his *Histoire de l'empire de Russie sous Pierre le Grand*. The other *philosophes* were repelled by Voltaire's uncritical assessment of Peter the Great; see A. Lortholary, *Le Mirage russe en France au XVIIIᵉ siècle* (Paris 1951), p.46-55.

de cette préférence; que Charles XII fut le Don Quichote du Nord,   145
et que Pierre en fut le Solon; que les esprits superficiels préfèrent
l'héroïsme extravagant aux grandes vues d'un législateur; que les
détails de la fondation d'une ville leur plaisent moins que la
témérité d'un homme qui brave dix mille Turcs avec ses seuls
domestiques; et qu'enfin, la plupart des lecteurs aiment mieux   150
s'amuser que s'instruire. De là vient que cent femmes lisent les
Mille et une nuits contre une qui lit deux chapitres de Loke.

De quoi ne parla-t-on point dans ce repas, dont je me souviendrai
longtemps! Il fallut bien enfin dire un mot des acteurs et des
actrices, sujet éternel des entretiens de table de Versailles et de   155
Paris. On convint qu'un bon déclamateur était aussi rare qu'un
bon poète. Le souper finit par une chanson très jolie qu'un des
convives fit pour les dames. Pour moi j'avoue que le banquet de
Platon ne m'aurait pas fait plus de plaisir que celui de monsieur et
de madame André. [25]   160

Nos petits-maîtres et nos petites-maîtresses s'y seraient ennuyés
sans doute; ils prétendent être la bonne compagnie; mais ni
monsieur André ni moi ne soupons jamais avec cette bonne
compagnie-là.

Fin.

---

[25] At Plato's *Symposium* the guests discussed various kinds of love and beauty.

Avertissement de l'édition du théâtre de 1768

critical edition

by

W. S. Rogers

INTRODUCTION

The *Avertissement* to the five-volume edition of Voltaire's plays published by the Cramer brothers, Gabriel and Philibert, in Geneva, as part of the new collective quarto edition of his complete works (w68), is a multi-purpose text. Voltaire had high hopes for the success of this edition. In the *Avertissement* he wanted to draw attention in glowing terms to its importance as a competent and accurate replacement of the imperfect and frequently unauthorised Paris editions that had preceded it. He also wanted it to be a vehicle for airing many of his long-standing preoccupations: his dissatisfaction with the world of the theatre; the distortions of his texts by unscrupulous actors and publishers; the lack of appreciation accorded to men of letters in France; the need for style, elegance and purity in the use of the French language.

Clearly, from his correspondence with the Cramers, particularly Gabriel, Voltaire enjoyed their collaboration and friendship, though many of his letters reflect impatience with slow progress, and exasperation with inaccuracies.[1]

The *Avertissement* is presented as the work of the Geneva publishers (by the use of the editorial *nous* and the references to *l'auteur*), but it is clear that Voltaire himself was the author. The text seems to have been composed in the early summer of 1766. In May/June Voltaire wrote to Gabriel Cramer, 'Dès que le fidèle Lanière sera revenu, nous mettrons en ordre la préface et le 1ᵉʳ volume des pièces de théâtre' (D13330), and the next letter

---

[1] On Voltaire's friendship and collaboration with the Cramers, see L.-G. Cramer, *Une famille genevoise, les Cramer: leurs relations avec Voltaire, Rousseau et Benjamin Franklin-Barois* (Genève 1952); A. Brown and U. Kölving, 'Voltaire and Cramer', *Le Siècle de Voltaire: hommage à René Pomeau*, ed. Ch. Mervaud and S. Menant (Oxford 1987), i.149-83.

INTRODUCTION

The *Avertissement* to the five-volume edition of Voltaire's plays published by the Cramer brothers, Gabriel and Philibert, in Geneva, as part of the new collective quarto edition of his complete works (w68), is a multi-purpose text. Voltaire had high hopes for the success of this edition. In the *Avertissement* he wanted to draw attention in glowing terms to its importance as a competent and accurate replacement of the imperfect and frequently unauthorised Paris editions that had preceded it. He also wanted it to be a vehicle for airing many of his long-standing preoccupations: his dissatisfaction with the world of the theatre; the distortions of his texts by unscrupulous actors and publishers; the lack of appreciation accorded to men of letters in France; the need for style, elegance and purity in the use of the French language.

Clearly, from his correspondence with the Cramers, particularly Gabriel, Voltaire enjoyed their collaboration and friendship, although many of his letters reflect impatience with slow progress, and exasperation with inaccuracies.[1]

The *Avertissement* is presented as the work of the Geneva publishers (by the use of the editorial *nous* and the references to *l'auteur*), but it is clear that Voltaire himself was the author. The text seems to have been composed in the early summer of 1766. In May/June Voltaire wrote to Gabriel Cramer, 'Dès que le fidèle Vaniere sera revenu, nous mettrons en ordre la préface et le 1er volume des pièces de théâtre' (D13330), and the next letter

---

[1] On Voltaire's friendship and collaboration with the Cramers, see L.-G. Cramer, *Une famille genevoise, les Cramer: leurs relations avec Voltaire, Rousseau et Benjamin Franklin-Bache* (Genève 1952); A. Brown and U. Kölving, 'Voltaire and Cramer?', *Le Siècle de Voltaire: hommage à René Pomeau*, ed. C. Mervaud and S. Menant (Oxford 1987), i.149-51.

announced the completion of the project: 'La préface générale des Tragédies est prête' (D13331).

Many of Voltaire's grievances had already been frequently aired in his correspondence and in other prefaces or *avis* appended to individual plays.[2] Here they appear publicly in a relatively organised way.

He speaks of his enemies, and of the *cabale* whose uproar during performances causes actors to change their lines, giving rise to distorted texts or prompters' copies from which incorrect editions emerge. Actors are also guilty of changing texts gratuitously, to suit their purposes, without regard for beauty of style, and of perpetuating the changes by providing their emended manuscript copies to unauthorised publishers.

Voltaire is particularly critical of the Duchesne duodecimo edition in five volumes which had appeared in Paris in 1764 as *Œuvres de théâtre de M. de Voltaire* (T64P), and which was beginning to re-appear, with many of the same inaccuracies, in a new seven-volume edition (T67, 1767-1773). His letters to Mme Duchesne are filled with detailed emendations and a firm insistence that they be incorporated into her edition.[3]

Voltaire had reason to resent the treatment accorded to men of letters in France. To emphasise his point he adduces the favour he and his writings enjoyed in Italy, where his plays were translated and performed.

[2] See, for example, *Adélaïde Du Guesclin*, 'Préface de l'éditeur' (V 10, p.123-25); *Tancrède*, dedicatory letter to Mme de Pompadour (M.v.495-99); *Les Scythes*, 'Avis au lecteur' (M.vi.335-38); *Rome sauvée*, 'Avertissement' (V 31A, p.139); and *Mahomet*, 'Avis de l'éditeur' (M.iv.97-100).

[3] For example, D14134, D14417, D14552. See also Voltaire's letter to Gabriel Cramer of October 1767: 'Mon cher Caro doit savoir comme j'ai traitté l'édition de Duchêne au Temple du goût ou du dégoût, et comme j'ai dit et redit, imprimé et réimprimé que l'édition de cet ignorant était détestable. Sa veuve, qui n'en sait pas plus qu'il n'en savait, a fait une nouvelle édition in 12 conforme à celle de mon cher Caro. Dieu veuille qu'elle soit éxacte. Je ne sais si la Duchêne et ses associés ont pris un privilège. [...] Je crois que son édition est in 12 et qu'elle n'a pas l'insolence de braver un in 4° qui est fait pour les bibliothèques' (D14485).

Voltaire's concern over the accuracy of the text of his plays stems from his sense of style and his insistence on a proper respect for language: 'C'est un devoir indispensable de parler purement sa langue' (l.80-81). In this regard, the primacy of the theatre and the art of declamation as a way of preserving the purity of the French language at home and abroad is dear to Voltaire's heart. He decries the 'barbarous' style of many successful plays, and the general decadence of tragedy which Boileau had long before deplored.

The *Avertissement* concludes with a reaffirmation of the integrity of the new Cramer edition and a reassurance to foreign subscribers that they will not be disappointed in their expectations.

Editions

w68

Collection complette des œuvres de M. de Voltaire. [Genève, Cramer; Paris, Panckoucke], 1768-1777. 30 vol. 4°. Bengesco iv.73-83; Trapnell 68; BnC 141-144.

Volume 3: [1]-5 Avertissement.

Volumes 1-24 of this edition were produced by Cramer, under Voltaire's supervision.

Taylor: VF.

w70L (1772)

Collection complette des œuvres de M. de Voltaire. Lausanne, Grasset, 1770-1781, 57 vol. 8°. Bengesco iv. 83-89; Trapnell 70L; BnC 149-150.

Volume 14 (1772): VII-XII Avertissement.

Some volumes of this edition, particularly the theatre, were produced with Voltaire's participation.

Taylor: V1 1770L.

W71L (1772)

Collection complète des œuvres de M. de Voltaire. Genève [Liège, Plomteux], 1771-1777, 32 vol. 8°. Bengesco iv.89-91; Trapnell 71; BnC 151.

Volume 2: [1]-5 Avertissement.

Taylor: V1 1770L (2).

W75G

La Henriade, divers autres poèmes et toutes les pièces relatives à l'épopée. [Genève, Cramer & Bardin], 1775. 37 vol. (40 vol. with the *Pièces détachées*). 8°. Bengesco iv.94-105; Trapnell 75G; BnC 158-161.

Volume 2: [1]-6 Avertissement.

The *encadrée* edition, produced at least in part under Voltaire's supervision.

Taylor: VF.

W75X

Œuvres de Mr de Voltaire. [Lyon?], 1775. 37 vol. (40 vol. with the *Pièces détachées*). 8°. Bengesco 2141; BnC 162-163.

Volume 2: [1]-6 Avertissement.

Taylor: VF.

K84

Œuvres complètes de Voltaire. [Kehl], Société littéraire-typographique, 1784-1789. 70 vol. 8°. Bengesco 2142; BnC 164-193.

Volume 1: [1]-6 Avertissement de l'édition de 1775.

The first issue of the Kehl edition.

Taylor: VF.

Editorial principles

The base text is w68. Variants are drawn from w70L, w75G and K.

Modernisation of the base text

The spelling of the names of persons and places has been respected and the original punctuation has been retained. The italic of the base text has been respected, with the exception of personal names. The following error has been corrected: 'des' for 'aux' (l.36).

The following aspects of orthography and grammar in the base text have been modified to conform to modern usage:

1. Consonants

    - the consonant *p* was not used in: tems
    - the consonant *t* was not generally used in syllable endings *–ans* and *–ens*: ignorans, monumens, suivans
    - double consonants were used in: complette, rejetter
    - a single consonant was used in: falait

2. Vowels

    - *y* was used instead of *i* in: ayent, croyent
    - *i* was used instead of *y* in: stile

3. Various

    - archaic forms were used: encor, hazard

4. Accents

    The acute accent
    - was used instead of the grave in: piéce

    The circumflex accent
    - was not used in: connait, parait
    - was used with the past participle: pû

5. Capitalisation

    - initial capitals were attributed to: Académiciens, Monsieur, Pape, Religion, Théâtre

6. Points of grammar

    - the plural in -*x* was used in: loix

7. Miscellaneous
  - the ampersand was used

AVERTISSEMENT

Nous donnons ici toutes les pièces de théâtre de monsieur de Voltaire, avec les variantes que nous avons pu recueillir. Ce sera la seule édition correcte et complète.[1] Toutes celles qu'on a données à Paris sont très informes; cela ne pouvait être autrement. Il arriva plus d'une fois que le public séduit par les ennemis de l'auteur, sembla rejeter aux premières représentations les mêmes morceaux qu'il redemanda ensuite avec empressement quand la cabale fut dissipée.[2]

Quelquefois les acteurs déroutés par les cris de la cabale, se voyaient forcés de changer eux-mêmes les vers qui avaient été le

3   κ: qu'on en a

[1] In October 1767 Voltaire wrote to Gabriel Cramer, 'je ne reconnais d'autre édition que celle de mon cher Caro et celles qui lui seront conformes' (D14485). Later he wrote to Panckoucke, co-publisher in Paris of the edition, 'je suis très satisfait de l'exactitude et de la perfection de cette édition qui à ce que j'espère, sera la dernière' (1 June 1768; D15052). Nonetheless he expressed many reservations and criticisms; see D13040, D13799, D14251, D15053, D15109, D15132, D15144. The theatre texts of w68 on the whole differ little from those of the earlier Cramer collected editions.

[2] Cf. D15053, referring to *Oreste*: 'ces mêmes connaisseurs sont ceux qui me firent supprimer les vers qu'ils redemandent aujourdui', and *Adélaïde Du Guesclin*, 'Préface de l'éditeur', 1765: 'Il restait une copie de cette *Adélaïde* entre les mains des acteurs de Paris. Ils ont ressuscité, sans m'en rien dire, cette défunte tragédie; ils l'ont représentée telle qu'ils l'avaient donnée en 1734, sans y changer un seul mot, et elle a été accueillie avec beaucoup d'applaudissements. Les endroits qui avaient été le plus sifflés ont été ceux qui ont excité le plus de battements de mains' (V 10, p.124).

prétexte du murmure; ils leur substituaient d'autres au hasard. [3] Presque tous ses ouvrages dramatiques ont été représentés et imprimés à Paris dans son absence. De là viennent les fautes dont fourmillent les éditions faites dans cette capitale.

Par exemple, dans la pièce de *Gengis* imprimée par nous in-8° sous les yeux de l'auteur, [4] on trouve dans la scène où Gengis-Kan paraît pour la première fois, les vers suivants.

> Cessez de mutiler tous ces grands monuments,
> Ces prodiges des arts consacrés par les temps;
> Respectez-les; ils sont le prix de mon courage;
> Qu'on cesse de livrer aux flammes, au pillage,
> Ces archives des lois, ce vaste amas d'écrits,
> Tous ces fruits du génie, objets de vos mépris.
> Si l'erreur les dicta, cette erreur m'est utile;
> Elle occupe ce peuple, et le rend plus docile, etc. [5]

[3] Cf. D13015: 'L'habitude où sont les acteurs de faire ainsi des changements à la plupart des pièces qu'ils jouent les oblige quelquefois à gâter le style. On ne s'en aperçoit pas à la représentation; les libraires impriment sur la copie qui est entre les mains des comédiens, de sorte qu'une pièce tolérée au théâtre devient très défectueuse à la lecture; ce qui fait tort également à l'intérêt de l'éditeur et au soin que tout écrivain doit avoir de son art, quelque peu de cas qu'il fasse de ses ouvrages' (to Mme Duchesne; 30 November 1765). See also the outspoken 'Avis au lecteur' affixed to *Les Scythes* in the Lacombe edition (Paris 1767), which criticises the inaccurate readings of the Duchesne edition: 'Il se peut qu'un comédien, pour avoir plus tôt fait, ait écourté et gâté son rôle. Un libraire ignorant achète une mauvaise copie du souffleur de la comédie, et, au lieu de suivre l'édition de Genève, qui est fidèle, il imprime un ouvrage entièrement méconnaissable' (M.vi.336). On the role of the prompter at the Comédie-Française, see S. Chevalley, 'Le "Sieur Minet"', *Studies* 62 (1968), p.273-83. Voltaire had a particularly low opinion of Minet, and of the texts he provided to publishers.

Voltaire did not always condemn the actors' practice of altering or omitting lines in plays of which he himself was critical. See below, his remarks about the role of Joad in *Athalie* in the 'Discours historique et critique' to *Les Guèbres* (p.509-13).

[4] The first edition of *L'Orphelin de la Chine* (s.l.n.d [Geneva 1755]) was published by Cramer before the appearance of the Paris (Lambert) edition; see D6471.

[5] *L'Orphelin de la Chine*, II.v. Voltaire had already expressed his displeasure over this mutilation of his text in the 'Avis au lecteur' to *Les Scythes* (where he gives 'Gardez de mutiler' as the correct reading of lines 18 and 28 here).

Ce morceau important est tronqué et défiguré dans l'édition de Duchesne et dans les autres. Voici comme il s'y trouve.

> Cessez de mutiler tous ces grands monuments,
> Ces prodiges des arts consacrés par les temps,
> Echappés aux fureurs des flammes, du pillage,   30
> Respectez-les; ils sont le prix de mon courage, etc.

On voit assez que ce qu'on a retranché était absolument nécessaire et très à sa place. Le vers qu'on a substitué, *Echappés aux fureurs des flammes, du pillage*, est un vers indigne de quiconque est instruit des règles de son art, et connaît un peu l'harmonie.   35 *Echappés aux fureurs des flammes* est une césure monstrueuse.

Ceux qui se plaisent à étudier l'esprit humain doivent savoir que les ennemis de l'auteur, pour faire tomber la pièce, insinuèrent que les meilleurs morceaux étaient dangereux, et qu'il fallait les retrancher. Ils eurent la malignité de faire regarder ces vers comme   40 une allusion à la religion, qui rend le peuple plus docile. Il est évident que par ce passage on ne peut entendre que les sciences des Chinois méprisées alors des Tartares. [6] On a représenté cette pièce en Italie; il y en a trois traductions. [7] Les Inquisiteurs ne se sont jamais avisés de retrancher cette tirade.   45

La même difficulté fut faite en France à la tragédie de *Mahomet*;

---

36   w68, w70L, w75G: Echappés des fureurs

[6] On the censorship of this passage in *L'Orphelin de la Chine*, see P. LeClerc, *Voltaire and Crébillon père: history of an enmity*, Studies 115 (1973), p.119-20.

[7] Th. Besterman, 'A provisional bibliography of Italian editions and translations of Voltaire', *Studies* 18 (1961), p.263-306, lists two translations of *L'Orphelin de la Chine* before 1768: one by Giuseppe Pezzana, published in Parma and performed at the Regio-Ducal Teatro di Parma in the autumn of 1762 (no.144), the other by Gianfrancesco Giorgetti, which appeared in 1766 (no.145). On the popularity and performances of Voltaire's plays in Italy, see E. Bouvy, *Voltaire et l'Italie* (Paris 1898), ch.6. Voltaire was lavish in his praise of and thanks to his Italian translators; see his letters to the marquis de Chauvelin (25 October 1761; D10093), and to Albergati (29 October 1764; D12169).

on suscita contre elle une persécution violente; on fit défendre les représentations: ainsi le fanatisme voulait anéantir la peinture du fanatisme.[8] Rome vengea l'auteur. Le pape Benoît XIV protégea la pièce; elle lui fut dédiée; des académiciens la représentèrent dans plusieurs villes d'Italie, et à Rome même.[9] Il faut avouer qu'il n'y a point de pays au monde où les gens de lettres aient été plus maltraités qu'en France, on ne leur rend justice que bien tard.

La tragédie de *Tancrède* est défigurée d'un bout à l'autre d'une manière encore plus barbare. Dans les éditions de France il n'y a presque pas une scène où il ne se trouve des vers qui pèchent également contre la langue, l'harmonie et les règles du théâtre.[10]

[8] *Mahomet* was given its first successful performances by La Noue in Lille in 1741, but was banned in Paris after three performances in 1742 (see M.iv.933; LeClerc, *Voltaire and Crébillon père*, p.39-48). The 'Avis de l'éditeur', written by Voltaire, states that before it was banned the play had been seen by 'plusieurs prélats' at a private performance in Lille, had been read by cardinal Fleury, and had been favourably received by cardinal Tencin. Magistrates and state officials had also seen and approved it. A note adds: 'Le fait est que l'abbé Desfontaines et quelques hommes aussi méchants que lui dénoncèrent cet ouvrage comme scandaleux et impie; et cela fit tant de bruit que le cardinal de Fleury, premier ministre, qui avait lu et approuvé la pièce, fut obligé de conseiller à l'auteur de la retirer' (M.iv.98n).

[9] The favourable reception of *Mahomet* in Italy is attested by the fact that Voltaire received medals and an apostolic blessing from Benedict XIV (see D3192, D3193, D3210, D3232), but the pope did not, as Voltaire claimed, approve the play or accept the dedication of it (see D3210, commentary; R. Vaillot, *Avec Madame Du Châtelet*, Voltaire en son temps 2, Oxford 1988, p.231-35). Besterman lists a translation of *Mahomet* by Melchior Cesarotti of about 1750 ('A provisional bibliography of Italian editions and translations of Voltaire', no.118, 132). Bouvy mentions another by Agostini Paradisi, who had also translated *Tancrède* and *La Mort de César* (see D8418, which seems to fix the date of these translations to 1759). Bouvy also mentions a performance: 'A Padoue, avec l'approbation du futur pape Clément XIII, alors simple évêque, les élèves du séminaire épiscopal récitent *Mahomet*, dédié, on le sait, par Voltaire à Benoît XIV' (*Voltaire et l'Italie*, p.232-33).

[10] On the first Paris publication of *Tancrède* by Louis-François Prault early in 1761, see J. S. Henderson, *Voltaire's 'Tancrède': author and publisher*, Studies 61 (1968), ch.2. Voltaire was indignant at the treatment accorded to his text: 'En un mot l'édition de Prault est ridicule et me couvre de ridicule. Je serai obligé de la désavouer puisqu'elle a été faite malgré mes instructions précises' (D9933; see also D9256, D9340, D9341, D9368, D9369, D9706).

Le libraire de Paris est d'autant plus inexcusable qu'il pouvait consulter notre édition, à laquelle il devait se conformer.[11]

Les éditeurs de Paris ont porté la négligence jusqu'à répéter les 60 mêmes vers dans plusieurs scènes d'*Adélaïde Du Guesclin*. Nous trouvons dans leur édition, à la scène 7e du second acte, ces vers qui n'ont pas de sens:

> Gardez d'être réduit au hasard dangereux
> Que les chefs de l'Etat ne trahissent leurs vœux. 65

Il y a dans notre édition:

> Tous ces chefs de l'Etat, lassés de ces ravages,
> Cherchent un port tranquille après tant de naufrages.
> Gardez d'être réduit au hasard dangereux
> De vous voir ou trahir, ou prévenir par eux. 70

Ces vers sont dans les règles de la syntaxe la plus exacte. Ceux qu'on a substitués dans l'édition de Paris sont de vrais solécismes, et n'ont aucun sens. *Gardez d'être réduit au hasard que les chefs de l'Etat ne trahissent leurs vœux*; de quels vœux s'agit-il? que veut dire, *être réduit au hasard qu'un autre ne trahisse ses vœux?*[12] On 75 s'imagine qu'il n'y a qu'à faire des vers qui riment, que le public ne s'aperçoit pas s'ils sont bons ou mauvais, et que la rapidité de

[11] The first Cramer edition of *Tancrède* was separately published in Geneva in February 1761. Voltaire is stretching the truth somewhat here: Prault's knowledge of the imminent Geneva edition led him to publish prematurely, before Voltaire's final corrections based on the Geneva text had reached him, but it is not correct to say that the Geneva edition itself was available. On the timing of the Prault and Cramer editions, see Henderson, p.51-59, 114-15.

[12] See *Adélaïde Du Guesclin*, ed. M. Cartwright, for a discussion of the establishment of the text (V 10, particularly p.42-45). Voltaire urged Mme Duchesne to add an explanatory 'avertissement' to her edition: 'L'auteur, en lisant cette pièce dont il n'a pu ni voir la représentation ni conduire l'impression, a été étonné d'y trouver des vers qui non seulement ne sont pas de lui, mais que même il ne peut entendre. [...] Il ne sait ni de quels chefs de l'état, ni de quels vœux on veut parler: ce vers ne lui a pas paru intelligible. Apparemment que les comédiens ayant fait ce qu'ils appellent des coupures, ils ont fait aussi ce vers, que l'auteur ne comprend pas' (30 November 1765; D13015).

la déclamation fait disparaître les défauts du style; mais les connaisseurs remarquent ces fautes: ils sont blessés des barbarismes innombrables qui défigurent presque toutes nos tragédies. C'est un devoir indispensable de parler purement sa langue.

Nous avons souvent entendu dire à l'auteur, que la langue était trop négligée au théâtre, et que c'est là que les règles du langage doivent être observées avec le plus de scrupule, parce que les étrangers y viennent apprendre le français. [13] Il disait que ce qui avait nui le plus aux belles-lettres était le succès de plusieurs pièces, qui à la faveur de quelques beautés ont fait oublier qu'elles étaient écrites dans un style barbare. On sait que Boileau en mourant se plaignait de cette horrible décadence. [14] Des éloges prodigués à cette barbarie ont achevé de corrompre le goût.

Les comédiens croient que les lois de l'art d'écrire, l'élégance, l'harmonie, la pureté de la langue, sont des choses inutiles; ils coupent, ils retranchent, ils transposent tout à leur plaisir, pour se ménager des situations qui les fassent valoir. Ils substituent à des passages nécessaires des vers ineptes et ridicules; ils en chargent leurs manuscrits, et c'est sur ces manuscrits que des libraires ignorants impriment des choses qu'ils n'entendent point.

L'extrême abondance des ouvrages dramatiques a dégradé l'art au lieu de le perfectionner; et les amateurs des lettres accablés sous

---

[13] Cf. the dedicatory letter to *Tancrède*: 'C'est d'ailleurs au théâtre seul que la nation se rassemble; c'est là que l'esprit et le goût de la jeunesse se forment: les étrangers y viennent apprendre notre langue' (M.v.496).

[14] Voltaire's source may have been a letter from Claude Brossette to J.-B. Rousseau of April 1716, describing Boileau's reaction on his deathbed to Crébillon's *Rhadamisthe et Zénobie* (1710): 'M. Le Verrier [...] lui rapporta la tragédie de R*** et lui en lut quelque chose pour le divertir: dès les premiers vers la bile de M. Despréaux mourant, se ranima, et il dit à M. Le Verrier que cela était au-dessous des Coras, des Cotins, et des Pradons. Emportez vite ce livre, lui cria-t-il, de peur que si on le trouvait chez moi après ma mort, on ne crût que j'en ai souffert la lecture' (*Lettres de Rousseau sur différents sujets*, éd. Louis Racine, Genève 1749, ii.83; BV3026). Voltaire also refers to this anecdote in *Le Siècle de Louis XIV*, 'Catalogue des écrivains' (*OH*, p.1152) and in his *Éloge de M. de Crébillon* (M.xxiv.356).

l'immensité des volumes, n'ont pas eu même le temps de distinguer   100
si ces ouvrages imprimés sont corrects ou non.

Les nôtres du moins le seront; et nous pouvons assurer les
étrangers qui attendent notre édition, qu'ils n'y trouveront rien
qui offense une langue devenue leurs délices, et l'objet constant
de leurs études.   105

Les Guèbres

édition critique

par

John Renwick

INTRODUCTION

Sirven, à qui vous daignez vous intéresser, est à Toulouse, dirigé par un conseiller du parlement et par un docteur de Sorbonne, qui embrassent tous deux sa cause et celle de la philosophie avec autant de chaleur que de prudence. Il faut enfin que l'esprit de tolérance s'établisse. J'aurai du moins contribué à cette bonne œuvre, et c'était l'objet de mon ambition. *Les Guèbres* n'ont été faits que dans ce dessein.

(Voltaire à d'Argental, 20 avril 1769; D15600)

1. *Considérations préliminaires*

Une pièce de théâtre élaborée pendant les années 1760 dans un contexte français, qui roule sur la persécution pour cause de non-conformisme religieux, et qui est de plus doublée d'un plaidoyer en faveur de la tolérance, ne demande assurément aucun commentaire savant. Quand cette pièce est de Voltaire, elle ne demande surtout aucune explication détaillée. Dans des périodes d'optimisme, comme celle de 1767-1768, le Maître, nourissant une haine accrue pour la 'prêtraille' et l'infâme, entrevoyant par ailleurs leur prochaine déconfiture, travaillait avec intensité à la réalisation de sa vision. Or quand, au milieu de tant d'espoir, sa vie domestique se dérègle, crée autour de lui un vide et lui cause bien de la peine – comme c'est le cas à partir du 1er mars 1768 (D14789) – ne nous étonnons pas si Voltaire se montre encore plus hargneux et actif que d'habitude. Ce jour-là vit le dénouement d'un drame qui couvait depuis quelques semaines et, au dire de Wagnière, une façon de révolution de palais. Accusé du vol d'un manuscrit de *La Guerre civile de Genève*, La Harpe avait précipitamment quitté Ferney dans les derniers jours de février pour être suivi ce 1er mars par sa complice Mme Denis. [1] Resté seul, cherchant remède à ses vives déceptions, Voltaire s'enferme avec son secrétaire, ses copistes, et s'acharne au travail. Coup sur coup il rédige les *Conseils raisonnables à M. Bergier*, *La Profession de foi des théistes*, le *Discours aux confédérés catholiques de Kaminiek*, *L'Epître aux Romains*, que savons-nous encore? et *Les Guèbres*.

Les Guèbres, tragédie 'plus que bourgeoise', comme la caractérise son auteur (D15168), qui a pour sujet la lutte impitoyable entre deux religions, l'une révélée et persécutrice, l'autre naturelle et tolérante, se situe dans la ligne de la grande campagne voltairienne contre l'infâme. Elle reproduit ou abrège les meilleurs arguments du *Traité sur la tolérance à l'occasion de la mort de Jean Calas*, fait écho à quelques développements du *Dictionnaire philosophique*, rejette les fondements d'une foi religieuse déjà exposée sur la scène dans *Alzire* et *L'Orphelin de la Chine*, et enfin ne le cède en rien pour ce qui est de sa violence à *Mahomet*.

Or, si nous voulons faciliter l'intelligence de cette initiative et donner par là un aperçu de son caractère osé, il faut d'emblée commencer par donner une idée des grandes lignes de la pièce.

Iradan, tribun militaire, commandant dans le château d'Apamée en Syrie, et son frère et lieutenant Césène (tous les deux jadis en garnison dans la ville persane d'Emesse, ville mécréante détruite une quinzaine d'années auparavant sur ordre de l'empereur Gallien, et où secrètement ils avaient pris pour épouses deux Guèbres) [2] sont à la fois 'las de servir' et dégoûtés par l''avilissement du grade militaire' (1.i.1-2). Leur désabusement s'explique par l'intolérable

---

[1] Sébastien Longchamp et Jean-Louis Wagnière, *Mémoires sur Voltaire et sur ses ouvrages* (Paris 1826), i.70. Mais voir aussi C. Todd, *Voltaire's disciple: Jean-François de La Harpe* (London 1972), p.16-17, et A. Jovicevich, *Jean-François de La Harpe, adepte et renégat des Lumières* (South Orange, NJ 1973), p.53-61.

[2] *Ghebr* est le nom sous lequel les Persans, après avoir embrassé l'islamisme, désignaient tous ceux de leurs compatriotes qui persévéraient dans l'ancienne religion du pays, la religion de Zoroastre, autrement dit 'la religion du feu'.

et orgueilleuse ingérence des prêtres de Pluton dans tous les domaines de la vie civile et militaire. Toutefois Apamée est devenu à leurs yeux 'un séjour d'horreur' (i.i.7) essentiellement à cause de l'inhumanité avec laquelle ces mêmes prêtres mettent à exécution la proscription lancée par l'empereur contre la religion des Guèbres et ses fidèles. Les prêtres viennent de condamner une jeune fille, Arzame, 'qui [...] par un culte odieux, invoquait le soleil, et blasphémait [leurs] dieux' (i.iii.139-140), et ils l'amènent à Iradan – considéré par eux comme un simple satellite – pour qu'il la mette à mort. Iradan, nature généreuse et tolérante, touché par sa jeunesse, sa candeur et son éloquence, l'absout. Pour la sauver d'une mort injuste, il annonce aux prêtres – revenus pour réitérer la condamnation à mort – qu'il l'épouse. Ainsi devenue Romaine elle sera couverte et à l'abri de ses bourreaux. Arzame doit toutefois expliquer que, conformément à sa religion, elle est promise à son frère, Arzémon. C'est alors qu'Iradan forme le projet de sauver Arzame en prenant la fuite. Mais afin de tromper le grand-prêtre de Pluton (venu en personne – furieux contre Iradan – pour saisir Arzame) et afin de favoriser leur évasion, il demande à son frère, Césène, d'annoncer aux prêtres que la tête d'Arzame leur sera livrée avant une heure.

Sur ces entrefaites arrive un jeune Arzémon, égaré, inquiet, qui cherche sa chère Arzame. Mégatise, Guèbre et soldat de la garnison, apprend à Arzémon – qui a été accueilli de la façon la plus compatissante par Iradan – que ce dernier le trompe: la tête d'Arzame est promise à ses persécuteurs. Arzame elle-même lui apprend par ailleurs qu'Iradan avait voulu l'épouser et qu'elle avait dû le désabuser. Le jeune Arzémon, convaincu désormais qu'Iradan se venge sur elle en amant éconduit, essaie d'assassiner le tribun, mais ne fait que le blesser. Césène lui explique la vérité sur l'attitude d'Iradan, plaint le jeune Arzémon mais le condamne néanmoins à mort. Le vieil Arzémon, venu chercher ses deux enfants, apprend l'affreuse nouvelle de leurs mésaventures. Tout s'annonce cependant tout aussi mal pour Iradan: non seulement est-il sommé de comparaître devant le prétoire suborné par les prêtres, mais César vient aussi d'arriver. Pour mériter son pardon, il va falloir sans doute sacrifier le jeune Arzémon. Cela étant, Arzame demande à mourir aussi par la main de Césène. Le vieil Arzémon apprend à tous les protagonistes réunis qu'Iradan et Césène, autrefois en garnison à Emesse, où ils s'étaient mariés, y avaient laissé des enfants qui avaient survécu à la destruction de la ville. Recueillis par le vieil Arzémon, ces enfants ne sont autres qu'Arzame (fille de Césène) et le jeune Arzémon (fils d'Iradan).

Entre-temps le prétoire, séduit par les prêtres, a destitué Iradan, et l'hymen des deux frères, formé chez les Persans, est à son tour déclaré coupable et leurs deux enfants ainsi privés de cette citoyenneté romaine qui les eût sauvés des prêtres. Ceux-ci, par surcroît, demandent le sang des pères et des enfants. Césène et le jeune Arzémon partent pour en appeler à l'empereur. En route, ils sont surpris par le grand-prêtre et ses acolytes. Un combat s'ensuit et le pontife est tué. Tout le monde craint le pire. Or l'empereur, qui a déjà écouté le récit du vieil Arzémon qu'il connaît et estime fort, pardonne à tout le monde, brise le pouvoir des prêtres et autorise l'exercice du culte des Guèbres. [3]

[3] Grâce au texte de Voltaire (disponible dès juin 1769), le public devait évidemment voir entre les Guèbres et les huguenots un parallélisme certain. Mais qu'est-ce qui explique chez l'auteur la décision de préférer cette secte-là, et non pas telle autre, comme le véhicule ou le prétexte qui lui permettrait de traiter de nouveau, en la déplaçant dans le temps et dans l'espace, la question des huguenots? Autre considération connexe: Voltaire que savait-il sur les Guèbres, qu'il appelle ailleurs soit les 'anciens Persans', soit les 'Zoroastres' ou les 'Parsis'? Précisons que, dans sa propre bibliothèque, il pouvait consulter et avait en effet consulté: Jean Chardin, *Voyages de monsieur le chevalier Chardin, en Perse et autres lieux de l'Orient* (Amsterdam 1711; BV712), Thomas Hyde, *Veterum Persarum et Parthorum et Medorum religionis historia* (Oxonii 1760; BV1705) et Jean-Baptiste Tavernier, *Les Six voyages* [...] *en Turquie, en Perse et aux Indes* (Paris 1679; BV3251). De toute évidence, le jeune auteur de *La Henriade* à son tour était conscient de leur existence (VII; V 2, p.514); mais à part quelques mentions, surtout dans l'*Essai sur les mœurs*, ch.6 (*Essai*, i.263), *La Philosophie de l'histoire* (V 59, p.31, 55, 127, 286-87) et *La Défense de mon oncle* (V 64, p.8, 9, 199, 207, 250, 310, 311, 323, 343, 412); à part deux mentions des accusations d'inceste dont ils étaient l'objet (cf. ci-dessous, II.iii.141-144) qui figurent dans les *Questions sur l'Encyclopédie*, art. 'Inceste', et le

A en juger d'après le contenu des *Guèbres*, et son message à peine caché, la cause de la liberté de conscience avait toujours de puissants défenseurs. De toute évidence l'auteur de ce nouveau plaidoyer se faisait un devoir – en ce mois d'août 1768 – de se montrer plus actif, plus audacieux que la totalité de ses disciples. Mais à quoi bon ce renouveau d'activité? Car l'heureux dénouement de la campagne philosophique menée tout récemment à propos de *Bélisaire* pouvait être de bon augure pour la solution du problème général de la tolérance. [4] C'est tout simplement que

Prix de la justice et de l'humanité, XIV (M.xix.452; xxx.566), on chercherait en vain à donner, en s'appuyant sur ses propres textes, une définition (même lapidaire) des connaissances qu'il avait pu engranger sur les Guèbres en tant que peuple cruellement persécuté. Il faut avoir recours plutôt à une explication qui repose sur une certaine notion du bagage intellectuel propre aux esprits éclairés au milieu du dix-huitième siècle, voire – pour être plus précis – sur une certaine notion d'inter-textualité: les lecteurs des *Lettres persanes* savaient par cœur 'L'histoire [larmoyante] d'Aphéridon et d'Astarté' (lettre LXVII), tandis que ceux de l'*Encyclopédie* avait depuis peu sous les yeux l'article que Boulanger leur avait consacré. Citons-en le passage le plus susceptible de nous intéresser qui propose un point de vue philosophique sans doute assez généralement admis: 'Quoiqu'il y ait beaucoup de superstition et encore plus d'ignorance parmi les *Guèbres*, les voyageurs sont assez d'accord pour nous en donner une idée qui nous intéresse à leur sort. Pauvres et simples dans leurs habits, doux et humbles dans leurs manières, tolérants, charitables et laborieux; ils n'ont point de mendiants parmi eux, mais ils sont tous artisans, ouvriers, et grands agriculteurs. Il semble même qu'un des dogmes de leur ancienne religion ait été que l'homme est sur la terre pour la cultiver et pour l'embellir ainsi que pour la peupler. Car ils estiment que l'agriculture est non seulement une profession belle et innocente, mais noble dans la société, et méritoire devant Dieu. C'est le prier, disent-ils, que de labourer; et leur créance met au nombre des actions vertueuses de planter un arbre, de défricher un champ, et d'engendrer des enfants' (vii.979). On appréciera avec quelle facilité l'auteur de *Candide* eût pu lui-même rédiger ces lignes, pour ne rien dire du défenseur de Calas ou de Sirven.

[4] Sur ce problème dans l'œuvre de Voltaire, il faut consulter en priorité le *Traité sur la tolérance à l'occasion de la mort de Jean Calas* (1762). Pour les détails concernant la plus récente campagne qui avait visé à 'rogner les ongles de la bête', voir J. Renwick, *Marmontel, Voltaire and the Bélisaire affair* (Studies 121, 1974), et les deux *Anecdotes sur Bélisaire* (V 63A, p.153-208). Dans le contexte plus précis de l'année 1768, il convient d'ajouter cette autre considération qui ne laissera pas (et cela pendant les treize mois à venir) de sous-tendre toute l'activité de Voltaire qui

la 'prêtraille' était encore en mesure de l'entraver, malgré les bonnes dispositions du gouvernement. Voilà pourquoi la lutte devait continuer. Ainsi Marmontel rédigeait-il déjà un roman contre l'intolérance et la persécution intitulé *Les Incas*; tandis que Voltaire ne demandait pas mieux, au lendemain de l'affaire de *Bélisaire*, que de s'attaquer de nouveau au même problème. D'où *Les Guèbres*.

Mais – sous un autre angle – ni l'un ni l'autre ne pouvaient oublier tout ce que la lutte de 1767-1768 leur avait coûté ou valu à titre personnel. D'où leurs motifs mêlés. Marmontel, par exemple, poursuivant un but indéniablement philosophique dans son roman, se proposait toutefois de régler quelques comptes: tout en restant un des champions de la tolérance, il entendait du même coup se venger des serviteurs indignes d'une religion 'douce' et 'charitable' qui avaient monté contre lui des attaques à caractère diffamatoire. Jusqu'à un certain degré nous pouvons en dire autant de Voltaire philosophe, souffrant aux mains de Coger, Legge et autres acolytes, et plus récemment victime de sa propre 'comédie' [5] de Pâques 1768 qui avait déplu aux dévots tout comme à ses amis. Aussi, pour cette dernière raison faut-il sans doute voir dans *Les Guèbres*, comme Henri Lion, [6] une réponse à la fois à l'évêque d'Annecy, aux persécuteurs des Calas et des Sirven, et une conciliation de ses intérêts particuliers avec ceux du parti philosophique.

S'en tenir à de telles considérations, pour fondées qu'elles soient, serait cependant réduire quelque peu la signification des

---

se mettra en quatre pour imposer *Les Guèbres*: il est dans une période d'angoisse quant à la bonne conduite de l'affaire Sirven.

[5] C'est le mot même de d'Alembert (31 mai 1768; D15049). Le jour de Pâques 1768, Voltaire – confessé par un moine de passage – s'était avisé de s'ingérer dans le service divin: dans la chapelle qu'il avait lui-même érigée à la seule gloire de Dieu (DEO EREXIT VOLTAIRE), il communie et puis, se mettant à la place du curé, va jusqu'à prononcer un sermon, mieux, une terrible homélie voltairienne. Sur cette 'comédie' (qui était sans doute une tentative de désarmer les dévots et qui avait tant déconcerté ses amis), voir R. Pomeau, *La Religion de Voltaire* (Paris 1974), p.438-43.

[6] *Les Tragédies et les théories dramatiques de Voltaire* (Paris 1895), p.341-42.

Guèbres. Les véritables motifs de leur auteur, plus profondément enracinés et nés de multiples sources, étaient sans aucun doute beaucoup plus compliqués que ceux de son disciple. Car plus qu'une simple attaque contre l'intolérance et les 'vils insectes' de 1767-1768, cette tragédie marque le désir audacieux d'achever l'infâme que son auteur croyait moribond, d'opérer la jonction qu'il jugeait imminente entre les vues des philosophes et celles des autorités en matière religieuse et de faire ainsi, dans cette somme de sagesse humanitaire, la leçon qu'il croyait nécessaire au roi Louis xv[7] et à la nation française.[8]

Un examen de la période d'août 1768 à janvier 1770 nous permettra de juger du succès de cette courageuse initiative en faveur de la tolérance et de l'humaine condition.

2. *Elaboration de la pièce et premiers obstacles*
août 1768 – janvier 1769

A en juger d'après la correspondance de Voltaire douze jours d'une activité qui semble tenir du prodige lui ont suffi, au début

[7] Aucun texte ne nous autorise à établir ce parallélisme de façon formelle. Or tout (comme devait le penser aussi Georges Avenel: voir M.vi.543, 560, 566) nous incite à soupçonner que, dans *Les Guèbres*, l'empereur ne peut être que Louis xv, tandis que le vieil Arzémon (que l'empereur 'admet en sa présence', iv.i.20; et qu'il écoute quelquefois, v.vi.227-228) n'est autre que Voltaire. Ce parallélisme admis, le lecteur, ou spectateur, peut se permettre d'imaginer des échanges particulièrement savoureux dans leur dernière entrevue, qui se déroule en coulisses juste avant l'arrivée de l'empereur en scène, venu pour instaurer (enfin!) le règne de la tolérance.

[8] Avant d'aborder les problèmes de composition et de diffusion, il faut signaler que le dernier mot sur les motifs qui régissent la conduite de l'auteur des *Guèbres* n'est pas encore dit. Tant s'en faut. D'autres considérations, celles-là plus intimement personnelles – concernant l'amour-propre d'un Voltaire premier porte-drapeau du mouvement philosophique, surtout défenseur attitré et applaudi de l'innocence persécutée – se profilent à leur tour à l'arrière-plan ou bien commenceront à s'y profiler au fil des mois à venir; voir ci-dessous, p.437, n.11; p.464-72.

du mois d'août 1768, pour commencer et terminer sa pièce. Encore faut-il se rappeler ce que Voltaire entend d'habitude par 'terminer': c'est-à-dire la production d'une pièce à l'image de son créateur, un débordement en cinq actes et en vers servant de véhicule soit à ses haines et dégoûts, soit à ses thèses, et qui est, pour diverses raisons morales, politiques et esthétiques, parfaitement injouable, en un mot un point de départ, une ébauche à raboter et, au besoin, à édulcorer. Certainement à édulcorer, car la représentation dans la capitale étant toujours son but, il se trouvait par là confronté, vu la nature de sa nouvelle tragédie, à une série de problèmes bien ardus. Et dès sa première lettre à propos des *Guèbres* (14 août 1768, à d'Argental; D15168), Voltaire aborde avec plus ou moins de précision tous ceux que posait sa plus récente pièce dont l'audace risquait d'inquiéter des amis plus timorés que lui:

Il vint chez moi le 1ᵉʳ auguste un jeune homme fort maigre, et qui avait quelque feu dans deux yeux noirs. Il me dit qu'il était possédé du diable; que plusieurs personnes de sa connaissance en avaient été possédées aussi; qu'elles avaient mis sur le théâtre, les Américains, les Chinois, les Scythes, les Illinois, les Suisses, [9] et qu'il y voulait mettre les Guebres. Il me demanda un profond secret; je lui dis que je n'en parlerais qu'à vous, et vous jugez bien qu'il y consentit.

Je fus tout étonné qu'au bout de douze jours, le jeune possédé m'apportât son ouvrage. Je vous avoue qu'il m'a fait verser des larmes, mais aussi il m'a fait craindre la police. Je serais très fâché, pour l'édification publique, que la pièce ne fût pas représentée. Elle est dans un goût tout à fait nouveau quoiqu'on semble avoir épuisé les nouveautés.

Il y a un empereur, un jardinier, un colonel, un lieutenant d'infanterie, un soldat, des prêtres païens et une petite fille tout à fait aimable.

J'ai dit au jeune homme avec naïveté que je trouvais sa pièce fort supérieure à Alzire, qu'il y a plus d'intérêt et plus d'intrigue; mais je tremble pour les allusions, pour les belles allégories, que font toujours messieurs du parterre; qu'il se trouvera quelque plaisant qui prendra les

---

[9] *Hirza ou les Illinois* de Billardon de Sauvigny avait été représenté la première fois le 27 mai 1767, *Guillaume Tell* de Lemierre le 17 décembre 1766.

prêtres païens pour des jésuites ou pour des inquisiteurs d'Espagne; que c'est une affaire fort délicate et qui demandera toute la bonté, toute la dextérité de mes anges.

Le possédé m'a répondu qu'il s'en rapportait entièrement à eux; qu'il allait faire copier sa pièce qu'il intitule, *Tragédie plus que bourgeoise*; [10] que si on ne peut pas la faire massacrer par les comédiens de Paris, il la fera massacrer par quelque libraire de Geneve. Il est fou de sa pièce, parce qu'elle ne ressemble à rien du tout, [11] dans un temps où presque

[10] Que signifie cette phrase plutôt insolite? Selon toute probabilité il ne s'agit pas d'une formule inventée par Voltaire pour indiquer une nouvelle direction prise par son génie créateur. Après tout, il utilise dans *Les Guèbres* les mêmes techniques qui avaient fait le succès de *Zaïre* (1732), *Alzire* (1736), *Mahomet* (1741) et *Tancrède* (1760). Il s'agirait soit d'un jeu de mots (sur le terme *drame bourgeois*) qui vise à souligner le caractère émotif ou larmoyant de sa pièce, soit d'un jugement de valeur mi-moqueur mi-admiratif qui vise l'intitulé choisi par Bernard-Joseph Saurin pour sa dernière pièce, que celui-ci venait de lui envoyer: *Béverlei: tragédie bourgeoise*, et qui avait connu un succès prodigieux; voir D15119 (1er juillet 1768).

[11] Le sens de cette seconde déclaration, malgré son apparente simplicité, n'est pas évidente. Voltaire brode-t-il tout bonnement sur la déclaration qu'il vient de faire dans le but de souligner la puissance pathétique peu commune de sa tragédie? Veut-il par contre signifier que cette nouveauté, sortie de sa seule imagination et qui met en scène des personnages tout-à-fait insolites, est plus originale que tout autre drame qu'il connaisse? Veut-il parler enfin de sa hardiesse au niveau de la matière et de l'intrigue? Quoi qu'il en soit, c'est ici le moment de faire remarquer que *Les Guèbres*, qui ne sont ni plus ni moins qu'une nouvelle déclaration sur la persécution des huguenots, ne sont pas uniques dans ce domaine. Fenouillot de Falbaire avait publié, huit mois plus tôt, un drame (très larmoyant) intitulé *L'Honnête criminel* (Amsterdam, Paris 1767; BV1333) qui raconte l'histoire authentique du sacrifice consenti par un jeune protestant, Jean Fabre, de Nîmes, qui réussit à prendre la place de son père âgé et infirme, condamné aux galères pour fait de religion, et qui par conséquent et par piété filiale devait languir sept années entières dans la misère de sa prison. Malgré le peu de valeur proprement littéraire de ce drame, il fut fort bien accueilli par le beau monde de Paris, représenté (2 février 1768) avec acclamation sur le théâtre de la duchesse de Villeroi et son auteur fêté par des personnages de tout premier plan (CLT, vii.481-88, viii.2-8; *Mémoires secrets*, iii.294-95). Voltaire était conscient de l'accueil flatteur réservé à cette pièce (D14562, D14583, D14617, D14680, D14933, D14941). Il est probable qu'il savait aussi que, grâce à la célébrité donnée par Fenouillot de Falbaire à cette belle action, Louis xv avait fini par réhabiliter Jean Fabre (24 avril 1768). Mais voici le plus curieux: Voltaire avoue que Fenouillot avait réussi là où lui, Voltaire, avait échoué; dans D14941 (11 avril 1768), il reconnaît avoir plaidé – sur la demande de Fabre

toutes les pièces se ressemblent. J'ai tâché de le calmer; je lui ai dit qu'étant malade, comme il est, il se tue avec ses Guebres; qu'il fallait plutôt y mettre douze mois que douze jours. Je lui ai conseillé des bouillons rafraîchissants.

Quoi qu'il en soit, je vous enverrai ces Guebres [...] Si madᵉ Denis est encore à Paris quand les Guebres arriveront, je vous prierai de la mettre dans le secret.

Le secret. Voilà en l'occurrence le mot-clef. A première vue, il peut nous étonner. Normalement Voltaire était si enchanté de ses audaces, 'pâtés chauds' ou 'fromages', qu'il ne savait résister au plaisir d'annoncer à tout un chacun – quitte à les renier plus tard – qu'ils venaient, comme par magie, de lui 'tomber sous la main'. Cette fois-ci l'ouvrage du 'jeune possédé' n'est cependant ni 'fromage' ni 'pâté' promis à un retentissement médiocre. Il s'agit, sous forme dramatique, d'un pamphlet rempli d'allusions à l'infâme et à l'intolérance, qui ne saurait produire son plein effet que sur la scène et par surprise.

Le secret. Dans les circonstances, la première nécessité est de garder l'anonymat: 'mon nom est plus à craindre que la pièce même. Ce serait mon nom qui ferait naître toutes les allusions' (à d'Argental, 21 novembre 1768; D15329). A diverses reprises, et dans le but de prévenir ces allusions, le 'jeune homme fort maigre' se cachera derrière trois pseudonymes qu'il utilisera soit comme chiffres soit comme pseudonymes propres. Dès septembre 1768, écrivant aux d'Argental, ou à Mme Denis, le 'jeune possédé' se transformera en un auteur réel, quoique défunt: 'cette facétie est

---

lui-même – la cause de ce galérien malheureux, mais sans succès. D'où une fascinante possibilité: nous ne savons que trop bien que Voltaire n'appréciait pas les rivaux, et surtout pas ceux qui le supplantaient auprès du public, ne fût-ce que momentanément. Tout comme *L'Ingénu*, qui est en partie à mon sens une tentative de faire mieux et plus que Marmontel avec son *Bélisaire*, *Les Guèbres* seraient aussi sous un certain angle une tentative de rivaliser avec Fenouillot à qui – vulgaire écrivailleur – on fait trop d'honneur et trop de place. Rien toutefois, si ce n'est le caractère de Voltaire, ne nous permet de donner plus de consistance à cette hypothèse.

de feu m. Desmahis, [12] jeune homme qui promettait beaucoup [...].
Il faisait des vers naturels et faciles, précisément comme ceux des
Guèbres, et il était fort pour les tragédies bourgeoises. [...] Enfin
Desmahis est l'auteur de la pièce, il est mort, il ne nous dédira
pas'. [13] Le mois suivant, dans deux lettres à Mme Denis, répondant
peut-être à une proposition qui avait émané d'elle-même, Voltaire
bombardera auteur de la tragédie son ancien secrétaire, Michel
Linant, mort depuis 1749 (D15254, D15273; cf. D15299). Quelques
semaines plus tard, il trouvera le moyen de mettre sa pièce sur le
compte 'de feu Latouche, auteur d'Iphigénie en Tauride' (à Mme
Denis, 7 novembre 1768; D15299) et ira même jusqu'à proposer
que cet artifice assurera à sa pièce une bien meilleure chance de se
voir accorder un privilège (D15321; cf. D15383). Au début de
janvier 1769, Mme Denis semblera proposer, comme couverture,
le nom de Mme de Marron (D15403); mais à partir de cette époque-
là jusqu'au moment de l'échec de la pièce devant les censeurs
(avril 1769), il ne sera plus question que de Guimond de La
Touche comme auteur des Guèbres. [14] Après cet échec, Voltaire
aura-t-il fini de biaiser? Non pas. Bouclant la boucle, il reviendra
(sans trop de conviction) à son stratagème primitif, à l'idée d'un
jeune auteur inconnu, désormais devenu toutefois un jeune homme
vivant (D15629, D15890). Que d'ingéniosité pour faire garder le
secret de son identité!

Or même nécessité dans un domaine connexe. Comme le
remarque très justement R. S. Ridgway: 'Une pièce de propagande

[12] Jean-François-Edouard Corsembleu Desmahis, auteur de poésies, de comédies
et de deux articles pour l'*Encyclopédie* ('Fat' et 'Femme'), adressa quelques poèmes
à Voltaire, et en reçut au moins deux en réponse (M.x.356-57; voir aussi *Pièces
fugitives de M. de Voltaire, de M. Desmahis et de quelques autres auteurs*, Genève
1761). Desmahis mourut en 1761, à l'âge de 39 ans.

[13] D15203; voir aussi D15204, D15218, D15795, D15838.

[14] Voir D15340, D15350, D15372, D15375, D15379, etc. Claude Guimond de La
Touche (1719 ou 1729-1760). Son *Iphigénie en Tauride* connut un grand succès à la
Comédie-Française en 1757.

n'est rien si l'on n'arrive pas à la faire jouer'; [15] et comment parvenir à faire jouer *Les Guèbres* si la police arrivait (et elle se trouvait dans tous les milieux) à les attribuer à un auteur qui était *a priori* fort suspect? Dans de telles circonstances, rien n'étant sûr, et les amis philosophes (d'une indiscrétion notoire) l'étant encore moins, ne nous étonnons pas si Voltaire ne juge politique de favoriser de ses confidences que les seuls intimes qui, par leur position, sont à même de seconder son ambition. Tout autre, étranger à son dessein, est impitoyablement négligé, ou, comme il arrive à Jacob Tronchin et Gabriel Cramer, sévèrement tancé d'avoir même osé divulguer l'existence d'une quelconque nouvelle tragédie sur le métier (D15265, D15273). Le cercle des complices au courant de l'existence des *Guèbres* et de leur possible représentation à la Comédie-Française est donc restreint. Dans la capitale on ne dénombre alors, en dehors de l'inévitable Mme Denis et des d'Argental, que Dupuits, qui a lu la pièce à Ferney et qui fut chargé par Voltaire d'en parler à Mme Denis (D15175, D15186), et un peu plus tard Marin et Lekain (et sans doute Damilaville), tous amis de plus ou moins longue date, à l'influence occulte et parfois efficace.

La bonne volonté (et partant l'efficacité) de ces amis, et surtout celle de d'Argental, allait toutefois être mise à rude épreuve. Si aujourd'hui même nous ne laissons pas de nous étonner de l'audace de la version imprimée (où la polémique est encore partout, tant dans l'intrigue que dans les sentiments des personnages), quel a dû être l'étonnement, voire l'effroi, de d'Argental dans la seconde quinzaine d'août en recevant cette pièce, simplement manuscrite? Considérable sans aucun doute. Parce que quand on considère la version imprimée et adoucie, et qu'on prend au pied de la lettre – rien ne défend de le faire – la menace contenue dans une lettre à Saurin du 3 août 1769 et formulée à l'intention des prêtres, il

---

[15] *La Propagande philosophique dans les tragédies de Voltaire*, Studies 15 (1961), p.232.

semble bien que *Les Guèbres* n'étaient au départ ni plus ni moins que d'une violence atroce (D15795):

Vous savez qu'on a imprimé les Guebres du jeune Des Mahis; cette pièce m'a paru fort sage; il serait à souhaitter qu'elle l'eût été moins; elle aurait fait une plus grande impression. Je conseillerais aux prêtres de demander instamment qu'on la joue telle qu'elle est. Car s'ils ont la sottise de s'y oposer il arrivera que les héritiers de Des Mahis remettront la pièce dans toute son ancienne horreur. On m'a dit que l'auteur en avait adouci presque tous les traits, et qu'il avait passé quelques couleurs sur l'extrême laideur de ces messieurs, mais s'ils ne se trouvent pas assez flattés, on les peindra tels qu'ils sont.

La version à son état brut, nous ne craignons pas de l'affirmer en dépit de l'absence de toute lettre, n'inspira donc guère d'enthousiasme à d'Argental: présenter une pièce de cette hardiesse à la censure était pour le moment impossible; parvenir à la faire représenter, même avec des atténuations et sous le nom de Desmahis ou Guimond de La Touche, comme le proposait Voltaire, serait une tâche presque surhumaine. Il se peut en effet que le 'cher ange' ait pensé que le Maître s'était embarqué cette fois-ci dans une galère que lui, d'Argental, savait n'avoir que bien peu d'espoir de prendre le large. Mais il préféra sans doute laisser à Voltaire le soin de découvrir cette triste vérité par lui-même.

Cela ne signifie en aucune manière que Voltaire était inconscient des obstacles à surmonter. Sa correspondance d'août 1768 à janvier 1769 prouve formellement qu'il n'en était rien. Il pensait cependant donner le change à l'opinion. On remarque par exemple qu'il souligne, dans presque toutes ses lettres, la singularité de sa tragédie plus que bourgeoise, insiste sur l'innocence foncière de son tour de force, et ne craint jamais d'affirmer de différentes façons que la pièce est faite pour avoir un prodigieux succès (D15175, D15226, D15329). Mais s'il le fait si souvent et avec tant d'obstination la seule explication en est manifestement qu'il s'ingénie par là à stimuler ses amis et à calmer leurs craintes. Précisons-le: tenant avant tout à faire représenter son pamphletdrame dans la capitale, Voltaire met, et doit mettre, tout son effort à vaincre le premier grand obstacle que lui opposent les siens; il se fait un impérieux devoir de combattre leur tiédeur par la force de ses propres foi et convictions, et il tâche de leur faire croire que la pièce n'est pas ce qu'elle est ou ce qu'elle paraît être.

Sa conduite s'explique donc. Mais dans cette affaire, celle des uns et des autres est si paradoxale qu'on ne peut manquer − au fil des pages de la correspondance − d'avoir l'impression, de plus en plus fâcheuse, qu'ils sont tous − d'Argental, Mme Denis, Marin, Voltaire − en train, pendant les mois qui suivent la rédaction de la tragédie, de se jouer la 'comédie', la seconde moins que le premier sans doute, et Voltaire peut-être plus que tous. Mais une curieuse sorte de comédie quand même où les uns, à en juger d'après la réaction de Voltaire, font objection sur objection contre l'anticléricalisme si limpide de la pièce tout en laissant à l'enfant terrible l'espoir d'une représentation dans un vague avenir et où celui-ci, n'agissant pas tout à fait loyalement envers eux non plus, s'ingénie à les induire en erreur tout en sachant qu'il n'y parviendra pas. Il s'ingénie, par exemple, à leur faire croire que *Les Guèbres* sont une attaque contre l'Inquisition ou les jésuites ou les païens de l'ancienne Syrie (D15168, D15340). Il désavoue toutes les allégories ou allusions (D15324, D15329), sachant en même temps que c'est précisément d'elles qu'il attend la prodigieuse réussite de sa pièce (D15226). Il feint de ne pas comprendre pourquoi on ne représenterait pas la tragédie, attendu que *Mahomet* et *Tartuffe* (D15321, D15340, D15379), cent fois plus audacieux de son propre 'aveu', ont été joués, et ne croit pas un instant, semble-t-il, à l'argument qu'il emploie.

Ainsi délivré d'un seul élan de sa haine rageuse contre l'infâme et l'intolérance, Voltaire croyait-il réellement possible à Paris la représentation des *Guèbres*? Comme le remarque justement Ridgway, 'il y a dans cette tragédie de quoi satisfaire l'anticlérical le plus acharné' (p.220). Se berce-t-il de douces illusions? Est-il dupe de son propre enthousiasme? Cela est peu probable. Voltaire n'était jamais dupe de rien, surtout pas de lui-même. Il savait quel est le gouffre qui sépare volonté de velléité, le franchement possible du médiocrement probable. Et jusqu'à un certain point il est loisible de parler d'indécision plus ou moins constante de la part de l'auteur,[16] car en dépit des apparences il ne commet pas l'énorme erreur de prendre ses désirs, malgré leur force, pour la réalité. Mais il fera tout – et même pour ainsi dire un genre de gageure – pour convertir ses amis 'hérétiques' et arriver à ses fins.

Témoin en premier lieu, dès le mois de septembre 1768, les nombreuses occasions où Voltaire diminue l'emphase de sa pièce, introduit des changements conformes aux vœux de d'Argental (qui voit, feint de voir ou flaire des allusions partout), atténue bien des choses et ajoute des sentiments orthodoxes. En un mot il retouche sa tragédie 'de sang froid avec autant de soin qu'il y avait mis d'abord de vivacité' (D15617). L'intelligence critique de l'auteur préside à la destinée des *Guèbres* parce qu'il sait qu'il ne convertira personne, surtout pas ses amis sur qui il compte – et ne parlons pas des censeurs – si la polémique est outrée, et que son message ne réussira point auprès du grand public si le véhicule est esthétiquement détestable.

Le texte subit donc, de septembre 1768 à janvier 1769, des remaniements importants de tout ordre, parfois même considérables. Ainsi le 5 septembre le 'possédé [...] a beaucoup adouci son humeur sur les prêtres' (D15203); le 18 novembre, ayant mis à profit les critiques du tripot parisien, Voltaire annonce que les 'premières scènes du 5e acte qui étaient très languissantes et faiblement écrites, sont devenues touchantes et fortes' (D15324); le 17 décembre, possesseur d'une nouvelle version de la fin du troisième acte, il s'écrie: 'elle est touchante, elle est neuve, et en expliquant le système de la religion des Perses elle est ortodoxe dans toutes les religions du monde' (D15372). Le 23 décembre, après des mois de travail, 'il ne reste [...] le moindre prétexte à la

---

[16] Voir par exemple D15183, D15204, D15218, D15254, D15299, D15321, D15340, D15350.

malignité' (D15383), et le 23 janvier 1769, il semble enfin à Voltaire qu'à présent 'l'odeur de ses fleurs n'est pas trop forte, et ne doit pas monter au nez d'un magistrat' (D15444). Bref, il joue un rôle ingrat jusqu'au bout, cajolant, protestant, corrigeant, atténuant et manœuvrant d'une façon méthodique et persistante. Une telle ardeur, une telle confiance dans les vertus humanitaires de sa tragédie nous font comprendre sans peine l'énorme importance que Voltaire attachait à sa représentation en public.

Mais d'autre part, sur le plan personnel ou caractériel, ne passons pas sous silence le fait que Voltaire semble s'en faire aussi un point d'honneur. Nous n'en avons aucune preuve matérielle, mais le ton des échanges et son insistance opiniâtre nous font penser qu'il se serait contenté d'une seule représentation des *Guèbres* pourvu qu'il eût le plaisir de surmonter l'obstacle de la censure, de prouver, et avant tout à soi-même sans doute, que tout lui cédait à la fin, et ses amis les premiers.[17]

Amener ceux-ci à composition n'avait cependant pas été de tout repos. Ils n'avaient pas laissé de lui causer bien des soucis, de mettre sa patience à l'épreuve. Car il ne semble calmer leurs légitimes inquiétudes que pour en voir d'autres renaître à leur place. Le travail que devait effectuer Voltaire entre septembre 1768 et janvier 1769 ressemble à s'y tromper à celui de Sisyphe. Il

[17] Marmontel qui avait bien connu Voltaire et qui l'avait étudié de près disait de lui qu'il était 'volontaire à l'excès par caractère et par système et qu'il avait même dans les petites choses une répugnance incroyable à céder et à renoncer à ce qu'il avait résolu' (*Mémoires*, éd. J. Renwick, Clermont-Ferrand 1972, p.125-26). Ajoutons toutefois que, sur le plan stratégique, une seule représentation des *Guèbres* aurait voulu dire en pratique plusieurs, et on comprendra bien pourquoi en parcourant le jugement que porte Ridgway sur *Mahomet*, tragédie semblable à bien des égards aux *Guèbres*: 'Quelle que fût la violence des tirades anti-religieuses de *Mahomet*, il était toujours possible de prétendre qu'elles n'avaient rien à faire avec les conditions en France, d'autant plus que Voltaire ne faisait que répéter les opinions des écrivains les plus orthodoxes. Condamner la pièce, c'était avouer qu'il y avait quelque ressemblance entre les méthodes de Mahomet [ou les méthodes des prêtres de Pluton dans *Les Guèbres*] et celles de l'église; il valait mieux se taire' (p.219).

n'avait pas, par exemple, plus tôt fait des changements relatifs à la 'prêtraille', et apparemment au goût de ses critiques, que d'Argental ou Mme Denis revenaient à la charge pour lui faire savoir que les adoucissements requis ne faisaient toujours pas assez pour atténuer ni l'atrocité des portraits ni la fâcheuse interprétation qui découlait de manière encore trop limpide de cette pièce à thèse.[18] Mais à mesure que Voltaire arrivait à vaincre les objections et se refusait à diluer encore plus son message, d'Argental, surtout d'Argental, battant en retraite, en avait trouvé d'autres à lui opposer, déjà mentionnées il est vrai, mais qui commençaient à passer à leur tour au tout premier plan pour devenir plus impressionnantes encore.

Dès le 21 novembre 1768 (D15329) réapparaissait de façon plus insistante le problème des allégories et allusions. Et ayant au départ avoué qu'il en attendait beaucoup, Voltaire fit une volte-face (qui n'a rien de surprenant) et s'obstinait à répéter sur tous les tons qu'allusions et allégories n'existaient que dans l'imagination du lecteur: 'Remarquez, je vous prie, et faites remarquer à l'ange que les prêtres de Pluton sous un empereur paien ne peuvent avoir aucun rapport, quel qu'il puisse être avec notre clergé de France' (D15340). A ce problème était indissolublement lié celui de l'identité de l'auteur (la principale pierre d'achoppement en l'occurrence et la cause de la peur des amis): 'J'interpelle ici mes deux anges, et je m'en rapporte à leur conscience. N'est-il pas vrai que le nom du diable qui a fait cet ouvrage leur a fait peur? n'est il pas vrai que ce nom fatal a fait la même impression sur le philosophe Marin? N'ont ils pas jugé de la pièce par l'auteur, sans même s'en apercevoir?' (D15350). L'auteur se fâchait presque, grondait ses critiques, se moquait de leur timidité, jouait les innocents, mais en tout cas adoucissait encore son ouvrage là où cela était possible, changeait le titre de sa rapsodie[19] et exhortait ses amis, dans toutes

[18] D15203, D15321, D15324, D15329, D15340, D15350.
[19] 'La Touche l'avait intitulée *les Guebres*; cela seul pourrait donner des soupçons. Ce titre des Guèbres rappellerait celui des *Scythes*, et présenterait d'ailleurs une idée

445

ses lettres de cette fin d'année, à croire que l'ouvrage était véritablement celui de Guimond de La Touche ou de Desmahis (D15203, D15204, D15218).

Que de réticences, de timidités et de prudences à vaincre! Mais enfin, au mois de janvier 1769, au terme de cinq mois de lutte tenace, le calme se fait. Ayant réduit ses critiques, à force de persistance et d'usure, de bonne foi et de docilité, à un état de silence, sinon volontaire, du moins inévitable, Voltaire annonce que la question épineuse posée par la thèse et la nécessité d'être clair sans trop choquer est désormais réglée (D15444). Il ne s'agit plus, grâce à l'aide de Marin, que de faire lire la pièce aux comédiens et de la faire passer à la censure.

Il ne s'agit plus que de... Si Voltaire, dont l'attitude de satisfaction justifie une telle formule, n'avait pas péché par excès d'optimisme sa vie dans les mois à venir eût été bien moins compliquée. Car l'avenir, par rapport au passé et quoi que l'auteur puisse en penser, ne sera pas la simplicité même.

3. *Deuxième série d'obstacles: la censure*
février – avril 1769

La première période de l'histoire des *Guèbres* a été celle de déceptions momentanées et d'obstacles péniblement franchis; mais elle se clôt, à Ferney du moins, au milieu d'un optimisme grandissant. Remarquons toutefois que l'enchaînement des événements à partir du mois d'août 1768, bien que nous ayons essayé de le définir, demeure en partie conjectural. Le rôle joué par Voltaire, il est vrai, ne présente pas de difficultés. Malheureusement l'absence des lettres de d'Argental, le faible nombre de celles de

de religion qu'il faut absolument écarter. Je l'appelle donc *les deux frères*. On pourra l'annoncer sous ce nom, après quoi on lui en donnera un plus convenable' (à d'Argental, 19 décembre 1768; D15375); voir aussi D15372, D15383.

Mme Denis – dont le silence technique est à déplorer – mènent le critique dans des zones d'ombre. Or celles-ci deviennent encore plus ténébreuses dans la période suivante (février-avril 1769), pour laquelle nous sommes presque entièrement réduits aux hypothèses. L'état fragmentaire de la correspondance, la réticence pudique de tous les correspondants (Voltaire y compris), les aveux à mots très couverts, les lacunes dans les séries de lettres échangées, l'absence de pièces complémentaires constituent un problème difficile à résoudre. Bornons-nous à esquisser, en serrant les documents d'aussi près que possible, le déroulement probable des événements.

Voltaire venait de mettre la dernière main à un abrégé de sa plus périlleuse pensée. Comment faire passer et représenter une pièce à thèse aussi violemment anti-religieuse, émaillée d'allusions limpides, et qui, bien qu'empreinte de loyalisme monarchique, semblait pousser l'affreuse indiscrétion jusqu'à mettre Louis xv en scène sous les traits de l'empereur et à porter sur lui (i.i, v.ii) quelques jugements peu flatteurs? Nul doute que les amis parisiens – d'Argental, Mme Denis, Marin et même Lekain – n'aient considéré le souhait de Voltaire comme une espèce de gageure. Rien ne les empêchait de bien accueillir la tragédie en tant que pamphlet humanitaire; tout les incitait par contre à lui réserver, pour de multiples raisons, un accueil mitigé, même froid, en tant que tragédie destinée au Théâtre-Français. Il est impossible de prouver, mais non pas imprudent de soutenir, que c'est là leur attitude à cet égard et que celle-ci – pour le moment du moins – ne connut pas ou que peu d'évolution. Leur réticence, loin d'être apaisée par les adoucissements successifs apportés au texte, paraît demeurer la même. Bien plus, tout en faisant mine de se conformer aux volontés de Voltaire, tout en 'préparant' le terrain pour une représentation en indiquant les passages des *Guèbres* à édulcorer, il semble que les intermédiaires n'aient jusqu'ici rien fait pour prouver qu'ils favoriseront le dénouement que l'auteur espère. Ils se garderont de le prouver.

Parlons donc, s'il le faut, d'une certaine 'mauvaise foi', mais non pas d'hypocrisie. Car les demandes formulées depuis Ferney en ce début d'année étaient, sinon intolérables, du moins peu réalistes à quelques centaines de lieues de distance. Quant aux intermédiaires c'est sans peine qu'on les envisage confrontés à un cas de conscience: comment concilier leur amitié réelle pour Voltaire et l'extrême prudence à laquelle les incitaient tant l'atmosphère générale que leurs intérêts particuliers? Le cas de conscience, grave sans doute chez Lekain et Marin (pour cause), a dû toutefois l'être beaucoup moins chez d'Argental et Mme Denis. Mais consultons le témoignage de celle-ci contenu dans une de ses rares lettres. Le 8 mars elle écrivit à son oncle (D15507):

J'ai diné teste à teste Mon cher ami aujourdhui avec m^r Marin. Nous n'avons parlé que de vous et des deux frères. Ce qu'il y a d'affreux c'est qu'il y en aura un des deux bien mal joué. Otez de la Comédie le Kin, Brizar, et Molé, le reste est aussi mauvais que les plus mauvais confidans de province, et nous avons besoin de Molé et de Brizar pour le vieux et le jeune Arzemon. Nous sommes convenus Marin et moi qu'il falait que m^r Dargental et moi nous pressions le Kin de nous donner un temps fixe pour jouer la pièce. Quand ce temps sera marqué positivement, Marin la fera approuver peu de jours avant qu'elle soit mise à l'étude, affin de ne pas donner le temps de la réflection. Il dit qu'il arrive souvant que lors qu'une pièce passe à la police long temps avant d'être jouée m^r de Sartine la prête à quelqu'amis pour la lire, et c'est ce que nous craignons. Je vais donc voir m^r Dargental pour presser le Kin et le faire maneuvrer. Comme nous ne pouvons pas vous nommer, tout est difficile.

Tout dix-huitiémiste se convaincra que la tactique arrêtée par Marin était excellente. Mais il ne manquera pas de remarquer non plus les mises en garde disposées au début et à la fin du paragraphe, propres à contredire l''optimisme' de Mme Denis et, par extension, à miner celui de son oncle. Peut-être habilement placées en connaissance de cause. Comme 'tout est difficile', comme tout censeur littéraire qui se respecte reconnaîtra sans peine le style et les chevaux de bataille de l'illustre écrivain qui se dissimule derrière le nom de Desmahis ou de La Touche, Mme Denis le prépare peut-être à la déception qu'ils jugent tous inévitable. Quant à une représentation, Voltaire avait horreur (tous le savaient, et qui

448

mieux que Mme Denis?) de faire 'massacrer' ses pièces. Les acteurs sont 'mauvais', soit. Ils sont non seulement 'mauvais', mais mal disposés aussi. En effet depuis un mois déjà Voltaire devient de plus en plus conscient d'une résistance passive, voire d'une répugnance du côté de la Comédie (D15464, D15473). Si bien que les 27 février et 7 mars 1769 il doit avouer à sa nièce: 'Je crois qu'il faut que je m'arme de patience sur la petite affaire de feu La Touche' (D15491); 'Les deux frères pouraient fournir une occasion favorable [de venir à Paris]; mais les deux frères ne pouront être établis à Paris que dans un an' (D15503). Lekain lui a sans doute indiqué les dispositions que prend la Comédie-Française pour les mois à venir en confirmant l'intention de celle-ci de reprendre deux tragédies populaires (*Hypermnestre*, *Le Siège de Calais*) et de représenter deux pièces nouvelles (*Le Mariage interrompu* de Cailhava de L'Estendoux, et *Julie* de Vivant Denon).

Les intentions de la Comédie-Française dont Lekain se fait l'interprète, le peu d'espoir qu'il laisse d'une représentation dans l'immédiat pourraient très bien traduire commodément et de façon nécessairement oblique sa propre réticence devant *Les Guèbres*. L'hypothèse admise, son attitude s'explique sans peine. A la merci des gentilshommes de la chambre, qui n'étaient pas tous de fervents admirateurs des hardiesses de Voltaire, il pouvait difficilement se permettre l'initiative de devenir le défenseur attitré des intérêts très particuliers du Patriarche. Tout bien considéré, ç'aurait été là une grave imprudence. Qui le matin se montrait coupable de maladresses ou d'écarts de cette sorte à la Comédie-Française risquait de coucher le soir au For l'Evêque. Cette raison-là ne serait pas en théorie sans fondement.[20] L'autre ne le serait guère moins en pratique: bon critique, le jugement de Lekain sur la valeur des *Guèbres* dut être pour le moins défavorable. En quoi il

---

[20] Lekain fut mis au For l'Evêque trois fois: en 1756 pour s'être permis un séjour bien rétribué, mais non autorisé, chez le margrave de Bayreuth; en 1758 pour avoir pris un nouveau congé sans permission; et en 1765, avec trois camarades, pour insubordination. Le risque d'y retourner l'incitait peut-être à la prudence.

ne devait pas se singulariser parmi ses contemporains. Qu'il s'agisse des *Mémoires secrets*, de l'auteur de la 'Lettre de l'auteur de la tragédie des *Guèbres* aux rédacteurs du *Journal encyclopédique*' (D15935), de Diderot, de Fréron, de Grimm, de la duchesse de Choiseul ou de Mme Du Deffand,[21] la concordance des vues est remarquable: tant par sa structure que par la pauvreté de l'invention et des vers la tragédie était strictement au-dessous du médiocre. Il est peu probable que Lekain ait pensé autrement.

Un moins fin que Voltaire, devant les réticences et les demi-réticences de tout ordre qui s'accumulaient, se serait avoué vaincu et eût abandonné l'espoir d'une représentation publique de sa pièce. Peut-être fut-il tenté de s'incliner, du moins pour l'instant. Car dans une lettre du 8 mars à Mme Du Deffand on trouve cette phrase énigmatique: 'Vous aurez dans un mois quelque chose qui ne sera qu'allégorique' (D15506). Or Mme Du Deffand n'était point dans le secret, et Voltaire ne faisait certainement pas allusion à une représentation prochaine. Bref, sa réflexion ne suggère qu'une seule interprétation: déçu par la triste tournure que prenait son affaire il aurait pensé renoncer aux honneurs de la scène pour se contenter de l'impression.

Son manque d'optimisme ne fut sans doute que passager. Le jour même où il faisait sa confidence à Mme Du Deffand, Mme Denis lui écrivait de Paris la lettre que nous avons citée plus haut (p.448) et qui, hypothèse pour hypothèse, était peut-être destinée à refroidir quelque peu son enthousiasme du mois de février. Les mises en garde que nous avons soulignées auraient en effet dû lui rappeler deux 'réalités' dont il ne pouvait pas, à l'avis de ses intermédiaires, ne pas tenir compte. Un homme moins décidé que Voltaire s'en serait découragé. Le Maître, obstiné et convaincu de l'utilité sociale de la représentation publique des *Guèbres*, ne vit dans cette lettre, n'en doutons pas, que ce qui lui

[21] Voir ci-dessous, p.472-77.

convenait: la promesse d'une tactique à toute épreuve de la part de Marin.

Est-il donc redevenu optimiste? A-t-il aiguillonné ses aides de nouveau? On ne saurait l'affirmer. Entre le 8 mars et le 3 avril 1769 le silence le plus total se fait dans la correspondance autour de la tragédie. Et le peu d'indices qui nous restent aux deux limites de la période s'interprètent de deux façons différentes. Il importe cependant, pour hasardeuse que la tentative puisse être, de reconstituer dans la mesure du possible le déroulement des événements, car il aide à son tour à définir les modalités de l'attitude de Marin et de Mme Denis à l'égard de Voltaire.

Si le manque de lettres à l'époque précise qui nous concerne est l'effet de la volonté des intéréssés, et non pas des ravages du temps, on peut sans peine voir dans ce silence une marque de l'extrême confiance de Voltaire et dans sa pièce et dans ses amis, pour ne pas parler de la volonté sincère de Marin et de Mme Denis de 'jouer la comédie' jusqu'au bout, de faire preuve surtout d'une amitié qui ne fléchit pas devant une tâche impossible. Par ailleurs, on pourrait soutenir qu'en recevant cette lettre, vers le 14 mars, Voltaire a joyeusement exhorté ses deux intermédiaires à affronter la censure sans tarder. En théorie, à partir du 20/22 mars il leur restait suffisamment de temps pour manœuvrer et échouer, car ce n'est que le 3 avril que Voltaire, écrivant encore à sa nièce, peut-être immédiatement après l'arrivée d'une lettre de Marin, nous apprend que ce dernier a avoué la récente faillite de leur tentative (D15565). Si l'exhortation a été faite, comment envisager l'impression qu'elle dut faire sur les deux acolytes? Précisons-le, nous pourrions tout aussi bien faire appel à la première hypothèse et parler encore d'amitié et de volonté sincère d'aller jusqu'au bout. Il n'y a en théorie aucune raison de ne pas la reprendre bien que les 'données' soient un peu différentes.

Mais si par contre leur attitude devait être jugée défavorablement? Si, acculés petit à petit par l'obstination de Voltaire, Marin et Mme Denis avaient, le 8 mars, promis plus qu'ils ne pouvaient ou même ne voulaient tenir? Si leur intention était désormais de jouer réellement la comédie au sens le plus péjoratif du terme? autrement dit de faire semblant de favoriser le succès de la tragédie auprès de la censure tout en 'favorisant' sa faillite? Dans cette hypothèse leur ancienne 'mauvaise foi' bien compréhensible devient pure hypocrisie (ô combien compréhensible à son tour) et leur amitié pour Voltaire, prise absolument, un assez vain mot.

Quels indices nous font soupçonner non pas tant un sombre complot qu'une nette évolution de leur attitude, de la timidité à la peur, de la réticence pure et simple au refus de réussir? Plusieurs choses: une lettre de Voltaire du 3 avril, le sort ultimement réservé aux *Guèbres* à la fin du mois d'avril, le caractère même des deux 'conspirateurs'. En somme, non pas des preuves, des aveux, mais des présomptions assez graves.

Ce qui nous frappe dans la lettre de Voltaire du 3 avril c'est la phrase: 'Lefevre [Marin] m'a mandé l'avanture assez désagréable qui lui est arrivée au sujet des deux frères. Celà me paraît très injuste, et aurait pu s'éviter en prenant quelques précautions que je lui ai indiquées' (D15565).

Est-il inutile de parler de la Librairie, de la possibilité de trouver un censeur compatissant? Sans savoir la nature précise de la mésaventure arrivée au manuscrit on risquerait peut-être de faire fausse route en évoquant les échappatoires dont usaient les auteurs peu orthodoxes. Mais ce qui en effet éveille le sens critique, c'est bien la référence aux précautions que Voltaire dit avoir indiquées à Marin, et que ce dernier, de toute évidence, avait négligé de prendre. Quelles sortes de précautions? Nous ne le savons pas. Toutefois, comme il semble que Voltaire ait appris ou qu'il ait instinctivement compris que le censeur choisi par Marin avait fait des 'aplications odieuses' (D15565), et comme il se crut en devoir de porter sur le manuscrit les nombreux changements et additions (disons plutôt adoucissements) qui lui paraissaient encore nécessaires (D15600, D15609) pour rendre plus pure la saine morale que renfermait sa tragédie (D15617), il n'est pas exclu que Marin ait bien reçu des consignes précises concernant la tactique à employer dans le choix d'un censeur et l'attitude à adopter. Et ne convenait-il pas de croire en toute bonne foi qu'un secrétaire général de la Librairie, comme l'était Marin, aurait dû savoir comment naviguer avec une certaine aisance entre les récifs et les écueils?

Certes ce ne sont là que des présomptions à son endroit. Mais il devait y avoir mieux et plus inquiétant.

Ayant appris le mauvais succès de son manuscrit, Voltaire se remit donc au travail, sans doute pour faire disparaître ou atténuer les vers qui lui semblaient encore trop scandaleux. Et reprenant une idée qui lui était venue dès le mois d'août 1768, il rédigea ou termina une courte préface, 'avertissement très raisonnable' (D15565), instrument supplémentaire et indispensable destiné à désarmer toute hostilité lors du second passage à la censure. [22] Car Voltaire, nullement dérouté, comptait revenir à la charge et vaincre toute opposition (D15609). D'Argental a beau lui objecter en guise de réponse, comme l'avait fait dans le passé Mme Denis, la médiocrité des acteurs (D15600), et Mme Denis elle-même lui témoigner apparemment de nouvelles marques de pessimisme (D15611), l'auteur des *Guèbres* ne veut plus entendre parler d'objections. Il demande le renvoi immédiat de son manuscrit pour qu'il puisse le mettre en état d'affronter de nouveau la censure (D15565, D15600). Mais à trois reprises (D15609, D15617, D15625) on constate que personne – même un mois plus tard – n'a cure de ces demandes. A n'en pas douter, devant la passion aveugle de Voltaire, les intéressés commencent à se hâter encore plus lentement que d'habitude, en attendant peut-être un *deus ex machina* qui s'obstinait à demeurer caché.

Mais voici le plus grave. Le *deus ex machina* consentit enfin à faire une apparition. Vers la fin du mois d'avril deux personnes

---

[22] Cette préface n'est pas celle qu'il finit par mettre en tête des *Guèbres* au mois de juin 1769. Par contre, les premiers paragraphes de cette dernière (l.1-24) pourraient bien dater du mois d'avril, et nous sommes persuadés qu'ils étaient destinés à réfuter certaines critiques formulées par le censeur; voir D15565, D15600, D15629, D15635.

hostiles à Voltaire et qui auraient dû être et demeurer parfaitement étrangères à l'affaire sont au courant du 'complot' qui se tramait depuis huit mois déjà à l'abri de toute attention indiscrète: le conseiller François Moreau et un certain Launay. On est obligé d'en inférer que les renseignements qu'ils avaient recueillis n'auraient pu émaner que du sein du clan voltairien. Indiscrétion involontaire ou indiscrétion voulue? Je penche pour la seconde hypothèse. Parce que devant de telles démonstrations d''indocilité', devant une telle volonté farouche d'aboutir de la part de l'auteur des *Guèbres*, oserions-nous penser que d'Argental, Lekain, Marin et Mme Denis – las d'être importunés de la sorte, excédés des exigences impossibles – avaient jugé enfin indispensable (se donnant ainsi à eux-mêmes une échappatoire), de laisser ébruiter dans un milieu bien pensant l'existence des *Guèbres* ainsi que l'identité de leur auteur? Nous osons en effet admettre l'idée, moins toutefois dans le cas de d'Argental et Lekain, car ils sont moins engagés, moins compromis et donc moins en cause.

Mme Denis et Marin sont par contre bien capables d'une telle perfidie. Inutile de rappeler les indiscrétions passées de la première et ses infidélités sans nombre. Inutile d'insister sur le caractère curieux du second, haut fonctionnaire dont la conduite était souvent équivoque, qui par ses amitiés tenait au parti de Voltaire, mais qui tenait encore plus à ses protecteurs et à ses emplois. Agissant de concert sous l'effet de l'intérêt ou de la peur, ont-ils imaginé l'astuce de l'indiscrétion pour sortir de l'impasse où ils se trouvaient vis-à-vis des *Guèbres*? Le moins qu'on puisse dire est que la possibilité donne sérieusement à réfléchir.

Mais si Mme Denis, pour une fois, n'était coupable d'aucun stratagème? Si, désireuse de se faire pardonner l'inconduite qui lui avait valu l'exil, elle n'avait pas, tout en ne laissant pas de souligner son peu d'espoir, tenté en toute bonne foi ce qui lui paraissait impossible? Cela est peu probable. Toutefois le doute en sa faveur subsiste.

Reste Marin qui, tout bien considéré, est depuis le début (la correspondance de Voltaire en fait foi) le plus réticent de tous et, de par son emploi, celui qui risque d'être le plus compromis. En effet si jamais la pièce, protégée par la censure, était représentée à la Comédie-Française et qu'elle parût d'une scandaleuse impiété – ce qui était certain – des têtes tomberaient. Et Marin, calculant toujours, nous ne l'ignorons pas, n'était pas de ceux qui se sacrifient.

Est-ce donc lui qui en dernier ressort – en éventant le secret – a ainsi exercé une sorte de censure oblique et irréversible des *Guèbres*? Pourquoi pas? En premier lieu il était de son intérêt de ne pas trop se risquer dans une affaire aussi hasardeuse. Puis, ce secrétaire général de la Librairie n'était tout simplement pas sûr, témoin l'affaire des *Lois de Minos* quatre ans plus tard (voir D18820). On n'oserait, il est vrai, faute de documents, l'accuser formellement d'avoir pris la malheureuse initiative de laisser transpirer, dans un milieu anti-voltairien, le redoutable secret dont il était le dépositaire. Or quand même il ne conviendrait pas de chercher chez lui, mais chez le censeur auquel la tragédie fut confiée, la source de la fuite, il n'en serait pas moins moralement coupable: les opinions des divers censeurs n'étaient pas inconnues, et confier le manuscrit à un bien pensant ou à un timide n'équivalait ni plus ni moins qu'à le dénoncer.

Quoi qu'il en fût, la violente réaction contre la pièce suscitée au Châtelet par Moreau et Launay signifiait qu'il n'était plus question de songer à la représentation des *Guèbres* dans la capitale. [23]

4. *L'appel aux divers publics*
mai – novembre 1769

La faillite de cette campagne, bien qu'elle ait porté un coup bien rude aux espoirs de Voltaire, ne réussit toutefois pas, malgré les

---

[23] D15625, D15629, D15693, D15773.

apparences, à les anéantir. Loin de là. Evidemment on serait tenté de penser le contraire: quand, le 3 mai 1769, il écrit à d'Argental et parle d'affronter la censure de nouveau, les termes qu'il utilise sont dénués de toute conviction profonde (D15625). Par ailleurs il semble aussi, peu de jours après, renoncer définitivement à la représentation (D15635). A regarder de plus près on voit qu'il n'en fut rien. Voltaire change tout simplement de tactique et juge désormais plus convenable de biaiser, ou si l'on préfère, de reculer pour mieux sauter. Il ne se soucie plus d'une autorisation en bonne et due forme de faire jouer sa tragédie; il compte imprimer son ouvrage, en multiplier les éditions (l'année 1769 en verra sept) et tellement enthousiasmer ses lecteurs – ultimes juges ou censeurs de ses intentions et de leur pureté – que les magistrats ne pourront à la fin que céder devant la volonté du public amateur de bonnes pièces à représenter et non pas uniquement à lire. [24] C'est cet

[24] Les intentions de Voltaire sont complexes. Tout nous invite à croire qu'il tenait absolument à faire représenter sa pièce et c'est cette seule pensée qui le tenaille. Comme il le disait: 'Le jeune homme regarde cet ouvrage comme une chose assez essentielle, parce qu'au fond quatre ou cinq cent mille personnes [les huguenots] sentiront bien qu'on a parlé en leur nom, et que quatre ou cinq mille philosophes sentiront encore mieux que c'est leur sentiment qu'on a exprimé' (D15659). C'est la faillite momentanée de cet espoir, c'est la déception de Voltaire, et sa colère aussi, qui devaient l'inciter à donner un coup de fouet au public éclairé mais inactif. On pourrait aller jusqu'à dire qu'il entendait même le culpabiliser (D15693, D15694). D'autre part, pour 'démontrer' aux autorités compétentes qu'il n'est 'pour rien' dans la confection de cette pièce, et pour leur fournir une échappatoire (son seul nom en l'occurrence étant le plus à craindre), il se couvre à la fois, respectivement, du manteau de Gabriel Grasset et d'un auteur anonyme et place, en tête des *Guèbres*, 'pièce de M. D. M.', une 'Préface de l'éditeur' et une 'Epître dédicatoire à monsieur de Voltaire'. Il devait y avoir convergence parfaite entre ces deux intentions (apparemment contradictoires) et ces deux textes, car la préface et l'épître (parue seulement dans 69G) parlent de l'éternelle pureté des vues et des intentions humanitaires de Voltaire dans les termes les plus chaleureux et surtout les plus propres à souligner l'éminente dignité du message des *Guèbres*. Le lecteur, n'ignorant plus quelles sont les difficultés de toutes sortes éprouvées jusqu'alors par Voltaire, appréciera ses nombreuses allusions et les non moins savoureux coups d'épingle qu'il applique à son public peu engagé. Voir aussi ci-dessous, p.472-77.

espoir-là, très vif au départ, et qui ira toutefois en diminuant, qui régit la conduite de Voltaire pendant les mois à venir. Il s'affirme dans une lettre à Mme Du Deffand du 24 juillet: 'On la jouera si les honnêtes gens le désirent fortement; leur voix dirige à la fin l'opinion des magistrats mêmes' (D15773).

Si Voltaire compte beaucoup sur la voix du public,[25] il compte encore plus sur la bonne volonté d'un petit nombre de ses amis philosophes qui se doivent – il le croit et le dit sur tous les tons – de montrer un front uni et inébranlable. Il le fait, entre parenthèses, avec tant d'insistance que ses exhortations en deviennent à la longue monotones.[26] Mais cette lourde insistance ne se fait sentir, et pour cause, que juste après la publication de la seconde édition (69P), parue chez Lacombe et répandue à Paris vers le 18/20 juillet. Et la campagne bruyante que Voltaire monte, qu'il préconise à d'autres dès cette époque-là, compense largement le silence qui précède et qui suit (le fait est pour lui passablement decevant) la publication de la première édition (69G) à Genève au milieu du mois de juin. Son déclenchement contribue aussi à mystifier et même sans doute à froisser la duchesse de Choiseul à laquelle Voltaire avait déjà envoyé un exemplaire de l'édition de Genève, confidentiellement et sous le sceau du secret (D15737, D15755),[27] en attendant de pouvoir faire appel, le 26 juillet (D15776), à ses bons sentiments en tant que membre du public parisien depuis peu possesseur de l'édition de Lacombe. Hélas! la réponse de la dame

---

[25] 'Cultivé' s'entend. Mais voir à ce propos les jugements peu enthousiastes des *Mémoires secrets* (iv.264-65); curieusement partiels du *Mercure de France* (septembre 1769), p.80-88; franchement ambigus du *Journal encyclopédique* (mars 1770), iii.460-61; hostiles et persifleurs de *L'Année littéraire* (1770), vi.3-27; et très nuancés de Diderot (Diderot, xviii.277-85). En un mot, si ces jugements reflètent les différents états de l'opinion du public, personne n'est assez favorablement disposé envers *Les Guèbres* pour œuvrer en leur faveur. Voir ci-dessous, p.472-77.

[26] D15776, D15785, D15795, D15796, D15798, D15805, D15822, D15823, D15824, D15830, D15832, D15838, D15860.

[27] Elle reçut son exemplaire le 11 (ou peu avant le 11) juillet; voir Mme Du Deffand, *Correspondance complète*, nouv. éd. (Paris 1866), i.242.

à la pressante, voire l'impérieuse et hyperbolique, consigne du 26 juillet fut peu amène. A la fois mystifiée, se sentant peut-être un vulgaire outil, au fond nullement disposée à entrer dans les vues de Voltaire tacticien, elle lui écrivit le 5 août (D15800):

La volonté de l'homme, dit le Proverbe, est ambulatoire, et celle de M. Guillemet [Voltaire] l'est aussi, comme si M. Guillemet n'étoit qu'un homme. Il ne vouloit pas que je montrasse la tragédie des Guebres à mes amis et àprésent il veut que je la montre au public. Je suis donc bien malheureuse pour l'exécution de ses volontés. J'ay divulgué ce qu'il vouloit cacher, et je me refuse à l'honneur auquel il m'invite aujourdhuy de présenter la tolérance sur le théâtre de la comédie françoise. M. Guillemet, je ne suis point faite pour joüer le rôle de protectrice, et la tolérance n'a point besoin de Protecteurs. Il ne lui faut que des apôtres et des disciples. Les premiers la prêchent et les autres la pratiquent. Je m'en tiens à ce dernier rang. Les vertus d'une femme doivent être modestes comme elle. On peut les appercevoir, mais elles ne doivent pas se montrer. J'honnore et je chéris la tolérance. Je la regarde comme le premier devoir et le premier besoin de l'humanité. Je gémis comme vous sur la folie de mes frères qui sont fols, et je tâche d'être sage avec eux pour ne point ajouter le malheur à leur folie ou pour ne point attirer sur moi le malheur de leur folie; enfin je tolère leur folie pour qu'ils tolèrent ma sagesse.

Refusant de 'crier en faveur des Guèbres', et, qui plus est semble-t-il, d'en dire 'beaucoup de bien', comme Voltaire le conseille à Mme d'Epinay le 17 août, et à d'Alembert le 15 (D15832, D15824), la duchesse de Choiseul dans sa réponse indique nettement, par sa cruelle franchise, le sort qui sera réservé à la tragédie chez la plupart des gens. Mme Du Deffand, tout en se montrant fort aimable et plus polie (D15782), ne craint pas non plus de signifier de son côté une fin de non recevoir au malheureux auteur, tandis que les amis philosophes, Marin, d'Argental, Saurin, Thiriot, d'Alembert, par leurs réponses ou leur silence éloquent – tout en étant sans doute favorablement disposés à voir une telle pièce sur la scène – semblent n'aboutir qu'à démontrer que l'enfer, comme on le prétend, est en effet pavé de bonnes intentions. [28] Si bien que dès le 18 août Voltaire se sent momentanément gagné par la lassitude: 'Je dis plus que jamais, vanité des vanités, et tout n'est que vanité. Cependant j'aurois la vanité de souhaitter que les Guebres réussissent' (à Mme Denis; D15835); et le 19, 'Dieu me préserve de demander qu'on les joue sitôt à Paris' (à la même; D15836).

Ce public 'influent' se révélait donc progressivement et au fil des jours impuissant aux yeux de Voltaire. Or cela ne signifie pas pour autant, ô merveille! qu'il se décourage. Il refuse de se le tenir pour dit. Paris ne veut pas de sa tragédie pour le moment, soit! Mais il reste les théâtres de société et ceux de la province. Et c'est de ce côté, à tort ou à raison, qu'il commence à tourner ses vues.

La décision vint-elle de lui? C'est ce que l'on ne saurait affirmer. D'autres auraient pu la lui suggérer. Assombri par tant de tiédeur ou de bonne volonté inactive, il se peut qu'il ait songé à changer de tactique en se rappelant une lettre du marquis de Ximenès. C'est ce dernier, procédant lui-même, paraît-il, à une représentation privée, qui, dès la fin du mois de juillet, aurait pu lui indiquer les théâtres de société comme base alternative où asseoir la réputation initiale des *Guèbres* (D15796, D15828). La possibilité n'était point à dédaigner. Qui disait théâtre de société disait un certain milieu aisé et donc, en toute probabilité, influent. Il y avait là de quoi donner à réfléchir. Et quinze jours plus tard ce fut Mme Denis qui apprit à son oncle une seconde décision, également prise par des amateurs, de représenter la tragédie à Orangis dans un milieu qu'on imagine de fort bon ton car d'Argental, invité, avait accepté de s'y rendre (D15816). [29] En recevant cette lettre (datée du 10

---

[28] Un des résultats de sa déception grandissante pendant l'été 1769 sera le 'Discours historique et critique à l'occasion de la tragédie des Guèbres', ci-dessous, p.501-519.

[29] Nous ignorons l'identité des personnes qui prirent cette initiative, mais tout concourt à désigner, en tête de troupe, les La Harpe (D15835, D15849, D15871, D15886, D15905, D15912). La Harpe devait jouer le rôle de Césène (D15970) et sa femme celui d'Arzame. Césène avait-il à cœur de se faire pardonner les événements

août) l'imagination de Voltaire se met sans doute aussitôt en branle, et il va jusqu'à exprimer l'espoir (qu'il renouvellera le 22 septembre, D15912) que le duc d'Orléans à son tour prendra une aussi heureuse initiative. De fait, la seule représentation connue des *Guèbres* est celle d'Orangis, chez des particuliers, qui eut lieu un jour de septembre/octobre 1769, en présence de d'Argental.

Quant aux ressources qu'offraient les théâtres de province, l'idée prit forme un peu plus tardivement et peut-être sous l'impulsion de ce que Voltaire croyait être la réalité. Le 15 août, Mme Denis fit savoir qu''on commence à la jouer dans les provinces. On l'a représanté à Lille' (D15826). Dès le 19 août, il est d'ailleurs évident qu'un ou plusieurs correspondants avaient annoncé 'qu'on va jouer les Guebres à Bordeaux et à Lyon' (D15836).

De tels renseignements ne pouvaient que hâter la réaction de Voltaire, bien déçu à cette époque précise de celle de ses amis philosophes, contre le public de la 'ville causeuse' (D15738) et le décider à concentrer désormais ses efforts sur les milieux cultivés des grandes villes de province. Le 26 août sa décision est définitivement prise. Avec un sérieux évident il demande à Lacombe d'envoyer *Les Guèbres* 'contresignés aux directeurs des comédies de provinces, et particulièrement à celui de Bordeaux' (D15845).

Mais l'explication de cette décision résiderait-elle ailleurs? et ses bases seraient-elles autrement solides? Le plus significatif à ce propos est un renseignement que Voltaire tenait, ou prétendait tenir, de source sûre. Le 6 septembre, il écrivit à Charles Bordes:

du mois de février 1768? Ou cette représentation est-elle susceptible d'une interprétation globalement plus ténébreuse? Effrayés par la ténacité du Maître, La Harpe et les autres fidèles (Mme Denis, d'Argental, etc.) auraient-ils essayé de le contenter du strict minimum? Quelque trente ans plus tard, La Harpe devait soutenir que 'les vrais amis de Voltaire empêchèrent la représentation [publique s'entend] qu'assurément la pièce ne pouvait pas soutenir' (*Lycée, ou cours de littérature*, Paris an VII, x.412). Son aveu cadre parfaitement avec tout ce que la correspondance de Voltaire nous donne lieu de soupçonner.

460

'Voici le fait, mon cher ami. M. de Sartine a fait lui même imprimer les Guèbres par Lacombe, mais il ne veut pas être compromis. Les ministres souhaitent qu'on la joue, mais ils veulent qu'on la représente d'abord en province. [...] Vous pouvez compter sur la vérité de ce que je vous mande' (D15878).

La confidence ministérielle n'a en théorie (quoi que nous puissions penser de la pratique) rien d'invraisemblable. Et Voltaire pouvait se permettre d'être confiant, il était de son intérêt de l'être. Hélas! la crédulité devait s'avérer de courte durée. La province ne tardera pas à le décevoir tout aussi cruellement que la capitale. Car la France entière semble se trouver prise dans un cercle vicieux: devant une tragédie si hardie les autorités de Paris attendent, ou plutôt sont censées attendre la réaction des provinciaux, et font le silence autour d'une représentation, tandis qu'ailleurs, si l'on peut en juger d'après l'unique exemple fourni par Lyon, personne ne veut s'aventurer à en prendre l'initiative avant d'être sûr des bonnes dispositions des autorités! Dans cette conjoncture nous n'osons même pas affirmer, à l'encontre de Mme Denis (D15826) ou de d'Argental, que la tragédie fut en réalité jouée en province. Rien en effet ne le prouve indiscutablement. [30] Les documents disponibles ne nous permettent de suivre la fortune des Guèbres qu'à Lyon, où la crainte et la timidité devaient entrer en jeu avec autant de force que dans la capitale, et où l'on peut, non pas mesurer, mais deviner la distance entre la réalité réelle et la réalité de Voltaire qui, au sujet des théâtres tant professionnels que de société, confond théorie et pratique.

Précisons-le: à Lyon, comme partout ailleurs, l'affaire est vouée à l'échec en peu de temps. Dès le début de la seconde quinzaine d'août il est question d'y procéder à une représentation (D15836). Dès le 30 on n'en parle plus, ou si peu: 'On était prêt de jouer cette pièce à Lyon, la seule crainte de l'archevêque qui n'est

---

[30] Les sources habituelles que l'on peut consulter avec confiance restent muettes quant à une représentation publique des Guèbres où que ce soit en France.

pourtant qu'un prêtre de Vénus, a rendu les empressements des comédiens inutiles. L'intendant veut la faire jouer à sa campagne; je ne sais pas encor ce qui en arrivera' (D15855). En un mot: rien. Malgré les rebondissements (qui sont du fait de Voltaire), malgré ses belles tentatives de convaincre ses amis qu'ils n'éprouvent qu'un revers de fortune passager et facilement rectifiable, le problème demeurera insoluble tant chez Mme Lobreau-Destouches, directrice du théâtre de Lyon, que chez l'intendant, Jacques de Flesselles.

Une représentation publique avait apparemment été interdite par La Verpillière, prévôt des marchands (D15875), qui, quelles que fussent ses propres convictions, semblait agir ainsi (encore un!) par prudence (D15884), car un bien pensant (qui n'était sans doute pas seul de son espèce), avait menacé, en cas de représentation, d'en avertir la cour (D15878). L'explication n'est pas dénuée de probabilité, bien que le 11 septembre, en écrivant à sa nièce, Voltaire présente le problème sous un jour autrement compliqué: 'la seule crainte de déplaire à l'archevêque qu'on suppose avoir du crédit, le grand nombre de protestants qui sont à Lyon, les aplications toutes naturelles des Guebres aux protestants, en un mot, les préjugés qui gouvernent le monde, ont empêché le Prévôt des marchands de hazarder la pièce; il n'a pas même osé en parler à l'archevêque' (D15885).

Quant à Jacques de Flesselles, qui aime pourtant la tolérance, et qui en aurait eu grand besoin lui-même le 14 juillet 1789, lui non plus il ne donnera satisfaction à Voltaire. Soit crainte de l'archevêque, Antoine de Malvin de Montazet, soit égards discrets pour les convictions ou la susceptibilité de son illustre voisin (leurs maisons de campagne se trouvaient à proximité l'une de l'autre: D15884), l'intendant se refusera à prendre une décision aussi lourde de conséquences et d'inconvénients d'ordre politique ou social. Voltaire n'insiste pas.

Mais renoncer, à cause des mauvaises dispositions des Lyonnais les plus influents, à une représentation publique n'est point dans les intentions de l'auteur! Ecrivant le 13 septembre à Tabareau, directeur des postes à Lyon, il invoque non sans conviction la 'protection' ou tout au moins la complaisance de Sartine, et exhorte les Lyonnais, en choisissant ses termes (le mot de 'Welche' vient en l'occurrence vite au bout de la plume), à se montrer les maîtres chez eux (D15889). Ils démontrèrent cependant à quel point ils l'étaient peu. Ils jugèrent indispensable d'avoir 'la délicatesse de consulter le goût de M' L'archevêque' (D15969; voir aussi D15964). D'où un refus formel et définitif.

Est-ce la fin? Il ne pouvait en être autrement à Lyon. Voltaire n'en était pas tout à fait convaincu, et d'écrire le 30 octobre à Bordes qu'ils n'ont qu'à attendre le départ du prélat peu complaisant (D15978). Mais cette note d'optimisme n'en est guère une. Le ton de la lettre est loin de la fougue impatiente, de la conviction imperturbable qui caractérisent sa correspondance lorsqu'il y a, à son sens, vraiment de l'espoir:

M. de la Verpilière ne risque certainement pas plus à faire représenter cette pièce que de me donner à souper à Lyon, si j'étais homme à souper, mais je crois toujours qu'il est bon d'en différer la représentation jusqu'au départ du primat. Alors soyez très sûr que je partirai et que je viendrai vous voir mort ou vif. Si je meurs à Lyon ses grands vicaires ne me refuseront pas la sépulture, et si je respire encore ce sera pour vous ouvrir mon cœur, et pour voir s'il se peut les fruits de la raison éclore dans une ville plus occupée de manufactures que de philosophie.

A n'en pas douter le tournant décisif se situe aux mois de septembre et octobre 1769. Le passé n'a été que vives déceptions. L'avenir ne promet rien de constructif. Voltaire le sent, et si bien que, tout en tentant d'ultimes efforts auprès des Lyonnais, il ne réagit plus comme il l'aurait fait trois mois plus tôt en apprenant, vers le début du mois de septembre, que le maréchal de Richelieu projette une représentation de la tragédie à Fontainebleau, probablement aux spectacles de la cour. Aux spectacles de la cour! Au mois de juillet il y aurait peut-être cru. Au mois de septembre son attitude devant cette 'nouvelle' est franchement incrédule. [31]

[31] D15888, D15890, D15903, D15907.

La France entière boude sa pièce. Pourquoi donc espérer une telle marque de bienveillance de la part de la cour? Tous craignent les allusions. Pourquoi penser que Louis xv, qui est sans doute mis en scène sous les traits d'un empereur qui n'emporte pas tous les suffrages (mais qui est par contre plein d'estime pour Arzémon-Voltaire dont il écoute les conseils), ne fera pas de même? Décidément Trajan aurait été encore plus mécontent qu'en 1745.

Voltaire se rend à l'évidence. Dès novembre il n'est que rarement question des *Guèbres*. Et s'il daigne en parler de loin en loin, c'est sans conviction. S'il apprend par exemple à d'Argental qu'on les répète à Grenoble (D16102), c'est pour signaler le fait, sans enthousiasme. Si Saint-Lambert préconise ou fait prévoir une représentation publique à Toulouse, Voltaire (lui qui disait si souvent devant une affaire sérieuse: 'il ne s'agit plus de plaisanter') entre dans ses vues et mi-sérieux, mi-badin répond: 'Si vous pouvez parvenir à faire jouer la Tolérance vis à vis la place où le fanatisme a roué Calas, on n'osera plus persécuter personne' (D16072). C'était pousser le vraisemblable loin, très loin, *trop* loin, et qu'on ne rétorque pas que l'auteur ne le savait pas.

5. Le *'Discours historique et critique'* juillet – septembre *1769*

Paru dans les *Nouveaux mélanges*, mais beaucoup plus susceptible d'être remarqué dans l'édition Cramer des *Guèbres* (69G2) sortie vers le début du mois de novembre 1769 (D15986, D15991), le 'Discours' – qui répète la tactique et la leçon de la préface et de l'épître dédicatoire – devait toutefois s'avérer aussi efficace qu'un coup d'épée dans l'eau. En un mot, il devait paraître à une époque où Voltaire avait peu ou prou renoncé à tout espoir de voir représenter sa tragédie 'plus que bourgeoise' sur les tréteaux soit de la Comédie-Française soit des théâtres de province.

Pour comprendre la raison d'être de ce 'Discours', il faut

remonter au mois de juin quand Voltaire, dramaturge mal compris et surtout malheureux, avait jugé politique de publier ces deux écrits complémentaires relatifs à la mauvaise fortune des *Guèbres*, à savoir: la préface et l'épître. Là, il pose de manière oblique et néanmoins percutante une question des plus pénibles: comment le public éclairé, surtout les amis et disciples dont la tiédeur est la plus difficile à supporter, la moins facile à justifier, osent-ils s'éclipser? Là, métamorphosé d'une part en Gabriel Grasset, d'autre part en un auteur anonyme, il se livre à un habile plaidoyer *pro domo* qui – tout empreint qu'il est d'exaspération mal contenue[32] – est une tentative de rappeler les philosophes à l'ordre et de calmer les craintes des autorités et des intimes haut placés (d'Argental, Choiseul, Richelieu).

Le but qu'il s'y était proposé était précisément de contrebalancer, voire de neutraliser la tiédeur ou l'hostilité quasi-générale que l'on réservait dans la capitale à son ouvrage, de provoquer en sa faveur un mouvement pur et positif (le propre des belles âmes) qui

---

[32] Dans ce contexte précis, dégageons de nouveau une des raisons possibles et profondes, sans doute occultes (voire occultées) de l'exaspération de Voltaire. Plus haut (voir p.437, n.11) j'ai signalé qu'il est incontestable que l'auteur des *Guèbres* était assez bien documenté sur les divers succès remportés par Fenouillot de Falbaire et peut-être aussi sur l'intérêt (pour ne pas dire la sollicitude) que certaines personnes haut placées avaient témoigné pour *L'Honnête criminel* et ensuite pour le 'criminel' lui-même, Jean Fabre. S'étant tant dépensé, Voltaire a très bien pu avoir la croissante et désagréable impression de prêcher dans le désert – lui, la figure de proue des Lumières – alors que l'auteur inconnu d'une mauvaise pièce, sorti d'on ne sait où, avait réussi à se faire écouter. Parcourons les lignes suivantes qui traitent d'une représentation privée du drame de Fenouillot de Falbaire car il est concevable qu'elles nous aident à comprendre encore mieux un Voltaire ulcéré, froissé, et même jaloux: 'Plusieurs ministres y étaient, entre autres M. le comte de St Florentin, qui a été sollicité très vivement pour en permettre la représentation sur le théâtre de la Comédie-Française. Il a témoigné être très disposé à écouter favorablement cette demande, mais n'a pas cru devoir prendre sur lui de donner sur le champ la permission, avant que d'en avoir pris l'ordre du roi. Il a promis ses bons offices auprès de S. M., et a demandé que la pièce lui fût remise telle qu'elle venait d'être jouée, pour être mise sous les yeux du monarque' (*Mémoires secrets*, iii.294). Voltaire cherchait le même genre de sollicitude, mais en vain.

faciliterait enfin le seul dénouement souhaitable: la représentation très visible d'un sermon dramatique que l'auteur jugeait morale-ment et politiquement exaltant. [33] Peine perdue. D'où, un mois plus tard (vers le 18/20 juillet) une seconde tentative, autrement dit une seconde édition, parue cette fois-ci à Paris chez Lacombe, ornée de la seule préface, laquelle répétait la même fière leçon: 'la morale la plus pure et la félicité publique sont l'objet et le résultat de cette pièce'. Peine également et entièrement perdue. Car l'exhortation, et toutes celles qui l'accompagnaient, avaient hélas! l'air de tomber dans des oreilles de sourds.

Voltaire (étant Voltaire) ne se le tient pas pour dit. Séduit par la force et la tendre beauté de ce texte jailli des tréfonds mêmes de son être et par son irrésistible à-propos, partant incapable de comprendre le peu d'enthousiasme que ses alliés et amis parisiens mettent à le seconder, il ne peut s'empêcher – dès le mois de juillet – de répéter, encore plus inlassablement que par le passé (ce qui n'est pas peu), la même douloureuse rengaine. Toutes ses lettres déplorent, sur tous les tons, l'inactivité de ceux-là mêmes qui devraient – dans la conjoncture actuelle – crier et se remuer le plus. Sa déception, fortement teintée de mépris, ne le cède qu'à son incrédulité. Le diapason change, mais le texte demeure le même: 'Tolérance. C'est un nom devenu respectable et sacré dans les trois quarts de l'Europe; mais il est encore en horreur chez les misérables dévots de la contrée des Welches' (D15693); 'Elle ne sera pas jouée sans doute, car les magistrats ne sont pas encor assez raisonnables, et il n'y a point d'acteurs. Tout tombe en décadence, excepté l'opéra comique qui soutient la gloire de la

---

[33] Ne cédons pas à la tentation de prendre au pied de la lettre les dénégations de Voltaire relatives à cette première édition, comprenant préface et épître, ouvertement intitulée d'ailleurs *Les Guèbres ou la tolérance*, qu'il devait nier avoir faite pour Paris (D15659, D15693). Dans la logique des choses, il tenait à ce que Paris voie cette épître dédicatoire si élogieuse (D15737), et nous savons que Paris l'a effectivement vue. D'Argental devait dans le fait lui apprendre que le public parisien recherchait de préférence l'édition de Genève ou celle de Lyon (D15873).

patrie' (D15732); 'Je souhaite passionément qu'on les joue, parce que cet ouvrage me paraît tout propre à adoucir les mœurs de certaines gens qui se croient nés pour être les ennemis du genre humain [...]. Si les intolérants n'étaient que ridicules ce ne serait qu'un demi mal, mais ils sont barbares' (D15798); 'On est bien tiède aujourd'hui à Paris sur l'intérêt public; on va à l'opéra comique le jour qu'on brûle le chevalier de la Barre, et qu'on coupe la tête à Lally. Ah! parisiens, parisiens! vous ne savez que danser autour des cadavres de vos frères' (D15803).[34]

Sa profonde déception, qui devient au fil des mois encore plus cuisante, finit par friser l'obsession. Epître et (surtout) préface se sont avérées inefficaces car inaptes à favoriser la représentation publique de sa tragédie. Voltaire changera donc de tactique – tout en ne changeant pas de tactique. Le seul message qu'il ait à adresser *urbi et orbi* est depuis de longs mois déjà définitif: en ne l'écoutant pas, en ne le secondant pas, c'est un affront qu'on lui fait, à lui Voltaire, âme des Lumières, mais surtout à l'humanité souffrante et à la saine raison. Et cependant, pour incroyable que cela puisse paraître (la patience et le courage d'un Voltaire ayant quand même des limites), le Maître n'en démord pas. Il a plus que jamais l'intention d'enfoncer cette porte dont on s'obstine à lui refuser l'entrée. C'est sa lettre du 17 août 1769 à Mme d'Epinay qui résume le mieux et position et état d'âme (D15832):

On dit que les Guebres dont vous me parlez, rencontrent quelques difficultés sur la permission de se montrer en public. Celà est bien injuste; mais il est à croire que cette petite persécution finira comme la pièce par

---

[34] Trêve de citations car la liste complète serait totalement démesurée. On peut par contre donner un aperçu tout aussi utile des vocables qui traduisent, ne fût-ce que de façon impressionniste, la nervosité grandissante du malheureux dramaturge: décadence, superstition tyrannique, coquins, turpitude, ridicule, absurdité, barbares, fripons. Pour de plus amples détails, consulter (pour les mois de juillet, août et septembre 1769): D15773, D15776, D15785, D15795, D15798, D15803, D15805, D15823, D15824, D15830, D15832, D15860, D15876, D15878, D15880, D15884, D15890.

une tolérance entière. Les esprits de tous les honnêtes gens de l'Europe penchent vers cette heureuse tolérance. Il est vrai qu'on commence toujours à Paris par s'oposer à tout ce que l'Europe aprouve. Nôtre savante magistrature condamna l'art de l'imprimerie dès qu'il parut, tous les livres contre Aristote, toutes les découvertes faites dans les païs étrangers, la circulation du sang, l'usage de l'émêtique, l'innoculation de la petite vérole, elle a proscrit les représentations de Mahomet, elle pourait bien en user ainsi avec les Guêbres et la Tolérance. Mais à la fin la voix de la raison l'emporte toujours sur les réquisitoires, et puisque l'enciclopédie a passé les Guebres passeront, surtout s'ils sont apuiés par le suffrage de ma belle philosophe. Il faut que les sages parlent un peu haut pour que les sots soient enfin obligés à se taire. Je connais l'auteur des Guebres; je sais que ce jeune homme a travaillé uniquement dans la vue du bien public. Il m'a écrit qu'il espérait que les philosophes soutiendraient la cause commune avec quelque chaleur. C'est dommage qu'ils soient quelquefois désunis, mais voici une occasion où ils doivent se rallier.

Le 'Discours historique et critique' est sorti de ce dilemme, de cet état d'âme. A quelle époque? Les paramètres sont très flous, pouvant englober la période allant de juin/juillet au mois de septembre 1769.[35] Mais de ceci nous pouvons être certains: le 'Discours' est surtout le constat d'un échec qui commence à sembler irréversible et parfaitement scandaleux. En un mot, Voltaire ne pourra s'empêcher de rédiger son énième pamphlet adressé aux Welches où il se plaira à souligner (sur un ton ferme) l'absurdité de l'attitude négative des uns et des autres.

Dans le 'Discours', qui reprend et qui brode à volonté sur les arguments naguère contenus dans la préface, Voltaire – lui qui était comédien né – n'avait point besoin de jouer les grands blessés,

---

[35] Les seules mentions concernant le 'Discours' qui permettent de situer le *terminus a quo* figurent dans D15716, D15719, D15751, lettres dont les dates sont reconstituées et peu sûres; le *terminus ad quem* ne saurait dépasser le début du mois de septembre (D15876). Voir les 'fragments Sur Athalie', appendice II, p.634-39, et la lettre à Mme Du Deffand où Voltaire semble s'adonner à son habitude bien connue de se citer (7 août 1769; D15805).

les incompris et surtout les stupéfaits. Il était de bonne foi tout cela simultanément. Car les questions implicites qui règnent partout à l'arrière-plan sont celles-ci: en quoi cette pièce, d'une utilité morale indéniable, peut-elle offenser qui que ce soit? En quoi, vu sa pureté et les intentions limpides de son créateur, peut-elle blesser qui que ce soit en morale, en politique, en religion, alors que le *Polyeucte* de Corneille, tragédie chrétienne par excellence, est fort douteux de plusieurs points de vue? alors que l'*Athalie* de Racine – qui a beau être le chef-d'œuvre du théâtre – met en scène, en la personne de Joad, un des caractères les plus politiquement abominables et séditieux, un des plus moralement répugnants de tout le répertoire français?[36]

Etant donné cet ignoble fanatisme de Joad et, d'autre part, l'hostilité honteusement affichée envers *Athalie* en 1691 par un certain public mal intentionné, il n'y a pas lieu de s'étonner si Voltaire consacre le plus clair de son 'Discours' à un examen du chef-d'œuvre de Racine, examen que sous-tend – dans un premier temps – une référence implicitement parallèle aux *Guèbres*. Le Maître commence par insinuer délicatement qu'il y a, non pas une certaine similitude, mais une similitude certaine à établir entre la destinée de sa propre pièce et celle que connut *Athalie*, afin de pouvoir insinuer par la suite, tout aussi subtilement, que l'histoire peut et doit même se répéter: à la fin du dix-septième siècle *Athalie* avait souffert aux mains d'une cabale; par surcroît de malheur, on

---

[36] En temps normal, Voltaire – sincèrement admiratif – n'a que du bien à dire d'*Athalie*. Mais pendant l'été 1769, c'est – sous l'effet de la déception – sa haine pour certains aspects de la pièce qui reprend le dessus. Dans le passé Voltaire ne s'était pas fait faute de critiquer le rôle de Joad: voir plus particulièrement les jugements analogues qu'il avait émis en 1761 dans ses *Remarques à l'occasion d'Olympie* (M.vi.127-30n). Notons toutefois que le contempteur de 1769 prend la très sage précaution de placer ses observations dans la bouche du vicomte Cornbury, 'l'un des meilleurs esprits qu'ait produits la Grande-Bretagne' (l.290-292). Sur la position qu'il adopte, voir plus généralement E. P. Kostoroski, *The Eagle and the dove: Corneille and Racine in the literary criticism of eighteenth-century France*, Studies 95 (1972), p.176-86.

avait aussi préféré à cet ouvrage supérieur des pièces manifestement médiocres sorties des plumes de Campistron et de Thomas Corneille – malheur réservé, dans le courant de l'année 1769, à certaine pièce qui prêchait le 'respect pour les lois', la 'charité universelle', 'l'humanité', 'l'indulgence', 'la tolérance' et qu'on s'ingéniait aussi à bloquer.[37] Voltaire aura beau – vers la fin de son texte – se défendre de vouloir, ou de pouvoir oser comparer *Les Guèbres* à *Athalie* sous l'angle du style et des ressources de l'art. Il est malgré tout constant que le malheureux auteur incompris (qui cherche désespérément à se faire comprendre) est en train de déclarer à qui veut l'entendre (faisant ainsi pour sa pièce des affirmations peu communes) que *Les Guèbres*, sortis entièrement de l'imagination de leur créateur et surtout de sa profonde humanité, sont à leur manière aussi admirables qu'*Athalie* dont la beauté s'explique en grande partie par le 'sublime de l'histoire juive' (l.314-315).

Pourquoi donc (les questions sous-entendues foisonnent dans ce texte) *Les Guèbres* ont-ils suscité tant d'hostilité et d'incompréhension, pourquoi ont-ils connu un accueil, non des plus mitigés, mais carrément des plus froids? Question deux fois incompréhensible. Car considérée sous un autre angle tout aussi important (et c'est cette pensée-là que Voltaire trouve insupportable), sa pièce est plus utile que *Polyeucte* et *Athalie* réunis, et mille fois plus saine que cette *Athalie* qui respire le fanatisme:[38] 'Si quelque

[37] Même genre d'opinion, exprimée tout aussi obliquement en 1769, dans les *Préface et extraits des souvenirs de Mme de Caylus*. A l'endroit où cette dernière mentionne la cabale montée contre Racine et *Athalie*, Voltaire note: 'Ces manœuvres de la canaille, des faux dévots, et des mauvais poètes, ne sont pas rares: nous en avons vu un exemple dans la tragédie de *Mahomet*, et nous en voyons encore'. Moland note, à mon avis avec raison: 'Voltaire veut parler probablement des obstacles mis à la représentation de ses *Guèbres*' (M.xxviii.302).

[38] Voltaire juxtapose volontiers ces deux considérations. Le 7 août 1769, par exemple, il écrit à Mme Du Deffand: 'Je regarde les Guèbres comme une pièce sainte puisqu'elle finit par la modération et par la clémence. Athalie, au contraire, me parait d'un très mauvais exemple. C'est un chef d'œuvre de versification, mais de barbarie sacerdotale' (D15805).

ouvrage de théâtre pouvait contribuer à la félicité publique par des maximes sages et vertueuses, on convient que c'est celui-ci. [...] tout y conspire à rendre les mœurs plus douces, les peuples plus sages, les souverains plus compatissants, la religion plus conforme à la volonté divine' (l.326-334). Quoi! en refusant de proposer les bienfaits de la tolérance à l'admiration de tous, depuis les humbles du parterre jusqu'aux plus huppés des loges, on oserait refuser les prémices de la Cité de Dieu sur terre? [39] Quoi! on oserait savoir mauvais gré à l'auteur d'avoir créé une tragédie qui parle en faveur de l'humanité! Mais tout cela – adressé aux amis, aux ennemis, aux autorités compétentes et aux plus hautes instances du monde de la culture officielle – est énoncé avec délicatesse, bonne foi, humour et discrétion. La voix non moins authentique d'un autre Voltaire, parlant dans l'intimité, se fait entendre ailleurs: écrivant le 27 septembre 1769 aux d'Argental, il devait dire avec une certaine brutalité: 'Je ne croirai les Welches dignes d'être Français que quand on représentera publiquement et sans contradiction, une pièce ou les droits des hommes sont établis contre les usurpations des prêtres' (D15920).

Les Welches, lecteurs dès le mois de novembre 1769 du 'Discours' où figure ce message sous une forme beaucoup plus élégante, loin d'écouter les plaintes de ce grand blessé qu'est Voltaire, devaient – comme le prêtre et le lévite de la parabole – continuer à passer outre. Cette fois-ci, Voltaire se le tiendra pour dit. S'il ne laisse pas de faire mention de sa tragédie, ce ne sera, à partir du 20 janvier 1770, qu'en passant. Le 9 février il dira son dernier mot là-dessus quand il écrit au cardinal de Bernis (D16141), puis ce sera le silence.

L'échec des *Guèbres* est total car, étant donné les vœux et les intentions de leur auteur (on voudra bien me pardonner le parallèle

---

[39] En filigrane, à travers ces pages, se profile une autre observation douloureuse: *Athalie*, malgré son intrigue très peu philosophique, ne laisse pas de connaître les honneurs de la scène (entre le 5 mars 1716 et le 11 avril 1768 *Athalie* avait été jouée 135 fois) alors que *Les Guèbres* sont 'voués aux gémonies'.

attendu), le château d'Apamée sur l'Oronte, scène de tant de nobles paroles et de belles actions en faveur de la tolérance, aurait tout aussi bien pu être un château en Espagne.

6. Réactions des contemporains

Rarement Voltaire s'était-il tant démené pour aboutir à des résultats si médiocres. Ses seuls efforts d'épistolier parlent là-dessus de façon éloquente: près de 130 lettres émanées de Ferney évoquent (et souvent en détail) les intentions et les espoirs du créateur des *Guèbres*. En revanche il n'y a qu'une pauvre vingtaine de missives où ses correspondants mentionnent sa tragédie, souvent pour la bonne raison, dirait-on, qu'ils ne peuvent pas esquiver l'obligation de la mentionner. [40] Sur ce maigre lot, il n'y en a toutefois que huit qui puissent être qualifiées de commentaires sérieux. Encore faut-il noter que la plupart d'entre elles sont remarquables par leur relative brièveté ou bien par leur gêne évidente. Bref, les correspondants de Voltaire, lecteurs des *Guèbres*, sont visiblement mal à l'aise et pas un – sauf peut-être Mme Du Deffand – n'a le courage de dire tout haut ce que plus d'un ose dire en petit comité: la pièce est mauvaise, même franchement 'détestable'. [41]

Mme Du Duffand, écrivant à Voltaire le 29 juillet, lui disait:

[40] Les lettres des correspondants ne sont pas parvenues jusqu'à nous dans leur intégralité et tout lecteur notera certaines lacunes. Mais statistiquement l'enseignement de celles que nous possédons est révélateur. Par exemple, Mme Denis parle, à elle seule, huit fois des *Guèbres* (D15507, D15603, D15783, D15816, D15826, D15849, D15886, D15905); mais la pauvre ne saurait éviter de mentionner ce problème pressant tant son oncle la tarabuste à son sujet. D'Argental à son tour, tout aussi cruellement importuné (il reçoit 34 lettres à propos de la tragédie), ne lui répond que quatre fois (D15873, D15881, D15970, D16185). Tous ces correspondants (Mme Denis, d'Argental, la duchesse de Choiseul, Mme Du Deffand, d'Alembert) ont ceci de commun: à l'évidence ils ne veulent ni être compromis ni se compromettre.

[41] Jugement émis par la duchesse de Choiseul dans une lettre adressée à Mme Du Deffand (D15755).

472

Une seconde lecture des Guebres faites par un bon lecteur, m'a fait remarquer bien des beautés qui m'étoient échapées. [...] Toute réfléxions faites Je crois qu'il est plus avantageux que cette pièce soit lüe que représentée, elle auroit du succès sans doute mais elle éléveroit de Grandes Clameurs, et animeroit furieusement les adversaires; mais ce qui est de plus certain, c'est qu'aucuns Magistrats n'y aucuns ministres, n'auserois en authoriser la représentations; il faut se contenter de ce qu'on en tolère l'impression. [42]

Les journalistes ne devaient s'écarter en rien de ces positions. Certains, comme Bachaumont, qui suit en ceci sa politique habituelle, s'abstiennent de se livrer à des analyses détaillées. Pour le rédacteur des *Mémoires secrets*, notant dès le 7 juillet ses appréciations, *Les Guèbres* sont un drame moral 'dénué des grandes passions, vrais ressorts de l'action tragique'. [43] Un autre critique, cette fois-ci anonyme, écrivant pour le *Mercure de France*, est un peu plus expansif; il reconnaît que la pièce est 'dans un goût nouveau' et, se rapprochant plus de la nature, il s'ensuit qu'elle 'intéresse plus tous les états de la vie'. Mais dès qu'il aura ajouté qu'elle est écrite 'avec la simplicité naïve que demande le sujet', l'anonyme aura déjà tout dit sur le plan esthétique. [44] Somme critique pourtant considérable si l'on compare ce que cet anonyme consent à dire des *Guèbres* à la simple annonce dont se contente Grimm. Ce dernier s'abstient du moindre jugement, montrant par là sans doute qu'il estime la tragédie indigne de tout commentaire détaillé. [45] Diderot à son tour n'est guère mieux disposé. Pour lui le 'fondement de cet ouvrage est très pathétique' et 'cependant on est faiblement ému; c'est qu'il n'y a ni idées, ni éloquence, ni

---

[42] D15782. C'est sans doute à Mme Du Deffand que Horace Walpole, à ce moment à Paris, doit sa connaissance de la tragédie. Il se moque de l'intrigue de la pièce dans une lettre du 30 août 1769 (*Correspondence*, éd. W. S. Lewis, London 1937-1983, xxv.122).

[43] *Mémoires secrets*, iv.264.

[44] Septembre 1769, p.80-88.

[45] CLT, viii.387 (décembre 1769).

chaleur, ni verve; les vers sont comme on les fait quand on improvise'. Il lui faut très peu de temps pour trancher définitivement et encore moins d'ingéniosité pour pouvoir établir que 'Cette tragédie n'est pas une des bonnes de l'auteur. On y sent le vieillard avec ses rides [...]. Je suis sûr que Voltaire se dit à lui-même, Je n'ai pas voulu faire mieux. Il se trompe. Il n'a pu faire mieux. Rien de si naturel que de chercher quelques prétextes qui nous dérobent notre impuissance.'[46]

En somme, ceux qui ne peuvent ou qui ne veulent se dérober à la tâche de jauger cette pièce (qu'ils semblent considérer, sans toutefois prononcer le mot, comme une sorte d'aberration regret-table) sont à la fois peu nombreux et peu communicatifs.

Par contre, celui qui jugera opportun de consacrer des remarques assez étendues à la tragédie – mais cette révélation n'aura rien d'étonnant – ce sera Fréron.[47] Trouver le Maître en si abjecte posture sur le plan de l'esthétique n'est pas pour lui déplaire. Quinze pages d'une analyse détaillée et parfaitement neutre (sauf un seul coup de griffe)[48] lui suffisent pour faire entendre que la pièce, jugée d'après son intrigue, est d'une navrante médiocrité. Impression qu'il concrétise vers la fin de son article par quelques phrases qui ne ménagent pas l'amour-propre de celui qui avait la faiblesse de se prendre pour le premier dramaturge de France. Pour tout dire, celui qu'on appelait 'l'illustre critique' ne trouvait dans cette œuvre dramatique 'ni vérité, ni vraisemblance, ni

---

[46] Diderot, xviii.282; texte sans doute composé pour la *Correspondance littéraire*, mais non retenu par Grimm.

[47] *Al* (1770), vi.3-26. Il convient de noter que Fréron laisse passer plus d'un an avant de rendre compte de l'ouvrage (sa 'lettre' est datée du 14 octobre 1770) et qu'il refuse de reconnaître l'existence du 'Discours historique et critique' car son édition de référence est celle sortie de chez Lacombe (69P). Mais il consacre par contre une certaine partie de son examen à la préface, dont il se moque comme d'un exemple de mauvais goût (vi.3-6).

[48] 'Arsame était encore au berceau lorsqu'elle perdit sa mère. Elle se rappelle, et certainement c'est un rare prodige de mémoire, que cette malheureuse femme, avant que de quitter la vie, inondait de pleurs la couche de sa fille et la sienne' (vi.9).

intérêt'. Quant au style, 'rien de plus lâche, de plus diffus et de plus trivial' (vi.25). 'La Préface', conclut-il non sans quelque à-propos, 'nous donne cette pièce comme le premier coup d'essai d'un jeune auteur; croyez plutôt, monsieur, qu'elle est le dernier effort d'un vieux poète'.

Même dédain pour l'esprit charitable qui avait présidé à la genèse de la tragédie. Bien que Fréron ne soit en aucune façon le porte-parole des conservateurs les plus impénitents, il reproduit néanmoins en quelques lignes l'essentiel des thèses défendues par une Eglise dominante qui n'avait nulle intention d'admettre la pluralité des cultes (vi.19-20):

Je doute que le tolérantisme, tel que l'auteur l'entend, puisse produire de si admirables effets. Vouloir qu'on admette indifféremment toutes sortes de religions dans un Etat, n'est-ce pas travailler à proscrire celle qui s'y trouve établie? Sans m'arrêter à cette idée, pensez-vous, monsieur, que différentes religions pussent subsister à la fois dans un même pays sans se choquer et sans ébranler les fondements de la tranquillité publique? A Dieu ne plaise que je m'érige en apologiste de l'esprit persécuteur; rien n'est plus contraire à la raison et à l'humanité que de faire à quelqu'un un crime de sa créance; cependant je n'aime point à voir ériger autel contre autel. Selon moi, rien n'aliène plus les cœurs que la division en fait de doctrine; trop d'exemples le prouvent; enfin, la multiplicité des cultes me paraît avoir de grands dangers, et je ne sais ce que c'est que cette extravagance prétendue philosophique qui semble appeler et vouloir naturaliser parmi nous les sectes les plus ridicules et les plus absurdes. Je le répète, ce mélange adultère avec la religion dominante ne pourrait que lui être funeste, et troublerait infailliblement le repos de l'Empire.

Or c'est en cela, mais uniquement en cela, que Fréron diffère (mais une fois n'est pas coutume) des autres critiques du bord opposé. Ceux-ci avaient à l'unanimité souligné de façon positive, voire admirative, le message tolérant des *Guèbres* et avaient à l'évidence beaucoup pardonné au véhicule défectueux en vertu de son message exaltant et humanitaire. On peut, par exemple, soupçonner Bachaumont, le premier à s'être prononcé, d'un préjugé relativement favorable dans ce domaine: '[Voltaire] finit par des phrases pleines d'onction, d'humanité, de bienséance sur l'objet de son drame. Les connaisseurs [...] décèlent aisément le Prothée littéraire, qui se plaît aujourd'hui à prendre tant de formes diverses pour l'instruction du genre humain.' Le *Mercure*, comme il se doit, est beaucoup plus positif. Identifiant dès le départ le message essentiel, [49] il ne craint pas de proposer qu'il 'est à désirer qu'on puisse représenter cette pièce qui n'a pour objet que la morale la plus pure, et la félicité publique'. En réalité, le compte rendu n'a d'autre but que de démontrer le bien-fondé de cette proposition. Le critique, quel qu'il fût (mais il était de la chapelle philosophique), a surtout à cœur de laisser parler la pièce pour elle-même, l'essentiel de son article étant composé de passages où il n'est question que de la tolérance. Il constate (p.88):

De tels sentiments feraient le bonheur du monde, puisque les sentiments contraires en ont toujours fait le malheur. Il n'y a point d'exemple que la liberté de conscience soumise aux lois de l'Etat ait jamais causé le moindre trouble, et il n'est aucun temps où le contraire n'ait fait couler les larmes et le sang. Cette tragédie a donc sur les autres tragédies l'avantage d'être utile. [...] Il s'agit ici de l'intérêt de tous les hommes.

Diderot n'est pas d'un avis différent. Fermant les yeux tout aussi allègrement sur les faiblesses et les invraisemblances de la pièce, il est séduit à son tour par son utilité sociale et politique (p.455-56):

Le but du poète dans cette pièce, ainsi que dans la plupart de celles qu'il a composées, est général. Il montre aux rois les suites funestes de l'intolérance; il prêche aux hommes le respect de la morale universelle; il les rapproche les uns des autres par le droit de fraternité qui les lie, et que la diversité des opinions religieuses ne doit jamais rompre; il leur inspire le plus grand mépris pour ces opinions; il s'adresse à toutes les nations et à tous les temps à venir.

---

[49] 'On a fait depuis peu deux éditions de la tragédie des Guèbres, et dans une de ces éditions la pièce est intitulée, *la Tolérance*' (septembre 1769, p.80).

476

Mais ils ont beau dire, beau s'épancher. Ils savent tous qu'ils ne se trompent pas sur la valeur intrinsèque des *Guèbres*. Malgré la noblesse de sa thèse, malgré l'intensité de la conviction qu'y avait mise son créateur, cette tragédie demeurera à tout jamais une frappante illustration du vieil adage: 'C'est avec les beaux sentiments qu'on fait de la mauvaise littérature.'

7. *Manuscrits et éditions*[50]

Nous ne connaissons qu'une copie manuscrite des *Guèbres* (MS1) et un brouillon partiel du 'Discours historique et critique' (MS2).

La première édition de la pièce parut à Genève, chez Gabriel Grasset, en juin 1769 (69G) et fut suivie, peu de temps après, par l'édition parisienne de Lacombe (69P). Trois autres éditions françaises portent la date de 1769 (69X1, 69X2, 69X3). Cramer inséra *Les Guèbres* dans le tome 8 des *Nouveaux mélanges* (NM), avec le 'Discours' et cinq pages de 'Variantes', c'est-à-dire des additions et corrections de Voltaire. Ces corrections seront incorporées dans l'édition séparée publiée par Cramer en 1769 (69G2). *Les Guèbres* parurent ensuite dans quatre autres éditions séparées entre 1770 et 1777 et dans les diverses éditions collectives des œuvres de Voltaire. Celle de 1775 (W75G) fournit, dans son état corrigé (W75G*), le texte de base de la présente édition.

MS1

Les deux freres / ou Les Guèbres / Tragi Comedie /
Copie contemporaine, probablement exécutée pour Lekain; 216 x 315 mm; 40 feuillets non foliotés, dont le dernier vide. En haut de la première page: 'De Monsieur de Voltaire... 7bre 1768'. Le sous-titre 'ou Les Guèbres' a été ajouté après coup.

[50] Section préparée avec la collaboration de Andrew Brown.

Ce manuscrit présente la version la plus ancienne des *Guèbres* que l'on connaisse. Il ne faut pas croire toutefois – malgré l'inscription – qu'elle remonte jusqu'au mois de septembre 1768. Cette date doit plutôt représenter ce que le récipiendaire ou le possesseur croyait être l'époque de la composition (intégrale bien que primitive) de la tragédie. En réalité le titre même de la pièce qui figure dans le manuscrit nous invite à croire que celui-ci ne saurait être antérieur à la fin de l'année 1768: il est, pour la première fois, question d'intituler la tragédie *Les Deux frères* le 17 décembre 1768 (D15372, D15375, D15383); par ailleurs, les variantes indiquées par Voltaire dans sa correspondance (D15372, D15375, D15379, D15428, D15444) – elles sont intégrées au texte du manuscrit – nous aiguilleraient vers le début du mois de février 1769 au plus tôt (D15458).

Pour ce qui est du texte même, il n'a rien de remarquable. Abstraction faite de certaines petites négligences imputables sans doute à un copiste, il nous aide à nous faire une idée assez précise de l'inévitable travail de refonte ou de perfectionnement qu'entreprendra le dramaturge dans la période février – mai/juin 1769, avant la publication de 69G. Il se livrera à diverses menues édulcorations d'ordre politico-religieux (notons cependant que le texte définitif, en un seul endroit et dans une addition tardive, sera plus dur pour le grand-prêtre: II.v.259-266). Il opérera divers allègements ou changements d'ordre stylistique qui lui permettront, soit de reformuler certaines phrases mal tournées ou floues (et, par là, de mieux préciser sa pensée), soit d'éviter la monotonie du débit (pour ne rien dire des épithètes) et d'augmenter par là la rapidité et le caractère dramatique des échanges (voir à titre d'exemple: III.i.67-84; IV.i.1-10; IV.vi.284-311).

Comédie-Française: MS 20018 (5).

MS2

fragments Sur athalie /
Copie de la main de Bigex avec corrections et additions de la main de Voltaire. Voir ci-dessous, appendice II.

Bn: N 24343, f.406-409r.

69G

LES / GUEBRES, / OU LA / TOLÉRANCE. / *TRAGÉDIE.* /

PAR / MR. D***. M****. / [*ornement, aigle et couronne de laurier, 44 x 31 mm*] / [*filet gras-maigre, 68 mm*] / MDCCLXIX. /

[*faux-titre*] LES / GUEBRES, / OU LA / TOLÉRANCE. / *TRAGÉ-DIE*. / Par MR. D*** M****. /

8°. sig. A-G⁸ H²; pag. 116 (p.29 non numérotée dans la plupart des exemplaires); $4 signé, chiffres romains (– A1-2, H2; A4 signé 'A vj'); réclames par cahier et pour les rubriques.

[1] faux-titre; [2] bl.; [3] titre; [4] bl.; 5-10 Préface de l'éditeur; 11-15 Epître dédicatoire, à monsieur de Voltaire, de l'Académie française, de celles de Florence, de Londres, de Pétersbourg, de Berlin &c. Gentilhomme ordinaire du roi très chrétien, ancien chambellan du roi de Prusse [signée Gabriel Grasset et associés]; 16 Personnages; 17-115 Les Guèbres, ou la tolérance. Tragédie; 116 Errata.

La première édition des *Guèbres*, imprimée et éditée à Genève par Gabriel Grasset.[51] Le 19 juin 1769, Voltaire annonce à d'Argental l'envoi de 'quatre exemplaires des Guèbres à Mr Marin, l'un pour vous, le second pour lui, le troisième pour l'impression, le quatrième pour made Denis' (D15693).

Diffère du texte de base aux endroits suivants: Préface, l.3, 14, 17, 32, 37; I.163a-166, 317, 327; II.231, 267-273, 316-323; III.5-11, 15, 76-83, 97-99, 102, 106, IV.49, 120c, 151, 161-163, 322; V.22, 55.

L'errata concerne III.15v et IV.46v.

Bn: 8° Yth 8133; – 8° Yth 8134 (A1 manque); – Rés. D2 5324 (2); Arsenal: 8° B 13933 (p.29 numérotée); – 8° B 13934 (2); – Rf 14581; Taylor: V3 G8 1769 (1); Stockholm: Litt. Fr. Pjäs. 1700-99.

69G*

Cet exemplaire de 69G corrigé par Voltaire et ses secrétaires comporte des corrections à I.162-167, 267-273, 316-323; III.5-11, 76-83, 97-99, 102; et IV.161-163. Ces corrections furent suivies par NM (dans les 'Variantes'), 69G2 et les éditions suivantes, dont W75G, notre texte de base. Deux

---

[51] Voir A. Brown et U. Kölving, 'Voltaire et Cramer?', *Le Siècle de Voltaire: hommage à René Pomeau*, éd. C. Mervaud et S. Menant (Oxford 1987), p.166.

autres corrections ne furent pas reproduites par les éditions postérieures: I.65; II.135-136. Voir J. Vercruysse, 'Quelques vers inédits de Voltaire', *Studies* 12 (1960), p.55-61.

69P

LES / GUEBRES, / *TRAGÉDIE*. / PAR M. D*** M**** / [*ornement, rameau de fleurs, 51 x 42 mm*] / [*filet gras-maigre, 68 mm*] / M. DCC. LXIX. /

8°. sig. A-E⁸ F² (F2 bl.); pag. 82; $4 signé, chiffres romains (– A1, F2); réclames par cahier.

[1] titre; [2] bl.; [3]-5 Préface de l'éditeur; [6] Personnages; [7]-82 Les Guèbres, tragédie.

Une édition parisienne, sans doute celle imprimée pour Lacombe. 'Les Guebres sont imprimés depuis huit ou dix jours [...] C'est Lacombe qui l'a imprimé' (Mme Denis à Voltaire, 30 juillet [1769]; D15783). Les fautes signalées dans l'errata de l'édition originale sont corrigées dans celle-ci.

Cette édition suit 69G, exception faite de la suppression du sous-titre (voir D15693) et de deux corrections, à la ligne 14 de la préface et à v.55. Elle présente en outre de menues variantes à II.123, 127, 134, 199 et IV.317.

Bn: Yf 6440; – 8° Yth 20264; – 8° Yth 20263 (F2 manque); – 8° Yth 8128-8132 (5 ex.; F2 manque); Arsenal: 8° B 13485 (4); – 8° NF 5430; – Th. N. 10259 (F2 manque); – Rf 14582; – Rec 51 XXI (145) (A1, F2 manquent); – R JJO 174; Taylor: V3 G8 1769 (2).

NM (1769)

Nouveaux mélanges philosophiques, historiques, critiques, &c. &c. &c. [Genève, Cramer], 1765-1776. 19 vol. 8°. Bengesco iv.230-39; Trapnell NM; BnC 111-135.

Tome 8 (1769): III-XXII Discours historique et critique à l'occasion de la tragédie des Guèbres; 3-5 Les Guèbres, ou la tolérance. Tragédie. Préface de l'éditeur; 6 Personnages; [7]-86 Les Guèbres, ou la tolérance. Tragédie; 87-91 Variantes de la tragédie intitulée les Guèbres.

La composition typographique du 'Discours historique et critique' (qui paraît ici pour la première fois) est celle qui a servi ensuite, après réimposition, à l'impression de l'édition séparée des *Guèbres*, 69G2. Les 'Variantes' sont en effet les dernières corrections de Voltaire, communiquées à Cramer après l'impression du texte des *Guèbres*; elles seront incorporées au texte dès l'édition séparée des Cramer, 69G2. Elles correspondent presque toutes aux additions manuscrites qu'on trouve dans 69G* (voir I.162a-166; II.267-273, 317-323; III.5-10, 76-83, 97-99, 102; IV.49, 161-163). Le texte des NM suit 69G, sauf en ce qui concerne l'Epître dédicatoire' (absente) et IV.151 et 322.

Taylor: VF.

69G2

[*encadrement*] LES / GUEBRES, / OU / LA TOLÉRANCE, / *TRAGÉDIE*; / Avec un DISCOURS PRELIMINAIRE. / [*filet, 75 mm*] / TROISIEME EDITION. / [*filet, 75 mm*] / [*ornement, cartouche avec des feuilles, 50 x 17 mm*] / *A ROTERDAM*, / Chez REINIER LEERS. / [*filet gras-maigre, 41 mm*] / M. DCC. LXIX. /

[*faux-titre, encadrement*] LES / GUEBRES, / OU / LA TOLÉ-RANCE, / *TRAGÉDIE*. /

8°. sig. π2 a-f⁸ g⁴; pag. [4] 104; \$4 signé, chiffres romains (− g4; a2-4, b2 signés chiffres arabes); réclames par cahier.

[*1*] faux-titre; [*2*] bl.; [*3*] titre; [*4*] bl.; 1-19 Discours historique et critique à l'occasion de la tragédie des Guèbres; 20 Personnages; [21]-104 Les Guèbres, ou la tolérance. Tragédie.

C'est l'édition faite par Cramer qui parut début novembre 1769: Voltaire en envoie un exemplaire à Richelieu le 8 (D15991). Pour la composition du 'Discours', voir ci-dessus, NM. Cette édition incorpore les 'Variantes' présentées séparément dans les NM.

La plupart des exemplaires connus ont été corrigés par Wagnière aux pages 8, 41 et 87.

Bn: Rés. Z Bengesco 111 (corrections aux pages 8, 41, 87); − 8° Yth 8135 (corrections aux p.8, 41); − 8° Yth 8134 *bis*; Arsenal: GD 8° 23346 (corrections aux p.8, 41, 65 et des traces de cire à la p.87); − 8° B 13932 (corrections aux p.8, 41, 87); − Rf 14584 (corrections aux p.8, 41, 87).

69G2*

Nous désignons par ce sigle les corrections manuscrites qui figurent dans les exemplaires de l'édition citée ci-dessus.

69X1

LES / GUEBRES, / *OU* / LA TOLÉRANCE, / *TRAGÉDIE.* / PAR MR. D***. M****. / [*ornement, rameau de fleurs, 62 x 59 mm*] / *A GENEVE.* / [*filet gras-maigre, 51 mm*] / M. DCC. LXIX. /

8°. sig. π^4 B-G^4 H^2; pag. 60 (p.5 non numérotée; p.41 numérotée '14'); \$1 signé; réclames par cahier.

[1] titre; [2] Personnages; [3]-60 Les Guèbres, ou la tolérance, tragédie.

Une édition provinciale française. Il s'agit peut-être de celle de Lyon, évoquée par Voltaire le 7 juillet 1769: 'On se prépare à faire une nouvelle édition des Guèbres à Lyon' (D15737).

La 'Préface', l''Epître dédicatoire' et le 'Discours historique' sont absents. Le texte suit celui de 69G, exception faite de 1.327. Une seule variante, à 11.199.

Bn: Rés. Z Beuchot 311.

69X2

LES / GUEBRES, / *OU LA* / TOLERANCE. / *TRAGÉDIE.* / PAR MONSIEUR D***. M****. / [*ornement, vase de fleurs, 34 x 30 mm*] / *A GENEVE,* / Chez GRASSET, Libraire. / [*filet gras-maigre, 60 mm*] / M. DCC. LXIX. /

8°. sig. A-F^4; pag. 47; \$2 signé, chiffres arabes (– A1); réclames par cahier.

[1] titre; [2] Acteurs; 3-47 Les Guèbres ou la tolérance, tragédie.

Une édition provinciale française de provenance incertaine.

La 'Préface', l''Epître dédicatoire' et le 'Discours historique' sont absents. Le texte suit 69G, exception faite de v.55.

Bn: Yf 11357; – Z Rothschild 5229; Arsenal: Rf 14583; Taylor: V3 G8 1769 (3).

482

69x3

LES / GUEBRES, / *OU LA* / TOLÉRANCE. / *TRAGÉDIE.* / PAR MR. D***. M****. / [*ornement, rameau de fleurs, 58 x 54 mm*] / A GENÈVE, / Chez *GRASSET*, Libraire, / [*filet triple, 57 mm*] / M. DCC. LXIX. /

8°. sig. A-F⁴ G² H1; pag. '37'[=53] (p.49 numérotée '94', 52 '56', 53 '37'; p.31 non numérotée); \$2 signé, chiffres arabes (– A1); réclames par cahier.

[1] titre; [2] Acteurs; [3]-'37'[=53] Les Guèbres, ou la tolérance. Tragédie.

Une édition provinciale française.

Bn: Z Rothschild 4783.

70D

[*encadrement*] *LES* / GUEBRES, / OU LA / TOLÉRANCE, / TRAGEDIE / EN CINQ ACTES, EN VERS, / *Par Mr. de VOL-TAIRE.* / [*ornement typographique*] / [*ligne d'ornements typographiques, 59 mm*] / à DRESDE, 1770. / CHEZ GEORGE CONR. WALTHER, / *Libraire de la Cour.* /

8°. sig. A-E⁸ F²; pag. 84; \$5 signé, chiffres arabes (– A1); réclames par cahier.

[1] titre; [2] bl.; [3]-5 Préface de l'éditeur; 6 Personnages; [7]-84 Les Guèbres.

L'adresse typographique est exacte.

Taylor: V3 A2 1764 (23).

71C

LES GUEBRES, / *OU* / LA TOLÉRANCE, / *TRAGÉDIE*, / Par Mr. DE VOLTAIRE. / [*ornement, 41 x 36 mm*] / [*filet gras-maigre, 82 mm*] / *A COPENHAGUE*, / Chez CL. PHILIBERT, / Imprimeur-Libraire. / [*rule, 83 mm*] / MDCCLXXI. / *Avec Permiſſion du Roi.*/

8°. sig. A-F⁸ G⁴; pag. 103; \$5 signé, chiffres arabes (– A1, G4); réclames par cahier.

[1] titre; [2] bl.; [3]-17 Discours historique et critique à l'occasion de la

tragédie des Guèbres; [18]-19 Les Guèbres, ou la tolérance. Tragédie. Préface de l'éditeur; [20] Personnages; [21]-103 Les Guèbres, ou la tolérance. Tragédie.

Imprimée à Copenhague avec des ornements de provenance genevoise.

Stockholm: Litt. Fr. Pjäs. 1700-99.

W68 (1771)

Collection complette des œuvres de M. de Voltaire. Genève [Cramer; Paris, Panckoucke], 1768-1777. 30 vol. 4°. Bengesco iv.73-83; Trapnell 68; BnC 141-144.

Tome 18 (*Poësies mêlées*, volume 1, 1771): 1-14 Discours historique et critique à l'occasion de la tragédie des Guèbres; 14 Personnages; 15-95 Les Guèbres, ou la tolérance. Tragédie.

L'édition in-quarto, publiée à Genève par Cramer. On notera l'absence de la 'Préface' et l'introduction de deux nouvelles leçons, iv.188, 313.

Taylor: VF.

NM (1772)

Nouveaux mélanges philosophiques, historiques, critiques, &c. &c. &c. [Genève, Cramer], 1765-1776. 19 vol. 8°. Bengesco iv.230-39; Trapnell NM; BnC 111-135.

Tome 8 (1772): III-XXII Discours historique et critique à l'occasion de la tragédie des Guèbres; 3-5 Les Guèbres, ou la tolérance, tragédie. Préface de l'éditeur; 6 Personnages; [7]-86 Les Guèbres, ou la tolérance, tragédie; 87-91 Variantes de la tragédie intitulée les Guèbres.

Une autre édition du tome 8 des *Nouveaux mélanges*.

Collection particulière.

W70L (1772)

Collection complette des œuvres de M. de Voltaire. Lausanne, Grasset, 1770-1781, 57 vol. 8°. Bengesco iv. 83-89; Trapnell 70L; BnC 149-150

Tome 18 (1772): [185] M5r '*LES* / GUEBRES, / *OU* / LA TOLÉ-RANCE, / *TRAGÉDIE;* / AVEC UN DISCOURS PRÉLIMI-

NAIRE. / *Revue & corrigée par l'auteur.*'; [186] bl.; 187-201 Discours historique et critique à l'occasion de la tragédie des Guèbres; 202 Personnages; 203-290 Les Guèbres, ou la tolérance. Tragédie.

Le texte des *Guèbres* comporte un nombre considérable de modifications dues à Voltaire: 'Discours', l.81, 126-127, 297, 301, 325-328, 334-436; 'Personnages', l.9, 10; I.11-12, 15-17, 21, 23-33, 120-120a, 126, 167-170, 182b, 368; II.105, 132-137; III.234, 275-276, 278; IV.287, 291, 305; V.84, 90, 187, 244. La 'Préface' est absente.

Taylor: V1 1770L (18).

T73L

Le Théâtre complet de M. de Voltaire. Amsterdam, Libraires associés, 1773. 10 vol. 12°.

Tome 7: [1] A1r '*LES* / GUEBRES, / *OU* / LA TOLERANCE, / *TRAGÉDIE,* / AVEC UN DISCOURS PRÉLIMINAIRE, / *Revue & corrigée par l'auteur. / Tome VII.* A'; [2] bl.; [3]-23 Discours historique et critique à l'occasion de la tragédie des Guèbres; [24] Personnages; 25-114 Les Guèbres, ou la tolérance, tragédie.

Zentralbibliothek, Solothurn: Qb 2566 (7).

W71P (1773)

Œuvres de M. de V.... Neufchatel [Paris, Panckoucke], 1771-1777. 34 ou 40 vol. 8° et 12°. Bengesco iv.91-94; Trapnell 72P; BnC 152-157.

Théâtre, tome 5 (1773): [251] L6r 'LES GUÈBRES, / *OU* / LA TOLÉRANCE; / *TRAGÉDIE.* / L vj'; [252] bl.; 253-277 Discours historique et critique, à l'occasion de la tragédie des Guèbres; [278] Personnages; [279]-370 Les Guèbres, ou la tolérance; tragédie.

Arsenal: Rf 14095 (5).

W71L (1774)

Collection complète des œuvres de M. de Voltaire. Genève [Liège, Plomteux], 1771-1777. 32 vol. 8°. Bengesco iv.89-91; Trapnell 71; BnC 151.

Tome 18 (*Poësies mêlées,* volume 1, 1774): 1-16 Discours historique et critique à l'occasion de la tragédie des Guèbres; 16 Personnages; 17-79 Les Guèbres, ou la tolérance. Tragédie.

Cette édition reprend le texte de w68.

Taylor: VF.

w75G

La Henriade, divers autres poèmes et toutes les pièces relatives à l'épopée. [Genève, Cramer & Bardin], 1775. 37 vol. (40 vol. avec les *Pièces détachées*). 8°. Bengesco iv.94-105; Trapnell 75G; BnC 158-161.

Tome 6: [323] X2r 'LES GUEBRES, / OU / LA TOLERANCE. / *TRAGÉDIE*. / X ij'; [324] bl.; *323-*324 Préface de l'éditeur; 325-343 Discours historique et critique à l'occasion de la tragédie des Guèbres; [344] Personnages; 345-428 Les Guèbres, ou la tolérance. Tragédie.

L'édition encadrée, préparée sous la direction de Voltaire. Elle fournit, dans son état corrigé (w75G*), le texte de base de notre édition des *Guèbres*. La 'Préface de l'éditeur', absente dans w68, a été introduite par moyen d'un carton; voir J. Vercruysse, *Les Editions encadrées des œuvres de Voltaire*, Studies 168 (1977), p.75-77.

Taylor: VF.

w75G*

Ce sigle désigne l'exemplaire de w75G corrigé par Voltaire, qui comporte deux menues corrections au texte du 'Discours', l.60; voir S. S. B. Taylor, 'The definitive text of Voltaire's works: the Leningrad *encadrée*', Studies 124 (1974), p.47.

StP: BV 11-11.

w75X

Œuvres de Mr de Voltaire. [Lyon?], 1775. 37 vol. (40 vol. avec les *Pièces détachées*). 8°. Bengesco 2141; BnC 162-163.

Tome 6: [1] X2r '[encadrement] / LES GUEBRES, / OU / LA TOLÉRANCE, / *TRAGÉDIE*. / X2'; [2] encadrement seul; 323-324 Préface de l'éditeur; 325-343 Discours historique et critique. A l'occasion

486

de la tragédie des Guèbres; [344] Personnages; '245'[=345]-'24'[=424]
Les Guèbres, ou la tolérance, tragédie.

Une imitation ou contrefaçon de w75G.

Taylor: VF.

76

[encadrement] LES / GUEBRES, / OU / LA TOLÉRANCE. / TRAGÉDIE. / [filet orné, 76 mm] / Nouvelle Édition, revue & corrigée par / l'Auteur, avec un DISCOURS PRÉLIMINAIRE. / [filet orné, 76 mm] / [ornement, tête de guerrière, 25 x 27 mm] / A GENEVE, / [filet gras-maigre, 42 mm] / M. DCC. LXXVI. /

Une nouvelle émission des feuilles de l'édition Cramer de 1769 (69G2) avec une page de titre qui remplace π^2 de l'original.

Arsenal: Rf 14585; Stockholm: Litt. Fr. Pjäs. 1700-99.

T76G

Théâtre complet de monsieur de Voltaire. Genève, 1776. 9 vol. 8°.

Une nouvelle émission des feuilles de w75G. Les Guèbres figurent dans le tome 5.

Queen Mary and Westfield College, London: 8602.

T76X

Théâtre complet de monsieur de Voltaire. 1776. 7 vol. 8°.

Tome 6: [179] M2r 'LES GUEBRES, / OU / LA TOLÉRANCE, / TRAGÉDIE. / M ij'; [180] Personnages; 181-266 Les Guèbres, ou la tolérance; tragédie.

Arsenal: Rf 14096 (6).

77

LES / GUEBRES, / OU LA / TOLÉRANCE. / TRAGÉDIE. / EN CINQ ACTES ET EN VERS, / Par M. De VOLTAIRE. / [filet orné, 82 mm] / Corrigée fur l'édition de Genève. / [filet orné, 82 mm] /

[*ornement, deux oiseaux, 41 x 33 mm*] / *A PARIS*, / Chez RUAULT, Libraire, / rue de la Harpe. / [*filet orné, 65 mm*] / *M. DCC. LXXVII.* / 8°. sig. A-G⁴; pag. 54 [55]; $2 signé, chiffres arabes (– A1); réclames par cahier.

[1] titre; [2] Acteurs; 3-54 Les Guèbres, ou la tolérance. Tragédie; [55] 'On trouve à Avignon, chez les Freres Bonnet [...]'.

Arsenal: Fonds Taylor.

T77

Théâtre complet de M. de Voltaire. Amsterdam, Libraires associés, 1777. 11 vol. 12°.

Tome 7: [181] H7r '*LES* / GUEBRES, / *OU* / LA TOLERANCE, / *TRAGÉDIE*; / AVEC UN DISCOURS PRÉLIMINAIRE, / *Revue & corrigée par l'auteur.*'; [182] bl.; 183-203 Discours historique et critique à l'occasion de la tragédie des Guèbres; [204] Acteurs; 205-298 Les Guèbres, ou la tolérance, tragédie.

Stockholm: Litt. Fr. Dram.

K84

Œuvres complètes de Voltaire. [Kehl], Société littéraire-typographique, 1784-1789. 70 vol. 8°. Bengesco 2142; BnC 164-193.

Tome 5: [301] T7r 'LES GUEBRES / OU / LA TOLERANCE, / *TRAGEDIE.* / Non repréſentée.'; [302] bl.; [303]-305 Préface des éditeurs de la première édition; [306]-323 Discours historique et critique, à l'occasion de la tragédie des Guèbres; [324]-325 Avertissement des nouveaux éditeurs; [326] Personnages; [327]-408 Les Guèbres ou la tolérance, tragédie; [409] Variantes des Guèbres.

La première version de l'édition de Kehl. Le texte offre quelques variantes par rapport au texte de base (w75G*): 'Discours', l.6-7; 1.317; II.70, 203; III.5-11; IV.120c, 174, 188, 313.

Taylor: VF.

8. *Traductions* [52]

Hollandais

De Guebers, treurspel, in vyf bedryven (Amsteldam, Pieter Johannes Uylenbroek, 1804), trad. H. Tollens. Avec préface critique du traducteur.

Italien

Dans *Teatro del Signor di Voltaire* (Venezia 1774-1776), iv.
Dans *Raccolta compiuta delle tragedie del Sig. di Voltaire*, 2e éd. (Venezia 1783), v.

9. *Principes de cette édition*

Le texte de base est w75G*. Les variantes proviennent des manuscrits et éditions suivants: MS1, 69G, 69G*, 69P, NM, 69G2, 69G2*, 69X1, 69X2, w68, w70L, K. Ces variantes ne portent pas sur la ponctuation, sauf quand elles entraînent des modifications du sens.

Traitement du texte de base

Trois erreurs ne sont pas signalées dans l'apparat critique: 'mains' pour 'mais' (III.145); 'jur' pour 'jour' (IV.186); 'Scène III' pour 'Scène IV' (V.132a).

On a respecté l'orthographe des noms propres de personnes et de lieux, avec l'addition des accents à: Barthelemi, Marcele. On a conservé les italiques du texte de base, sauf dans le cas des noms propres de personnes et de lieux. On en a aussi respecté scrupuleusement la ponctuation, sauf dans le cas des indications scéniques, où des changements légers ont été parfois imposés afin d'obtenir une ponctuation conséquente.

---

[52] Voir L. Ferrari, *Le Traduzioni italiane del teatro tragico francese nei secoli XVII° e XVIII°* (Paris 1925), p.298-300; J. Vercruysse, 'Bibliographie provisoire des traductions néerlandaises et flamandes de Voltaire', *Studies* 116 (1973), p.34.

Le texte de base a fait l'objet d'une modernisation portant sur la graphie, l'accentuation et la grammaire. Les particularités du texte de base dans ces trois domaines sont les suivantes:

I. *Particularités de la graphie*

1. Consonnes

   – absence de la consonne *p* dans: batisé, longtems, printems
   – absence de la consonne *t* dans les finales en -*ans* et en -*ens*: agissans, clémens, empressemens, mourans, sanglans, etc.
   – redoublement de consonnes dans: allarmé, allarment, allarmer, allarmes, annoblissent, appellez, apperçoivent, s'apperçut, indiscrette, infidelle [et: infidèle], jettant, jetter, jettés, jettez, Persanne, rejetter, rejettez, renouveller
   – présence d'une seule consonne dans: abhore [et: abhorre, abhorres], couroucé, couroux, falu, falut, intervale, pourrait (et: pourait), rafiné, tranquile

2. Voyelles

   – emploi de *y* à la place de *i* dans: asyle, ayeux, mylord, payen, satyre, voye
   – emploi de *i* à la place de *y* dans: appuier, Cornsburi, Elisées, stile

3. Divers

   – utilisation systématique de la perluette, sauf en tête de phrase

4. Graphies particulières

   – emploi de l'orthographe archaïsante: attens, avanture, azile, bienfaicteur, (vous) connaissés (et: connaissez), contr'eux, échaffauts, encor (et: encore), entousiasme, essain, entr'elle, entr'ouverte, grand'mère, guères, hazard, hazarder, jusques-là, lèze-majesté, prophane, promt, restraint, (vous) révérés, solemnel, solemnité

5. Abréviations

   – emploi du point après: Mr., St., Ste.

6. Le trait d'union

   – il est présent dans: à-peu-près, aussi-bien, c'est-là, dès-lors, genrehumain, grands-hommes, non-seulement, quelques-jours, sauve-garde

7. Majuscules

   – nous mettons la majuscule initiale aux titres d'ouvrage, aux noms propres désignant des nations ou des peuples, et à: capitole, (l')état, inquisition, porte-aux-chevaux

- nous mettons la minuscule aux substantifs suivants qui portent en général une majuscule dans le texte de base: Auteur, Chrêtien, Diable, (un) Dieu, Dieux, Divinité, Edit, Empereur, Lettres, Littérature, Lieutenant, Magistrats, Public, Religion, Souverain, Tragédie, Tribun
- nous mettons la minuscule aux adjectifs désignant des nations ou des peuples, qui portent en général une majuscule dans le texte de base: Français, Juif, Persan, Romain, Syrien

II. *Particularités d'accentuation*

1. L'accent aigu
   - il est absent dans: desarmer, deshonoré, repliqua, repliquai, venérable
   - il est présent dans: appésantis, mercénaires
   - il est employé au lieu du grave dans: assiége, avénement, chérement, dix-huitiéme, fiérement, grossiérement, léchent, lécheront, piéce, possédent, protége, protégent, siécle, siége

2. L'accent grave
   - il est absent dans: déja

3. L'accent circonflexe
   - il est employé au lieu de l'aigu dans: Chrêtiens
   - il est employé au lieu du grave dans: anathême, interprêtes, prophêtes
   - il est présent dans: toûjours
   - il est absent dans: ame, bucher, chaines, connait, disgrace, enchaina, grace, s'accroit, sureté, théatrale

4. Le tréma
   - il est présent dans: déïfié, désobeïr, entenduë, Israëlites, jouïra, jouïssent, obéï, obéïr, obéïs (et: obéi, obéis), poësie, poëte

III. *Particularités grammaticales*

- accord du participe passé: pas de règle fixe
- l'adjectif numéral cardinal 'cent' est invariable
- absence de terminaison en *s* à la 2e personne du singulier de l'impératif dans: atten, contien, crain (et: crains), croi, fui, soutien, sui, tien, voi
- emploi du pluriel en -*x* dans: loix

491

— osai-je (pour: osé-je)
— accord de l'adverbe dans: une toute autre origine; toute ingrate.

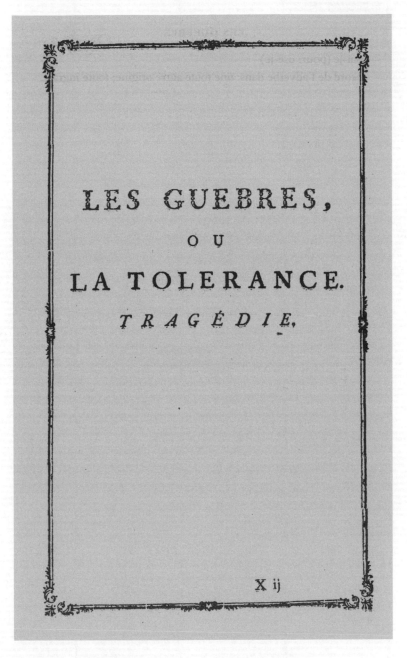

LES GUEBRES,

O U

LA TOLERANCE.

TRAGÉDIE,

X ij

3. Page de titre des *Guèbres* dans w75G.
Voltaire Foundation, Oxford.

LES GUÈBRES,

OU

LA TOLÉRANCE

TRAGÉDIE.

a-d   MS: Les deux freres ou Les Guèbres / Tragi Comedie

PRÉFACE DE L'ÉDITEUR [1]

Le poème dramatique, intitulé *les Guèbres*, était originairement une tragédie chrétienne. [2] Mais après les tragédies de *St Genest*, de *Polyeucte*, de *Théodore*, de *Gabinie* [3] et de tant d'autres, l'auteur de cet ouvrage craignit que le public ne fût enfin dégoûté, et que même ce ne fût en quelque façon manquer de respect pour la religion chrétienne, de la mettre trop souvent sur un théâtre profane. Ce n'est que par le conseil de quelques magistrats éclairés, qu'il substitua les Parsis, ou Guèbres aux chrétiens. Pour peu qu'on y fasse attention, on verra qu'en effet les Guèbres n'adoraient qu'un seul Dieu; qu'ils furent persécutés comme les chrétiens depuis Dioclétien, et qu'ils ont dû dire à peu près pour leur défense tout ce que les chrétiens disaient alors.

L'empereur ne fait à la fin de la pièce que ce que fit Constantin

---

a-54   69x1, 69x2, 69g2, w68, w70l, absent
a   k: Préface des éditeurs de la première édition
3   69g, 69p: le jeune auteur

---

[1] La 'Préface', dont l'idée remonte au mois d'août 1768, ne fut, selon toute vraisemblance, rédigée dans sa forme actuelle que vers le mois d'avril 1769; voir ci-dessus, p.453. Voir aussi D15183, D15321, D15350, D15635, D15637, D15659, où Voltaire parle de cette préface dont il est lui-même l'auteur.

[2] Dans une lettre du 5 décembre 1768, adressée à d'Argental, Voltaire écrivait déjà: 'Si les Guebres pouvaient ressembler à quelque chose, ce ne serait qu'aux premiers chrétiens poursuivis par les pontifes païens pour n'avoir adoré qu'un seul dieu; et même on pourrait dire, que la pièce [...] était originairement une tragédie chrétienne; mais que la crainte de retomber dans le sujet de Polieucte, et le respect pour notre sainte religion, qui ne doit pas être prodiguée sur le théâtre, engagea l'auteur à déguiser le sujet sous d'autres noms' (D15350). Voir aussi D15625.

[3] *Le Véritable Saint-Genest* (1646), tragédie de Rotrou; *Polyeucte* (1643) et *Théodore* (1646), tragédies de Corneille; *Gabinie, tragédie chrétienne* (1699), d'Augustin-David Brueys.

497

à son avènement, lorsqu'il donna dans un édit pleine liberté aux chrétiens d'exercer leur culte, jusque-là presque toujours défendu ou à peine toléré.

M. ..... [4] en composant cet ouvrage, n'eut d'autre vue que d'inspirer la charité universelle, le respect pour les lois, l'obéissance des sujets aux souverains, l'équité et l'indulgence des souverains pour leurs sujets.

Si les prêtres des faux dieux abusent cruellement de leur pouvoir dans cette pièce, l'empereur les réprime. Si l'abus du sacerdoce est condamné, la vertu de ceux qui sont dignes de leur ministère reçoit tous les éloges qu'elle mérite.

Si le tribun d'une légion, et son frère qui en est le lieutenant, s'emportent en murmures, la clémence et la justice de César en font des sujets fidèles et attachés pour jamais à sa personne.

Enfin, la morale la plus pure et la félicité publique sont l'objet et le résultat de cette pièce. C'est ainsi qu'en jugèrent des hommes d'Etat élevés à des postes considérables, [5] et c'est dans cette vue qu'elle fut approuvée à Paris. [6]

Mais on conseilla à l'auteur de ne la point exposer au théâtre, et de la réserver seulement pour le petit nombre de gens de lettres qui lisent encore ces ouvrages. [7] On attendait alors avec impatience

14   69G: donna par un édit
17   69G, 69P: M. D. M. en
32   69G, 69P: conseilla au jeune auteur

[4] M. Desmahis, voir ci-dessus, p.439, 446, 448, et ci-dessous, p.638-39.

[5] Ici Voltaire désigne sans doute d'Argental.

[6] Cette phrase rassurante est aussi ambiguë que la précédente. D'après la correspondance de Voltaire, il apparaît clairement que Les Guèbres furent bien accueillis en tant que pamphlet humanitaire, mais avec beaucoup de réserve en tant que tragédie destinée à la représentation.

[7] Voir ci-dessus, p.441-51; il suffit de dire ici qu'il semble bien qu'on n'avait pas conseillé à Voltaire de ne point exposer Les Guèbres au théâtre, mais que les tractations de Marin et l'hostilité de François Moreau, conseiller au Châtelet, et sans doute de ses confrères et des bien-pensants, l'avaient empêché à la fin de faire représenter sa pièce.

plusieurs tragédies plus théâtrales et plus dignes des regards du   35
public, soit de M. Du Belloy, [8] soit de M. le Mierre, [9] ou de quelques
autres auteurs célèbres. [10] L'auteur de la *Tolérance* n'osa, ni ne
voulut entrer en concurrence avec des talents qu'il sentait supérieurs aux siens. Il aima mieux avoir droit à leur indulgence, que
de lutter vainement contre eux; et il supprima même son ouvrage   40
que nous présentons aujourd'hui aux gens de lettres; car c'est leur
suffrage qu'il faut principalement ambitionner dans tous les genres.
Ce sont eux qui dirigent à la longue le jugement et le goût du
public. Nous n'entendons pas seulement par gens de lettres les
auteurs, mais les amateurs éclairés qui ont fait une étude approfon-   45
die de la littérature, *qui vitam excoluere per artes;* [11] ce sont eux que
le grand Virgile place dans les champs Elysées parmi les ombres
heureuses, parce que la culture des arts rend toujours les âmes
plus honnêtes et plus pures.

Enfin, nous avons cru que le fond des choses qui sont traitées   50
dans ce drame, pourrait ranimer un peu le goût de la poésie que
l'esprit de dissertation et de paradoxe commence à éteindre en

37   69G, 69P: célèbres. M. D. M. n'osa

---

[8] *Le Siège de Calais* de Belloy devait être repris le 1er mars 1769 et joué pendant
deux mois. Ce compliment, en dépit des apparences, n'en est pas un et Belloy
n'avait pas tort de le trouver suspect (voir D15844, D16095). Voltaire cache sans
doute du dépit mal contenu: dans sa lettre du 1er janvier 1769 à Mme Denis, il
écrivait: 'il est assez triste qu'il y ait deux tragédies à passer devant une pièce qui
est le code de la tolérance, de la royauté, de l'humanité et de la nature' (D15403).
Le 6 février il lui écrivait encore: 'C'est dommage que le cœur du Sire de Coucy
[personnage de *Gabrielle de Vergy*] doive passer devant dans un plat, car en vérité
les Guèbres intéressent un peu plus le genre humain' (D15464).

[9] *Hypermnestre*, de Lemierre, fut reprise le 8 février 1769.

[10] Peut-être Voltaire désigne-t-il ici Cailhava de L'Estendoux, *Les Etrennes de
l'amour* (1er janvier 1769) et Dominique Vivant Denon, *Julie, ou le bon père* (14
janvier 1769).

[11] Virgile, *Aeneid*, vi.663.

499

France, malgré les heureux efforts de plusieurs jeunes gens remplis de grands talents qu'on n'a peut-être pas assez encouragés.

500

DISCOURS
HISTORIQUE ET CRITIQUE
À L'OCCASION
DE LA TRAGÉDIE DES GUÈBRES [1]

On trouvera dans cette nouvelle édition de la tragédie des *Guèbres* exactement corrigée, beaucoup de morceaux qui n'étaient point dans les premières. Cette pièce n'est pas une tragédie ordinaire dont le seul but soit d'occuper pendant une heure le loisir des spectateurs, et dont le seul mérite soit d'arracher avec le secours   5 d'une actrice quelques larmes bientôt oubliées. L'auteur n'a point recherché de vains applaudissements qu'on a si souvent prodigués sur les théâtres aux plus mauvais ouvrages encore plus qu'aux meilleurs.

Il a seulement voulu employer un faible talent à inspirer autant   10 qu'il est en lui le respect pour les lois, la charité universelle, l'humanité, l'indulgence, la tolérance; c'est ce qu'on a déjà remarqué dans les préfaces qui ont paru à la tête de cet ouvrage dramatique.

Pour mieux parvenir à jeter dans les esprits les semences de ces   15 vertus nécessaires à toute société, on a choisi des personnages dans l'ordre commun. On n'a pas craint de hasarder sur la scène un jardinier, une jeune fille qui a prêté la main aux travaux rustiques de son père, des officiers dont l'un commande dans une petite place frontière, et dont l'autre est lieutenant dans la compagnie de   20

a-434 69G-69X2, absent
6-7 K: n'a pas cherché de vains

---

[1] Sur la composition de ce 'Discours', voir ci-dessus, p.464-72; sur l'envoi de celui-ci à Cramer, voir D15716, D15719.

son frère. Enfin un des acteurs est un simple soldat. De tels personnages qui se rapprochent plus de la nature, et la simplicité du style qui leur convient, ont paru devoir faire plus d'impression et mieux concourir au but proposé, que des princes amoureux et des princesses passionnées; les théâtres ont assez retenti de ces aventures tragiques qui ne se passent qu'entre des souverains et qui sont de peu d'utilité pour le reste des hommes. On trouve à la vérité un empereur dans cette pièce: mais ce n'est ni pour frapper les yeux par le faste de la grandeur, ni pour étaler son pouvoir en vers ampoulés. Il ne vient qu'à la fin de la tragédie; et c'est pour prononcer une loi telle que les anciens les feignaient dictées par les dieux.

Cette heureuse catastrophe est fondée sur la plus exacte vérité. L'empereur Gallien dont les prédécesseurs avaient longtemps persécuté une secte persane et même notre religion chrétienne, accorda enfin aux chrétiens et aux sectaires de Perse la liberté de conscience par un édit solennel. C'est la seule action glorieuse de son règne. Le vaillant et sage Dioclétien[3] se conforma depuis à cet édit pendant dix-huit années entières. La première chose que fit Constantin après avoir vaincu Maxence, fut de renouveler le fameux édit de liberté de conscience porté par l'empereur Gallien en faveur des chrétiens.[4] Ainsi c'est proprement la liberté donnée

34   NM-K: Gratien[2]

[2] Erreur des NM, non corrigée dans les éditions suivantes; cf. D15890. Gallien, empereur romain (vers 218-268), promulgua une sorte d'édit de tolérance en 261.

[3] Dioclétien (245-313) fut élu empereur le 17 septembre 284. La dernière période du règne de Dioclétien (303-305) fut toutefois signalée par une violente persécution contre les chrétiens: les mesures prises furent d'une telle violence qu'on crut un moment que le christianisme n'y survivrait point.

[4] Constantin 1er le Grand (vers 280-337). C'est au moment de sa lutte contre Maxence (312) qu'on place cette vision d'une croix lumineuse qu'il aperçut dans le ciel avec l'inscription *In hoc signo vinces*. Ce fut par l'édit de Milan (313) que Constantin permit l'exercice du christianisme.

au christianisme qui était le sujet de la tragédie. Le respect seul pour notre religion empêcha, comme on sait, l'auteur de la mettre sur le théâtre; il donna la pièce sous le nom des *Guèbres*. S'il l'avait présentée sous le titre des *Chrétiens*, elle aurait été jouée sans difficulté, puisqu'on n'en fit aucune de représenter le *St Genest* de Rotrou, le *St Polyeucte* et la *Ste Théodore vierge et martyre* de Pierre Corneille, le *St Alexis* de Desfontaines,[5] la *Ste Gabinie* de Bruis, et plusieurs autres.

Il est vrai qu'alors le goût était moins raffiné; les esprits étaient moins disposés à faire des applications malignes; le public trouvait bon que chaque acteur parlât dans son caractère.

On applaudit sur le théâtre ces vers de Marcèle dans la tragédie de *St Genest*, jouée en 1647, longtemps après *Polyeucte*.

O ridicule erreur de vanter la puissance
D'un Dieu qui donne aux siens la mort pour récompense;
D'un imposteur, d'un fourbe et d'un crucifié!
Qui l'a mis dans le ciel? qui l'a déifié?
Un ramas d'ignorants et d'hommes inutiles,
De malheureux, la lie et l'opprobre des villes;
Des femmes, des enfants, dont la crédulité
S'est forgée à plaisir une divinité:
De gens qui dépourvus des biens de la fortune,
Trouvant dans leur malheur la lumière importune,
Sous le nom de chrétiens font gloire du trépas
Et du mépris des biens qu'ils ne possèdent pas.[6]

Mais on applaudit encore davantage cette réponse de St Genest.

---

60   NM-W75G: Un nombre d'ignorants et de gens inutiles, [W75G*: β]

---

[5] *L'Illustre Olympie, ou le Saint Alexis*, tragédie de Nicolas-Marc Desfontaines (1645). Pour les autres pièces, voir ci-dessus, p.497, n.3.
[6] Rotrou, *Saint Genest*, v.ii. A la ligne 60 le texte de Rotrou porte la leçon des NM.

Si mépriser leurs dieux, c'est leur être rebelle,
Croyez qu'avec raison je leur suis infidèle,   70
Et que loin d'excuser cette infidélité,
C'est un crime innocent dont je fais vanité.
Vous verrez si ces dieux de métal et de pierre
Seront puissants au ciel, comme on les croit en terre;
Et s'ils vous sauveront de la juste fureur   75
D'un Dieu, dont la créance y passe pour erreur.
Et lors ces malheureux, ces opprobres des villes,
Ces femmes, ces enfants et ces gens inutiles,
Les sectateurs enfin de ce crucifié,
Vous diront si sans cause ils l'ont déifié. [7]   80

On avait approuvé dix ans auparavant dans la tragédie de
St Polyeucte le zèle avec lequel il court renverser les vases sacrés
et briser les statues des dieux dès qu'il est baptisé. Les esprits
n'étaient pas alors aussi difficiles qu'ils le sont aujourd'hui. On ne
s'aperçut pas que l'action de Polyeucte est injuste et téméraire.   85
Peu de gens même savaient qu'un tel emportement était condamné
par les saints conciles. Quoi de plus condamnable en effet que
d'aller exciter un tumulte horrible dans un temple, de mettre aux
prises tout un peuple assemblé pour remercier le ciel d'une victoire
de l'empereur, de fracasser des statues dont les débris peuvent   90
fendre la tête des enfants et des femmes! Ce n'est que depuis peu
qu'on a vu combien la témérité de Polyeucte est insensée et
coupable. La cession qu'il fait de sa femme à un païen, a paru enfin
à plusieurs personnes choquer la raison, les bienséances, la nature
et le christianisme même. Les conversions subites de Pauline et   95
même du lâche Félix ont trouvé des censeurs qui en admirant les

---

81   w70L: Ce sont là des raisons convaincantes, comme on voit. On avait

---

[7] *Saint Genest*, v.ii.

belles scènes de cette pièce, se sont révoltés contre quelques défauts de ce genre.[8]

Athalie est peut-être le chef-d'œuvre de l'esprit humain. Trouver le secret de faire en France une tragédie intéressante sans amour, oser faire parler un enfant sur le théâtre et lui prêter des réponses dont la candeur et la simplicité nous tirent des larmes, n'avoir presque pour acteurs principaux qu'une vieille femme et un prêtre, remuer le cœur pendant cinq actes avec ces faibles moyens; se soutenir surtout (et c'est là le grand art) par une diction toujours pure, toujours naturelle et auguste, souvent sublime; c'est là ce qui n'a été donné qu'à Racine et qu'on ne reverra probablement jamais.[9]

Cependant cet ouvrage n'eut longtemps que des censeurs. On connaît l'épigramme de Fontenelle qui finit par ces mauvais vers: (*a*)

(*a*) Voyez l'édition de Racine avec des commentaires, tome v, page 138.[10]

100

105

110

109-113   MSI, voir appendice II, p.635.

[8] Voltaire pense aux critiques adressées à Corneille par les habitués de l'hôtel de Rambouillet. Voir aussi les remarques qu'il avait faites lui-même dans ses *Commentaires sur Corneille* (V 54, p.288-347, plus spécialement p.288-89, 301, 344, 345).

[9] Abstraction faite du fanatisme de Joad, Voltaire exprimait depuis longtemps déjà – et exprimera encore – une admiration constante pour *Athalie* qu'il considérait comme le chef-d'œuvre du théâtre français et de la poésie, et l'ouvrage le plus approchant de la perfection qui fût jamais sorti de la main des hommes. Voir, par exemple, sa dédicace de *Mérope* à Scipion Maffei (1744), 'A son altesse sérénissime madame la duchesse Du Maine' en tête d'*Oreste* (1750; V 31A, p.397-412), les 'Observations sur le Jules César de Shakespeare', et la 'Réponse à un académicien' (parues, en 1764, dans les *Commentaires sur Corneille*), et l'article 'Art dramatique' des *Questions sur l'Encyclopédie* (1770).

[10] Racine, *Œuvres*, éd. Pierre-Joseph-François Luneau de Boisjermain (Paris 1768). Le volume v contient *Esther, Athalie, Examen général du théâtre de Racine*. Voltaire avait souscrit dès 1765 à cette édition qui ne figure plus dans sa bibliothèque;

Pour avoir fait pis qu'Esther,
Comment diable as-tu pu faire?

Il y avait alors une cabale si acharnée contre le grand Racine, que si l'on en croit l'historien du *Théâtre français*, on donnait dans des jeux de société pour pénitence à ceux qui avaient fait quelque faute, de lire un acte d'*Athalie*, [11] comme dans la société de Boileau, de Furetière, de Chapelle, on avait imposé la pénitence de lire une page de la *Pucelle* de Chapelain. [12] C'est sur quoi l'écrivain du *Siècle de Louis XIV* dit, à l'article Racine: *l'or est confondu avec la boue pendant la vie des artistes, et la mort les sépare.* [13]

115

120

---

pour plus de détails, voir D. Williams, 'Luneau de Boisjermain's Racine: a Voltairean emulation?', *Studies* 90 (1972), p.1773-81.

[11] François et Claude Parfaict, *Histoire du théâtre français* (Paris 1734-1749; BV2645: Paris 1745-1748), xv.226-27n. Cette anecdote, avec renvoi à l'*Histoire du théâtre français*, se trouve aussi dans une note de Luneau de Boisjermain à son édition d'*Athalie* (Racine, *Œuvres*, v.137n). Il s'agit d'une pénitence imposée une seule fois, qui avait consisté à lire le premier acte d'*Athalie*. Le fautif devint par là un admirateur inconditionnel de la tragédie et il sut communiquer son enthousiasme à ses amis. Il est évident que Voltaire s'ingénie à établir un parallélisme (en vérité inexistant) entre l'accueil réservé à *Athalie* et à *La Pucelle* de Chapelain.

[12] *La Pucelle, ou la France délivrée*, poème épique par Jean Chapelain qu'il avait mis vingt ans à composer et qui, si célèbre et si vanté avant de paraître, devait tomber immédiatement sous le ridicule lors de sa parution en 1656 tant il était grotesque et rocailleux. *La Pucelle* de Chapelain était la bête noire de Boileau qui la poursuivit de ses sarcasmes pendant trente ans (voir *Satires*, iii.176-179, iv.86-98, vii.27-30, ix.203-224, x.447-460). Pour aider à comprendre le sens de la pénitence dont il est question (et qui n'est que trop bien attestée), il conviendrait de citer l'appréciation si savoureuse que Th. Gautier donna de ce poème épique dans *Les Grotesques* (Paris 1881), p.265-66: 'La dureté du style est inimaginable […]. On ne peut pas dire précisément qu'un vers soit plus aigre que l'autre, car ils le sont tous également et partout […]; si on les récite à haute voix, ce qui est impraticable sans se mettre les lèvres en sang et se râper la langue, il vous semble que l'on renverse des voitures pleines de pavés et qu'il passe sous vos fenêtres des chariots chargés de barres de fer'.

[13] On ne sait que trop bien le peu d'estime qu'avait Voltaire pour les critiques et surtout pour les critiques de société. Ce qu'il dit, à l'article 'Racine', dans son *Siècle de Louis XIV* le prouve à l'évidence: 'On lui a rendu justice fort tard. "Nous avons été touchés, dit Saint-Evremond, de *Mariamne*, de *Sophonisbe*, d'*Alcyonée*, d'*Andromaque*, et de *Britannicus*." C'est ainsi qu'on mettait non seulement la

Enfin ce qui montre encore plus à quel point nos premiers jugements sont souvent absurdes, combien il est rare de bien apprécier les ouvrages en tout genre, c'est que non seulement *Athalie* fut impitoyablement déchirée, mais elle fut oubliée. On représentait tous les jours, *Alcibiade* pour qui

125

> La fille d'un grand roi
> Brûle d'un feu secret sans honte et sans effroi.[14]

Tous les nouveaux acteurs essayaient leur talent dans *le Comte d'Essex*, qui dit en rendant son épée:

130

> Vous avez en vos mains ce que toute la terre
> A vu plus d'une fois utile à l'Angleterre.[15]

On applaudissait à la reine Elizabeth amoureuse comme une fille de quinze ans, à l'âge de soixante et huit. Les loges s'extasiaient quand elle disait:

135

> Il a trop de ma bouche, il a trop de mes yeux,
> Appris qu'il est, l'ingrat, ce que j'aime le mieux.
> De cette passion que faut-il qu'il espère?
> Ce qu'il faut qu'il espère! et qu'en puis-je espérer
> Que la douceur de voir, d'aimer et de pleurer?[16]

140

Ces énormes platitudes qui suffiraient à déshonorer une nation, avaient la plus grande vogue; mais pour *Athalie* il n'en était pas question; elle était ignorée du public. Une cabale l'avait anéantie;

---

mauvaise *Sophonisbe* de Corneille, mais encore les impertinentes pièces d'*Alcyonée* et de *Mariamne*, à côté de ces chefs-d'œuvre immortels. L'or est confondu avec la boue pendant la vie des artistes, et la mort les sépare' ('Catalogue des écrivains', *OH*, p.1195-96).

[14] Jean Galbert de Campistron, *Alcibiade*, II.vii (jouée en 1685; *Athalie* fut jouée en janvier 1691).

[15] Thomas Corneille, *Le Comte d'Essex*, II.vii (Essex donne son épée à Cromer, capitaine des gardes de la reine).

[16] *Le Comte d'Essex*, II.i. Ici Voltaire ne respecte pas tout à fait le texte. Toutes les éditions de Th. Corneille mettent le troisième vers dans la bouche de Tilney et portent à la dernière ligne 'de soupirer?'.

une autre cabale enfin la ressuscita. [17] Ce ne fut point parce que cet ouvrage est un chef-d'œuvre d'éloquence, qu'on le fit représenter en 1717, [18] ce fut uniquement parce que l'âge du petit Joas et celui du roi de France régnant étant pareils, [19] on crut que cette conformité pourrait faire une grande impression sur les esprits. Alors le public passa de trente années d'indifférence au plus grand enthousiasme.

Malgré cet enthousiasme, il y eut des critiques: je ne parle pas de ces raisonneurs destitués de génie et de goût, qui n'ayant pu faire deux bons vers en leur vie, s'avisent de peser dans leurs petites balances les beautés et les défauts des grands hommes, à peu près comme des bourgeois de la rue St Denis jugent les campagnes des maréchaux de Turenne et de Saxe. [20]

Je n'ai ici en vue que les réflexions sensées et patriotiques de plusieurs seigneurs considérables, soit français, soit étrangers. Ils ont trouvé Joad beaucoup plus condamnable que ne l'était Grégoire VII quand il eut l'audace de déposer son empereur Henri IV, [21] de le persécuter jusqu'à la mort, et de lui faire refuser la sépulture.

---

[17] Les frères Parfaict racontent comment Racine fut la victime de dévots et de confrères jaloux (*Histoire du théâtre français*, XV.222-23), mais ne disent nulle part que sa pièce, représentée pour la première fois en public par la Comédie-Française en 1716, avait également été ressuscitée par une cabale. Ce sont les comédiens, paraît-il, qui avaient pressé le régent de leur accorder la permission de la représenter.

[18] La première représentation d'*Athalie* à la Comédie-Française eut lieu le 5 mars 1716.

[19] Cf. Racine, *Œuvres*, v.141. Louis XV naquit le 15 février 1710.

[20] Dichotomie délibérément choquante créée par la juxtaposition des 'tacticiens' ignares et deux des plus grands capitaines de l'ancien régime. Henri de La Tour d'Auvergne, vicomte de Turenne (1611-1675), maréchal de France (1643), hâta par ses exploits la conclusion du traité de Westphalie (1648), sauva la monarchie pendant la Fronde, amena la paix des Pyrénées (1659) et commanda les armées françaises dans les guerres de 1667 et 1672. Maurice de Saxe (1696-1750) se mit au service de la France en 1720, se signala au siège de Philippsbourg et fut nommé lieutenant-général en 1734. Son éclatante carrière militaire date toutefois de 1741 quand il prit Prague. Créé maréchal de France (1744), c'est lui le légendaire vainqueur de Fontenoy (1745).

[21] Voltaire télescope un peu trop allègrement divers détails historiques. Grégoire

508

Je crois rendre service à la littérature, aux mœurs, aux lois, en rapportant ici la conversation que j'eus dans Paris avec milord Cornsburi [22] au sortir d'une représentation d'*Athalie*. Je ne puis aimer, disait ce digne pair d'Angleterre, le pontife Joad; comment! conspirer contre sa reine à laquelle il a fait serment d'obéissance! La trahir par le plus lâche des mensonges en lui disant qu'il y a de l'or dans sa sacristie, et qu'il lui donnera cet or! La faire ensuite égorger par des prêtres à la Porte-aux-chevaux sans forme de procès! Une reine! une femme! quelle horreur! Encore si Joad avait quelque prétexte pour commettre cette action abominable! Mais il n'en a aucun. Athalie est une grand-mère de près de cent ans; le jeune Joas est son petit-fils, son unique héritier; elle n'a plus de parents; son intérêt est de l'élever et de lui laisser la couronne; elle déclare elle-même qu'elle n'a pas d'autre intention. C'est une absurdité insupportable de supposer qu'elle veuille élever

165

170

175

ont trouve Joad beaucoup plus condamnable que ne l'était Grégoire

165-261   MSI, voir appendice II, p.634-39.

---

vii excommunia Henri iv, empereur d'Allemagne, en février 1076 et délia ses sujets de leur serment de fidélité. Ce sont les princes (poussés peut-être par Grégoire) qui – dans la diète de Forchheim – déclarèrent Henri déchu et qui élurent à sa place Rodolphe de Souabe. Après avoir vaincu ses ennemis, Henri descendit en Italie, prit Rome d'où il chassa le pontife. La mort de Grégoire (1085) ne termina toutefois pas la querelle et les deux papes suivants (Urbain II et Pascal II) renouvelèrent contre Henri les sentences d'excommunication.

[22] Henry Hyde (1710-1753), vicomte Cornbury et, par la suite (1750), baron Hyde. Homme politique anglais, mort à Paris, où il faisait de fréquents séjours, le 26 avril 1753. Si Voltaire le connaissait vraiment, c'est sans doute par l'entremise de Bolingbroke avec qui Cornbury était très lié. Une lecture des 'fragments Sur Athalie' (appendice II, p.634-39), ainsi que de la note 24 dessous, fera aisément comprendre que la voix de Cornbury n'est autre que celle de Voltaire. Voltaire s'est déjà servi du nom de Cornbury dans la 'Traduction d'une lettre de milord Bolingbroke à milord Cornsburi' qui fait partie de *L'Examen important de milord Bolingbroke* (1766; V 62, p.353). En choisissant comme porte-parole Cornbury, jacobite renommé, Voltaire fait-il allusion à un rapport possible entre l'intrigue d'*Athalie* et la révolution anglaise de 1688 (voir J. Orcibal, *La Genèse d'Esther et d'Athalie*, Paris 1950, p.55-87, en particulier p.87)?

Joas chez elle pour s'en défaire. C'est pourtant sur cette absurdité que le fanatique Joad assassine sa reine.

Je l'appelle hardiment fanatique, puisqu'il parle ainsi à sa femme (à cette femme assez inutile dans la pièce) lorsqu'il la trouve avec un prêtre qui n'est pas de sa communion.

> Quoi! fille de David, vous parlez à ce traître!
> Vous souffrez qu'il vous parle et vous ne craignez pas
> Que du fond de l'abîme entrouvert sous vos pas,
> Il ne sorte à l'instant des feux qui les embrasent,
> Ou que tombant sur vous ces murs ne vous écrasent! [23]

Je fus très content du parterre qui riait de ces vers, et non moins content de l'acteur qui les supprima dans la représentation suivante. [24] Je me sentais une horreur inexprimable pour ce Joad; je m'intéressais vivement à Athalie, je disais d'après vous-même,

> Je pleure hélas! de la pauvre Athalie
> Si méchamment mise à mort par Joad. [25]

Car pourquoi ce grand-prêtre conspire-t-il très imprudemment contre la reine? Pourquoi la trahit-il? Pourquoi l'égorge-t-il? C'est apparemment pour régner lui-même sous le nom du petit Joas. Car quel autre que lui pourrait avoir la régence sous un roi enfant, dont il est le maître?

Ce n'est pas tout, il veut qu'on extermine ses concitoyens, *qu'on se baigne dans leur sang sans horreur*; il dit à ses prêtres:

> Frappez et Tyriens et même Israélites. [26]

---

[23] *Athalie*, III.v.1020-1024.

[24] Il s'agit de Pierre Tronchon, sieur de Beaubourg, né en 1662. Voltaire – qui parle par la bouche de Cornbury – doit ici puiser dans ses propres souvenirs car Cornbury n'avait pu voir Beaubourg dans le rôle de Joad, ce dernier s'étant retiré de la Comédie le 3 avril 1718, époque à laquelle Cornbury n'avait que huit ans.

[25] Cf. l'épigramme de Racine sur la *Judith* de Claude Boyer, qui se termine par ces vers: 'Je pleure, hélas, pour ce pauvre Holopherne / Si méchamment mis à mort par Judith' (*Œuvres*, v.367). Voltaire a déjà utilisé le second vers, en substituant Joad à Judith, dans *La Pucelle*, VII (V 7, p.510).

[26] *Athalie*, IV.iii.1361; cf. Racine, *Œuvres*, v.289.

Quel est le prétexte de cette boucherie? C'est que les uns adorent Dieu sous le nom phénicien d'Adonaï, les autres sous le nom chaldéen de Baal ou Bel. En bonne foi, est-ce là une raison pour massacrer ses concitoyens, ses parents, comme il l'ordonne? Quoi! parce que Racine est janséniste, il veut qu'on fasse une St Barthélemi des hérétiques!

Il est d'autant plus permis d'avoir en exécration l'assassinat et les fureurs de Joad, que les livres juifs, que toute la terre sait être inspirés de Dieu, ne lui donnent aucun éloge. J'ai vu plusieurs de mes compatriotes qui regardent du même œil Joad et Cromwell. Ils disent que l'un et l'autre se servirent de la religion pour faire mourir leurs monarques. J'ai vu même des gens difficiles qui disaient que le prêtre Joad n'avait pas plus de droit d'assassiner Athalie que votre jacobin Clément n'en avait d'assassiner Henri III.[27]

On n'a jamais joué *Athalie* chez nous;[28] je m'imagine que c'est parce qu'on y déteste un prêtre qui assassine sa reine sans la sanction d'un acte passé en parlement.

C'est peut-être, lui répondis-je, parce qu'on ne tue qu'une seule reine dans cette pièce; il en faut des douzaines aux Anglais avec autant de spectres.

Non, croyez-moi, me répliqua-t-il, si on ne joue point *Athalie* à Londres, c'est qu'il n'y a point assez d'action pour nous; c'est que tout s'y passe en longs discours; c'est que les quatre premiers actes entiers sont des préparatifs; c'est que Josabeth et Mathan sont des personnages peu agissants; c'est que le grand mérite de cet ouvrage consiste dans l'extrême simplicité et dans l'élégance noble du style. La simplicité n'est point du tout un mérite sur notre théâtre; nous voulons bien plus de fracas, d'intrigue, d'action

[27] Jacques Clément poignarda Henri III au camp de Saint-Cloud le 1er août 1589. Le roi mourut de ses blessures le lendemain.

[28] En fait, *The London stage 1660-1800* (Carbondale 1960-1968, III: *1729-1747*, éd. A. H. Scouten, p.480) signale une représentation d'*Athalie* sur le théâtre du Haymarket, le 16 avril 1735.

et d'événements variés: les autres nations nous blâment; mais sont- 230
elles en droit de vouloir nous empêcher d'avoir du plaisir à notre
manière? En fait de goût comme de gouvernement, chacun doit
être le maître chez soi. Pour la beauté de la versification elle ne se
peut jamais traduire. Enfin le jeune Eliacin *en long habit de lin*, et
le petit Zacharie, tous deux présentant le sel au grand-prêtre, ne 235
feraient aucun effet sur les têtes de mes compatriotes, qui veulent
être profondément occupées, et fortement remuées.

Personne ne court véritablement le moindre danger dans cette
pièce, jusqu'au moment où la trahison du grand-prêtre éclate: car
assurément on ne craint point qu'Athalie fasse tuer le petit Joas; 240
elle n'en a nulle envie; *elle veut l'élever comme son propre fils.* [29] Il
faut avouer que le grand-prêtre par ses manœuvres et par sa
férocité, fait tout ce qu'il peut pour perdre cet enfant qu'il veut
conserver: car en attirant la reine dans le temple sous prétexte de
lui donner de l'argent, en préparant cet assassinat, pouvait-il 245
s'assurer que le petit Joas ne serait pas égorgé dans le tumulte?

En un mot ce qui peut être bon pour une nation, peut être fort
insipide pour une autre. On a voulu en vain me faire admirer [30] la
réponse que Joas fait à la reine quand elle lui dit:

> J'ai mon dieu que je sers, vous servirez le vôtre; 250
> Ce sont deux puissants dieux.

Le petit Juif lui répond:

> Il faut craindre le mien,
> Lui seul est Dieu, madame, et le vôtre n'est rien. [31]

Qui ne voit que l'enfant aurait répondu de même, s'il avait été 255
élevé dans le culte de Baal par Mathan? Cette réponse ne signifie
autre chose, sinon, J'ai raison et vous avez tort: car ma nourrice
me l'a dit.

---

[29] *Athalie*, II.vii.698.
[30] Voir par exemple Racine, *Œuvres*, v.232n.
[31] *Athalie*, II.vii.684-686.

Enfin, monsieur, j'admire avec vous l'art et les vers de Racine dans *Athalie*, et je trouve avec vous que le fanatique Joad est d'un très dangereux exemple. 260

Je ne veux point, lui répliquai-je, condamner le goût de vos Anglais; chaque peuple a son caractère. Ce n'est point pour le roi Guillaume que Racine fit son Athalie; c'est pour madame de Maintenon et pour des Français. Peut-être vos Anglais n'auraient 265 point été touchés du péril imaginaire du petit Joas; ils raisonnent; mais les Français sentent; il faut plaire à sa nation; et quiconque n'a point avec le temps de réputation chez soi, n'en a jamais ailleurs. Racine prévit bien l'effet que sa pièce devait faire sur notre théâtre; il conçut que les spectateurs croiraient en effet que 270 la vie de l'enfant est menacée, quoiqu'elle ne le soit point du tout. Il sentit qu'il ferait illusion par le prestige de son art admirable, que la présence de cet enfant et les discours touchants de Joad qui lui sert de père, arracheraient des larmes.

J'avoue qu'il n'est pas possible qu'une femme d'environ cent 275 ans veuille égorger son petit-fils, son unique héritier; je sais qu'elle a un intérêt pressant à l'élever auprès d'elle, qu'il doit lui servir de sauvegarde contre ses ennemis, que la vie de cet enfant doit être son plus cher objet après la sienne propre; mais l'auteur a l'adresse de ne pas présenter cette vérité aux yeux; il la déguise, il inspire 280 de l'horreur pour Athalie qu'il représente comme ayant égorgé tous ses petits-fils, quoique ce massacre ne soit nullement vraisemblable. Il suppose que Joas a échappé au carnage; dès lors le spectateur est alarmé et attendri. Un vrai poète tel que Racine est, si je l'ose dire, comme un dieu qui tient les cœurs des hommes 285 dans sa main. Le potier qui donne à son gré des formes à l'argile, n'est qu'une faible image du grand poète qui tourne comme il veut nos idées et nos passions.

Tel fut à peu près l'entretien que j'eus autrefois avec milord Cornsburi, l'un des meilleurs esprits qu'ait produits la Grande- 290 Bretagne.

Je reviens à présent à la tragédie des *Guèbres* que je suis bien loin de comparer à l'*Athalie* pour la beauté du style, pour la

simplicité de la conduite, pour la majesté du sujet, pour les
ressources de l'art.   295

Athalie a d'ailleurs un avantage que rien ne peut compenser;
celui d'être fondée sur une religion qui était alors la seule véritable,
et qui n'a été, comme on sait, remplacée que par la nôtre. Les
noms seuls d'Israël, de David, de Salomon, de Juda, de Benjamin
impriment sur cette tragédie je ne sais quelle horreur religieuse   300
qui saisit un grand nombre de spectateurs. On rappelle dans la
pièce tous les prodiges sacrés dont Dieu honora son peuple juif
sous les descendants de David; Achab puni, les chiens qui lèchent
son sang suivant la prédiction d'Elie et suivant le psaume 67: [32]
Les chiens lécheront leur sang... [33]   305

Elie annonce qu'il ne pleuvra de trois ans; il prouve à quatre cent
cinquante prophètes du roi Achab qu'ils sont de faux prophètes, en
faisant consommer son holocauste d'un bœuf par le feu du ciel; et
il fait égorger les quatre cent cinquante prophètes qui n'ont pu
opérer un pareil miracle. Tous ces grands signes de la puissance   310
divine sont retracés pompeusement dans la tragédie d'*Athalie* dès
la première scène. Le pontife Joad lui-même prophétise et déclare
que l'or sera changé en plomb. [34] Tout le sublime de l'histoire juive
est répandu dans la pièce depuis le premier vers jusqu'au dernier.

La tragédie des *Guèbres* ne peut être appuyée par ces secours   315
divins; il ne s'agit ici que d'humanité. Deux simples officiers, pleins
d'honneur et de générosité, veulent arracher une fille innocente à
la fureur de quelques prêtres païens. Point de prodiges, point
d'oracles, point d'ordre des dieux; la seule nature parle dans la

296   W70L: Athalie a de plus un
300   W70L: tragédie une horreur

---

[32] I Rois xxxi.24 et Psaumes lxviii.23 (Voltaire emploie la Bible de Port-Royal,
qui suit la numérotation des psaumes de la Vulgate latine).
[33] I Rois xxii.38.
[34] *Athalie*, III.vii.1142.

pièce. Peut-être ne va-t-on pas loin quand on n'est pas soutenu   320
par le merveilleux: mais enfin la morale de cette tragédie est si
pure et si touchante, qu'elle a trouvé grâce devant tous les esprits
bien faits.

Si quelque ouvrage de théâtre pouvait contribuer à la félicité
publique par des maximes sages et vertueuses, on convient que   325
c'est celui-ci. Il n'y a point de souverain à qui la terre entière
n'applaudît avec transport si on lui entendait dire:

> Je pense en citoyen, j'agis en empereur,
> Je hais le fanatique et le persécuteur. [35]

Tout l'esprit de la pièce est dans ces deux vers, tout y conspire à   330
rendre les mœurs plus douces, les peuples plus sages, les souverains
plus compatissants, la religion plus conforme à la volonté divine.

On nous a mandé que des hommes ennemis des arts, et plus
encore de la saine morale, cabalaient en secret contre cet ouvrage
utile. Ils ont prétendu, dit-on, qu'on pouvait appliquer à quelques   335
pontifes, à quelques prêtres modernes ce qu'on dit des anciens
prêtres d'Apamée. Nous ne pouvons croire qu'on ose hasarder
dans un siècle tel que le nôtre des allusions si fausses et si ridicules.
S'il y a peu de génie dans ce siècle, il faut avouer du moins qu'il
y règne une raison très cultivée. Les honnêtes gens ne souffrent   340
plus ces allusions malignes, ces interprétations forcées, cette fureur
de voir dans un ouvrage ce qui n'y est pas. On employa cet
indigne artifice contre le *Tartuffe* de Molière: [36] il ne prévalut pas.
Prévaudrait-il aujourd'hui?

Quelques figuristes, dit-on, prétendent que les prêtres d'Apamée   345

323-326   w70L: bien faits. ¶Il n'y a
332-434   w70L: divine.//

---

[35] *Les Guèbres*, v.vi.279-280.
[36] C'est la 'cabale des dévots' qui, partie en guerre contre le *Tartuffe* de Molière,
feignait d'y trouver des allusions malignes, des interprétations scabreuses et des
allusions transparentes à des personnalités de premier plan.

sont les jésuites le Tellier [37] et Doucin, [38] qu'Arzame est une religieuse de Port-royal, que les Guèbres sont les jansénistes. Cette idée est folle; mais quand même on pourrait la couvrir de quelque apparence de raison, qu'en résulterait-il? que les jésuites ont été quelque temps des persécuteurs, des ennemis de la paix publique, 350 qu'ils ont fait languir et mourir par lettres de cachet dans des prisons plus de cinq cents citoyens pour je ne sais quelle bulle [39] qu'ils avaient fabriquée eux-mêmes, et qu'enfin on a très bien fait de les punir.

D'autres qui veulent absolument trouver une clef pour l'intelli- 355 gence des *Guèbres*, soupçonnent qu'on a voulu peindre l'Inqui- sition, parce que dans plusieurs pays des magistrats ont siégé avec les moines inquisiteurs pour veiller aux intérêts de l'Etat. Cette idée n'est pas moins absurde que l'autre. Pourquoi vouloir expliquer ce qui ne demande aucune explication? Pourquoi s'obstiner à faire 360 d'une tragédie une énigme dont on cherche le mot? Il y eut un nommé du Magnon qui imprima que *Cinna* était le portrait de la cour de Louis XIII. [40]

Mais supposons encore qu'on pût imaginer quelque ressem- blance entre les prêtres d'Apamée et les inquisiteurs, il n'y aurait 365 dans cette ressemblance prétendue qu'une raison de plus d'élever des monuments à la gloire des ministres d'Espagne et de Portugal qui ont enfin réprimé les horribles abus de ce tribunal sanguinaire. [41]

[37] Michel Le Tellier (1643-1719), provincial des jésuites en 1709, et confesseur de Louis XIV. Persécuteur acharné des protestants ainsi que des jansénistes, c'est lui qui obtint du pape Clément XI la bulle *Unigenitus*.

[38] Louis Doucin (1652-1726). Ennemi déclaré des jansénistes, et très mêlé aux controverses suscitées par le livre de Quesnel, il fut un des plus ardents défenseurs de la bulle *Unigenitus*.

[39] La bulle *Unigenitus*.

[40] Jean Magnon (1620-1662), avocat, auteur de tragédies et ami de Molière.

[41] Allusion à la politique du comte d'Aranda (1719-1798), déjà responsable de l'expulsion des jésuites (1767) et dont l'intention (dévoilée prématurément et donc vouée à l'échec) avait été d'abolir l'Inquisition. Nonobstant, il réussit à imposer des restrictions aux pouvoirs de cette dernière (voir D14996, D15340, D15350). La référence au Portugal concerne le marquis de Pombal qui avait non seulement

Vous voulez à toute force que cette tragédie soit la satire de l'Inquisition. Eh bien, bénissez donc tous les parlements de 370 France qui se sont constamment opposés à l'introduction de cette magistrature monstrueuse, étrangère, inique, dernier effort de la tyrannie et opprobre du genre humain. [42] Vous cherchez des allusions, adoptez donc celle qui se présente si naturellement dans le clergé de France, composé en général d'hommes dont la vertu 375 égale la naissance, et qui ne sont point persécuteurs.

> Ces pontifes divins justement respectés
> Ont condamné l'orgueil, et plus, les cruautés. [43]

Vous trouverez si vous voulez une ressemblance plus frappante entre l'empereur qui vient dire à la fin de la tragédie qu'il ne veut 380 pour prêtres que des hommes de paix, et ce roi sage qui a su calmer des querelles ecclésiastiques qu'on croyait interminables.

Quelque allégorie que vous cherchiez dans cette pièce, vous n'y verrez que l'éloge du siècle.

Voilà ce qu'on répondrait avec raison à quiconque aurait la 385 manie de vouloir envisager le tableau du temps présent, dans une antiquité de quinze cents années.

Si la tolérance accordée par quelques empereurs romains paraissait d'une conséquence dangereuse à quelques habitants des Gaules du dix-huitième siècle de notre ère vulgaire, s'ils oubliaient 390 que les Provinces-Unies doivent leur opulence à cette tolérance humaine, l'Angleterre sa puissance, l'Allemagne sa paix intérieure, la Russie sa grandeur, sa nouvelle population, sa force; si ces faux

---

vaincu les jésuites mais avait aussi réussi à subordonner l'Inquisition à l'autorité royale.

[42] A vrai dire l'Inquisition s'était introduite en France à l'occasion de la guerre des Albigeois et, au seizième siècle, la naissance de la Réforme faillit être pour elle une occasion de recrudescence. Les Guise firent tous leurs efforts pour en amener le rétablissement; mais les parlements, sous l'influence du chancelier de L'Hôpital, s'y opposèrent énergiquement, et l'édit de Romorantin (1560) stipula que les évêques auraient seuls à connaître, en France, des délits commis contre la foi.

[43] *Les Guèbres*, I.iii.167-168.

politiques s'effarouchent d'une vertu que la nature enseigne, s'ils osent s'élever contre cette vertu, qu'ils songent au moins qu'elle est recommandée par Sévère dans *Polyeucte*: 395

J'approuve cependant que chacun ait ses dieux. [44]

Qu'ils avouent que dans les *Guèbres* ce droit naturel est bien plus restreint dans des limites raisonnables:

Que chacun dans sa loi cherche en paix la lumière; 400
Mais la loi de l'Etat est toujours la première. [45]

Aussi ces vers ont été toujours reçus avec une approbation universelle partout où la pièce a été représentée. [46] Ce qui est approuvé par le suffrage de tous les hommes est sans doute le bien de tous les hommes. 405

L'empereur dans la tragédie des *Guèbres* n'entend point et ne peut entendre par le mot de *tolérance* la licence des opinions contraires aux mœurs, les assemblées de débauche, les confréries fanatiques; il entend cette indulgence qu'on doit à tous les citoyens qui suivent en paix ce que leur conscience leur dicte, et qui adorent 410 la Divinité sans troubler la société. Il ne veut pas qu'on punisse ceux qui se trompent comme on punirait des parricides. Un code criminel, fondé sur une loi si sage, abolirait des horreurs qui font frémir la nature. On ne verrait plus des préjugés tenir lieu de lois divines; les plus absurdes délations devenir des convictions; [47] une 415 secte accuser continuellement une autre secte d'immoler ses enfants; [48] des actions indifférentes en elles-mêmes portées devant

---

[44] Corneille, *Polyeucte*, v.vi.1798.

[45] *Les Guèbres*, v.vi.277-278.

[46] A l'époque de la rédaction du 'Discours' (juin-juillet 1769), la tragédie n'avait été représentée nulle part.

[47] Voltaire pense sans doute aux absurdes accusations lancées contre Jean Calas lors de l'instruction de son procès.

[48] Sont visés les catholiques de Toulouse qui, à l'époque du procès de Calas, prétendaient tenir de source sûre que les protestants croyaient nécessaire de tuer ceux de leurs enfants qui avaient ou auraient manifesté le désir d'embrasser le catholicisme.

les tribunaux comme d'énormes attentats; des opinions simplement philosophiques traitées de crimes de lèse-majesté divine et humaine; un pauvre gentilhomme condamné à la mort pour avoir soulagé la faim dont il était pressé en mangeant de la chair de cheval en carême; (*b*) une étourderie de jeunesse punie par un supplice réservé aux parricides; [50] et enfin les mœurs les plus barbares étaler à l'étonnement des nations indignées, toute leur atrocité dans le sein de la politesse et des plaisirs. C'était malheureusement le caractère de quelques peuples dans des temps d'ignorance. Plus on est absurde, plus on est intolérant et cruel: l'absurdité a élevé plus d'échafauds qu'il n'y a eu de criminels. C'est l'absurdité qui livra aux flammes la maréchale d'Ancre [51] et le curé Urbain Grandier; [52] c'est l'absurdité sans doute qui fut l'origine de la St Barthélemi. Quand la raison est pervertie, l'homme devient un animal féroce, les bœufs et les singes se changent en tigres. Voulez-vous changer enfin ces bêtes en hommes; commencez par souffrir qu'on leur prêche la raison.

420

425

430

(*b*) Claude Guillon exécuté en 1629 le 27 juillet, pour ce crime de lèse-majesté divine au premier chef. [49]

[49] Voir le *Commentaire sur le livre Des délits et des peines* (1766; M.xxv.559), où il est encore question de Claude Guillon.

[50] Voltaire désigne le chevalier de La Barre.

[51] Accusée de sorcellerie, la maréchale d'Ancre fut exécutée le 9 juillet 1617.

[52] Accusé d'avoir ensorcelé les ursulines de Loudun au moyen d'une branche de laurier jetée dans leur couvent, Urbain Grandier fut exécuté en 1634.

PERSONNAGES

IRADAN, tribun militaire, commandant dans le
château d'Apamée.

CÉSÈNE, son frère et son lieutenant.

ARZÉMON, Parsis ou Guèbre, agriculteur, retiré
près de la ville d'Apamée.   5

ARZÉMON, son fils.

ARZAME, sa fille.

MÉGATISE, Guèbre, soldat de la garnison.

Prêtres de Pluton.

L'empereur et ses officiers.   10

Soldats.

La scène est dans le château d'Apamée sur l'Oronte en Syrie.

1-2 MS: Iradan, tribun militaire.
4   MS: Arzémon, jardinier, retiré
6   MS: Le jeune Arzémon.
7   MS: Arzame.
8   MS: Mégatise, soldat.
9   W70L: Prêtres d'Apamée
10   W70L: L'empereur Philippe[1] et ses

[1] Philippe l'Arabe (Marcus Julius Philippus), empereur romain (244-249). On a
longtemps cru à tort que Philippe était le premier empereur romain chrétien; cf. les
carnets: 'Philippe, Galien protégèrent les Crétiens ouvertement' (V 81, p.148).

ACTE PREMIER

SCÈNE PREMIÈRE

IRADAN, CÉSÈNE

CÉSÈNE

Je suis las de servir. Souffrirons-nous, mon frère,
Cet avilissement du grade militaire?
N'avez-vous avec moi dans quinze ans de hasards
Prodigué votre sang dans les camps des Césars,
Que pour languir ici loin des regards du maître,   5
Commandant subalterne et lieutenant d'un prêtre?
Apamée à mes yeux est un séjour d'horreur.
J'espérais près de vous montrer quelque valeur,
Combattre sous vos lois, suivre en tout votre exemple;
Mais vous n'en recevez que des tyrans d'un temple.   10
Ces mortels inhumains à Pluton consacrés
Dictent par votre voix leurs décrets abhorrés.
Ma raison s'en indigne, et mon honneur s'irrite,
De vous voir en ces lieux leur premier satellite.

11-12   W70L:
> De ces inquisiteurs ministres malheureux
> Vous prêtez votre épée à leurs décrets affreux.

[avec note:] Le mot d'inquisiteur était établi longtemps avant notre Inquisition
monacale qui apporta un fléau si horrible et si inconnu jusqu'alors. Les Romains
avaient des juges inquisiteurs, *inquisitores*, enquêteurs.

521

IRADAN

Ah! des mêmes chagrins mes sens sont pénétrés;   15
Moins violent que vous je les ai dévorés.
Mais que faire? et qui suis-je? un soldat de fortune
Né citoyen romain, mais de race commune,
Sans soutiens, sans patrons qui daignent m'appuyer,
Sous ce joug odieux il m'a fallu plier.   20
Des prêtres de Pluton, dans les murs d'Apamée,
L'autorité fatale est trop bien confirmée.
Plus l'abus est antique, et plus il est sacré.

15-16   MSI:
   Pensez-vous que mon cœur n'en soit pas ulcéré?
   On m'élève à ce poste, il m'a déshonoré
15-17   W70L:
   J'en rougis, je languis dans ce poste abhorré;
   C'est un affront pour moi, mais je l'ai dévoré.
   Que devenir, et que suis-je
20 MSI: Sous le joug que je porte il
21 W70L: D'un pontife insolent, dans
22 MSI: L'autorité funeste est
23-33   W70L:
         sacré.

CÉSÈNE
Par le nouveau César il est trop révéré.
Philippe règne à peine et fait régner des prêtres!
Ce n'était point ainsi qu'en usaient ses ancêtres.
Quelles sont ses raisons?

IRADAN
      La crainte des Persans,
La haine pour leur secte; au moins nos courtisans
Répètent ces discours qui nous couvrent de honte.
Des Etats de Sapor [1] séparés par l'Oronte,
Des Persans, disent-ils, tout est à redouter.

---

[1] Shâhpuhr Ier (Sapor), roi sassanide de Perse (241-272), luttait contre l'empire romain; il traita avec Philippe l'Arabe qui lui reconnut la possession de la Mésopotamie et de l'Arménie.

Par nos derniers Césars on l'a vu révéré.

De l'empire persan l'Oronte nous sépare; 25

Gallien veut punir la nation barbare

Chez qui Valérien, [2] victime des revers,

Chargé d'ans et d'affronts expira dans les fers.

Venger la mort d'un père est toujours légitime.

Le culte des Persans à ses yeux est un crime. 30

Il redoute, ou du moins il feint de redouter

Que ce peuple inconstant, prompt à se révolter,

N'embrasse aveuglément cette secte étrangère

A nos lois, à nos dieux, à notre Etat contraire.

Il dit que la Syrie a porté dans son sein 35

De vingt cultes nouveaux le dangereux essaim.

Que la paix de l'empire en peut être troublée,

Et des Césars un jour la puissance ébranlée,

C'est ainsi qu'il excuse un excès de rigueur.

CÉSÈNE

Il se trompe; un sujet gouverné par l'honneur 40

Distingue en tous les temps l'Etat et sa croyance.

Le trône avec l'autel n'est point dans la balance.

Mon cœur est à mes dieux, mon bras à l'empereur.

Eh quoi! si des Persans vous embrassiez l'erreur,

Aux serments d'un tribun seriez-vous moins fidèle? 45

La Syrie est toujours prompte à se révolter.
Elle peut embrasser cette secte étrangère,
32   MSI: Que le peuple
35   MSI: Il sait que
37-39   MSI:

peut être altérée
Que la secte persane est la plus abhorrée
C'est ainsi que César excuse sa rigueur.

[2] Valérien (Publius Licinius Valerianus), empereur romain (253-260), vaincu par les Perses à la bataille d'Edesse et tué par Shâhpuhr 1er.

Seriez-vous moins vaillant? auriez-vous moins de zèle?
Que César à son gré se venge des Persans;
Mais pourquoi parmi nous punir des innocents!
Et pourquoi vous charger de l'affreux ministère
Que partage avec vous un sénat sanguinaire?   50

IRADAN

On prétend qu'à ce peuple il faut un joug de fer,
Une loi de terreur et des juges d'enfer.
Je sais qu'au Capitole on a plus d'indulgence:
Mais le cœur en ces lieux se ferme à la clémence.
Dans ce sénat sanglant les tribuns ont leur voix.   55
J'ai souvent amolli la dureté des lois.
Mais ces juges altiers contestent à ma place
Le droit de pardonner, le droit de faire grâce.

CÉSÈNE

Ah! laissons cette place et ces hommes pervers.[3]
Sachez que je vivrais dans le fond des déserts   60
Du travail de mes mains chez un peuple sauvage,
Plutôt que de ramper dans ce dur esclavage.

IRADAN

Cent fois dans les chagrins dont je me sens presser,
A ces honneurs honteux j'ai voulu renoncer;
Et, foulant à mes pieds la crainte et l'espérance,   65
Vivre dans la retraite et dans l'indépendance.

47   MS1:   César doit se venger de la cour des Persans
50   MS1:   avec nous un
57   MS1:   altiers disputent à

[3] Le texte des vers 49-59 figure déjà dans une lettre à Mme Denis du 13 janvier
1769 (D15428).

Mais j'y craindrais encor les yeux des délateurs.
Rien n'échappe aux soupçons de nos accusateurs;
Hélas! vous savez trop qu'en nos courses premières
On nous vit des Persans habiter les frontières.   70
Dans les remparts d'Emesse un lien dangereux,
Un hymen clandestin nous enchaîna tous deux.
Ce nœud saint par lui-même, est par nos lois impie.
C'est un crime d'Etat que la mort seule expie.
Et contre les Persans César envenimé,   75
Nous punirait tous deux d'avoir jadis aimé.

CÉSÈNE

Nous le mériterions. Pourquoi, malgré nos chaînes,
Avons-nous combattu sous les aigles romaines?
Triste sort d'un soldat! docile meurtrier,
Il détruit sa patrie et son propre foyer,   80
Sur un ordre émané d'un préfet du prétoire.
Il vend le sang humain! c'est donc là de la gloire!
Nos homicides bras, gagés par l'empereur,
Dans des lieux trop chéris ont porté leur fureur.
Qui sait si dans Emesse abandonnée aux flammes,   85
Nous n'avons pas frappé nos enfants et nos femmes?
Nous étions commandés pour la destruction.
Le feu consuma tout. Je vis notre maison,
Nos foyers enterrés dans la perte commune.
Je ne regrette point une faible fortune.   90
Mais nos femmes hélas! nos enfants au berceau,
Ma fille, votre fils sans vie et sans tombeau!
César nous rendra-t-il ces biens inestimables?
C'est de l'avoir servi que nous sommes coupables.

69   MS1:   Nous sommes Syriens dans nos
74   MS1:   Est un crime
83   MS1:   Nos détestables bras

C'est d'avoir obéi quand il fallut marcher,   95
Quand César alluma cet horrible bûcher;
C'est d'avoir asservi sous des lois sanguinaires
Notre indigne valeur et nos mains mercenaires.

IRADAN

Je pense comme vous; et vous me connaissez;
Mes remords par le temps ne sont point effacés.   100
Mon métier de soldat pèse à mon cœur trop tendre.
Je pleurerai toujours sur ma famille en cendre:
J'abhorrerai ces mains qui n'ont pu les sauver.
Je chérirai ces pleurs qui viennent m'abreuver.
Nous n'aurons dans l'ennui qui tous deux nous consume   105
Que des nuits de douleur et des jours d'amertume.

CÉSÈNE

Pourquoi donc voulez-vous, de nos malheureux jours,
Dans ce fatal service empoisonner le cours?
Rejetez un fardeau que ma gloire déteste.
Demandez à Cesar un emploi moins funeste.   110
On dit qu'en nos remparts il revient aujourd'hui.

IRADAN

Il faut des protecteurs qui m'approchent de lui.
Percerai-je jamais cette foule empressée
D'un préfet du prétoire esclave intéressée,
Ces flots de courtisans, ce monde de flatteurs   115
Que la fortune attache aux pas des empereurs;
Et qui laissent languir la valeur ignorée

96   MSI: alluma ce funeste bûcher
103 MSI: pu la sauver

Loin des palais des grands honteuse et retirée?

CÉSÈNE

N'importe, à ses genoux il faudra nous jeter;
S'il est digne du trône, il doit nous écouter.   120

SCÈNE II

IRADAN, CÉSÈNE, MÉGATISE

IRADAN

Soldat, que me veux-tu?

MÉGATISE

Des prêtres d'Apamée
Une horde nombreuse, inquiète, alarmée,
Veut qu'on ouvre à l'instant, et prétend vous parler.

IRADAN

Quelle victime encor leur faut-il immoler?

118-120   MSI:
                                    retirée?
    Mais n'importe, à ses pieds je prétends me jeter
    S'il est digne du trône, il saura m'écouter.
120-120a   w70L, placé par erreur à la fin de la scène II:
                                nous écouter.
                     IRADAN
    Nous écouter! qui? lui! ces despotes sévères
    Ont-ils jamais prêté l'oreille à des prières?
    Ah! puissions-nous les fuir, eux et leurs courtisans,
    Et mourir dans la paix à l'abri des tyrans!
124a   MSI, absent [Iradan continue]

MÉGATISE

Ah tyrans!

CÉSÈNE

C'en est trop, mon frère, je vous quitte: 125
Je ne contiendrais pas le courroux qui m'irrite.
Je n'ai point de séance au tribunal de sang
Où montent les tribuns par les droits de leur rang.
Si j'y dois assister, ce n'est qu'en votre absence.
De votre ministère exercez la puissance.   130
Tempérez de vos lois les décrets rigoureux,
Et si vous le pouvez, sauvez les malheureux.

SCÈNE III

IRADAN, LE GRAND-PRÊTRE DE PLUTON
ET SES SUIVANTS, MÉGATISE, SOLDATS

IRADAN

Ministres de nos dieux, quel sujet vous attire?

LE GRAND-PRÊTRE

Leur service, leur loi, l'intérêt de l'empire,
Les ordres de César.

IRADAN

Je les respecte tous;   135

126 w7OL: ne contiendrai pas
128 MSI: par le droit de
132b-c MSI: IRADAN, LES PRÊTRES DE PLUTON, SUIVANTS, MÉ-
GATISE

528

Je leur dois obéir; mais que m'annoncez-vous?

LE GRAND-PRÊTRE

Nous venons condamner une fille coupable,
Qui, des mages persans disciple abominable,
Au pied du mont Liban par un culte odieux
Invoquait le soleil et blasphémait nos dieux.   140
Envers eux criminelle, envers César lui-même,
Elle ose mépriser notre juste anathème.
Vous devez avec nous prononcer son arrêt;
Le crime est avéré, son supplice est tout prêt.

IRADAN

Quoi! la mort!

LE SECOND PRÊTRE

Elle est juste, et notre loi l'exige.   145

IRADAN

Mais ses sévérités…

LE GRAND-PRÊTRE

Elle mourra, vous dis-je.
On va dans ce moment la remettre en vos mains.
Remplissez de César les ordres souverains.

IRADAN

Une fille! un enfant!

LE SECOND PRÊTRE

Ni le sexe, ni l'âge

137   MS1:   On conduit sur nos pas une
139   MS1:   Aux pieds du

529

Ne peut fléchir les dieux que l'infidèle outrage. 150

IRADAN

Cette rigueur est grande: il faut l'entendre au moins.

LE GRAND-PRÊTRE

Nous sommes à la fois et juges et témoins.
Un profane guerrier ne devrait point paraître
Dans notre tribunal à côté du grand-prêtre.
L'honneur du sacerdoce en est trop irrité. 155
Affecter avec nous l'ombre d'égalité,
C'est offenser des dieux la loi terrible et sainte.
Elle exige de vous le respect et la crainte;
Nous seuls devons juger, pardonner ou punir;
Et César vous dira comme il faut obéir. 160

IRADAN

Nous sommes ses soldats, nous servons notre maître. [4]
Il peut tout.

156-161 MSI:
    C'est des dieux et de nous flétrir la majesté
    Notre loi vient du ciel: elle est indépendante
    De l'empereur bientôt la piété prudente
    Saura bien abolir cette usurpation
    Qui renverse les lois et la religion.
            IRADAN
    Nous sommes ses soldats, j'obéis à mon maître.

[4] Voltaire propose la leçon du manuscrit des vers 161-173 dans une lettre à d'Argental du 21 décembre 1768 (D15379). Il s'explique: 'Que peut on dire de plus honnête et même de plus fort en faveur des prêtres? Cela ne prévient il pas toutes les allusions? et s'il faut qu'on en fasse, ces allusions ne sont elles pas alors favorables?'

LE GRAND-PRÊTRE

Oui, sur vous.

IRADAN

Sur vous aussi peut-être.

LE GRAND-PRÊTRE

Nos maîtres sont les dieux.

IRADAN

Servez-les aux autels.

LE GRAND-PRÊTRE

Nous les servons ici contre les criminels.

IRADAN

Je sais quels sont vos droits, mais vous pourriez apprendre 165
Qu'on les perd quelquefois en voulant les étendre.
Les pontifes divins justement respectés,
Ont condamné l'orgueil et plus les cruautés;
Jamais le sang humain ne coula dans leurs temples.
Ils font des vœux pour nous; imitez leurs exemples. 170
Tant qu'en ces lieux surtout je pourrai commander,

162-168 MS1:

                              aussi peut-être.
Les pontifes divins des peuples respectés
Condamnent tous l'orgueil et plus les cruautés

162-167 69G-69X2, NM:

                              aussi peut-être.
Les pontifes
[69G*: β, avec variante; NM *var*: β]

165 69G*: pourriez comprendre

167-170 W70L, absent

N'espérez pas me nuire et me déposséder
Des droits que Rome accorde aux tribuns militaires.
Rien ne se fait ici par des lois arbitraires:
Montez au tribunal, et siégez avec moi.   175
Vous, soldats, conduisez, mais au nom de la loi,
La malheureuse enfant dont je plains la détresse.
Ne l'intimidez point: respectez sa jeunesse,
Son sexe, sa disgrâce; et dans notre rigueur
Gardons-nous bien surtout d'insulter au malheur.   180

(*Il monte au tribunal.*)

Puisque César le veut, pontifes, prenez place.

LE GRAND-PRÊTRE

César viendra bientôt réprimer tant d'audace.

SCÈNE IV

LES PERSONNAGES PRÉCÉDENTS, ARZAME
(*Iradan est placé entre le premier et le second pontife.*)

IRADAN

Approchez-vous, ma fille, et reprenez vos sens.

LE GRAND-PRÊTRE

Vous avez à nos yeux par un impur encens,
Honorant un faux dieu qu'ont annoncé les mages,   185

173   MS1:   Rome attache aux
181   MS1:   pontife, prenez
182b-c   MS1:   LES ACTEURS PRÉCÉDENTS, ARZAME *qu'on amène.*
        W70L: ARZAME *que des soldats amènent.*

532

Aux vrais dieux des Romains refusé vos hommages;
A nos préceptes saints vous avez résisté.
Rien ne vous lavera de tant d'impiété.

LE SECOND PRÊTRE

Elle ne répond point: son maintien, son silence
Sont aux dieux comme à nous une nouvelle offense.   190

IRADAN

Prêtres, votre langage a trop de dureté,
Et ce n'est pas ainsi que parle l'équité.
Si le juge est sévère, il n'est point tyrannique.
Tout soldat que je suis, je sais comme on s'explique…
Ma fille, est-il bien vrai que vous ne suiviez pas   195
Le culte antique et saint qui règne en nos climats?

ARZAME

Oui, seigneur, il est vrai.

LE GRAND-PRÊTRE

C'en est assez.

LE SECOND PRÊTRE

Son crime
Est dans sa propre bouche. Elle en sera victime.

IRADAN

Non, ce n'est point assez: et si la loi punit
Les sujets syriens qu'un mage pervertit,   200
On borne la rigueur à bannir des frontières
Les Persans ennemis du culte de nos pères.
Sans doute elle est Persane: on peut de ce séjour
L'envoyer aux climats dont elle tient le jour.

Osez sans vous troubler dire où vous êtes née; 205
Quelle est votre famille et votre destinée.

ARZAME

Je rends grâces, seigneur, à tant d'humanité,
Mais je ne puis jamais trahir la vérité;
Mon cœur, selon ma loi, la préfère à la vie; [5]
Je ne puis vous tromper, ces lieux sont ma patrie. 210

IRADAN

O vertu trop sincère! ô fatale candeur!
Eh bien, prêtres des dieux! faut-il que votre cœur
Ne soit point amolli du malheur qui la presse,
De sa simplicité, de sa tendre jeunesse?

LE GRAND-PRÊTRE

Notre loi nous défend une fausse pitié. 215
Au soleil à nos yeux elle a sacrifié.
Il a vu son erreur; il verra son supplice.

ARZAME

Avant de me juger, connaissez la justice.
Votre esprit contre nous est en vain prévenu;
Vous punissez mon culte, il vous est inconnu. 220
Sachez que ce soleil qui répand la lumière, [6]

---

207   MS1:   Je rends grâce
218   MS1:   Ainsi que sans raison, vous êtes sans justice

---

[5] Cf. Juvénal, *Satirae*, iv.90-91: 'Nec civis erat qui libera posset / Verba animi proferre et vitam impendere vero.'
[6] Lucain, *Pharsalia*, ix.578-579, met les vers suivants dans la bouche de Caton répondant à Labienus: 'Estque dei sedes, nisi terra, et pontus, et aer, / Et caelum, et virtus? Superos quid quaerimus ultra?'

Ni vos divinités de la nature entière,
Que vous imaginez résider dans les airs,
Dans les vents, dans les flots, sur la terre, aux enfers,
Ne sont point les objets que mon culte envisage;   225
Ce n'est point au soleil à qui je rends hommage;
C'est au Dieu qui le fit, au Dieu son seul auteur,
Qui punit le méchant et le persécuteur;
Au Dieu dont la lumière est le premier ouvrage.
Sur le front du soleil il traça son image,   230
Il daigna de lui-même imprimer quelques traits
Dans le plus éclatant de ses faibles portraits.
Nous adorons en eux sa splendeur éternelle.
    Zoroastre embrasé des flammes d'un saint zèle
Nous enseigna ce Dieu que vous méconnaissez,   235
Que par des dieux sans nombre en vain vous remplacez,
Et dont je crains pour vous la justice immortelle.
Des grands devoirs de l'homme il donna le modèle.
Il veut qu'on soit soumis aux lois de ses parents,
Fidèle envers ses rois, même envers ses tyrans   240
Quand on leur a prêté serment d'obéissance;
Que l'on tremble surtout d'opprimer l'innocence;
Qu'on garde la justice et qu'on soit indulgent;
Que le cœur et la main s'ouvrent à l'indigent.
De la haine à ce cœur il défendit l'entrée,   245
Il veut que parmi nous l'amitié soit sacrée.
Ce sont là les devoirs qui nous sont imposés...
Prêtres, voilà mon Dieu; frappez, si vous l'osez.

IRADAN

Vous ne l'oserez point: sa candeur et son âge,
Sa naïve éloquence et surtout son courage,   250
Adouciront en vous cette âpre austérité

248   MSI: Juges, voilà

535

Qu'un faux zèle honora du nom de piété.
Pour moi, je vous l'avoue, un pouvoir invincible
M'a parlé par sa bouche et m'a trouvé sensible.
Je cède à cet empire, et mon cœur combattu   255
En plaignant ses erreurs admire sa vertu.
A ses illusions, si le ciel l'abandonne,
Le ciel peut se venger; mais que l'homme pardonne.
Dût César me punir d'avoir trop émoussé
Le fer sacré des lois entre nos mains laissé,   260
J'absous cette coupable.

LE GRAND-PRÊTRE

Et moi je la condamne. [7]
Nous ne souffrirons pas qu'un soldat, un profane,
Corrompant de nos lois l'inflexible équité
Protège ici l'erreur avec impunité. [8]

LE SECOND PRÊTRE

Il faut savoir surtout quel mortel l'a séduite,   265
Quel rebelle en secret la tient sous sa conduite;
De son sang réprouvé quels sont les vils auteurs.

ARZAME

Qui? moi! j'exposerais mon père à vos fureurs?

252   MSI: nom de pitié.
258   MSI: Que le ciel en dispose, et que
261   MSI: Et la loi la condamne
263-264   MSI:
              En corrompe à nos yeux la sévère équité
              Et protège le crime avec impunité.

[7] Voltaire propose la leçon du manuscrit dans deux lettres à Mme Denis, du 29 novembre 1768 (D15340) et du 13 janvier 1769 (D15428).
[8] Vers 263-264: la leçon du manuscrit figure dans D15428.

536

Moi, pour vous obéir, je serais parricide?
Plus votre ordre est injuste, et moins il m'intimide.   270
Dites-moi quelles lois, quels édits, quels tyrans
Ont jamais ordonné de trahir ses parents.
J'ai parlé, j'ai tout dit, et j'ai pu vous confondre.
Ne m'interrogez plus: je n'ai rien à répondre.

LE GRAND-PRÊTRE

On vous y forcera… Garde de nos prisons,   275
Tribun, c'est en vos mains que nous la remettons;
C'est au nom de César; et vous répondrez d'elle.
Je veux bien présumer que vous serez fidèle
Aux lois de l'empereur, à l'intérêt des cieux.

SCÈNE V

IRADAN, ARZAME

IRADAN

Tout au nom de César, et tout au nom des dieux!   280
C'est en ces noms sacrés qu'on fait des misérables.
O pouvoirs souverains, on vous en rend coupables!…
Vous, jeune malheureuse, ayez un peu d'espoir.
Vous me voyez chargé d'un funeste devoir:
Ma place est rigoureuse, et mon âme indulgente.   285
Des prêtres de Pluton la troupe intolérante,
Par un cruel arrêt vous condamne à périr;
Un soldat vous absout et veut vous secourir.
Mais que puis-je contre eux! le peuple les révère;

287 MS1: Par un indigne arrêt

L'empereur les soutient; leur ordre sanguinaire,
A mes yeux, malgré moi, peut être exécuté.   290

ARZAME

Mon cœur est plus sensible à votre humanité,
Qu'il n'est glacé de crainte à l'aspect du supplice.

IRADAN

Vous pourriez désarmer leur barbare injustice,
Abjurer votre culte, implorer l'empereur;   295
J'ose vous en prier.

ARZAME

                    Je ne le puis, seigneur.

IRADAN

Vous me faites frémir; et j'ai peine à comprendre
Tant d'obstination dans un âge si tendre.
Pour des préjugés vains aux nôtres opposés,
Vous prodiguez vos jours à peine commencés.   300

ARZAME

Hélas! pour adorer le Dieu de mes ancêtres,
Il me faut donc mourir par la main de vos prêtres!
Il me faut expirer par un supplice affreux,
Pour n'avoir pas appris l'art de penser comme eux!
Pardonnez cette plainte, elle est trop excusable: 305
Je n'en saurai pas moins, d'un front inaltérable,
Supporter les tourments qu'on va me préparer,
Et chérir votre main qui veut m'en délivrer.

IRADAN

Ainsi vous surmontez vos mortelles alarmes,

Vous, si jeune et si faible! et je verse des larmes;   310
Je pleure, et d'un œil sec vous voyez le trépas!
Non, malheureuse enfant, vous ne périrez pas.
Je veux, malgré vous-même, obtenir votre grâce:
De vos persécuteurs je braverai l'audace.
Laissez-moi seulement parler à vos parents: 315
Qui sont-ils?

ARZAME

Des mortels inconnus aux tyrans,
Sans dignité, sans biens. De leurs mains innocentes
Ils cultivaient en paix des campagnes riantes,
Fidèles à leur culte ainsi qu'à l'empereur.

IRADAN

Au bruit de vos dangers ils mourront de douleur,   320
Apprenez-moi leur nom.

ARZAME

J'ai gardé le silence,
Quand de mes oppresseurs la barbare insolence
Voulait que mes parents leur fussent décelés,
Mon cœur fermé pour eux, s'ouvre quand vous parlez.
Mon père est Arzémon. Ma mère infortunée,   325
Quand j'étais au berceau, finit sa destinée:
A peine je l'ai vue; et tout ce qu'on m'a dit,
C'est qu'un chagrin mortel accablait son esprit:
Le ciel permet encor que le mien s'en souvienne.
Elle mouillait de pleurs et sa couche et la mienne.   330

---

314   MS1: je veux braver
317   MS1, 69G-69X2: dignité, sans nom. De
      K: Sans dignités, sans
327   69G, 69P, NM, 69X2: A peine l'ai-je vue

Je naquis pour la peine et pour l'affliction.
Mon père m'éleva dans sa religion,
Je n'en connus point d'autre; elle est simple, elle est pure;
C'est un présent divin des mains de la nature.
Je meurs pour elle.

IRADAN

O ciel! ô dieux qui l'écoutez,   335
Sur cette âme si belle étendez vos bontés!…
Mais parlez, votre père est-il dans Apamée?

ARZAME

Non, seigneur, de César il a suivi l'armée:
Il apporte en son camp les fruits de ses jardins
Qu'avec lui quelquefois j'arrosai de mes mains.   340
Nos mœurs, vous le voyez, sont simples et rustiques.

IRADAN

Restes de l'âge d'or et des vertus antiques,
Que n'ai-je ainsi vécu! que tout ce que j'entends
Porte au fond de mon cœur des traits intéressants?
Vivez, ô noble objet! ce cœur vous en conjure.   345
J'en atteste cet astre et sa lumière pure,
Lui par qui je vous vois et que vous révérez;
S'il est sacré pour vous, vos jours sont plus sacrés;
Et je perdrai ma place avant qu'en sa furie
La main du fanatisme attente à votre vie…   350
Vous la suivrez, soldats: mais c'est pour observer
Si ces prêtres cruels oseraient l'enlever.
Contre leurs attentats vous prendrez sa défense.
Il est beau de mourir pour sauver l'innocence;

352   MSI: Si ces juges de sang oseraient

Allez.

ARZAME

Ah! c'en est trop: mes jours infortunés   355
Méritent-ils, seigneur, les soins que vous prenez?
Modérez ces bontés d'un sauveur et d'un père.

SCÈNE VI

IRADAN seul.

Je m'emporte trop loin. Ma pitié, ma colère
Me rendront trop coupable aux yeux du souverain:
Je crains mes soldats même, et ce terrible frein,   360
Ce frein que l'imposture a su mettre au courage,
Cet antique respect prodigué d'âge en âge
A nos persécuteurs, aux tyrans des esprits.
Je verrai ces guerriers d'épouvante surpris;
Ils se croiront souillés du plus énorme crime,   365
S'ils osent refuser le sang de la victime.
O superstition! que tu me fais trembler!
Ministres de Pluton qui voulez l'immoler,
Puissances des enfers, et comme eux inflexibles,
Non, ce n'est pas pour moi que vous serez terribles.   370
Un sentiment plus fort que votre affreux pouvoir
Entreprend sa défense et m'en fait un devoir;
Il étonne mon âme, il l'excite, il la presse.
Mon indignation redouble ma tendresse.
Vous adorez les dieux de l'humanité;   375

368 w70L: Prêtres, sacrés bourreaux qui
374 MS1: Il y met la fureur, il y met la tendresse;
375 MS1: de l'inhumanité

Et je sers contre vous le Dieu de la bonté.

Fin du premier acte.

ACTE II

SCÈNE PREMIÈRE

IRADAN, CÉSÈNE

CÉSÈNE

Ce que vous m'apprenez de sa simple innocence,
De sa grandeur modeste et de sa patience,
Me saisit de respect et redouble l'horreur
Que sent un cœur bien né pour le persécuteur.
Quelle injustice, ô ciel! et quelles lois sinistres!   5
Faut-il donc à nos dieux des bourreaux pour ministres?
Numa qui leur donna des préceptes si saints,
Les avait-il créés pour frapper les humains!
Alors ils consolaient la nature affligée.
Que les temps sont divers! que la terre est changée!...   10
Ah! mon frère achevez tout ce récit affreux,
Qui fait pâlir mon front et dresser mes cheveux.

IRADAN

Pour la seconde fois ils ont paru, mon frère,
Au nom de l'empereur et des dieux qu'on révère.
Ils les ont fait parler avec tant de hauteur,   15
Ils ont tant déployé l'ordre exterminateur
Du prétoire émané contre les réfractaires;
Tant attesté le ciel et leurs lois sanguinaires,
Que mes soldats tremblants et vaincus par ces lois,
Ont baissé leurs regards au seul son de leur voix.   20
Je l'avais bien prévu. Ces prêtres du Tartare
Avancent fièrement, et d'une main barbare
Ils saisissent soudain la fille d'Arzémon,

543

Cette enfant si sublime (Arzame, c'est son nom).
Ils la traînaient déjà: quelques soldats en larmes   25
Les priaient à genoux; nul ne prenait les armes.
Je m'élance sur eux, je l'arrache à leurs mains;
Tremblez, hommes de sang, arrêtez, inhumains,
Tremblez, elle est Romaine, en ces lieux elle est née,
Je la prends pour épouse. O dieux de l'hyménée!   30
Dieux de ces sacrés nœuds, dieux cléments que je sers,
Je triomphe avec vous des monstres des enfers.
Armez et protégez la main que je lui donne.
Ma cohorte à ces mots se lève et m'environne,
Leur courage renaît. Les tyrans confondus   35
Me remettent leur proie et restent éperdus.
Vous savez, ai-je dit, que nos lois souveraines
Des saints nœuds de l'hymen ont consacré les chaînes.
Que nul n'ose porter sa téméraire main
Sur l'auguste moitié d'un citoyen romain;   40
Je le suis: respectez ce nom cher à la terre. [1]
Ma voix les a frappés comme un coup de tonnerre.
Mais bientôt revenus de leur stupidité,
Reprenant leur audace et leur atrocité,
Leur bouche ose crier à la fraude, au parjure.   45
Cet hymen, disent-ils, n'est qu'un jeu d'imposture,
Une offense à César, une insulte aux autels;
Je n'en ai point tissu les liens solennels,
Ce n'est qu'un artifice indigne et punissable…
     Je vais donc le former cet hymen respectable.   50
Vous l'approuvez, mon frère, et je n'en doute pas:
Il sauve l'innocence, il arrache au trépas

---

44   MS1:   et leur autorité

---

[1] Cf. 'Clamabat ille miser […] Civis Romanus sum […] O jus eximium nostrae civitatis' (Cicéron, *In Verrem*, II.v.62-63).

Un objet cher aux dieux aussi bien qu'à moi-même,
Qu'ils protègent par moi, qu'ils ordonnent que j'aime;
Et qui par sa vertu, plus que par sa beauté,   55
Est l'image à mes yeux de la divinité.

CÉSÈNE

Qui? moi! si je l'approuve! ah mon ami, mon frère,
Je sens que cet hymen est juste et nécessaire.
Après l'avoir promis, si, rétractant vos vœux,
Vous n'accomplissiez pas vos desseins généreux,   60
Je vous croirais parjure, et vous seriez complice
Des fureurs des tyrans armés pour son supplice.
Arzame, dites-vous, a dans le plus bas rang
Obscurément puisé la source de son sang.
Avons-nous des aïeux dont les fronts en rougissent?   65
Ses grâces, sa vertu, son péril l'anoblissent.
Dégagez vos serments, pressez ce nœud sacré;
Le fils d'un Scipion s'en croirait honoré.
Ce n'est point là sans doute un hymen ordinaire,
Enfant de l'intérêt ou d'un amour vulgaire;[2]   70
La magnanimité forme ces sacrés nœuds;
Ils consolent la terre, ils sont bénis des cieux;
Le fanatisme en tremble. Arrachez à sa rage
L'objet, le digne objet de votre juste hommage.

67-68   MSI:
      Le fils d'un Scipion, dans un pareil moment,
      Se croirait honoré d'un tel engagement;
70   K: l'intérêt et d'un

---

[2] Cf. Horace, *Carmina*, ii.iv.17-20:
      Crede non illam tibi de scelesta
      Plebe dilectam; neque sic fidelem,
      Sic lucro aversam potuisse nasci
      Matre pudenda.

IRADAN

Eh bien, préparez tout pour ce nœud solennel,   75
Les témoins, le festin, les présents et l'autel.
Je veux qu'il s'accomplisse aux yeux des tyrans même,
Dont la voix infernale insulte à ce que j'aime.

(*à des suivants.*)

Qu'on la fasse venir... Mon frère, demeurez,
Digne et premier témoin de mes serments sacrés.   80
La voici.

CÉSÈNE

Son aspect déjà vous justifie.

SCÈNE II

IRADAN, CÉSÈNE, ARZAME

IRADAN

Arzame, c'est à vous que mon cœur sacrifie,
Ce cœur qui ne s'ouvrait qu'à la compassion,
Repoussait loin de vous la persécution.
Contre vos ennemis l'équité se soulève: 85
Elle a tout commencé; l'amour parle et l'achève.
Je suis prêt de former en présence des dieux,
En présence du vôtre, un nœud si précieux,
Un nœud qui fait ma gloire, et qui vous est utile,

75-76 69G2*:
      <β> Eh bien, préparez tout, sans pompe et sans éclat,
      <β> Il faut peu d'appareil, c'est l'hymen d'un soldat.
78a MS1: (*à ses suivants.*)

Qui contre vos tyrans vous ouvre un prompt asile;   90
Qui vous peut en secret donner la liberté
D'exercer votre culte avec sécurité.
Il n'en faut point douter, l'éternelle puissance,
Qui voit tout, qui fait tout, a fait cette alliance.
Elle vous a portée aux écueils de la mort   95
Dans un orage affreux qui vous ramène au port.
Sa main qu'elle étendait pour sauver votre vie,
Tissut en même temps ce saint nœud qui nous lie.
Je vous présente un frère. Il va tout préparer
Pour cet heureux hymen dont je dois m'honorer.   100

ARZAME

A votre frère, à vous, pour tant de bienfaisance
Hélas! j'offre mon trouble et ma reconnaissance.
Puisse l'astre du jour épancher sur tous deux
Ses rayons les plus purs et les plus lumineux!
Goûtez en vous aimant un sort toujours prospère.   105
Mais ô mon bienfaiteur! ô mon maître! ô mon père!
Vous qui faites sur moi tomber ce noble choix,
Daignez prêter l'oreille en secret à ma voix.

CÉSÈNE

Je me retire, Arzame, et mes mains empressées
Vont préparer pour vous les fêtes annoncées.   110
Tendre ami de mon frère, heureux de son bonheur,
Je partage le vôtre, et vois en vous ma sœur.

ARZAME

Que vais-je devenir!

97   MS1: main qu'il étendait
105   W70L: Goûtez toujours unis un
112   MS1: sœur. (*Il sort.*)

SCÈNE III

IRADAN, ARZAME

IRADAN

Belle et modeste Arzame,
Versez en liberté vos secrets dans mon âme,
Ils sont à moi, parlez, tout est commun pour nous.   115

ARZAME

Mon père! en frémissant je tombe à vos genoux.

IRADAN

Ne craignez rien, parlez à l'époux qui vous aime.

ARZAME

J'atteste ce soleil, image de Dieu même,
Que je voudrais pour vous répandre tout le sang
Dont ces prêtres de mort vont épuiser mon flanc.   120

IRADAN

Ah! que me dites-vous, et quelle défiance!
Tout le mien coulera plutôt qu'on vous offense;
Ces tyrans confondus sauront nous respecter.

ARZAME

Juste Dieu! que mon cœur ne peut-il mériter
Une bonté si noble, une ardeur si touchante!   125

123   69P, NM: sauront vous respecter.

IRADAN

Je m'honore moi-même, et ma gloire est contente
Des honneurs qu'on doit rendre à ma digne moitié.

ARZAME

C'en est trop… bornez-vous, seigneur, à la pitié.
Mais daignez m'assurer qu'un secret qui vous touche
Ne sortira jamais de votre auguste bouche.   130

IRADAN

Je vous le jure.

ARZAME

Eh bien…

IRADAN

Vous semblez hésiter,
Et vos regards sur moi tremblent de s'arrêter.

127   69P, NM: Des respects qu'on
132-137   W70L:

s'arrêter.

ARZAME

Souffrez la liberté de cette infortunée
Seigneur, je vous ai dit la secte où je suis née.
Je sais que notre culte est ici mal connu.
Le secret de nos lois vous est-il parvenu?

IRADAN

Ma femme était Persane. Elle eut dû me l'apprendre.
D'autres soins… je rappelle un souvenir bien tendre,
Un souvenir cruel… hélas! d'autres malheurs
Ont occupé mon âme, et m'ont coûté des pleurs.
J'ignore ce secret.

ARZAME

Je dois donc vous le dire.
Il est antique et saint, ainsi que notre empire.
Mais il peut être horrible aux autres nations.

549

Vous pleurez, et j'entends votre cœur qui soupire.

ARZAME

Ecoutez, s'il se peut, ce que je dois vous dire.
Vous ne connaissez pas la loi que nous suivons: 135
Elle peut être horrible aux autres nations;
La créance, les mœurs, le devoir, tout diffère;
Ce qu'ici l'on proscrit, ailleurs on le révère.
La nature a chez nous des droits purs et divins,
Qui sont un sacrilège aux regards des Romains.   140
Notre religion à la vôtre contraire,
Ordonne que la sœur s'unisse avec le frère;
Et veut que ces liens par un double retour,
Rejoignent parmi nous la nature à l'amour.
La source de leur sang pour eux toujours sacrée,   145
En se réunissant n'est jamais altérée.
Telle est ma loi.

IRADAN

                             Barbare! Ah! que m'avez-vous dit?

ARZAME

Je l'avais bien prévu… votre cœur en frémit.

IRADAN

Vous avez donc un frère?

      L'univers se partage en cent religions:
      La créance
134   69P, NM: je vais vous
135-136 69G*:
            <β> ᵛ↑Peut être ignorez vous⁺ la
            <β> ᵛ↑Je scais qu'elle est⁺ horrible
137   MS1: mœurs, les devoirs, tout

ARZAME

Oui, seigneur, et je l'aime.
Mon père à son retour dut nous unir lui-même.   150
Mais ma mort préviendra ces nœuds infortunés
De nos Guèbres chéris et chez vous condamnés.
Je ne suis plus pour vous qu'une vile étrangère,
Indigne des bienfaits jetés sur ma misère;
Et d'autant plus coupable à vos yeux alarmés,   155
Que je vous dois la vie, et qu'enfin vous m'aimez.
Seigneur, je vous l'ai dit, j'adore en vous mon père;
Mais plus je vous chéris, et moins j'ai dû me taire.
Rendez ce triste cœur, qui n'a pu vous tromper,
Aux homicides bras levés pour le frapper.   160

IRADAN

Je demeure immobile, et mon âme éperdue
Ne croit pas en effet vous avoir entendue.
De cet affreux secret je suis trop offensé:
Mon cœur le gardera… mais ce cœur est percé.
Allez, je cacherai mon outrage à mon frère.   165
Je dois me souvenir combien vous m'étiez chère.
Dans l'indignation dont je suis pénétré,
Malgré tout mon courroux, mon honneur vous sait gré
De m'avoir dévoilé cet effrayant mystère.
Votre esprit est trompé, mais votre âme est sincère.   170
Je suis épouvanté, confus, humilié;
Mais je vous vois toujours d'un regard de pitié.
Je ne vous aime plus, mais je vous sers encore.

ARZAME

Il faut bien, je le vois, que votre cœur m'abhorre.

150   MS1:   <dut> ↑doit
165   MS1:   cacherai cet outrage
170   MS1:   Votre crime est bien grand, mais

Tout ce que je demande à ce juste courroux,   175
Puisque je dois mourir, c'est de mourir par vous;
Non des horribles mains des tyrans d'Apamée.
Le père, le héros par qui je fus aimée,
En me privant du jour, de ce jour que je hais,
En déchirant ce cœur tout plein de ses bienfaits,   180
Rendra ma mort plus douce; et ma bouche expirante
Bénira jusqu'au bout cette main bienfaisante.

IRADAN

Allez, n'espérez pas, dans votre aveuglement,
Arracher de mon âme un tel consentement.
Par le pouvoir secret d'un charme inconcevable,   185
Mon cœur s'attache à vous tout ingrate et coupable:
Vos nœuds me font horreur; et dans mon désespoir
Je ne puis vous haïr, vous quitter, ni vous voir.

ARZAME

Et moi, seigneur, et moi, plus que vous confondue,
Je ne puis m'arracher d'une si chère vue;   190
Et je crois voir en vous un père courroucé
Qui me console encor quand il est offensé.

SCÈNE IV

IRADAN, ARZAME, CÉSÈNE

CÉSÈNE

Mon frère, tout est prêt, les autels vous demandent,

187   MSI: Vous me faites horreur

Les prêtresses d'hymen, les flambeaux vous attendent.
Le peu de vos amis qui nous reste en ces murs   195
Doit vous accompagner à ces autels obscurs,
Grossièrement parés, et plus ornés par elle,
Que ne l'est des Césars la pompe solennelle.

IRADAN

Renvoyez nos amis, éteignez ces flambeaux.

CÉSÈNE

Comment! quel changement, quels désastres nouveaux!   200
Sur votre front glacé l'horreur est répandue:
Ses yeux baignés de pleurs semblent craindre ma vue!

IRADAN

Plus d'autel, plus d'hymen.

ARZAME

                              J'en suis indigne.

CÉSÈNE

                                                O ciel!
Dans quel contentement je parais cet autel!
Combien je chérissais cet heureux ministère!   205
Quel plaisir j'éprouvais dans le doux nom de frère!

ARZAME

Ah! ne prononcez pas un nom trop odieux.

199   69P, NM: Renvoyez ces amis
      69X1:   Renvoyez vos amis
203   K: Plus d'autels,

CÉSÈNE

Que dites-vous?

IRADAN

Il faut m'arracher de ces lieux;
Renonçons pour jamais à ce poste funeste,
A ce rang avili qu'avec vous je déteste,   210
A tous ces vains honneurs d'un soldat détrompé;
Trop basse ambition dont j'étais occupé.
Fuyons dans la retraite où vous vouliez vous rendre.
De nos enfants, mon frère, allons pleurer la cendre:
Nos femmes, nos enfants nous ont été ravis: 215
Vous pleurez votre fille, et je pleure mon fils.
Tout est fini pour nous: sans espoir sur la terre,
Que pouvons-nous prétendre à la cour, à la guerre?
Quittons tout et fuyons. Mon esprit aveuglé
Cherchait de nouveaux nœuds qui m'auraient consolé;   220
Ils sont rompus; le ciel en a coupé la trame.
Fuyons, dis-je, à jamais, et du monde et d'Arzame.

CÉSÈNE

Vous me glacez d'effroi: quel trouble et quels desseins!
Vous laisseriez Arzame à ses vils assassins,
A ses bourreaux? qui? vous!

IRADAN

                          Arrêtez: peut-on croire   225
D'un soldat, de son frère, une action si noire!
Ce que j'ai commencé, je le veux achever:
Je ne la verrai plus; mais je dois la sauver.

---

209   MSI: Renoncer pour
222   MSI: jamais <et> ↑loin⁺ du

554

Mes serments, ma pitié, mon honneur, tout m'engage.
Et je n'ai pas de vous mérité cet outrage,   230
Vous m'offensez.

ARZAME

                    O ciel! ô frères généreux!
Dans quel saisissement vous me jetez tous deux!
Hélas! vous disputez pour une malheureuse.
Laissez-moi terminer ma destinée affreuse.
Vous en voulez trop faire, et trop sacrifier,   235
Vos bontés vont trop loin, mon sang doit les payer.

SCÈNE V

LES PERSONNAGES PRÉCÉDENTS,
LES PRÊTRES DE PLUTON, SOLDATS

LE GRAND-PRÊTRE

Est-ce ainsi qu'on insulte à nos lois vengeresses,
Qu'on trahit hautement la foi de ses promesses,
Qu'on ose se jouer avec impunité
Du pouvoir souverain par vous-même attesté?   240
Voilà donc cet hymen et ce nœud si propice
Qui devait de César enchaîner la justice,
Ce citoyen romain qui pensait nous tromper!
La victime à nos mains ne doit plus échapper.
Déjà César instruit connaît votre imposture.   245

---

231   MS1, 69G-69X2:   Vous m'insultez.
236b-c   MS1: IRADAN, CÉSÈNE, ARZAME, PRÊTRES DE PLUTON,
SOLDATS

Nous venons en son nom réparer son injure.
Soldats qu'il a trompés, qu'on enlève soudain
Le criminel objet qu'il protégeait en vain.
Saisissez-la.

ARZAME

Mon père!

IRADAN (*aux soldats.*)

Ingrats!

CÉSÈNE

Troupe insolente!…   250
Arrêtez!… devant moi qu'un de vous se présente,
Qu'il l'ose, au moment même il mourra de mes mains.

LE GRAND-PRÊTRE

Ne le redoutez pas.

IRADAN

Tremblez, vils assassins;
Vous n'êtes plus soldats quand vous servez ces prêtres.

LE GRAND-PRÊTRE

Les dieux, César et nous, soldats, voilà vos maîtres.

CÉSÈNE

Fuyez, vous dis-je.

247   MSI: qu'il a séduits, qu'on
249-250   MSI:

insolente!…
IRADAN
Arretez!… devant

556

IRADAN

Et vous, objet infortuné,   255
Rentrez dans cet asile à vos malheurs donné.

CÉSÈNE

Ne craignez rien.

ARZAME (*en se retirant.*)

Je meurs.

LE GRAND-PRÊTRE

Frémissez; infidèles.
César vient, il sait tout, il punit les rebelles.
D'une secte proscrite indignes partisans,
De complots ténébreux coupables artisans,   260
Qui deviez devant moi, le front dans la poussière,
Abaisser en tremblant votre insolence altière,
Qui parlez de pitié, de justice et de lois,
Quand le courroux des dieux parle ici par ma voix;
Qui méprisez mon rang, qui bravez ma puissance;   265
Vous appelez la foudre: et c'est moi qui la lance.

SCÈNE VI

IRADAN, CÉSÈNE

CÉSÈNE

Un tel excès d'audace annonce un grand pouvoir.

259-266 MSI, absent
266c-273 MSI:

CÉSÈNE
Mon frère je le vois, ce pas est dangereux,
Ne nous flattons jamais de l'emporter sur eux.

557

IRADAN

Ils nous perdront sans doute, ils n'ont qu'à le vouloir.

CÉSÈNE

Plus leur orgueil s'accroît, plus ma fureur augmente.

IRADAN

Qu'elle est juste, mon frère, et qu'elle est impuissante!   270
Ils ont pour les défendre et pour nous accabler
César qu'ils ont séduit, les dieux qu'ils font parler. [3]

CÉSÈNE

Oui, mais sauvons Arzame.

IRADAN

Ecoutez: Apamée
Touche aux Etats persans: la ville est désarmée:
Les soldats de ce fort ne sont point contre moi;   275
Et déjà quelques-uns m'ont engagé leur foi.

Mais sauvons l'innocence
    69G-69X2:
                CESÈNE
Mon frère, je le vois, ce pas est dangereux.
                IRADAN
Ne nous flattons jamais de l'emporter sur eux.
                CESÈNE
Mais sauvons l'innocence. [69G*, NM *var*: β, avec variante]
  272 69G*, NM *var*, 69G2, W68, W70L: et Dieu qu'ils

[3] Dans une lettre à d'Argental du 11 septembre 1769, Voltaire propose une
version légèrement différente (D15884):
        Ils ont pour se défendre et pour nous accabler,
        César qu'ils ont séduit, et dieu qu'ils font parler.

Courez à nos tyrans, flattez leur violence;
Dites que votre frère, écoutant la prudence,
Mieux conseillé, plus juste, à son devoir rendu,
Abandonne un objet qu'il a trop défendu.   280
Dites que par leurs mains je consens qu'elle meure;
Que je livre sa tête avant qu'il soit une heure.
Trompons la cruauté qu'on ne peut désarmer.
Enfin, promettez tout: je vais tout confirmer.
Dès qu'elle aura passé ces fatales frontières,   285
Je mets entre elle et moi d'éternelles barrières.
A vos conseils rendu, je brise tous mes fers;
Loin d'un service ingrat, caché dans des déserts,
Des humains avec vous je fuirai l'injustice.

CÉSÈNE

Allons, je promettrai ce cruel sacrifice;   290
Je vais étendre un voile aux yeux de nos tyrans.
Que ne puis-je plutôt enfoncer dans leurs flancs
Ce glaive, cette main que l'empereur emploie
A servir ces bourreaux avides de leur proie!
Oui, je vais leur parler.

SCÈNE VII

IRADAN, LE JEUNE ARZÉMON *parcourant le fond*
de la scène d'un air inquiet et égaré.

LE JEUNE ARZÉMON

O mort! ô Dieu vengeur!   295

295   MS1: parler. (*Il sort.*)

Ils me l'ont enlevée; ils m'arrachent le cœur…
Où la trouver? où fuir? quelles mains l'ont conduite?

IRADAN

Cet inconnu m'alarme: est-il un satellite
Que ces juges sanglants se pressent d'envoyer
Pour observer ces lieux et pour nous épier? 300

LE JEUNE ARZÉMON

Ah!… la connaissez-vous?

IRADAN

Ce malheureux s'égare.
Parle: que cherches-tu?

LE JEUNE ARZÉMON

La vertu la plus rare…
La vengeance, le sang, les ravisseurs cruels,
Les tyrans révérés des malheureux mortels…
Arzame! chère Arzame!… Ah! donnez-moi des armes. 305
Que je meure vengé!

IRADAN

Son désespoir, ses larmes,

300a   MSI: LE JEUNE ARZÉMON (*s'approchant d'Iradan.*)
303-304   MSI:
        <La plus persécuté […] apprends-moi son sort
        Je succombe! ah! grand dieu!
            IRADAN
                        Mais que veux-tu?
            LE JEUNE ARZÉMON
                                    La mort>↑β

Ses regards attendris, tout furieux qu'ils sont,
Les traits que la nature imprima sur son front;
Tout me dit, c'est son frère.

LE JEUNE ARZÉMON

Oui, je le suis.

IRADAN

Arrête,
Garde un profond silence, il y va de ta tête.   310

LE JEUNE ARZÉMON

Je te l'apporte, frappe.

IRADAN

Enfants infortunés!
Dans quels lieux les destins les ont-ils amenés!...
Toi, le frère d'Arzame!

LE JEUNE ARZÉMON

Oui, ton regard sévère
Ne m'intimide pas.

IRADAN

Ce jeune téméraire
Me remplit à la fois d'horreur et de pitié: 315
Il peut avec sa sœur être sacrifié.

316-323   MSI, 69G-69X2:
                                        sacrifié.
    Viens, je commande ici. Résous-toi de me suivre.
            LE JEUNE ARZÉMON
    Puis-je la voir enfin?
            IRADAN
                    Tu peux la voir et vivre.
    Calme-toi, malheureux.

LE JEUNE ARZÉMON

Je viens ici pour l'être.

IRADAN

     O rigueurs tyranniques!
Ce sont vos cruautés qui font les fanatiques…
Ecoute, malheureux, je commande en ce fort,
Mais ces lieux sont remplis de ministres de mort.   320
Je te protégerai: résous-toi de me suivre.

LE JEUNE ARZÉMON

Puis-je la voir enfin?

IRADAN

     Tu peux la voir et vivre;
Calme-toi.

LE JEUNE ARZÉMON

    Je ne puis… Ah! seigneur, pardonnez
A mes sens éperdus, d'horreurs aliénés.
Quoi! ces lieux, dites-vous, sont en votre puissance,   325
Et l'on y traîne ainsi la timide innocence?
Vos esclaves romains de leurs bras criminels,
Ont arraché ma sœur aux foyers paternels.
De la mort, dites-vous, ma sœur est menacée.
Vous la persécutez!

IRADAN

    Va, ton âme est blessée   330

————————

LE JEUNE ARZÉMON
      Ah! seigneur, pardonnez [69G*, NM *var*: β]
   324 MS1: d'horreur aliénés

Par les illusions d'une fatale erreur.
Va, ne me prends jamais pour un persécuteur.
Et sur elle et sur toi ma pitié doit s'étendre.

LE JEUNE ARZÉMON

Hélas! dois-je y compter?... daignez donc me la rendre.
Daignez me rendre Arzame, ou me faire mourir.   335

IRADAN

Il attendrit mon cœur, mais il me fait frémir.
Que mes bontés peut-être auront un sort funeste!
Viens, jeune infortuné, je t'apprendrai le reste.
Suis mes pas.

LE JEUNE ARZÉMON

    J'obéis à vos ordres pressants.
Mais ne me trompez pas.

IRADAN

      O malheureux enfants!   340
Quel sort les entraîna dans ces lieux qu'on déteste?
De l'une j'admirais la fermeté modeste,
Sa résignation, sa grâce, sa candeur.
L'autre accroît ma pitié, même par sa fureur.
Un dieu veut les sauver, il les conduit sans doute,   345
Ce dieu parle à mon cœur; il parle et je l'écoute.

Fin du second acte.

333 MSI: ma bonté doit
341-346 MSI:
    <Un dieu veut les sauver, et les conduit sans doute.
    Ce dieu parle à mon cœur, il parle et je l'écoute.> ↑β [avec variante]
344 MSI: L'autre aurait ma pitié jusque dans sa fureur

ACTE III

SCÈNE PREMIÈRE

LE JEUNE ARZÉMON, MÉGATISE

LE JEUNE ARZÉMON

Je marche dans ces lieux de surprise en surprise,
Quoi! c'est toi que j'embrasse, ô mon cher Mégatise!
Toi, né chez les Persans, dans notre loi nourri,
Et de mes premiers ans compagnon si chéri,
Toi, soldat des Romains!

MÉGATISE

              Pardonne à ma faiblesse.   5
L'ignorance et l'erreur d'une aveugle jeunesse,
Un esprit inquiet, trop de facilité,
L'occasion trompeuse, enfin la pauvreté,
Ce qui fait les soldats égara mon courage.

5-11   MS1, 69G–69X2, K *var*:

> Toi, soldat des Romains! quel infâme [K *var*: que l'infâme] esclavage!
> #### MÉGATISE
> Cher ami, que veux-tu? les erreurs du jeune âge,
> Un esprit inquiet, [NM *var*: esprit trop inquiet] trop de facilité,
> L'occasion trompeuse, enfin la pauvreté,
> Ce qui fait les soldats m'a jeté dans l'armée.
> #### LE JEUNE ARZÉMON
> Ton âme à ce service [MS1: l'esclavage] est-elle accoutumée?
> Tu pourrais [69G*: $^V\beta$, avec variante; NM *var*: β]

6-8   69G*:

> Ami l'égarement d'une aveugle jeunesse
> Un esprit inquiet, trop de facilité
> L'erreur, l'occasion, surtout la pauvreté,

LE JEUNE ARZÉMON

Métier cruel et vil! méprisable esclavage!   10
Tu pourrais être libre en suivant tes amis.

MÉGATISE

Le pauvre n'est point libre, il sert en tout pays.

LE JEUNE ARZÉMON

Ton sort près d'Iradan deviendra plus prospère.

MÉGATISE

Va, des guerriers romains il n'est rien que j'espère.

LE JEUNE ARZÉMON

Que dis-tu? le tribun qui commande en ce fort,   15
Ne t'a-t-il pas offert un généreux support?

MÉGATISE

Ah! crois-moi, les Romains tiennent peu leur promesse.
Je connais Iradan, je sais que, dans Emesse,
Amant d'une Persane, il en avait un fils.
Mais apprends que bientôt désolant son pays   20
Sur un ordre du prince il détruisit la ville

14-21 MS1:
                que j'espère
     Iradan ce tribun qui commande en ce fort
     D'abord à ma jeunesse offrit quelque support;
     Mais qu'il change aisément! j'ai su que dans Emesse,
     D'une jeune Persane il obtint la tendresse;
     Qu'il en fit son épouse et qu'il en eut un fils
     Mais j'ai su que bientôt désolant mon pays
     Il a servi lui-même à renverser la ville
15 69G: dis-tu là? [69G errata: β]

Où l'amour autrefois lui fournit un asile.
Oui, les chefs, les soldats à nuire condamnés
Font toujours tous les maux qui leur sont ordonnés.
Nous en voyons ici la preuve trop sensible 25
Dans l'arrêt émané d'un tribunal horrible.
De tous mes compagnons à peine une moitié
Pour l'innocente Arzame écoute la pitié.
Pitié trop faible encor et toujours chancelante!
L'autre est prête à tremper sa main vile et sanglante 30
Dans ce cœur si chéri, dans ce généreux flanc,
A la voix d'un pontife altéré de son sang.

LE JEUNE ARZÉMON

Cher ami, rendons grâce au sort qui nous protège;
On ne commettra point ce meurtre sacrilège.
Iradan la soutient de son bras protecteur; 35
Il voit ce fier pontife avec des yeux d'horreur.
Il écarte de nous la main qui nous opprime.
Je n'ai plus de terreur, il n'est plus de victime.
De la Perse à nos pas il ouvre les chemins.

MÉGATISE

Tu penses que pour toi, bravant ses souverains,
Il hasarde sa perte? 40

23   MSI: Va, les
33   MSI: au ciel qui
38-45   MSI:

                                   victime.
            Il brave de César les ordres inhumains
            De la Perse à nos pas il ouvre les chemins.
            Et tout mon désespoir en ce moment propice,
            Ami c'est de partir sans faire un sacrifice
            A ma sœur, à mon dieu, de ces monstres cruels
            Qui font rougir de sang leurs infâmes autels.
            Je pars sans les punir!

LE JEUNE ARZÉMON

Il le dit, il le jure.
Ma sœur ne le croit point capable d'imposture.
En un mot nous partons. Je ne suis affligé
Que de partir sans toi, sans m'être encor vengé,
Sans punir les tyrans.

MÉGATISE

Tu m'arraches des larmes.   45
Quelle erreur t'a séduit? de quels funestes charmes,
De quel prestige affreux tes yeux sont fascinés!
Tu crois qu'Arzame échappe à leurs bras forcenés!

LE JEUNE ARZÉMON

Je le crois.

MÉGATISE

Que du fort on doit ouvrir la porte?

LE JEUNE ARZÉMON

Sans doute.

MÉGATISE

On te trahit, dans une heure elle est morte.   50

LE JEUNE ARZÉMON

Non, il n'est pas possible: on n'est pas si cruel.

MÉGATISE

Ils ont fait devant moi le marché criminel.

47 MS1: prestige hélas! tes

Le frère d'Iradan, ce Césène, ce traître
Trafique de sa vie, et la vend au grand-prêtre.
J'ai vu, j'ai vu signer le barbare traité.   55

LE JEUNE ARZÉMON

Je meurs!… Que m'as-tu dit?

MÉGATISE

L'horrible vérité,
Hélas! elle est publique, et mon ami l'ignore.

LE JEUNE ARZÉMON

O monstres! ô forfaits!… Mais non, je doute encore…
Ah! comment en douter? mes yeux n'ont-ils pas vu
Ce perfide Iradan devant moi confondu?   60
Des mots entrecoupés suivis d'un froid silence,
Des regards inquiets que troublait ma présence,
Un air sombre et jaloux, plein d'un secret dépit,
Tout semblait en effet me dire, il nous trahit.

MÉGATISE

Je te dis que j'ai vu l'engagement du crime,   65
Que j'ai tout entendu, qu'Arzame est leur victime.

LE JEUNE ARZÉMON

Détestables humains! quoi! ce même Iradan!…

67-84 MSI:
    Détestables humains! Eh bien il faut périr!
    Allons trouver Arzame avant que de mourir.
        MÉGATISE
    Demeure, mon ami, j'ai peu d'expérience,
    Mais demeure, aurais-tu la fatale imprudence,
    Ne pouvant la sauver, de dire tu mourras!
    Tu boiras à mes yeux la coupe du trépas!
    Chez ton père élevé j'appris à te connaître;
    Jamais de tes transports ton esprit ne fut maître.

Si fier, si généreux!

MÉGATISE

N'est-il pas courtisan?
Peut-être il n'en est point qui, pour plaire à son maître,
Ne se chargeât des noms de barbare et de traître.　　　　70

LE JEUNE ARZÉMON

Puis-je sauver Arzame!

MÉGATISE

　　　　En ce séjour d'effroi,
Je t'offre mon épée, et ma vie est à toi.
Mais ces lieux sont gardés, le fer est sur sa tête,
De l'horrible bûcher la flamme est toute prête.
Chez ces prêtres sanglants nul ne peut aborder...　　　　75

(*l'arrêtant.*)
Où cours-tu malheureux?

Tu va d'Arzame encore accroître le danger.
　　　　LE JEUNE ARZÉMON
Ne pouvant la défendre il faut donc la venger.
　　　　MÉGATISE
De qui?
　　　　LE JEUNE ARZÉMON
　　　　Des meurtriers du traître qui l'opprime.
Cher ami que veux-tu? Le crime mène au crime.
　　　　MÉGATISE
Pourrais-tu l'enlever de ce séjour d'effroi?
Ce fer va te servir, et ma vie est à toi.
　　　　LE JEUNE ARZÉMON
Les gardes sont doublés, tout veille sur elle.
En vain je me consume en ma douleur mortelle.
　　　　(*après une légère réflexion.*)
Je n'est [n'ai] qu'un seul parti que je puisse embrasser.
76-83　　69G-69X2:
　　　　Où vas-tu, malheureux?

LE JEUNE ARZÉMON
>   Peux-tu le demander?

MÉGATISE

Crains tes emportements: j'en connais la furie.

LE JEUNE ARZÉMON

Arzame va mourir, et tu crains pour ma vie!

MÉGATISE

Arrête, je la vois.

LE JEUNE ARZÉMON
>   C'est elle-même.

MÉGATISE
>   Hélas!
Elle est loin de penser qu'elle marche au trépas.   80

LE JEUNE ARZÉMON

Ecoute, garde-toi d'oser lui faire entendre
L'effroyable secret que tu viens de m'apprendre.
Non, je ne saurais croire un tel excès d'horreur.
Iradan!

LE JEUNE ARZÉMON
>   Peux-tu le demander?
Ah! je la vois venir. Crains de lui faire entendre
L'effroyable secret que tu viens de m'apprendre...
Ciel! ô ciel! puis-je croire un tel excès d'horreur!
[69G*: Vβ; NM *var:* β]

SCÈNE II

LE JEUNE ARZÉMON, MÉGATISE, ARZAME

ARZAME

Cher époux! cher espoir de mon cœur;
Le dieu de notre hymen, le dieu de la nature   85
A la fin nous arrache à cette terre impure...
Quoi! c'est là Mégatise!... En croirai-je mes yeux!
Un ignicole, un Guèbre est soldat en ces lieux!

LE JEUNE ARZÉMON

Il est trop vrai, ma sœur.

MÉGATISE

Oui, j'en rougis de honte.

ARZAME

Servira-t-il du moins à cette fuite prompte?   90

MÉGATISE

Sans doute il le voudrait.

ARZAME

Notre libérateur
Des prêtres acharnés va tromper la fureur.

---

84   MS1:   Cher époux! notre dieu daigne enfin m'exaucer,
85   MS1:   hymen, ce dieu
86   MS1:   Aujourd'hui nous
91   MS1:   Notre cher protecteur

LE JEUNE ARZÉMON

Je vois… qu'il peut tromper.

ARZAME

                  Tout est prêt pour la fuite:
De fidèles soldats marchent à notre suite.
Mégatise en est-il?

MÉGATISE

               Je vous offre mon bras,
C'est tout ce que je puis… Je ne vous quitte pas.

ARZAME (*au jeune Arzémon.*)

Iradan de mon sort dispose avec son frère.

LE JEUNE ARZÉMON

On le dit.

95

---

94   MSI: fidèles guerriers marchent
96a MSI, sans indication scénique
97-101 MSI:
        Pour sortir d'Apamée il n'attend que son frère
                LE JEUNE ARZÉMON
        Qui Césène?
                   ARZAME
               A ce nom quel trouble involontaire
        Eclate dans tes yeux de larmes inondés?
                LE JEUNE ARZÉMON
        Le frère d'Iradan!… de grâce répondez;
        Que fait-il? qu'ont-ils fait?
97-99 69G-69X2:
        Pour sortir d'Apamée il n'attend que son frère…
        D'où vient que tu pâlis?… Quel trouble involontaire
        Eclate dans tes yeux de larmes inondés? [69G*: ^{V}β; NM *var*: β]

ARZAME

Tu pâlis: quel trouble involontaire
Obscurcit tes regards de larmes inondés!

LE JEUNE ARZÉMON

Quoi! Césène, Iradan!… De grâce, répondez: 100
Où sont-ils? qu'ont-ils fait?

ARZAME

                Ils sont près du grand-prêtre.

LE JEUNE ARZÉMON

Près de ton meurtrier!

ARZAME

              Ils vont bientôt paraître.

LE JEUNE ARZÉMON

Ils tardent bien longtemps.

ARZAME

             Tu les verras ici.

LE JEUNE ARZÉMON
(*se jetant dans les bras de Mégatise.*)

Cher ami, c'en est fait, tout est donc éclairci!

102   69G-69X2: Près de ton oppresseur! [69G*: ^Vβ; NM *var*: β]
102-103   MS1:
                Il va bientôt paraître.
        LE JEUNE ARZÉMON
      Il tarde bien longtemps.
            ARZAME
          Tu le verras ici.

ARZAME

Eh quoi! la crainte encor sur ton front se déploie,   105
Quand l'espoir le plus doux doit nous combler de joie,
Quand le noble Iradan va tout quitter pour nous,
Lorsque de l'empereur il brave le courroux,
Que pour sauver nos jours il hasarde sa vie,
Qu'il se trahit lui-même et qu'il se sacrifie?   110

LE JEUNE ARZÉMON

Il en fait trop peut-être.

ARZAME

                    Ah! calme ta douleur,
Mon frère, elle est injuste.

LE JEUNE ARZÉMON

                    Oui, pardonne, ma sœur;
Pardonne; écoute au moins: Mégatise est fidèle,
Notre culte est le sien, je réponds de son zèle,
C'est un frère; à ses yeux nos cœurs peuvent s'ouvrir.   115
Dans celui d'Iradan n'as-tu pu découvrir
Quels sentiments secrets ce Romain nous conserve?
Il paraissait troublé, tu t'en souviens: observe,
Rappelle en ton esprit jusqu'aux moindres discours
Qu'il t'aura pu tenir, du péril où tu cours,   120
Des prêtres ennemis, de César, de toi-même,
Des lois que nous suivons, d'un malheureux qui t'aime.

ARZAME

Cher frère, tendre amant, que peux-tu demander!

---

106   MS1, 69G-69X2:   doux nous doit combler
120   MS1:   Qu'il a pu te tenir

LE JEUNE ARZÉMON

Ce qu'à notre amitié ton cœur doit accorder,
Ce qu'il ne peut cacher à ma fatale flamme,   125
Sans verser des poisons dans le fond de mon âme.

ARZAME

J'en verserai, peut-être, en osant t'obéir.

LE JEUNE ARZÉMON

N'importe, il faut parler, te dis-je, ou me trahir.
Et puisque je t'adore, il y va de ma vie.

ARZAME

Je ne crains point de toi de vaine jalousie;   130
Tu ne la connais point. Un sentiment si bas
Blesse le nœud d'hymen et ne l'affermit pas.

LE JEUNE ARZÉMON

Crois qu'un autre intérêt, un soin plus cher m'anime.

ARZAME

Tu le veux, je ne puis désobéir sans crime…
J'avouerai qu'Iradan, trop prompt à s'abuser,   135
M'a présenté sa main que j'ai dû refuser.

LE JEUNE ARZÉMON

Il t'aimait?

ARZAME

Il l'a dit.

137   MSI: LE JEUNE ARZÉMON (*consterné*.) / Il t'aimait!

LE JEUNE ARZÉMON

Il t'aimait!

ARZAME

                Sa poursuite
A lui tout confier malgré moi m'a réduite.
Il a su les secrets de ma religion,
Et de tous mes devoirs, et de ma passion.   140
Par de profonds respects, par un aveu sincère,
J'ai repoussé l'honneur qu'il prétendait me faire.
A ses empressements j'ai mis ce frein sacré;
Ce secret à jamais devait être ignoré,
Tu me l'as arraché: mais crains d'en faire usage.   145

LE JEUNE ARZÉMON

Achève; il a donc su ce serment qui m'engage,
Qui rejoint par nos lois le frère avec la sœur?

ARZAME

Oui.

LE JEUNE ARZÉMON

    Qu'a produit en lui ce nœud si saint?

ARZAME

                          L'horreur.

LE JEUNE ARZÉMON (*à Mégatise.*)

C'est assez, je vois tout: le barbare! il se venge.

ARZAME

Malgré notre hyménée à ses yeux trop étrange,   150

Malgré cette horreur même, il ose protéger
Notre sainte union, bien loin de s'en venger.
Nous quittons pour jamais ces sanglantes demeures.

LE JEUNE ARZÉMON

Ah! ma sœur!... c'en est fait.

ARZAME

                Tu frémis, et tu pleures!

LE JEUNE ARZÉMON

Qui? moi!... ciel!... Iradan.

ARZAME

                Pourrais-tu soupçonner   155
Que notre bienfaiteur pût nous abandonner?

LE JEUNE ARZÉMON

Pardonne... en ces moments... dans un lieu si barbare...
Parmi tant d'ennemis... aisément on s'égare...
Du parti que l'on prend le cœur est effrayé.

ARZAME

Ah! du mien qui t'adore il faut avoir pitié.   160
Tu sors!... demeure, attends, ma douleur t'en conjure.

LE JEUNE ARZÉMON

Ami; veille sur elle... ô tendresse! ô nature!

---

151   MSI: il daigne protéger
161a MSI: LE JEUNE ARZÉMON (*à Mégatise.*)

(*avec fureur.*)

Que vais-je faire? ah Dieu!… vengeance, entends ma
                                                        voix!

(*Il embrasse sa sœur en pleurant.*)

Je t'embrasse, ma sœur, pour la dernière fois.

                                        (*Il sort.*)

SCÈNE III

ARZAME, MÉGATISE

ARZAME

Arrête!… que veut-il? qu'est-ce donc qu'il prépare.   165
De sa tremblante sœur faut-il qu'il se sépare?
Et dans quel temps, grand Dieu!… qu'en peux-tu
                                            soupçonner?

MÉGATISE

Des malheurs.

ARZAME

            Contre moi le sort veut s'obstiner,
Et depuis mon berceau les malheurs m'ont suivie.

MÉGATISE

Puisse le juste ciel veiller sur votre vie!   170

ARZAME

Je tremble, je crains tout quand je suis loin de lui.

162a   MSI, sans indication scénique

578

J'avais quelque courage, il s'épuise aujourd'hui.
N'aurais-tu rien appris de ces juges féroces,
Rien de leurs factions, de leurs complots atroces?
Assez infortuné pour servir auprès d'eux,   175
Tu les vois, tu connais leurs mystères affreux.

MÉGATISE

Hélas! en tous les temps leurs complots sont à craindre:
César les favorise, ils ont su le contraindre
A fléchir sous le joug qu'ils auraient dû porter.
Pensez-vous qu'Iradan puisse leur résister?   180
Etes-vous sûre enfin de sa persévérance?
On se lasse souvent de servir l'innocence;
Bientôt l'infortuné pèse à son protecteur.
Je l'ai trop éprouvé.

ARZAME

         Si tel est mon malheur,
Si le noble Iradan cesse de me défendre,   185
Il faut mourir... grand Dieu, quel bruit se fait entendre!
Quels mouvements soudains, et quels horribles cris!

SCÈNE IV

ARZAME, MÉGATISE, CÉSÈNE, SOLDATS,
LE JEUNE ARZÉMON enchaîné.

CÉSÈNE

Qu'on le traîne à ma suite: enchaînez, mes amis,

187b   MSI: LES ACTEURS PRÉCÉDENTS, CÉSÈNE, SOLDATS

579

Ce fanatique affreux, cet ingrat, ce perfide,
Préparez mille morts à ce lâche homicide;   190
Vengez mon frère.

ARZAME

O ciel!

MÉGATISE

Malheureux!

ARZAME (*tombe sur une banquette.*)

Je me meurs!

CÉSÈNE

Femme ingrate! est-ce toi qui guidais ses fureurs?

ARZAME (*se relevant.*)

Comment! que dites-vous? quel crime a-t-on pu faire?

CÉSÈNE

Le monstre!… quoi! plonger une main sanguinaire
Dans le sein de son maître et de son bienfaiteur,   195
Frapper, assassiner votre libérateur!
A mes yeux! dans mes bras! un coup si détestable,
Un tel excès de rage est trop inconcevable.

ARZAME

Ciel! Iradan n'est plus!

CÉSÈNE

Les dieux, les justes dieux

192a   MSI, sans indication scénique

N'ont pas livré sa vie au bras du furieux.　　　　　　200
Je l'ai vu qui tremblait, j'ai vu sa main cruelle
S'affaiblir en portant l'atteinte criminelle.

ARZAME

Je respire un moment.

CÉSÈNE (*aux soldats.*)

　　　　　　　　　Soldats qui me suivez
Déployez les tourments qui lui sont réservés...
Parle, avant d'expirer, nomme-moi ton complice.　　205

(*montrant Mégatise.*)

Est-ce ta sœur, ou lui?... parle avant ton supplice...
Tu ne me réponds rien... quoi! lorsqu'en ta faveur
Nous offensions hélas! nos dieux, notre empereur,
Quand nos soins redoublés, et l'art le plus pénible,
Trompaient pour te sauver ce pontife inflexible,　　210
Quand, tout prêts à partir de ce séjour d'effroi,
Nous exposions nos jours et pour elle et pour toi;
De nos bontés, grand Dieu! voilà donc le salaire!

ARZAME

Malheureux! qu'as-tu fait? Non, tu n'es pas mon frère.
Quel crime épouvantable en ton cœur s'est formé?　　215
S'il en est un plus grand, c'est de t'avoir aimé.

LE JEUNE ARZÉMON (*à Césène.*)

A la fin je retrouve un reste de lumière...
La nuit s'est dissipée... un jour affreux m'éclaire...
Avant de me punir, avant de te venger,
Daigne répondre un mot: j'ose t'interroger...　　220

203　MS1, sans indication scénique

Ton frère envers nous deux n'était donc pas un traître?
Il n'allait pas livrer ma sœur à ce grand-prêtre!

CÉSÈNE

La livrer, malheureux! il aurait fait couler
Tout le sang des tyrans qui voulaient l'immoler.

LE JEUNE ARZÉMON

Il suffit: je me jette à tes pieds que j'embrasse.   225
A ton cher frère, à toi je demande une grâce,
C'est d'épuiser sur moi les plus affreux tourments
Que la vengeance ajoute à la mort des méchants:
Je les ai mérités: ton courroux légitime
Ne saurait égaler mes remords et mon crime.   230

CÉSÈNE

Soldats qui l'entendez, je le laisse en vos mains,
Soyons justes, amis, et non pas inhumains.
Sa mort doit me suffire.

ARZAME

　　　　　　Eh bien, il la mérite,
Mais joignez-y sa sœur, elle est déjà proscrite.
La vie en tous les temps ne me fut qu'un fardeau,   235
Qu'il me faut rejeter dans la nuit du tombeau.

230a   MSI, avec indication scénique: (*à ses soldats.*)
233-234   MSI:
　　　　　　　ARZAME
　　　　　　Ah que je la partage.
　　　La clémence envers moi me ferait trop d'outrage.
234   W70L: Vous y joindrez sa
236-237   MSI:
　　　Qu'il vous faut rejeter dans la nuit du tombeau
　　　Pourquoi m'en tirez-vous? Frappez la mort m'est due.

Je suis sa sœur, sa femme, et cette mort m'est due.

MÉGATISE

Permettez qu'un moment ma voix soit entendue.
C'est moi qui dois mourir, c'est moi qui l'ai porté,
Par un avis trompeur, à tant de cruauté…   240
Seigneur, je vous ai vu, dans ce séjour du crime,
Aux tyrans assemblés promettre la victime.
Je l'ai vu, je l'ai dit. Aurais-je dû penser
Que vous la promettiez pour les mieux abuser?
Je suis Guèbre et grossier, j'ai trop cru l'apparence,   245
Je l'ai trop bien instruit: il en a pris vengeance.
La faute en est à vous, vous qui la protégez.
Votre frère est vivant, pesez tout, et jugez.

CÉSÈNE

Va, dans ce jour de sang, je juge que nous sommes
Les plus infortunés de la race des hommes…   250
    Va, fille trop fatale à ma triste maison,[1]

240   MS1:   tant d'atrocité

[1] La première version des lignes 251-284 est perdue; voir la lettre de Voltaire à Mme Denis en date du 17 décembre 1768 dans laquelle il lui envoie la version du manuscrit, avec deux légères différences. Il s'explique: 'défunt La Touche m'aparut hier au soir […]. Il me dit qu'il avait fait jouer chez Pluton, comme de raison, sa rapsodie, et qu'il avait remarqué que la fin du 3e acte qui n'est qu'une satire des prêtres plutoniques, avait glacé l'auditoire. On a trouvé les vers assez bien faits, me dit-il, mais celà ne suffit pas, il faut attendrir les diables, et faire pleurer les furies. Les personages odieux sont toujours à la glace. J'aurais dû faire parler la pauvre Arzame à laquelle on s'intéresse, aulieu de ces prêtres d'enfer qui révoltent. Alors il me montra ce qu'il avait substitué à la fin de ce 3ème acte. Cette nouvelle leçon m'a paru infiniment supérieure à l'autre; elle est touchante, elle est neuve, et en expliquant le sistème de la religion des Perses elle est ortodoxe dans toutes les religions du monde. Je vous avoue que nous avons pleuré Wagniere et moi quand La Touche nous récitait ce petit morceau' (D15372).

Objet de tant d'horreur, de tant de trahison;
Je ne me repens point de t'avoir protégée.
Le traître expirera; mais mon âme affligée
N'en est pas moins sensible à ton cruel destin.   255
Mes pleurs coulent sur toi, mais ils coulent en vain.
Tu mourras: aux tyrans rien ne peut te soustraire:
Mais je te pleure encore en punissant ton frère.

    (*aux soldats.*)

Revolons près du mien, secondons les secours
Qui raniment encor ses déplorables jours.   260

SCÈNE V

ARZAME *seule*.

Dans sa juste colère, il me plaint, il me pleure!
Tu vas mourir, mon frère, il est temps que je meure,
Ou par l'arrêt sanglant de mes persécuteurs,
Ou par mes propres mains, ou par tant de douleurs…
    O mort! ô destinée! ô Dieu de la lumière!   265
Créateur incréé de la nature entière,
Etre immense et parfait, seul être de bonté,

---

252   MS1: d'horreurs, de
259-262 MS1:
        Allons auprès du mien, donnons-lui nos secours
        Et sauvons s'il se peut ses déplorables jours.
             SCÈNE V
              ARZAME, *seule*.
        Prêt à me voir frappée, [2] il me plaint, il me pleure!
        Mon frère va mourir, il faut bien que je meure,

[2] D15372: 'Il va fraper Arzame'.

584

As-tu fait les humains pour la calamité?
   Quel pouvoir exécrable infecta ton ouvrage!
La nature est ta fille, et l'homme est ton image. 270
Arimane[3] a-t-il pu défigurer ses traits,
Et créer le malheur[4], ainsi que les forfaits!
Est-il ton ennemi? Que sa puissance affreuse
Arrache donc la vie à cette malheureuse.
J'espère encore en toi; j'espère que la mort 275
Ne pourra malgré lui détruire tout mon sort.
Oui, je naquis pour toi, puisque tu m'as fait naître;
Mon cœur me l'a trop dit; je n'ai point d'autre maître.
Cet être malfaisant qui corrompit ta loi,
Ne m'empêchera pas d'aspirer jusqu'à toi. 280
Par lui persécutée, avec toi réunie,
J'oublierai dans ton sein les horreurs de ma vie.
Il en est une heureuse, et je veux y courir:
C'est pour vivre avec toi que tu me fais mourir.

Fin du troisième acte.

268 MSI: Pourquoi tant d'injustice et de calamité
272 MSI: créer les malheurs, ainsi
275-276 W70L:
          Dois-je espérer en toi? faudra-t-il que la mort
          Dans l'horreur du néant détruise mon sort?
278 W70L: Mon cœur le dit, du moins, il est mon premier maître.

[3] Cf. les carnets: 'Les Guèbres [...] retiennent la doctrine de Zoroastre sur Orosmade, l'ancien des jours, et le démon des ténèbres Arimanes son ennemi' (V 81, p.128).
[4] D15372 porte la leçon du texte de base.

ACTE IV

SCÈNE PREMIÈRE

LE VIEIL ARZÉMON, MÉGATISE

LE VIEIL ARZÉMON

Tu gardes cette porte et tu retiens mes pas!
Tu me fais cet affront, toi Mégatise!

MÉGATISE

                         Hélas!
Triste et cher Arzémon, vieillard que je révère,
Trop malheureux ami, trop déplorable père,
Qu'exiges-tu de moi?

LE VIEIL ARZÉMON

                    Ce que doit l'amitié.   5
Pour servir les Romains es-tu donc sans pitié?

MÉGATISE

Au nom de la pitié, fuis ce lieu d'injustices;

c   MS1: LE VIEUX ARZÉMON [*passsim*]
d-10 MS1:

           MÉGATISE
    Vieillard infortuné qui nourrit mon enfance,
    Arzémon, cher objet de ma reconnaissance,
    De mon profond respect hélas! de ma pitié,
    Cède aux empressements de ma triste amitié
    Quel démon te conduit dans ce lieu d'injustices
    Dans ce séjour de sang, de crimes, de supplices!
    Eloigne-toi de nous, va ne perds point de temps
    La mort nous environne.

586

Crains ce séjour de sang, de crimes, de supplices.
Retourne en tes foyers, loin des yeux des tyrans.
La mort nous environne.

LE VIEIL ARZÉMON

           Où sont mes chers enfants?   10

MÉGATISE

Je te l'ai déjà dit, leur péril est extrême.
Tu ne peux les servir, tu te perdrais toi-même.

LE VIEIL ARZÉMON

N'importe, je prétends faire un dernier effort:
Je veux, je dois parler au commandant du fort.
N'est-ce pas Iradan que, pendant son voyage,   15
L'empereur a nommé pour garder ce passage?

MÉGATISE

C'est lui-même, il est vrai; mais crains de t'arrêter.
Hélas! il est bien loin de pouvoir t'écouter.

LE VIEIL ARZÉMON

Il me refuserait une simple audience?

MÉGATISE (en pleurant.)

Oui.

LE VIEIL ARZÉMON

Sais-tu que César m'admet en sa présence,   20

---

10   MS1: As-tu vu mes
19a   MS1, sans indication scénique

Qu'il daigne me parler?

MÉGATISE

À toi?

LE VIEIL ARZÉMON

                              Les plus grands rois,
Vers les derniers humains s'abaissent quelquefois.
Ils redoutent des grands le séduisant langage,
Leur bassesse orgueilleuse et leur trompeur hommage;
Mais oubliant pour nous leur sombre majesté,   25
Ils aiment à sourire à la simplicité.
Il reçoit de ma main les fruits de ma culture,
Doux présents dont mon art embellit la nature.
Ce gouverneur superbe a-t-il la dureté
De rejeter l'hommage à ses mains présenté?   30

MÉGATISE

Quoi! tu ne sais donc pas ce fatal homicide,
Ce meurtre affreux?

LE VIEIL ARZÉMON

                              Je sais qu'ici tout m'intimide.
Que l'inhumanité, la persécution
Menacent mes enfants et ma religion.
C'est ce que tu m'as dit, et c'est ce qui m'oblige   35
A voir cet Iradan... son intérêt l'exige.

MÉGATISE

Va, fuis, n'augmente point par tes soins obstinés

---

25   MSI: nous toute leur majesté
37   MSI: n'augmente pas par

La foule des mourants et des infortunés.

LE VIEIL ARZÉMON

Quel discours effroyable! explique-toi.

MÉGATISE

                                Mon maître,
Mon chef, mon protecteur, est expirant, peut-être.   40

LE VIEIL ARZÉMON

Lui!

MÉGATISE

Tremble de le voir.

LE VIEIL ARZÉMON

                        Pourquoi m'en détourner?

MÉGATISE

Ton fils, ton propre fils vient de l'assassiner.

LE VIEIL ARZÉMON

O soleil! ô mon dieu! soutenez ma vieillesse!
Qui? lui! ce malheureux, porter sa main traîtresse
Sur qui!… pour un tel crime ai-je pu l'élever!   45

MÉGATISE

Vois quel temps tu prenais, rien ne peut le sauver.

LE VIEIL ARZÉMON

O comble de l'horreur! hélas! dans son enfance

46   69G errata: prenais: rien

J'avais cru de ses sens calmer la violence;
Il était bon, sensible, ardent, mais généreux.
Quel démon l'a changé! quel crime!... ah malheureux!   50

MÉGATISE

C'est moi qui l'ai perdu, j'en porterai la peine:
Mais que ta mort au moins ne suive point la mienne.
Ecarte-toi, te dis-je.

LE VIEIL ARZÉMON

                              Et qu'ai-je à perdre, hélas!
Quelques jours malheureux et voisins du trépas,
Ce soleil dont mes yeux appesantis par l'âge,   55
Aperçoivent à peine une infidèle image,
Ces vains restes d'un sang déjà froid et glacé.
J'ai vécu, mon ami; pour moi tout est passé.
Mais avant de mourir je dois parler.

MÉGATISE

                              Demeure,
Respecte d'Iradan la triste et dernière heure.   60

LE VIEIL ARZÉMON

Infortunés enfants, et que j'ai trop aimés,
J'allais unir vos cœurs l'un pour l'autre formés.
Ne puis-je voir Arzame?

MÉGATISE

                              Hélas! Arzame implore
La mort dont nos tyrans la menacent encore.

---

49   MS1: Il était né sensible, il était généreux.
     69G-69X2: Emporté mais sensible, il était généreux; [69G*, NM var: β]

LE VIEIL ARZÉMON

Que je voie Iradan.

MÉGATISE

Que ton zèle empressé   65
Respecte plus le sang que ton fils a versé.
Attends, qu'on sache au moins si, malgré sa blessure,
Il reste assez de force encore à la nature,
Pour qu'il lui soit permis d'entendre un étranger.

LE VIEIL ARZÉMON

Dans quel gouffre de maux le ciel veut nous plonger!   70

MÉGATISE

J'entends chez Iradan des clameurs qui m'alarment.

LE VIEIL ARZÉMON

Tout doit nous alarmer.

MÉGATISE

Que mes pleurs te désarment.
Mon père, éloigne-toi. Peut-être il est mourant,
Et son frère est témoin de son dernier moment.
Cache-toi, je viendrai te parler et t'instruire.   75

LE VIEIL ARZÉMON

Garde-toi d'y manquer… Dieu qui m'a su conduire,
Dieu qui vois en pitié les erreurs des mortels,
Daigne abaisser sur nous tes regards paternels.

SCÈNE II

IRADAN, *le bras en écharpe, appuyé sur* CÉSÈNE, MÉGATISE

CÉSÈNE

Mégatise aide-nous, donne un siège à mon frère,
A peine il se soutient, mais il vit; et j'espère   80
Que malgré sa blessure et son sang répandu,
Par les bontés du ciel il nous sera rendu.

IRADAN (*à Mégatise.*)

Donne, ne pleure point.

CÉSÈNE (*à Mégatise.*)

Veille sur cette porte.
Et prends garde surtout qu'aucun n'entre et ne sorte.
(*Mégatise sort.*)
(*à Iradan.*)
Prends un peu de repos nécessaire à tes sens,   85
Laisse-nous ranimer tes esprits languissants.
Trop de soin te tourmente avec tant de faiblesse.

IRADAN

Ah! Césène, au prétoire on veut que je paraisse!
Ce coup que je reçois m'a bien plus offensé
Que le fer d'un ingrat dont tu me vois blessé.   90
Notre ennemi l'emporte, et déjà le prétoire
Nous ôtant tous nos droits, lui donne la victoire.

83   MS1, sans indication scénique

Le puissant est toujours des grands favorisé.
Ils se maintiennent tous, le faible est écrasé:
Ils sont maîtres des lois dont ils sont interprètes; 95
On n'écoute plus qu'eux, nos bouches sont muettes.
On leur donne le droit de juges souverains;
L'autorité réside en leurs cruelles mains.
Je perds le plus beau droit, celui de faire grâce.

CÉSÈNE

Eh pourrais-tu la faire à la farouche audace 100
Du fanatique obscur qui t'ose assassiner?

IRADAN

Ah! qu'il vive.

CÉSÈNE

             A l'ingrat je ne puis pardonner.
Tu vois de notre état la gêne et les entraves;
Sous le nom de guerriers nous devenons esclaves.
Il n'est plus temps de fuir ce séjour malheureux, 105
Véritable prison qui nous retient tous deux.
César est arrivé: la tête de l'armée
Garde de tous côtés les chemins d'Apamée.
Il ne m'est plus permis de déployer l'horreur

---

99   MSI: Il ne m'est plus permis enfin de faire grâce.
101-102   MSI:
              Au crime de l'ingrat qui t'ose assassiner?
                        IRADAN
              Je lui pardonne.
                        CÉSÈNE
                        Et moi je ne puis
109-110   MSI:
              Pour ces prêtres sanglants tu connais mon horreur
              Il la faut dévorer dans le fond de mon cœur.

Que ces prêtres sanglants excitent dans mon cœur.   110
Et loin de te venger de leur troupe parjure,
De nager dans leur sang, d'y laver ta blessure,
Avec eux malgré moi je dois me réunir;
C'est ton lâche assassin que nous devons punir.
Et puisqu'il faut le dire, indigné de son crime,   115
Aux sacrificateurs j'ai promis la victime:
Ta sûreté le veut. Si l'ingrat ne mourait,
Il est Guèbre, il suffit, César te punirait.

                            IRADAN

Je ne sais; mais sa mort en augmentant mes peines,
Semble glacer le sang qui reste dans mes veines.   120

                        SCÈNE III

                IRADAN, CÉSÈNE, ARZAME

                    ARZAME (*se jetant à ses genoux.*)

Dans ma honte, seigneur, et dans mon désespoir
J'ai dû vous épargner la douleur de me voir.
Je le sens; ma présence, à vos yeux téméraire,
Ne rappelle que trop le forfait de mon frère:
L'audace de sa sœur est un crime de plus.   125

119-120   MSI:
          Je le sais; mais sa mort semble augmenter mes peines,
          Et fait frémir le sang
120c   69G-69X2, W68, W70L: *à genoux.*
       K: *aux genoux de Césène.*
123   MSI: Je sens que ma

CÉSÈNE (*la relevant.*)

Ah! que veux-tu de nous par tes pleurs superflus?

ARZAME

Seigneur, on va traîner mon cher frère au supplice,
Vous l'avez ordonné; vous lui rendez justice;
Et vous me demandez ce que je veux!… La mort,
La mort, vous le savez.

CÉSÈNE

Va, son funeste sort   130
Nous fait frémir assez dans ces moments terribles.
N'ulcère point nos cœurs, ils sont assez sensibles.
Eh bien, je veillerai sur tes jours innocents;
C'est tout ce que je puis, compte sur mes serments.

ARZAME

Je vous les rends, seigneur, je ne veux point de grâce.   135
Il n'en veut point lui-même; il faut qu'on satisfasse
Au sang qu'a répandu sa détestable erreur:
Il faut que devant vous il meure avec sa sœur.
Vous me l'aviez promis: votre pitié m'outrage.
Si vous en aviez l'ombre, et si votre courage,   140
Si votre bras vengeur sur sa tête étendu
Tremblait de me donner le trépas qui m'est dû,
Ma main sera plus prompte et mon esprit plus ferme.
Pourquoi de tant de maux prolongez-vous le terme?

125a   MSI, sans indication scénique
133-134   MSI:
            J'ai juré de veiller sur tes jours innocents
            Ils me sont précieux je garde mes serments.
139   MSI: Le jour m'est odieux et la pitié m'outrage
143   MSI: main \<sera\> ↑serait⁺ plus

Deux Guèbres, après tout, vil rebut des humains,   145
Sont-ils de quelque prix aux yeux de deux Romains?

CÉSÈNE

Oui, jeune infortunée, oui, je ne puis t'entendre,
Sans qu'un dieu dans mon cœur, ardent à te défendre,
Ne soulève mes sens et crie en ta faveur.

IRADAN

Tous deux m'ont pénétré de tendresse et d'horreur.   150

SCÈNE IV

IRADAN, ARZAME, CÉSÈNE, MÉGATISE

CÉSÈNE

Vient-on nous demander le sang de ce coupable?

145   MSI: tout, vils rebuts des
150b-154   MSI:
          IRADAN, CÉSÈNE, ARZAME, MÉGATISE
                    MÉGATISE
          Des sacrificateurs les insolents ministres
          Sont chargés près d'ici de leurs ordres sinistres;
          Ils demandent leur proie.
                    IRADAN
                              En l'état où je suis
          Que dois-je faire ô dieux!
                    ARZAME
                                        M'immoler.
                    CÉSÈNE
                                        Je ne puis.
151   69G-69X2:   Eh bien! faut-il livrer ce malheureux coupable?

MÉGATISE

Rien encore n'a paru.

CÉSÈNE

Son supplice équitable
Pourrait de nos tyrans désarmer la fureur.

ARZAME

Ils seraient plus tyrans s'ils épargnaient sa sœur.

MÉGATISE

Cependant un vieillard dans sa douleur profonde,   155
Malgré l'ordre donné d'écarter tout le monde,
Et malgré mes refus, veut embrasser vos pieds.
A ses cris, à ses yeux dans les larmes noyés,
Daignez-vous accorder la grâce qu'il demande?

IRADAN

Une grâce! qui? moi!

CÉSÈNE

Que veut-il? qu'il attende.   160
Qu'il respecte l'horreur de ces affreux moments;

161-163 MSI:
    Pourquoi de ces moments vient-il troubler l'horreur
    Il faut livrer le traître.
            ARZAME
            Il faut livrer sa sœur.
        CÉSÈNE (à Mégatise.)
    Qu'il suspende du moins sa prière indiscrète.
    69G-69X2:
    Pourquoi troubler l'horreur de nos affreux ennuis?
    Allons livrer le traître.
            ARZAME
            Allez et je vous suis.

Il faut que je vous venge. Allons, il en est temps.

ARZAME

Ciel! déjà!

CÉSÈNE

Rejetez sa prière indiscrète.

IRADAN

Mon frère, la faiblesse où mon état me jette
Me permettra peut-être encor de lui parler.   165
Le malheur dont le ciel a voulu m'accabler,
Ne peut être sans doute ignoré de personne:
Et puisque ce vieillard aux larmes s'abandonne,
Puisque mon sort le touche, il vient pour me servir.

MÉGATISE

Il me l'a dit du moins.

IRADAN

Qu'on le fasse venir.   170

CÉSÈNE (*à Mégatise.*)
Qu'il suspende du moins sa prière indiscrète. [69G*, NM *var*: β]

598

SCÈNE V

LES PERSONNAGES PRÉCÉDENTS

(*Mégatise s'avance vers le vieil Arzémon
qu'on voit à la porte.*)

MÉGATISE (*à Arzémon.*)

La bonté d'Iradan se rend à ta prière.
Avance... Le voici.

ARZAME

Juste ciel!... Ah! mon père!
A mes derniers moments, quel dieu vient vous offrir!
Et que venez-vous faire en ces lieux?

CÉSÈNE

M'attendrir.

IRADAN

Vieillard, que je te plains! que ton fils est coupable!   175
Mais je ne le vois point d'un œil inexorable.
J'aimai tes deux enfants, et dans ce jour d'horreurs,
Va, je n'impute rien qu'à nos persécuteurs.

LE VIEIL ARZÉMON

Oui, tribun, je l'avoue, ils sont seuls condamnables:

170b-e   MSI: LES ACTEURS PRÉCÉDENTS / (*Mégatise s'avance vers
Arzémon qu'on voit à la porte.*) / MÉGATISE//

174   K:
        Voulez-vous qu'à vos yeux...
            LE VIEIL ARZÉMON
                      Je veux vous secourir.

178a   MSI: ARZÉMON PÈRE

Ceux qui forcent au crime en sont les seuls coupables.   180
Mais faites approcher le malheureux enfant
Qui fut envers nous tous criminel un moment:
Devant lui, devant elle il faut que je m'explique.

IRADAN

Qu'on l'amène sur l'heure.

ARZAME

       O pouvoir tyrannique,
Pouvoir de la nature, augmenté par l'amour,   185
Quels moments! quels témoins! et quel horrible jour!

SCÈNE VI

LES PERSONNAGES PRÉCÉDENTS,
LE JEUNE ARZÉMON *enchaîné.*

LE JEUNE ARZÉMON

Hélas! après mon crime il me faut donc paraître
Aux yeux d'un honnête homme à qui je dois mon être,
Dont j'ai déshonoré la vieillesse et le sang;
Aux yeux d'un bienfaiteur dont j'ai percé le flanc;   190
Aux regards indignés de son vertueux frère;
Devant vous, ô ma sœur! dont la juste colère,
Les charmes, la terreur, et les sens agités

---

182 MS1: fut <contre> ↑envers⁺ nous
183a MS1, avec indication scénique: (*à Mégatise.*)
186b-c MS1: LES ACTEURS PRÉCÉDENTS, ARZÉMON FILS (*chargé de fers.*) / ARZÉMON FILS
188 K: d'un homme juste à qui

Commencent les tourments que j'ai tant mérités!

LE VIEIL ARZÉMON (*les regardant tous.*)

J'apporte à ces douleurs dont l'excès vous dévore,   195
Des consolations, s'il peut en être encore.

ARZAME

Il n'en sera jamais après ce coup affreux.

CÉSÈNE

Qui!... toi nous consoler! toi, père malheureux!

LE VIEIL ARZÉMON

Ce nom coûta souvent des larmes bien cruelles, [1]
Et vous allez peut-être en verser de nouvelles.   200
Mais vous les chérirez.

IRADAN

Quels discours étonnants!

CÉSÈNE

Adoucit-on les maux par de nouveaux tourments?

LE VIEIL ARZÉMON

Que n'ai-je appris plus tôt dans mes sombres retraites

194a   MSI: (*en les*
198   MSI: consoler! père trop malheureux!
200   MSI: verser des nouvelles
202   MSI: Adoucis-tu nos
203   MSI: dans nos sombres

[1] La première version des lignes 199-205 est perdue. Celle du manuscrit fut proposée à Lekain dans une lettre du 2 février 1769 (D15458).

Le lieu, le nouveau poste et le rang où vous êtes?
La guerre loin de moi porta toujours vos pas.
Enfin je vous retrouve.

205

CÉSÈNE

En quel état, hélas!

LE VIEIL ARZÉMON

Vous allez donc livrer aux mains qui les attendent
Ces deux infortunés?

ARZAME

Ah! les lois le commandent.
Oui, nous devons mourir.

LE VIEIL ARZÉMON

Seigneurs, écoutez-moi…
Il vous souvient des jours de carnage et d'effroi
Où de votre empereur l'impitoyable armée
Fit périr les Persans dans Emesse enflammée.

210

IRADAN

S'il m'en souvient, grands dieux!

CÉSÈNE

Oui, nos fatales mains

208-209 MS1 fournit deux versions:
     [1]:   infortunés?
                         CÉSÈNE
                 Ah! les lois le demandent.
                    ARZAME
               Oui, nous devons mourir.
     [2]: infortunés? / CÉSÈNE / Ah! les lois le demandent. / Arzame
doit mourir.

602

N'accomplirent que trop ces ordres inhumains.

IRADAN

Emesse fut détruite, et j'en frémis encore.   215
Servais-tu parmi nous?

LE VIEIL ARZÉMON

           Non, seigneur, et j'abhorre
Ce mercenaire usage et ces hommes cruels
Gagés pour se baigner dans le sang des mortels.
Dans d'utiles travaux coulant ma vie obscure,
Je n'ai point par le meurtre offensé la nature.   220
Je naquis vers Emesse, et depuis soixante ans
Mes innocentes mains ont cultivé mes champs.
Je sais qu'en cette ville un hymen bien funeste
Vous engagea tous deux.

CÉSÈNE

           O sort que je déteste!
De nos malheurs secrets qui t'a si bien instruit?   225

LE VIEIL ARZÉMON

Je les sais mieux que vous: ils m'ont ici conduit.
Vous aviez deux enfants dans Emesse embrasée:
La mère de l'un d'eux y périt écrasée;

215-216 MSI: frémis encore.
                   CÉSÈNE
    Servais-tu
225   MSI: nos malheurs affreux
227-230 MSI:
                  Emesse fumante
    La mère de l'un d'eux à peine respirante
    Sous ses toits embrasés, par un heureux effort
    Trompa le fer sanglant, et la flamme et la mort.

Et l'autre sut tromper par un heureux effort
Le glaive des Romains, et la flamme et la mort.   230

CÉSÈNE

Et qui des deux vivait?

IRADAN

Et qui des deux respire?

LE VIEIL ARZÉMON

Hélas! vous saurez tout: je dois d'abord vous dire,
Qu'arrachant ces enfants au glaive meurtrier,
Cette mère échappa par un obscur sentier;
Qu'ayant des deux Etats parcouru la frontière   235
Le sort la conduisit sous mon humble chaumière.
A ce tendre dépôt du sort abandonné,
Je divisai le pain que le ciel m'a donné.
Ma loi me le commande; et mon sensible zèle,
Seigneur, pour être humain n'avait pas besoin d'elle.   240

CÉSÈNE

Eh quoi! privé de biens tu nourris l'étranger!
Et César nous opprime, ou nous laisse égorger!

IRADAN (*se soulevant un peu.*)

Que devint cette femme?... ô dieu de la justice!

236   MSI: sous ma triste chaumière
239-247 MSI:
             Mon culte me l'ordonne, et mon sensible zèle,
             Seigneur, pour être humain n'avait pas besoin d'elle.
             Dans ma pauvre retraite elle a langui deux ans;
             Le chagrin dessécha la fleur de son printemps;
             Je la vis expirer, je fermai sa paupière.

Ainsi que ce vieillard, lui devins-tu propice?

LE VIEIL ARZÉMON

Dans ma retraite obscure elle a langui deux ans. 245
Le chagrin desséchait la fleur de son printemps.

IRADAN

Hélas!

LE VIEIL ARZÉMON

Elle mourut; je fermai sa paupière;
Elle me fit jurer à son heure dernière
D'élever ses enfants dans sa religion,
J'obéis. Mon devoir et ma compassion 250
Sous les yeux de Dieu seul ont conduit leur enfance.
Ces tendres orphelins pleins de reconnaissance,
M'aimaient comme leur père, et je l'étais pour eux.

CÉSÈNE

O destins!

IRADAN

O moments trop chers, trop douloureux!

CÉSÈNE

Une faible espérance est-elle encor permise? 255

ARZAME

Je crains d'écouter trop l'espoir qui m'a surprise.

255   MS1, donne ce vers à IRADAN

605

LE JEUNE ARZÉMON

Et moi je crains, ma sœur, à ces récits confus,
D'être plus criminel encor que je ne fus.

IRADAN

Que me préparez-vous? O cieux! que dois-je croire?

CÉSÈNE

Ah! si la vérité t'a dicté cette histoire,   260
Pourrais-tu nous donner après de tels récits
Quelque éclaircissement sur ma fille et son fils?
N'as-tu point conservé quelque heureux témoignage,
Quelque indice du moins?

LE VIEIL ARZÉMON (à *Iradan*.)

                              Reconnaissez ce gage
D'un malheur sans exemple et de la vérité.   265
C'est pour vous qu'en ces lieux je l'avais apporté.

(*Il donne la lettre*.)

Vous en croirez les traits qu'une mère expirante
A tracés devant moi d'une main défaillante.

IRADAN

Du sang que j'ai perdu mes yeux sont affaiblis,
Et ma main tremble trop: tiens, mon frère, prends, lis.   270

259-261   MSI:
          Respectable veillard qu'il est doux de te croire
                              CÉSÈNE
          La vérité sans doute a dicté cette histoire
          Mais peux-tu nous
270   MSI place après ce vers l'indication scénique 266a

606

CÉSÈNE

Oui, c'est ta tendre épouse: ô sacré caractère!

(*Il montre la lettre à Iradan.*)

Embrasse ton cher fils, Arzame est à ton frère.

IRADAN

(*prend la main d'Arzame, et regarde avec larmes
le jeune Arzémon qui se couvre le visage.*)

Voilà mon fils, ta fille, et tout est découvert.

ARZAME (*à Césène qui l'embrasse.*)

Quoi! je naquis de vous!

IRADAN

Quoi! le ciel qui me perd
Ne me rendrait mon sang à cette heure fatale   275
Que pour l'abandonner à la rage infernale
De mortels ennemis que rien ne peut calmer!

LE JEUNE ARZÉMON (*se jetant aux genoux d'Iradan.*)

Du nom de père, hélas! osé-je vous nommer!
Puis-je toucher vos mains de cette main perfide?
J'étais un meurtrier, je suis un parricide.   280

IRADAN (*se relevant et l'embrassant.*)

Non, tu n'es que mon fils.

271a   MSI: (*Il lit en s'approchant d'Iradan et lui montrant la lettre.*)
272b   MSI: (*Il prend*
273   MSI: Voilà ton fils, ma fille [vers donné à Césène]
273a   MSI: ARZAME (*à Césène.*)
277   MSI: Des mortels
277a   MSI: (*se jetant à genoux.*)
280a   MSI: (*se levant et embrassant son fils.*)

(*Il retombe.*)

CÉSÈNE

Que j'étais aveuglé!
Sans ce vieillard, mon frère, il était immolé:
Les bourreaux l'attendaient… quel bruit se fait entendre?
Nos tyrans à nos yeux oseraient-ils se rendre?

281   MS1, sans indication scénique
284-311 MS1:

Quels nouveaux ennemis osent ici se rendre?
MÉGATISE
Ce sont ces malheureux ministres du trépas.
Seigneur dans cette enceinte on arrête leurs pas.
Par l'ordre du grand-prêtre ils cherchent leurs victimes.
CÉSÈNE
Ainsi nous retombons d'abîmes en abîmes.
Il condamne ma fille, il condamne mon fils.
(*montrant le vieux Arzémon et Mégatise.*)
Ce vieillard, ce soldat, nous sommes tous proscrits;
Et César le soutient! et César s'humilie
Jusqu'à laisser régner ce ministre impie!
LE JEUNE ARZÉMON
Eux seuls ils ont conduit ce bras qui s'est trompé.
J'en étais incapable. Eux seuls vous ont frappé.
J'expierai dans leur sang mon crime involontaire,
Déchirons ces serpents dans leur sanglant repaire,
Et vengeons les humains, trop longtemps abusés
Par ce pouvoir affreux dont ils sont écrasés.
Que l'empereur s'il veut ordonne mon supplice,
Il n'en jouira pas, et j'aurai fait justice,
Il me retrouvera, mais mort, enseveli,
Sous leur temple fumant par mes mains démoli.
IRADAN
Calme ton désespoir, contiens ta violence,
Elle a coûté trop cher. Un reste d'espérance,
Mon frère, mes enfants doit encor nous flatter.
Le destin paraît las de nous persécuter.
Il m'a rendu mon fils, et tu revois ta fille,
Il n'a pas réuni cette triste famille
Pour la frapper ensemble, et pour mieux l'immoler

608

MÉGATISE (*rentrant.*)

Un ordre du prétoire au pontife est venu.   285

CÉSÈNE

Est-ce un arrêt de mort?

MÉGATISE

Il ne m'est pas connu.
Mais les prêtres voulaient de nouvelles victimes.

IRADAN

Les cruels.

CÉSÈNE

Nous tombons d'abîmes en abîmes.

MÉGATISE

Je sais qu'ils ont proscrit ce généreux vieillard,
Et le frère et la sœur.

CÉSÈNE

O justice! ô César!   290
Vous pouvez le souffrir! le trône s'humilie
Jusqu'à laisser régner ce ministère impie?

ARZAME
Qui le sait!
IRADAN
A César j'aurais voulu parler
Je ne le puis, je sens
287   w70L: Mais, seigneur, on voulait de
291   w70L: Indigne souverain! ta hauteur s'humilie

LE JEUNE ARZÉMON

Les monstres ont conduit ce bras qui s'est trompé.
J'en étais incapable; eux seuls vous ont frappé.
J'expierai dans leur sang mon crime involontaire...   295
Déchirons ces serpents dans leur sanglant repaire,
Et vengeons les humains trop longtemps abusés
Par ce pouvoir affreux dont ils sont écrasés.
Que l'empereur après ordonne mon supplice,
Il n'en jouira pas, et j'aurai fait justice,   300
Il me retrouvera, mais mort, enseveli
Sous leur temple fumant par mes mains démoli.

IRADAN

Calme ton désespoir, contiens ta violence:
Elle a coûté trop cher. Un reste d'espérance,
Mon frère, mes enfants, doit encor nous flatter.   305
Le destin paraît las de nous persécuter.
Il m'a rendu mon fils, et tu revois ta fille;
Il n'a pas réuni cette triste famille
Pour la frapper ensemble, et pour mieux l'immoler.

ARZAME

Qui le sait!

IRADAN

        A César que ne puis-je parler?   310
Je ne puis rien, je sens que ma force s'affaisse.
Tant de soins, tant de maux, de crainte, de tendresse,
De mon corps languissant ont dissous les esprits.

        (à son fils.)
Soutiens-moi.

305 W70L: enfants, peut encor
313 K: Accablent à la fois mon corps et mes esprits!

LE JEUNE ARZÉMON

L'oserai-je?

IRADAN

Oui, mon fils…. mon cher fils!

ARZAME (*à Césène.*)

Eh quoi! de ces brigands l'exécrable cohorte   315
De ce château, mon père, assiège encor la porte?

CÉSÈNE

Va, j'en jure les dieux ennemis des tyrans;
Ces meurtriers sacrés n'y seront pas longtemps.
S'il est des dieux cruels, il est des dieux propices,
Qui pourront nous tirer du fond des précipices.   320
Ces dieux sont la constance et l'intrépidité,
Les mépris des tyrans et de l'adversité.

(*au jeune Arzémon.*)

Viens, et pour expier le meurtre de ton père,
Venge-toi, venge-nous, ou meurs avec son frère.

Fin du quatrième acte.

314   MSI: cher fils! (*Tous accompagnent Iradan, Arzame suit avec son père.*)
317   MSI: Va, j'atteste le ciel ennemi des tyrans
        69P, NM: Va, j'en jure le ciel, juste effroi des méchants,
318   MSI: Que ces audacieux n'y
322-324   MSI: Le mépris des tyrans et de l'adversité.//
322   69G-69X2, K: Le mépris

611

ACTE V

SCÈNE PREMIÈRE[1]

IRADAN, LE JEUNE ARZÉMON, ARZAME

IRADAN

Non, ne m'en parlez plus, je bénis ma blessure.
Trop de biens ont suivi cette affreuse aventure;
Vos pères trop heureux retrouvent leurs enfants,
Le ciel vous a rendus à nos embrassements.
Vos amours offensaient et Rome et la nature: 5
Rome les justifie, et le ciel les épure.
Cet autel que mon frère avait dressé pour moi,
Sanctifié par vous, recevra votre foi.
Ce vieillard généreux qui nourrit votre enfance,
Y verra consacrer votre sainte alliance.   10
Les prêtres des enfers et leur zèle inhumain,

[1] Le 18 novembre 1768, Voltaire écrit à d'Argental: 'Mes anges avaient très grande raison de s'endormir comme au sermon aux deux premières scènes du 5ᵉ acte des Guebres [...]. Ces scènes n'étaient que des jérémiades où l'on ne faisait que répéter ce qui s'était passé et ce que le spectateur savait déjà. Il faut toujours dans une tragédie qu'on craigne, qu'on espère à chaque scène; il faut quelque petit incident nouveau qui augmente ou trouble; on doit faire naître à chaque moment dans l'âme du lecteur une curiosité inquiète. Le possédé était si rempli de l'idée de la dernière scène, quand il brocha cette besogne, qu'il allait à bride abattue dans le commencement de l'acte, pour arriver à ce dénoûment qui était son unique objet. A peine eut il lu la lettre céleste des anges, qu'il refit sur le champ les trois premières scènes qu'il vous envoie. Il ne s'en est pas tenu là, il a fait au 4ᵉ acte des changements pareils; il polit tout l'ouvrage. Ce n'est plus le seul Arzemon qui tue le prêtre, c'est toute la troupe honnête qui le perce de coups. Il n'y a pas une seule de vos critiques à laquelle votre exorcisé ne se soit rendu avec autant d'empressement que de reconnaissance' (D15321); voir aussi D15324.

Respecteront le sang d'un citoyen romain.

ARZAME

Hélas! l'espérez-vous?

IRADAN

Quelles mains sacrilèges
Oseraient de ce nom braver les privilèges?
Césène est au prétoire; il saura le fléchir.　　　　　　　15
Des formes de nos lois on peut vous affranchir.
Quels cœurs à la pitié seront inaccessibles?
Les prêtres de ces lieux sont les seuls insensibles.
Le temps fera le reste, et si vous persistez
Dans un culte ennemi de nos solennités,　　　　　　　20
En dérobant ce culte aux regards du vulgaire,
Vous forcerez du moins vos tyrans à se taire.
　　Dieu qui me les rendez, favorisez leurs feux,
Dieu de tous les humains, daignez veiller sur eux!

ARZAME

Ainsi ce jour horrible est un jour d'allégresse!　　　　25
Je ne verse à vos pieds que des pleurs de tendresse.

LE JEUNE ARZÉMON (*baisant la main d'Iradan.*)

Je ne puis vous parler, je demeure éperdu,

12-13　MS1:
　　　　　　　　　　　　　citoyen romain.
Je l'espère du moins. Quelles mains sacrilèges
19-23　MS1:
　　　　　　　　et si vous demeurez
Dans un culte ennemi de nos rites sacrés
En dérobant ce culte aux regards du vulgaire,
Nul n'aura désormais de reproche à vous faire.
Dieu qui
22　69G-69X2:　moins nos tyrans

613

Mon père!

IRADAN (l'embrassant.)

Mon cher fils!

LE JEUNE ARZÉMON

Le trépas m'était dû.
Vous me donnez Arzame!

ARZAME

Et pour comble de joie,
C'est Césène mon père… oui, le ciel nous l'envoie.   30

SCÈNE II

LES PERSONNAGES PRÉCÉDENTS, CÉSÈNE

IRADAN

Quelle nouvelle heureuse apportez-vous enfin?

CÉSÈNE

J'apporte le malheur, et tel est mon destin.
Ma fille, on nous opprime; une indigne cabale
Aux portes du palais frappe sans intervalle.
Le prétoire est séduit.

LE JEUNE ARZÉMON

Que je suis alarmé!   35

30b   MSI: LES ACTEURS PRÉCÉDENTS, CÉSÈNE

IRADAN

Quoi! tout est contre nous!

CÉSÈNE

On a déjà nommé
Un nouveau commandant pour remplir votre place.

IRADAN

C'en est fait, je vois trop notre entière disgrâce.

CÉSÈNE

Ah! le malheur n'est pas de perdre son emploi,
De cesser de servir, de vivre enfin pour soi...   40

IRADAN

Qu'on est faible, mon frère! et que le cœur se trompe!
Je détestais ma place et son indigne pompe,
Ses fonctions, ses droits, je voulais tout quitter;
On m'en prive, et l'affront ne se peut supporter.

36   MSI: CÉSÈNE (à *Iradan*.)
39-40   MSI:
          Votre malheur n'est pas de vous voir dépouillé
          D'un poste dangereux, de tant de sang souillé.
44-53   MSI:
          On m'en prive, et mon cœur ne le peut supporter.
                    CÉSÈNE
          Votre place n'est rien, ces pertes sont communes.
          Préparons-nous, mon frère, à d'autres infortunes.
          On sait que d'un hymen formé chez les Persans
          Ce ciel nous a donné ces malheureux enfants.
                    LE JEUNE ARZÉMON
          On sait donc que je suis trop indigne de l'être?
          On sait que j'ai frappé le sein qui m'a fait naître?
                    CÉSÈNE
          Notre hymen est flétri; d'impitoyables lois
          A ces infortunés ont ravi tous leurs droits.

CÉSÈNE

Ce n'est point un affront; ces pertes sont communes.   45
Préparons-nous, mon frère, à d'autres infortunes.
Notre hymen malheureux formé chez les Persans
Est déclaré coupable: on ôte à nos enfants
Les droits de la nature et ceux de la patrie.

LE JEUNE ARZÉMON

Je les ai tous perdus, quand cette main impie   50
Par la rage égarée, et surtout par l'amour,
A déchiré les flancs à qui je dois le jour.
Mais il me reste au moins le droit de la vengeance:
On ne peut me l'ôter.

ARZAME

                    Celui de la naissance
Est plus sacré pour moi que les droits des Romains.   55
Des parents généreux sont mes seuls souverains.

CÉSÈNE (*l'embrassant.*)

Ah! ma fille, mes pleurs arrosent ton visage.
Fille digne de moi, conserve ton courage.

ARZAME

Nous en avons besoin.

LE JEUNE ARZÉMON
Peut-être aurai-je encore le droit de la vengeance
55   69G, 69X1:   les lois des
58-61   MS1:

                    ton courage.
        Nous en avons besoin. Notre persécuteur
        Sur plus d'une victime étendra sa fureur.
                ARZAME
        De quels maux infinis je suis la cause unique!

616

CÉSÈNE

Nos lâches oppresseurs
Dédaignent ma colère, insultent à nos pleurs,   60
Demandent notre sang.

ARZAME

J'en suis la cause unique:
J'étais le seul objet qu'un sacerdoce inique
Voulait sur leurs autels immoler aujourd'hui,
Pour n'avoir pu connaître un même dieu que lui.
L'empereur serait-il assez peu magnanime   65
Pour n'être pas content d'une seule victime?
Du sang de ses sujets veut-il donc s'abreuver?
Le dieu qui sur ce trône a voulu l'élever
Ne l'a-t-il fait si grand que pour ne rien connaître,
Pour juger au hasard en despotique maître?   70
Pour laisser opprimer ses généreux guerriers,
Nos meilleurs citoyens, ses meilleurs officiers;
Sur quoi? sur un arrêt des ministres d'un temple:
Eux qui de la pitié devaient donner l'exemple;
Eux qui n'ont jamais dû pénétrer chez les rois   75
Que pour y tempérer la dureté des lois;
Eux qui, loin de frapper l'innocent misérable,
Devaient intercéder, prier pour le coupable.
Que fait votre César invisible aux humains?
De quoi lui sert un sceptre oisif entre ses mains?   80

63   MSI: sur ses autels
74-79 MSI:

Qui de l'humanité devraient donner l'exemple;
Qui lorsqu'un souverain daigne les écouter,
A la seule clémence auraient dû le porter;
Et qui, loin de frapper l'innocent misérable,
Sont faits pour épargner, pour sauver le coupable.
Que fait votre César invisible aux Romains?

Est-il, comme vos dieux, indifférent, tranquille,
Des maux du monde entier spectateur inutile?

CÉSÈNE

L'empereur jusqu'ici ne s'est point expliqué.
On dit qu'à d'autres soins en secret appliqué
Il laisse agir la loi.

IRADAN

              Loi vaine et chimérique,   85
Loi favorable aux grands, et pour nous tyrannique!

CÉSÈNE

Je n'ai qu'une ressource, et je vais la tenter.
A César malgré lui je cours me présenter:
Je lui crierai justice: et si les pleurs d'un père
Ne peuvent adoucir ce despote sévère,   90
S'il détourne de moi des yeux indifférents,
S'il garde un froid silence ordinaire aux tyrans,

---

82   MS1:   Des malheurs des humains spectateur
84   MS1:   A des soins plus pressants en
        w70L: soins vainement appliqué
85-88 MS1:

IRADAN
            Loi que mon cœur déteste!
Favorable au puissant, au faible seul funeste!
CÉSÈNE
Je n'ai qu'une ressource en ce gouffre d'horreur.
Je vais sur son passage attendre l'empereur,

90   w70L: despote arbitraire
91-94 MS1:
        S'il détourne les yeux, s'il ne m'écoute pas;
        Je baigne de mon sang la trace de ses pas,
        Il me perce à sa vue: il frémira peut-être;
        <Il verra> ↑En voyant↑ les

Je me perce à sa vue: il frémira peut-être;
Il verra les effets du cœur d'un mauvais maître;
Et par mes derniers mots qui pourront l'étonner,   95
Je lui dirai, Barbare, apprends à gouverner.

IRADAN

Vous n'irez point sans moi.

CÉSÈNE

                         Quelle erreur vous entraîne?
Votre corps affaibli se soutient avec peine;
Votre sang coule encor... demeurez et vivez,
Vivez, vengez ma mort un jour si vous pouvez.   100
Viens, Arzémon.

LE JEUNE ARZÉMON

        J'y vole.

ARZAME

                  Arrêtez!... ô mon père!...
Cher frère! cher époux!... ô ciel que vont-ils faire!

SCÈNE III

IRADAN, ARZAME

ARZAME

Peut-être que César se laissera toucher.

619

IRADAN

Hélas! souffrira-t-on qu'il ose l'approcher?
Je respecte César; mais souvent on l'abuse.   105
Je vois que de révolte un ennemi m'accuse.
J'ai pour moi la nature ainsi que l'équité,
Tant de droits ne sont rien contre l'autorité.
Elle est sans yeux, sans cœur. Le guerrier le plus brave
Quand César a parlé n'est plus qu'un vil esclave.   110
C'est le prix du service et l'usage des cours.

ARZAME

Bienfaiteur adoré, que je crains pour vos jours,
Pour mon fatal époux, pour mon malheureux père,
Pour ce vieillard chéri, si grand dans sa misère!
Il n'a fait que du bien: ses respectables mœurs   115
Passent pour des forfaits chez nos persécuteurs.
La vertu devient crime aux yeux qui nous haïssent:
C'est une impiété que dans nous ils punissent.
On me l'a toujours dit. Le nouveau gouverneur,
Sans doute est envoyé pour servir leur fureur: 120
On va vous arrêter.

IRADAN

                    Oui, je m'y dois attendre.
Oui, mon meilleur ami commandé pour nous prendre
Nous chargerait de fers au nom de l'empereur,
Nous conduirait lui-même, et s'en ferait honneur.
Telle est des courtisans la bassesse cruelle.   125
Notre indigne pontife à sa haine fidèle
N'attend que le moment de se rassasier
Du sang des malheureux qu'on va sacrifier.

---

104 MSI: On ne permettra pas qu'il
107 MSI: J'ai pour moi la raison, la candeur, l'équité,

Dans l'état où je suis son triomphe est facile.
Nous voici tous les deux sans force et sans asile,   130
Nous débattant en vain par un pénible effort
Sous le fer des tyrans dans les bras de la mort.

SCÈNE IV

IRADAN, ARZAME, LE VIEIL ARZÉMON

IRADAN

Vénérable vieillard que viens-tu nous apprendre?

LE VIEIL ARZÉMON

C'est un événement qui pourra vous surprendre,
Et peut-être un moment soulager vos douleurs   135
Pour nous replonger tous en de plus grands malheurs.
Votre fils, votre frère…

IRADAN

Explique-toi.

ARZAME

Je tremble.

130-132   MSI:
  Tu me vois comme toi sans force et sans asile,
  Victime dévouée aux arrêts du plus fort,
  Me débattant en vain dans les bras
135   MSI: Qui va pour un moment
136   MSI: tous dans de

LE VIEIL ARZÉMON

De ce château fatal ils s'avançaient ensemble,
Du quartier de César ils suivaient les chemins.
Du grand-prêtre accouru les suivants inhumains   140
Ordonnent qu'on s'arrête, et demandent leur proie.
A mes yeux consternés le pontife déploie
Un arrêt que sa brigue au prétoire a surpris.
On l'a dû respecter; mais, seigneur, votre fils,
Dans son emportement pardonnable à son âge,   145
Contre eux, le fer en main, se présente et s'engage;
Votre frère le suit d'un pas impétueux;
Mégatise à grands cris s'élance au milieu d'eux;
Des soldats s'attroupaient à la voix du grand-prêtre;
Frappez, s'écriait-il, secondez votre maître.   150
De toutes parts on s'arme et le fer brille aux yeux:
Je voyais deux partis ardents, audacieux,
Se mêler, se frapper, combattre avec furie.
Je ne sais quelle main (qu'on va nommer impie)
Au milieu du tumulte, au milieu des soldats,   155
Sur l'orgueilleux pontife a porté le trépas.
Sous vingt coups redoublés, j'ai vu tomber ce traître
Indigne de sa place et du saint nom de prêtre.
Je l'ai vu se rouler sur la terre étendu;
Il blasphémait ses dieux qui l'ont mal défendu,   160
Et sa mort effroyable est digne de sa vie.

IRADAN

Il a reçu le prix de tant de barbarie.

ARZAME

Ah! son sang odieux répandu justement

143   MSI: Un arrêt qu'à César sans doute il a surpris
148   MSI: Mégatise en courroux soudain vole après eux

Sera vengé bientôt et payé chèrement.

LE VIEIL ARZÉMON

Je le crois. On disait qu'en ce désordre extrême,   165
César doit au château se transporter lui-même.

ARZAME

Qu'est devenu mon père?

IRADAN

                                    Ah! je vois qu'aujourd'hui
Il n'est plus de pardon ni pour nous, ni pour lui.

(*Le vieil Arzémon sort.*)

SCÈNE V

IRADAN, CÉSÈNE, ARZAME, LE JEUNE ARZÉMON

CÉSÈNE

Sans doute il n'en est point; mais la terre est vengée.
Par votre digne fils ma gloire est partagée;   170
C'est assez.

168b   MSI: IRADAN, ARZAME, CÉSÈNE, LE JEUNE ARZÉMON
169-173   MSI:
> C'est pour nous que ce monstre a mordu la poussière.
>> LE JEUNE ARZÉMON
> Offrons sa mort aux dieux, à l'Etat, à mon père.
> Puissent périr ainsi tous les persécuteurs!
> Puissent tomber comme eux les tyrans imposteurs!
> Le ciel

LE JEUNE ARZÉMON

Oui, nos mains ont puni ses fureurs:
Puissent périr ainsi tous les persécuteurs!
Le ciel, nous disaient-ils, leur remit son tonnerre:
Que le ciel les en frappe et délivre la terre,
Que leur sang satisfasse au sang de l'innocent.   175
Mon père, entre vos bras je mourrai trop content.

IRADAN

La mort est sur nous tous, mon fils; à ses approches
Je ne te ferai point d'inutiles reproches. [2]
Ce nouveau coup nous perd, et ce monstre expiré,
Tout barbare qu'il fut, était pour nous sacré.   180
César va nous punir. Un vieillard magnanime,
Un frère, deux enfants, tout est ici victime,
Tout attend son arrêt. Flétri, dépossédé,
Prisonnier dans ce fort où j'avais commandé,
Je finis dans l'opprobre une vie abhorrée,   185
Au devoir, à l'honneur, vainement consacrée.

CÉSÈNE

Eh quoi! je ne vois plus ce fidèle Arzémon:
Serait-il renfermé dans une autre prison?
A-t-on déjà puni son respectable zèle,
Et les bienfaits surtout de sa main paternelle?   190
Au supplice, ma fille, il ne peut échapper.
César de toutes parts nous fait envelopper.

---

187   w70L: ce vieillard Arzémon!

---

[2] Cf. *Rome sauvée*, IV.vii.320: 'Je ne vous ferai point d'inutiles reproches' (V 31A, p.349).

ARZAME

J'entends déjà sonner les trompettes guerrières,
Et je vois avancer les troupes meurtrières.
Depuis qu'on m'a conduite en ce malheureux fort,   195
Je n'ai vu que du sang, des bourreaux et la mort.

CÉSÈNE

Oui, c'en est fait, ma fille.

ARZAME

                                        Ah! pourquoi suis-je née?

CÉSÈNE (*embrassant sa fille.*)

Pour mourir avec moi, mais plus infortunée…
O mon cher frère!… et toi son déplorable fils,
Nos jours étaient affreux, ils sont du moins finis.   200

IRADAN

La garde du prétoire en ces murs avancée,
Déjà des deux côtés avec ordre est placée.
Je vois César lui-même!… à genoux, mes enfants. [3]

ARZAME

Ainsi nous touchons tous à nos derniers moments!

197a   MS1, sans indication scénique

[3] Dans une lettre à d'Argental du 5 septembre 1768, Voltaire écrit: '*A genoux,
mes enfants* doit faire un grand effet, et la déclaration de César n'est pas de paille'
(D15203).

SCÈNE DERNIÈRE

LES PERSONNAGES PRÉCÉDENTS, L'EMPEREUR, [4]
GARDES, LE VIEIL ARZÉMON ET MÉGATISE *au fond*.

L'EMPEREUR

Enfin, de la justice à mes sujets rendue,   205
Il est temps qu'en ces lieux la voix soit entendue.
Le désordre est trop grand. De tout je suis instruit,
L'intérêt de l'Etat m'éclaire et me conduit.
Levez-vous, écoutez mes arrêts équitables.
Pères, enfants, soldats, vous êtes tous coupables.   210
Dans ce jour d'attentats et de calamités,
D'avoir négligé tous d'implorer mes bontés.

CÉSÈNE

On m'a fermé l'accès.

IRADAN

Le respect et les craintes,

204b-c   MS1: LES ACTEURS PRÉCÉDENTS, L'EMPEREUR, GARDES,
LE VIEUX ARZÉMON, MÉGATISE//
213   MS1: On nous fermait l'accès

---

[4] Le 31 août 1768 Voltaire écrit à d'Argental: 'Mon cher ange, j'ai montré votre
lettre [...] au possédé [...] il jure comme un possédé qu'il est, qu'il ne fera jamais
paraître l'empereur deux fois, qu'il s'en donnera bien de garde, que cela gâterait
tout, que l'empereur n'est en aucune manière *deus in machina* puisqu'il est annoncé
dès la première scène du premier acte, et qu'il est attendu pendant toute la pièce de
scène en scène comme juge du différend entre le commandant du château et les
moines de l'abbaye. S'il paraissait deux fois, la première serait non seulement inutile,
mais rendrait la seconde froide et impraticable. C'est uniquement parce qu'on ne
connaît point le caractère de l'empereur qu'il doit faire un très grand effet lorsqu'il
vient porter à la fin un jugement tel que n'en a jamais porté Salomon' (D15196).

Seigneur, auprès de vous interdisent les plaintes.

L'EMPEREUR

Vous vous trompiez: c'est trop vous défier de moi, 215
Vous avez outragé l'empereur et la loi.
Le meurtre d'un pontife est surtout punissable.
Je sais qu'il fut cruel, injuste, inexorable;
Sa soif du sang humain ne se put assouvir.
On devait l'accuser, j'aurais su le punir. 220
Sachez qu'à la loi seule appartient la vengeance.
Je vous eusse écoutés, la voix de l'innocence
Parle à mon tribunal avec sécurité,
Et l'appui de mon trône est la seule équité.

IRADAN

Nous avons mérité, seigneur, votre colère: 225
Epargnez les enfants, et punissez le père.

L'EMPEREUR

Je sais tous vos malheurs. Un vieillard dont la voix
Jusqu'aux pieds de mon trône a passé quelquefois,
Dont la simplicité, la candeur m'ont dû plaire,
M'a parlé, m'a touché par un récit sincère. 230
Il se fie à César, vous deviez l'imiter.

(*au vieil Arzémon.*)

Approchez, Arzémon, venez vous présenter.
Dans un culte interdit par une loi sévère
Vous avez élevé la sœur avec le frère.
C'est la première source où de tant de fureurs 235
Ce jour a vu puiser ce vaste amas d'horreurs.

217   MS1:   meurtre du pontife

Des prêtres emportés par un funeste zèle[5]
Sur une faible enfant ont mis leur main cruelle.
Ils auraient dû l'instruire et non la condamner.
Trop jaloux de leurs droits qu'ils n'ont pas su borner,   240
Fiers de servir le ciel ils servaient leur vengeance.
De ces affreux abus j'ai senti l'importance;
Je les viens abolir.

IRADAN

Rome, les nations
Vont bénir vos bontés.

L'EMPEREUR

Les persécutions
Ont mal servi ma gloire et font trop de rebelles.   245
Quand le prince est clément les sujets sont fidèles.
On m'a trompé longtemps; je ne veux désormais
Dans les prêtres des dieux que des hommes de paix,
Des ministres chéris, de bonté, de clémence,
Jaloux de leurs devoirs et non de leur puissance,   250
Honorés et soumis, par les lois soutenus,
Et par ces mêmes lois sagement contenus,
Loin des pompes du monde, enfermés dans leur temple,
Donnant aux nations le précepte et l'exemple;
D'autant plus révérés qu'ils voudront l'être moins;   255
Dignes de vos respects et dignes de mes soins:

242   MSI: De cet affreux
243   MSI: Je le viens
244   W70L: Vous béniraient enfin.

[5] Le 5 septembre 1768 Voltaire écrit à d'Argental: 'Le possédé ayant été exorcisé par vous, a beaucoup adouci son humeur sur les prêtres. L'empereur en faisait une satire qui n'aurait jamais passé. Il s'exprime à présent d'une façon qui serait très fort de mise en chancellerie' (D15203).

C'est l'intérêt du peuple, et c'est celui du maître.
Je vous pardonne à tous. C'est à vous de connaître
Si de l'humanité je me fais un devoir,
Et si j'aime l'Etat plutôt que mon pouvoir…,   260
    Iradan, désormais loin des murs d'Apamée,
Votre frère avec vous me suivra dans l'armée;
Je vous verrai de près combattre sous mes yeux:
Vous m'avez offensé; vous m'en servirez mieux.
De vos enfants chéris j'approuve l'hyménée.   265

    (à *Arzame et au jeune Arzémon.*)

Méritez ma faveur qui vous est destinée.

    (*au vieil Arzémon.*)

Et toi qui fus leur père, et dont le noble cœur
Dans une humble fortune avait tant de grandeur,
J'ajoute à ta campagne un fertile héritage,
Tu mérites des biens, tu sais en faire usage.   270
Les Guèbres désormais pourront en liberté
Suivre un culte secret longtemps persécuté.
Si ce culte est le tien, sans doute il ne peut nuire:
Je dois le tolérer plutôt que le détruire.
Qu'ils jouissent en paix de leurs droits, de leurs biens,   275
Qu'ils adorent leur dieu; mais sans blesser les miens:
Que chacun dans sa loi cherche en paix la lumière.
Mais la loi de l'Etat est toujours la première.
Je pense en citoyen, j'agis en empereur:
Je hais le fanatique et le persécuteur.   280

IRADAN

Je crois entendre un dieu du haut d'un trône auguste,
Qui parle au genre humain pour le rendre plus juste.

268   MSI: avait trop de

LES GUÈBRES

ARZAME

Nous tombons tous, seigneur, à vos sacrés genoux.

LE VIEIL ARZÉMON

Notre religion est de mourir pour vous.

Fin du cinquième et dernier acte.

284a   MSI: Fin.

APPENDICE I

Epître dédicatoire

Cette épître ne parut que dans 69G, p.11-15. Dans une lettre du 23 mai 1769, Voltaire écrivit aux d'Argental: 'On prend le parti de faire imprimer la pièce à Genève. L'auteur et l'éditeur me la dédient. Ce qu'on me dit dans la dédicace était d'une nécessité absolue dans la situation où je me trouve' (D15659). Le 19 juin il soulignait aux d'Argental encore une fois: 'Celui qui a imprimé les Guêbres dans mon pays sauvage ne sachant pas de qui était cette tragédie, me l'a dédiée. Il a cru cette dédicace nécessaire pour recommander la pièce et la faire vendre dans les pays étrangers où l'on ne juge que sur parole. J'ai soigneusement retranchée cette dédicace qui serait aussi mal reçu à Paris qu'elle est bien accueillie ailleurs' (D15693).

ÉPÎTRE DÉDICATOIRE
À MONSIEUR DE VOLTAIRE,
De l'Académie Française,

De celles de Florence, de Londres,

de Pétersbourg, de Berlin, etc. Gentilhomme ordinaire

du roi très chrétien,

Ancien chambellan du roi de Prusse.

A qui dédierons-nous la tragédie de *la Tolérance* qu'à vous qui avez enseigné cette vertu pendant plus de cinquante années? Tout le monde a retenu ces vers de la Henriade où le héros de la France et le nôtre, [1] dit à la reine Elisabeth:

Et périsse à jamais l'affreuse politique 5
Qui prétend sur les cœurs un pouvoir despotique,
Qui veut, le fer en main convertir les mortels,
Qui du sang hérétique arrose les autels;
Et prenant un faux zèle et l'intérêt pour guides,
Ne sert un Dieu de paix que par des homicides. [2] 10

Quel est celui de vos vrais ouvrages où vous n'ayez pas rendu les fanatiques persécuteurs odieux, et la religion respectable? Votre traité de la Tolérance n'est-il pas le code de la raison et de l'humanité? N'avez-vous pas toujours pensé et parlé comme le vénérable Barvvick évêque de Soissons; qui dans son Mandement 15 de 1757 dit expressément, *que nous devons regarder les Turcs comme nos frères?* [3]

De plus de mille voyageurs qui sont venus chez vous depuis que vous êtes retiré dans notre voisinage, on sait qu'il ne s'en est pas trouvé un seul qui n'ait adopté vos maximes; et parmi ces 20 voyageurs illustres on a compté des souverains.

S'il est encore des hommes atroces, qui ressemblent en secret aux prêtres des furies de la tragédie des Guèbres, il est partout des souverains, des guerriers, des magistrats, des citoyens éclairés qui imitent le César de cette tragédie singulière. 25

Nous la présentons à l'auteur de la Henriade et de tant de

---

[1] Moland croit – à l'instar de Beuchot – qu'il s'agit ici d'une faute d'impression et reproduit la note de ce dernier où il propose 'vôtre' (vi.487). Mais il est question plutôt d'un lapsus de la part de Voltaire, rédacteur de sa propre épître dédicatoire.

[2] *La Henriade*, II.17-22 (V 2, p.392).

[3] Le mandement en question est du 21 mars 1757. François Fitz-James, duc de Fitz-James, renonça aux dignités de son père, James Fitz-James, duc de Berwick, dont il avait la survivance, pour embrasser l'état ecclésiastique, en 1727. Il fut abbé de Saint-Victor, évêque de Soissons en 1739 et mourut en 1764. Ses *Instructions pastorales* et son *Rituel* ont fait beaucoup de bruit; quelques-unes des *Instructions* ont été condamnées à Rome et censurées par plusieurs évêques de France.

tragédies dictées par l'amour du genre humain, à l'auteur citoyen dont la vérité a toujours conduit la plume, soit lorsque ses vers rendaient le grand Henri IV encore plus cher aux nations, soit quand il célébrait en prose le roi Louis XIV si brillant et son successeur si chéri; soit quand il peignait le grand siècle qui n'est que trop passé; et le siècle plus raffiné, plus philosophique, le siècle des paradoxes, dans lequel nous sommes; [4] l'un qui fut celui du génie, l'autre qui est celui des raisonnements sur le génie, mais qui est aussi celui de la science plus répandue, et surtout de la science économique. Nous vous présentons, dis-je, les Guèbres, comme un ouvrage que vous avez inspiré.

C'est à ceux de notre profession surtout, à vous faire des remerciements. Vous nous avez comblés de vos bienfaits. Acceptez cet hommage public; nous ne serons jamais au nombre des ingrats.

Le jeune auteur des Guèbres, qui se regarde comme votre disciple, et qui veut être inconnu, nous a expressément recommandé de vous dire tout ce que nous vous disons ici. Nous parlons en son nom comme au nôtre.

Nous avons l'honneur d'être avec un profond respect,
    Monsieur,
        Vos très humbles et très obéissants serviteurs,
        Gabriel Grasset, et associés.

---

[4] Allusion au *Siècle de Louis XIV* et au *Précis du siècle de Louis XV*.

APPENDICE II

'Discours historique et critique'

Nous reproduisons ici le texte d'un manuscrit de la main de Bigex avec corrections et additions interlinéaires de la main de Voltaire (Bn N24343, f.406-409r). Il correspond en partie (l.14-17 et 25-116) aux l.110-113 et 165-261 du 'Discours historique et critique' (ci-dessus, p.505-506, 509-513); les dernières lignes de ce texte (117-145) furent reproduites dans l''Avertissement des nouveaux éditeurs' de l'édition de Kehl (v.324-25).

---

fragments Sur athalie

que celles des poëtes italiens et anglais, en un mot des beautés. Racine, l'admirable Racine est presque le Seul homme qui ait Sçu toujours bien parler. Ceux qui critiquent les poëtes Sans l'être, ressemblent à ces bourgeois qui jugent aux Tuileries les campagnes de nos généraux.   5

Avant Racine, l'or de la langue française était toujours mêlé de fange; et depuis lui les poëtes ont écrit pendant quelque temps en barbares. Tous nos prédicateurs lisent assidument Ses vers, ils en imitent autant qu'ils le peuvent les tours charmants et cette onction qui va au coeur. Massillon le meilleur de tous n'y manqua jamais.   10
O Racine vous êtes venu comme Virgile apres Ennius le modele de l'éloquence véritable.

1-116   K, absent
11-12   MS2:   Racine $^{V\uparrow}$<venu apres Ennius>$^+$ vous êtes $^{V\uparrow}$venu$^+$ comme Virgile $^{V\uparrow}$apres Ennius$^+$ le <dieu> $^{V\uparrow}$modele de

Comment donc lui dire, Fontenelle tâcha-t'il de tourner Athalie en ridicule, et pourquoy fit[-il] contre lui l'épigramme qui finit par ces deux vers

15

> Comment diable as-tu pu faire
> Pour nous donner pis qu'Esther?

Vous trouverez cette anecdote dans la nouvelle édition de Racine avec des commentaires.

Il y a bien plus, Fontenelle avec quelques associés, commença une critique du stile d'Athalie. Ils épargnaient peu de vers; mais enfin la honte les empêcha d'achever. J'ai vu cette critique, elle a servi à me faire admirer encor d'avantage le Stile de Racine.

20

Mais je voudrais, je l'avoue, qu'on lui tordât le cou à la fin de la piece au grand pretre Joad. Comment! attirer dans le piege Sa reine à laquelle il a fait Serment d'obéissance! La trahir par le plus lâche des mensonges en lui disant qu'il y a de l'or dans Sa Sacristie et qu'il lui donnera cet or; la faire ensuite égorger par des prêtres à la porte aux chevaux Sans forme de procès! Une reine! une femme! quelle horreur! Encor si Joad avait quelque prétexte pour commettre cette action abominable; mais il n'en a aucun. Athalie est une bonne vieille de plus de quatre vingt ans; le jeune Joas est Son petit fils, Son unique héritier; elle n'a plus de parents, Son intérêt est de l'élever et de lui laisser la couronne; elle déclare elle-même qu'elle n'a pas d'autre intention. C'est une absurdité insupportable de Supposer qu'elle veuille élever Joas chez elle

25

30

35

---

13 MS2: <Cependant il est très vrai que> V↑comment donc lui dire, <lui>+ Fontenelle tâcha V↑t'il+ de
14 MS2: ridicule <et qu'il> V↑pourquoy+ fit
18-19 MS2, ajout de Voltaire
20 MS2: quelques <uns de ses confrères> V↑associés+
24 MS2: V↑<le predicateur me répondit, V↑<parla alors ainsi>+ les grands hommes,>+ Mais
25 MS2: piece <au grand prêtre Joad> V↑β

pour S'en défaire. C'est pourtant Sur cette absurdité que le
fanatique Joad assassine Sa reine.

Je l'appelle hardiment fanatique, puisqu'il parle ainsi à Sa femme
lorsqu'il la trouve avec un prêtre qui n'est pas de Sa communion: 40

> Quoi! fille de David vous parlez à ce traître,
> Vous Souffrez qu'il vous parle et vous ne craignez pas
> Que du fond de l'abîme entrouvert Sous vos pas
> Il ne Sorte à l'instant des feux qui les embrasent,
> Ou que tombant Sur vous ces murs ne vous écrasent!   45

J'allais autrefois aux Spectacles en dialogues avant d'en donner en
monologues; je fus très content du Parterre qui riait de ces vers,
et non moins content de l'acteur qui les Supprima dans la
représentation Suivante.

Je me Sentais une horreur inexprimable pour ce Joad; je   50
m'intéressais vivement à Athalie, je disais d'après un de nos amis:

> Je pleure hélas! de la pauvre Athalie
> Si méchamment mise à mort par Joad.

Car pourquoi ce grand-prêtre conspire-t-il très imprudemment
contre Sa reine? pourquoi la trahit-il? pourquoi l'égorge-t-il?   55
C'est apparemment pour régner Sous le nom du petit Joas.

Ce n'est pas tout, il veut qu'on extermine Ses concitoiens, qu'on
Se baigne dans leur Sang Sans horreur; il dit à Ses prêtres:

> Frappez et Tiriens et même Israëlites.

Quel est le prétexte de cette abominable boucherie? c'est que les   60
uns adorent Dieu Sous le nom phénicien d'Adonaï, les autres Sous
le nom Chaldéen de Baal ou Bel. En bonne foi est-ce là une raison
pour massacrer Ses concitoiens, Ses parents, comme il l'ordonne?
Quoi! par ce que Racine est janséniste, il veut qu'on fasse une
St. Barthelemi des hérétiques!   65

---

38   MS2:   Joad <fait> assassine<r>
48   MS2:   supprima ^{V↑}dans⁺ la

Il est d'autant plus permis d'avoir en exécration l'assassinat et les fureurs de Joad que les livres juifs que toutte la terre Sait etre inspirés de Dieu, ne lui donnent aucun éloge. J'ai vu plusieurs anglais qui regardent du même œil Joad et Cromwell; ils disent que l'un et l'autre Se Servirent de la religion pour faire mourir leurs monarques. Jay vu meme des gens difficiles qui disaient que le pretre Joad navait pas plus de droit d'assassiner Athalie que le jacobin Clément nen avait d'assassiner henri trois.

On n'a jamais joué Athalie en Angleterre; je m'imagine que c'est par ce qu'on y déteste un prêtre qui assassine Sa reine Sans la Sanction d'un acte passé en parlement.

C'est peut être lui répondis-je, parce qu'on ne tue qu'une Seule reine dans cette piece; il en faut des douzaines aux anglais avec autant de Spectres. Mais croiez moi, Si on ne joue point Athalie à Londres, c'est qu'il n'y a point assez d'action, c'est que tout S'y passe en longs discours, c'est que les quatre premiers actes entiers ne Sont que des préparatifs; c'est que Josabeth, Abner et Mathan Sont inutiles à la piece; c'est que le grand mérite de cet ouvrage consiste dans l'extrême Simplicité et dans l'élégance noble du Stile. La Simplicité n'est point du tout un mérite en Angleterre; on y veut bien plus de fracas, d'intrigue et d'action; et pour la beauté de la versification elle ne Se peut jamais traduire. Enfin le jeune Eliacim en long habit de lin, et le petit Zacharie tous deux présentant le Sel au grand-prêtre ne feraient aucun effet Sur des têtes anglaises qui veulent être profondément occupées et fortement remuées. Personne ne court le moindre danger dans cette piece, jusqu'au moment où la trahison du grand-prêtre éclate: car assurément on ne craint point qu'Athalie fasse tuer le petit Joas; elle n'en a nulle envie; elle veut l'élever comme Son propre fils, il faut avouer que le grand prêtre par Ses manoeuvres et par sa

70

75

80

85

90

95

67-68   MS2:   Juifs $^{V\uparrow}$que toutte la terre Sait etre$^+$ inspirés
71-74   MS2:   monarques. $^{V\uparrow}$Jay vu [...] trois.$^+$ ¶On
79   MS2:   Spectres. $^{V\uparrow}$mais croiez moi,$^+$ Si
94-100   MS2:   propre fils, $^{V\uparrow}$il faut avouer [...] etre beau$^+$ pour

dureté fait tout ce qu'il peut pour perdre cet enfant quil veut conserver. car en attirant la reine dans le temple Sous pretexte de lui donner de largent en preparant cet assassinat qui pouvait lassurer que Joas ne Serait pas egorgé dans le tumulte?

En un mot ce qui peut etre beau pour une nation peut etre fort insipide pour une autre, en voici un grand exemple. Un de nos gens de lettres voulait faire admirer à Mylord Cornburi la réponse du petit Joas à la reine Athalie, elle dit avec bonté à cet enfant:

> J'ai mon Dieu que je Sers vous Servirez le vôtre.
> Ce Sont deux puissants dieux.

Le petit juif lui répond:

> Il faut craindre le mien;
> Lui Seul est dieu, Madame, et le vôtre n'est rien.

Mylord Cornburi leva les épaules, *l'enfant aurait répondu de même*, dit-il, *S'il avait été élevé dans le culte de Baal par Mathan. Cette réponse ne Signifie autre chose, Sinon, j'ai raison et vous avez tort: car ma nourrice me l'a dit.* Le lettré voulut argumenter; l'anglais S'en alla et le laissa dire.

Enfin Monsieur jadmire avec vous lart et les vers de Racine dans Athalie et je trouve avec vous que le fanatique Joad est d'un très mauvais exemple.

Le résultat de cette préface est qu'il faut de la tolérance dans les beaux arts comme dans la Société. Aussi ce jeune Desmahis était le plus tolérant de tous les hommes. Il ne haïssait que les pédants insolents qui Sont la pire espece du genre humain, Soit qu'ils parlent en persécuteurs, comme l'ont été les jésuites, Soit qu'ils outragent des citoiens dans des gazettes ecclesiastiques ou profanes

100

105

110

115

120

102   MS2:   Corn<s>buri
109   MS2:   Corn<s>buri
114-116   MS2, ajout de Voltaire
114   MS2:   jadmire ᵛ↑avec vous⁺
117   K: de ce discours est
122   MS2:   qu'ils <fassent> ᵛ↑outragent des citoiens dans⁺ des

pour avoir du pain. S'il était inéxorable pour ces âmes lâches et perverses il était très indulgent pour les ouvrages de génie. Il n'en est aucun de parfait, disait-il, non pas même le Tartufe qui 125 approche tant de la perfection. Il y a des morceaux parfaits, c'est tout ce qu'on peut attendre de la faiblesse humaine.

C'est dommage qu'il Soit mort Si jeune ainsi que Guillaume Vadé et Jérôme Carré;[1] ils auraient peut être un peu Servi à débarbouiller ce Siècle. 130

Je donne donc en pur don les Guèbres de Mr. Desmahis à un libraire qui les donnera au public pour de l'argent. Je n'excuse ni la Singularité de cette piece ni Ses défauts.

Si les Guèbres ennuient mon cher lecteur et m'ennuient moi-même quand je les relirai, ce qui m'est arrivé en cent occasions, je 135 leur dirai:

> Enfant posthume et misérable
> De mon cher petit Desmahis,
> Tombez dans la foule innombrable
> De ces impertinents écrits, 140
> Dont l'énormité nous accable,
> Tant en province qu'à Paris.
> C'est un destin bien déplorable;
> Mais c'est celui des beaux esprits
> De notre Siècle incomparable. 145

---

125   K: disait-il, pas
132   K: l'argent. ¶Je
135   MS2:   arrivé ᵛ↑en⁺ cent <fois> ᵛ↑occasions⁺

[1] Guillaume Vadé et Jérôme Carré: pseudonymes de Voltaire.

Les Deux tonneaux

édition critique

par

R. J. V. Cotte

INTRODUCTION

Depuis l'indiscutable réussite de *La Fête de Bélébat*, sa bouffonnerie organisée en 1725 pour l'amusement de la petite cour du château de Bellebat, aux dépens de la dignité du brave et candide curé de la paroisse voisine de Courdimanche, Voltaire ne s'était jamais désisté de ses ambitions d'auteur d'opéra-comique. Il ne dissimulait que bien maladroitement son goût pour les lauriers des futurs deux 'maîtres' du genre, l'ancien apprenti pâtissier Charles-Simon Favart (1710-1792) et le maître tailleur de pierres Michel-Jean Sedaine (1719-1797), entré à l'Académie française le 9 mars 1786. [1] Tous deux, surtout le premier, avaient commencé par écrire de véritables opéras-comiques dans la tradition du théâtre de la foire, c'est-à-dire chantés sur des airs connus (dits 'vaudevilles' ou 'ponts-neufs') auxquels le poète devait adapter ses vers. [2] Avec *La Fête de Bélébat* et en quelques autres occasions (surtout des chansons isolées) Voltaire avait déjà montré sa grande habileté pour cette technique.

Par la suite, en grande partie sous l'influence de Favart et de Sedaine, le genre opéra-comique (littéralement 'parodies d'opéras ou de tragédies lyriques en chansons') s'est transformé pour devenir ce que nous connaissons depuis, soit un spectacle mêlant

---

[1] De même, quand il s'était dirigé vers l'Académie royale de musique et l'opéra de tradition lullyste, il avait confié ses textes aux plus importantes sommités musicales de son temps: J.-P. Rameau, pour son fameux *Samson* (demeuré inachevé, quant à la partition), P. Royer, puis J.-B. de Laborde, pour *Pandore*, Rameau, encore, pour *La Princesse de Navarre*, réécrit avec la collaboration littéraire et musicale de J.-J. Rousseau sous le titre *Les Fêtes de Ramire*, toujours de Rameau, *Le Temple de la Gloire*; enfin, plus tardivement, on proposa à Sacchini son livret de *Tanis et Zélide*.

[2] Voir E. Genest, *L'Opéra-comique connu et inconnu* (Paris 1925), H. de Curzon, *XVIIIᵉ siècle: la musique* (Paris 1914), p.99 ss., 187 ss., et M. de Rougemont, *La Vie théâtrale en France au XVIIIᵉ siècle* (Paris, Genève 1988), p.43-46.

à la déclamation une musique originale chantée, développant une intrigue originale (et non plus une parodie de grand opéra), éventuellement accompagné de danses. Favart, en compagnie du compositeur Grétry, donnèrent ainsi – parmi bien d'autres – *L'Amitié à l'épreuve* et, mis en musique par Monsigny, *La Belle Arsène*. Sedaine, également avec la collaboration musicale de Monsigny, avait fait représenter ses deux petits chefs-d'œuvre *Rose et Colas* et *Le Déserteur*, et, avec Grétry, le fameux *Richard Cœur de Lion*, dont un des airs devint en 1789 l'hymne favori des royalistes. [3]

De son admiration pour ces deux petits poètes, Voltaire à laissé des témoignages écrits tout à la fois éloquents et élogieux. A Favart il écrit: 'C'est vous qui le premier formâtes un spectacle régulier et ingénieux d'un théâtre, qui avant vous, n'était pas fait pour la bonne compagnie. Il est devenu, grâce à vos soins, le charme de tous les honnêtes gens' (3 octobre 1775; D19688). Et à Sedaine: 'Je ne connais personne qui entende le théâtre mieux que vous, et qui fasse parler ses acteurs avec plus de naturel. C'est un grand art que celui de rendre les hommes heureux pendant deux heures' (11 avril 1769; D15583).

Ayant conçu l'idée et l'ambition d'écrire des opéras-comiques, Voltaire ne songea, évidemment, à collaborer qu'avec les musiciens les plus éminents de ce genre particulier. Il avait fait la connaissance de Grétry à Genève au début de 1767. Agé de vingt-six ans, celui-ci s'était présenté au vieux philosophe par une lettre habilement tournée, qui fut favorablement accueillie. Présenté à Voltaire par Mme Cramer, Grétry reçut, nous dit-il, d'emblée compliments et promesses. [4] Voltaire eut, à cette époque, l'occasion et le temps

---

[3] Voir Genest, *L'Opéra-comique connu et inconnu*, p.46-144; Curzon, *XVIIIᵉ siècle: la musique*, p.99-151 et 186-244.

[4] 'Vous êtes musicien et vous avez de l'esprit! Cela est trop rare, monsieur, pour que je ne prenne pas à vous le plus grand intérêt' (André-Ernest-Modeste Grétry, *Mémoires ou essais sur la musique*, Paris an v, i.133). Aucune correspondance éventuellement échangée entre Voltaire et Grétry ne nous est parvenue.

d'apprécier son talent. Il lui donna le conseil d'aller chercher fortune à Paris, lui promettant des livrets de son cru. Ce furent *Le Baron d'Otrante* et *Les Deux tonneaux* qui, ni l'un ni l'autre, ne furent jamais mis en musique.

Selon Th. Besterman, Voltaire avait tout d'abord pensé offrir *Les Deux tonneaux* au compositeur et musicographe Jean-Benjamin de Laborde, ainsi qu'en témoignerait une lettre du 4 juin 1767. Mais prudent, il ne s'avoue pas l'auteur de la pièce, dont il ne précise du reste pas le titre: 'Un jeune homme m'a montré une espèce d'opéra comique dans le goût le plus singulier du monde. J'ai pensé à vous sur le champ' (D14214).

En apprenant le succès remporté à Paris par *Le Huron*, opéra-comique de Grétry sur un livret de Marmontel d'après *L'Ingénu* de Voltaire,[5] ce dernier reprit intérêt pour son jeune et récent ami. Dans une lettre à Chabanon du 9 septembre 1768 il laisse obscurément deviner ses intentions: 'Est-il vrai que [la musique] du Huron soit charmante? Elle est d'un petit Liegeois que vous avez peut être vu à Ferney. J'ai bien peur que l'opéra comique ne mette un jour au tombeau le grand opéra Tragique' (D15205). Les *Mémoires* de Grétry n'étant pas clairs sur ce point, on ne sait si le livret des *Deux tonneaux* fut soumis au compositeur heureux du *Huron*. En tout cas, quatre ans plus tard la pièce n'était toujours pas mise en musique, et Voltaire – toujours sous le couvert de l'anonymat, d'autant plus nécessaire que son autre opéra-comique, *Le Baron d'Otrante*, avait été refusé par la Comédie-Italienne – tentait de soumettre la pièce à Monsigny, par l'intermédiaire de Mme de Saint-Julien. A celle-ci il écrivait (30 août 1772; D17891):

Il ne s'agit icy ni de controlleur général, ni d'Intendant des finances, ce sont des choses bien plus sérieuses, c'est un opera comique. Un jeune homme m'est venu aporter cette esquisse. Je l'ai trouvée très favorable à la musique, et à des sortes de musique de toute espèce. Mad^e Denis dit

---

[5] *Le Huron* a été représenté pour la première fois au Théâtre-Italien le 20 août 1768.

qu'il faut suivre de point en point toutes les directions de l'auteur. Il avait promis cet ouvrage à un autre musicien que Mr de Montsivry,[6] mais nous avons jugé qu'il fallait lui donner la préférence sur tous les autres, non-seulement parce qu'il est votre protégé, mais parce qu'il mérite de l'être. Si Montcivry est occupé ailleurs aiez la bonté de nous renvoier le manuscrit.

Le sujet de la pièce est emprunté à l'antiquité grecque. A Homère, tout d'abord, Voltaire reprend la légende des deux tonneaux de Jupiter, dont l'un contient les biens, l'autre les maux qu'il répand sur les humains. [7] D'autre part la tradition dionysiaque lui apportait l'idée éternelle du vin, symbole de la puissance vivifiante de la nature, voire d'immortalité, mais aussi de l'ivresse et de la mort. De ces valeurs opposées, Voltaire tire la charpente de son intrigue transposant à peine, chronologiquement, son action.

On ne dispose pas d'éléments précis permettant d'expliquer le refus de la pièce par les comédiens et par le musicien. On sait que, en ce qui concerne *Le Baron d'Otrante*, ils avaient demandé au 'jeune auteur'[8] de faire quelques retouches et aménagements à sa pièce, et qu'il s'y était dignement refusé. On peut imaginer qu'un sujet tiré de la mythologie grecque pouvait ne pas être au goût du public de l'opéra-comique. De fait, le *Céphale et Procris* de Marmontel, mis en musique par Grétry l'année suivante (1773) n'eut, de l'aveu même du compositeur, qu'un accueil mitigé, mais il s'agissait d'un grand opéra, une tragédie en musique, genre peu propre à flatter le génie du musicien. En revanche, avec *Le Jugement de Midas*, sur un livret français du poète anglais émigré en France, Thomas Hales (*dit* d'Hèle), il connut au moins un succès franc à la ville, sinon à la cour, ce qui inspira à Voltaire un

[6] D'après Th. Besterman, Montsivry serait une déformation de Montsigny (Monsigny).

[7] *Iliade*, xxiv.529-532.

[8] C'est ainsi que Voltaire se présentait pour conserver l'anonymat.

quatrain vengeur qu'il fit tenir à Grétry par l'intermédiaire de Mme Denis, 'La cour a dénigré tes chants' (M.x.602). [9]

La culture musicale de Voltaire dépassait nettement celle de l'honnête homme de l'époque. Il possédait une compétence suffisante pour guider efficacement le compositeur collaborant éventuellement avec lui. Il semble que certaines réminiscences d'airs ou de chansons à la mode l'aient inspiré lors de la composition des morceaux à chanter, réminiscences dont l'identification reste sujette à caution. Rarement il indique à quel morceau il pense, comme par exemple à III.30-37. Les ensembles (duos, trios, quatuor, quintette) sont judicieusement distribués entre les différents personnages. Enfin, la partie orchestrale (*symphonique*, dans le vocabulaire de l'opéra du dix-huitième siècle) est soigneusement ménagée, et même réclamée. Par exemple, au début du premier acte, il indique sans ambiguïté le plan musical de l'*ouverture* qu'il désire; ailleurs, il donne une suggestion d'orchestration conforme à la situation scénique (I.84-95), ou encore, il prévoit la forme symphonique de l'accompagnement d'orchestre (II.54-69).

Manuscrits et éditions

On connaît deux manuscrits de *Les Deux tonneaux*. Le texte parut pour la première fois dans l'édition de Kehl (K84).

MS1

Copie de la main de Wagnière avec des corrections holographes. 37 pages, format 268 x 203 mm.

[1] Les Deux Tonneaux / Esquisse d'un opera comique; [1]-14 [acte 1]; [15-27] Acte second; [28-37] Acte troisième.

Pour les remarques marginales de Voltaire sur ce manuscrit, voir ci-dessous, acte I, notes 3 et 4.

Pierpont Morgan Library, New York, MA 650; vente du 'Portefeuille de

---

[9] Grétry, *Mémoires*, i.306.

Voltaire' par Charavay (Paris 12 mars 1855), p.21, no.237; Dubrunfaut (Paris 22 décembre 1884), p.16, no.63; Piat (Paris 8 mars 1897), p.50, no.285, 2; Charavay (Paris 21 février 1910), p.21, no.93,2.

MS2

Copie de la main de Wagnière avec des corrections holographes, annotée par Wagnière 'bon original'. 36 pages, format 157 x 205 mm.

404r Les deux Tonneaux / Esquisse d'un Opera <Comique> Buffa; *404v* Acteurs; *405r-411r* Acte premier; *411v-417v* Acte second; *418r-421v* Acte troisième.

StP, i.404-21.

K84

Œuvres complètes de Voltaire. [Kehl]: Société littéraire-typographique, 1784-1789. 70 vol. 8°. Bengesco iv.105-46; BnC 167-169.

Tome 9: [303] T8*r* 'LES DEUX / TONNEAUX, / Esquisse d'opéra-comique.'; [304] Personnages; [305]-336 Les Deux tonneaux.

La première version de l'édition de Kehl.

Taylor: VF.

Principes de cette édition

Le texte de base est K84; les variantes proviennent des deux manuscrits.

Traitement du texte de base

On a respecté l'orthographe des noms propres de personnes et de lieux, ainsi que celle des mots étrangers.

On a respecté les italiques et la ponctuation du texte de base.

La présentation typographique du duo à la fin du second acte est celle des deux manuscrits. Par ailleurs, le texte de K84 a fait l'objet d'une modernisation portant sur la graphie, l'accentuation et la grammaire. Les particularités du texte de base sont les suivantes:

INTRODUCTION

I. *Graphie*

1. Consonnes

- absence de la consonne *t* dans les finales en *-ans* et en *-ens*: amans, charmans, enfans, précédens, suivans, etc.

2. Voyelles

- emploi de *e* à la place de *a*: gérent
- emploi de *y* à la place de *i*: abymée

2. Le trait d'union

- est présent dans: c'était-là, grand-sœur, long-temps, mieux-mieux, où-donc, par-tout; très-assidus, très-bien, très-volontiers, etc.
- est absent dans: laissez moi

3. Majuscules

- nous mettons la minuscule aux mots suivants: Amour (dieu d'), Ciel, Dieux, Dame, Déesse, Madame, Monsieur

4. Divers

- fesons, fesaient, par fois

II. *Accentuation*

1. L'accent aigu

- est absent dans: rejouissez

2. L'accent circonflexe

- est présent dans: marîra, rengaîne, vîte
- est absent dans: ame

LES DEUX TONNEAUX,

Esquisse d'opéra-comique.

b   MS2:   Esquisse d'un Opera <Comique> ↑Buffa[1]

[1] Voltaire a remplacé le terme 'opéra-comique' par 'opéra-buffa', sans doute sous l'influence de Grétry, dont la formation musicale s'était faite dans le culte de Pergolèse, et qui avait, du reste, inventé pour ses propres œuvres la désignation française 'opéra-bouffon'. Voltaire reprend l'expression italienne pour *Le Baron d'Otrante*, son autre œuvre destinée à Grétry, ou tout au moins aux artistes de l'Opéra-Comique.

PERSONNAGES

GLYCÈRE.

PRESTINE, petite sœur de Glycère.

DAPHNIS.

LE PÈRE DE DAPHNIS.

LE PÈRE DE GLYCÈRE.   5

GRÉGOIRE, cabaretier-cuisinier, prêtre du temple de
Bacchus.

PHÉBÉ, servante du temple.

Troupe de jeunes garçons et de jeunes filles.

La scène est dans un temple consacré à Bacchus.   10

---

a-9   MS1, ajout de Voltaire
a   MS1, MS2: Acteurs.
6   MS1, MS2: cabaretier, cuisinier et [MS1: <grand>] prêtre
8   MS1, MS2: Une servante du temple [MS2: ↓Vβ]
9   MS1, absent
      MS2: Vministres du temple
10   MS1, MS2, absent

ACTE PREMIER

SCÈNE PREMIÈRE

Le théâtre représente un temple de feuillages, orné de thyrses,
de trompettes, de pampre, de raisins. On voit entre les colonnades
de feuillage les statues de Bacchus, d'Ariane, de Silène et de Pan.
Un grand buffet tient lieu d'autel: deux fontaines de vin coulent
dans le fond. Des garçons et des filles sont empressés à préparer tout
pour une fête. Grégoire, l'un des suivants de Bacchus, ordonne la
fête. Il est en veste blanche et galante, portant un thyrse à la main,
et sur sa tête une couronne de lierre.

(Ouverture gaie et vive, reprise douloureuse et terrible.) [1]

GRÉGOIRE, TROUPE DE JEUNES GARÇONS ET DE JEUNES FILLES

GRÉGOIRE

(Chante.)
Allons, enfants, à qui mieux mieux;
Jeunes garçons, jeunes fillettes,

---

d   MS2:   de raisin. On
e   MS1, MS2:   feuillage des statues
i   MS1:   en \<habit\> $^{V\uparrow}$veste$^+$ blanche $^{V\uparrow}$et galante$^+$
j   MS1:   une \<petite\> couronne
k   MS1, ajout de Voltaire
l-m   MS1, MS2, absent

---

[1] Cette forme d'ouverture en deux parties – l'une 'gaie et vive' (allegro), l'autre dramatique, ou, pour le moins, lente, sorte d'ouverture à l'italienne amputée de son troisième mouvement (en règle générale, allegro) – a parfois été pratiquée en France à la fin du dix-huitième siècle, notamment par Grétry et par Jean-Jacques Rousseau (pour son opéra inachevé *Daphnis et Chloé*).

Parez cet autel glorieux.
Trémoussez-vous, paresseux que vous êtes:
Mettez-moi cela   5
là,
Rendez ce buffet
net.
Songez bien à ce que vous faites.
Allons, enfants, à qui mieux mieux;   10
Trémoussez-vous, paresseux que vous êtes:
Songez que vous servez les belles et les dieux. [2]

UNE SUIVANTE

(*Elle parle.*)

Eh, doucement, monsieur Grégoire;
Nous sommes comme vous du temple de Bacchus;
Comme vous nous lui rendons gloire: 15
Nous sommes tous très assidus
A servir Bacchus et Vénus.
Le grand-prêtre du temple est sans doute allé boire.

(*Elle chante.*)

Il reviendra: faites moins l'important.
Alors que le maître est absent,   20
Maître valet s'en fait accroire.

12a   MS2:   <Une> ↑La⁺ Suivante ↑Phœbé
18a   MS1, en marge: ᵛon peut si l'on veut chanter ce couplet
       MS2, sans indication scénique
19   MS1:   <Sans doute> il reviendra

---

[2] Ces douze premiers vers se retrouvent, presque identiques, dans *L'Hôte et l'hôtesse* (1776; M.vii.309). Leur coupe laisse valablement supposer qu'ils ont été composés en parodie sur le timbre du vaudeville du *Devin du village* de Jean-Jacques Rousseau: 'Allons danser sous les ormeaux'; voir *La Clef du Caveau à l'usage de tous les chansonniers*, éd. P. Capelle, 2ᵉ éd. (Paris 1811), no.32.

GRÉGOIRE[3]

Pardon, j'ai du chagrin.

LA SUIVANTE

On n'en a point ici.
Vous vous moquez de nous.

GRÉGOIRE

Va, j'ai bien du souci.
Nous attendons la noce, et mon maître m'ordonne
De représenter sa personne,   25
Et d'unir les amants qui seront envoyés
De tous les lieux voisins pour être mariés.
Ah! j'enrage!

LA SUIVANTE

Comment! c'est la meilleure aubaine
Que jamais tu pourras trouver.   30
Toujours ces fêtes-là nous valent quelque étrenne:
Rien de mieux ne peut t'arriver.
J'ai vu plus d'un hymen. L'une et l'autre partie
S'est assez souvent repentie
Des marchés qu'ici l'on a faits;   35
Mais le monsieur qui les marie,
Quand il a leur argent, ne s'en repent jamais.

---

22   MS1, MS2: L'on n'en a
26   MS1, MS2: De marier les gens qui

---

[3] MS1, en marge, de la main de Voltaire: 'Mettez tous les noms des interlocuteurs en grosses lettres'.

C'est l'aimable Daphnis et la belle Glycère
Qui viennent se donner la main.
Que Daphnis est charmant!

GRÉGOIRE *en colère*.

Non; il est fort vilain. 40

LA SUIVANTE

A toutes nos beautés que Daphnis a su plaire!

GRÉGOIRE

Il me déplaît beaucoup.

LA SUIVANTE

Qu'il est beau!

GRÉGOIRE

Qu'il est laid!

LA SUIVANTE

Très honnête garçon, libéral.

GRÉGOIRE

Non.

LA SUIVANTE

Si fait.
Que Grégoire est méchant! me dira-t-il encore

38   MSI: C'est \<le charmant> ^{V↑}l'aimable⁺ Daphnis \<et l'aimable> ^{V↑}c'est la
belle⁺ Glicère
      MS2:   Daphnis, c'est la

Que la future est sans beauté?   45

GRÉGOIRE

La future?...

LA SUIVANTE

Oui, Glycère: on la fête, on l'adore;
Dans toute l'Arcadie on en est enchanté.

GRÉGOIRE

Oui... la future... passe... elle est assez jolie;
Mais c'est un mauvais cœur, tout plein de perfidie,
D'ingratitude, de fierté.   50

LA SUIVANTE

Glycère un mauvais cœur! hélas c'est la bonté,
C'est la vertu modeste et pleine d'indulgence;
C'est la douceur, la patience;
Et de ses mœurs la pureté
Fait taire encor la médisance.   55
Vous me paraissez dépité:
N'auriez-vous point été tenté
D'empaumer le cœur de la belle?
Quand du succès on est flatté,
Quand la dame n'est point cruelle,   60
Vous la traitez de nymphe et de divinité:
Si vous en êtes rebuté,

46a   MS2:   La Suivante Phœbé
50   MS1:   <et> de
      MS2:   fierté...
50a   MS1, MS2:   La Suivante Phœbé
61   MS1, MS2:   <Elle est une divinité> [MS1: $^{\uparrow}\beta$; MS2: $^{V\uparrow}\beta$]
62   MS1:   <Mais> $^{\uparrow}$<Et>$^{+}$ si vous $^{\uparrow}$en
      MS2:   <Et> si vous $^{\uparrow}$en

657

Vous faites des chansons contre elle.
Allons, maître Grégoire, un peu moins de courroux;
Recevons bien ces deux époux. 65
Que le festin soit magnifique:
On boit ici son vin sans eau.
Mais, n'allez pas gâter notre fête bachique
En perçant du mauvais tonneau.

GRÉGOIRE

Comment? Que dis-tu là?

LA SUIVANTE

Je m'entends bien.

GRÉGOIRE

Petite, 70
Tremble que ce mystère ici soit révélé.
C'est le secret des dieux: crains qu'on ne le débite.
Aussitôt qu'on en a parlé,
Apprends qu'on meurt de mort subite.
Cesse tes discours familiers, 75
Réprime ta langue maudite,
Et respecte les dieux et les cabaretiers.

(*Il chante.*)

Allons, reprenez votre ouvrage,
Servons bien ces heureux amants…

(*à part.*)

Le dépit et la rage 80
Déchirent tous mes sens.
Hâtons ces heureux moments,

72   MS1, MS2:   ajouté après coup

Courage, courage.
Cognez, frappez, partez en même temps; (a)
Suspendez ces festons, étendez ce feuillage;   85
Que les bons vins, les amours
Nous donnent toujours
Sous ces charmants ombrages
D'heureuses nuits et de beaux jours.
J'enrage,   90
J'enrage. [4]
Je me vengerai;
Je les punirai;
Ils me payeront cher mon outrage.
Hâtons leurs heureux moments,   95
Cognez, frappez, partez en même temps.
J'enrage,
J'enrage.

(a) Des suivants pourraient ici faire une espèce de basse, en frappant de leurs marteaux sur des cuivres creux qui serviraient d'ornements.

84   MS1, MS2:   <Cognez tous de vos instruments> [V↑β]
86   MS2:   vins et les
86-89   MS1:
          <Que les amours et les désirs> [V↑β]
          <Que les jeux et les plaisirs> [V↑]<Sous ces charmants ombrages>
          <Fôlatrent ↑Partagent+ sous cet ombrage.> [V↑β]
90   MS2, avec indication scénique: (a part)
94-95   MS2, avec indication scénique: aux travailleurs
96   MS1, MS2:   <Cognez tous de vos instruments> [MS1: ↑β; MS2: ↓β]
97   MS2, avec indication scénique: (a part)

[4] MS1, ici, et après la ligne 96, en marge, de la main de Voltaire: 'moins de blanc'.

LA SUIVANTE [5]

Ah! j'aperçois de loin cette noce en chemin.
La petite sœur de Glycère
Est toujours à tout la première;
Elle s'y prend de bon matin.
Cette rose est déjà fleurie;
Elle a précipité ses pas.
La voici... ne dirait-on pas
Que c'est elle que l'on marie?

100

105

SCÈNE II

GRÉGOIRE, PRESTINE, LA SUIVANTE

PRESTINE *arrivant en hâte.*

Eh, quoi donc! rien n'est prêt au temple de Bacchus? [6]
Nous restons au filet! Nos pas sont-ils perdus?
On ne fait rien ici quand on a tant à faire!

98a   MS1, MS2: La Suivante Phœbé
99   MS1, MS2:   <Mais de loin j'aperçois> ↑β
106-106c   MS1:

                            marie?
        <Hélas! par quel destin fatal
De ces lieux si vantés le ministre suprême
Destine t'il Grégoire à remettre luimême
La beauté qu'il aimait aux mains de son rival!>
            PRESTINE (*arrivant en hâte.*)
    MS2:
    marie? / PRESTINE (*arrivant en hâte.*)

[5] Chanté?
[6] Parlé?

Ma sœur et son amant, mon bonhomme de père,   110
Et celui de Daphnis, femmes, filles, garçons,
Arrivent à la file en dansant aux chansons.
       Ici je ne vois rien paraître.
       Réponds donc, Grégoire, réponds;
Mène-moi voir l'autel et monsieur le grand-prêtre.   115

GRÉGOIRE

Le grand-prêtre, c'est moi.

PRESTINE

          Tu ris.

GRÉGOIRE

                Moi, dis-je.

PRESTINE

                            Toi!
Toi, prêtre de Bacchus?

GRÉGOIRE

             Et fait pour cet emploi.
Quel étonnement est le vôtre?

PRESTINE

Eh bien, soit: j'aime autant que ce soit toi qu'un autre.

GRÉGOIRE

Je suis vice-gérant dans ce lieu plein d'appas.   120

---

116 MS1: Le grand-prêtre <c'est moi> de ce temple!
117 MS2: Toi prêtre de <Bacchus> ^V↑ce temple^+?
119 MS1, MS2: <Par ma foi> ↑Eh bien soit;^+ j'aime

Je conjoins les amants, et je fais leurs repas.
Ces deux charmants ministères,
Au monde si nécessaires,
Sont sans doute les premiers.
J'espère quelque jour, ma petite Prestine,   125
Dans cette demeure divine
Les exercer pour vous.

PRESTINE

Hélas, très volontiers.

GRÉGOIRE et PRESTINE

(Duo.)

En ces beaux lieux c'est à Grégoire,
C'est à lui d'enseigner
Le grand art d'aimer et de boire;   130
C'est lui qui doit régner.
Du dieu puissant de la liqueur vermeille
Le temple est un cabaret,
Son autel est un buffet.

L'amour y veille   135
Avec transport;
L'amour y dort,
Dort, dort
Sous les beaux raisins de la treille.

---

121   MSI: <J'unis les pretendus> ^{V↑}β
122-127   MSI:
        <Du puissant Dieu du vin les ministres suprêmes
        Sont les nobles cabaretiers.
        Grégoire quelque jour vous mariera vous même.
PRESTINE
        Hélas Monsieur très volontiers.> ^{V↑}β
127a-b   MSI, MS2:   Duo / Grégoire et Prestine

GRÉGOIRE [7]

Je vois nos gens venir; je vais prendre à l'instant   140
   Mes habits de cérémonie.
Il faut qu'à tous les yeux Grégoire justifie
Le choix qu'on fait de lui dans un jour si brillant.

PRESTINE

Va vite… Avancez donc, mon père, mon beau-père,
   Ma chère sœur, mon cher beau-frère;   145
   Ah! que vous marchez lentement!
   Cet air grave est, dit-on, décent:
   Il est noble, il a de la grâce;
      Mais j'irais plus vivement,
      Si j'étais à votre place.   150

SCÈNE III

LE PÈRE DE GLYCÈRE ET DE PRESTINE, LE PÈRE
DE DAPHNIS, PETITS VIEILLARDS RATATINÉS,
marchant les premiers la canne à la main, DAPHNIS *conduisant*
GLYCÈRE ET TOUTE LA NOCE, PRESTINE

GLYCÈRE *à Prestine.*

Pardonne, chère sœur, à mes sens éblouis:

144   MSI: mon père <et le beau père> ᵛ↑β
150-150e   MSI, MS2:   votre place. / Le père de Glicère et de Prestine, et le […]
marchent les premiers la canne [MS2: premiers canne] à la main. Daphnis conduit
Glicère et toute la noce suit. [sans changement de scène]

[7] Parlé?

Je me suis arrêtée à regarder Daphnis;
J'étais hors de moi-même, en extase, en délire;
Et je n'avais qu'un sentiment.
Va, tout ce que je te puis dire,
C'est que je t'en souhaite autant.

155

LES DEUX PÈRES

(*Duo.*)

Oh! qu'il est doux sur nos vieux ans
De renaître dans sa famille!
Mon fils… ma fille
Raniment mes jours languissants;
Mon hiver brille
Des roses de leur printemps.
Les jeunes gens qui veulent rire
Traitent un vieillard

160

156-156a   MS1:

autant.
                    <DAPHNIS
Je touche bien tard aux moments
Dont dépend ma gloire et ma vie;
Je ne compterai plus les tems
Il n'en est point pour les amants
Quand leur félicité leur parait infinie.
                    PRESTINE
On dit que ce sont là des discours de romans
Qu'il est rare de bien entendre.
Je ne sais pas s'ils ont du sens
Je les aime sans les comprendre.>
                    LES DEUX PÈRES
157   MS2:   <β> $^{V\uparrow}$Il est doux quand on a fait son temps
164-172   MS1, MS2:
            <On traitte un vieillard>
            De rêveur, de babillard
            <D'ennuieux, d'insuportable>
            [MS2: <On a>] Ils ont grand tort
            Chacun aspire

664

De rêveur, de babillard: 165
  Ils ont grand tort;
  Chacun aspire
  A notre sort;
Chacun demande à la nature
De ne mourir qu'en cheveux blancs;   170
Et dès qu'on parvient à cent ans,
On a place dans le Mercure. [8]

PRESTINE [9]

Il s'agit bien de fredonner;
Ah! vous avez, je pense, assez d'autres affaires.
Savez-vous à quel homme on a voulu donner   175
Le soin de célébrer vos amoureux mystères?
A Grégoire.

GLYCÈRE *effrayée*.

A Grégoire!

DAPHNIS

                        Eh! qu'importe, grands dieux!
Tout m'est bon, tout m'est précieux;
Tout est égal ici quand mon bonheur approche.
Si Glycère est à moi, le reste est étranger.   180
  Qu'importe qui sonne la cloche,

A notre sort
<[MSI: Est encor aimable]
N'est pas desirable.
Mais il a des moments
Assez plaisants.> ^V↑β

[8] Soit 'dans la presse', ou le *Mercure de France*.
[9] Parlé.

Quand j'entends l'heure du berger?
Rien ne peut me déplaire, et rien ne m'intéresse.
Je ne vois point ces jeux, ce festin solennel,
Ces prêtres de l'hymen, ce temple, cet autel;   185
  Je ne vois rien que la déesse.

(*Quatuor.*) [10]

LE PÈRE DE GLYCÈRE, LE PÈRE DE DAPHNIS, DAPHNIS, GLYCÈRE

Ma fille!... Mon cher fils!... Glycère!...
                                Tendre époux!
    Aimons-nous tous quatre, aimons-nous.
De la félicité naissez, brillante aurore,
    Naissez, faites éclore   190
    Un jour encor plus doux.
  Tendre amour, c'est toi que j'implore;
  En tous temps tu règnes sur nous:
  Tendre amour, c'est toi que j'implore;
  Aimons-nous tous quatre, aimons-nous.   195

PRESTINE [11]

Ils aiment à chanter, et c'est là leur folie.
Ne parviendrai-je point à faire ma partie?
Ces gens-là sur un mot vous font vite un concert;
Et ce qu'en eux surtout je révère et j'admire,
C'est qu'ils chantent parfois sans avoir rien à dire.   200
Ils nous ont sur-le-champ donné d'un quatuor.

186a   MS1, avec indication scénique: <(l'un après l'autre)>
193   MS1:   <lieux> $^{V\uparrow}$temps

[10] Chanté.
[11] Parlé.

A mon oreille il plaisait fort;
Et s'ils avaient voulu, j'aurais fait la cinquième.
Mais on me laisse là; chacun pense à soi-même.

(*Elle chante.*)

Le premier mari que j'aurai,   205
Ah, grands dieux, que je chanterai!
On néglige ma personne,
On m'abandonne.
Le premier mari que j'aurai,
Ah, grands dieux, que je chanterai!   210

SCÈNE IV

LES ACTEURS PRÉCÉDENTS, PHÉBÉ, SUIVANTE

PHÉBÉ

Entrez, mes beaux messieurs, entrez, ma belle dame.

(*à Glycère à part.*)

Ma belle dame, au moins prenez bien garde à vous.

DAPHNIS

Allez, j'en aurai soin; ne crains rien, bonne femme.

---

203   MSI, MS2: s'ils l'avaient voulu
206   MSI: Ah, <mon> $^\uparrow$grands$^+$ dieu$^\uparrow$x$^+$ que je chanterai!
207-210   MSI, ajout de Voltaire
210a-c   MSI: $^{V\uparrow}$Phébé$^+$ <La Suivante> Servante du Temple
          MS2: $^{V\uparrow}$Phœbé$^+$ La Servante du Temple
212a   MS2: Daphnis (à la servante, à qui il met une bourse dans la main)

(*Il lui met une bourse dans la main.*)

LA SUIVANTE

Que voilà deux charmants époux!
Prenez bien garde à vous, madame.   215

GLYCÈRE

Que veut-elle me dire? Elle me fait trembler.
L'amour est trop timide, et mon cœur est trop tendre.

PRESTINE

Auprès de votre amant qui peut donc vous troubler?
Nulle crainte en tel cas ne pourrait me surprendre.
(*Elle chante.*)
Le premier mari que j'aurai,   220
Ah, bon Dieu, que je chanterai!
On néglige ma personne,
On m'abandonne.

Le premier mari que j'aurai,
Ah, grands dieux, que je chanterai!   225

Fin du premier acte.

213a   MS1, MS2: <(ils entrent tous dans le temple)> [MS1: $^{V\uparrow}$β]
213b   MS2: <La Servante> Phœbé
215-220   MS1, MS2: madame. / Prestine / Le premier [MS1: $^{\downarrow}$β; MS2: $^{V\uparrow}$β]
221   MS2: Ah grands dieux
222-225   MS1, ajout de Voltaire
225a   MS1, MS2, absent

668

ACTE II

SCÈNE PREMIÈRE

DAPHNIS *conduit par son père*, GLYCÈRE *par le sien*,
PRESTINE *par personne, et courant partout*, GARÇONS DE
LA NOCE

LE PÈRE DE DAPHNIS[1]

Mes enfants, croyez-moi, nous savons les rubriques;
Faisons comme faisaient nos très prudents aïeux:
   Tout allait alors beaucoup mieux.
C'était là le bon temps; et les siècles antiques,
Etant plus vieux que nous, auront toujours raison.   5
Je vous dis que c'est là… que sera le garçon:
Ici… la fille: ici… moi, du garçon le père.

   (*à Glycère.*)

Là… vous: et puis Prestine à côté de sa sœur,
Pour apprendre son rôle et le savoir bien faire.
Mais j'aperçois déjà le sacrificateur.   10
Qu'il a l'air noble et grand! une majesté sainte
   Sur son front auguste est empreinte.
Il ressemble à son dieu, dont il a la rougeur.

---

b-e   MS1, ajout de Voltaire
d   MS2: garçons et filles de
6   MS1, MS2: c'est là que sera
7   MS1, MS2: Icy la fille, icy moi
8   MS1, MS2: Là vous

---

[1] Parlé?

LE PÈRE DE GLYCÈRE

Oui, l'on voit qu'il le sert avec grande ferveur.
Silence, écoutons bien.

SCÈNE II

LES ACTEURS PRÉCÉDENTS, GRÉGOIRE *suivi des*
ministres de Bacchus
(*Les deux amants mettent la main sur le*
buffet qui sert d'autel.)

GRÉGOIRE *au milieu, vêtu en grand sacrificateur.* [2]

Futur, et vous future,   15
Qui venez allumer à l'autel de Bacchus
La flamme la plus belle, et l'ardeur la plus pure,
Soyez ici très bien venus.
D'abord avant que chacun jure
D'observer les rites reçus,   20
Avant que de former l'union conjugale,
Je vais vous présenter la coupe nuptiale.

GLYCÈRE

Ces rites sont d'aimer: quel besoin d'un serment
Pour remplir un devoir si cher et si durable!

15   MS1: bien. / (Grégoire arrive suivi des <prêtres> ministres [...] (au
milieu.) V↑vêtu [...] sacrificateur+
    MS2: bien. / (Grégoire arrive V↑suivi des ministres de Baccus+. / Les deux
amants

---

[2] Chanté?

670

Ce serment dans mon cœur constant, inaltérable,   25
   Est écrit par le sentiment
   En caractère ineffaçable.
Hélas! si vous voulez, ma bouche en fera cent.
Je les répéterai tous les jours de ma vie;
Et n'allez pas penser que le nombre m'ennuie;   30
   Ils seront tous pour mon amant.

GRÉGOIRE à part.

Que ces deux gens heureux redoublent ma colère!
Dieux, qu'ils seront punis!… Buvez, belle Glycère;
   Et buvez l'amour à longs traits.
Buvez, tendres époux, vous jurerez après: 35
Vous recevrez des dieux des faveurs infinies.

(Il va prendre les deux coupes préparées
au fond du buffet.)

LE PÈRE DE DAPHNIS

Oui, nos pères buvaient dans leurs cérémonies;
Aussi valaient-ils mieux qu'on ne vaut aujourd'hui.
Depuis qu'on ne boit plus, l'esprit avec l'ennui
Font bâiller noblement les bonnes compagnies.   40
Les chansons en refrain des soupers sont bannies:
Je riais autrefois, j'étais toujours joyeux;
Et je ne ris plus tant depuis que je suis vieux:
J'en cherche la raison; d'où vient cela, compère?

31a   MS1:   ^V(a part)[↑] Gregoire
32   MS1:

       <Commençons ce tendre mistère>
       ^{V↑}<Cruelle fille! allons commençons le> [↓]β
   MS2:   <Cruelle fille – Allons commençons le mistère.> ^{V↑}
33   MS1, MS2:   <Buvez charmant Daphnis> [MS1: [↑]β; MS2: ^{V↑}β]
   36a-b   MS1, indication scénique par Voltaire; d'abord ajoutée, puis biffée, entre
l.35-36

LE PÈRE DE GLYCÈRE

Mais… cela vient… du temps. Je suis tout sérieux   45
Bien souvent, malgré moi, sans en savoir la cause.
Il s'est fait parmi nous quelque métamorphose.
Mais il reste, après tout, quelques plaisirs touchants:
Dans le bonheur d'autrui l'âme à l'aise respire;
Et quand nous marions nos aimables enfants,   50
 Je vois qu'on est heureux sans rire.

 (*Grégoire présente une petite coupe à*
 Daphnis et une autre à Glycère.)

 GRÉGOIRE *après qu'ils ont bu.*

Rendez-moi cette coupe. Eh quoi! vous frémissez!

 (*à Daphnis.*)

Çà, jurez à présent: vous, Daphnis, commencez.

 DAPHNIS

 (*Chante en récitatif mesuré, noble et tendre.*)[3]

Je jure par les dieux, et surtout par Glycère,
De l'aimer à jamais comme j'aime en ce jour.   55
 Toutes les flammes de l'amour

51a   MS1, MS2: (ici Grégoire
51a-b   MS1, ajout de Voltaire
51c-52   MS1, MS2, entre 51c et 52: (à Glicère [MS1: ^{V}a <Glicere> <Daphnis> a Glicere])
52a   MS1, ajout de Voltaire
53   MS1: <Conjurez> $^{V\uparrow}$<vous,> ça, jurez
53b   MS1, MS2: chante un récitatif [MS1: ^{V}un recitatif [...] tendre]

---

[3] Il s'agit, en fait, d'un *arioso*, suivant la définition musicologique courante: 'forme vocale assez peu définie, de caractère dramatique et qui, par son style tient le milieu entre le récitatif narratif et l'aria lyrique' (M. Honegger, *Dictionnaire de la musique: science de la musique*, Paris 1976).

Ont coulé dans ce vin, quand j'ai vidé mon verre.
O toi qui d'Ariane as mérité le cœur,
    Divin Bacchus, charmant vainqueur,
Tu règnes aux festins, aux amours, à la guerre.   60
    Divin Bacchus, charmant vainqueur,
Je t'invoque après ma Glycère.

        (Symphonie.) [4]

(Daphnis continue.)

Descends, Bacchus, en ces beaux lieux,
    Des amours amène la mère;
    Amène avec toi tous les dieux;   65
Ils pourront brûler pour Glycère.
Je ne serai point jaloux d'eux:
    Son cœur me préfère,
    Me préfère, me préfère aux dieux.

      GRÉGOIRE [5]

C'est à vous de jurer, Glycère, à votre tour   70
Devant Bacchus lui-même, au grand dieu de l'amour.

      GLYCÈRE

      (Chante.)

Je jure une haine implacable
    A ce vilain magot,

59-60 MS2, absent
62b MS1, MS2, ajouté après coup [MS2: ^V]
71a-b MS1: Glicère (chante) ^Vun air
       MS2: Glicère (chante <un air>)

[4] Intervention ou accompagnement d'orchestre sur quoi Daphnis chantera (air mesuré?) les sept vers suivants.
[5] Parlé?

A ce fat, à ce sot;
Il m'est insupportable. 75
Je jure une haine implacable
A ce fat, à ce sot.

Oui, mon père, oui, mon père,
J'aimerais mieux en enfer
Epouser Lucifer. 80

Qu'on n'irrite point ma colère;
Oui, je verrais plutôt le peu que j'ai d'appas
Dans la gueule du chien Cerbère
Qu'entre les bras
Du vilain qui croit me plaire. 85

DAPHNIS

Qu'ai-je entendu, grands dieux![6]

LES DEUX PÈRES *ensemble*.

Ah, ma fille!

PRESTINE

Ah,
ma sœur!

DAPHNIS

Est-ce vous qui parlez, ma Glycère?

77   MS1, MS2:
          A ce vilain magot,
          A ce fat, à ce sot
85   MS1: Du <faquin> ᵛ↑vilain⁺ qui <croit> ᵛ↑croioit⁺ me plaire
      MS2: qui croiait me plaire
86a   MS2: Les deux pères //

[6] Il semble que toute la fin de cette scène devrait être chantée.

GLYCÈRE *reculant.*

                          Ah, l'horreur!
Ote-toi de mes yeux: ton seul aspect m'afflige.

DAPHNIS

Quoi! c'est donc tout de bon?

GLYCÈRE

                        Retire-toi, te dis-je;
Tu me donnerais des vapeurs.   90

DAPHNIS

Eh! qu'est-il arrivé! Dieux puissants, dieux
                                vengeurs,
En étiez-vous jaloux? m'ôtez-vous ce que j'aime?
Ma charmante maîtresse, idole de mes sens,
    Reprends les tiens, rentre en toi-même;
Vois Daphnis à tes pieds, les yeux chargés de pleurs.   95

GLYCÈRE

Je ne puis te souffrir: je te l'ai dit, je pense,
    Assez net, assez clairement.
Va-t-en, ou je m'en vais.

LE PÈRE DE DAPHNIS

                Ciel! quelle extravagance!

DAPHNIS

Prétends-tu m'éprouver par ces affreux ennuis?

95   MS2: yeux baignés de
96   MS1: ^Vje ne [...] je pense

As-tu voulu jouir de ma douleur profonde?   100

GLYCÈRE

Tu ne t'en vas point; je m'enfuis.
Pour être loin de toi, j'irais au bout du monde.

(*Elle sort.*)

(*Quatuor.*)

LES DEUX PÈRES   PRESTINE   DAPHNIS

Je suis tout confondu… Je frémis… Je me meurs!

(*tous ensemble.*)

Quel changement! quelles alarmes!
Est-ce là cet hymen si doux, si plein de charmes!   105

PRESTINE

Non, je ne rirai plus: coulez, coulez mes pleurs.

(*tous ensemble.*)

Dieu puissant, rends-nous tes faveurs.

GRÉGOIRE

(*Chante seul.*)

Quand je vois quatre personnes
Ainsi pleurer en chantant,
Mon cœur se fend.   110
Bacchus tu les abandonnes;
Il faut en faire autant.

(*Il s'en va.*)

102a   MS1, ajout de Voltaire
112a-113   MS1: (il s'en va) / Scene 2 [ajouté en marge] / Le père de Daphnis
au père de Glicère, à Daphnis et à Prestine, qui restent sur la scène / Ecoutez
    MS2: (il s'en va) / Le père de Daphnis / Ecoutez

676

SCÈNE III

LE PÈRE DE DAPHNIS, LE PÈRE DE GLYCÈRE, DAPHNIS, PRESTINE

LE PÈRE DE DAPHNIS *à celui de Glycère.* [7]

Ecoutez; j'ai du sens, car j'ai vu bien des choses,
Des esprits, des sorciers et des métempsycoses.
Le dieu que je révère, et qui règne en ces lieux,   115
Me semble, après l'amour, le plus malin des dieux.
Je l'ai vu dans mon temps troubler bien des cervelles;
Il produisait souvent d'assez vives querelles:
Mais cela s'éteignait après une heure ou deux.
Peut-être que la coupe était d'un vin fumeux,   120
Ou dur, ou pétillant, et qui porte à la tête.
Ma fille en a trop bu: de là vient la tempête
Qui de nos jours heureux a noirci le plus beau.
La coupe nuptiale a troublé son cerveau:
Elle est folle, il est vrai; mais, Dieu merci, tout

                                      passe: 125
Je n'ai vu ni d'amour ni de haine sans fin…
Elle te r'aimera: tu rentreras en grâce
        Dès qu'elle aura cuvé son vin.

PRESTINE

Mon père, vous avez beaucoup d'expérience;
    Vous raisonnez on ne peut mieux.   130
    Je n'ai ni raison ni science,

---

[7] Parlé? Il faut corriger β: on doit lire 'LE PÈRE DE GLYCÈRE *à celui de Daphnis*'; voir l.122.

Mais j'ai des oreilles, des yeux.
De ce temple sacré j'ai vu la balayeuse
Qui d'une voix mystérieuse
A dit à ma grand'sœur, avec un ton fort doux,   135
Quand on vous mariera, prenez bien garde à vous.
J'avais fait peu de cas d'une telle parole:
Je ne pouvais me défier
Que cela pût signifier
Que ma grand'sœur deviendrait folle.   140
Et puis je me suis dit, (toujours en raisonnant)
Ma sœur est folle cependant.
Grégoire est bien malin: il pourchassa Glycère:
Il n'en eut qu'un refus; il doit être en colère.
Il est devenu grand seigneur: 145
On aime quelquefois à venger son injure.
Moi, je me vengerais si l'on m'ôtait un cœur.
Voyez s'il est quelque valeur
Dans ma petite conjecture.

DAPHNIS

Oui, Prestine a raison.

LE PÈRE DE GLYCÈRE

Cette fille ira loin.   150

LE PÈRE DE DAPHNIS

Ce sera quelque jour une maîtresse femme.

DAPHNIS

Allez tous, laissez-moi le soin

132   MS1:   oreilles <et> des yeux
149   MS1:   <mes> $^{V\uparrow}$ma$^+$ petite<s> conjecture<s>.
      MS2:   mes petites conjectures.
150   MS2:   Oui Prestine <ira loin> ^{V}a raison

De punir ici cet infâme:
A ce monstre ennemi je veux arracher l'âme.
Laissez-moi.

LE PÈRE DE GLYCÈRE

Qui l'eût cru qu'un jour si fortuné   155
A tant de maux fût destiné!

LE PÈRE DE DAPHNIS

Hélas! j'en ai tant vu dans le cours de ma vie!
De tous les temps passés l'histoire en est remplie.

SCÈNE IV

LES ACTEURS PRÉCÉDENTS, GRÉGOIRE, *revenant*
dans son premier habit.

DAPHNIS

O douleur! ô transports jaloux!
Holà! hé! monsieur le grand-prêtre,   160
Monsieur Grégoire, approchez-vous.

GRÉGOIRE

Quel profane en ces lieux frappe et me parle en
                                          maître?

DAPHNIS

C'est moi: me connais-tu?

158-158d MS1: remplie. / Scène 3 / Daphnis
     MS2: remplie. / (ils sortent) / Scène / Daphnis (seul)
161a MS1, MS2: Grégoire (revenant dans son premier habit.)

GRÉGOIRE

Qui, toi? mon ami, non
Je ne te connais point à cet étrange ton
Que tu prends avec moi.

DAPHNIS

Tu vas donc me connaître.   165
Tu mourras de ma main: je vais t'assommer, traître!
Je vais t'exterminer, fripon!

GRÉGOIRE

Tu manques de respect à Grégoire, à ma place!

DAPHNIS

Va, ce fer que tu vois en manquera bien plus;
Il faut punir ta lâche audace.   170
Indigne suppôt de Bacchus,
Tremble, et rends-moi ma femme.

GRÉGOIRE

Eh! mais pour te
la rendre
Il faudrait avoir eu le plaisir de la prendre.
Tu vois, je ne l'ai point.

DAPHNIS

Non, tu ne l'auras pas.
Mais c'est toi qui me l'as ravie: 175
C'est toi qui l'as changée, et presque dans mes bras.

---

167 MS1: <Je vais> ᵛ↑je vais
170 MS1, ajout de Voltaire
174 MS1: <Ma foi> ᵛ↑tu vois

Elle m'aimait plus que sa vie,
Avant d'avoir goûté ton vin.
On connaît ton esprit malin.
A peine a-t-elle bu de ta liqueur mêlée,   180
Sa haine contre moi soudain s'est exhalée.
Elle me fuit, m'outrage, et m'accable d'horreurs.
C'est toi qui l'as ensorcelée.
Tes pareils dès longtemps sont des empoisonneurs.

GRÉGOIRE

Quoi! ta femme te hait!

DAPHNIS

Oui, perfide, à la rage.   185

GRÉGOIRE

Eh mais, c'est quelquefois un fruit du mariage;
Tu peux t'en informer.

DAPHNIS

Non, toi seul as tout fait:
Tu mets à mon bonheur un invincible obstacle.

GRÉGOIRE

Tu crois donc, mon ami, qu'une femme en effet
Ne peut te haïr sans miracle?   190

DAPHNIS

Je crois que dans l'instant à mon juste dépit,
Lâche, ton sang va satisfaire.

GRÉGOIRE

(*Ariette.*)

192b MS1, MS2, en marge: on peut faire une jolie ariette de ce couplet [MS1: V]

Il le ferait comme il le dit,
Car je n'ai plus mon bel habit
Pour qui le peuple me révère;   195
Et ma personne est sans crédit
Auprès de cet homme en colère.
Il le ferait comme il le dit,
Car je n'ai plus mon bel habit.
Apaise-toi, rengaine… Eh bien, je te promets [8]   200
Qu'aujourd'hui ta Glycère en son sens revenue,
A son époux, à son amour rendue,
Va te chérir plus que jamais.

DAPHNIS

O ciel! est-il bien vrai? mon cher ami Grégoire,
Parle; que faut-il faire?

GRÉGOIRE

                    Il vous faut tous deux boire   205
Ensemble une seconde fois.

GRÉGOIRE   DAPHNIS

(*Duo.*)
Sur cet autel Grégoire jure
Qu'on t'aimera. — Qu'on m'aimera.
Rien ne dure

198-199 MSI, ajout de Voltaire, suivi de: <Pour qui le peuple me révère>
201   MSI: Glicère <à> ᵛ↑en
         MS2: Glicère <à son> ↑en son⁺ sens
206-207 MSI, MS2: fois. / Duo / Sur cet
207-219 MSI, texte disposé sur deux colonnes, puis remanié par Voltaire en une
208   MSI, MS2: m'aimera […] t'aimera

---

[8] Parlé?

Dans la nature.   210
Rien ne durera,
Tout passera.
On réparera ton injure. — mon injure.
On t'en fera; — m'en fera;
On l'oubliera.   215
Rien ne dure
Dans la nature.
Rien ne durera,
Tout passera.
Le caprice d'une femme   220
Est l'affaire d'un moment;
La girouette de son âme
Tourne, tourne… au moindre vent.

Fin du second acte.

213   MS1, MS2:   mon injure […] ton injure
214   MS1, MS2:   m'en fera […] on t'en fera
223a   MS1, MS2, absent

ACTE III

SCÈNE PREMIÈRE

LES DEUX PÈRES, GLYCÈRE, PRESTINE

LE PÈRE DE GLYCÈRE[1]

Oui, c'était des vapeurs: c'est une maladie
Où les vieux médecins n'entendent jamais rien.
Cela vient tout d'un coup… quand on se porte
                             bien…
Une seconde dose à l'instant t'a guérie.
        Oh! que cela t'a fait de bien!   5

LE PÈRE DE DAPHNIS

Ces espèces de maux s'appellent frénésie.
Feue ma femme autrefois en fut longtemps saisie;
Quand son mal lui prenait, c'était un vrai démon.

LE PÈRE DE GLYCÈRE

Ma femme aussi.

LE PÈRE DE DAPHNIS

           C'était un torrent d'invectives,
Un tapage, des cris, des querelles si vives…   10

---

5   MS1: cela ↑t'a+ fait
10 MS1, ajouté après coup
      MS2, absent

[1] Parlé.

684

LE PÈRE DE GLYCÈRE

Tout de même.

LE PÈRE DE DAPHNIS

Il fallait déserter la maison.
La bonne² me disait: *je te hais*, d'un courage,
D'un fond de vérité… cela partait du cœur.
Grâce au ciel, tu n'as plus cette mauvaise humeur,
Et rien ne troublera ta tête et ton ménage.   15

GLYCÈRE *se relevant d'un banc de gazon*
où elle était penchée.

A peine je comprends ce funeste langage.
Qu'est-il donc arrivé? qu'ai-je fait? qu'ai-je dit?
A l'amant que j'adore aurais-je pu déplaire?
Hélas! j'aurais perdu l'esprit!
L'amour fit mon hymen; mon cœur s'en applaudit: 20
Vous le savez, grands dieux, si ce cœur est sincère.
Mais, dès le second coup de vin,
Qu'à cet autel on m'a fait boire,
Mon amant est parti soudain,
En montrant l'humeur la plus noire: 25
Attachée à ses pas j'ai vainement couru.
Où donc est-il allé? ne l'avez-vous point vu?

LE PÈRE DE DAPHNIS

Il arrive.

---

28   MS1, MS2:   Il arrive. En effet [sans changement de scène]

² Il s'agit évidemment de la mère de Daphnis, et non d'une domestique.

SCÈNE II

LES ACTEURS PRÉCÉDENTS, DAPHNIS

LE PÈRE DE DAPHNIS

En effet je vois sur son visage
Je ne sais quoi de dur, de sombre, de sauvage.

GLYCÈRE

(*Chante.*)³

Cher amant, vole dans mes bras: 30
Dieu de mes sens, dieu de mon âme,
Animez, redoublez mon éternelle flamme…
Ah, ah, ah, cher époux, ne te détourne pas
Tes yeux sont-ils fixés sur mes yeux pleins de larmes?
Ton cœur répond-il à mon cœur?   35
Du feu qui me consume éprouves-tu les charmes?
Sens-tu l'excès de mon bonheur?

(*A cette musique tendre succède une symphonie
impérieuse et d'un caractère terrible.*)

DAPHNIS *au père de Glycère.*

(*Il chante.*)⁴

Ecoute, malheureux beau-père,

35   MS1, MS2, en marge: Couplet dans le goust de ce morceau *arrachez de mon
cœur* [MS2: ᵛ]

37a-b   MS1, ajout de Voltaire

---

³ Il nous a été jusqu'à présent impossible d'identifier ce timbre, peut-être un air
ou un extrait d'opéra.
⁴ Récitatif?

Tu m'as donné pour femme une mégère;
Dès qu'on la voit on s'enfuit.   40
Sa laideur la rend plus fière.
Elle est fausse, elle est tracassière;
Et pour mettre le comble à mon destin maudit,
Veut avoir de l'esprit.

Je fus assez sot pour la prendre: [5]   45
Je viens la rendre;
Ma sottise finit.
Le mariage
Est heureux et sage
Quand le divorce le suit.   50

LES DEUX PÈRES, GLYCÈRE

(*Trio.*)

O ciel! ô juste ciel! en voilà bien d'un autre.
Ah! quelle douleur est la nôtre!

DAPHNIS [6]

Beau-père, pour jamais je renonce à la voir;
Je m'en vais voyager loin d'elle... Adieu... Bonsoir.

(*Il sort.*)

50a-b MS1: Trio / des deux pères et de Glicère
       MS2: Trio / Les deux pères et Glicère
54-54d MS1: voiager <bien> loin d'elle ^{V↑}adieu⁺ bon soir / (il sort) / Le père
de Glicère
       MS2: voiager <bien> loin d'elle. – adieu – bon soir. / (il sort et
Prestine le suit) / Le père de Glicère

[5] Air?
[6] Parlé?

SCÈNE III

LES DEUX PÈRES, GLYCÈRE

LE PÈRE DE GLYCÈRE

Quel démon dans ce jour a troublé ma famille?[7]   55
Hélas, ils sont tous fous:
Ce matin c'était ma fille,
Et le soir c'est son époux.

(*Trio.*)

D'une plainte commune
Unissons nos soupirs.   60
Nous trouvons l'infortune
Au temple des plaisirs.

GLYCÈRE

Ah! j'en mourrai, mon père.

LES DEUX PÈRES

Ah! tout me désespère.

(*tous ensemble.*)

Inutiles désirs!   65
D'une plainte commune
Unissons nos soupirs.
Nous trouvons l'infortune
Au temple des plaisirs.

58a   MSI, MS2:   Trio / Les deux pères et Glicère
66-70   MSI, MS2:   commune, etcª / Prestine (arrivant avec précipitation.) /
Réjouïssez vous

[7] Parlé.

SCÈNE IV

LES ACTEURS PRÉCÉDENTS, PRESTINE *arrivant*
avec précipitation.

PRESTINE [8]

Réjouissez-vous tous.

GLYCÈRE *qui s'est laissée tomber sur un lit de gazon,*
se retournant.

Ah! ma sœur, je suis morte!   70
Je n'en puis revenir.

PRESTINE

N'importe,
Je veux que vous dansiez avec mon père et moi.

LE PÈRE DE DAPHNIS

C'est bien prendre son temps, ma foi.
Serais-tu folle aussi, Prestine, à ta manière?

PRESTINE

Je suis gaie et sensée, et je sais votre affaire;   75
Soyez tous bien contents.

70a-b   MS1:   Glicère ^{V↑} qui s'est [...] retournant vers Prestine.
70b   MS2:   retournant vers Prestine
73   MS1, MS2, absent

---

[8] Parlé.

LE PÈRE DE DAPHNIS

Ah! méchant petit cœur,
Lorsqu'à tant de chagrins tu nous vois tous en proie,
Peux-tu bien dans notre douleur
Avoir la cruauté de montrer de la joie?

PRESTINE

(*Chante.*)

Avant de parler je veux chanter,   80
Car j'ai bien des choses à dire.
Ma sœur je viens vous apporter
De quoi soulager votre martyre.
Avant de parler je veux chanter.
Avant de parler je veux rire.   85
Et quand j'aurai pu tout vous conter,
Tout comme moi vous voudrez chanter,
Comme moi je vous verrai rire.

LE PERE DE DAPHNIS *pendant que Glycère est languissante sur
le lit de gazon, abîmée dans la douleur.*

Conte-nous donc, Prestine, et puis nous
                              chanterons, [9]
Si de nous consoler tu donnes des raisons.   90

PRESTINE

D'abord, ma pauvre sœur, il faut vous faire entendre
Que vous avez fait fort mal

79b   MS1, MS2:   (Chante) / air très guai, très mesuré [MS1: ^{V}]
88a-b   MS1, MS2:   sur un lit de gazon et abimée

[9] Parlé.

De ne nous pas apprendre
Que de ce beau Daphnis Grégoire était rival.

GLYCÈRE

Hélas! quel intérêt mon cœur put-il y prendre?   95
L'ai-je pu remarquer? je ne voyais plus rien.

PRESTINE

Je vous l'avais bien dit, Grégoire est un vaurien,
    Bien plus dangereux qu'il n'est tendre.
Sachez que dans ce temple on a mis deux tonneaux
    Pour tous les gens que l'on marie.   100
L'un est vaste et profond; la tonne de Cîteaux[10]
N'est qu'une pinte[11] auprès; mais il est plein de lie.
Il produit la discorde et les soupçons jaloux,
    Les lourds ennuis, les froids dégoûts,
    Et la secrète antipathie.   105
C'est celui que l'on donne, hélas! à tant d'époux:
Et ce tonneau fatal empoisonne la vie.
L'autre tonneau, ma sœur, est celui de l'amour:
Il est petit... petit... on en est fort avare;

---

93   MS2:   de ne pas nous
95   MS1:   mon cœur <peut> $^{v\uparrow}$put
103-105   MS1:
    Il <fait naître la haine et les soupçons jaloux,
    La discorde, les froids dégouts> $^{v\uparrow}\beta$
109-113   MS1:
    Il est petit, petit <et le traître Grégoire
    Du mauvais tonneau tour à tour> $^{v\uparrow}\beta$

---

[10] Un tonneau géant avait existé dans les dépendances de l'abbaye de Cîteaux, en Bourgogne, dont les moines exploitaient de fameux vignobles, entre autres le célèbre Clos-Vougeot. Voltaire se sert de cette métaphore à plusieurs reprises dans sa correspondance (par exemple à Mme Du Deffand, 5 mai 1756; D6856).

[11] Ancienne mesure de capacité française, légèrement inférieure au litre.

De tous les vins qu'on boit c'est, dit-on, le plus

rare.   110

Je veux en tâter quelque jour. [12]
Sachez que le traître Grégoire
Du mauvais tonneau tour à tour
Malignement vous a fait boire.

GLYCÈRE

Ah! de celui d'amour je n'avais pas besoin; [13]   115
J'idolâtrais sans lui mon amant et mon maître.
Temple affreux! coupe horrible! Ah, Grégoire! ah,

le traître!

Qu'il a pris un funeste soin!

LE PÈRE DE GLYCÈRE

D'où sais-tu tout cela?

PRESTINE

La servante du temple
Est une babillarde; elle m'a tout conté.   120

LE PÈRE DE DAPHNIS

Oui, de ces deux tonneaux j'ai vu plus d'un exemple;
La servante a dit vrai. La docte antiquité
A parlé fort au long de cette belle histoire.
Jupiter autrefois, comme on me l'a fait croire,
Avait ces deux bondons [14] toujours à ses côtés: 125
De là venaient nos biens et nos calamités.

---

[12] Chanté? Semble parodier le timbre: 'Nous sommes précepteurs d'amour' (*La Clef du Caveau*, no.410).

[13] Parlé?

[14] Ce terme désigne primitivement la *bonde*, sorte de bouchon de bois utilisé pour les tonneaux. Par extension, ici, le tonneau même.

J'ai lu dans un vieux livre...

PRESTINE

Eh! lisez moins, mon père,
Et laissez-moi parler... Dès que j'ai su le fait,
Au bon vin de l'amour j'ai bien vite en secret
    Couru tourner le robinet.   130
J'en ai fait boire un coup à l'amant de Glycère.
D'amour pour toi, ma sœur, il est tout enivré,
Repentant, honteux, tendre: il va venir. Il rosse
    Le méchant Grégoire à son gré.
    Et moi qui suis un peu précoce   135
J'ai pris un bon flacon de ce vin si sucré;
    Et je le garde pour ma noce.

GLYCÈRE *se relevant.*

Ma sœur, ma chère sœur, mon cœur désespéré
Se ranime par toi, reprend un nouvel être.
    C'est Daphnis que je vois paraître;   140
    C'est Daphnis qui me rend au jour.

SCÈNE V ET DERNIÈRE

LES ACTEURS PRÉCÉDENTS, DAPHNIS

DAPHNIS

Ah! je meurs à tes pieds et de honte et d'amour.

137a MS2: Glicère//
141-142 MS1, MS2: jour. / Daphnis (arrivant.) / Ah! je

(*Quinque.*) [15]

Chantons tous cinq en ce jour d'allégresse
Du bon tonneau les effets merveilleux.

PRESTINE, LES DEUX PÈRES,
GLYCÈRE, DAPHNIS

Ma sœur… Mon fils… Mon amant… Ma maîtresse.   145
      Aimons-nous, bénissons les dieux:
      Deux amants brouillés s'en aiment mieux.
         Que tout nous seconde;
      Allons, courons, jetons au fond de l'eau
         Ce vilain tonneau;   150
Et que tout soit heureux, s'il se peut, dans le monde.

Fin du troisième et dernier acte.

151   MS1, MS2:   <Qu'il n'en soit plus parlé dans le reste du monde> [MS1: ↑β;
MS2: ᵛ↓β]

151a   MS1, MS2:   Fin.

[15] Ce mot vieilli est de nos jours en général remplacé par *quintette*.

Le Baron d'Otrante

édition critique

par

R. J. V. Cotte

INTRODUCTION

Ce petit opéra-comique suivit une destinée à peu près parallèle
à celle des *Deux tonneaux*: destiné en principe au compositeur
A.-E.-M. Grétry, qui le présenta sous le voile de l'anonymat du
poète à la Comédie-Italienne, il fut refusé tout comme l'autre.
Au *Baron d'Otrante*, tout en reconnaissant que le 'jeune auteur
anonyme' n'était pas sans talent, ils reprochèrent – suivant les
Mémoires de Grétry – le fait que les rôles des 'corsaires' (en réalité
des pirates) fut écrit en italien.[1] En effet, pour bien marquer
l'exotisme de ces envahisseurs, Voltaire avait jugé convenable de
ne pas les faire s'exprimer en français. Normalement, il eut dû
suivre l'exemple de Molière qui, dans *Le Bourgeois gentilhomme*,
sur le conseil et avec l'aide du chevalier Laurent d'Arvieux, ex-
consul de France à Alep (alors sous domination ottomane), faisait
parler à ses 'Turcs' un authentique 'sabir'. Il s'agissait d'une langue
d'échange, pratiquée dans les ports de la Méditerranée, savoureux
mélange d'italien, de français, d'arabe et d'espagnol. Peu soucieux
d'authenticité, ou tout simplement faute d'assistance compétente,
Voltaire s'était contenté de l'italien – un italien assez pur, il est
vrai.[2]

L'intrigue du *Baron d'Otrante* est tirée d'un conte de Voltaire
lui-même, *L'Education d'un prince* (1763; M.x.20-25). Dans ce
premier état du thème, le personnage du Baron était désigné
comme le Duc de Bénévent. Dans le livret, le dénouement a été
quelque peu transformé. Voltaire maintint durant plusieurs mois
la fiction du 'jeune homme' ayant tourné le conte en opéra-

---

[1] André-Ernest-Modeste Grétry, *Mémoires ou essais sur la musique* (Paris an v),
i.165-67.
[2] Il convient ici de remercier Mme Chantal Cotte qui a effectué les traductions
(données en note) des passages en italien du texte de Voltaire.

comique, par exemple dans sa lettre à Mme de Saint-Julien du 30 septembre 1768, où il osait même préciser: 'Madame Denis m'a mandé qu'un jeune homme a tourné en opéra comique un certain conte intitulé *l'éducation d'un prince*. Je n'ai point vu cette facétie. Mais elle prétend qu'elle prête beaucoup à la musique. J'ai songé alors à votre protégé' (D15229). Le nom de ce protégé n'est pas précisé, mais une lettre datée du 15 octobre suivant, adressée à Mme Denis, semble indiquer qu'il s'agissait de Pierre-Alexandre Monsigny (que Voltaire orthographie 'Montsivri'; D15254):

J'ai mandé [...] à Mad^e de St Julien, que vous étiez engagée avec Guêtri. Vous pouvez ajouter que le jeune auteur du Duc de Benevent vous en a prié, et que la première facétie que vous aura de ce jeune homme sera pour Montsivri. Je crois qu'on peut faire une excellente musique du Beneventin. J'en ai toute la déclamation dans la tête.

Deux autres lettres, l'une à Mme Denis et les Dupuits (7 novembre 1768; D15299), l'autre à Mme de Saint-Julien (3 mars 1769; D15500), semblent encore faire allusion à cet opéra-comique dont, d'après Th. Besterman (D15oon), Grétry (ou Monsigny?) auraient proposé quelques spécimens d'adaptation à la scène (en musique?).

De toute manière, la pièce, non encore mise en musique, fut soumise à la Comédie-Italienne. Celle-ci, alors liée, par fusion des deux troupes, à l'Opéra-Comique, jouait indifféremment des pièces en français ou en italien. Pourtant, suivant Grétry, le prétexte invoqué pour refuser l'œuvre du 'jeune auteur' fut le mélange des deux idiomes dans la même pièce. Le fait que la troupe ne possédât pas de chanteur italien capable de chanter le rôle d'Abdala pesa sans doute également lourd sur la décision des responsables de la troupe. 'Cependant', écrit encore Grétry, 'ils voyaient très bien dans *Le Baron d'Otrante*, un talent qui pouvait leur être utile, et ils m'engagèrent à faire venir le jeune auteur anonyme à Paris [...]. On peut croire que la proposition fit rire Voltaire [...]. Pour moi, je fus très fâché de ce contretemps qui me fit renoncer à mettre la pièce en musique.'[3]

---

[3] *Mémoires*, i.166-67.

Le Baron d'Otrante ne tomba pas pour autant dans un immédiat et définitif oubli, et fut même, d'une certaine manière, mis en musique. Mercier de Compiègne (1763-1800), qu'il convient de ne point confondre avec son contemporain Louis-Sébastien Mercier, entreprit de transformer le texte de Voltaire en un véritable opéra-comique en chansons, à la manière de Favart.[4] Présentée en 1792 à un nouveau petit théâtre, elle fut refusée comme injurieuse à la noblesse et au roi. Ce refus, à une pareille époque, permit du moins au parodiste de Voltaire de sortir de la prison où les revolutionnaires l'avaient fait enfermer. Les 'pont-neufs' choisis par Mercier, qui se retrouvent pour la plupart dans *La Clef du Caveau*,[5] donnent une certaine idée de ce que Voltaire pouvait attendre de son collaborateur musicien.

Le même thème théâtral fut à nouveau porté à la scène en 1813, sans succès notable, par le librettiste Castel (1758-1832), ancien membre de l'Assemblée législative et poète amateur, pour le compositeur Nicolo Isouard (1775-1818), et représenté à l'Opéra-Comique sous le titre *Le Prince de Catane*.[6]

Manuscrit et éditions

MS1

Copie contemporaine, de la main de Wagnière, sans corrections notables, reliée à la suite de *Les Deux tonneaux* et suivi de *L'Hôte et l'hôtesse*.

StP, i.422-31. 155 mm x 205 mm, 9 folios.

422 Le Baron D'Otrante. / Opéra buffa. / Acte premier; 423*r*-426*v* acte I; 427*r*-429*r* acte II; 429*v*-431*v* acte III.

---

[4] Claude-François-Xavier Mercier de Compiègne, *Le Baron d'Otrante, opéra-comique*, dans *Les Nuits de la Conciergerie, rêveries mélancoliques, et poésies d'un proscrit* (Paris an III), p.91-140.

[5] *La Clef du Caveau à l'usage de tous les chansonniers*, éd. P. Capelle, 2ᵉ éd. (Paris 1811).

[6] René-Richard Castel, *Le Prince de Catane, opéra-comique en trois actes* (Paris 1813).

к84

Œuvres complètes de Voltaire. [Kehl]: Société littéraire-typographique, 1784-1789. 70 vol. 8°. Bengesco iv.105-46; BnC 167-169.

Tome 9: [275] S2*r* 'LE BARON / D'OTRANTE, / OPERA BUFFA. S2'; [276] bl.; [277]-279 Avertissement des éditeurs; [280] Personnages; [281]-302 Le Baron D'Otrante, Opéra buffa.

La première version de l'édition de Kehl.

Taylor: VF.

Principes de cette édition

Le texte de base est к84; les variantes proviennent du manuscrit.

Traitement du texte de base

On a respecté l'orthographe des noms propres de personnes et de lieux, ainsi que celle des mots étrangers.

On a respecté la ponctuation.

Par ailleurs, le texte de Kehl a fait l'objet d'une modernisation portant sur la graphie et l'accentuation. Les particularités du texte de base sont les suivantes:

I. *Graphie*

1. Consonnes
   - absence de la consonne *t* dans les finales en -*ans* et en -*ens*: brillans, contens, insolens, manans, méchans, précédens, présens, talens

2. Le trait d'union
   - est présent dans: cœur-joie, très-honnête

3. Majuscules
   - nous mettons la minuscule aux mots suivants: Chrétiens, Ciel, Corsaire, Madame, Monseigneur, Musulmans, Seigneur, Troupe
   - nous mettons la minuscule aux adjectifs désignant des nations ou des peuples: Turc

II. *Accentuation*

1. L'accent aigu
   - est employé au lieu du grave dans: dès

3. L'accent circonflexe
   - est présent dans: ennuîrai
   - est absent dans: âme

LE BARON D'OTRANTE

Opéra buffa.

PERSONNAGES

Le baron d'Otrante.

Irène.

Une gouvernante.

Abdala, corsaire turc.

Conseillers privés du baron.

Hobereaux et filles d'Otrante.

Troupe de Turcs.

La scène est dans le château du baron.

ACTE PREMIER

SCÈNE PREMIÈRE

(*Le théâtre représente un salon magnifique.*)

LE BARON *seul, en robe de chambre,*
couché sur un lit de repos.

(*Il chante.*)[1]
Ah! que je m'ennuie!
Je n'ai point encore eu de plaisir ce matin.

(*Il se lève et se regarde au miroir.*)

On m'assure pourtant que les jours de ma vie
Doivent couler, couler sans ombre de chagrin.

Je prétends qu'on me réjouisse[2]   5
Dès que j'ai le moindre désir.
Holà, mes gens, qu'on m'avertisse
Si je puis avoir du plaisir.

d MS: Le Baron d'Otrante
2 MS: de plaisirs
8-9 MS: plaisir. / Il entre une foule de hobereaux et de filles d'Otrante. / Un conseiller privé en grande perruque, en habit feuille morte et en manteau noir. / [Le Conseiller] / Monseigneur [sans changement de scène]

[1] Dans la version parodiée de Mercier de Compiègne, ce passage se chante sur l'air 'Des pendus' (*La Clef du Caveau*, no.728).
[2] Parlé?

SCÈNE II

LE BARON, UN CONSEILLER PRIVÉ *en grande perruque,*
en habit feuille-morte, et en manteau noir; il entre une foule de
HOBEREAUX *et de* FILLES D'OTRANTE

LE CONSEILLER

Monseigneur, notre unique envie[3]
Est de vous voir heureux dans votre baronnie:
D'un seigneur tel que vous c'est l'unique destin.   10

LE BARON

Ah! que je m'ennuie!
Je n'ai point encore eu de plaisir ce matin.
                    (*On habille monseigneur.*)

LE CONSEILLER

C'est aujourd'hui le jour où le ciel a fait naître
Dans ce fameux château notre adorable maître.   15
Nous célébrons ce jour par des jeux bien brillants…

LE BARON

Et quel âge ai-je donc?

LE CONSEILLER

                    Vous avez dix-huit ans.

---

13   MS: de plaisirs
13b   MS: Le Conseiller privé.
16   MS: bien brillants

[3] Parlé?

706

LE BARON

Ah! me voilà majeur!

LE CONSEILLER

Les barons à cet âge
De leur majorité font le plus noble usage;
Ils ont tous de l'esprit, ils sont pleins de bon sens: 20
Ils font, quand il leur plaît, la guerre aux musulmans;
Rançonnent leurs vassaux à leurs ordres tremblants,
Vident leurs coffres-forts, ou coupent leurs oreilles.
Ils n'entreprennent rien dont on ne vienne à bout.
Ils font tout d'un seul mot, bien souvent rien du tout;   25
Et quand ils sont oisifs il font toujours merveilles.

LE BARON

On me l'a toujours dit: je fus bien élevé.
Or çà, répondez-moi, mon conseiller privé,
Ai-je beaucoup d'argent?

LE CONSEILLER

              Fort peu; mais on peut prendre
Celui de vos fermiers, et même sans le rendre.   30

LE BARON

Et des soldats?

LE CONSEILLER

          Pas un; mais en disant deux mots
Tous les manants d'ici deviendront des héros.

LE BARON

Ai-je quelque galère?

33   MS: quelques galères?

LE CONSEILLER

Oui, seigneur: votre altesse
A des bois, une rade; et quand elle voudra,
On fera des vaisseaux; l'Hellespont tremblera;   35
Elle sera des mers souveraine maîtresse.

LE BARON

Je me vois bien puissant.

LE CONSEILLER

Nul ne l'est plus que vous.
Seigneur, goûtez en paix ce destin noble et doux;
Ne vous mêlez de rien: chacun pour vous travaille.

LE BARON

Etant si fortuné, d'où vient donc que je bâille?   40

LE CONSEILLER

Seigneur, ces bâillements sont l'effet d'un grand cœur
Qui se sent au-dessus de toute sa grandeur.
Ce beau jour de gala, ce beau jour de naissance
Célèbre son bonheur ainsi que son pouvoir;
Et monseigneur sans doute aura la complaisance   45
De prendre du plaisir, puisqu'il en veut avoir.
Vous serez harangué; c'est le premier devoir:
Les spectacles suivront; c'est notre antique usage.

LE BARON

Tout cela bien souvent fait bâiller davantage:
Les harangues surtout ont ce don merveilleux.   50

39a   MS: Le Baron (baillant)

708

O ciel! je vois Irène arriver en ces lieux!
Irène, si matin, vient me rendre visite!
Mes conseillers privés, qu'on s'en aille au plus vite.
Les harangues pour moi sont des soins superflus;
Ma cousine paraît; je ne bâillerai plus. 55

SCÈNE III

LE BARON, IRÈNE

LE BARON

(*Chante.*)[4]

Belle Irène, belle cousine,
    Ma langueur chagrine
      S'en va quand je te vois;
      L'amour vole à ta voix.
Tes yeux m'inspirent l'allégresse, 60
    Ton cœur fait mon destin;
Tout m'ennuyait, tout m'intéresse:
Je commence à goûter du plaisir ce matin.
Mais répondez-moi donc en chansons, belle Irène;[5]
C'est dans ces lieux chéris une loi souveraine 65
Dont ni berger ni roi ne se peut écarter.
Si l'on y parle un peu, ce n'est que pour chanter.

55a MS: SCÈNE 2^de

[4] Ici, Mercier propose l'air 'Tous les pas d'un discret amant' (inconnu dans *La Clef du Caveau*).
[5] Parlé?

Vous avez une voix si tendre et si touchante!

IRÈNE

Il n'est point à propos, mon cousin, que je chante;
Je n'en ai nulle envie: on pleure dans Otrante.   70
Vos conseillers privés prennent tout notre argent:
Vous ne songez à rien, et l'on vous fait accroire
    Que tout le monde est fort content.

LE BARON

Je le suis avec vous: j'y mets toute ma gloire.

IRÈNE

Sachez que pour me plaire il vous faudra changer.   75
D'une mollesse indigne il faut vous corriger;
    Sans cela point de mariage.
Vous avez des vertus, vous avez du courage:
    La nonchalance a tout gâté.
On ne vous a donné que des leçons stériles;   80
On s'est moqué de vous, et votre oisiveté
    Rendra vos vertus inutiles.

LE BARON

Mes conseillers privés…

IRÈNE

            Seigneur, sont des fripons
Qui vous avaient donné de méchantes leçons,
Et qui vous nourrissaient d'orgueil et de fadaise,   85
Pour mieux pouvoir piller la baronnie à l'aise.

68 MS: si tendre, si touchante!
83 MS: Ma foi sont des fripons,

LE BARON

Oui, l'on m'élevait mal: oui, je m'en aperçois;
Et je me sens tout autre alors que je vous vois.
On ne m'a rien appris; le vide est dans ma tête:
Mais mon cœur plein de vous, et plein de ma conquête,   90
Me rendra digne enfin de plaire à vos beaux yeux:
Etant aimé de vous, j'en vaudrai beaucoup mieux.

IRÈNE

Alors, seigneur, alors à vos vertus rendue,
Je reprendrai pour vous la voix que j'ai perdue.

(*Elle chante.*) [6]

Pour jamais je vous chérirai;   95
De tout mon cœur je chanterai,
Amant charmant, aimez toujours Irène.
Régnez sur tous les cœurs, et préférez le mien.
Que le temps affermisse un si tendre lien;
Que le temps redouble ma chaîne!   100

(*tous deux ensemble.*)

Non, je ne m'ennuierai jamais;
J'aimerai toute ma vie.
Amour, amour, lance tes traits,
Lance tes traits
Dans mon âme ravie.   105
Non, je ne m'ennuierai jamais,
J'aimerai toute ma vie.

(*On entend une grande rumeur et des cris.*)

IRÈNE [7]

O ciel! quels cris affreux!

---

[6] Mercier propose la mélodie 'Vous l'ordonnez, je me ferai connaître', de Dezède
(*La Clef du Caveau*, no.640).
[7] Parlé?

LE BARON

Quel tumulte! quel bruit!
Quel étrange gala! chacun court, chacun fuit.

SCÈNE IV

LE BARON, IRÈNE, UN CONSEILLER PRIVÉ

LE CONSEILLER

Ah! seigneur, c'en est fait, les Turcs sont dans la ville.　110

IRÈNE

Les Turcs!

LE BARON

Est-il bien vrai?

LE CONSEILLER

Vous n'avez plus d'asile.

LE BARON

Comment cela? Par où sont-ils donc arrivés?

IRÈNE

Voilà ce qu'ont produit vos conseillers privés.

LE BARON

Allez dire à mes gens qu'on fasse résistance;

109-110   ms: fuit. / Le Conseiller privé / Ah! [sans changement de scène]

712

Je cours les seconder.

LE CONSEILLER

           Seigneur, votre grandeur   115
De son rang glorieux doit garder la décence.

IRÈNE

Hélas! ma gouvernante, et mes filles d'honneur
Viennent de tous côtés, et sont toutes tremblantes.

SCÈNE V

LES ACTEURS PRÉCÉDENTS, LA GOUVERNANTE, ET LES FILLES D'HONNEUR

LA GOUVERNANTE

Ah, madame! les Turcs...

IRÈNE

              Ah! pauvres innocentes!...
Qu'ont fait ces Turcs maudits?...

LA GOUVERNANTE

                Les Turcs... je n'en
                      puis plus...   120
Dans votre appartement... ils sont tous répandus.

118-118d MS: tremblantes. / La Gouvernante [sans changement de scène]
119   MS: innocentes!
120   MS: maudits?
        MS: plus.
121   MS: appartement ils

Le corsaire Abdala tout enlève, et tout pille:
On enchaîne à la fois père, enfant, femme, fille.
Madame!… entendez-vous les tambours… les
clameurs!…

LES TURCS derrière le théâtre.

Alla! alla! guerra!

LA GOUVERNANTE
Madame… je me meurs!   125

SCÈNE VI

LES ACTEURS PRÉCÉDENTS, ABDALA
suivi de ses Turcs.
(Quatuor de Turcs.)[8]

Pillar, pillar, grand Abdala!
Alla, ylla, alla!
Tout conquir,
Tout occir,
Tout ravir;
Alla, ylla, alla!

130

124   MS: Madame, entendez vous les tambours, les clameurs!
125-125d   MS: Madame, je me meurs! / Abdala suivi de ses Turcs entre sur la scène. / Quatuor [sans changement de scène]

[8] Mercier conserve à peu près le texte italien de Voltaire et le fait chanter sur l'air du 'Maréchal Ferrant' de Philidor (<i>La Clef du Caveau</i>, no.873).

ABDALA

Non amazar, [9]
No, no, non amazar.
Basta, basta tout saccagear;
Ma non amazar,   135
Incatenar,
Bever, violar;
Non amazar.

(*Pendant qu'ils chantent, les Turcs enchaînent tous les
hommes avec une longue corde qui fait le tour de la
troupe, et dont un Levanti tient le bout.*)

LE BARON *enchaîné avec deux conseillers en grande perruque.*

Irène, vous voyez si dans cette posture [10]
Je fais pour un baron une noble figure.   140

(*Quatuor de Turcs.*)

Pillar, pillar, grand Abdala
Tout saccagear;
Pillar, bever, violar.
Alla, ylla, alla!

IRÈNE

Quoi! ces Turcs si méchants n'enchaînent point les
                                        dames! [11]   145
Tant d'honneur entre-t-il dans ces vilaines âmes?

132   MS: amazzar [*passim*]
134   MS: Basta basta saccagear
138a MS: qu'il chante
140a MS: Quatuor turc

[9] Traduction: 'Ne pas tuer'.
[10] Parlé?
[11] Parlé?

LE BARON D'OTRANTE

ABDALA

(*Chante.*) [12]

O bravi corsari,
Spavento di mari,
Andate à partagir,
A bever, à fruir.   150

A vostri strapazzi
Cedo li ragazzi,
E tutti li consiglieri.
Tutte le donne son per me
El'mio costume,   155
Tutte le donne son per me.

LES TURCS

Pillar, pillar, grand Abdala!
Alla, ylla, alla!

IRÈNE *au baron qu'on emmène.*

Allez, mon cher cousin: je me flatte, j'espère, [13]
Si ce Turc est galant, de vous tirer d'affaire.   160
Peut-être direz-vous, (par mes soins relevé)
Qu'une femme vaut mieux qu'un conseiller privé.

Fin du premier acte.

---

[12] Mercier conserve quelques éléments de ce texte, qu'il fait chanter sur l'air 'Mon cousin l'allure' (inconnu dans *La Clef du Caveau*) et suivre d'une 'musique turque' non précisée. Traduction: 'O braves corsaires, / Terreur des mers, / Allez partager, / Boire, jouir. / A vos brutalités / Je cède les jeunes garçons, / Et tous les conseillers. / Toutes les femmes sont pour moi / C'est mon habitude.'

[13] Mercier fait chanter l'équivalent de ces quatre vers sur l'air 'Il était une fille …' (*La Clef du Caveau*, no.219).

ACTE II

SCÈNE PREMIÈRE

IRÈNE, LA GOUVERNANTE

IRÈNE [1]

Consolons-nous, ma bonne; il faut avec adresse
Corriger, si l'on peut, la fortune traîtresse.
Vous savez du baron le bizarre destin.

LA GOUVERNANTE

Point du tout.

IRÈNE

Le corsaire échauffé par le vin,
Dans les transports de joie où son cœur s'abandonne, [2]   5
Sans s'informer du rang ni du nom de personne,
A, pour se réjouir, dans la cour du château
Assemblé les captifs; et par un goût nouveau
Fait tirer aux trois dès les emplois qu'il leur donne.
Un grave magistrat se trouve cuisinier;   10

c   MS: Mad^e. La Gouvernante

---

[1] Mercier fait chanter sa transposition de ce passage sur l'air de 'La Confession' (*La Clef du Caveau*, no.742). L'air de la 'Confession' ou du 'Confiteor', évidemment très populaire à la fin de l'ancien régime, est connu par deux mélodies différentes dans *La Clef du Caveau*, no.742 (ancien) et 743 (nouveau), et même une troisième; cf. P. Barbier et F. Vernillat, *Histoire de France par les chansons* (Paris 1957), iv.181.

[2] Parlé?

Le baron pour son lot est reçu muletier.
Ce sont là, nous dit-on, les jeux de la fortune:
Cette bizarrerie en Turquie est commune.

LA GOUVERNANTE

Se peut-il qu'un baron, hélas! soit réduit là!
Et quelle est votre place à la cour d'Abdala?   15

IRÈNE

Je n'en ai point encor; mais, si je dois en croire
Certains regards hardis que du haut de sa gloire
L'impudent, en passant, a fait tomber sur moi,
J'aurai bientôt, je pense, un assez bel emploi;
Et j'en ferai, ma bonne, un très honnête usage.   20

LA GOUVERNANTE

Ah! je n'en doute pas: je sais qu'Irène est sage.
Mais, madame, un corsaire est un peu dangereux:
Il paraît volontaire, et le pas est scabreux.

IRÈNE

Il a pris sans façon l'appartement du maître:
Je le suis, a-t-il dit, et j'ai seul droit de l'être.   25
Vin, fille, argent comptant, tout est pour le plus
                                        fort;
Le vainqueur les mérite, et les vaincus ont tort.
Dans cette belle idée il s'en donne à cœur joie,
Et pour tous les plaisirs son bon goût se déploie;
Tandis que mon baron, une étrille à la main,   30
Gémit dans l'écurie et s'y tourmente en vain.
Il fait venir ici les dames les plus belles

23 MS: le cas est

Pour leur rendre justice, et pour juger entre elles;
Mettre au jour leur mérite, exercer leurs talents
Par des pas de ballet, des mines et des chants.   35
Nous allons lui donner cette petite fête:
Et si de son mouchoir mes yeux font la conquête,
Je pourrai m'en servir pour lui jouer un tour
Qui fera triompher ma gloire et mon amour.
J'entends déjà d'ici ses fifres, ses timbales;   40
Voilà nos ennemis, et voici mes rivales.

SCÈNE II

*(Les Levantis arrivent, donnant chacun
la main à une personne.)*

IRÈNE, LA GOUVERNANTE, ABDALA

*arrive au son d'une musique turque, un mouchoir à la
main. Les demoiselles du château d'Otrante font
un cercle autour de lui.*

ABDALA

(Chante.) [3]

Su, su zitelle tenere;

40   MS, place après ce vers l'indication scénique 41b-c
41-41e MS: rivales. / (Abdala arrive au [sans changement de scène]

---

[3] Mercier reprend à peu près textuellement ces lignes et les fait chanter sur l'air
'Jupin dès le matin'. Traduction: 'Allez, allez tendres jeunes filles; / Mon épée fait
trembler. / Mais vous, jeunes filles pures, / Me plaire, me désarmer. / Me sentir
plus grand honneur / De me rendre à l'amour, / Que de prendre toute la terre /
Par la terreur de la guerre. / Allez, allez … etc.'

La mia spada fa tremar.
Ma voi, fanciulle cave,
Mi piacer, mi disarmar: 45
Mi sentir plus grand honore
Di rendir mi à l'amore,
Che di rapir tutta la terra
Col terrore della guerra.
Su, su zitelle tenere, etc.   50

IRÈNE

(*Chante cet air tendre et mesuré.*) [4]

C'est pour servir notre adorable maître,
C'est pour l'aimer que le ciel nous fit naître.
Mars et l'amour à l'envi l'ont formé:
Son bras est craint, son cœur est plus aimé.
  Des amours la tendre mère   55
  Naquit dans le sein des eaux
  Pour orner notre corsaire
  De ses présents les plus beaux.

(*Elle parle.*)

Votre mouchoir fait la plus chère envie
De ces beautés de notre baronnie;   60
Mais nul objet n'a droit de s'en flatter:
On peut vous plaire, et non vous mériter.

---

[4] Voltaire donne ici une indication musicale précise. Mercier fait chanter sa version de ce passage sur l'air 'Ce mouchoir belle Raimonde!' (*La Clef du Caveau*, no.74).

ACTE II, SCÈNE II

*(Abdala fume sur un canapé: les dames
passent en revue devant lui. Il fait des mines
à chacune, et donne enfin le mouchoir
à Irène.)*

ABDALA [5]

Pigliate voi il fazoletto,
L'avete ben guadagnato.
Che tutte le altre fanciulle   65
Men leggiadre, e men belle
Aspettino per un'altra volta
La mia sobrana volonta.

(Il fait asseoir Irène à côté de lui.)

A mio canto Irena stia;
E tutte le altre via, via.   70

*(Elles s'en vont toutes en lui faisant
la révérence.)*

Bene, bene, sara per un'altra volta
Un'altra volta.

---

63   MS: fazzoletto
66   MS: legiadre
70b-73   MS: révérence) / Abdala / Bene [...] volta. / Cara [sans changement
de scène]

---

[5] Mercier reprend presque textuellement ces vers, sur l'air 'Jupin, dès le matin'.
Traduction: 'Prenez vous-même le mouchoir, / Vous l'avez bien gagné. / Que
toutes les autres jeunes filles / Moins charmantes, et moins belles / Attendent une
autre fois / Ma volonté souveraine. / Qu'Irène reste à mes côtés; / Et toutes les
autres partez, partez.'

SCÈNE III

IRÈNE, ABDALA

ABDALA [6]

Cara Irena, adesso
Sedete apresso di me.
Amor mi punge e mi consume.   75

(*Il la fait asseoir plus près.*)

Più apresso, più apresso.

IRÈNE *à côté d'Abdala sur le canapé.*

Seigneur, de vos bontés mon âme est pénétrée:
Je n'ai jamais passé de plus belle soirée.
Quand je craignais les Turcs si fiers dans les
                                                combats,
Mon cœur, mon tendre cœur ne vous connaissait
                                                pas.   80
Non, il n'est point de Turc qui vous soit comparable:
Je crois que Mahomet fut beaucoup moins aimable;
Et pour mettre le comble à des plaisirs si doux,
Je compte avoir l'honneur de souper avec vous.

75a   MS: plus près de lui. [cette indication scénique se trouve après le vers
suivant]
78   MS: Je n'ai passé jamais

[6] Parlé?

722

ABDALA [7]

Si, si cara: cenaremo insieme, *tête à tête*, l'uno
                                              dirimpetto   85
A l'altra; senza schiavi; solo con sola; beveremo del vino
                                              greco:
E cantaremo, e ci trastullaremo, dirimpetto l'uno à
                                              l'altra:
Si, si, cara, per dio maccone. [8]

IRÈNE

Après tant de bontés aurai-je encor l'audace
D'implorer de mon Turc une nouvelle grâce?   90

ABDALA

Parli, parli: faro tutto che vorrete presto, presto. [9]

IRÈNE

Seigneur, je suis baronne: et mon père autrefois
          Dans Otrante a donné des lois.
Il était connétable, ou comte d'écurie;
C'est une dignité que j'ai toujours chérie.   95
Mon cœur en est encor tellement occupé,
Que si vous permettez que j'aille avant soupé
Commander un quart d'heure où commandait mon père,

85-88 MS, en prose [cf. l.104-106]

---

[7] Parlé? Traduction: 'Oui, oui ma chère: nous dînerons ensemble, en tête à tête, l'un en face / De l'autre; sans esclaves; seul à seule; nous boirons du vin grec: / Et nous chanterons, et nous nous divertirons, ensemble face à face: / Oui, oui, ma chère, par Bacchus.'

[8] Baccone?

[9] Traduction: 'Parlez, parlez: je ferai tout ce que vous voudrez; vite, vite.'

C'est le plus grand plaisir que vous me puissiez faire.

ABDALA

Come! nella stalla?

IRÈNE

Nella stalla, signor.   100
Au nom du tendre amour je vous en prie encor.
Un héros tel que vous, formé pour la tendresse,
Pourrait-il durement refuser sa maîtresse?

ABDALA [10]

La signora e matta. Le stalle sono puzzolente; bisognera più
d'un fiasco d'acqua di nanphe per nettar la. Or su andate à vostro   105
piacere, lo concedo: andate, cara, è ritornate.

(*Elle sort.*)

SCÈNE IV

ABDALA
(*Chante.*) [11]

99   MS: que vous puissiez me faire
106a-106c   MS: sort. / Abdala [sans changement de scène]

[10] Traduction: 'Madame est folle. Les étables puent; il faudra plus d'une bouteille
d'eau de fleur d'oranger pour vous nettoyer. Or donc allez comme vous le souhaitez,
je le concède: allez, ma chère, et revenez.'
[11] Traduction: 'Toute fille a là / Une fantaisie quelconque, / Semblable à de la
folie. / Mais ma colère est vaine. / Il suffit, que la demoiselle / Soit facile et belle; /
Tout se pardonne.'

(en se frappant le front.)
Ogni fanciulla tien là
    Qualche fantasia,
Somigliente alla pazzia.
    Ma l'ira mia e vana.   110
    Basta, che la zitella
    Sia facile e bella;
    Tutto si perdona.
Ogni fanciulla tien là
    Qualche fantasia.   115

Fin du second acte.

107   MS, place après ce vers l'indication scénique 106e

ACTE III

SCÈNE PREMIÈRE

(*Le théâtre représente un coin d'écurie.*)

IRÈNE, LE BARON *en souquenille, une étrille*
à la main.

IRÈNE

(*Chante.*)[1]

Oui, oui, je dois tout espérer;
Tout est prêt pour vous délivrer.
Oui… oui… je peux tout espérer;
L'amour vous protège et m'inspire.
Votre malheur m'a fait pleurer;   5
Mais en trompant ce Turc que je fais soupirer,
Je suis prête à mourir de rire.

LE BARON[2]

Lorsque vous me voyez une étrille à la main,
Si vous riez, c'est de moi-même.
Je l'ai bien mérité: dans ma grandeur suprême   10

---

1   MS: Oui – oui – je
3   MS: Oui – oui – je

---

[1] Dans la parodie de Mercier, le Baron chante la transposition de ce passage sur
l'air 'Partez, puisque Mars vous l'ordonne', et Irène poursuit sur l'air 'Du cantique
de saint Roch' (*La Clef du Caveau*, no.736).
[2] Parlé?

726

J'étais indigne, hélas! du pouvoir souverain,
   Et du charmant objet que j'aime.

IRÈNE [3]

   Non, le destin volage
   Ne peut rien sur mon cœur.
Je vous aimais dans la grandeur;   15
Je vous aime dans l'esclavage.
Rien ne peut nous humilier;
Et quand mon tendre amant devient un muletier,
   Je l'en aime encor davantage.

   (*Elle répète.*)

Et quand mon tendre amant devient un muletier,   20
   Je l'en aime encor davantage.

LE BARON [4]

Il faut donc mériter un si parfait amour;
Ainsi que mon destin je change en un seul jour;
Irène et mes malheurs éveillent mon courage.

   (*à ses vassaux qui paraissent en armes.*)

Amis, le fer en main, frayons-nous un passage   25
Dans nos propres foyers ravis par ces brigands.
Enchaînons, à leur tour, ces vainqueurs insolents
Plongés dans leur ivresse, et se livrant en proie
A la sécurité de leur brutale joie.

15   MS: Je vous aimai
19a   MS, sans indication scénique
25   MS: en mains

[3] Dans la version de Mercier, elle chante sur l'air 'Souvenez-vous-en' (*La Clef du Caveau*, no.241).
[4] Parlé?

Vous, gardez cette porte; et vous, vous m'attendrez 30
Près de ma chambre même, au haut de ces degrés
Qui donnent au palais une secrète issue.
J'en ouvrirai la porte au public inconnue.
Je veux que de ma main le corsaire soit pris.
Dans le même moment appelez à grands cris 35
Tous les bons citoyens au secours de leur maître:
Frappez, percez, tuez, jetez par la fenêtre
Quiconque à ma valeur osera résister.

(*à Irène*.)

Déesse de mon cœur, c'est trop vous arrêter:
Allez à ce festin que le vainqueur prépare. 40
Je lui destine un plat qu'il pourra trouver rare;
Et j'espère ce soir, plus heureux qu'au matin,
De manger le rôti qu'on cuit pour le vilain.

IRÈNE

J'y cours, vous m'y verrez: mais que votre tendresse
Ne s'effarouche pas si de quelque caresse 45
Je daigne encourager ses désirs effrontés:
Ce ne sont point, seigneur, des infidélités.
Je ne pense qu'à vous quand je lui dis que j'aime:
En buvant avec lui je bois avec vous-même:
En acceptant son cœur je vous donne le mien: 50
Il faut un petit mal souvent pour un grand bien.[5]

(*Elle sort*.)

---

30   MS: porte – et
38a   MS, sans indication scénique
51a-52   MS: sort.) / Le Baron / Allons [sans changement de scène]

---

[5] Ce vers reproduit approximativement le sous-titre du conte de Voltaire, *Cosi-sancta. Un petit mal pour un grand bien. Nouvelle africaine* (1715).

SCÈNE II

LE BARON *à ses vassaux.*

Allons donc, mes amis, hâtons-nous de nous rendre
Au souper où l'amour avec Mars doit m'attendre.
Le temps est précieux: je cours quelque hasard
D'être un peu passé maître, et d'arriver trop tard.   55
Faites de point en point ce que j'ai su prescrire;
Gardez de vous méprendre, et laissez-vous conduire.
Avancez à tâtons sous ces longs souterrains;
De la gloire bientôt ils seront les chemins.

SCÈNE III

(*Le théâtre représente une jolie salle
à manger.*)

ABDALA, IRÈNE *seuls à table sans domestiques.*

IRÈNE *un verre en main.*

(*Chante.*)[6]

Ah! quel plaisir   60
De boire avec son corsaire!
Chaque coup que je bois augmente mon désir

59-59d   MS: chemins. / (Le théâtre change et represente une jolie salle à
manger. Abdala et Irène sont seuls à table sans domestiques)

---

[6] Mercier fait chanter la parodie de ces vers sur l'air 'Guillot un jour trouva
Lisette' (*La Clef du Caveau,* no.203).

De boire encore et de lui plaire.

Verse, verse, mon bel amant:
Ah! que tu verses tendrement 65
Tous les feux d'amour dans mon verre!

ABDALA [7]

Si, si brindisi a te, [8]
Amate, bevete, ridete.
Si, si brindisi a te.
Questo vino di Champagna 70
A te somiglia,
Incanta tutta la terra:
Li christiani,
Li musulmani.

Begli occhi scintillate 75
Al par del vino spumante.
Si, si, si, brindisi a te.

(*tous deux ensemble.*)

Si, si, brindisi a te
Amate, bevete, ridete
Si, si, brindisi a te, etc. 80

---

63   MS: boire encor
77   MS: Si, si brindisi

---

[7] Mercier reprend presque textuellement ces vers, mais réclame un 'air nouveau' pour les chanter.

[8] Traduction: 'A ta santé.'

730

(*Ils dansent ensemble, le verre à la main,*
en chantant.)
Si, si, brindisi a te, etc.

SCÈNE IV ET DERNIÈRE

LES ACTEURS PRÉCÉDENTS, LE BARON *armé,*
et ses suivants entrent de tous côtés dans la chambre.

LE BARON [9]

Corsaire, il faut ici danser une autre danse.

ABDALA *cherchant son sabre.*

Che veggo? che veggo?

LE BARON

Ton maître, et la vengeance.
Il est juste, soldats, qu'on l'enchaîne à son tour:
Ainsi tout a son terme, et tout passe en un jour.   85

ABDALA

Levanti, venite!

LE BARON

Tes Levanti, corsaire,

80a   MS: le verre en main
81-81b   MS: a te. / (Une porte s'ouvre, le baron armé, [sans changement de scène]

[9] Parlé?

Sont tous mis à la chaîne et s'en vont en galère.
Ami, l'oisiveté t'a perdu comme moi:
Je te rends la leçon que je reçus de toi.
Je t'en donne encore une avec reconnaissance: 90
Je te rends ton vaisseau; va, pars en diligence.
Laisse-moi la beauté qui nous a tous sauvés,
Et rembarque avec toi mes conseillers privés.

(Il chante.) [10]

Je jure… je jure d'obéir
Pour jamais à ma belle Irène.   95
Peuples heureux dont elle est souveraine,
Répétez avec moi, contents de la servir:

LE CHŒUR [11]

Je jure… je jure d'obéir
Pour jamais à la belle Irène.

Fin du troisième et dernier acte.

93   MS: Et ramène
99a MS: Fin

[10] Mercier fait chanter la transposition de ces vers sur l'air 'Il n'est point de bonne fête sans lendemain' (inconnu dans *La Clef du Caveau*) et 'On compterait les diamants' (vaudeville de *L'Ile des femmes*; *La Clef du Caveau*, no.423).

[11] Cette reprise des derniers vers par l'ensemble des participants (en général intitulée 'Vaudeville') était traditionnelle dans les opéras-comiques populaires; cf. les œuvres de Favart, Gallet, et leurs émules du théâtre de la Foire et du Caveau.

Le Marseillois et le lion

édition critique

par

Sylvain Menant

INTRODUCTION

Nous ne savons pas précisément quand Voltaire a composé le poème intitulé *Le Marseillois et le lion*. Mais divers témoignages montrent que le texte est déjà imprimé à la fin du mois d'octobre 1768, et qu'il commence alors à se répandre à Paris. Le 29 octobre, les *Mémoires secrets* de Bachaumont (iv.125-26) le désignent comme 'une fable en vers'; le 30 octobre, Mme Du Deffand en parle à Horace Walpole, comme d''une fable de Voltaire' (D15278n); le 1er novembre, Grimm mentionne l'œuvre dans sa *Correspondance littéraire* (CLT, vi.66). D'autre part, un des exemplaires conservés de l'édition originale, une petite brochure de 14 pages, porte l'indication manuscrite '8bre'. En novembre et décembre, Voltaire lui-même fait plusieurs fois allusion, dans les lettres conservées, à son poème. Il en envoie des copies manuscrites ou des exemplaires imprimés à divers correspondants: János Fekete (14 novembre; D15314), Charles Bordes (18 novembre; D15322), Mme Denis (16 décembre; D15369), la duchesse de Choiseul (voir D15366, D15387). A cet égard, *Le Marseillois et le lion* est l'un de ces opuscules qui agrémentent le commerce épistolaire européen du Patriarche, qui entretiennent les amitiés et soutiennent la réputation de jeunesse d'un écrivain vieillissant. Remarquons que depuis 1760 le duc de Nivernais, son confrère à l'Académie française et l'arbitre du goût et de l'esprit dans la haute société, remportait de grands succès avec des fables de sa façon, ce qui avait remis le genre à la mode.[1] Voltaire présente son poème à ses correspondants comme un amusement de peu de conséquence, et souligne par exemple qu'on n'y trouve pas les audaces d'un texte contemporain, envoyé

---

[1] Voir L. Perey, *La Fin du XVIIIe siècle: le duc de Nivernais* (Paris s.d.), p.58 ss.

à certaines relations à la même époque, *Les Trois empereurs en Sorbonne*. [2]

Avec ce texte, *Le Marseillois et le lion* a en commun d'être commenté par des notes copieuses. Ces notes, et l'avertissement qui attribue le poème à Saint-Didier, ont-ils été écrits en même temps que les vers, ou constituent-ils un ajout postérieur? Rien ne permet de répondre à cette question. Ce qui est certain, c'est que vers, avertissement et notes figurent dans la plus ancienne de nos éditions; par la suite, notes et avertissement disparaissent parfois (ES71, LM73, W70L), ou l'avertissement seulement (W75G cartonné). Cette désinvolture des éditeurs souligne le caractère peu nécessaire des notes comme de l'avertissement. L'avertissement rejette sur un autre la paternité du texte: pratique coutumière de Voltaire, dont il s'amuse visiblement, rapprochant dans telle lettre Saint-Didier, auteur supposé du *Marseillois*, et l'abbé Caille, auteur supposé des *Trois empereurs* (D15387, D11033). Se mêle à l'amusement quelque esprit satirique peut-être. Limojon de Saint-Didier, mort depuis près de trente ans, est oublié de tous; mais non de Voltaire, qui s'est étonné, jeune et brillant auteur de *La Henriade*, d'être comparé un instant au faible auteur d'un essai épique, *Clovis*. [3] Le choix de son nom relève de la pure fantaisie: on n'aperçoit nul rapport entre l'inspiration conventionnelle, la versification pompeuse de Saint-Didier et la bonhomie railleuse de l'auteur du *Marseillois*.

Le récit est prétexte à variations érudites et philosophiques dans les notes copieuses qui l'accompagnent. En cela, Voltaire continue une tradition particulièrement vivace au dix-huitième siècle: son camarade de Louis-le-Grand, Louis Racine, avait ainsi commenté ses deux grands poèmes, *La Grâce* et *La Religion*, et Voltaire lui-même n'avait pas manqué de fournir en notes les justifications historiques qu'appelait sa *Henriade*. Mais ici il y a discordance

---

[2] Voir D15314, D15369, et surtout D15388, à Dupuits.
[3] Voir ci-dessous, p.746, n.1

entre le genre du poème et l'appareil dont il s'entoure. La fable est nettement définie par les modèles antiques, par la pratique scolaire, par l'exemple de La Fontaine et de ses émules du dix-huitième siècle. C'est un texte qui contient à la fois un récit et le commentaire du récit, sous forme de moralité et de réflexions incidentes: il n'appelle pas, il exclut même les commentaires extérieurs. L'introduction des notes constitue donc une initiative malicieuse, en décalage par rapport à l'attente du lecteur.

Mais sous les tons d'emprunt se fait entendre la voix de Voltaire lui-même: la situation du Marseillois est celle de l'humanité tout entière, telle qu'il la voit dans les méditations de la vieillesse. La fable dépeint la 'misère de l'homme' et reflète, comme l'a bien montré René Pomeau,[4] une conscience aiguë de son 'impuissance pathétique'. Ce qui accable l'homme, ce n'est pas son péché, c'est sa sotte prétention. Une fois de plus, Voltaire s'interroge sur la place de l'homme dans la nature. Les naturalistes du dix-huitième siècle, comme Buffon, lui accordent une place prééminente, qui se trouve être en accord avec les prétentions de la conscience collective et avec la filiation divine. Depuis le désastre de Lisbonne au moins, c'est l'image de l'homme fourmi, accablé par les forces de la nature, qui hante Voltaire. Ce thème s'accorde bien avec la tradition modeste de la fable. Le choix du genre, sans doute influencé par l'actualité littéraire, correspond à une attitude philosophique en retrait. Passée la frénésie de l'action, Voltaire se retrouve face à la misère de l'homme, non seulement faible mais sottement prétentieux.

Manuscrits et éditions[5]

Exception faite des copies secondaires que l'on trouve dans des recueils de poésies de l'époque, nous ne connaissons qu'un seul

---

[4] R. Pomeau, *La Religion de Voltaire* (Paris 1974), p.417-18.
[5] Section établie par Andrew Brown.

manuscrit, incomplet, de ce poème. Provenant des papiers de Voltaire, il fut proposé par le libraire Jacques Lambert en 1957 dans son catalogue *Voltaire: autographes et documents*, no.44(4). Nous ignorons le sort ultérieur de ce document.

Il est probable que l'édition séparée de 1768 constitue l'édition originale du poème, qui parut ensuite dans toutes les éditions collectives des œuvres de Voltaire publiées au dix-huitième siècle.

68

LE / MARSEILLOIS / ET / LE LION. / [*filet gras-maigre, 78 mm*] / *1768*. / [*filet maigre-gras, 75 mm*] /

8°. sig. A^8 (A8 bl.); pag. 14; \$4 signé, chiffres arabes (– A1); sans réclames.

Cette édition séparée du poème fournit notre texte de base.

Bn: Ye 9744 (A8 manque); – Rés. Z Beuchot 547; – Rés. Z Beuchot 548; Austin: PQ 2080 G792 1768 cop.3 (exemplaire de Jean-Armand Tronchin, portant la date manuscrite '8bre').

NM (1768)

Nouveaux mélanges philosophiques, historiques, critiques, &c. &c. &c. [Genève, Cramer], 1765-1776. 19 vol. 8°. Bengesco iv.230-39; BnC 111-135.

Tome 5 (1768): 337-342 Le Marseillois et le lion. Par feu Mr de St. Didier secrétaire perpétuel de l'Académie de Marseille; 343-347 Notes.

Les *Nouveaux mélanges* constituent une continuation des éditions collectives genevoises de 1756 et années suivantes. La plupart des volumes furent plusieurs fois réimprimés. L'avertissement du *Marseillois* suit le texte du poème.

Bn: Rés. Z Beuchot 28 (5).

EJ (1769)

L'Evangile du jour. Londres [Amsterdam], 1769-1780. 18 vol. 8°. Bengesco ii.404-11; BnC 5234-5281.

Tome 3 (1769): [1] A1r 'LE / MARSEILLOIS / ET / LE LION.'; [2] [Préface]; [3]-7 Le Marseillois et le lion. Par feu Mr de St Didier secrétaire perpétuel de l'Académie de Marseille; 8-13 Notes.

On ignore le rôle qu'a pu jouer Voltaire dans la publication de cette collection.

Bn: D² 5300 (3); – Rés. Z Beuchot 290 (3).

cu69 (1770)

Les Choses utiles et agréables. Berlin [Genève, Grasset], 1769-1770. 3 vol. 8°. Bengesco ii.399-404, iv.244; BnC 5221-5226.

Tome 2 (1770): 317-322 Le Marseillois et le lion. Avec des notes; 323-329 Notes.

Recueil imprimé et édité par Gabriel Grasset et sans doute composé par Voltaire.

Bn: Rés. D² 5302.

ES71

Epîtres, satires, contes, odes et pièces fugitives du poète philosophe. Londres [Lausanne, Grasset], 1771. 1 vol. 8°. Bengesco i.256-57; BnC 1974-1977.

241-247 Le Marseillois et le lion.

Une publication de François Grasset, frère de Gabriel, ne comportant ni les notes, ni l'avertissement.

Bn: Ye 9341.

w70L (1772)

Collection complète des œuvres de M. de Voltaire. Lausanne, Grasset, 1770-1781, 57 vol. 8°. Bengesco iv.83-89; BnC 149-150

Tome 22 (1772): 201-206 Le Marseillois et le lion.

Sans les notes et l'avertissement.

Taylor: V1 1770L (22).

LM73

Les Loix de Minos, tragédie, avec les notes de M. de Morza et plusieurs pièces curieuses détachées. [Genève, Grasset], 1773. 1 vol. 8°. Bengesco i.81; BnC 996-999.

201-207 Le Marseillois et le lion.

Sans les notes et l'avertissement.

Bn: Yf 12118; – Rés. Z Bengesco 116.

W71P (1773)

Œuvres de M. de V... Neufchatel [Paris, Panckoucke?], 1771-1777. 34 ou 40 vol. 8° et 12°. Bengesco iv.91-94; BnC 152-157.

Tome 15 (1773): 126-131 Le Marseillois et le lion. Par feu Mr de St. Didier secrétaire perpétuel de l'Académie de Marseille.

Il ne semble pas que Voltaire ait participé à la préparation de cette édition.

Bn: Z 24810.

w68 (1774)

Collection complette des œuvres de M. de Voltaire. [Genève, Cramer; Paris, Panckoucke], 1768-1777. 30 vol. 4°. Bengesco iv.73-83; BnC 141-144.

Tome 19 (1774): 496-501 Le Marseillois et le lion. Par feu Mr de St. Didier secrétaire perpétuel de l'Académie de Marseille; 502-506 Notes.

La grande édition in-quarto des œuvres de Voltaire, dont les premiers vingt-quatre volumes furent imprimés à Genève par Cramer. L'avertissement suit le texte du poème.

Taylor: VF.

W71L (1775)

Collection complète des œuvres de M. de Voltaire. Genève [Liège, Plomteux], 1771-1777. 32 vol. 8°. Bengesco iv.89-91; Trapnell 71; BnC 151.

Tome 19: 408-412 Le Marseillois et le lion. Par feu Mr de St. Didier secrétaire perpétuel de l'Académie de Marseille; 413-417 Notes.

Cette édition reprend le texte de w68.

Taylor: VF.

W75G

La Henriade, divers autres poèmes et toutes les pièces relatives à l'épopée.
[Genève, Cramer & Bardin], 1775. 37 vol. (40 vol. avec les *Pièces
détachées*). 8°. Bengesco iv.94-105; Trapnell 75G; BnC 158-161.

Tome 13: 57-62 Le Marseillois et le lion; 63-67 Notes.

L'édition encadrée, publiée par Cramer, la dernière revue par Voltaire.
Le cartonnage du tome 13 (D2.7, p.51-52, 61-62; D4.5, p.55-58) a pour
effet de supprimer l'avertissement et l'attribution du poème à Saint-
Didier: voir les variantes.

Taylor: VF.

W75X

Œuvres de Mr de Voltaire. [Lyon?], 1775. 37 vol. (40 vol. avec les *Pièces
détachées*). 8°. Bengesco 2141; BnC 162-163.

Tome 13: 57-62 Le Marseillois et le lion; 63-67 Notes.

Une contrefaçon ou imitation de w75G.

Taylor: VF.

K84

Œuvres complètes de Voltaire. [Kehl], Société littéraire-typographique,
1784-1789. 70 vol. 8°. Bengesco 2142; BnC 164-193.

Tome 14: [179] M2r 'LE / MARSEILLOIS / ET / LE LION. / M2';
[180] Avertissement; [181]-186 Le Marseillois et le lion. Par feu M. de
Saint-Didier, secrétaire perpétuel de l'académie de Marseille; 186-190
Notes.

La première version de l'édition de Kehl.

Taylor: VF.

Principes de cette édition

Rappelons que l'édition choisie comme texte de base est 68, l'édition originale. Les variantes figurant dans l'apparat critique proviennent des éditions suivantes: w75G, K.

Traitement du texte de base

On a respecté l'orthographe des noms propres de personnes et de lieux, ainsi que celle des mots étrangers. Mais un compromis s'est parfois imposé en ce qui concerne les accents. Nous écrivons ainsi: Jésus pour Jesus.

On a respecté les italiques et la ponctuation du texte de base.

Par ailleurs, le texte de 68 a fait l'objet d'une modernisation portant sur la graphie, l'accentuation et la grammaire. Les particularités du texte de base sont les suivantes:

I. *Graphie*

1. Consonnes
   - absence de la consonne *p* dans: tems, et ses composés: longtems, Printems
   - absence de la consonne *t* dans les finales en *-ans* et en *-ens*: élémens, habitans, innocens, serpens, etc. (mais: dents)
   - redoublement de consonnes dans: imbécille, mammelle, platte
   - présence d'une seule consonne dans: frotant, nourir, raport, raporter, Sabat

2. Voyelles
   - emploi de *y* à la place de *i* dans: appuye, ayent, ayeul, cayers, Hyver, playe

3. Graphies particulières
   - nous rétablissons l'orthographe moderne dans: coëffa, crud, dépends, Don (Calmet), encor, hermite, maraut, Pseaume, solemnel

4. Abréviations
   - Mr. et St. deviennent respectivement M. et St

5. Le trait d'union

- est présent dans: à-peu-près
- est absent dans: aveugle né

6. Majuscules rétablies
  - nous mettons la majuscule initiale aux titres d'ouvrage (antiquités, fleur des Saints)
  - conformément à l'usage moderne, nous mettons la majuscule à: votre Majesté

7. Majuscules supprimées
  - nous mettons la minuscule aux mots suivants: Ange, Automne, Cadi, Curé, Dieu (un), Docteur, Eté, Evêché, Evêque, Grec (le), Hébreu (l'), Hyver, Madame, Manichéens, Ministère, Monsieur, Philosophes, Prieur, Prince, Printems, Pseaume, Roi, Sabat, Saint, Secrétaire, Vendredi Saint, Vierge
  - nous mettons la minuscule aux adjectifs désignant des nations ou des peuples: Africain, Anglais, Egyptien, Français

II. *Accentuation*

1. L'accent aigu
  - est absent dans: repliquer, theurgie
  - est employé au lieu du grave dans: huitiéme

2. L'accent grave
  - est absent dans: déja

3. L'accent circonflexe
  - est employé au lieu du grave dans: diadême, système
  - est présent dans: profânes, toûjours, vû
  - est absent dans: parait, plait, ame, grace, jeuner

4. Le tréma
  - est présent dans: étenduë, poëme, réjouïr, vuë

III. *Grammaire*

  - absence de terminaison en *s* à la 2ᵉ personne du singulier de l'impératif dans: appren, croi, voi
  - emploi du pluriel en -*x* dans: loix

LE MARSEILLOIS ET LE LION

LE MARSEILLOIS ET LE LION

Monsieur St Didier, secrétaire perpétuel de l'Académie de Marseille, auteur du poème de *Clovis*,[1] s'amusa quelque temps avant sa mort à composer cette petite fable, dans laquelle on trouve quelques traits de la philosophie anglaise. Ces traits sont en effet imités de la fable des abeilles de Mandeville,[2] mais tout le reste appartient à l'auteur français. Comme il était de Marseille, il n'a pas manqué de prendre un Marseillois[3] pour son héros. Nous avons fait imprimer ce petit ouvrage sur une copie très exacte.

5

a   к: AVERTISSEMENT
1   w75G: Monsieur de St Didier,
1-8   w75G cartonné, absent
1   к: Feu M. de Saint-Didier

[1] Voltaire a dû rencontrer ce poète, Ignace-François Limojon de Saint-Didier, à la cour de Fontainebleau en 1725 (voir D253). Son poème épique *Clovis*, présenté à la reine et publié cette année-là, a été comparé par les contemporains à *La Henriade*, mais sort écrasé de la comparaison (voir les *Lettres critiques sur le poème de Clovis*, Paris 1725, p.62; et S. Menant, *La Chute d'Icare*, Genève 1981, p.273-85). Saint-Didier, mort en 1739, était bien oublié.

[2] *The Fable of the bees, or private vices publick benefits* (1714 et 1723) de Bernard Mandeville (1670-1733), que Mme Du Châtelet a traduite à Cirey en 1735-1736, ne fournit en effet que quelques traits à Voltaire qui par ailleurs s'en est souvent inspiré; voir *Traité de métaphysique* (1734-1738), ch.8 et 9 (V 14, p.469-81); art. 'Abeilles' (1770), *Questions sur l'Encyclopédie*. Viennent de Mandeville les justifications du lion (l.93-101, 126) et les conclusions (l.138-139, 157-160).

[3] Il ne s'agit pas d'une graphie ancienne mais du suffixe qu'on retrouve dans 'Lillois' par exemple. Voir la rime des vers 31-32.

LE MARSEILLOIS ET LE LION

par feu M. de St Didier, secrétaire perpétuel de
l'Académie de Marseille.

Dans les sacrés cahiers méconnus des profanes,
Nous avons vu parler les serpents et les ânes.
Un serpent fit l'amour à la femme d'Adam; (*a*)
Un âne avec esprit gourmanda Balaam. (*b*)
Le grand parleur Homère, en vérités fertile,   5
Fit parler et pleurer les deux chevaux d'Achile. (*c*)
Les habitants des airs, des forêts et des champs,
Aux humains, chez Esope, enseignent le bon sens.
Descartes n'en eut point quand il les crut machines. (*d*)
Il raisonna beaucoup sur les œuvres divines;   10
Il en jugea fort mal et noya sa raison
Dans ses trois éléments au coin d'un tourbillon.
Le pauvre homme ignora dans sa physique obscure
Et l'homme, et l'animal, et toute la nature.
Ce romancier hardi dupa longtemps les sots.   15
Laissons là sa folie, et suivons nos propos.
    Un jour un Marseillois, trafiquant en Afrique,
Aborda le rivage où fut jadis Utique. [4]
Comme il se promenait dans le fond d'un vallon,
Il trouva nez à nez un énorme lion   20
A la longue crinière, à la gueule enflammée,

---

b-c   w75G cartonné, absent
b   K: par M. de Saint-Didier

[4] La Tunisie.

Terrible; et tout semblable au lion de Némée. [5]
Le plus horrible effroi saisit le voyageur.
Il n'était pas Hercule: et tout transi de peur
Il se mit à genoux, et demanda la vie.   25
    Le monarque des bois, d'une voix radoucie,
Mais qui faisait encor trembler le Provençal,
Lui dit en bon français: Ridicule animal,
Tu veux donc qu'aujourd'hui de souper je me passe?
Ecoute, j'ai dîné: je veux te faire grâce   30
Si tu peux me prouver qu'il est contre les lois
Que le soir un lion soupe d'un Marseillois.
    Le marchand à ces mots conçut quelque espérance.
Il avait eu jadis un grand fonds de science;
Et pour devenir prêtre il apprit du latin;   35
Il savait Rabelais et son saint Augustin. (e)
    D'abord il établit, selon l'usage antique,
Quel est le droit divin du pouvoir monarchique,
Qu'au plus haut des degrés des êtres inégaux
L'homme est mis pour régner sur tous les animaux; (f)   40
Que la terre est son trône; et que dans l'étendue
Les astres sont formés pour réjouir sa vue.
Il conclut qu'étant prince, un sujet africain
Ne pouvait sans péché manger son souverain.
Le lion qui rit peu se mit pourtant à rire,   45
Et voulant par plaisir connaître cet empire,
En deux grands coups de griffe il dépouilla tout nu
De l'univers entier le monarque absolu.
    Il vit que ce grand roi lui cachait sous le linge
Un corps faible, monté sur deux fesses de singe,   50
A deux minces talons deux gros pieds attachés
Par cinq doigts superflus dans leur marche empêchés.

---

[5] L'un des monstres qu'affronte Hercule dans la légende (voir Hésiode, *Théogonie*, 327-332).

748

Deux mamelles sans lait, sans grâce, sans usage;
Un crâne étroit et creux couvrant un plat visage,
Tristement dégarni du tissu de cheveux   55
Dont la main d'un barbier coiffa son front crasseux.
Tel était en effet ce roi sans diadème,
Privé de sa parure et réduit à lui-même.
Il sentit qu'en effet il devait sa grandeur
Au fil d'un perruquier, aux ciseaux d'un tailleur.   60
    Ah! dit-il au lion, je vois que la nature
Me fait faire en ce monde une triste figure:
Je pensais être roi: j'avais certes grand tort.
Vous êtes le vrai maître en étant le plus fort.
Mais songez qu'un héros doit dompter sa colère,   65
Un roi n'est point aimé s'il n'est pas débonnaire.
Dieu, comme vous savez, est au-dessus des rois.
Jadis en Arménie il vous donna des lois,
Lorsque dans un grand coffre à la merci des ondes,
Tous les animaux purs, ainsi que les immondes,   70
Par Noé mon aïeul enfermés si longtemps, (g)
Respirèrent enfin l'air natal de leurs champs,
Dieu fit avec eux tous une étroite alliance,
Un pacte solennel... Oh! la plate impudence!
As-tu perdu l'esprit par excès de frayeur?   75
Dieu, dis-tu, fit un pacte avec nous?... Oui, seigneur,
Il vous recommanda d'être clément et sage,
De ne toucher jamais à l'homme son image. (h)
Et si vous me mangez, l'Eternel irrité
Fera payer mon sang à Votre Majesté...   80
    Toi, l'image de Dieu! toi, magot[6] de Provence!
Conçois-tu bien l'excès de ton impertinence?
Montre l'original de mon pacte avec Dieu.

---

[6] 'Magot, se dit figurément des hommes difformes, laids, comme sont les singes'
(*Trévoux*).

749

Par qui fut-il écrit? en quel temps? dans quel lieu? (*i*)
Je vais t'en montrer un, plus sûr, plus véritable.   85
De mes quarante dents vois la file effroyable, (*k*)
Ces ongles dont un seul te pourrait déchirer,
Ce gosier écumant prêt à te dévorer,
Cette gueule, ces yeux dont jaillissent des flammes;
Je tiens ces heureux dons du Dieu que tu réclames. 90
Il ne fait rien en vain: te manger est ma loi;
C'est là le seul traité qu'il ait fait avec moi.
Ce Dieu, dont mieux que toi je connais la prudence,
Ne donne pas la faim pour qu'on fasse abstinence.
Toi-même as fait passer sous tes chétives dents 95
D'imbéciles dindons, des moutons innocents,
Qui n'étaient pas formés pour être ta pâture.
Ton débile estomac, honte de la nature,
Ne pourrait seulement, sans l'art d'un cuisinier,
Digérer un poulet qu'il faut encor payer.   100
Si tu n'as point d'argent tu jeûnes en ermite;
Et moi que l'appétit en tout temps sollicite,
Conduit par la nature, attentif à mon bien,
Je puis t'avaler cru sans qu'il m'en coûte rien.
Je te digérerai sans faute en moins d'une heure. 105
Le pacte universel est qu'on naisse et qu'on meure.
Apprends qu'il vaut autant, raisonneur de travers,
Etre avalé par moi que rongé par les vers...
  Sire, les Marseillois ont une âme immortelle.
Ayez dans vos repas quelque respect pour elle. 110
  La mienne, apparemment est immortelle aussi.
Va, de ton esprit gauche elle a peu de souci.
Je ne veux point manger ton âme raisonneuse.
Je cherche une pâture et moins fade et moins creuse:
C'est ton corps qu'il me faut; je le voudrais plus gras; 115

87 W75G, K: seul pourrait te

Mais ton âme, crois-moi, ne me tentera pas…
   Vous avez sur ce corps une entière puissance.
Mais quand on a dîné n'a-t-on point de clémence?
Pour gagner quelque argent j'ai quitté mon pays,
Je laisse dans Marseille une femme et deux fils;   120
Mes malheureux enfants, réduits à la misère,
Iront à l'hôpital si vous mangez leur père…
   Et moi, n'ai-je donc pas une femme à nourrir?
Mon petit lionceau ne peut encor courir,
Ni saisir de ses dents ton espèce craintive.   125
Je lui dois la pâture, il faut que chacun vive.
Eh! pourquoi sortais-tu d'un terrain fortuné,
D'olives, de citrons, de pampres couronné?
Pourquoi quitter ta femme et ce pays si rare
Où tu fêtais en paix Magdeleine et Lazare? (*l*)   130
Dominé par le gain tu viens dans mon canton
Vendre, acheter, troquer, être dupe et fripon;
Et tu veux qu'en jeûnant ma famille pâtisse
De ta sotte imprudence et de ton avarice?
Réponds-moi donc, maraud… Sire, je suis battu.   135
Vos griffes et vos dents m'ont assez confondu.
Ma tremblante raison cède en tout à la vôtre.
Oui, la moitié du monde a toujours mangé l'autre.
Ainsi Dieu le voulut; et c'est pour notre bien.
Mais, sire, on voit souvent un malheureux chrétien   140
Pour de l'argent comptant qu'aux hommes on préfère,
Se racheter d'un Turc, et payer un corsaire.
Je comptais à Tunis passer deux mois au plus;
A vous y bien servir mes vœux sont résolus;
Je vous ferai garnir votre charnier auguste   145
De deux bons moutons gras, valant vingt francs au juste.
Pendant deux mois entiers ils vous seront portés,
Par vos correspondants chaque jour présentés;
Et mon valet, chez vous, restera pour otage…
   Ce pacte, dit le roi, me plaît bien davantage   150

Que celui dont tantôt tu m'avais étourdi.
Viens signer le traité, suis-moi chez le cadi;
Donne des cautions: sois sûr, si tu m'abuses,
Que je n'admettrai point tes mauvaises excuses;
Et que sans raisonner tu seras étranglé,   155
Selon le droit divin dont tu m'as tant parlé.
    Le marché fut signé; tous les deux l'observèrent,
D'autant qu'en le gardant tous les deux y gagnèrent.
Ainsi dans tous les temps nos seigneurs les lions
Ont conclu leurs traités aux dépens des moutons.   160

NOTES

a. *Un serpent*. Il est constant que le serpent parlait. La Genèse dit expressément, *qu'il était le plus rusé de tous les animaux.* [7] La Genèse ne dit point que Dieu lui donnât alors la parole par un acte extraordinaire de sa toute-puissance pour séduire Eve. Elle rapporte la conversation du serpent et de la femme comme on rapporte un entretien entre deux   5 personnes qui se connaissent et qui parlent la même langue. Cela même est si évident que le Seigneur punit le serpent d'avoir abusé de son esprit et de son éloquence; il le condamne à se traîner sur le ventre, au lieu qu'auparavant il marchait sur ses pieds. Flavien Joseph dans ses Antiquités, Philon, St Bazile, St Ephrem n'en doutent pas. Le révérend   10 père Dom Calmet dont le profond jugement est reconnu de tout le monde, s'exprime ainsi. *Toute l'antiquité a reconnu les ruses du serpent, et on a cru qu'avant la malédiction de Dieu, cet animal était encore plus subtil qu'il ne l'est à présent.* [8] *L'Ecriture parle de ses finesses en plusieurs endroits; elle dit qu'il bouche ses oreilles pour ne pas entendre la voix de l'enchanteur.*   15 *Jésus-Christ dans l'Evangile nous conseille d'avoir la prudence du serpent.* [9]

b. *Un âne avec esprit*. Il n'en était pas ainsi de l'âne, ou de l'ânesse qui parla à Balaam. [10] Il est vraisemblable que les ânes n'avaient point le don de la parole; car il est dit expressément que le Seigneur ouvrait la bouche de l'ânesse. Et même St Pierre dans sa seconde épître, dit, *que cet animal*   20

---

19   W75G, K: Seigneur ouvrit la

---

[7] Genèse iii.1.

[8] Cf. *La Philosophie de l'histoire* (1765), ch.47 (V 59, p.249).

[9] Dom Calmet voit en fait dans ce verset de la Genèse un exemple de 'style figuré' (*Commentaire littéral sur tous les livres de l'Ancien et du Nouveau Testament*, Paris 1724, i.1.34-35; BV613: Paris 1709-1734). Hors Basile et Flavius Josèphe, les auteurs cités ne le sont que comme compilateurs, non comme autorités. Cf. Calmet, 'Dissertation sur les enchantements des serpents': 'Les écrivains sacrés, quoique remplis d'une lumière supérieure et infaillible, s'expriment d'ordinaire d'une façon humaine et populaire' (iv.XXII).

[10] Nombres xxii.28-30.

muet parla d'une voix humaine. [11] Mais remarquons que St Augustin dans sa 48ᵉ question dit, que Balaam ne fut point du tout étonné d'entendre parler son ânesse. Il en conclut que Balaam était accoutumé à entendre parler les autres animaux. Le révérend père Dom Calmet [12] avoue que la chose est très ordinaire. L'âne de Bacchus, dit-il, le bélier de Phrixus, le cheval d'Hercule, l'agneau de Bochoris, les bœufs de Sicile, les arbres même de Dodone, et l'ormeau d'Apollonius de Thyane ont parlé distinctement. Voilà de grandes autorités qui servent merveilleusement à justifier M. de St Didier.

c. Fit parler et pleurer les deux chevaux d'Achile. La remarque de madame Dacier sur cet endroit d'Homère, est également importante et judicieuse. [13] Elle appuie beaucoup sur la sage conduite d'Homère; elle fait voir que les chevaux d'Achille, Xanthe et Balie, fils de Podarge, sont d'une race immortelle; et qu'ayant déjà pleuré la mort de Patrocle, il n'est point du tout étonnant qu'ils tiennent un long discours à Achille. Enfin, elle cite l'exemple de l'ânesse de Balaam, auquel il n'y a rien à répliquer. [14]

d. Descartes n'en eut point quand il les crut machines. Descartes était certainement un bon géomètre et un homme de beaucoup d'esprit; [15] mais toutes les nations savantes avouent qu'il abandonna la géométrie qui devait être son guide, et qu'il abusa de son esprit pour ne faire que

25

30

35

40

22 W75G, K: point étonné
39 K: un grand géomètre

[11] II Pierre ii.16 (CN, ii.159).

[12] *Commentaire littéral,* i.ii.298-99. Calmet ne garantit pas 'tous ces événements' qui rendent seulement la Bible moins difficile à croire; il cite d'ailleurs saint Grégoire de Nysse qui n'adhère qu'à l'esprit du passage.

[13] *Iliade,* xix.400-424; voir Anne Lefebvre Dacier, *L'Iliade d'Homère, traduite en français avec des remarques* (Paris 1741; BV1670), iv.138-39 (cf. CN, iv.496, pages marquées d'un signet). Mme Dacier souligne les 'ménagements' par lesquels Homère prépare le prodige, fait les rapprochements cités par Voltaire, et rappelle 'la nature du poème épique, qui sans s'éloigner des bornes de la vraisemblance, cherche l'admirable et le prodigieux'.

[14] Cf. *La Philosophie de l'histoire,* ch.33 (V 59, p.202).

[15] Pour l'opinion de Voltaire sur Descartes à cette époque, voir par exemple *Le Philosophe ignorant* (1766), ch.5 et 6 (V 62, p.35-36).

des romans. L'idée que les animaux ont tous les organes du sentiment pour ne point sentir est une contradiction ridicule. Ses tourbillons, ses trois éléments, son système sur la lumière, son explication des ressorts du corps humain, ses idées innées, sont regardés par tous les philosophes comme des chimères absurdes. On convient que dans toute sa physique il n'y a pas une vérité physique. Ce grand exemple apprend aux hommes qu'on ne trouve ces vérités que dans les mathématiques et dans l'expérience.

e. *Il savait Rabelais et St Augustin.* Il est rapporté dans l'histoire de l'Académie que La Fontaine demanda à un docteur, s'il croyait que St Augustin eût autant d'esprit que Rabelais, et que le docteur répondit à La Fontaine, *prenez garde, monsieur, vous avez mis un de vos bas à l'envers*; ce qui était vrai. [16]

Ce docteur était un sot. Il devait convenir que St Augustin et Rabelais avaient tous deux beaucoup d'esprit; et que le curé de Meudon avait fait un mauvais usage du sien. Rabelais était profondément savant et tournait la science en ridicule; St Augustin n'était pas si savant, il ne savait ni le grec, ni l'hébreu; mais il employa ses talents et son éloquence à son respectable ministère. Rabelais prodigua indignement les ordures les plus basses. St Augustin s'égara dans des explications mystérieuses que lui-même ne pouvait entendre. On est étonné qu'un orateur tel que lui ait dit, dans son sermon sur le psaume six:

'Il est clair et indubitable que le nombre de quatre a rapport au corps humain à cause des quatre éléments et des quatre qualités dont il est composé; savoir le chaud et le froid, le sec et l'humide. C'est pourquoi aussi Dieu a voulu qu'il fût soumis à quatre différentes saisons, savoir l'été, le printemps, l'automne et l'hiver. Comme le nombre de quatre a rapport au corps, le nombre de trois a rapport à l'âme, parce que Dieu nous ordonne de l'aimer d'un triple amour, savoir de tout notre cœur, de toute notre âme, et de tout notre esprit.

'Lors donc que les deux nombres de quatre et de trois, dont le premier

50   K: et son St

[16] Pierre-Joseph Thoulier d'Olivet, *Histoire de l'Académie française, depuis 1652 jusqu'à 1700* (Paris 1729), p.306.

a rapport au corps, c'est-à-dire au vieil homme et au vieux Testament; et le second a rapport à l'âme, c'est-à-dire au nouvel homme et au nouveau Testament, seront passés et écoulés, comme le nombre de sept jours passe et s'écoule, parce qu'il n'y a rien qui ne se fasse dans le temps, et par la distribution du nombre quatre au corps, et du nombre de trois à l'âme; lors, dis-je, que ce nombre de sept sera passé, on verra arriver le huitième qui sera celui du jugement.' [17] 75

Plusieurs savants ont trouvé mauvais qu'en voulant concilier les deux généalogies différentes données à St Joseph, l'une par St Matthieu, et l'autre par St Luc, il dise dans son sermon 51, *qu'un fils peut avoir deux pères, puisqu'un père peut avoir deux enfants.* [18] 80

On lui a encore reproché d'avoir dit dans son livre contre les manichéens, que les puissances célestes se déguisaient ainsi que les puissances infernales en beaux garçons et en belles filles pour s'accoupler ensemble, et d'avoir imputé aux manichéens cette théurgie impure, dont ils ne furent jamais coupables. [19] 85

On a relevé plusieurs de ses contradictions. Ce grand saint était homme, il a ses faiblesses, ses erreurs, ses défauts comme les autres saints. Il n'en est pas moins vénérable, et Rabelais n'est pas moins un 90

---

75   K: écoulés et passés
77   K: nombre trois

---

[17] *Sermons de St Augustin, sur les sept psaumes de la pénitence*, trad. Gaspar de Tende, sieur de Lestang (Paris 1661; BV221), p.6-8 (citation exacte, tandis que dans *L'Examen important de milord Bolingbroke*, de 1766, il n'en avait fourni qu'un résumé; V 62, p.354); voir CN, i.178-179, où les passages en question sont marqués. Saint Augustin essaie d'expliquer le titre du psaume: 'Pour la fin, aux Hymnes, *sur le huitième*' par une caractéristique du langage biblique, qui compte le temps ordinaire par cycles de sept au plus. Sur la suite, voir notamment Calmet, *Commentaire littéral*, vii.381 ss.

[18] Voltaire possédait également *Les Sermons de S. Augustin sur le Nouveau Testament*, trad. Philippe Dubois-Goibaud (Paris 1700; BV, no.220); un signet annoté 'un enfant peut avoir deux pères' marque l'endroit dans cette édition (CN, i.177).

[19] Saint Augustin, *Contra Faustum manichaeum*, XX; *De natura boni contra manichaeos*, ch.44; références données par Voltaire lui-même dans l'article 'Généalogie' des *Questions sur l'Encyclopédie* (M.xix.222).

bouffon grossier, un impertinent dans les trois quarts de son livre, quoiqu'il ait été l'homme le plus savant de son temps, éloquent, plaisant, et doué d'un vrai génie. Il n'y a pas sans doute de comparaison à faire entre un Père de l'Eglise très vénérable et Rabelais; mais on peut très 95 bien demander lequel avait plus d'esprit. Et un bas à l'envers n'est pas une réponse.

f. L'homme est mis pour régner. Dans le Spectacle de la nature, monsieur le prieur de Jonval, qui d'ailleurs est un homme fort estimable, prétend que toutes les bêtes ont un profond respect pour l'homme.[20] Il est 100 pourtant fort vraisemblable que les premiers ours et les premiers tigres qui rencontrèrent les premiers hommes, leur témoignèrent peu de vénération, surtout s'ils avaient faim.

Plusieurs peuples ont cru très sérieusement que les étoiles n'étaient faites que pour éclairer les hommes pendant la nuit. Il a fallu bien du 105 temps pour détromper notre orgueil et notre ignorance. Mais aussi plusieurs philosophes, et Platon entre autres, ont enseigné que les astres étaient des dieux.[21] St Clément d'Alexandrie et Origène ne doutent pas qu'ils n'aient des âmes capables de bien et de mal;[22] ce sont des choses très curieuses et très instructives. 110

g. Par Noé mon aïeul. Il faut pardonner au lion s'il ne connaissait pas Noé. Les Juifs sont les seuls qui l'aient jamais connu. On ne trouve ce nom chez aucun autre peuple de la terre. Sanchoniathon n'en a point parlé. S'il en avait dit un mot, Eusèbe son abréviateur en aurait pris un grand avantage. Ce nom ne se trouve point dans le Zenda Vesta de 115 Zoroastre. Le Sadder qui en est l'abrégé ne dit pas un seul mot de Noé. Si quelque auteur égyptien en avait parlé, Flavien Joseph qui rechercha si exactement tous les passages des livres égyptiens qui pouvaient déposer en faveur des antiquités de sa nation, se serait prévalu du témoignage de ces auteurs. Noé fut entièrement inconnu aux Grecs; il le fut également 120 aux Indiens et aux Chinois. Il n'en est parlé ni dans le Védam, ni dans

---

[20] Le prieur de Jonval est un des interlocuteurs mis en scène par l'abbé Pluche dans *Le Spectacle de la nature* (Paris 1764; BV 2765: 1732-1746); voir sur ce passage l'Entretien XII (i.340-41).

[21] Voir l'*Encyclopédie*, art. 'Platon' (xii.747).

[22] Interprétation du traité d'Origène, *Des principes*; voir l'*Encyclopédie*, art. 'Origène' (xi.648).

le Shasta, ni dans les cinq Kings; et il est très remarquable que lui et ses ancêtres aient été également ignorés du reste de la terre. [23]

h. De ne toucher jamais à l'homme son image. Au chap. IX de la Genèse, verset 10 et suivants, le Seigneur fait un pacte avec les animaux, tant 125 domestiques que de la campagne. Il défend aux animaux de tuer les hommes; il dit qu'il en tirera vengeance, parce que l'homme est son image. Il défend de même à la race de Noé de manger du sang des animaux mêlé avec de la chair. Les animaux sont presque toujours traités dans la loi juive à peu près comme les hommes. Les uns et les autres 130 doivent être également en repos le jour du sabbat (Exode chap. XXIII). Un taureau qui a frappé un homme de sa corne est puni de mort (Exode chap. XXI). Une bête qui a servi de succube ou d'incube à une personne est aussi mise à mort (Lévit. chap. XX). Il est dit que l'homme n'a rien de plus que la bête (Ecclésiaste chap. III et XIX). Dans les plaies d'Egypte 135 les premiers nés des hommes et des animaux sont également frappés (Exode chap. XII et XIII). Quand Jonas prêche la pénitence à Ninive, il fait jeûner les hommes et les animaux. Quand Josué prend Jérico il extermine également les bêtes et les hommes. Tout cela prouve évidemment que les hommes et les bêtes étaient regardés comme deux espèces 140 du même genre. [24] Les Arabes ont encore le même sentiment. Leur tendresse excessive pour leurs chevaux et pour leurs gazelles en est un témoignage assez connu.

i. Par qui fut-il écrit? Le grand Newton, Samuel Clark, prétendent que le Pentateuque fut écrit du temps de Saül. D'autres savants hommes 145 pensent que ce fut sous Ozias; [25] mais il est décidé que Moïse en est l'auteur malgré toutes les vaines objections fondées sur les vraisemblances, et sur la raison qui trompe si souvent les hommes.

k. De mes quarante dents. Ceux qui ont écrit l'histoire naturelle auraient bien dû compter les dents des lions, mais ils ont oublié cette particularité 150

---

135   K: chap. III et IX [ce qui est correct]

---

[23] Cf. *Dieu et les hommes* (1769), ch.9 et 27 (V 69, p.314-15, 397-98).
[24] Voir Calmet, *Commentaire littéral*, i.1.84-85.
[25] Sur cette discussion, voir l'*Examen important*, ch.4, 'Qui est l'auteur du Pentateuque?' (V 62, p.186-89).

aussi bien qu'Aristote.[26] Quand on parle d'un guerrier il ne faut pas omettre ses armes. M. de St Didier qui avait vu disséquer à Marseille un lion nouvellement venu d'Afrique, s'assura qu'il avait quarante dents.

l. Où tu fêtais en paix Magdeleine et Lazare? Ce lion paraît fort instruit, et c'est encore une preuve de l'intelligence des bêtes. La Sainte Beaume   155
où se retira sainte Marie-Magdeleine est fort connue; mais peu de gens savent à fond cette histoire. La Fleur des saints peut en donner quelques notions; il faut lire son article, tome II de la Fleur des saints, depuis la page 59. Ce fut Marie-Magdeleine à qui deux anges parlèrent sur le Calvaire, et à qui notre Seigneur parut en jardinier. Ribadéneira le savant   160
auteur de la Fleur des saints, dit expressément, que si cela n'est pas dans l'Evangile la chose n'est pas moins indubitable. Elle demeura, dit-il, dans Jérusalem auprès de la vierge Marie avec son frère Lazare, que Jésus avait ressuscité, et Marthe sa sœur qui avait préparé le repas lorsque Jésus avait soupé dans leur maison.   165

L'aveugle-né, nommé Celedone, à qui Jésus donna la vue en frottant ses yeux avec un peu de boue, et Joseph d'Arimathie, étaient de la société intime de Magdeleine. Mais le plus considérable de ses amis fut le docteur saint Maximin, l'un des soixante et dix disciples.

Dans la première persécution qui fit lapider St Etienne, les Juifs se   170
saisirent de Marie-Magdeleine, de Marthe, de leur servante Marcelle, de Maximin leur directeur, de l'aveugle-né, et de Joseph d'Arimathie. On les embarqua dans un vaisseau sans voiles, sans rames et sans mariniers. Le vaisseau aborda à Marseille comme l'atteste Baronius. Dès que Magdeleine fut à terre elle convertit toute la Provence. Le Lazare fut   175
évêque de Marseille; Maximin eut l'évêché d'Aix. Joseph d'Arimathie alla prêcher l'Evangile en Angleterre. Marthe fonda un grand couvent; Magdeleine se retira dans la Sainte Beaume où elle brouta l'herbe toute sa vie. Ce fut là que n'ayant plus d'habits, elle pria toujours toute nue; mais ses cheveux crûrent jusqu'à ses talons, et les anges venaient la   180

162   K: chose n'en est

[26] Cette précision manque en effet dans Buffon, *Histoire naturelle* (Paris 1848), iv.164 ss., dans le *Dictionnaire de Trévoux* et dans l'*Encyclopédie*, qui reprennent tous les descriptions d'Aristote.

peigner et l'enlever au ciel sept fois par jour, en lui donnant de la musique. On a gardé longtemps une fiole remplie de son sang et de ses cheveux, et tous les ans, le jour du vendredi saint, cette fiole a bouilli à vue d'œil. [27] La liste de ses miracles avérés est innombrable.

182   W75G, K: et ses

[27] Voir Pedro de Ribadeneira, *Les Nouvelles fleurs de la vie des saints, et des festes de toute l'année* (Paris 1704), ii.49-54 (BV2970: Paris 1673-1686). Différences: Ribadeneira appuie en fait l'assimilation des diverses Marie sur l'Evangile de Jean (p.53-54); c'est la présence de Marie-Madeleine à l'Ascension et à la Pentecôte qui lui semble 'indubitable' bien qui l'Evangile 'n'en fasse point de mention' (p.52). Il ne précise pas que les anges 'venaient la peigner'; selon lui la fiole ne contient pas le sang de la sainte, mais 'de la terre détrempée dans du sang [...] ramassé par Madeleine, le vendredi saint, au pied de la croix' (p.53). Il ne cite qu'un miracle, en indiquant qu'il y en a 'plusieurs' autres.

LISTE DES OUVRAGES CITÉS

Abbey, Charles John, et John Henry Overton, *The English Church in the eighteenth century* (London 1878).

Addison, Joseph, *et al.*, *The Spectator*, éd. Donald F. Bond (Oxford 1965).

Albina, Larissa L., 'Les sources du conte antiphysiocratique *L'Homme aux quarante écus* d'apres les données nouvelles provenant de la bibliothèque personnelle de Voltaire', *Studies* 242 (1986), p.159-68.

Alembert, Jean Le Rond d', *Sur la destruction des jésuites en France* (s.l. 1765).

Altmann, Johann Georg, *L'Etat et les délices de la Suisse ou description helvétique historique et géographique* (Basle 1764).

The Annual register (1758-).

Argenson, René-Louis de Voyer de Paulmy, marquis d', *Considérations sur le gouvernement ancien et présent de la France* (Amsterdam [Paris] 1764).

Ascoli, Georges, 'Voltaire: l'art du conteur', *Revue des cours et conférences* 26.ii (15 July 1925), p.619-26.

Astruc, Jean, *Traité des maladies vénériennes* (Paris 1755).

Augustin, saint, *Les Sermons de St Augustin sur le Nouveau Testament*, trad. Philippe Dubois-Goibaud (Paris 1700).

– *Sermons de St Augustin sur les sept psaumes de la pénitence*, trad. Gaspar de Tende, sieur de Lestang (Paris 1661).

Aulnoy, Marie-Catherine Le Jumel de Barneville, baronne d', *La Cour et la ville de Madrid vers la fin du XVIIᵉ siècle. Relation d'Espagne* (Paris 1874).

– *Relation du voyage d'Espagne* (Paris 1691).

L'Avant-coureur (1760-1773).

Babeau, Albert, *La Vie militaire sous l'ancien régime* (Paris 1889).

Bachaumont, Louis Petit de, *Mémoires secrets pour servir à l'histoire de la république des lettres en France depuis 1762 jusqu'à nos jours* (Londres 1777-1789).

Balcou, Jean, *Fréron contre les philosophes* (Genève, Paris 1975).

Barbier, Antoine-Alexandre, *Dictionnaire des ouvrages anonymes et pseudonymes* (Paris 1806-1808).

Barbier, Pierre, et France Vernillat, *Histoire de France par les chansons* (Paris 1957).

Beaumont, Christophe de, *Mandement de monseigneur l'archevêque de Paris, portant condamnation d'un livre qui a pour titre: Bélisaire, par M. Marmontel* (Paris 1767).

Beccaria, Cesare Bonesana, *Dei delitti e delle pene* (Monaco 1764).

– *Traité des délits et des peines*, trad. André Morellet (Lausanne 1766).

Belin, Jean-Paul, *Le Commerce des livres prohibés à Paris de 1750 à 1759* (Paris 1913).

Bellesort, André, *Essai sur Voltaire* (Paris 1925).

Bengesco, Georges, *Voltaire: bibliographie de ses œuvres* (Paris 1882-1890).

Bertrand, Elie, *Dictionnaire universel des*

761

fossiles propres et des fossiles accidentels (La Haye 1763).

Besterman, Theodore, 'A provisional bibliography of Italian editions and translations of Voltaire', *Studies* 18 (1961), p.263-306.

– 'A provisional bibliography of Scandinavian and Finnish editions and translations of Voltaire', *Studies* 47 (1966), p.53-92.

– 'Provisional bibliography of Portuguese editions of Voltaire', *Studies* 76 (1970), p.15-35.

– 'Voltaire, absolute monarchy, and the enlightened monarch', *Studies* 32 (1965), p.7-21.

Bibliothèque de Voltaire: catalogue des livres (Moscou, Leningrad 1961).

Bibliothèque française (1723-1746).

Bibliothèque nationale de France, *Catalogue général des livres imprimés de la Bibliothèque nationale: auteurs*, tome 214, Voltaire (Paris 1978).

Bibliothèque philosophique du législateur, du politique, du jurisconsulte, éd. Jacques-Pierre Brissot (Paris 1782).

Boisguilbert, Pierre Le Pesant de, *Le Détail de la France sous le règne présent* (s.l. 1707).

Bonnet, Charles, *Considérations sur les corps organisés* (Amsterdam 1762).

– *Contemplation de la nature* (Amsterdam 1764).

Bonneville, Douglas A., *Voltaire and the form of the novel*, Studies 158 (1976).

Bonno, Gabriel, 'Lettre inédite d'un correspondant parisien de John Wilkes', *Revue de littérature comparée* 17 (1937), p.713-14.

Booy, J. Th. de, et Roland Mortier, *Les Années de formation de F.-H. Jacobi, d'après ses lettres inédites à M. M. Rey (1763-1771)*, Studies 45 (1966).

Bordes, Charles, *Le Catéchumène, traduit du chinois* (Amsterdam 1768).

Boss, Ronald I., 'Linguet: the reformer as anti-*philosophe*', *Studies* 151 (1976), p.333-51.

Bougeant, Guillaume-Hyacinthe, *Amusement philosophique sur le langage des bêtes* (Paris 1739).

Bouhier, Jean, *Correspondance littéraire du président Bouhier*, éd. Henri Duranton (Saint-Etienne 1974-1988).

Boulainvilliers, Henri, comte de, *Etat de la France, dans lequel on voit tout ce qui regarde le gouvernement ecclésiastique, le militaire, la justice [...] et en général tout ce qui peut faire connaître à fond cette monarchie* (Londres 1737).

Bourde, André J., *The Influence of England on the French agronomes 1750-1789* (Cambridge 1953).

Bouvy, Eugène, *Voltaire et l'Italie* (Paris 1898).

Brailsford, Henry, *Voltaire* (London 1935).

Brice, Germain, *Description de la ville de Paris et de tout ce qu'elle contient de plus remarquable* (Paris 1752).

– *Nouvelle description de la ville de Paris et de tout ce qu'elle contient de plus remarquable* (Paris 1725).

Brown, Andrew, 'Calendar of Voltaire manuscripts other than correspondence', *Studies* 77 (1970), p.11-101.

– et Ulla Kölving, 'Voltaire and Cramer?', *Le Siècle de Voltaire: hommage à René Pomeau*, éd. Christiane Mervaud et Sylvain Menant (Oxford 1987), p.149-83.

Brumfitt, J. H., *Voltaire historian* (Oxford 1958).

Bruys, François, *Histoire des papes, depuis St Pierre jusqu'à Benoît XIII inclusivement* (La Haye 1732-1734).

Buffier, Claude, *Cours de sciences sur des principes nouveaux et simples, pour former le langage, l'esprit et le cœur dans l'usage ordinaire de la vie* (Paris 1732).

Buffon, Georges-Louis Leclerc, comte de, et Louis-Jean-Marie Daubenton, *Histoire naturelle, générale et particulière avec la description du cabinet du roi* (Paris 1749-1804).

– – (Paris 1750-1770).

– – (Paris 1848).

Calmet, Augustin, *Commentaire littéral sur tous les livres de l'Ancien et du Nouveau Testament* (Paris 1709-1734).

– *Dictionnaire historique, critique, chronologique, géographique et littéral de la Bible* (Paris 1730).

Candide en Dannemarc, ou l'optimisme des honnêtes gens (Genève 1767).

Candide. Seconde partie (s.l. 1760).

Cantillon, Richard, *Essai sur la nature du commerce en général* (Londres 1755).

Carozzi, Marguerite, 'Voltaire's geological observations in *Des singularités de la nature*', *Studies* 215 (1982), p.101-19.

Castel, René-Richard, *Le Prince de Catane, opéra-comique en trois actes* (Paris 1813).

Catalogue hebdomadaire (1763-1789).

Caussy, Fernand, *Voltaire, seigneur de village* (Paris 1912).

Chambon, *Le Commerce de l'Amérique par Marseille* (Avignon 1764).

Chardin, Jean, *Voyages de monsieur le chevalier Chardin en Perse et autres lieux de l'Orient* (Amsterdam 1711).

Chariton, *Histoire des amours de Chéréas et Callirhoé*, trad. Pierre-Henri Larcher (Paris 1763).

Chatillard de Montillet-Grenaud, Jean-François de, *Lettre pastorale de monseigneur l'archevêque d'Auch, au clergé séculier et régulier de son diocèse* (s.l. 1764).

Chaudon, Louis-Mayeul, *Dictionnaire anti-philosophique, pour servir de commentaire et de correctif au Dictionnaire philosophique et aux autres livres, qui ont paru de nos jours contre le christianisme* (Avignon 1767).

Chaumeix, Abraham, *Préjugés légitimes contre l'Encyclopédie* (Paris 1758-1759).

Cheinisse, Léon, *Les Idées politiques des physiocrates* (Paris 1914).

Chevalley, Sylvie, 'Le "Sieur Minet"', *Studies* 62 (1968), p.273-83.

Chevrier, François-Antoine, *Testament politique du maréchal duc de Belle-Isle* (Amsterdam [Paris] 1761).

Les Choses utiles et agréables (Berlin [Genève, Grasset], 1769-1770).

La Clef du Caveau à l'usage de tous les chansonniers, éd. Pierre Capelle (Paris 1811).

Coger, François-Marie, *Examen du Bélisaire de M. Marmontel* (Paris 1767).

– –, nouv. éd. (Paris 1767).

Cole, Charles Woolsey, *Colbert and a century of French mercantilism* (New York 1939).

Cole, Francis Joseph, *Early theories of sexual generation* (Oxford 1930).

Collini, Cosimo Alessandro, *Mon séjour auprès de Voltaire* (Paris 1807).

Condillac, Etienne Bonnot de, *Traité des systèmes, où l'on en démêle les inconvénients et les avantages* (La Haye 1749).

Contre-enquête par l'Homme aux quarante écus; contenant un examen des arguments et des principes mis en avant dans l'enquête commerciale (Paris 1834).

Le Courrier d'Avignon (1733-1768).

Courrier du Bas-Rhin (1767-1809).

The Court miscellany (1765-1771).

Courtilz de Sandras, Gatien de, *Testa-*

ment politique de messire Jean-Baptiste Colbert (La Haye 1693).

Coyer, Gabriel-François, *Chinki, histoire cochinchinoise qui peut servir à d'autres pays* (Londres [Paris] 1768).

Cramer, Louis-Gabriel, *Une famille genevoise, les Cramer: leurs relations avec Voltaire, Rousseau et Benjamin Franklin-Bache* (Genève 1952).

Crébillon, Claude-Prosper Jolyot de, *Le Sopha* (Gaznah [1742]).

– *Tanzai et Néadarné* (Paris 1734).

Curzon, Henri de, *XVIIIe siècle: la musique* (Paris 1914).

Dangeau, Philippe de Courcillon, marquis de, *Journal et mémoires*, éd. Soulié et al. (Paris 1854-1860).

Darigrand, Jean-Baptiste, *L'Antifinancier, ou relevé de quelques-unes des malversations dont se rendent journellement coupables les fermiers généraux* (Amsterdam [Paris] 1763).

Delattre, Pierre, *Les Etablissements des jésuites en France* (Enghien 1939-1955).

Dellon, Charles, *Relation de l'Inquisition de Goa* (Paris 1688, Amsterdam 1737).

– *Voyages de M. Dellon avec sa Relation de l'Inquisition de Goa* (Cologne 1709).

Denina, Carlo Giovanni Maria, *Tableau des révolutions de la littérature ancienne et moderne*, trad. T. Hureau de Livoy (Paris 1767).

Deparcieux, Antoine, *Addition à l'Essai sur les probabilitiés de la durée de la vie humaine* (Paris 1760).

– *Essai sur les probabilités de la durée de la vie humaine; d'où l'on déduit la manière de déterminer les rentes viagères, tant simples qu'en tontines* (Paris 1746).

– *Mémoire lu à l'assemblée publique de l'Académie royale des sciences, le samedi 13 novembre 1762* (Paris 1763).

– *Second mémoire sur le projet d'amener à Paris la rivière d'Yvette* (Paris 1767).

– *Troisième mémoire sur le projet d'amener l'Yvette à Paris* (Paris 1768).

Desnoiresterres, Gustave, *Les Cours galantes* (Paris 1860-1864).

Dezallier d'Argenville, Antoine-Nicolas, *Voyage pittoresque des environs de Paris* (Paris 1755).

Dictionnaire des journaux, 1600-1789, éd. Jean Sgard (Paris, Oxford 1991).

Dictionnaire universel français et latin [*Dictionnaire de Trévoux*] (Paris 1743).

Diderot, Denis, *Correspondance*, éd. Georges Roth et Jean Varloot (Paris 1955-1970).

– *Œuvres complètes*, éd. Herbert Dieckmann et Jean Varloot (Paris 1975-).

– *Penseés sur l'interprétation de la nature* ([Paris] 1754).

Diogène Laërce, *Les Vies des plus illustres philosophes de l'antiquité* (Amsterdam 1761).

Dionnet, Georges, *Le Néomercantilisme au XVIIIe siècle et au début du XIXe siècle* (Paris 1901).

Dombre, Jean, *Le De Voltaire dévoilé, ou réponse à l'Homme aux quarante écus. Pour étrennes du nouvel an 1769* (s.l. 1768).

Donvez, Jacques, *De quoi vivait Voltaire?* (Paris 1949).

Du Deffand, Marie de Vichy de Chamrond, marquise, *Correspondance complète* (Paris 1866).

– *Correspondance inédite de Mme Du Deffand* (Paris 1809).

Du Halde, Jean-Baptiste, *Description géographique, historique, chronologique, politique et physique de l'empire de la Chine et de la Tartarie chinoise* (La Haye 1736).

Duhamel Du Monceau, Henri-Louis, *Eléments d'agriculture* (Paris 1762).

— *Expériences de la nouvelle culture des terres, faites pendant l'année 1753, et réflexions relatives au Traité de la culture des terres* (Genève 1754).

— *Traité de la culture des terres suivant les principes de M. Tull* (Paris 1750-1761).

Du Haussay, Nicole Colleson, dame Collot, *Mémoires*, éd. H. Fournier (Paris 1891).

Dupin, Claude, *Economiques*, éd. M. Aucuy (Paris 1912-1913).

— *Mémoire sur les bleds, avec un projet d'édit pour maintenir en tout temps la valeur des grains à un prix convenable au vendeur et à l'acheteur* ([Paris] 1748).

Dupont de Nemours, Pierre-Samuel, *De l'origine et des progrès d'une science nouvelle* (Londres, Paris 1768).

— *Réflexions sur l'écrit intitulé Richesse de l'Etat* (Paris 1763).

Durand, Yves, *Les Fermiers généraux au XVIIIe siècle* (Paris 1971).

Durey de Morsan, Joseph-Marie, *Testament politique du cardinal Jules Alberoni, recueilli de divers mémoires, lettres et entretiens de Son Eminence* (Lausanne 1753).

Dutot, *Réflexions politiques sur les finances et le commerce* (La Haye 1738).

Duwicquet d'Ordre, Louis-Alexandre, *Naru, fils de Chinki, histoire cochinchinoise qui peut servir à d'autres pays et de suite à celle de Chinki, son père* (Londres 1776).

Egret, Jean, *Le Parlement de Dauphiné, et les affaires publiques dans la deuxième moitié du XVIIIe siècle* (Grenoble 1942).

Ehrard, Jean, *L'Idée de nature en France dans la première moitié du XVIIIe siècle* (Paris 1963).

Encyclopédie méthodique (Liège, Plomteux 1784).

Encyclopédie ou dictionnaire raisonné des sciences, des arts et des métiers (Paris, Neuchâtel 1751-1772).

Ephémérides du citoyen (1765-1772).

Esmonin, Edmond, *Etudes sur la France des XVIIe et XVIIIe siècles* (Paris 1964).

L'Evangile du jour (Londres [Amsterdam] 1769-1780).

Evans, Hywel Berwyn, 'A provisional bibliography of English editions and translations of Voltaire', *Studies* 8 (1959), p.9-121.

Fahmy, Jean Mohsen, *Voltaire et Paris*, Studies 195 (1981).

Falbaire de Quingey, Charles-Georges Fenouillot de, *L'Honnête criminel* (Amsterdam, Paris 1767).

Fazy, James J., *L'Homme aux portions, ou conversations philosophiques et politiques* (Paris 1821).

Ferrari, Luigi, *Le Traduzioni italiane del teatro tragico francese nei secoli XVII° e XVIII°* (Paris 1925).

Fleury, Claude, *Histoire ecclésiastique* (Paris 1720-1738).

— *Institution au droit ecclésiastique* (Paris 1762-1763).

— — (Paris 1767).

Forbonnais, François Véron de, *Principes et observations économiques* (Amsterdam 1767).

— *Recherches et considérations sur les finances de France, depuis l'année 1595 jusqu'à l'année 1721* (Basle 1758).

Fréron, Elie-Catherine, *L'Année littéraire* (1754-1776).

— *Lettres sur quelques écrits de ce temps* (1749-1754).

Fromm, Hans, *Bibliographie deutscher*

Übersetzungen aus dem Französischen 1700-1948 (Baden-Baden 1953).

Furetière, Antoine, *Dictionnaire universel, contenant généralement tous les mots français, tant vieux que modernes, nouvelle édition* (La Haye 1727).

Galliani, Renato, 'Voltaire, Astruc, et la maladie vénérienne', *Studies* 219 (1983), p.19-36.

Gascar, Pierre, *Le Diable à Paris* (Paris 1984).

Gautier, Théophile, *Les Grotesques* (Paris 1881).

Gay, Peter, *Voltaire's politics: the poet as realist* (New Haven, London 1988).

Gayot de Pitaval, François, *Bibliothèque des gens de cour, de ville et de campagne*, éd. Gabriel-Louis Calabre Pérau (Paris 1746).

Gazette de Berne (1689-1787).

Gazette d'Utrecht (1689?-1787).

Gazette du commerce (1763-1783).

Gazette littéraire de l'Europe (1764-1766).

Genest, Emile, *L'Opéra-comique connu et inconnu* (Paris 1925).

The Gentleman's magazine (1731-1833).

Gérardin, *Dialogue d'un curé de campagne avec son marguillier, au sujet de l'édit du roi qui permet l'exportation des grains* (s.l. 1766).

Gibbon, Edward, *The Letters of Edward Gibbon*, éd. J. E. Norton (London 1956).

Ginsberg, Robert, 'The argument of Voltaire's *L'Homme aux quarante écus*: a study in philosophic rhetoric', *Studies* 56 (1967), p.611-57.

Gonnard, René, 'Les doctrines de la population au XVIIIe siècle', *Revue d'histoire des doctrines économiques et sociales* 4 (1908).

– *Histoire des doctrines de la population* (Paris 1923).

Goudar, Ange, *Les Intérêts de la France mal entendus, dans les branches de l'agriculture, de la population, des finances, du commerce, de la marine, et de l'industrie* (Amsterdam 1756).

Le Gouvernement de Normandie au XVIIe et au XVIIIe siècle: documents tirés des archives du château d'Harcourt, éd. Célestin Hippeau (Caen 1863).

Graslin, Jean-Joseph-Louis, *Essai analytique sur la richesse et sur l'impôt* (Londres 1767).

Grétry, André-Ernest-Modeste, *Mémoires ou essais sur la musique* (Paris an v).

Grimm, Friedrich Melchior, *Correspondance littéraire, philosophique et critique*, éd. M. Tourneux (Paris 1877-1882).

Guyon, Claude-Marie, *Histoire des Indes orientales anciennes et modernes* (Paris 1744).

– *L'Oracle des nouveaux philosophes* (Berne 1759).

Hamilton, Antoine, *Œuvres* (Paris 1812).

– *Les Quatre Facardins* (Paris 1730).

Hammond, Nicholas Geoffrey Lemprihre, *Atlas of the Greek and Roman world in antiquity* (Park Ridge 1981).

Hancock, Helen, 'Voltaire et l'affaire des mainmortables: un ultime combat', *Studies* 114 (1973), p.79-98.

Harvey, William, *Exercitationes de generatione animalium* (London 1651).

Heckscher, Eli Filip, *Mercantilism* (London 1935).

Hellegouarc'h, Jacqueline, 'Les "dénivellations" dans un conte de Voltaire', *Cahiers de l'Association internationale des études françaises* 41 (1989), p.41-53.

– 'Quelques mots clins d'œil chez Voltaire', *Le Siècle de Voltaire: hommage à René Pomeau*, éd. C. Mervaud et S. Menant (Oxford 1987), ii.537-44.

Henderson, John S., *Voltaire's* Tancrède*: author and publisher*, Studies 61 (1968).

Herbelot de Molainville, Barthélemy d', *Bibliothèque orientale, ou dictionnaire universel contenant généralement tout ce qui regarde la connaissance des peuples de l'Orient* (Paris 1697; BV1626).

Herbert, Claude-Jacques, *Essai sur la police générale des grains, sur leurs prix et sur les effets de l'agriculture* (Berlin 1757).

Herbert, Thomas, *Relation du voyage de Perse et des Indes orientales*, trad. Abraham de Wicquefort (Paris 1663).

Herrmann-Mascard, Nicole, *La Censure des livres à Paris à la fin de l'ancien régime (1750-1789)* (Paris 1968).

Hirzel, Rudolf, *Der Dialog, ein literarhistorischer Versuch* (Leipzig 1895).

Holwell, John Zephaniah, *Interesting historical events, relating to the provinces of Bengal, and the empire of Indostan* (London 1766-1767).

– *Evénements historiques intéressants relatifs aux provinces de Bengale et à l'empire de l'Indostan* (Amsterdam 1768).

Home, Henry, Lord Kames, *Elements of criticism* (Edinburgh 1762).

Homère, *L'Iliade d'Homère, traduite en français avec des remarques*, trad. Anne Lefebvre Dacier (Paris 1741).

L'Homme aux trente-six fortunes, ou le Français à Constantinople et ailleurs (Constantinople 1769).

Honegger, Marc, *Dictionnaire de la musique: science de la musique* (Paris 1976).

Horace, *Œuvres*, trad. André Dacier (Amsterdam 1727).

– *Les Poésies*, trad. Noël-Etienne Sanadon (Paris 1728).

Howells, Robin J., *Disabled powers: a reading of Voltaire's contes* (Amsterdam 1993).

Hume, David, *Essays and treatises on several subjects* (Edinburgh 1758).

Hyde, Thomas, *Veterum Persarum et Parthorum et Medorum religionis historia* (Oxonii 1760).

Journal de l'agriculture, du commerce et des finances (1765-1774).

Journal économique (1751-1772).

Journal encyclopédique (1756-1794).

Jovicevich, Alexander, *Jean-François de La Harpe, adepte et renégat des Lumières* (South Orange, NJ 1973).

– 'Sur la date de composition de *L'Homme aux quarante écus*', *Symposium* 18 (Fall 1964), p.251-57.

– 'Voltaire and La Harpe – l'affaire des manuscrits: a reappraisal', *Studies* 176 (1979), p.77-95.

Kafker, Frank A., et Serena L. Kafker, *The Encyclopedists as individuals: a biographical dictionary of the authors of the Encyclopédie*, Studies 257 (1988).

Kämpfer, Engelbert, *Histoire naturelle, civile, et ecclésiastique de l'empire du Japon*, trad. Jean-Gaspar Scheuchzer (La Haye 1729).

Kennett, Lee Boone, *The French armies in the Seven Years' War* (Durham, NC 1967).

Kostoroski, Emilie P., *The Eagle and the dove: Corneille and Racine in the literary criticism of eighteenth-century France*, Studies 95 (1972).

Kotta, Nuçi, *L'Homme aux quarante écus: a study of Voltairian themes* (The Hague, Paris 1966).

Kozminski, Léon, *Voltaire financier* (Paris 1929).

Labriolle-Rutherford, Marie-Rose de, 'L'évolution de la notion de luxe depuis Mandeville jusqu'à la Révolution', *Studies* 26 (1963), p.1025-36.

La Chesnaye Des Bois, François-Alexandre Aubert de, *Lettre à madame la comtesse D*** pour servir de supplément à l'Amusement philosophique sur le language des bêtes* (s.l. 1739).

Lafarga, Francisco, *Voltaire en Espagne (1734-1835)*, Studies 261 (1989).

La Harpe, Jean-François de, *Lycée, ou cours de littérature* (Paris an VII).

La Martinière, Antoine-Augustin Bruzen de, *Le Grand dictionnaire géographique, historique et critique* (La Haye 1726-1739).

La Motte, Antoine Houdar de, *L'Esprit des poésies de M. de La Motte* (Genève, Paris 1767).

Larcher, Pierre-Henri, *Réponse à la Défense de mon oncle, précédée de la Relation de la mort de l'abbé Bazin* (Amsterdam 1767).

– *Supplément à la Philosophie de l'histoire* (Amsterdam 1767).

– –, nouv. éd. (Amsterdam 1769).

La Rivière, Charles de, 'Mercier de La Rivière à Saint-Pétersbourg en 1767', *Rhl* 4 (1897), p.581-602.

LeClerc, Paul O., *Voltaire and Crébillon père: history of an enmity*, Studies 115 (1973).

Lefebvre, Georges, *Etudes sur la Révolution française* (Paris 1954).

Lefranc de Pompignan, Jean-George, *Instruction pastorale de monseigneur l'évêque du Puy sur la prétendue philosophie des incrédules modernes* (Puy, Lyon, Paris 1768).

Lefranc de Pompignan, Jean-Jacques, *Mémoire présenté au roi, le 11 mai 1760* (Paris 1760).

Legros, René, 'L'*Orlando furioso* et *La Princesse de Babylone* de Voltaire', *The

Modern language review* 22 (1927), p.155-61.

Le Mercier de La Rivière, Pierre-Paul-François-Joachim-Henri, *Ordre naturel et essentiel des sociétés politiques* (Londres, Paris 1767).

– *De l'origine et des progrès d'une science nouvelle* (Londres, Paris 1768).

– *Mémoires et textes inédits sur le gouvernement économique des Antilles*, éd. Louis-Philippe May (Paris 1978).

Lerouge, Georges-Louis, *An historical account of the curiosities of London and Westminster* (Bordeaux 1765).

Le Roy, Charles-Georges, *Réflexions sur la jalousie, pour servir de commentaire aux derniers ouvrages de M. de Voltaire* (Amsterdam 1772).

Lettres critiques sur le poème de Clovis (Paris 1725).

Lettres de M. de Voltaire à l'Homme aux quarante écus et réponses de l'Homme aux quarante écus à M. de Voltaire (Paris 1845).

Lettres édifiantes et curieuses, écrites des missions étrangères, éd. Charles Le Gobien, Jean-Baptiste Du Halde *et al.* (Paris 1711-1743).

Levy, Darlene Gay, *The Ideas and careers of Simon-Nicolas-Henri Linguet: a study in eighteenth-century French politics* (Urbana 1980).

Linguet, Simon-Nicolas-Henri, *La Cacomonade, histoire politique et morale, traduite de l'allemand du docteur Pangloss* (Cologne 1766).

– *Théorie des lois civiles, ou principes fondamentaux de la société* (Londres 1767).

Lion, Henri, *Les Tragédies et les théories dramatiques de Voltaire* (Paris 1895).

Lokman, *Les Contes et fables indiennes*

de *Bidpaï et de Lokman*, trad. Antoine Galland (Paris 1724).

The London chronicle (1757-1823).

The London stage 1660-1800 (Carbondale 1960-1968), III: *1729-1747*, éd. Arthur Hawley Scouten.

Longchamp, Sébastien G., et Jean-Louis Wagnière, *Mémoires sur Voltaire et sur ses ouvrages, par Longchamp et Wagnière, ses secrétaires* (Paris 1826).

Lortholary, Albert, *Le Mirage russe en France au XVIII* siècle (Paris 1951).

Loutchisky, Jean, *L'Etat des classes agricoles en France à la veille de la Révolution* (Paris 1911).

Luynes, Charles-Philippe d'Albert, duc de, *Mémoires du duc de Luynes sur la cour de Louis XV (1735-1758)*, éd. L. Dussieux et E. Soulié (Paris 1860-1865).

Mably, Gabriel Bonnot de, *Doutes proposés aux philosophes économistes, sur l'Ordre naturel et essentiel des sociétés politiques* (La Haye 1768).

McGhee, Dorothy, *Voltairian narrative devices as considered in the author's contes philosophiques* (Menasha 1933).

Maestro, Marcello T., *Voltaire and Beccaria as reformers of criminal law* (New York 1942).

Maillet, Benoît de, *Telliamed, ou entretiens d'un philosophe indien avec un missionnaire français sur la diminution de la mer, la formation de la terre, l'origine de l'homme, etc.* (Amsterdam 1748).

Maintenon, Françoise d'Aubigné, marquise de, *Lettres*, éd. Laurent Angliviel de La Beaumelle (Nancy [Francfort] 1752).

Mandelslo, *voir* Olearius.

Mandeville, Bernard de, *The Fable of the bees, or private vices public benefits: with an essay on charity and charity-schools, and a search into the nature of society* (London 1724).

Marion, Henri, *La Dîme ecclésiastique en France au XVIII* siècle et sa suppression* (Bordeaux 1912).

Marion, Marcel, *Histoire financière de la France depuis 1715* (Paris 1914-1921).

– *Les Impôts directs sous l'ancien régime, principalement au XVIII* siècle (Paris 1910).

Marmontel, Jean-François, *Bélisaire* (Paris 1767).

– *Mémoires*, éd. John Renwick (Clermont-Ferrand 1972).

Matthews, George Tennyson, *The Royal general farms in eighteenth-century France* (New York 1958).

Maupertuis, Pierre-Louis Moreau de, *Lettres* (Berlin 1753).

– *Œuvres* (Dresde 1752).

– – (Lyon 1756).

– – (Lyon 1768).

– *Vénus physique, contenant deux dissertations, l'une sur l'origine des hommes et des animaux, et l'autre sur l'origine des noirs* (s.l. 1745).

May, Louis-Philippe, *Le Mercier de La Rivière (1719-1801): aux origines de la science économique* (Paris 1975).

Meek, Ronald Lindley, *The Economics of physiocracy: essays and translations* (London 1962).

Mélanges d'économie politique, éd. L.-F.-E. Daire et Gustave de Molinari (Paris 1847).

Melon, Jean-François, *Essai politique sur le commerce* (s.l. 1734).

– – ([Paris] 1736).

– *Mahmoud le Gasnévide, histoire orientale: fragment traduit de l'arabe, avec des notes* (Rotterdam 1729).

Ménage, Gilles, *Dictionnaire etymologique* (Paris 1694)

Menant, Sylvain, *La Chute d'Icare: la crise de la poésie française, 1700-1750* (Genève 1981).

Mercier, Roger, *L'Enfant dans la société du XVIIIe siècle* (Dakar 1961).

Mercier de Compiègne, Claude-François-Xavier, *Les Nuits de la Conciergerie, rêveries mélancoliques, et poésies d'un proscrit* (Paris an III).

Mercure de France (1672-1791).

Mervaud, Christiane, *Voltaire et Frédéric II: une dramaturgie des Lumières 1736-1778*, Studies 234 (1985).

Messance, *Recherches sur la population des généralités d'Auvergne, de Lyon, de Rouen, et de quelques provinces et villes du royaume, avec des réflexions sur la valeur du bled tant en France qu'en Angleterre, depuis 1674 jusqu'en 1764* (Paris 1766).

Mirabeau, Victor Riquetti, marquis de, *L'Ami des hommes, ou traité de la population* (Avignon 1756-1758).

– *Eléments de la philosophie rurale* (La Haye 1767).

– *Philosophie rurale ou économie générale et politique de l'agriculture* (Amsterdam 1763).

– *Théorie de l'impôt* (s.l. 1760).

Monod-Cassidy, Hélène, *Un voyageur-philosophe au dix-huitième siècle: l'abbé Jean-Bernard Le Blanc* (Cambridge, Mass. 1941).

Montesquieu, Charles-Louis de Secondat, baron de La Brède et de, *Lettres familières du président de Montesquieu, baron de la Brède, à divers amis d'Italie*, éd. Ottaviano di Guasco (s.l. 1767).

The Monthly review (1749-1845).

Morellet, André, *Le Manuel des inquisiteurs, à l'usage des Inquisitions d'Es-pagne et de Portugal* (Lisbonne [Paris] 1762).

Moreri, Louis, *Le Grand dictionnaire historique, ou le mélange curieux de l'histoire sacrée et profane* (Paris 1725).

Morineau, Michel, 'Y a-t-il eu une révolution agricole en France au XVIIIe siècle?', *Revue historique* 239 (1968), p.299-326.

Morris, Alice, 'A new interpretation of Voltaire's tale *L'Homme aux quarante écus*', diss. (University of Massachusetts 1978).

Mortier, Roland, 'L'idée de décadence littéraire au XVIIIe siècle', *Studies* 57 (1967), p.1013-29.

Mouhy, Charles de Fieux, chevalier de, *La Paysanne parvenue* (Paris 1735-1737).

Moureaux, José-Michel, 'La place de Diderot dans la correspondance de Voltaire: une présence d'absence', *Studies* 242 (1986), p.169-217.

Mousnier, Roland, *Progrès scientifique et technique au XVIIIe siècle* (Paris 1957).

Mylne, Vivienne, 'Literary techniques and methods in Voltaire's *contes philosophiques*', *Studies* 57 (1967), p.1055-80.

Naveau, Jean-Baptiste, *Le Financier citoyen* (Paris 1757).

Needham, John Turberville, *An account of some microscopical discoveries founded on an examination of the calamary* (London 1745).

– *Réponse d'un théologien au docte proposant des autres questions* (s.l. 1765).

Nonnotte, Claude-François, *Les Erreurs de Voltaire* (Amsterdam [Paris] 1766).

Nouvelles ecclésiastiques (1728-1803).

Olearius, Adam Oelschläger, dit, et Johann Albert Mandelslo, *Relation du voyage d'Adam Olearius en Moscovie,*

Tartarie et Perse. Augmentée en cette nouvelle édition d'une seconde partie, contenant le voyage de Jean-Albert de Mandelslo aux Indes orientales, trad. Abraham de Wicquefort (Paris 1659).

Olivet, Pierre-Joseph Thoulier d', *Histoire de l'Académie française, depuis 1652 jusqu'à 1700* (Paris 1729).

Orcibal, Jean, *La Genèse d'Esther et d'Athalie* (Paris 1950).

Palissot de Montenoy, Charles, *Œuvres complètes* (Paris 1809).

Parfaict, François, et Claude Parfaict, *Histoire du théâtre français depuis son origine jusqu'à présent* (Paris 1734-1749).

Pearson, Roger, *The Fables of reason: a study of Voltaire's 'contes philosophiques'* (Oxford 1993).

Perey, Lucien, *La Fin du XVIIIe siècle: le duc de Nivernais* (Paris s.d.).

Pesselier, Charles-Etienne, *Doutes proposés à l'auteur de la Théorie de l'impôt* ([Paris] 1761).

Petau, Denis, *Opus de doctrina temporum* (Antwerpiae 1703).

Pinto, Isaac de, *Apologie pour la nation juive, ou réflexions critiques sur le premier chapitre du VIIe tome des œuvres de monsieur de Voltaire au sujet des juifs* (s.l. 1762).

Pluche, Noël-Antoine, *Concorde de la géographie de différents âges* (Paris 1765).

– *Le Spectacle de la nature, ou entretiens sur les particularités de l'histoire naturelle, qui ont paru les plus propres à rendre les jeunes gens curieux, et à leur former l'esprit* (Paris 1732-1746).

– – (Paris 1755-1764).

Plumart de Dangeul, *Remarques sur les avantages et les désavantages de la France et de la Grande Bretagne* (Leyde [Paris] 1754)

Pomeau, René, *Voltaire en son temps*, 2e éd. (Oxford, Paris 1995).

– *La Religion de Voltaire* (Paris 1974).

Le Pour et contre (1733-1740).

Prideaux, Humphrey, *Histoire des Juifs et des peuples voisins depuis la décadence des royaumes d'Israël et de Juda jusqu'à la mort de Jésus-Christ*, trad. Jean-Baptiste Brutel de La Rivière et Moïse Du Soul (Amsterdam 1722, Paris 1726).

Quérard, Joseph-Marie, *Les Supercheries littéraires dévoilées* (Paris 1869).

Quesnay, François, *Physiocratie, ou constitution naturelle du gouvernement le plus avantageux au genre humain* (Leyde, Paris 1767-1768).

– – (Leyde, Paris 1768).

Quignard, Jacques, 'Un établissement de texte: *Le Siècle de Louis XIV* de Voltaire', *Les Lettres romanes* 5 (November 1951), p.305-38.

Racine, Jean, *Œuvres*, éd. Pierre-Joseph-François Luneau de Boisjermain (Paris 1768).

Raymond, Dominique, *Histoire de l'éléphantiasis, contenant aussi l'origine du scorbut, du feu St Antoine, de la vérole, etc. avec un précis de l'histoire physique des temps* (Lausanne 1767).

Recueil contenant les délibérations de la Société royale d'agriculture de la généralité de Paris, au Bureau de Paris depuis le 12 mars jusqu'au 10 septembre 1761 (Paris 1761).

Renaudot, Eusèbe, *Anciennes relations des Indes et de la Chine, de deux voyageurs mahométans, qui y allèrent dans le neuvième siècle* [...] *traduites de l'arabe* (Paris 1718).

Renwick, John, *Marmontel, Voltaire*

and the *Bélisaire affair*, Studies 121 (1974).

Ribadeneira, Pedro de, *Les Nouvelles fleurs de la vie des saints, et des festes de toute l'année* (Paris 1704).

Richard, Charles-Louis, *Voltaire parmi les ombres* (Genève, Paris 1776).

Ridgway, Ronald S., *La Propagande philosophique dans les tragédies de Voltaire*, Studies 15 (1961).

Roe, Shirley, 'Voltaire versus Needham: atheism, materialism, and the generation of life', *Journal of the history of ideas* 46 (1985), p.65-87.

Roger, Jacques, *Les Sciences de la vie dans la pensée française du XVIIIe siècle* (Paris 1963).

Roll, Eric, *A history of economic thought* (London 1954).

Rolleston, John Davy, *Voltaire and medicine* (London 1926).

Rollin, Charles, *De la manière d'enseigner et d'étudier les belles-lettres par rapport à l'esprit et au cœur* (Paris 1748-1755).

Rougemont, Martine de, *La Vie théâtrale en France au XVIIIe siècle* (Paris, Genève 1988).

Roulet, Louis-Edouard, *Voltaire et les Bernois* (La Chaux-de-Fonds 1950).

Rousseau, André-Michel, *L'Angleterre et Voltaire*, Studies 145-147 (1976).

Rousseau, Jean-Baptiste, *Lettres de Rousseau sur différents sujets*, éd. Louis Racine (Genève 1749).

Rousseau, Jean-Jacques, *Œuvres complètes*, éd. Bernard Gagnebin et Marcel Raymond (Paris 1959-1995).

Roussel de La Tour, *La Richesse de l'Etat* (s.l. 1763).

– *Développement du plan intitulé: Richesse de l'Etat* (s.l. 1763).

Rowbotham, Arnold Horrex, *The 'Philosophes' and the propaganda for inoculation of smallpox in eighteenth-century France*, University of California publications in modern philology 18 (Berkeley 1936).

Rustin, Jacques, 'Les "suites" de *Candide* au XVIIIe siècle', *Studies* 90 (1972), p.1395-416.

Saint-Chamans, Auguste-Louis-Philippe, vicomte de, *Le Petit-fils de l'Homme aux quarante écus* (Paris 1823).

Saint-Foix, Germain-François Poullain de, *Essais historiques sur Paris* (Londres, Paris 1754-1755).

– – (Londres, Paris 1755-1757).

– – (Londres, Paris 1763).

Saint-Pierre, Charles-Irénée Castel de, *Annales politiques* (Londres [Paris] 1757).

– *Mémoire pour l'établissement de la taille proportionnelle* (s.l. 1717).

– *Ouvrages de politique* (Rotterdam 1738).

– – (Rotterdam 1733-1741).

– *Projet de taille tarifée* (Rotterdam 1537 [1737]).

Sanchez, Tomas, *De sancto matrimonii sacramento disputationum* (Lugduni 1739).

Saricks, Ambrose, *Pierre-Samuel Du Pont de Nemours* (Kansas 1965).

Sedaine, Michel-Jean, *On ne s'avise jamais de tout, opéra comique* (Paris 1761).

Sée, Henri, *La France économique et sociale au XVIIIe siècle* (Paris 1952).

Servan, Joseph-Michel-Antoine, *Discours sur l'administration de la justice criminelle* (Genève [Grenoble] 1767).

Silberstein, Lotte, *Le Mercier de La Rivière und seine politischen Ideen* (Berlin 1928).

Siret, Pierre-Louis, *L'Homme au latin*,

ou la destinée des savants, histoire sans vraisemblance (Genève 1769 [1768]).

Spear, Frederick A., *Bibliographie analytique des écrits relatifs à Voltaire, 1966-1990* (Oxford 1992).

– 'The Dialogues of Voltaire', diss. (Columbia University 1957).

Spengler, Joseph John, *France faces depopulation* (Durham, NC 1979).

– *French predecessors of Malthus* (Durham, NC 1942).

– 'Messance: founder of French demography', *Human biology* 12 (1940), p.77-94.

Strugnell, Anthony, *Diderot's politics: a study of the evolution of Diderot's political thought after the Encyclopédie* (The Hague 1973).

Supplément des Nouvelles ecclésiastiques (1734-1748).

Sussman, George D., *Selling mothers' milk* (Urbana 1982).

Tachard, Guy, *Second voyage du père Tachard et des jésuites envoyés par le roi au royaume de Siam* (Paris 1689).

Tacite, *Tibère, ou les six premiers livres des Annales de Tacite*, trad. Jean-Philippe-René de La Bléterie (Paris 1768).

Tackett, Timothy, *Priest and parish in eighteenth-century France: a social and political study of the curés in a diocese of Dauphiné, 1750-1791* (Princeton 1977).

Tavernier, Jean-Baptiste, *Les Six voyages [...] en Turquie, en Perse et aux Indes* (Paris 1679).

Taylor, Owen R., 'Bernard Routh et la mort de Montesquieu', *French studies* 3 (1949), p.101-21.

Taylor, S. S. B., 'The definitive text of Voltaire's works: the Leningrad encadrée', *Studies* 124 (1974), p.7-132.

Thomé, *Mémoire sur la pratique du semoir* (Lyon 1760).

– *Second mémoire sur la pratique du semoir de Genève* (Lyon 1762).

Todd, Christopher, *Voltaire's disciple: Jean-François de La Harpe* (London 1972).

Trapnell, William H., 'Survey and analysis of Voltaire's collective editions, 1728-1789', *Studies* 77 (1970), p.103-99.

Trenchard, John, et Thomas Gordon, *Cato's letters, or essays on liberty, civil and religious, and other important subjects* (London 1733).

– *The Independent Whig, or a defence of primitive Christianity, and of our ecclesiastical establishment, against the exorbitant claims and encroachments of fanatical and disaffected clergymen* (5th ed. London 1732).

– – trad. Paul-Henri Thiry, baron d'Holbach (Londres [Amsterdam] 1767).

Trévoux, *voir Dictionnaire universel français et latin.*

Vaissière, Pierre de, *Curés de campagne de l'ancienne France* (Paris 1932).

Van den Heuvel, Jacques, *Voltaire dans ses contes* (Paris 1967).

Vauban, Sébastien Le Prestre, marquis de, *Projet d'une dîme royale* (s.l. 1707).

– – éd. Emile Coornaert (Paris 1933).

Vercruysse, Jeroom, 'Bibliographie provisoire des traductions néerlandaises et flamandes de Voltaire', *Studies* 116 (1973), p.19-64.

– *Les Editions encadrées des œuvres de Voltaire de 1775*, Studies 168 (1977).

– 'La Harpe et la *Gazette d'Utrecht*: une lettre inédite à Choiseul', *Studies* 79 (1971), p.193-98.

– 'Quelques vers inédits de Voltaire', *Studies* 12 (1960), p.55-61.

– 'Voltaire et Marc-Michel Rey', *Studies* 58 (1967), p.1707-63.

Veyssière de Lacroze, Mathurin, *Histoire du christianisme des Indes* (La Haye 1724).

Voltaire, *Adélaïde Du Guesclin*, éd. Michael Cartwright, V 10 (1985).

– *André Destouches à Siam*, éd. John Renwick, V 62 (1987), p.107-26.

– *Anecdote sur Belisaire*, éd. John Renwick, V 63A (1990), p.153-188.

– *Candide*, éd. René Pomeau, V 48 (1980).

– *Commentaires sur Corneille*, éd. David Williams, V 53-55 (1974-1975).

– *Corpus des notes marginales de Voltaire* (Berlin, Oxford 1979-).

– *Correspondence and related documents*, éd. Th. Besterman, V 85-135 (1968-1977).

– *La Défense de mon oncle*, éd. José-Michel Moureaux, V 64 (1984), p.1-450.

– *Des embellissements de Paris*, éd. Mark Waddicor, V 31B (1994), p.199-233.

– *Des embellissements de la ville de Cachemire*, éd. Mark Waddicor V 31B (1994), p.235-61.

– *Des mensonges imprimés*, éd. Mark Waddicor, V 31B (1994), p.315-428.

– *Dictionnaire philosophique*, éd. Christiane Mervaud et al., V 35-36 (1994).

– *Dieu et les hommes*, éd. Roland Mortier, V 69 (1994), p.247-506.

– *Le Dîner du comte de Boulainvilliers*, éd. Ulla Kölving, V 63A (1990), p.291-408.

– *Eléments de la philosophie de Newton*, éd. Robert L. Walters et W. H. Barber, V 15 (1992).

– *Epîtres, satires, contes, odes et pièces fugitives du poète philosophe* (Londres [Lausanne, Grasset] 1771).

– *Essai historique et critique sur les dissensions des Eglises de Pologne*, éd. Daniel Beauvois et Emanuel Rostworowski, V 63A (1990), p.243-89.

– *Essai sur les mœurs*, éd. René Pomeau (Paris 1990).

– *L'Examen important de milord Bolingbroke*, éd. Roland Mortier, V 62 (1987), p.127-362.

– *La Guerre civile de Genève*, éd. John Renwick, V 63A (1990), p.1-152.

– *La Henriade*, éd. Owen R. Taylor, V 2 (1970).

– *Histoire de Charles XII*, éd. Gunnar von Proschwitz, V 4 (1996).

– *Histoire du docteur Akakia*, éd. Jacques Tuffet (Paris 1967).

– *Homélies prononcées à Londres*, éd. Jacqueline Marchand, V 62 (1987), p.406-86.

– *Lettre à l'occasion de l'impôt du vingtième*, éd. Henri Duranton, V 31B (1994), p.289-314.

– *Lettre de Gérofle à Cogé*, éd. John Renwick, V 63A (1990), p.216-25.

– *Lettres philosophiques*, éd. Gustave Lanson et André-Michel Rousseau (Paris 1964).

– *The Man of forty crowns* (London 1768).

– *Notebooks*, éd. Theodore Besterman, V 81-82 (1968).

– *Œuvres complètes*, éd. Louis Moland (Paris 1877-1885).

– *Œuvres complètes / Complete works* (Genève, Banbury, Oxford 1968-).

– *Œuvres historiques*, éd. René Pomeau (Paris 1957).

– *Le Philosophe ignorant*, éd. Roland Mortier, V 62 (1987), p.1-105.

– *La Philosophie de l'histoire*, éd. J. H. Brumfitt, V 59 (1969).
– *Pièces fugitives de M. de Voltaire, de M. Desmahis et de quelques autres auteurs* (Genève 1761).
– *La Pucelle*, éd, Jeroom Vercruysse, V 7 (1970).
– *Les Questions de Zapata*, éd. Jacqueline Marchand, V 62 (1987), p.363-408.
– *Réponse catégorique au sieur Cogé*, éd. John Renwick, V 63A (1990), p.209-26.
– *Romans et contes*, éd. Frédéric Deloffre et Jacques Van den Heuvel (Paris 1979).
– *Rome sauvée*, éd. Paul LeClerc, V 31A (1992), p.1-292.
– *Seconde anecdote sur Bélisaire*, éd. John Renwick, V 63A (1990), p.203-208.
– *Le Siècle de Louis XIV*, éd. L. Angliviel de La Beaumelle (Francfort 1753).
– *Traité de métaphysique*, éd. William H. Barber, V 14 (1989), p.415-503.
– *Voltaire's catalogue of his library at Ferney*, éd. George R. Havens et Norman L. Torrey, Studies 9 (1959).
– *Voltairiana inedita aus den königl. Archiven zu Berlin*, éd. Wilhelm Mangold (Berlin 1901).
Wade, Ira O., *The Search for a new Voltaire*, Transactions of the American Philosophical Society n.s. 48.iv (1958).
Wallace, Robert, *A dissertation on the numbers of mankind in ancient and modern times* (Edinburgh 1753).
– *Essai sur la différence du nombre des hommes dans les temps anciens et modernes*, trad. E. de Joncourt (Londres [Paris] 1754).
Waller, Richard E. A., 'Louis-Mayeul Chaudon against the *philosophes*', Studies 228 (1984), p.259-65.
Wallich, Paul, et Hans von Müller, *Die Deutsche Voltaire-Literatur des achtzehnten Jahrhunderts* (Berlin 1921).
Walpole, Horace, *Correspondence*, éd. W. S. Lewis (London 1937-1983).
Wattenwyl, Alexander Ludwig de, *Histoire de la Confédération helvétique* (Berne 1754).
Weulersse, Georges, *Le Mouvement physiocratique en France de 1756 à 1770* (Paris 1910).
Wilberger, Carolyn H., *Voltaire's Russia: window on the East*, Studies 164 (1976).
Williams, David, 'Luneau de Boisjermain's Racine: a Voltairean emulation?', Studies 90 (1972), p.1773-89.

INDEX

Abbeville, jugement de La Barre, 176*n*
Abbey, Charles John, 159*n*
Abcoude, J. van, 280
Abraham, patriarche biblique, 27, 124*n*
Académie française, 207, 643, 735
Achab, roi d'Israël, 514
Achille, 101*n*, 747, 754
Actes de l'Assemblée générale du clergé, 179*n*
Actisan, 27
Adam, 98*n*, 747
Addison, Joseph, 17*n*, 44, 73*n*
Aden, 110, 117
Adimo, 198*n*
Adonaï, dieu phénicien, 636
Adonis, 78, 79*n*, 207*n*
Adrien Iᵉʳ, pape, 171*n*
Adrien VI, pape, 167*n*
Afrique, 85*n*, 87
Alaric, 404
Albergati Capacelli, marquis Francesco, 421*n*
Alberoni, Jules, 336
Albigeois, 517*n*
Albina, Larissa L., 221*n*, 374*n*
Albinos, 198*n*
Albion, Albioniens, 150, 153, 156, 161-63, 187, 198
Aldebaran, 127
Aldée (*La Princesse de Babylone*), 12, 24, 35, 36, 39*n*, 48
Alembert, Jean Le Rond d', 4, 8*n*, 20*n*, 40*n*, 121*n*, 165*n*, 205*n*, 218, 243*n*, 244*n*, 310*n*, 374*n*, 396*n*, 434*n*, 458, 472*n*
Alexandre le Grand, 76*n*, 103*n*
Alexandrie, 201*n*
Allemagne, 20, 62, 147, 165

Alogi, 389*n*
Alpes, 165, 198; du Tirol, 163
Altmann, Johann Georg, 235, 321*n*, 322*n*
Amadis, 32, 34, 40
Amazan (*La Princesse de Babylone*), 3, 12-14, 26, 27, 31-34, 36-38, 43, 44, 48, 51-52, 62*n*
Amérique, Américains, 436
Ammien Marcellin, 173*n*, 201*n*
Anaverdikan, 124*n*
Ancône, 188
Ancre, Eleonora Dori Galigaï, maréchale d', 519
Andalousie, 189*n*, 191*n*
Andry de Boisregard, Nicolas, 353
Anet, 15, 16*n*
Angleterre, Anglais, 6, 20, 46, 51, 52, 62, 147*n*, 158*n*, 161*n*, 198*n*; femmes, 157*n*; guerre des Deux Roses, 158*n*; indifférence, 163*n*; ivrognerie, 157*n*; justice, 160*n*; mélancolie, 162*n*; supériorité, 169*n*
Anglo-Saxons, 157*n*
Annecy, 434
Année littéraire, *voir* Fréron
The Annual register, 6
Antiliban, 84
Apamée, 203
Aphrodite, 31, 73
Apis, 26, 27, 51, 75, 79, 80, 111, 141*n*, 204
Apollon, 403
Apollonius de Thyane, 754
Arabie, Arabes, 16, 35, 86*n*, 89*n*, 92, 110, 111, 114, 117, 120, 189*n*, 203*n*
Aranda, Pedro Pablo Abarca de Bolea, comte d', 194*n*, 516*n*

Arbazan (*La Princesse de Babylone*), 12, 102*n*

Argenson, Marc-Pierre de Voyer de Paulmy, comte d', 11, 149*n*, 301

Argenson, René-Louis de Voyer de Paulmy, marquis d', 220, 289*n*

Argental, Charles-Augustin Feriol, comte d', 4, 10, 20*n*, 46, 71*n*, 139*n*, 142*n*, 175*n*, 241, 242, 249, 429, 436, 438, 440-43, 445-48, 453, 454, 456, 458, 460, 461, 464, 465, 466*n*, 471, 472*n*, 479, 497*n*, 498*n*, 530, 558*n*, 612*n*, 625*n*, 626*n*, 628*n*, 631

Argental, Jeanne Grâce Bosc Du Bouchet, comtesse d', 142*n*, 440, 471

Arioste, Ludovico Ariosto, dit, 45, 73*n*, 86*n*

Aristide, 202*n*, 388*n*, 395

Aristote, 84*n*, 340*n*, 468, 759

Arménie, 522*n*, 749

Arrenberg, R., 280

Arsinoé, 203

Artaxerxès, 21

Artémite, 203

Arvieux, Laurent d', 697

Arzace (*Sémiramis*), 96*n*, 102*n*

Arzace (*La Princesse de Babylone*), 12

Asie, 7, 8*n*, 23, 24, 27, 39, 73, 112, 113, 138, 139*n*, 142*n*, 206

Assassins, 158*n*

Assur, 12, 91*n*

Assyrie, 25

Astruc, Jean, *Traité des maladies vénériennes*, 235, 378*n*, 383*n*, 384*n*

Athènes, 190*n*

Atlantide, Atlantes, 150, 190

Atterbury, Francis, 151*n*

Atticus, 403, 404

Aubry, Christophe, 395

Aucuy, M., 334*n*

Auguste, 405

Augustin, saint, 748, 754, 755, 756*n*

Aulnoy, Marie-Catherine Le Jumel de

Barneville, baronne d', *Relation du voyage d'Espagne*, 43, 189*n*, 194*n*

Aumont, Arnulphe d', 349*n*

Ausoniens, 151

Autroche, Claude de Loynes d', 19*n*, 165*n*

L'Avant-coureur, 5, 55, 264*n*

Avenel, Georges, 435*n*

Azéma (*Sémiramis*), 12, 96*n*

Baal, 71*n*, 82*n*, 511, 512, 636, 638

Babeau, Albert, 310*n*

Babylone, Babylonie, Babyloniens, 10-13, 17, 21-23, 25, 29, 34, 36, 39, 44, 48, 113*n*, 160, 371

Bacchus, 754

Bacha Bilboquet, 186*n*

Bachaumont, Louis Petit de, *Mémoires secrets*, 3*n*, 4, 181*n*, 221*n*, 224, 241, 245*n*, 248, 250, 253, 437*n*, 450, 457*n*, 465*n*, 473, 475, 735

Balaam, 747, 753, 754

Balcou, Jean, 371*n*

Baldwin, R., 280

Barber, William H., 161*n*

Barbier, Antoine-Alexandre, 254*n*

Barbier, P., 717*n*

Bardezane, 208*n*

Bardin, Isaac-Marc, libraire, 59, 277, 416, 486, 741

Baronius, 759

Basile, saint, 753

Basques, 43, 188*n*

Bassora, 23, 113, 117, 122, 123, 125, 163, 196

Bastille, 209*n*

Batavie, Bataves, 149, 150, 151, 162, 163, 165, 204

Baudeau, Nicolas, 218; *Ephémérides du citoyen*, 224*n*, 226, 237, 238*n*, 252, 291*n*, 292*n*

Bayle, Pierre, 312*n*, 318*n*

Bayreuth, *voir* Frédéric Guillaume

Bazin, abbé (pseudonyme de Voltaire), 26, 28, 30, 32, 139n, 198n, 208n

Beaumont, Christophe de, archevêque de Paris, *Mandement*, 179n

Beauvillier, Paul, duc de, 301n

Beauvois, Daniel, 144n

Beccaria, Cesare, 370, 374n

Bécherand, abbé, 210

Becket, T., libraire, 249n, 271, 280

Belin, Jean-Paul, 245n

Bellecombe, *Lettres de M. de Voltaire à l'Homme aux quarante écus*, 254n, 255

Belle-Isle, Charles-Louis-Auguste Fouquet, duc de, 336

Belloy, Pierre-Laurent Buirette de, 10, 499

Bel (nom du Seigneur), 71n

Bélus (*La Princesse de Babylone*), 3, 12, 15, 16n, 17, 23n, 25, 27, 34-36, 48, 52, 170n

Benares, 76n

Bengesco, Georges, 56, 415, 416, 480, 484-86, 488, 648, 700, 738, 740, 741

Benjamin, fils de Jacob et de Rachel, 514

Benoît XIV, pape, 421n

Benserade, Isaac de, 82n

Bernard, Pierre-Joseph, dit Gentil-Bernard, 181n

Bernis, François Joachim de Pierres de, cardinal, 471

Berryer de Ravenoville, Nicolas-René, 13

Berthier, Guillaume-François, 358n

Berthier de Sauvigny, Louis Bénigne, 231

Bertin, Henri, 217, 218, 248

Bertrand, Elie, 342n, 343n

Berwick, James Fitz-James, duc de, 632

Besterman, Theodore, 227n, 279n, 421n, 645, 646, 698

Bétique, Bétiquois, 189n, 190-92, 196, 200; roi de la Bétique, 33, 34, 197, 198

Bétis, 189, 191

Beuchot, A. J. Q., 632n

Bible, 100n, 175n, 514n; Actes, 82n; Cantique des cantiques, 82n; Colossiens, 386n; Corinthiens, 355n; Ecclésiaste, 758n; Exode, 758n; Genèse, 74n, 100n, 192n, 386n, 753, 758; Jean, 355n, 760n; Lévitique, 100n, 758n; Matthieu, 331n; Nombres, 753n; Pierre, 754n; Psaumes, 514n; Rois, 514n

Bibliothèque du roi, 17, 42, 76n

Bibliothèque française, 215n

Bicêtre, 209

Bidassoa, 43

Bigex, Simon, 478, 634

Billardon de Sauvigny, Louis Edmé, 436n

Bizacène, 201

Boccace, Giovanni Boccaccio, *dit*, 45

Bochoris, 754

Bogdanovitch, P. I., 280

Boiardo, Matteo Maria, *Orlando innamorato*, 45

Boileau, Nicolas, 289n, 407, 415, 424n, 506

Boisguilbert, Pierre Le Pesant de, 216, 220, 296n, 318n, 335

Boisjermain, Pierre-Joseph-François Luneau de, 505n

Bolingbroke, Henry St John, first viscount, 151n, 509n

Bonnet, Charles, 341n, 348n, 349n

Bonnet, frères, 488

Bonneville, Douglas A., 262n

Bonno, Gabriel, 247n

Boom, G., 280

Booy, J. Th. de, 247n

Bordes, Charles, 460, 735; *Les Castrats*, 167n; *Le Catéchumène*, 204n

Boss, R. I., 226n

Bossu, *Nouveaux voyages aux Indes orientales*, 56

Bossuet, Jacques Bénigne, 177n, 401n

Boucher, Jean, 395

Bouddha, 77*n*

Boudet, Antoine, 337-39, 346

Boudot, *voir* Boudet

Bougeant, Guillaume-Hyacinthe, *Amusement philosophique sur le langage des bêtes*, 16*n*, 99*n*

Bouillon, Charles-Godefroy de La Tour d'Auvergne, duc de, 385, 395*n*

Bouillon, Société typographique, 278

Boulainvilliers, Henri de, 301*n*, 357*n*

Boulanger, Nicolas-Antoine, 433*n*

Bourde, André J., 338*n*

Boursier [Voltaire], 7

Bourzeis, Amable de, 335

Bouvy, E., 421*n*, 422*n*

Boyer, Claude, 510*n*

Brailsford, Henry, 255*n*

Brama, 77

Brandebourg, 147*n*

Brésil, 85*n*

Brice, Germain, 325*n*, 326*n*

Brissot, Jacques-Pierre, 255

The British journal, 397*n*

Brizard, Jean-Baptiste Britard, dit, 448

Brossette, Claude, 424*n*

Brown, A., 47*n*, 219*n*, 239*n*, 240*n*, 264*n*, 413*n*, 477*n*, 479*n*, 737*n*

Brueys, Augustin-David, 497*n*, 503

Brumfitt, J. H., 335*n*

Bruys, François, 383*n*

Buffier, Claude, 385*n*

Buffon, Georges-Louis Leclerc, comte de, 234, 340*n*, 348*n*, 374*n*, 737; *Histoire naturelle*, 85*n*, 308*n*, 341*n*, 342*n*, 344*n*, 345*n*, 349*n*, 351-52*n*, 355*n*, 759*n*

Burnet, Thomas, 341*n*

Cachemire, 112

Cailhava de L'Estendoux, Jean-François de, 449, 499*n*

Caille, abbé de, 736

Caire, 182*n*

Calais, 151*n*

Calas, Jean, 399*n*, 433*n*, 464, 518*n*

Calas, famille, 373, 374*n*, 434

Calmet, Augustin, 101*n*, 192*n*, 382*n*, 386*n*, 753, 754, 756*n*, 758*n*

Cambalu, capital chinois, 128, 132, 136

Cambise, roi de Perse, 27, 136, 204*n*

Campistron, Jean Galbert de, 470, 507*n*

Canada, 112*n*

Candide en Dannemarc, 204*n*

Cang-hi, empereur de Chine, 130*n*

Canillac, Mlle de, 175*n*

Canope, Canopus (dieu), 201

Canope (étoile), 30, 127, 201

Canope (ville), 30, 201, 202*n*

Cantillon, Richard, *Essai sur la nature du commerce en général*, 216*n*, 363*n*

Canton, 131*n*

Capelle, Pierre, 654*n*, 699*n*

Capellus, 74*n*

Capet, Hugues, 401

Capperonnier, Jean, 247

Carlos, don, roi de Naples, 398*n*

Carlos III, roi d'Espagne, 194*n*

carmélites, 325*n*, 326*n*

Carozzi, Marguerite, 342*n*, 344*n*

Carpocrate d'Alexandrie, 389*n*

Carré, Jérôme (pseudonyme de Voltaire), 639

Carthage, 29, 200, 201

Cartwright, Michael, 423*n*

Casbin, 101*n*

Casimir V, ou Jean II Casimir, roi de Pologne, 185*n*

'Cassius, Andréas', *voir* Bellecombe

Castel, René-Richard, 699

Catai, 128*n*

Catherine II, impératrice de Russie, 6-8, 10, 17, 20, 21, 51, 52, 134*n*, 138*n*, 139*n*, 140*n*, 141*n*, 142*n*, 143*n*, 144*n*, 146*n*, 181*n*, 195*n*, 230, 239, 247, 294*n*, 396*n*, 399*n*, 408

'Cato' (pseudonyme de Thomas Gordon et John Trenchard), 397*n*

Caton, 388n, 534n

Caucase, mont, 74

Caussy, Fernand, 228n, 328n

Cazan, 8n

Celedone, 759

Celtes, 170

Cérès, 10, 140

Cérutti, Joseph-Antoine-Joachim, 311n

César, Jules, 402, 403

Cesarotti, Melchior, 422n

Chabanon, Michel Paul Gui de, 4, 5, 42n, 177n, 182n, 243, 645

Chaldée, Chaldéens, 23n, 25n, 99n, 105, 107, 124n

Châlons-sur-Marne, 154n

Chambon, 339n

Champagne, 154n, 161n

Champs Elysées, 118

Chandasaeb, 89n

Chang-ti, dieu chinois, 129n, 132

Chapelain, Jean, 506

Chapelle, Claude-Emmanuel Lhuillier, dit, 506

Chardin, Jean, 432n

Chardon, Daniel Marc Antoine, 228, 238, 240

Chariton, *Histoire des amours de Chéréas et Callirhoé*, tr. Larcher, 45, 73n

Charles Ier, roi d'Angleterre, 158n, 159n

Charles XII, roi de Suède, 408, 409

Charles-Quint, 189n

Châteauneuf, abbé de, 207, 208n

Châtel, Jean, 373n

Chatillard de Montillet, Jean-François de, *Lettre pastorale*, 179n, 311n

Chaudon, Louis-Mayeul, 311n, 392n, 393n

Chaumeix, Abraham, 210; *Préjugés légitimes contre l'Encyclopédie*, 210n

Chauvelin, abbé, 147n

Chauvelin, Bernard Louis, 221, 222, 421n

Cheinisse, L., 227n

Chennevières, François de, 4, 240, 249

Chersonèse, 201

Chevalley, S., 420n

Chevrier, François-Antoine, 336n

Chine, Chinois, 10, 16, 20, 21, 28, 43, 48, 52, 87, 103n, 127, 128, 130, 131n, 133, 136, 138, 143, 144, 198n, 203n, 421

Chiniac de La Bastide Du Claux, Pierre de, 247

Chiraz, vin de, 11, 19n, 115, 120, 125

Choiseul, Etienne-François de Choiseul-Stainville, duc de, 139n, 149n, 231, 240, 248, 264n, 399n, 465

Choiseul, Louise-Honorine Crozat Du Châtel, duchesse de, 450, 458, 472n, 735

Christian VII, roi de Danemark, 19, 20n, 145n, 146n, 396n

Christin, Charles-Frédéric-Gabriel, 330n, 398n

Christine, reine de Suède, 146n, 171n, 185n, 186n

Cicéron (Marcus Tullius Cicero), 403, 544

Cideville, Pierre-Robert Le Cornier de, 11n

Cimmériens, 7, 9, 38, 136, 138, 140, 143, 144, 195n

Cirey, 93n, 154n, 746n

Clark, Samuel, 758

Clément, Jacques, 383, 511, 637

Clément, saint, le pape, 86n

Clément XI, pape, 516n

Clément XIII, pape, 422n

Clément d'Alexandrie, saint, 757

Clovis Ier, empereur, 361n

Cogé, *voir* Coger

Coger, François-Marie, *Examen du Bélisaire de M. Marmontel*, 7, 22, 72n, 179n, 205, 370, 387n, 400, 434

Colbert, Jean-Baptiste, 215, 252, 289n, 313n, 318n, 322n, 323n, 335

Cole, Charles W., 214n

Cole, Francis, 349*n*, 350
Coligny, Gaspard de Châtillon, sire de, 174*n*
Collé, Charles, 180*n*, 181*n*
Collini, Cosimo Alessandro, 120*n*
Colomb, Christophe, 382
Comédie-Française, 19*n*, 371*n*, 420*n*, 439*n*, 440, 447, 449, 455, 464, 465*n*, 508*n*, 510*n*
Comédie-Italienne, 645, 697, 698
Commire, le père, 200*n*
Compagnie des Indes, 89*n*, 102*n*, 124*n*, 290*n*
Condillac, Etienne Bonnot de, *Traité des systèmes*, 214
Condorcet, Marie Jean Antoine Nicolas de Caritat, marquis de, 213, 255
Constantin, empereur, 360, 405*n*, 497, 502
Constantinople, 182*n*
Contancin, le père, 129*n*, 130*n*
Contes et fables indiennes, 101*n*
Contre-enquête par l'Homme aux quarante écus, 254*n*
convulsionaires, 210*n*
Copenhague, 145*n*
Coquelay de Chaussepierre, Charles Georges, 209*n*
Cora, écrivain, 424*n*
Corelli, Arcangelo, 196*n*
Cornbury, Henry Hyde, vicomte, 509*n*, 510*n*, 513, 638
Corneille, Pierre, 469, 470, 497*n*, 503, 505, 507*n*, 516, 518
Corneille, Thomas, 470, 507*n*
Cornelius Nepos, 403*n*
Coromandel, 76*n*
Cotin, Charles, 424*n*
Cotte, Chantal, 697*n*
Courrier d'Avignon, 248
Courrier du Bas-Rhin, 248
Courtilz de Sandras, Gatien de, 335
The Court miscellany, 6, 62

Coyer, Gabriel-François, *Chinki*, 250, 253, 254
Cramer, Claire, 644
Cramer, Gabriel, 58, 275, 276, 277, 413, 414*n*, 415, 416, 419*n*, 420*n*, 423*n*, 440, 464, 477, 480, 481, 484, 486, 487, 499*n*, 740, 741
Cramer, L.-G., 413*n*
Cramer, Philibert, 413
Cramer, famille, 240
Crébillon, Claude-Prosper Jolyot de, 181*n*; *Le Sopha*, 152; *Tanzai et Néadarné*, 152*n*
Crébillon, Prosper Jolyot de, *Rhadamisthe et Zénobie*, 424*n*
Cromwell, Oliver, 511, 637
Cromwell, Richard, 186*n*
Crouzas, Jean Pierre de, 11*n*
Curzon, H. de, 643*n*, 644*n*
Cyrène, 201

Dacier, André, 365*n*
Dacier, Anne Lefebvre, 754
Daire, L.-F.-E., 255*n*
Dalmatie, 188; mer de, 150
Damilaville, Etienne-Noël, 4, 20*n*, 45, 76*n*, 184*n*, 194*n*, 205*n*, 221*n*, 222, 231-33, 236, 241, 289*n*, 290*n*, 294*n*, 296*n*, 297*n*, 312*n*, 318*n*, 321*n*, 323*n*, 326*n*, 342*n*, 362*n*, 363*n*, 385*n*, 392*n*, 400*n*, 404*n*, 440; *Supplément à la Philosophie de l'histoire*, 7, 25, 45
Danemark, 63
Dangeau, Philippe de Courcillon, marquis de, *Mémoires*, 94*n*
Danube, 163, 169
Darigrand, Jean-Baptiste, *L'Antifinancier*, 222, 329*n*
Dauphin, *voir* Louis de France
David, roi d'Israël, 514, 636
Delattre, Pierre, 310*n*, 358*n*
Délices, 162*n*
Dellon, Charles, *Relation de l'Inquisition*

de Goa, 191*n*, 193*n*; *Voyages*, 41, 43, 105*n*, 123*n*

Deloffre, Frédéric, 45*n*

Delorme, Antoine, 242

Delorme, Jean-Louis, 242*n*

Denina, Carlo Giovanni Maria, 407

Denis, Marie Louise, 4, 18, 147*n*, 219, 244*n*, 245, 249, 430, 438-40, 442, 445, 447-51, 453, 454, 458, 460, 461, 472*n*, 479, 480, 499*n*, 524*n*, 536*n*, 583*n*, 645, 647, 698, 735

Denon, Dominique Vivant, 449, 499*n*

Deparcieux, Antoine, 234, 249, 299*n*, 300*n*, 306*n*, 308*n*

Derbent, Derbend, 74

Descartes, René, 345*n*, 386*n*, 747, 754

Desfontaines, Pierre-François Guyot, 209, 422*n*; *Observations sur les écrits modernes*, 209*n*

Desfontaines, Nicolas-Marc, 503

Deshayes, *voir* Voisin

Desmahis, Jean-François-Edouard Corsembleu, 439, 441, 446, 448, 498*n*, 638, 639

Desnoiresterres, Gustave, 15*n*, 16*n*, 18*n*

Dezallier d'Argenville, Antoine-Nicolas, 16*n*

Dezède, compositeur, 711*n*

D'Hondt, P. A., libraire, 249*n*, 271, 280

Dictionnaire de l'Académie, 97*n*

Dictionnaire des journaux, 242*n*

Diderot, Denis, 177*n*, 218, 224, 230-32, 244, 326*n*, 336*n*, 340*n*, 392*n*, 405*n*, 450, 457*n*, 474, 476; *Encyclopédie*, 'Célibat', 367*n*; – 'Philosophie', 213*n*; *Pensées sur l'interprétation de la nature*, 233*n*

Didon, Phénicienne, 29, 30, 200, 201*n*

Dijon, 7*n*

Dioclétien, empereur romain, 497, 502

Diodore de Sicile, 25*n*, 72*n*, 161*n*

Diogène Laërce, 323*n*

Dionnet, G., 215*n*

Dodone, 754

Dombre, Jean, 251

Donvez, Jacques, 228*n*, 297*n*

Dorat, Claude Joseph, 19*n*, 182*n*

Dordogne, 39, 188

Doucin, Louis, 516

Dracon, législateur athénien, 372

Dresde, 56

Dubois, Guillaume, 380*n*

Dubois, Marie-Madeleine Blouin, 182*n*

Dubois-Fontanelle, *Ericie ou la vestale*, 244

Dubois-Goibaud, Philippe, 756*n*

Dubos, Jean-Baptiste, 215*n*

Du Châtelet-Lomont, Gabrielle Emilie Le Tonnelier de Breteuil, marquise, 93*n*, 154*n*, 746*n*

Duchesne, Mme Nicolas Bonaventure, 414, 420, 423*n*

Du Deffand, Marie de Vichy de Chamrond, marquise, 4, 8*n*, 10, 16*n*, 249, 393*n*, 450, 457, 458, 468, 470*n*, 472, 473*n*, 691*n*, 735

Du Halde, Jean-Baptiste, *Description […] de l'empire de la Chine*, 43, 130*n*

Duhamel Du Monceau, Henri-Louis, 220, 336*n*, 337*n*

Du Haussay, Nicole Colleson, dame Collot, 218*n*

Duina, 150

Du Laurens, Henri-Joseph, *Seconde partie de Candide*, 204*n*

Du Maine, Anne-Louise-Bénédicte de Bourbon-Condé, duchesse, 15, 17, 19, 74*n*, 82*n*, 152*n*, 505*n*

Du Maine, Louis-Auguste de Bourbon, duc, 94*n*

Du Peyrou, Pierre-Alexandre, 4, 52, 247, 269

Dupin, Claude, 220, 334*n*

Dupont de Nemours, Pierre-Samuel, 218, 221, 225, 228*n*, 229, 252; *Physiocratie*, 217*n*; *Réflexions sur l'écrit intitulé Richesse de l'Etat*, 261

Dupuits, Marie-Françoise, 698
Dupuits, Pierre-Jacques-Claude, 440, 698, 736n
Durancy, Magdelaine-Céleste Fienzal de Froissac, dite Mlle, 182n
Durand, Yves, 323n
Duranton, H., 215n
Duras, Emmanuel-Félicité de Durfort, duc de, 182n
Durey de Morsan, Joseph-Marie, 336n
Düsseldorf, 247
Dutot, 215, 216, 234, 318n; *Réflexions politiques sur les finances et le commerce*, 214, 293n, 301n, 304n, 305n, 334n
Duvoisin, Jean, 399n
Duwicquet d'Ordre, Louis-Alexandre, *Naru, fils de Chinki*, 254

Ecosse, Ecossais, 158n, 159n, 209
Eden, 110, 114, 117, 120, 121
Edouard IV, roi d'Angleterre, 158n
Edouard V, roi d'Angleterre, 158n
Egret, Jean, 358n, 374n
Egypte, Egyptiens, 9, 11, 79n, 80, 82n, 86n, 87, 111, 116, 140, 141n, 160, 197, 201n, 202, 203, 204n, 206, 207; roi de, 23, 25n, 26-28, 30, 31, 34, 37, 38, 48, 51
Ehrard, Jean, 213n
Elbe, 150
Elie, prophète, 514
Elisabeth Petrovna, impératrice de Russie, 134n, 140n
Elizabeth Ire, reine d'Angleterre, 507, 632
Encyclopédie, 94n, 122n, 190n, 213, 231, 233, 252, 336n, 343n, 433n, 468, 759n; 'Fat', 439n; 'Femme', 439n; 'Fermiers', 217, 289n; 'Génération', 349n, 350n; 'Grains', 217, 290n; 'Monastère', 360n, 361n; 'Ordres religieux', 357n; 'Origène', 757n; 'Platon', 757n; 'Population', 290n, 321n, 360n, 362n, 400n,
404n; 'Vingtième', 289n, 321n, 323n, 385n; 'Whisk', 377n
Encyclopédie méthodique, 367n
encyclopédistes, 250
Ennius (Quintus Ennius), poète latin, 634
Eole, 145
Ephémérides du citoyen, *voir* Baudeau
Ephrem, saint, 753
Epinay, Louise Florence Pétronille de Tardieu d'Esclavelles d', 240, 458, 467
Erlach, Albrecht Friedrich von, 242
Esmonin, Edmond, 335n
Esope, 101n, 747
Espagne, Espagnols, 31, 32, 34, 35, 36n, 43, 51, 89n, 131n, 188n, 189n, 190n, 195n, 202, 203
Etallonde, *voir* Gaillard d'Etallonde
Ethiopie, 101n; roi de, 27, 31, 197, 199, 202, 203
Etienne, saint, 759
Euphrate, 11, 71n, 72, 73, 75, 111, 163, 197, 198n, 20n, 206
Europe, 7, 20, 85n, 87, 138, 142n, 147n, 158, 169, 186, 196, 209
Eusèbe, 76n, 757
Evangile de la raison, 204n
Evans, Hywel Berwyn, 62n, 279n
Eve, 747, 753

Fabre, Jean, 437n, 465n
Fahmy, Jean Mohsen, 174n
Fatio de Duiller, Nicolas, 345
Favart, Charles-Simon, 643, 644, 699, 732n
Fawkener, Sir Everard, 153n
Fawkes, Guy, 373n
Fazy, James J., *L'Homme aux portions*, 254
Fekete, János, 735
Fénelon, François de Salignac de La Mothe, 177n, 289n, 372; *Télémaque*, 261

Fenouillot de Falbaire, Charles Georges, 437*n*, 438*n*, 465*n*
Féraud, Jean-François, 116*n*
fermiers généraux, 217
Ferney, 121*n*, 162*n*, 219, 229, 232, 233, 244*n*, 252, 253, 267*n*, 289*n*, 326*n*, 370*n*, 399*n*, 429, 440, 446, 472
Ferrari, L., 489
Fitz-James, François Fitz-James, duc de, 632*n*
Flavius, Josèphe, 753, 757
Flesselles, Jacques de, 462
Fleury, André Hercule de, cardinal, 146*n*, 214, 422*n*
Fleury, Claude, 366*n*, 405*n*
Florus, 493
Folies d'Espagne, 3*n*, 196
Fontaine, Jacques, *voir* La Roche
Fontanes, Louis de, 116*n*
Fontaney, le père de, 128*n*
Fontenelle, Bernard Le Bovier de, 161*n*, 177*n*, 505, 635; *Entretiens sur la pluralité des mondes*, 261
Fontenoy, 508*n*
Forbonnais, François Véron de, 226, 237, 313*n*; *Principes et observations économiques*, 226*n*, 238*n*, 323*n*; *Recherches et considérations sur les finances de France*, 215, 291*n*
Forchheim, diète de, 509*n*
Formosante (*La Princesse de Babylone*), 7, 10, 12, 16*n*, 23-26, 31-34, 35*n*, 36-39, 44, 45, 48, 51-52, 62*n*
Fortunées, îles, 118
Foucher, abbé, 7
Fournier, H., 218*n*
France, 6, 20, 46, 51, 131*n*, 150*n*, 169*n*; femmes, 156*n*; finances, 221, 251, 289*n*; frivolité, 175*n*; justice, 160*n*; Révolution française, 255*n*, 310*n*
Francklin, Thomas, 280
François Ier, roi de France, 291*n*, 293*n*, 366*n*, 383

Frédéric II, roi de Prusse, 8, 18, 19*n*, 144*n*, 146*n*, 147*n*, 148*n*, 149*n*, 171*n*, 176*n*, 354*n*, 370*n*, 396*n*, 397*n*
Frédéric Guillaume, margrave de Bayreuth, 449*n*
Fréron, Elie-Catherine, 18, 208*n*, 251, 371, 450, 474, 475
Fromm, Hans, 62*n*, 279*n*
Fronde, 508*n*
Furetière, Antoine, 506; *Dictionnaire universel*, 97*n*, 116*n*

Gagnebin, Bernard, 371*n*
Gaillard d'Etallonde, Jacques-Marie-Bertrand, 19*n*, 176*n*, 370*n*
Galland, Antoine, 101*n*
Gallatin, Suzanne, 4
Gallet, compositeur, 732*n*
Galliani, R., 235*n*
Gallien (Publius Licinus Egnatius Gallienus), empereur romain, 502, 523
Gangaride, Gangarides, 11, 19, 21
Gange, 31, 32, 34, 41, 42, 48, 52, 77, 102, 103*n*, 104, 155, 163, 198
Garasse, François, 395
Gardel, M., 63
Garnett, Henry, 372, 373*n*
Garonne, 39, 188
Gaule, Gaules, 173, 183, 186, 190, 192, 196, 198
Gautama, 77*n*
Gautier, Théophile, 506*n*
Gay, Peter, 229, 390*n*
Gazette de Berne, 240-42, 246, 248
Gazette de Hollande (*Gazette d'Amsterdam*), 181*n*
Gazette du commerce, 218, 224, 226, 237, 238*n*, 251, 304*n*, 336*n*
Gazette d'Utrecht, 245*n*, 248, 264*n*, 393*n*
Gazette littéraire de l'Europe, 313*n*, 342*n*, 348*n*, 350*n*, 352*n*, 354*n*, 355*n*, 402*n*, 406*n*
Gédoyn, Nicolas, 207, 208*n*

Genest, E., 643*n*, 644*n*

Genève, 46, 47, 64, 162*n*, 182*n*, 230, 237, 239, 241, 390, 415, 416

Gengis Khan, 420

Gentil-Bernard, Pierre-Joseph Bernard, dit, 181*n*

The Gentleman's magazine, 6, 250

Geoffrin, Marie-Thérèse, 9*n*, 19, 51, 55, 56, 143*n*, 145*n*, 181*n*

Gérardin, *Dialogue d'un curé de campagne*, 261

Germanie, 36, 52, 62*n*, 146, 165, 186

Gex, pays de, 19*n*, 121*n*, 289*n*, 323*n*, 378*n*

Gibbon, Edward, *The Letters of Edward Gibbon*, 3*n*

Ginsberg, Robert, 262*n*, 263*n*

Giorgetti, Gianfrancesco, 421*n*

Gironde, 39, 188

Gobelin, abbé, 292

Gog, 192*n*

Golitsyne, Dmitry Mikhailovitch, prince, 9, 20*n*, 143*n*, 230, 236, 395*n*, 399

Gonnard, René, 360*n*, 400*n*

Gordon, Thomas, 397

Goudar, Ange, 220, 234, 289*n*, 304*n*, 313*n*

Gournay, Jacques-Claude-Marie Vincent, seigneur de, 218, 219

Le Gouvernement de Normandie au XVIIᵉ et au XVIIIᵉ siècle, 245*n*

Gouvest, Maubert de, *La Pucelle*, 205*n*

Graffigny, Françoise Paule d'Issembourg d'Happoncourt Huguet de, 93*n*, 185*n*

Grandier, Urbain, 519

Grandmaison, Millin de, 243

Graslin, Jean-Joseph-Louis, *Essai analytique sur la richesse*, 226*n*

Grasset, François, 58, 739

Grasset, Gabriel, 46, 47, 52, 53, 58, 64, 240, 264, 267, 268, 276, 456, 465, 477, 479, 483, 484, 633, 739, 740

Gratien (Flavius Gratianus), empereur romain, 502

Grèce, Grecs, 76*n*, 86*n*, 134*n*, 140, 200, 2001*n*

Grégoire VII, pape, 508, 509*n*

Grégoire de Nysse, saint, 754

Grenade, 189*n*

Grétry, André-Ernest-Modeste, 644-47, 651*n*, 653, 697, 698

Grey, Jane, 158*n*

Grimm, Friedrich Melchior, baron von, 218, 224, 225, 249, 405*n*, 450; *Correspondance littéraire*, 167*n*, 177*n*, 204*n*, 224*n*, 226, 253, 294*n*, 295*n*, 302*n*, 363*n*, 399*n*, 437*n*, 473, 474, 735

Grotius, Hugues de, 407

Guadalquivir, 169, 189*n*

Gualtieri, 383

Guasco, Ottaviano di, 181*n*, 393*n*

Guénin de Saint-Marc, Marc-Claude, 179*n*

Guéret, 372, 373*n*

guerre de Sept Ans, 162*n*, 296*n*

Guidi, Louis, 179*n*

Guignard, 372, 373*n*, 395

Guillaume III, prince d'Orange, roi d'Angleterre, 160*n*, 513

Guillon, Claude, 519

Guincestre, 395

Gustave III, roi de Suède, 9, 145*n*, 397*n*

Guyon, Claude-Marie, 7*n*, 110*n*, 123*n*, 370; *Histoire des Indes orientales anciennes et modernes*, 16, 41, 78*n*, 85*n*, 86*n*, 89*n*, 105*n*, 120*n*

Haendel, Georg Friedrich, 196*n*

Hales, Thomas, 646

Ham, Johan, 352*n*

Hamilton, Antoine, *Histoire de Fleur d'Epine*, 44, 86*n*; *Les Quatre Facardins*, 44*n*, 46, 152*n*; *Zeneyde*, 44, 123*n*

Hammond, Nicholas G. L., 203*n*

Hancock, Helen, 330*n*

Hanovre, maison royale, 160n
Harcourt, château d', archives, 245n
Harley, Laura, 153n
Hartsoeker, Nicolaas, 352n
Harvey, William, 350, 353
Hébreux, 112, 113n, 117n
Heckscher, E. F., 214n
Hegiage, 123n
Hélène, 112n, 201n
Héliopolis, 86n, 110n, 118n, 202, 203n
Hellegouarc'h, Jacqueline, 13n, 39n, 45n
Hellespont, 113n
Helvétius, Claude Adrien, 218, 323n, 392n
Hélyot, P., 192n
Hémery, Joseph d', 47, 207n, 241
Henderson, J. S., 422n, 423n
Henneberg, Bertold de, 383
Hennin, Pierre Michel, 121n, 237, 238, 243, 244n, 247, 256n
Henri III, roi de France, 383, 511, 637
Henri IV, roi de France, 289, 290, 291n, 293, 318n, 373n, 406, 508, 509n, 633
Henri VI, roi d'Angleterre, 158n
Herbelot de Molainville, Barthélemy d', *Bibliothèque orientale*, 41, 71n, 74n, 86n, 98n, 100n, 105n, 117n, 123n, 128n
Herbert, Claude Jacques, 220
Herbert, Thomas, *Relation du voyage de Perse et des Indes orientales*, 17n, 41, 86n
Hercule, 74n, 78, 79n, 748, 754
Hermès Trismégiste, 76, 80
Hérodote, 24, 27, 72n, 86n, 113n, 118n, 206n, 207n
Herrmann-Mascard, Nicole, 245n
Hervey of Ickworth, John Hervey, Baron, 153n
Hervey of Ickworth, Mary Leppel, Lady, 153n
Hésiode, 306n, 748n
Hespérides, 118
Hesse, 147n

Himalaya, 112n
Hippeau, C., 245n
Hippocrate, 349
Hispalis, 191n
Holbach, Paul Henri Thiry, baron d', 233, 244, 340n, 397n
Hollande, Hollandais, 4, 46, 63, 147n, 149n, 150n, 249
Holwell, John Zephaniah, *Interesting historical events*, 41-43, 76n, 99n, 103n, 104n
Home, Henry, Lord Kames, 406
Home, John, 406n
Homère, 407, 747; *Iliade*, 101n, 646, 754; *Odyssée*, 74n
L'Homme aux trente-six fortunes, 254, 255
Honegger, M., 672n
Horace (Quintus Horatius Flaccus), poète latin, 77n, 134n, 323n, 365, 405, 545n
Hornoy, Alexandre-Marie-François de Paule de Dompierre, 246
Howells, Robin J., 256n, 263n
Huet, Pierre Daniel, 118n
huguenots, 432n, 437n
Hume, David, 372n, 402n
Huss, Jean, 383
Hyde, Henry, *voir* Cornbury
Hyde, Thomas, 432n

Ickworth, 153n
Illinois, 436
Imaüs, mont, 112
Imaüs Indicus, 112
Inde, Indes, Indiens, 11, 16, 20, 21, 28, 78, 86n, 89n, 99n, 102n, 103n, 104n, 105, 111, 122n, 123n, 124n, 138n, 160, 198n, 202; roi des Indes, 33, 34, 41, 42
Index librorum prohibitorum, 246n
Indiculus, 205n
Indoustan, 198n
Inquisition, inquisiteurs, 43, 52, 190n,

191*n*, 192*n*, 195*n*, 246, 373*n*, 379*n*, 437, 441, 516, 517, 521

Invault, Etienne Maynon d', 253

Irla (*La Princesse de Babylone*), 33, 52

Isabelle, infante d'Espagne, 291*n*

Isis, 26*n*, 38, 75, 116, 140, 173

islamisme, 430*n*

Ismaïliens, 158*n*

Isouard, Nicolo, 699

Israël (Jacob), 514

Italie, Italiens, 6, 20, 43, 51, 62*n*, 162*n*; décadence, 169*n*

Ivan VI Antonovitch, empereur de Russie, 139*n*

Jacobi, Frédéric-Henri, 247

Jacques Ier, roi d'Angleterre (Jacques VI, roi d'Ecosse), 373*n*

Jacques Ier, roi d'Ecosse, 158*n*

Jacques III, roi d'Ecosse, 158*n*

Jamblique, 155

jansénistes, 170*n*, 175, 184*n*, 246, 310*n*, 373*n*, 389*n*, 397*n*, 511, 516, 636

Janvier, saint, 398*n*

Japhet, 192*n*, 401

Japon, 130*n*, 131*n*

Jaucourt, Louis de, 357*n*, 377*n*

Jean, saint, 389*n*

Jean II Casimir, *voir* Casimir V

Jean sans Terre, 157*n*

Jérémie, 206*n*

Jérôme de Prague, 383

jésuites, 20, 52, 128*n*, 129*n*, 131*n*, 132*n*, 179*n*, 179*n*, 184*n*, 195*n*, 209*n*, 233, 246, 310*n*, 311, 358, 365, 372, 388, 389*n*, 395, 397, 437, 442, 516*n*, 517*n*, 638

Jésus-Christ, 404*n*, 753, 759

Job, 378, 382*n*

Jonas, 758

Joncourt, E. de, 402*n*

Joseph, saint, 756

Joseph II, roi de Portugal, 373*n*, 396*n*

Joseph d'Aramathie, 759

Josserand, Jean-Baptiste, 244, 246

Josué, 758

Jourdain, Mme, 36

Journal de l'agriculture, 218, 224*n*, 225, 226, 238*n*, 251, 316*n*, 336*n*

Journal économique, 214, 300*n*, 307*n*, 337, 338*n*, 339*n*, 362*n*, 363*n*

Journal encyclopédique, 5, 55, 56, 336*n*, 450, 457*n*

Jovicevich, Alexander, 235*n*, 430*n*

Juda, fils de Jacob et de Léa, 514

Juif, Juifs, 18, 27, 28, 141*n*, 170*n*, 190*n*

Jules II, pape, 169*n*

Julien, empereur, 187*n*

Junon, 86

Jupiter, dieu romain, 12*n*, 73*n*, 646

Justinien, 205, 262

Juvénal (Decimus Junius Juvenalis), poète latin, 534*n*

Kafker, F. A. et S. L., 231*n*

Kazan, 139*n*

Kennett, Lee B., 379*n*

Kölving, U., 47*n*, 240*n*, 242*n*, 413*n*, 479*n*

Kostoroski, E. P., 469*n*

Kotta, Nuçi, 256, 263

Kozminski, L., 228*n*

Kreutzer, M., 63

La Barre, Jean-François Lefebvre, chevalier de, 19, 21*n*, 51, 160*n*, 175*n*, 176*n*, 245, 370*n*, 467

La Bastide, Jean-Baptiste de Chiniac de, 6

La Beaumelle, Laurent Angliviel de, 18, 178*n*, 292*n*, 370; *Commentaire sur La Henriade*, 56

Labienus, Titus, 534*n*

La Bléterie, Jean-Philippe-René de, *Tibère, ou les six premiers livres des Annales de Tacite*, 178*n*

Laborde, Jean-Benjamin de, 643*n*, 645

Labriolle-Rutherford, Marie-Rose de, 292n, 312n

La Bruyère, Jean de, 289n

Lacédémoniens, 201n

La Chesnaye Des Bois, François-Alexandre Aubert de, *Lettre à madame la comtesse D****, 16n, 99n

Lacombe, Jacques, 48, 243n, 264, 269, 420n, 457, 461, 466, 474, 477, 480

La Condamine, Charles-Marie de, 344n

Lafarga, Francisco, 246n

La Fayette, Marie-Madeleine Pioche de La Vergne, comtesse de, *Zaïde*, 44, 164n

La Fontaine, Jean de, 737, 755

La Harpe, Jean-François de, 59, 264n, 429, 459, 460

La Haye, 149n, 151n

Lally, Thomas Arthur, baron de Tollendal, comte de, 467

La Martinière, Antoine-Augustin Bruzen de, *Le Grand dictionnaire géographique*, 41, 203n

Lambert, Jacques, 420n, 738

La Michodière, Jean-Baptiste-François de, 236, 301n, 302, 305n

La Motte, Antoine Houdar de, 18

Lampsaque, 113

La Noue, Jean-Baptiste-Simon Sauvé, 422n

Lanson, Gustave, 98n, 99n, 153n, 159n, 227n

La Persillière, 76n

La Plombanie, Henri de Goyon de, 339n

Lapons, 198n

Larcher, Pierre-Henri, 7, 21n, 23, 24, 26, 30, 31, 45, 46, 51, 124n, 161n, 166n, 168n, 175n, 179n, 190n, 201n, 205, 208, 371, 401n; *Réponse à la Défense de mon oncle*, 10, 22, 206n, 208n; *Supplément à la Philosophie de l'histoire*, 3, 18, 22, 27-29, 40, 71n, 74n, 82n, 99n, 113n, 117n

La Rivière, Ch. de, 230n

La Roche, Jacques Fontaine, dit de, 179n

La Touche, Claude Guimond de, 439, 441, 445n, 446, 448, 449, 583n

La Tourette, Marc Antoine Louis Claret de, 249

Laud, William, archevêque de Canterbury, 158n, 159n

Launay, 454, 455

Laurent, libraire, 6, 247

La Valette, Antoine de, 310n, 400n

Laverdy, Clément-Charles-François de, 218, 222, 223, 231, 232, 253, 328n

La Verpillière, Charles Jacques Le Clerc de Fresne, seigneur de, 462, 463

Lavoisier, Antoine, 255n

La Vrillière, Louis Phélypeaux, duc de, comte de Saint-Florentin, 465n

Law, John, 213, 214

Lazare, saint, 751, 759

Le Bault, Antoine Jean Gabriel, 19n

LeClerc, P., 421n, 422n

Lecuyer, Jean, 244

Leeuwenhoek, Antoni van, 352n

Legge, 434

Le Gobbien, Charles, 43n

Legros, René, 45n

Leibniz, Gottfried Wilhelm, 341n, 345n

Lejay, libraire, 5, 51, 54, 55, 56

Lekain, Henri-Louis, 440, 447-50, 454, 477, 601n

Lemaître de Sacy, Isaac,

Le Mercier de La Rivière, Pierre-Paul-François-Joachim-Henri, 218, 237, 245, 295n, 296n; *Mémoires et textes inédits*, 223; *Ordre naturel et essentiel des sociétés politiques*, 213, 223, 225, 227n, 228, 230-32, 236, 237, 238n, 241, 291n, 294n, 295n, 297n, 316n, 326n, 399n

Lemierre, Antoine Marin, 436n, 499n

Lenclos, Anne, dite Ninon de, 29n, 185n, 186n, 207

Le Noble, Eustache, *Zulima*, 44, 45
Léo Ier, pape, 366n
Leppel, Mary, *voir* Hervey
Lerouge, Georges-Louis, *An historical account* [...] *of London*, 154n
Le Roy, Charles-Georges, 250
Le Sage, prêtre, 175n
Le Tellier, Michel, 170n, 372-73, 516
Lettres édifiantes et curieuses, 43, 128n, 129n, 130n, 131n, 133n
Le Verrier, 424n
Levy, D. G., 226n
Lewis, W. S., 473
L'Hôpital, Michel de, 517n
Librairie, 452, 453, 455; journal, 4
Libye, 12n
Liège, 46, 57, 416
Linant, Michel, 439
Linguet, Simon-Nicolas-Henri, 226, 230, 241, 378n, 407n
Lion, Henri, 434
Lisbonne, 193n
Littré, Emile, *Dictionnaire de la langue française*, 91n, 189n
Lobreau-Destouches, Mme, directice du théâtre de Lyon, 462
Locke, John, 99n, 295n, 309n, 397, 409
Loire, 39, 169, 188
Lokman, 101
The London chronicle, 6, 54, 62n, 147n
The London journal, 397n
Londres, 154n, 156n, 247; Royal Society, 161n, 352n
Longchamp, Sébastien G., 82n, 154n, 430n
Lorraine, 154n
Lortholary, Albert, 408n
Loudun, ursulines de, 519n
Louis XIII, roi de France, 310n, 516
Louis XIV, roi de France, 20, 82n, 146n, 161n, 169n, 170n, 175n, 177n, 252, 293n, 310n, 318n, 373n, 405, 516n, 633

Louis XV, roi de France, 94n, 146n, 177n, 217, 221, 293n, 435, 437n, 447, 464, 508
Louis XVI, roi de France, 358n
Louis de France, dit le Dauphin, 16n, 94n, 216, 218
Louise-Ulrique, princesse de Prusse, 13, 14, 17, 18, 81n, 83n, 109n
Luc, saint, 756
Lucain (Marcus Annaeus Lucanus), poète latin, 534n
Lucullus (Lucius Licinius Lucullus), général romain, 403
Lucumon Tarquin, 25
Lully, Jean-Baptiste, 177n
Lunéville, 94n
Lutetia, 173n
Lutzelbourg, Marie Ursule de Klinglin, comtesse de, 112n
Luynes, Charles-Philippe d'Albert, duc de, 16n
Lycurgue, législateur de Sparte, 336

Mabille, directeur du vingtième, 231
Mably, Gabriel Bonnot de, 226n
Machault d'Arnouville, Jean-Baptiste, 217n
Machuel, Jean-Baptiste, libraire, 59, 277
Madère, 190n
Maestro, Marcello T., 370n
Maffei, Scipion, 505n
Magnon, Jean, 516
Magog, 192, 193n
Mahomet II, 404, 405n
Mailla, le père de, 131n
Maillet, Benoît de, *Telliamed*, 234, 340, 341, 342n, 343n, 344n
Maintenon, Françoise d'Aubigné, marquise de, 292, 513
Malagrida, Gabriel, 372, 373n
Malebranche, Nicolas, 119n
Malherbe, François de, 407n
Malvin de Montazet, Antoine de, 462

Mandelslo, Johann Albert, *Relation du voyage aux Indes orientales*, 17*n*

Mandeville, Bernard de, 291*n*, 312*n*, 746

Manéthon, 76*n*

Mangold, Wilhelm, 14*n*

Manilles, 131*n*

Marais, Marin, 196*n*, 452

Marc Antoine, 388, 389, 390, 403

Marc-Aurèle, 388*n*

Marcelle, servante de Marie Madeleine, 759

Marchais, Elisabeth Josèphe de La Borde, baronne de, 237

Marie, mère de Jésus, 759

Marie Leszcyńska, reine de France, 16*n*, 94*n*

Marie Madeleine, sainte, 751, 759, 760*n*

Marie Stuart, reine d'Ecosse, 158*n*

Marie-Thérèse, infante d'Espagne, 16*n*, 94*n*

Marie-Thérèse, impératrice d'Autriche, 181*n*, 396*n*

Marin, François Louis Claude, 243*n*, 440, 441, 445-48, 450, 453, 454, 458, 479

Marion, Henri, 329*n*, 367*n*

Marion, Marcel, 225*n*, 403*n*

Marivaux, Pierre Carlet de Chamblain de, *Le Paysan parvenu*, 152*n*

Marmontel, Jean-François, 9, 19, 20*n*, 40*n*, 143*n*, 144*n*, 145*n*, 146*n*, 158*n*, 179*n*, 260, 444*n*, 645; *Bélisaire*, 7, 18, 205, 210*n*, 259, 261, 388*n*, 433, 434, 438*n*; *Céphale et Procris*, 646; *Les Incas*, 434; *Mémoires*, 181*n*

Marriott, James, 162*n*

'Marron, Mme de', 439

Marseille, 85*n*

Marthe, sainte, 759

Martin, Joseph, 63

Martinique, 223

Mascareigne, 85*n*

Massillon, Jean-Baptiste, 634

Matthews, George T., 329*n*, 367*n*

Matthieu, saint, 756

Maubert de Gouvest, Jean-Henri, 336*n*

Maupertuis, Pierre-Louis Moreau de, 149*n*, 234, 341*n*, 346*n*, 348*n*, 354*n*

Maurancourt, André de Maucourant de, 242

Maxence (Marcus Aurelius Valerius Maxentius), empereur romain, 502

Maximin, saint, 759

May, L.-Ph., 223*n*, 230*n*

Mazarin, collège, 175*n*, 179*n*, 205

Mazarin, Jules, cardinal, 146*n*

Médicis, Lorenzo de, 73

Médicis, Marie de, 121*n*

Meek, R. L., 217*n*

Méla, 201*n*

Melik al Salah, sultan, 385

Melon, François, 215, 216, 220, 291*n*, 318*n*; *Essai politique sur le commerce*, 214, 301*n*, 312*n*, 359*n*; *Mahmoud le Gasnévide*, 261

Mémoires de Trévoux, 358*n*

Mémoires secrets, *voir* Bachaumont

Memphis, 202, 203*n*

Ménage, Gilles, 122*n*

Menant, Sylvain, 13*n*, 47*n*, 240*n*, 413*n*, 479*n*, 746*n*

Mendès, 9

Ménélas, 201*n*, 202*n*, 206, 207*n*

mercantilisme, 214, 215

Mercier, Louis-Sébastien, 699

Mercier de Compiègne, Claude-François-Xavier, 699, 705*n*, 711*n*, 714*n*, 716*n*, 717*n*, 720*n*, 721*n*, 726*n*, 727*n*, 729*n*, 730*n*, 732*n*

Mercure de France, 5, 16, 18, 46, 48, 55, 56, 94*n*, 99*n*, 243, 248, 252, 269, 457*n*, 473, 476, 665*n*

Mérigot, J. G., libraire, 55

Mervaud, Christiane, 13*n*, 47*n*, 148*n*, 240*n*, 354*n*, 413*n*, 479*n*

Mesnard de Clesle, 240, 249

Mésopotamie, 30, 203*n*, 522*n*
Messance, 234, 236, 302
Meunier, 242
Mignot, Alexandre Jean (Vincent), 147*n*
Milan, édit de, 502*n*
Milliken, J., 280
Milly, Nicolas Christiern de Thy, comte de, 243
Minet, Jean-Baptiste, 420*n*
Mirabeau, Victor Riquetti, marquis de, 217, 218, 220, 221, 225, 234, 237; *L'Ami des hommes*, 216, 219, 220, 295*n*, 313*n*, 325*n*, 326*n*, 338; *Philosophie rurale*, 225; *Théorie de l'impôt*, 217, 220, 238, 297*n*, 302*n*, 310*n*, 323*n*, 326*n*, 332*n*
Missy, César de, 156*n*
Modave, 76*n*
Moïse, 82*n*, 758
Moland, Louis, 632*n*
Molé, François-René, 448
Molière, Jean-Baptiste Poquelin, dit, 516*n*; *Le Bourgeois gentilhomme*, 36, 135*n*, 697; *Tartuffe*, 442, 515, 639
Molinari, G. de, 255*n*
Moluques, îles, 198*n*
Monod-Cassidy, Hélène, 152*n*
Monsieur, le comte de Provence, dit, 358*n*
Monsigny, Pierre Alexandre, 302*n*, 644, 646, 698
Montanagua, Bartolomeo, 383
Montesquieu, Charles-Louis de Secondat, baron de La Brède et de, 236, 312*n*, 318*n*, 323*n*, 393, 394; *De l'esprit des lois*, 214, 223, 224*n*; *Lettres familières*, 9*n*, 181*n*; *Lettres persanes*, 360*n*, 400, 433*n*
The Monthly review, 3*n*, 6, 249, 280
Montmoreau, Louis Benjamin Aunot, marquis de, 247
Montsivry, *voir* Monsigny
Moreau de La Rochette, François Thomas, 237, 239, 248, 301*n*, 454, 455

Morellet, André, 218, 219, 370*n*; *Le Manuel des Inquisiteurs*, 194*n*
Moreri, Louis, *Le Grand dictionnaire historique*, 89*n*, 173*n*, 188*n*, 199*n*, 200*n*
Morice, gendre d'Atterbury, 151*n*
Morineau, Michel, 338*n*
Morris, Alice, 231*n*, 232*n*, 326*n*
Mortier, Roland, 247*n*, 405*n*
Moscou, 30, 138*n*, 182*n*
Mouhy, Charles de Fieux, chevalier de, *La Paysanne parvenue*, 152*n*
Moultou, Paul-Claude, 71*n*, 99*n*, 241, 248, 373*n*
Moureaux, José-Michel, 7*n*, 22*n*, 233*n*, 339*n*
Moussinot, Bonaventure, 16*n*, 99*n*
Müller, Hans von, 62*n*, 279*n*
Mylne, Vivienne, 260

Nangis, 154*n*
Nantes, édit de, 289, 373*n*
Naples, 10, 168*n*
Napoléon Bonaparte, 195*n*
Naru, fils de Chinki, *voir* Duwicquet
Naveau, Jean-Baptiste, 220, 291*n*, 310*n*, 334*n*, 335*n*
Nazareth, 188*n*
Needham, John Turberville, 345
Némée, 74*n*
Nemrod, Nembrod (*La Princesse de Babylone*), 16*n*, 25, 48
Néron, empereur romain, 73*n*
Neuchâtel, 4, 52, 247
Newbery, J., 280
Newton, Isaac, 93*n*, 233*n*, 758
Nicolet, Jean-Baptiste, 182*n*
Nil, 76, 163, 197, 198*n*, 201, 203*n*
Ninias, 96*n*
Ninon, *voir* Lenclos
Nivernais, Louis Jules Mancini-Mazarini Barbon, duc de, 735
Noé, 100*n*, 401, 749, 757, 758

Nonnote, Claude-François, 311, 370, 372, 400
Norton, J. E., 3n
Nouvelles ecclésiastiques, 179n, 210n, 311n
Numa, roi légendaire de Rome, 543
Numides, 201

Oldcorne, Edward, 372, 373n
Olivet, Pierre-Joseph Thoulier d', 755
Onadase, 91
Onan, 353
Orcibal, J., 509n
Origène, 757
Orléans, Philippe II, duc d', régent, 460
Ormus, détroit, 117
Orosmade (*La Princesse de Babylone*), 11, 36n
Orrery, Charles Boyle, comte d', 93n
Orry, d', contrôleur général des finances, 379n
Orviette, 166n
Osiris, 80, 201n
Overton, John Henry, 159n
Ovide (Publius Ovidius Naso), poète latin, 188n, 306n, 341, 405
Ozias, 758

Palatinat, 147n
Palestins, 28, 33, 51, 190-93, 195, 197, 199
Palissot de Montenoy, Charles, *Le Génie de Voltaire*, 250, 256
Pan, 207n
Panckoucke, Charles-Joseph, 58, 59, 415, 419n, 484, 485, 740
Paradisi, Agostini, 422n
Parennin, le père, 133n
Parfaict, François et Claude, *Histoire du théâtre français*, 506, 508n
Pâris, fils de Priam, 112n
Pâris, François de, 179n, 210n
Paris, Parisiens, 4, 33, 46, 48, 174, 175, 182n, 185n, 187n; Académie des inscrip-

tions, 403; Académie des sciences, 300n; Académie royale de musique, 643n; Faculté de médecine, 308n; Notre-Dame, 173n; Opéra, 19n; Opéra-Comique, 651n, 698, 699; parlement, 179n, 244, 245, 246, 310n, 372n
Parsis, 432n
Pascal II, pape, 509n
Patara (Lycie), 113n
Patouillet, Louis, 179n, 251, 311, 370, 400
Patrocle, 754
Peacock, 42, 76n, 99n
Pearson, Roger, 256n, 263n
Pékin, 9, 30, 128n, 131n
Pelletier, fermier général, 181n
Pénélope, 74n
Pentateuque, 758
Pépin le bref, roi des Francs, 171n
Pérau, Gabriel-Louis-Calabre, 18n
Perey, L., 735
Pergolèse, Jean-Baptiste, 651n
Perrault, 74n
Perrault, Charles, 389n
Perrenot, fondeur typographique, 272
Perse, Persans, 26, 72n, 75, 101n, 193n, 204n, 430n, 432n, 443
Petau, Denis, 74n, 401
Peterborough, Charles Mordaunt, Lord, 153n
Pétra, 203
Pezzana, Giuseppe, 421n
phallus, culte du, 51, 113
Phéniciens, 190n, 191n, 201n
Philibert, Claude, 483
Philidor, François-André Danican, dit, 714n
Philippe, don, vice-roi de Mascareigne, 85n
Philippe II, roi d'Espagne, 291
Philippe V, roi d'Espagne, 200n
Philippe l'Arabe (Marcus Julius Philippus), empereur romain, 520, 522n

Philippe le Bel, 401
Philippsbourg, siège de, 508n
Philon d'Alexandrie, 753
Phrixus, 754
Pierre, saint, 386, 753
Pierre Ier Alexeïvitch, empereur de Russie, dit Pierre le Grand, 10, 134n, 140n, 408, 409
Pierre III, empereur de Russie, 139n
Pindare, 207n
Pinto, Isaac de, 399
Pitaval, Gayot de, 18
Platon, 190n, 260, 409, 757
Plomteux, Clément, 59, 277, 416, 485, 740
Pluche, Noël-Antoine, Le Spectacle de la nature, 261, 334n, 757n
Plumart de Dangeul, 220
Plutarque, 201n, 207n
Pluton, 444n, 445n, 521, 522, 537, 583n
Podoski, Gabriel, 408n
Pologne, Polonais, 8, 19, 51, 63, 143n, 144n, 145n, 148n, 171n, 230
Pombal, Sebastião Jose de Carvalho e Melo, marquis de, 516n
Pomeau, René, 193n, 354n, 372n, 374n, 434n, 737
Pompadour, Jeanne Antoinette Poisson, marquise de, 217, 218, 41n
Pompée, 403
Pompignan, Jean-Georges Lefranc de, 218; Instruction pastorale, 179n; Mémoire présenté au roi, 294n
Poniatowski, Stanislas-Auguste, voir Stanislas-Auguste
Porphyre, 155
Port-Royal, 514n, 516
Portugal, 112n
Pradon, Jacques, 424n
Prague, 508n
Praslin, César Gabriel de Choiseul, duc de, 139n
Prault, Louis-François, 422n, 423n

Praxitèle, 31, 73
Prévost, Antoine-François Prévost d'Exiles, dit l'abbé, 116n
Priape, 113n
Prideaux, Humphrey, Histoire des Juifs, 304n
Propagande, congrégation de la, 168n
Prost, jésuite, 400n
prostitution sacrée, 22, 29, 113n, 208n
Prusse, 156n
Ptolémée, 141n, 203n
Pufendorf, Samuel, baron von, 407n
Pygmalion, Phénicien, 29, 30, 200, 201n
Pyrénées, 188, 198n, 199
Pythagore, 76n, 155

Quérard, Joseph-Marie, 254n
Quesnay, François, 218, 219, 223, 224, 237, 238n, 252; Encyclopédie, 'Fermiers', 217, 219, 289n; – 'Grains', 217, 219, 290n, 294n; Physiocratie, 225, 261, 295n, 297n, 303n, 313n
Quesnel, Paquier, 516n
Quignard, J., 216n
Qu'importe, milord (La Princesse de Babylone), 48, 51
Quinte-Curce, 77n

Rabelais, François, 339n, 401, 748, 755, 756, 757
Racan, Honorat de Bueil, seigneur de, 407n
Racine, Jean, 510n, 511, 634, 636; Andromaque, 136n, 156n, 406n; Athalie, 468n, 469, 470, 471n, 505-507, 508n, 509-14, 635, 637, 638
Racine, Louis, 424n, 736
Rameau, Jean-Philippe, 643n
Raymond, Dominique, 382n
Raymond, Marcel, 371n
Réforme, la, 517n
Registre des livres arrivant à Paris, 244
Registre des permissions tacites, 241n

Renaudot, Eusèbe, *Anciennes relations des Indes et de la Chine*, 41, 78n, 104n

Renwick, John, 179n, 181n, 205n, 370n, 388n, 390n, 433n, 444n

Rewusky, comte, 139n

Rey, Marc-Michel, 4, 52, 151, 247, 264, 269, 377

Rhin, 150, 163, 174

Ribadeneira, Pedro de, 759, 760n

Riballier, syndic de la Sorbonne, 179n, 210

Richard, Charles-Louis, *Voltaire parmi les ombres*, 251

Richard III, roi d'Angleterre, 158n

Richelet, César Pierre, *Dictionnaire français*, 97n, 116n

Richelieu, Louis François Armand Du Plessis, duc de, 156n, 323n, 335n, 226n, 463, 465, 481

Ridgway, R. S., 439, 442, 444n

Rieu, Henri, 339n

Rochefort, Jean Anne Vincent de Larlan de Kercadio, comte de, 249

Rodolphe de Souabe, 509n

Roe, Shirley, 345n

Roger, Jacques, 340n, 345n, 349n, 350n, 352n

Rolleston, John D., 385n

Rollin, Charles, 385n, 401n

Rome, 30, 52, 53, 134n, 166, 169, 170n, 246, 366n, 386; basilique Saint-Pierre, 167n

Romorantin, édit de, 517n

Rostworowski, Emanuel, 144n

Rotalier, jésuite, 400

Rotrou, Jean de, 497n, 503

Roubaud, Pierre Joseph André, 252

Rougemont, M. de, 643n

Roulet, Louis-Edouard, 242

Rousseau, A.-M., 3n, 6n, 42n, 98n, 99n, 151n, 153n, 154n, 159n, 227n, 643n

Rousseau, Jean-Baptiste, 424n

Rousseau, Jean-Jacques, 150n, 225, 371, 372n, 653n; *Le Devin du village*, 654n; *Discours sur l'inégalité*, 309n; *Emile*, 308n; *Narcisse*, 371n

Roussel de La Tour, 221, 295n, 332n

Routh, Bernard, 239, 393, 394

Rowbotham, Arnold H., 308n

Royal Society, *voir* Londres

Royer, P., 643n

Russie, Russes, 6, 7, 26, 63, 134, 136n, 138n, 141, 144n, 151n, 230, 231

Rustin, Jacques, 204n

Saana, jardins de, 117n

Saba, reine de, 123n

Sacchini, Antonio, 643n

Saint-Antoine, congrégation de, 168n

Saint-Barthélemy, massacres de la, 174n

Saint-Chamans, Auguste-Louis-Philippe, vicomte de, *Petit-fils de l'homme aux quarante écus*, 254n, 255

Saint-Didier, Ignace-François Limojon de, 85n, 736, 738-41, 746, 754, 759

Sainte-Aulaire, François-Joseph de Beaupoil, marquis de, 15

Saint-Evremond, Charles de Marguetel de Saint-Denis de, 318n, 506n

Saint-Fargeau, Le Peletier de, 246

Saint-Florentin, *voir* La Vrillière

Saint-Foix, Germain-François Poullain de, 234, 325n

Saint-Julien, Anne Madeleine Louise Charlotte Auguste de La Tour du Pin de, 698

Saint-Lambert, Jean François de, 464

Saint-Mégrin, Paul François de Quélen-Stuer de Caussade, duc de, 252

Saint-Pétersbourg, 7n, 9, 20, 30, 138n, 229

Saint-Pierre, Charles-Irénée Castel de, 220, 318n, 333n, 359n; *Annales politiques*, 216

Sâkya, 77n; *voir aussi* Xaca

Saladin, 385

Salieri, Antonio, 63
Salomon, roi d'Israël, 123n, 304, 514, 626n
Samoyèdes, 198n
Sanadon, Noël-Etienne, 365
Sanchez, Tomas, 234, 348n
Sanchoniathon, 757
Sara, ou Sarah, femme d'Abraham, 27, 29n, 207n
Saricks, Ambrose, 245n
Sarmates, 136n, 145
Sartine, Antoine Raymond Jean Gualbert Gabriel de, 224, 448, 461, 463
Saturne, 157, 162, 167
Saül, 758
Saurin, Bernard-Joseph, 437n, 440, 458
Savoie, 120
Saxe, 147n
Saxe, Maurice de, 508
Saxe-Gotha, Louise Dorothée de Meiningen, duchesse de, 112n
Scandinavie, Scandinaviens, 143, 144
Sceaux, 15, 16n, 18, 82n, 94n, 152n, 154n
Schwickert, libraire, 280
The Scots magazine, 249n
Scouten, A. H., 511n
Scythie, Scythes, 10, 12, 21, 48, 77n, 84, 111, 112n, 134, 136, 138, 144, 192, 202, 323, 436; roi des Scythes, 26, 38, 48
Sedaine, Michel Jean, 302n, 643, 644
Sée, Henri, 359n
Seignelay, Jean-Baptiste Colbert, marquis de, 94n
Sem, 401
Sémiramis, 39, 73
Servan, Antoine-Joseph-Michel, 238, 239, 374n, 376n
Sésostris, 25n, 28, 170n
Séville, 191, 192, 193
Sextus Empiricus, 208n
Sgard, Jean, 179n, 242n
Shaftesbury, Antony Ashley Cooper, 3e comte de, 397

Shâhpuhr 1er (Sapor), roi de Perse, 522n, 523n
Shakespeare, 406, 505n
Shasta, 42, 76n
Shcath, 127
Shouvalov, Andrei Petrovitch, comte, 9n, 20n, 21n, 139n, 399n, 402, 404n
Siam, 131n
Sibérie, 10
Sicile, 754
Silberstein, L., 224n
Silésie, 112n
Silhouette, Etienne de, 402, 403n
Silius Italicus, 200n
Simorg Anka, 86n, 98n
Siret, Pierre-Louis, L'Homme au latin, 253
Sirven, Pierre-Paul, 19, 429, 433n, 434
Sirven, famille, 373, 374n
Sisyphe, 444
Smollett, Tobias, 280
Sodome, 209n
Solin, 201n
Solon, 323n, 336, 409
Sora, 203
Sorbonne, 179n, 205n, 210, 429
Spear, Frederick, 260n
Le Spectateur, 73n
The Spectator, 73n
Spengler, Joseph John, 302n, 400n
Staal, Marguerite Jeanne Cordier de Launay, baronne de, 16n
Stanislas-Auguste Poniatowski, roi de Pologne, 19, 143, 145n, 146n, 181n, 408
Strabon, 201n
Strugnell, A., 224n
Suard, Jean-Baptiste Antoine, 59
Sudrac de Ludrac, Pierre Laulanie de, 247
Suède, 9, 18, 63, 145n
Suisse, Marie, 244
Suisse, Suisses, 235, 251, 321n, 322n, 436

Sully, Maximilien de Béthune, duc de, 292n, 320, 323n
Suresnes, vin de, 120
Sussman, George D., 308n
Sychée, Phénicien, 29, 30, 200, 201n
Syrthes, 201

Tabareau, Jean François René, 249, 462
Tachard, Guy, 43; *Voyage*, 168n
Tacite, 32, 178n, 201n
Tackett, Timothy, 367n
Talon, Omer, 175n
Tamise, 160n, 163
Tannery, Jean, 47
Tartares, 192n, 421
Tasse, Torquato Tasso, dit le, 407
Tavernier, Jean-Baptiste, *Les Six voyages*, 85n, 192n, 432n
Taylor, Owen R., 393n
Taylor, S. S. B., 486
Tencin, Pierre Guérin de, cardinal, 422n
Tende, Gaspar de, sieur de Lestang, 756n
Térence, 323n
Terracine, 166n
Terray, Joseph-Marie, 253
Thalès, philosophe grec, 340
Tharé, 27
Théâtre-Français, *voir* Comédie-Française
Thèbes (Egypte), 113n
Théophile, *voir* Viau
Thésée, 112n
Thiriot, Nicolas Claude, 11, 16n, 99n, 249, 350, 458
Thomé, 336n, 337n, 338n
Thorel de Campigneulles, Charles-Claude-Florent de, *Seconde partie de Candide*, 204n
Thot, 76n
Tibère, 173n, 178n
Tibre, 157, 162, 166
Tien, dieu chinois, 129n, 132

Tigre, 72, 75, 197, 198n, 203n, 206
Tillet, Matthieu, 338n
Tite-Live, 25
Todd, C., 430n
Tollens, H., 489
Tournay, 228n
Tournemine, René Joseph, 16n, 99n
Trajan, 145n
Trapnell, W. H., 415, 416, 480, 484-86, 740, 741
Trenchard, John, 397
Trente, concile de, 171n
Trévoux, Dictionnaire universel français et latin, dit *Dictionnaire de*, 74n, 85n, 89n, 91n, 97n, 104n, 109n, 112n, 116n, 117n, 118n, 120n, 121n, 122n, 150n, 151n, 182n, 183n, 190n, 192n, 194n, 199n, 200n, 201n, 292n, 321n, 328n, 329n, 330n, 381n, 749n, 759n
Triptolème, 336n
Trogue Pompée, historien latin, 200n
Troie, 201n
Tronchin, Jacob, 440
Tronchin, Jean-Armand, 240, 738
Tronchin, famille, 240, 267
Tronchon, Pierre, sieur de Beaubourg, 510n
Troye, Troyens, 32, 112
Trudaine, Daniel Charles, 219
Trudaine de Montigny, Jean Charles Philibert de, 218, 219
Tuffet, J., 346n
Tull, Jethro, 336n, 337n, 338n
Tunisie, 747
Turenne, Henri de La Tour d'Auvergne, vicomte de, 508
Turgot, Anne-Robert-Jacques, 218, 219, 252
Tyr, Tyriens, 29, 30, 150, 189, 190, 191, 197, 200
Tyrconnel, 156n

Ulrique, *voir* Louise-Ulrique

Ulysse, 74n
Unigenitus, 170n
Urbain II, pape, 509n
Urie, Robert, 280
Uylenbroek, Pieter Johannes, 489

Vadé, Guillaume (pseudonyme de Voltaire), 639
Vaillot, R., 422n
Vaissière, Pierre de, 367n
Valérien (Publius Licinius Valerianus), empereur romain, 523
Vallisnieri, Antonio, 353n
Van den Heuvel, Jacques, 256
Varsovie, 145n
Vascons, 31, 34, 199, 200, 202, 203
Vasques, 199
Vatican, 52
Vauban, Sébastien Le Prestre, marquis de, 301n, 335; Projet d'une dîme royale, 216, 217n, 304n
Védam, Veidam, 28, 42, 76
Vendôme, Louis-Joseph de Bourbon, duc de, 380n
Venise, 19, 28, 165n, 166
Vénus, 209, 353; temple de, 113n
Vénus aux belles fesses, Vénus callipyge, 31, 51, 73
Vénus de Médicis, Vénus de Cnide, 73n
Verbiest, le père, 128n
Vercruysse, Jeroom, 62n, 279n, 377n, 480, 486, 489
Vernes, Jacob, 76
Vernillat, F., 717n
Versailles, 11, 82, 94n, 109n, 174
Veyssière de Lacroze, Mathurin, Histoire du christianisme des Indes, 41, 77n
Viau, Théophile de, 407n
Vieux de la montagne, le, 158n
Vieux des sept montagnes, 195
Vigée, M., 63
Vigoureux, la, 175n
Vigoureux, prêtre, 175n

Villeroi, Jeanne-Louise-Constance d'Aumont, duchesse de, 437n
Villevielle, Philippe Charles François Joseph de Pavée, marquis de, 20n, 131n
Virgile, 405, 407n, 499, 634; Bucoliques, 205n; Enéide, 200n
Vistule, 150, 169
Viterbe, 168n
Voisin, Catherine Deshayes, dite la, 175n
Voiture, Vincent, 82n
Volga, 7, 138n
Volland, Sophie, 244n, 326n
Voltaire, réfugié à Sceaux, 82n; séjour en Angleterre, 153, 154n, 160n; séjour en Prusse, 13, 156n
  bibliothèque, 22, 41n, 43n, 76n, 77n, 78n, 85n, 86n, 128n, 129n, 130n, 178n, 179n, 180n, 181n, 191n, 194n, 204n, 213n, 214n, 215n, 216n, 217n, 220n, 221n, 222n, 225n, 226n, 233n, 234n, 236n, 238n, 254n, 261n, 292n, 294n, 300n, 301n, 304n, 310n, 311n, 312n, 321n, 323n, 325n, 333n, 334n, 335n, 336n, 340n, 341n, 342n, 345n, 348n, 349n, 359n, 365n, 366n, 370n, 371n, 374n, 382n, 383n, 385n, 386n, 387n, 388n, 393n, 397n, 402n, 405n, 424n, 432n, 437n, 506n, 753n, 754n, 756n, 757n, 760n
  Corpus des notes marginales, 220, 238, 294n, 297n, 306n, 321n, 329n, 337n, 339n, 340n, 341n, 342n, 344n, 345n, 346n, 348n, 349n, 352n, 354n, 355n, 359n, 370n, 378n, 382n, 383n, 386n, 402n
  éditions collectives: encadrée, 47, 60; – Kehl, 46, 61, 64, 206n, 213, 239, 255, 278, 300n, 379n, 416, 488, 634, 647, 648, 700, 741
  Adélaïde Du Guesclin, 414n, 419n, 423; Alzire, 430, 436, 437n; André Destouches à Siam, 329n, 370n; Anecdotes sur Louis XIV, 318n, 367n; Anecdote sur

Voltaire

Bélisaire, 205n, 388n, 433n; *Arbitrage entre M. de Voltaire et M. de Foncemagne*, 335n; Articles pour l'*Encyclopédie*, 'François, ou Français', 187n; – 'Imagination', 82n; *Le Baron d'Otrante*, 645; *La Bible enfin expliquée*, 101n; *Candide*, 6n, 46, 56, 151n, 152, 167n, 193n, 194n, 204, 223, 247, 262, 326n, 378n, 379, 382n, 384, 389n, 433n; carnets, 3n, 17, 97, 113n, 119n, 150n, 157n, 169n, 171n, 190n, 191n, 192n, 196n, 198n, 520n, 585n; *Ce qui plaît aux dames*, 78n; *Ce qu'on ne fait pas et ce qu'on pourrait faire*, 307n, 333n; *Charlot*, 404n; *Commentaires sur Corneille*, 505n; *Commentaire sur le livre Des délits et des peines*, 158n, 160n, 167n, 175n, 176n, 369n, 370n; *Conseils raisonnables à M. Bergier*, 430; *Cosi-sancta*, 728n; *Défense de Louis XIV contre l'auteur des Ephémérides*, 252, 289n; *La Défense de mon oncle*, 3, 7n, 18, 22-26, 28-30, 32, 40, 79n, 100n, 113n, 124n, 141n, 166n, 178n, 180n, 190n, 197n, 198n, 201n, 203n, 204n, 205n, 206n, 207n, 208n, 209n, 243, 339n, 340n, 341n, 342n, 344n, 346n, 371n, 388n, 401n, 432n; *Défense du Mondain*, 291n, 312n; *De la population de l'Amérique*, 198n; *Des embellissements de la ville de Cachemire*, 215n, 261; *Des embellissements de Paris*, 215n, 291n, 307nn, 318n, 319n, 323n; *Des mensonges imprimés*, 151n; *Des singularités de la nature*, 233, 235, 340n, 342n, 343n, 344n; *Les Deux tonneaux*, 697, 699; *Dialogue entre un philosophe et un contrôleur général des finances*, 215, 216n, 261, 295n, 313n, 318n, 319n; *Dialogue entre un plaideur et un avocat*, 374n; *Dialogues chrétiens*, 294n; *Diatribe à l'auteur des Ephémérides*, 252; *Dictionnaire philosophique*, 370n, 392n,

Voltaire

430; – 'Adam', 21, 198n; – 'Amour', 378n; – 'Apis', 204n; – 'Bêtes', 100n; – 'Christianisme', 320n; – 'De la Chine', 401n; – 'Job', 378n; – 'Lois civiles et ecclésiastiques', 369n; – 'Luxe', 291n; – 'Morale', 21; – 'Papisme', 21; – 'Pierre', 386n; – 'Prophètes', 21n; – 'Résurrection', 119n; – 'Salomon', 304n; – 'Songes', 107n; – 'Transsubstantiation', 21; *Dictionnaire portatif*, 'Tyran', 245; *Dieu et les hommes*, 758n; *Le Dîner du comte de Boulainvilliers*, 241, 242, 247n, 248, 368n, 398n, 399n; *Discours aux confédérés catholiques de Kaminieck en Pologne*, 408n, 430; *Dissertation sur les changements arrivés dans notre globe*, 341n, 344n; *Le Droit du seigneur*, 184n; *L'Ecossaise*, 6n, 247, 294n; *L'Education d'un prince*, 697; *Eléments de la philosophie de Newton*, 161n, 341n, 345n; *Entretiens chinois*, 130n, 131n; *Epître à M. de Saint-Lambert*, 229n; *Epître à Mme Denis sur l'agriculture*, 219; *Epître aux Romains*, 430; *Essai [...] sur les dissensions des Eglises de Pologne*, 8n, 21, 144n, 408n; *Essai sur les mœurs*, 41, 71n, 75n, 103n, 104n, 129n, 130n, 131n, 139n, 147n, 149n, 157n, 158n, 159n, 166n, 169n, 171n, 188n, 190n, 191n, 192n, 198n, 289n, 321n, 333n, 357n, 360n, 361n, 363n, 366n, 374n, 378n, 382n, 383n, 385n, 395n, 400n, 404n, 432n; *Examen du Testament politique du cardinal Alberoni*, 336n; *Examen important de milord Bolingbroke*, 349n, 509n, 756n, 758n; *Extrait de la Bibliothèque raisonnée*, 354n; *La Fête de Bélébat*, 643; *Fragments sur Athalie*, 509n; *Galimatias pindarique*, 139n; *La Guerre civile de Genève*, 19n, 179n, 182n, 182n, 205n, 264n, 311n, 390n, 400n, 429; *La*

Voltaire

Henriade, 395*n*, 406*n*, 407*n*, 432*n*, 632, 736, 746*n*; *Histoire de Charles XII*, Préface, 113*n*, 408*n*; *Histoire de Jenni*, 79*n*, 93*n*; *Histoire de l'empire de Russie*, 77*n*, 134*n*, 135*n*, 138*n*, 408*n*; *Histoire du docteur Akakia*, 256*n*, 345*n*, 346*n*, 354*n*; *Histoire du parlement de Paris*, 235, 395*n*; *Homélies prononcées à Londres*, 188*n*; *L'Homme aux quarante écus*, 6*n*, 21, 169*n*, 205*n*, 207*n*; *Honnêtetés littéraires*, 311*n*; *L'Hôte et l'hôtesse*, 654*n*, 699; *L'Ingénu*, 6*n*, 21, 204, 205*n*, 247, 257, 262, 388*n*, 438*n*, 645; *Jeannot et Colin*, 229; *Lettre à l'occasion de l'impôt du vingtième*, 215*n*, 291*n*, 312*n*, 399*n*; *Lettre de Gérofle à Cogé*, 72*n*; *Lettre de l'archevêque de Cantorbery*, 180*n*, 205*n*; *Lettre de M. de Voltaire sur l'ouvrage de M. Du Tot*, 293*n*, 333*n*; *Lettre écrite depuis l'impression des Doutes sur le Testament de Richelieu*, 335*n*; *Lettre pastorale*, 311*n*; *Lettres à M. de Voltaire sur la Nouvelle Héloïse*, 372*n*; *Lettres à S.A. Monseigneur le prince de* ***, 395*n*; *Lettres chinoises, indiennes et tartares*, 103*n*; *Lettres d'Amabed*, 166*n*, 168*n*, 170*n*, 172*n*; *Lettres philosophiques*, 16*n*, 98*n*, 99*n*, 153*n*, 157*n*, 159*n*, 161*n*, 162*n*, 227*n*, 299*n*, 308*n*, 333*n*; *Lettre sur les panégyriques*, 21, 71*n*, 140*n*; *Les Lois de Minos*, 58, 455; *Mahomet*, 414*n*, 421, 422*n*, 430, 437*n*, 442, 444*n*, 468, 470*n*; *Le Marseillois et le lion*, 84*n*, 379*n*; *Mémoires*, 93*n*; *Mémoire sur l'agriculture*, 219, 229*n*, 338*n*; *Mérope*, 505*n*; *Micromégas*, 257, 385*n*; *Le Mondain*, 290*n*, 291*n*, 318*n*; *La Mule du pape*, 398*n*; *Nouveaux mélanges*, 174*n*, 186*n*, 276, 464, 477; *Nouvelles considérations sur l'histoire*, 400*n*; *Observations sur MM. Jean Lass, Melon et Dutot*, 214, 293*n*, 310*n*, 312*n*, 318*n*; *Oreste*, 419*n*;

Voltaire

L'Orphelin de la Chine, 420*n*, 421*n*, 430; *Panégyrique de Louis XV*, 71*n*; *Le Philosophe ignorant*, 55, 199*n*, 356*n*, 754*n*; *La Philosophie de l'histoire*, 18, 23*n*, 25, 41, 45, 71*n*, 73*n*, 76*n*, 77*n*, 99*n*, 100*n*, 102*n*, 103*n*, 113*n*, 117*n*, 119*n*, 124*n*, 129*n*, 130*n*, 132*n*, 134*n*, 140*n*, 141*n*, 170*n*, 179*n*, 190*n*, 197*n*, 198*n*, 206*n*, 207*n*, 342*n*, 371*n*, 401*n*, 404*n*, 432*n*, 753*n*, 754*n*; *Pot-pourri*, 149*n*, 169*n*, 262; *Le Pour et contre*, 215*n*; *Précis du siècle de Louis XV*, 35, 89, 102*n*, 103*n*, 124*n*, 145*n*, 177*n*, 179*n*, 235, 330*n*, 390*n*, 395*n*, 398*n*, 633*n*; *La Princesse de Babylone*, 247, 249; *La Princesse de Navarre*, 11, 16*n*, 94*n*; *Prix de la justice et de l'humanité*, 433*n*; *La Profession de foi des théistes*, 430; 'Projet d'une lettre sur les Anglais', 153*n*, 156*n*, 159*n*, 160*n*, 163*n*; *La Pucelle*, 78*n*, 204, 510*n*; *Le Pyrrhonisme de l'histoire*, 21; *Les Questions de Zapata*, 349*n*; *Questions sur l'Encyclopédie*, 'Abeilles', 746*n*; − 'Agriculture', 219, 338*n*; − 'Annates', 366*n*; − 'Antiquité', 174*n*; − 'Art dramatique', 505*n*; − 'Babel', 71*n*; − 'Climat', 174*n*; − 'Coquilles', 342*n*; − 'Curé de campagne', 367*n*; − 'Economie', 292*n*, 294*n*, 305*n*; − 'Fanatisme', 393*n*; − 'Fertilisation', 219*n*; − 'Généalogie', 756*n*; − 'Génération', 349*n*; − 'Impôt', 316*n*; − 'Inceste', 432*n*; − 'Japon', 320*n*; − 'Lèpre et vérole', 235, 378*n*, 382*n*, 384*n*; − 'Population', 313*n*, 334*n*, 400*n*, 402*n*; − 'Propriété', 229; − 'Songes', 107*n*; *Questions sur les miracles*, 345*n*; *Relation de la maladie du jésuite Berthier*, 349*n*; *Relation de la mort du chevalier de La Barre*, 175*n*, 176*n*, 370*n*; *Relation du bannissement des jésuites de la Chine*, 21, 130*n*, 131*n*, 188*n*; *Re-*

Voltaire
marques à l'occasion d'Olympie, 469n;
*Remarques pour servir de supplément à
l'Essai sur les mœurs*, 290n, 301n, 359n,
363n, 400n, 401n; *Réponse catégorique
au sieur Cogé*, 205n; *Rome sauvée*, 414n,
624n; *Le Russe à Paris*, 210n; *Les
Scythes*, 17, 18, 21, 134n, 223, 229,
414n, 420n, 445n; *Seconde anecdote sur
Bélisaire*, 205n; *Sémiramis*, 11, 12, 17,
91n, 96n, 102n, 126n; *Le Siècle de Louis
XIV*, 18n, 129n, 131n, 132n, 146n, 158n,
160n, 161n, 169n, 170n, 178n, 185n,
186n, 215, 229, 235, 289n, 290n, 291n,
291n, 310n, 312n, 313n, 318n, 322n,
323n, 333n, 506, 633n; – 'Catalogue
des écrivains', 177n; *Supplément à la
Philosophie de l'histoire*, 371n;
Tancrède, 398n, 414n, 422, 423n, 424n,
437n; *Le Temple du Goût*, 82n; *Traité
de métaphysique*, 299n, 746n; *Traité sur
la tolérance*, 103n, 366n, 430, 433n, 468,
632; *La Voix du curé*, 330n; *La Voix
du sage et du peuple*, 147n, 359n, 362n;
Voltairiana inedita, 81n; *Voyages et
aventures d'une princesse babylonienne*,
5; *Zadig*, 11, 17, 82n, 87, 102n, 103n,
385n, 399n; *Zaïre*, 437n
Vorontsov, Aleksandr Romanovitch,
comte, 8, 151n
Vossius, Isaac, 400n

Waddicor, M., 215n
Wade, Ira O., 17n, 301n

Wagnière, Jean-Louis, 154n, 239, 413,
429, 430n, 481, 583n, 647, 648, 699
Wallace, Robert, 402n
Waller, Richard E. A., 393n
Wallich, Paul, 62n, 279n
Walpole, Horace, 473, 735
Walters, Robert L., 161n
Walther, Georg Conrad, 483
Wandsworth, 153n
Warburton, William, 190n
Wargemont, François Gabriel Le Four-
nier, chevalier de, 236
Wattenwyl, Alexander Ludwig de, 321n
Welches, 151, 208n
Weser, 150
Weulersse, G., 217n, 224n, 253n, 295n
What-then, milord (*La Princesse de Ba-
bylone*), 30n
Wicquefort, Abraham de, 17n, 41n
Wilberger, C. H., 229n
Wilkes, John, 246-47, 256n
Williams, David, 506n
Witenagemot, 157
Woodward, John, 341n, 344n
Worcester, 157n

Xaca, 41, 77; , *voir aussi* Sâkya
Xénophon, 260, 372
Ximenès, Augustin-Louis de, 372n, 459

Yémen, 117n
Yong-Tchin, empereur de Chine, 129n,
130n, 131n
Yvon, Claude, 226

Zähringer, dynastie, 321n
Zoroastre, 430n, 432n, 535, 585n, 757